本書爲國家古籍整理出版專項經費資助項目

中國佛教典籍選刊

十不二門指要鈔校釋

上

〔宋〕知禮 撰

聶士全 校釋

版工作，因此，對於系統地開展佛學研究來説，急需解决基本資料缺乏的問題。目前對佛學有較深研究的專家、學者，不少人年事已高，如果不抓緊組織他們整理和注釋佛教典籍，將來再開展這項工作就會遇到更多困難，也不利於中青年研究工作者的成長。爲此，我們在廣泛徵求各方面意見的基礎上，初步擬訂了中國佛教典籍選刊的整理出版計劃。其中，有重要的佛教史籍，有中國佛教幾個主要宗派（天台宗、三論宗、唯識宗、華嚴宗、禪宗）的代表性著作，也有少數與中國佛學淵源關係較深的佛教譯籍。所有項目都要選擇較好的版本作爲底本，經過校勘和標點，整理出一個便於研讀的定本。對於其中的佛教哲學著作，還要在此基礎上，充分吸取現有研究成果，寫出深入淺出、簡明扼要的注釋來。

由於整理注釋中國佛教典籍困難較多，我們又缺乏經驗，因此，懇切希望能夠得到各方面的大力支持和協助，使這項工作得以順利完成。

中華書局編輯部

一九八二年六月

目録

校釋説明

十不二門指要鈔，二卷，天台宗思想史上一部里程碑式的著述。作者釋知禮，字約言，尊稱「四明尊者」，朝廷賜號「法智」，佛祖統紀追奉其爲天台宗第十七代祖師。明州鄞縣（今浙江省寧波市）人，俗姓金，生於北宋建隆元年（九六〇），七歲出家，十五歲祝髮，受具戒，二十歲依本州寶雲禪院釋義通（九二七—九八八）研修天台教法。義通去世後，淳化二年（九九一）知禮遷住承天院，至道二年（九九六）又遷保恩院，直至天聖六年（一〇二八）去世。知禮一生致力於智顗教法的疏釋、撥正，被時人推爲解釋天台教典第一人。慈雲遵式與知禮書説，「於今山家一教，旋觀海内，唯兄一人而已」（見四明尊者教行録卷五），應非恭維之辭。

知禮關於天台教觀思想的定説，即「觀道所托」與「别理隨緣」義，在撰成於景德元年（一〇〇四）的十不二門指要鈔中已有系統論證。一念屬事與别理隨緣這兩個判斷，通過與源清、慶昭、智圓等山外師關於金光明經玄義觀心文存廢問題的辯論，逐漸成熟並獲得確定形式。天台宗史上的山家山外之争，即圍繞智顗述金光明經玄義與湛然述十不二門兩個文本的解讀展開。

智顗法華玄義析分法華經爲迹門與本門，其中迹門十法，謂境、智、行、位、三法、感應、神通、説法、眷屬與利益，前五屬自行因果，後五爲化他能所。佛説一切法皆是妙法，妙有相待與絶待，以二妙思維十法，則稱十法爲十妙。湛然法華玄義釋籤解迹門十妙文竟，更立十門以會通十妙，前四門對前五妙，後六門對後四妙。這段文字提示十妙大綱，具有高度概括性，前有序言，後有結語，可以單獨成篇，所以很早就被録出別行。宋代天台學者奉爲經典，紛紛爲之立題、疏釋。先有源清撰於雍熙三年（九八六）的法華十妙不二門示珠指（二卷），與宗昱撰於咸平元年（九九八）的註法華本迹十不二門（一卷），十不二門指要鈔則對此二部解義提出許多不同看法。

據知禮解，十不二門之述，無非就是要爲止觀實踐先「成妙解」、「成觀體」。妙解，就是觀體，即圓融三諦，或名不思議境，湛然在十不二門中表述爲「一念三千世間即空假中」。内中包含三個環節：觀空、立假與入於中道第一義諦。依空立假，藉空假爲方便，進達中道佛性，就是別教所詮的隔歷三諦，換句話説，將無明與法性理解爲相對的兩個存在，斷此方能證彼。圓融三諦則任一環節都同時具足另外兩個環節，如空具假中，假具空中，中具空假，既非相隔，也非歷時。從四教論，三藏教與通教只具一即，謂即空；別教具二即，即空即假；圓教具三即，即空即假即中。指要鈔中提出了經典的即義三解：二物相合、背面相翻與當體即是。雖然大家都講無明即法性，但在理解上總是落入相對之二物或一體之二面，唯有圓解纔能將隔歷打通，無明當體即是法性，或法性當體即是無明。

基於以上認識，指要鈔的主要解義思想如下：首先，理有總別。一般認爲理總事別，即理一，事有差別，知禮認爲這樣一來理事即成對待。圓解則無二無別，理中本具差別，所以由理別纔有差別事相現起。其次，性具善惡。若性只具善，爲惡所染纔顯現一切法，則法性與無明相異。若解性具善惡，則知一切差别都是全體顯現。其三，別理隨緣，即別教真如亦有隨緣義。一般認爲唯識學所詮真如凝然不變，不具隨緣義，指要鈔雖論證唯識真如隨緣，但意在説明天台所謂別教隨緣是一理隨緣，不同於圓教所解的全理隨緣。一理隨緣，「偏指清淨真如」，不具惡，不具差別，與無明和合時纔現起一切。其四，一念屬事屬迷。山外諸師多將天台一念解爲真心、靈知，則一念即屬理屬悟。這正是指要鈔要竭力撥正的，講別理隨緣也是爲此。知禮主張真心是觀成所顯的理境，非初心行人所能有，若指一念爲真，則「杜初心之入路」。即當下一念方寸之心正修止觀，爲智顗所明論，可知知禮力主的即妄顯真纔是正解。另外，若「偏唯真心」，易將圓解落入別理隨緣義。

不難發現，十不二門指要鈔是北宋時期一部論理深刻而縝密的哲學經典。對其思想之詳細分析，參見後附筆者十不二門指要鈔思想述論。

關於本書的校釋工作，謹説明如左：

（一）十不二門指要鈔，二卷，前收遵式所撰序，今見於洪武南藏（成都：四川佛教協會，一九九九）、永樂南藏、永樂北藏（北京：線裝書局，二〇〇〇）、嘉興藏（臺北：新文豐出版公司，一九八七）、清藏（臺北：新文豐出版公司，一九九二）、頻伽藏（北京：九洲圖書出版社，一九九八）、中華大藏經（北京：中華書局，一九九六）及日本弘教藏、大正藏（河北佛教協會影印本），另見十不二門指要鈔詳解（卍續藏經第一〇〇册）。其中中華藏本以永樂北藏爲底本，以洪武南藏、徑山藏（即嘉興藏）、清藏爲校本，出校記十三條。大正藏本則以清康熙二年（一六六三）增上寺報恩藏本爲底本，以日本正保三年（一六四六）刊宗教大學藏本爲校本。本書取永樂北藏爲底本，永樂南藏、弘教藏之外諸本爲校本，同時參考中華藏、大正藏所出校記。

（二）爲方便閱讀，本書將所釋十不二門分段會入，文字加黑。十不二門，除法華玄義釋籤諸本外，有二別行本：一題十不二門，見上述諸藏，另見諸家疏；一題十不二門義，見卍續藏經第一〇〇册，目録中署「唐道邃録出」，釋源清撰十不二門示珠指所録與此應屬同一版本系統。本書會入本爲永樂北藏本，以其餘諸本略校，並參考十不二門諸注本，如源清法華十妙不二門示珠指（簡稱示珠指）、宗昱註法華本迹十不二門（簡稱註）、仁岳十不二門文心解（簡稱文心解）、處謙法華玄記十不二門顯妙（簡稱顯妙）、了然十不二門樞要（簡稱樞要）等。

（三）十不二門指要鈔詳解，四卷，釋可度撰，見卍續藏經第一〇〇册，是會本，指要鈔和詳解文分別加「鈔」、「解」標識。據傳燈（一五五四—一六二八）撰於天啓五年（一六二五）的十不二門指要鈔詳解總序，詳解由延慶寺僧傳慧偶得於山寺，後交與傳燈，傳燈感於鈔、解各行，不便尋繹，令弟子正謐分會，想即今十不二門、指要鈔、詳解之會本的雛形，後由另一弟子正識募資梓行。崇禎四年（一六三一），天台宗僧海眼撰合刻十不二門指要鈔詳解序，廣鎬撰合刻十不二門指要鈔詳解跋。二文所提予以合會的以玄師及刻印的雲石師，同爲無盡傳燈弟子，應即正謐與正識。日本僧亮潤於元禄癸未年（一七〇三）重刻，將明本與國本（日本所傳）對勘，删改增補，再加修治，出重刻凡例九條。卍續藏經所收應爲亮潤重刻本。本書盡可能録入詳解釋文。

（四）此次整理，包括分段、標點、校勘、注釋。一般於每句下出校釋，所録詳解釋文，標以【詳解】，校釋者所出則標以【案】。每段後由校釋者出總釋，標以【總釋】。凡文中夾注，比照正文字體縮小，置於圓括號內。於所録詳解釋文，内中引文後原有夾注「文」字，應爲整理者添加，今删去，於引文加引號，同時於詳解釋文作略注。

（五）十不二門義、十不二門諸家疏及釋知禮生平文獻，附録於後。

（六）參考書目

妙法蓮華經，鳩摩羅什譯，大正藏第九册；

大般涅槃經，曇無讖譯，大正藏第一二册；

摩訶般若波羅蜜經，鳩摩羅什譯，大正藏第八册；

大方廣佛華嚴經，佛馱跋陀羅譯，大正藏第九册；

楞伽阿跋多羅寶經，求那跋陀羅譯，大正藏第一六册；

維摩詰所説經，鳩摩羅什譯，大正藏第一四册；

大智度論，龍樹造，鳩摩羅什譯，大正藏第二五册；

中論，龍樹造，鳩摩羅什譯，大正藏第三〇册；

大乘起信論，馬鳴造，真諦譯，大正藏第三二册；

大乘止觀法門，釋慧思述，大正藏第四六册；

法華經安樂行義，釋慧思述，大正藏第四六册；

妙法蓮華經玄義，釋智顗述，大正藏第三三册；
妙法蓮華經文句，釋智顗述，大正藏第三四册；
摩訶止觀，釋智顗述，大正藏第四六册；
維摩經玄疏，釋智顗述，大正藏第三八册；
金光明經玄義，釋智顗述，大正藏第三九册；
金光明經文句，釋智顗述，大正藏第三九册；
四念處，釋智顗述，大正藏第四六册；
觀心論，釋智顗述，大正藏第四六册；
四教義，釋智顗述，大正藏第四六册；
大般涅槃經玄義，釋灌頂述，大正藏第三八册；
法華玄義釋籤，釋湛然述，大正藏第三三册；
法華文句記，釋湛然述，大正藏第三四册；
維摩經疏記，釋湛然述，卍續藏經第一八册；
止觀輔行傳弘決，釋湛然述，大正藏第四六册；
止觀義例，釋湛然述，大正藏第四六册；
止觀大意，釋湛然述，大正藏第四六册；

金剛錍，釋湛然述，大正藏第四六册；
金光明經玄義拾遺記，釋知禮述，大正藏第三九册；
金光明經文句記，釋知禮述，大正藏第三九册；
觀無量壽佛經疏妙宗鈔，釋知禮述，大正藏第三七册；
四明十義書，釋知禮述，大正藏第四六册；
法智遺編觀心二百問，釋知禮述，大正藏第四六册；
四明尊者教行録，釋宗曉編，卍續藏經第一〇〇册；
四明仁岳異説叢書，釋繼忠集，卍續藏經第五六册；
十不二門義，唐道邃録出，卍續藏經第一〇〇册；
法華十妙不二門示珠指，釋源清述，卍續藏經第一〇〇册；
註法華本迹十不二門，釋宗昱述，卍續藏經第一〇〇册；
十不二門文心解，釋仁岳述，卍續藏經第一〇〇册；
法華玄記十不二門顯妙，釋處謙述，卍續藏經第一〇〇册；
十不二門樞要，釋了然述，卍續藏經第一〇〇册；
十不二門指要鈔詳解，釋可度述，卍續藏經第一〇〇册；
閑居編，釋智圓撰，卍續藏經第一〇一册；

山家義苑，釋可觀述，卍續藏經第一〇一册；

竹菴草録，釋可觀撰，卍續藏經第一〇一册；

圓頓宗眼，釋法登述，卍續藏經第一〇一册；

議中興教觀，釋法登述，卍續藏經第一〇一册；

山家緒餘集，釋善月述，卍續藏經第一〇一册；

佛祖統紀，釋志磐撰，大正藏第四九册；

大乘起信論義疏，釋慧遠述，大正藏第四四册；

起信論疏，釋元曉述，大正藏第四四册；

大乘起信論義記，釋法藏述，大正藏第四四册；

大乘起信論別記，釋法藏述，大正藏第四四册；

大方廣佛華嚴經隨疏演義鈔，釋澄觀述，大正藏第三六册；

禪源諸詮集都序，釋宗密述，大正藏第四八册；

祖堂集校注，静、筠二禪師編，張美蘭校注，商務印書館，二〇〇九；

景德傳燈録，釋道元撰，妙音、文雄點校，成都古籍書店，二〇〇〇。

聶士全

二〇二一年四月

十不二門指要鈔

指要鈔序〔一〕

宋東山沙門遵式述〔二〕

大教隆夷，存乎其人。諸祖既往，玄化幾息。時不可以久替，必有間世者出焉〔三〕。四明傳教導師禮公，實教門之偉人也〔四〕。童子受經，便能思義。天機特發，不曰生知之上性者乎〔五〕？及進具，稟學於寶雲通師。初預法席，厥父夢其跪于師前，師執瓶水注於口中，其引若泉，其受若谷。於是乎天台大教圓頓之旨，一受即了，不俟再聞。師謂之曰：「子於吾言，無所不達，非助我也。」逮師始滅，公復夢貫師之首，擐于左臂而行〔六〕。嘻！得非初表受習，若阿難瀉水分瓶之莫二也；後表傳持，操師種智之首而行化也〔七〕？

校釋

〔一〕【詳解】此題上三字，是所序之正文。序字，是能序之通目。以别冠通，故云「指要鈔序」。「指要」二字，本序自釋。鈔者，鈔録爲義。西資鈔序云：「夫疏之有記、鈔，蓋後學之曹記録要義，抄寫格言，以輔翼其疏，防乎傳受之謬誤，討尋之忽忘耳。」序者，所以序作者之意。爾雅云：

「東西牆，謂之序。」註云：「所以序別内外也。」謂見牆別宅舍之淺深，觀序知述作之難易。又，序，緒也，「謂繭之緒也，凡繭之抽絲，先抽其緒，緒盡方見其絲。今序在初，如絲之緒也」。（光記一①。）【案】知禮撰指要鈔流通未久，時住聖果寺的遵式爲之序，知禮亦復書陳謝，並略述撰寫指要鈔的緣起。見謝聖果法師作指要序啓。序另見教行録卷七，有疏文，應爲宗曉注。

〔二〕【詳解】東山即台之東掖山能仁寺。懺主云：「東掖山者，蓋予幼歲受經之所，時年傳法之地也。」懺主族姓葉氏，台之寧海人。其母乞靈於觀音大士，夢一美女授以明珠，咽之生師。七月能從母稱觀音名，十八祝髮，二十納戒。初住寶雲，終於天竺。與法智同稟學於寶通雲師。指要既成，乃爲述序，發明述作之功。沙門，如常釋。述者，禮云：「述者之謂明，作者之謂聖。」今云述者，蓋謙詞耳。語云：「述而不作。」【案】洪武南藏無「宋」字。遵式（九六四—一〇三二），台州臨海（今浙江寧海）人，俗姓葉，字知白，時稱天竺懺主、慈雲懺主，十八歲祝髮，二十歲受具，從寶雲義通受天台教觀，與知禮同學。

〔三〕【詳解】通叙教法興衰在人。通指佛法以爲大教。妙玄②總序云：「大法東漸。」籤③云：「通指佛

---

① 光記一：光記，知禮述金光明經文句記的略稱；一，指第一卷。
② 妙玄：智顗述妙法蓮華經玄義的略稱。
③ 籤：湛然述法華玄義釋籤的略稱。

教以爲大法。」此對西土外道、此方儒教，約内外而分大小。隆，盛也。夷，平也。文選云：「道有隆夷。」即興衰之義。易曰：「神而明之，存乎其人。」存，在也，謂教法興衰在人，得人則興，失人則亡。禮云：「文武之道，布在方策，其人存則其政舉，其人亡則其政息。」諸祖者，通指荆溪已前。諸祖在世，教法盛行，諸祖既往，則幽玄之化幾近於息滅矣。文選云：「仲氏既往，玄化幾息。」繫辭曰：「易不可見，乾坤或幾乎息矣。」替，廢也。間世，即名德間生於世。孟子曰：「五百年必有王者興，其間必有名世者。」以時節不可久廢，不遠而復必有間生者出興於世，荷負斯道。四明塔銘云：「天欲久其道，世必生有人。」間世者誰，故出其人。【案】「諸祖」，天台宗祖師慧文、慧思、智顗、灌頂、湛然等。「久替」，長期衰落。「間世者」，隔代而出的英才。

〔四〕【詳解】別叙傳弘之德。四明乃慶元府南面山名，有峰最高，四穴在上，每澄霽，望之如户牖，相傳謂之石窗，謂四畔通日月星辰之光，故曰四明。人尊其道，故以處名人。傳，轉也，以己之道轉以授人。導師者，法華云：「有一導師，聰慧明達。」尊者，上字諱知，下字諱禮，二名不偏諱，故稱下字。公者，尊之稱也。偉，大也，謂奇偉卓絶。一家教觀，賴師中興，故稱偉人。此且總歎。【案】四明，有時代指知禮，以所居之處爲名。明州爲南宋寧宗潛邸所在，寧宗即位，改年號慶元，遂以年號升明州爲慶元府，治鄞縣（今浙江寧波市）。

〔五〕【詳解】童子，即太和未散之時，幼稚之稱。爾雅云：「人未冠曰童。」禮云：「人生十年曰幼學，二十曰弱冠。」弱冠已前，皆名童子。尊者七歲屬母喪，爲報鞠育，急於出家，從里中大平興國寺洪選爲弟子，即童時也。受經思義，雖不見所出，尊者之母既夢梵僧遺童子曰「此佛子羅睺羅」，從而有孕，初出家時，從師受經，必能思義。懺主與師同門，必知其事。天機特發者，天然之機挺特而發。莊子云：「其嗜欲深，其天機淺。」不曰，即豈非之謂。語云：「生而知之者上也。」今借用以擬本有性德，宿習開發，義似生知。止觀統例云：「生而知之者，蓋性德也。學而知之者，天機深也。」【案】「生知之上性」，論語（一六·九）謂：「生而知之者，上也；學而知之者，次也；困而學之，又其次也；困而不學，民斯爲下矣。」

〔六〕【詳解】叙師資授受。自行化他，事匪偶然，故有奇相形於夢寐，預表彰焉。進具，謂進受具戒。禀學者，按實録曰：「十五受具戒，專探律部。二十從寶雲學天台教。」通師本高麗君族，壯遊中國，當晉天福年間，見螺溪寂法師，了天台宗旨，會漕使顧公捨宅爲寺，以爲傳道之所，即寶雲寺也。初預者，預，厠也，入也。初入寶雲師輪下，其父之夢蓋受學之先讖也。父金性①，諱經，夢尊者跪於通師之前，通持瓶水注於口中，其引若泉，來之而不竭，其受若谷，注之而不盈。孟子曰：「源泉混混，不舍晝夜。」谷者，説文云：「泉出通川曰谷。」爾雅云：「水注川曰溪，注溪曰谷。」謂師之樂説無窮，如泉之不竭；尊者之容納，如谷之不盈。谷音欲，若作縠音者，訓空谷、窮谷也。於是，猶自此也。天台大教，特言圓頓者，别於藏等四教，舉其極者言之。一家所談，

① 性：疑當作姓。

功由即具。尊者自此於寶雲言下一遍受之，即能解了，不俟再聞。師謂之言，即印可之語。凡師資授受，難疑問答，更相啓發，今一聞即了，不假再詢，其於啓發之道何有哉，故曰非助我也。語云：「回也，非助我者也，於吾言，無所不悦。」顔子於聖人言下，默識心通，無所疑問，故曰非助我也。尊者亦然，通師深讚之言也。逮，及也。通師示寂於端拱元年，初入滅時，尊者又得傳持之讖。貫，穿也。擐，音患，帶也。左傳云：「擐甲執兵。」蓋夢穿師之頭，帶於左臂而行。夢雖似異，有所表故。【案】寶雲義通（九二七—九八八），俗姓尹，字惟遠，高麗人，乾祐年間（九四八—九五〇，五代之後漢年號）來華，從螺溪義寂受天台教觀，住持四明寶雲寺，後世尊爲天台宗第十六代祖師。「預」，大正藏出校記謂預又作「詣」。詣有到某處義，預有預厠義，二字皆通。

〔七〕【詳解】此示夢不徒然，必有所表。嘻，歎聲。初父之夢，表尊者受習通師之道，如水分瓶。猶如來説法，阿難傳受，如水分瓶，更無二也。大經云：「阿難自侍我來，持我所説十二部經，一經於耳，曾不再聞，如分瓶瀉水，置之一瓶。」後表等者，後夢即表持於種智之首行化於他。法門身以種智爲頭，即中道種智，即三而一也。光記三云：「一切智是萬行首，故以爲頭。」【案】詳解中大經，爲大般涅槃經的略稱，北本涅槃卷四十云，阿難「自事我來，持我所説十二部經，一經於耳，曾不再問，如寫瓶水，置之一瓶」。

【總釋】廣采佛經、世書典故，先贊知禮中興天台教觀之功，後述其師承，認爲得師真傳。

淳化初，郡之乾符寺請開講席，諸子悦隨，若衆流會海。繇是堂舍側陋，門徒漸繁，未幾，遂遷于保恩院焉〔一〕。法華、止觀、金光明諸部，連環講貫，歲無虚日〔二〕。嘗勗其徒曰：「吾之或出或處，或默或語，未始不以教觀權實之旨，爲服味焉，爲杖几焉，汝無怠也。」大哉〔三〕！若夫被寂忍之衣，據大慈之室，循循善誘，不可得而稱矣〔四〕。

校　釋

〔一〕【詳解】叙遊化處所，説法年代。淳化即宋朝太宗年號，二年，辛卯歲也。尊者年三十二，出世住持。誓辭曰：「予居寶雲，既值鶴林，始遷乾符西偏小院。」乾符改承天，今爲能仁。西偏小院，即今法華附庸院也。悦隨者，所謂道不求揚，而四方盡聞，衆不待召，而千里自至。易曰：「剛來而下柔，動而悦隨。」梁學士云：「學者悦隨，如群流之會通川也。」繇，由也。側謂偪仄，陋謂隘陋。住處狹陋，學徒加多，遂遷居焉。未幾，猶言居無幾何。【案】宋太宗淳化二年（九九一），知禮三十二歲，由寶雲寺遷住乾符寺西偏小院，寺後更名承天院、能仁寺。則全編四明法智尊者實録云：「至淳化辛卯歲，受請于乾符寺。（乾符中間改曰承天，今爲能仁。）綿歷四祀，諸子悦隨，堂舍側陋，遂遷于保恩院。（今延慶也。）」（見教行録卷第七）據使帖延慶寺，保恩院前二任院主居明、顯通於至道二年（九九六）捨院與知禮及同學異聞，永作十方住持，傳演天台智者教法。至大中祥符五年（一〇一二），前後經歷十七年修繕，始告完成，學者悦止，成爲傳持天台教觀的一大中心。遂易額延慶寺，並撰延慶寺二師立十方住持傳天台教觀戒誓辭，刻石永存。「衆流會海」，大品般若謂：「譬如衆流，若大若小，俱入大海，合爲一味。五波羅蜜亦如是，爲般若波羅蜜所護，隨般若波羅蜜入薩婆若，得波羅蜜名字。」

〔二〕【詳解】法華，該乎玄、句諸部，總包諸章疏也。實録曰：「專務講懺，常坐不卧，足無外涉，修謁盡遣，前後講法華玄義七遍，法華文句八遍，摩訶止觀八遍，大般涅槃經疏一遍，淨名疏二遍，金光明玄疏十遍，觀音别行玄疏七遍，觀無量壽佛經疏七遍，金剛錍、止觀義例、止觀大意、十不二門、始終心要不計其數。」連環者，莊子云：「連環不可解也。」荀子曰：「始則終，終則始，若連環之無端。」講貫者，講説之道，使義理貫通無礙。國語云：「朝而受業，暮而講貫。」尊者四十餘年，專務講説，連屬循環，未嘗一日虚棄。

〔三〕【詳解】尊者常以弘持教觀爲己任，即以自行而爲化他，勉勵來學。勗，誡也。出處語默者，繫辭曰：「君子之道，或出或處，或默或語。」今借用其語，以示四儀常在教觀，故云「未始」等也。教即能詮之教，觀即所修之行。教行二途，缺一不可。權謂權謀，實謂真實。若權實不分，則昧於化意，所謂爲實施權等。服則被身，味則充口，行則倚杖，坐則凭几，皆日用不可須臾缺也。其於教觀權實未始暫忘，亦猶是也。解謗云：「予自濫講四十餘年，凡釋一文、申一義，未嘗不以部味教觀而爲憑準。」以己所行，勉勵其徒，故云汝無怠也。既自彰於言，可得稱讚曰「大哉」也。

〔四〕【詳解】言其三軌匠物，人莫能知。然涉世弘經，必須柔和忍辱，運大慈悲，了諸法空，方能取成大利。若夫，發語之端。衣、座、室三，缺一不可。令成文體，且言其二。祭文則曰：「開慈悲之室，踞法空之床。」其義是同。循循者，語云：「夫子循循然善誘人。」尊者訓人，循循有序，亦如是也。其化導之功莫大，故云不可稱矣。【案】法華經法師品頌云：「若人説此經，應入如來室，著於如來衣，而坐如來座，處衆無所畏，廣爲分别説。大慈悲爲室，柔和忍辱衣，諸法空爲座，處此爲説法。」

【總釋】序知禮造寺、講習、課徒事迹及其精神。如文。

釋籤十不二門者，今昔講流，以爲一難文也〔一〕。或多註釋，各陳異端，孰不自謂握靈蛇之珠，揮彌天之筆。豈思夫一家教觀，殊不知其啓發之所〔二〕。公覽之再歎：豈但釋文未允，奈何委亂大綱？山隤角崩，良用悲痛〔三〕。將欲正舉，捨我而誰。遂而正析斯文，旁援顯據，綽有餘刃，兼整大途：教門權實，今時同昧者，於兹判矣，别理隨緣其類也；觀道所託，連代共迷者，於兹見矣，指要所以其立也〔四〕。至若法華、止觀綱格之文，隱括錯綜，略無不在。後之學者足以視近見遠，染指知味〔五〕。易不云乎，「通天下之志，定天下之業，斷天下之疑」，實此一二萬言得矣〔六〕。式忝同學也，觀者無謂吾之亦有黨乎。取長其理，無取長其情，文理明白，誰能隱乎云也〔七〕。

校釋

〔一〕【詳解】正明述鈔由致。釋籤者，玄文有疑，弟子籤出，荆溪釋之，師資合標。門師①序云：「因籤

① 門師：即普門禪師，俗姓何，自號普門子，問道於湛然，撰釋籤緣起序與止觀輔行傳弘决序。佛祖統紀有傳。

以釋，思逸功倍。」荆溪於本迹二門之間，述此十門。後人録出，别行於世。自昔至今，講解之流，皆爲難曉之文。蓋斯文乃本迹之文心，三部之綱要，教觀旁正之意，彼此相成之説，事理二造，一念三千，修性離合，即具隨緣，本法總别，揀境立陰，種種大義，藴在其中。文約義豐，誠不易曉，由謂之難。【案】釋籤，湛然撰法華玄義釋籤。籤，或簽，謂籤注、記録。至第十四卷解迹門十妙文已，又立十不二門以爲總結。

〔二〕【詳解】解釋者衆，如清師示珠指，昱師註文，更有他師著述，故云或多。諸師消文，曲隨己見，而不得一家正意，故云各陳異端。孝經序：「異端起，而大義乖。」雖所見暗短，莫不自矜己能，謂得佛祖之意，故曰孰不等。靈蛇珠者，史記云：「楚臣隋侯出行，見牧童打傷蛇腦。侯憐之，用藥塗治而去。一夜，偶見庭中有光，燭之，乃一蛇啣珠在地，自言：我本龍子，變形遊戲，爲牧童所傷，賴君以救，今攜珠以謝。侯得之，進楚王。王置殿上，發光如晝。」彌天筆者，梁僧傳云：「道安法師，文理通經，德望隆重。時習鑿齒，鋒辯天逸，時往謁見。既坐，稱言四海習鑿齒，師曰彌天釋道安。時人以爲名對。」筆者，蓋取三分分經，符合經論，故云也。文意謂：諸師自言所述之文，除後學之疑，如靈蛇珠光耀破暗；契佛祖之意，若安公秉筆分經合論。龍子變形，故曰靈蛇。文選云：「人人自謂握靈蛇之珠，家家自謂抱荆山之玉。」豈思等者，鈔中所破，清師解今一念爲真心，昱師不立陰境，唯觀不思議境，一家教觀，揀一念妄心爲入理之門、起觀之處，若唯觀真及不思議，則不知啓發之所矣。

〔三〕【詳解】尊者披覽諸師所述失旨，咨嗟不已，故云再歎。允，當也。委，墜。亂，紊。非但釋文未爲允當，抑且委墜紊亂大綱。大綱者何？即一念三千即空假中。山外棄妄觀真及不思議，即墜亂大綱也。未允者，之字訓往，造謂體同，改二十來字。山頹者，禮記檀弓曰：「泰山其頹乎，梁木其壞乎，哲人其萎乎。」角萠者，書云：「百姓凛凛，若崩厥角。」言民畏紂虐，危懼不安，若崩摧其角，無所容頭。今取二事，喻解行不正，委亂教門綱紀，如泰山之頹；邪説暴行，使學者無所趣向，危懼不安，若畏紂之虐。【案】「隤」，同頹，坍塌。禮記檀弓云「孔子蚤作，負手曳杖，消摇於門，歌曰」，下如詳解引。

〔四〕【詳解】正明述作，將欲扶顛持危、正舉斯道，捨我其誰哉。孟子曰：「如欲平治天下，當今之世，捨我其誰哉。」析，剖也。楞嚴云：「析出精明。」正則剖析十門奥旨，義理泠然。旁則援引佛祖誠言顯據，免生疑謗。綽，寬裕也。孟子曰：「豈不綽綽然有餘裕哉。」刃者，庖丁解牛數千，而刀若新發硎，恢恢然，其於遊刃，必有餘地，言得其妙處也。兼整大途，謂消文合理之外，復能整大途，即教門權實、觀道所託。權實者，前之兩教，教證俱權；圓教教證俱皆是實；別教教權證實，意稍難曉。今時同昧，即齊、玄、潁三師，但見荆溪有圓教隨緣之説。尊者深究圓別教旨，以別教真如既能生法，安不隨緣，特立別教理隨緣之義。以圓別同詮中道，而但不但殊。別則教權故但，理實故中。以理實故，亦説隨緣。以教權故，顯非即具。他宗於終頓圓三教，皆明隨緣，只云性起，不云性具，驗非圓教。故尊者格量他宗所談，但齊今家別教。類謂流類，鈔中引妙記「專緣理性是別教義」等。觀道所託，即介爾妄心。一家入道，不可遠求，即刹那心，顯三千法，豈同山外棄妄觀真。始因慈光恩師兼講華嚴，以華嚴心造爲真心。自此奉先清師、梵天昭師、孤山圓師，謬有承襲，皆謂觀真。故義書云：「蓋由上人師祖已降，皆謂心獨是理。」若此之迷，非始今日，故云連代。四明立宗，則指介爾之心，爲事理解行之要。以此正説，格彼謬談，故曰於兹見矣等。逸堂①云：「教門權實，觀道所託，所以四明得爲中興教觀，功在於兹。」

〔五〕【詳解】言二卷之書，而於三部綱格之文，莫不該攝。綱謂綱紀，如網之外圍。格謂格正，如物之大體。隱括者，荀子云：「拘木必將待隱括。」註云：「正曲木之具。」錯綜者，如易三五以變，錯綜其數，所謂河圖、洛書。今是洛書之錯綜也，謂戴九履一，左三右七，二四爲肩，六八爲足，中則有五，縱横交錯，皆十五也。門師輔行序云：「豈唯錯綜所聞，將以隱括所治。所治即行三多之妙運遽階，所聞唯解一真之玄覽斯惣。」今法彼文，謂玄、句開解，止觀明行，三部綱格之文，所治所聞，若解若行，皆萃此書也。視近見遠，謂閲指要之近，可以見三部之遠。究指要之意趣，如染指於鼎，然後知三部之味。染指者，左傳云：「楚人獻黿於鄭靈公，（穆公太子夷也。）公子宋與子家將見。（子公，宋之字。子家，歸生字也。）子公之食指動，以示子家曰：他日我如此，必嘗異味。及入，宰夫將解黿，相視而笑。公問之，（問所笑。）子家以告。及食大夫黿，召子公而弗與也。（欲使食指無

① 逸堂：法登，字聖道，號逸堂，四明人，俗姓林，爲廣智尚賢下第七世，撰有圓頓宗眼，佛祖統紀有傳。

驗。」子公怒染指於鼎，嘗而出。」今取染指之微，知全鼎之味，如覽二軸之文言，達三部之義旨。

【案】法華、止觀，智顗述法華玄義、摩訶止觀的略稱。

〔六〕【詳解】「易不」下，復借易中三句，通結指要述作之功，可以通達今時同昧教門權實之志，可以定連代共迷觀真觀妄之業，引佛祖誠言，證成其義，斷學者之疑。【案】語出易傳繫辭，原作：「是故聖人以通天下之志，以定天下之業，以斷天下之疑。」

〔七〕【詳解】叙作序之意，因釋他人之疑。式者，懺主自斥其諱。古人亦尚單稱，如涅槃疏云：「頂滯於豫章。」釋籤序云：「普早歲在塵。」謂忝與四明同一師學，爲斯鈔序，理之當然，毋謂言辭虚髣，情黨所及。語云：「吾聞君子不黨。」疏曰：「相助匿非曰黨。」後人不必致疑。特文理優長，宗旨明白，昭昭然若揭日月於青天，使之沈没，可乎？故曰誰能等。

【總釋】叙指要鈔的撰述背景、思想内容及其效果。指要鈔雖短，却廣泛徵引教典，力闡天台教觀思想真實意趣，更立別理隨緣以助顯圓義，並指刹那一念爲觀道所托。鈔成於山家山外之争期間，極具論戰性。序末「無謂吾之亦有黨」語似爲避嫌，亦足見這場争論影響之巨。

十不二門指要鈔卷上〔一〕

宋〔二〕四明沙門知禮述

十不二門者，本出釋籤，豈須鈔解〔三〕？但斯宗講者，或示或註，著述云云〔四〕。而事理未明，解行無託。荆谿妙解，翻隱於時；天台圓宗，罔益于物〔五〕。爰因講次，對彼釋之，命爲指要鈔焉。蓋指介爾之心爲事理、解行之要也〔六〕。聊備諸生温習，敢期達士披詳邪〔七〕？

時大宋景德元年〔八〕歲在甲辰正月九日叙。

校釋

〔一〕【詳解】上四字是所釋，下三字是能釋。上六字是别，别在今題。鈔字是通，通於諸鈔。上四字入文委釋，指要二字本序自明，鈔字如向。卷者，卷舒爲義。文凡二卷，故以上下甄之。「并序」者，摭華鈔云：「疏題，兼目於序，故云并也。蓋序後不再列題目故。」【案】詳解本「上」下有「并序」二字。

〔二〕【案】洪武南藏無「宋」字。

〔三〕【詳解】先寄問辭徵起，以明述鈔之由。此文乃荆溪釋迹門十妙之後，搜括十妙大意而立十門。釋籤已是能釋，何須作鈔解之，得非能所重煩乎？文心解亦曰：「玄義申經，記釋玄義，文已三矣，詎假染筆，以四其説。」【案】「鈔」，同抄，謄寫，「鈔解」意爲鈔録疏釋。

〔四〕【詳解】答出山外著述之謬。雖非山家正説，亦禀學台教，故云斯宗講者。或示，奉先清師示珠指也。或註，天台昱師註不二門。二師著作，撰述皆有。云云之言，汲黯傳云：「吾欲云云。」師古註曰：「猶言如此如此也，史略其辭爾。」漢儁諸文，横註云云二字。輔行云：「未盡之貌。云者，言也。説文云：象雲氣在天回轉之貌，言之在口，如雲潤物。廣雅云：云者，有也。下文尚有如雲之言。」忠法師曰：「吾祖法智尊者，始因錢塘奉先清師製示珠指，解十不二門總在一念之文爲真心，别分色心爲俗諦，改造謂體用爲造謂體同，凡改二十來字；天台昱師註不二門立唯觀不思議境，消一念三千唯色唯心之文爲真諦。法智愍而救之，所以指要之所由作也，故序曰：或示或註，著述云云。」孤山正義乃祥符四年作，在指要後。【案】示，指源清述法華十妙不二門示珠指，註，指宗昱述註法華本迹十不二門。詳解引繼忠（一〇一二—一〇八二，知禮再傳弟子）語，謂知禮之所以作指要鈔，端在不能認同示珠指與註所立義。

〔五〕【詳解】「事理」等者，一家所明事理，有乎多義，今爲山外迷於三法事理也。圓論三法，各具事理兩種三千。若欲造修，須揀生佛之高廣，唯觀一念妄心。此心當體圓具三千，即理造。此心能變造三千，即事造。如此解之，名爲妙解。如此觀之，名爲妙行。山外諸師乃以三法抗分事理，謂心法屬理，是能造；生佛屬事，是所造。心既屬理，復指真心，則初心依何開解立行？故知山外三法事理未明，則妙解妙行無所依託。故忠法師曰：「清師又立心法三千爲理造，生佛三千爲事造。殊不知三法各具事理二造，故指要破曰：據他所釋（至）無差之文永失矣。故序云事理未明、解行無託，是皆破於清公也。」荆溪等者，荆溪玄解十妙，作此十門，門門結歸一念三千，合①修觀者易入。諸師異説，復指真心，翻使荆溪妙解，隱没於時矣。吾祖依法華開顯妙旨，建立圓頓宗乘，點示諸法圓具事理三千，意令物機，開解立行，揀境修觀，即一念妄心，達陰成不思議，顯三千法。若唯觀真，但衆生在事，未曾悟理，是杜初心入理之門、起觀之處，則天台圓宗，何益於物機乎？

〔六〕【詳解】正明述作，仍釋命題之義。爰，於也。講次者，因講玄、籤之次，對清、昱二師而釋之。下文「有人解今一念」，是破清師；「有人不許立陰」等，是破昱師。命此能釋之文爲指要鈔。介爾者，輔行云：「弱也，謂細念也。」介爾有心，三千具足。圓論諸法，皆具三千。若欲造修，須從近要，的指一念爲事理解行之要。此心圓具三千即理之要，心能變造三千即事之要。文云：「若事若理，皆以一念爲總。」解此一念，具兩種三千。依解立行，於一念心，觀此三千。文云：「教

① 合：卍續藏經出校記謂「合疑令」。

行皆以觀心爲要。」特指心者，萬法之本、衆病之源。心能具故，心能造故。荆溪門門結歸一念，天台的論境體唯在識陰，蓋以此也。推而廣之，一大藏教無越此心，故曰一期縱横，不出一念。故知指要，其功莫大。【案】「介爾之心」，摩訶止觀卷五謂：「若無心而已，介爾有心，即具三千。」

〔七〕【詳解】謙已，以記歲月，聊備學徒温故誦習，豈敢期望明達之士批覽研詳？

〔八〕【案】景德元年，當於公元一〇〇四年，時年知禮四十五歲。

【總釋】知禮自叙，天台講者疏釋十不二門，義有未允，令荆溪妙解昧於當世，因而述指要鈔予以辯正。他認爲諸家著述「事理未明，解行無託」，根本原因在於解一念爲真性，因而特別提出「指介爾之心爲事理、解行之要」，這正是指要鈔的核心思想。

十不二門〔一〕

唐〔二〕荆溪尊者湛然述

鈔曰：此文題目，多本不同。或云法華本迹十妙不二門，或無「本迹」二字，有唯云玄文十不二門，此或以所通之義、所釋之文而冠於首，蓋不忘其本也。而盡是別録者私安，取捨由情，無勞苦諍〔三〕。

若「十不二門」四字，乃作者自立，故文云：「爲實施權，則不二而二；開權顯實，則二而不二。法既教部，咸開成妙，故此十門，不二爲目。」須據此文，釋其題旨。豈非四時三教所談，色心乃至受潤，無不隔異，故皆名二；今經開會，實理既彰，十異皆融，互攝無外，咸名不二〔四〕。即以不二當體爲門。然亦可云十不二爲能通，十妙爲所通。

問：妙即不二，不二即妙，俱名俱體，何分能通、所通？答：今不以麤妙分能所，亦不以名體分之。蓋以十妙法相該博，學者難入，此文撮要，徑顯彼意，乃以略顯廣，以易通難，義立能通、所通〔五〕。

數至十者，蓋從十妙而立。雖立門對妙，互有多少，而不虧本數也。此且總明，待至釋文，更爲點示〔六〕。

若欲標述作人者，即是荆谿尊者。既是後人録出，不可正斥其諱〔七〕。

校釋

〔一〕【案】十不二門，從法華玄義釋籤卷十四中録出别行。别行本所傳有二系：一即示珠指所依本，據示珠指跋，從二三道侣處得，源清將之與多部古本釋籤對勘，發現與另一系别行本有二十餘字不同，此本與卍續藏經第一〇〇册收十不二門義（目録中署「唐道邃録出」）爲同系。一是宗昱所依本，見録於洪武南藏、永樂北藏、大正藏等，源清稱之爲别行本。知禮所依應是從當世釋籤流行本中另外録出。

〔二〕【案】洪武南藏無「唐」字。

〔三〕【詳解】十門本出釋籤，初無題目。後人録出，各隨己見，以立首題。且示三家，初是昱師，次是清師，第三莫知誰立。雖所立異，不出二義。初二是所通之義，第三是所釋之文。所通義者，十門爲能通，十妙爲所通。所釋文者，籤爲能釋，玄爲所釋。不忘本者，要見十門出於大本故。「取舍」等者，示珠指立題云法華十妙不二門，又云：「有本題妙法蓮華經本迹十妙不二門，或云法華本迹不二門，或但稱本迹者，並後人增損，今所不用。」問答決疑中，廣破他人立題。今鈔主暗破之。諸師立題，盡是私安，非荆溪意，取彼捨此，皆由人情，何勞苦興諍競，廣破他人立題之不當耶？尊者之意，只云十不二門，故云作者自立，引下文釋之。孤山正義云：「義家抄録，往往別行標立題目，二三其說，吾將適從。今依行滿法師涅槃記，指爲法華玄記十不二門。況滿是荆溪門人，必也親聞呼召。故依彼記以立總題，雖違衆，吾從古也。」雖云有據，恐非作者之意。學者孰不知此文出自今經玄記耶？【案】關於釋籤中十不二門文的立題，源清、智圓均有議論，如詳解引。據法華玄記十不二門正義序，智圓依行滿述涅槃記，題爲法華玄記十不二門。行滿，唐代天台宗僧，湛然門人。

〔四〕【詳解】正釋題目。初釋「不二」。爲實施權，意在於實，實本不二，順權機故，分隔而説，故云「不二而二」。開權顯實，意在於權，權既同體，不動纖毫，故云「二而不二」。「法既」等者，荆溪云：「若不約教，則不知教妙。若不約部，則不知部妙。」境等十法，既約教約部判，後開之則此十皆妙。今此十門，依十妙而立，宜名不二也。須據開顯妙旨而釋，方異昔經之不二也。「豈非」下，正釋不二。約今昔對，分二與不二。約教則三教爲二，約部則昔圓兼帶，亦非不二。以四時三教，未證①三千，三諦無不差別隔異，故此十法，皆名二也。今經開顯三千實相妙理，彰明十法隔異悉皆圓融，舉色則色攝於心，色外無法，舉心亦然，乃至受潤亦爾，故云「互攝無外」。

【案】「法既教部」，教謂藏通別圓四教，部一般指十二部經，天台典籍中通常代指佛所説經的部別，即各部經典。四教教義，或有專經敷演，謂之有教有部，或散在各部教典中，謂之有教無部，如通教。「四時三教」，四時指法華涅槃時之前的華嚴時、鹿苑時、方等時、般若時，三教指圓教之前的三藏教、通教、别教。「今經開會」，今與已相對，已經謂前四時三教，今經謂法華經。已經是權説，至今經始開權顯實、會三歸一，開、會乃今經意趣所在。「十異」，色心、内外、修性等十對名義，彼此相待而立，謂之異，即二。

〔五〕【詳解】次釋「門」字。門有當體、能通二義。初句當體。「然亦」下，能通。當體者，不須更約能通、所通，即不二體便能通入。孤山云「不二即門」，亦此謂也。法華開顯三千妙理，當處虛通，法法趣入，以爲其門，故曰當體。經云：「開方便門，示真實相。」此方便、實相，各有當體、能通二門。疏八（二十四）云：「實相不二，當體虛通，故名爲門。如淨名不二門、華嚴法界門等。」記八

①　證：卍續藏經出校記謂「證疑談」。

云：「無礙名虛，無壅曰通，故得全體，成能通門。」四明云：「門外無理，能所泯亡。」「然亦」等者，十門雖皆當體，然約義立，亦有能通、所通。以門爲能通，妙爲所通。「故生」下，問：凡言能通，必以能通之麤，通於所通之妙，今不二即妙，妙即不二，何分能所之殊？名體言之，名爲能通，體爲所通，今不二與妙俱得爲名，俱得爲體，那分能所？答中「不以麤妙」，答上初義，「不以名體」，答上次義。「麤妙分能所」者，妙玄第九，就能所判麤妙爲四句：「自有能通麤，所通亦麤；能通妙，所通麤；能通麤，所通妙；能通妙，所通亦妙。」又云：「門名能通，理是所通。」即名、體分能所也。今之能所，並非此二。蓋以玄文十妙，所談法相該羅廣博，學者難以造入。此之十門，撮其綱要，徑直顯彼十妙之意，乃以十門之略，顯彼十妙法相之廣，對上「法相該博」言之。十門，門門結歸一念修觀之易，通彼十妙文文之下散漫觀心之難，對上「學者難入」言之。以此難易、廣略之義，立於能通、所通爾。【案】詳解中「疏八」指智顗述法華文句卷八，「記八」指湛然述法華文句記卷八。法華經法師品：「此經開方便門，示真實相。是法華經藏，深固幽遠，無人能到，今佛教化成就菩薩而爲開示。」法華文句卷八釋：「實相亦二義：一，當體虛通，故名之爲門，如淨名不二門、華嚴法界門等。二，能通方便作門，劉虬云：通物之功，乃由乎一，故一爲方便之門；汲引之效，頗賴於三，故三爲真實之相。言非三則方便之門得開，語唯一則真實之相可示。」法華文句記又釋：「虛通者，釋實當體爲門。無礙名虛，無壅曰通，故得全體成能通門。含受一切，無所隔礙，得名爲門，遍一切處，無非門故。是則約實，無通而通，故云「不二」及以「法界」。法界即門，名法界門，不同算砂當體門也。二，能通方便作門者，使方便至實，故名能通。若非實相之力，方便無由得開。故知秖一實理，從二得名。由虛通故，令他所歸。如赦體遍原，罪無不釋。」「十妙」，法華玄義所立迹中十妙，謂境妙、智妙、行妙、位妙、三法妙、感應妙、神通妙、説法妙、眷屬妙、利益妙。「麤妙分能所」，法分粗妙，一待粗爲妙，二絶待爲妙，今所論能所，不以粗爲能通、妙爲所通。「名體」，不二、妙是名，皆指謂實相正體，故設問中謂「俱名俱體」。名、體即「五重玄義」之前二重。知禮區分能所，不以名爲能通、體爲所通，但以十不二爲門、爲能通，十妙之文爲所通。文心解云：「當以觀行爲能，心性爲所。」據此批判知禮「以略顯廣，以易通難」之論，「尚失於能，況得其所」。

〔六〕【詳解】釋「十」字。十是數方。方者，法也。如華嚴中，凡諸法門，以十爲數。（輔行。）從十妙立者，從所通妙，立能通門。妙既有十，門亦如之。雖立門對妙，或門多妙少，或門少妙多。門之與妙，彼此皆十，故云不虧。「此且總明」者，今且總明釋題，待至消釋別文，門門之下，點示不二之旨。如釋色心門初云：「故今攝別入總，特指心法，明乎不二。以此爲門，則解行易入。」內外門云：「復爲顯其妙義，必須內外互融，隨觀一境，皆能遍攝。此之不二，悉得稱門。泛論雖爾，一家觀法，皆用內心妙義爲門。」下去諸門，亦皆點示。或指立門對妙科，或指出門名義者，皆非。

〔七〕【案】荊谿尊者，即湛然（七一一—七八二），俗姓戚，常州晉陵荊溪（今江蘇宜興）人，後世亦呼爲妙樂大師，佛祖統紀奉其爲天台宗第九代祖師。

【總釋】解題，並述作人。由於此文自釋籤録出別行，立題不一，知禮取「十不二門」爲題。至於題旨，據序中「爲實施權」等語爲釋，即意在將一代時教「咸開成妙」，因而十門以不二爲題目。據知禮分析，「爲實施權」，前四時三教是方便施設，色心等隔異，名二，法華開權顯實，色心等二皆融即，名不二，故諸法當體即是不二，不二即門。門以通爲義，十不二爲能通，所通即十妙。十妙文所揭即是不二，故立十不二門以通此文。

然此迹門，談其因果及以自他，使一代教門融通入妙故。

釋文爲三：初，總叙立意；二，從「一者」去，列門解釋；三，「是故十門」訖文，結攝重示。此三，即擬三分也。初又四。初叙前文，立述作之意，又二。初叙前，又二〔一〕。

初，叙教廣〔二〕，二。初，十妙意。「然」者，是也，即領上之辭，亦信解之語，若不信者，乃云不然。「此迹門」等者，指上玄文所談十妙〔三〕。境、智、行、位，因也；三法，果也。感應兼自他；神通、説法，是能化者作，屬自也；眷屬、利益，是所化者事，屬他也。故因等四，收十妙盡，一代教門，所明法相，豈過於此〔四〕？今於十義，皆用待、絶二妙而融會之，令無壅礙，故云「融通入妙」〔五〕。

校釋

〔一〕【詳解】「結攝重示」者，門門通入，乃結十門而攝十妙，重示一念三千三諦，觀行易明。鈔末云

「結文示意」，以十門、十妙理一，結文重示，即示意也。「擬三分」者，三分本爲分經，但可比擬而已。「總叙立意」，擬序分，以今正明十門，先總叙玄文，以立十門之意。「列門解釋」，正明十門，可擬正宗。「結攝重示」，既結十門，重示觀意，可擬流通也。荆溪科節止觀，亦擬三分。【案】「擬三分」，即序分、正宗分、流通分，爲釋經通例，仿三分架构釋十不二門，謂「擬」。「初叙前，又二」，大正藏校「又」一作「文」，則應讀作：「初，叙前文，二。」

（二）【案】「教廣」並下「觀略」，天台宗以解與行、教與觀的有機統一爲歸趣，所以法華玄義、法華文句雖以闡釋教相爲正，同時亦旁論觀心，令聞者即心而觀諸法，摩訶止觀雖以觀心爲正，同時亦旁涉教相，令行者觀心而不離於教。教廣觀略，或教正觀旁，指法華玄義以廣明教相爲正，以略明觀心爲旁。

（三）【詳解】科「十妙意」者，迹門所談境等十法，意開一代教門無不皆妙故也。初三句十妙，後二句明意。「然」即領上之辭，「此」即指法之語。荆溪釋迹門竟，搜括大意，而成此書。故於文初，領上十妙，故云「然此」等也。「迹門」者，迹謂足迹。玄七（八）云：「如人依處，則有行迹。尋迹得處。」文心解云：「望本爲名，皆從喻立也。如人從本處則有行來之迹，故因其迹以通其本。」門者，迹中化用，通至實相，故稱門也。【案】「玄文」，指法華玄義迹中十妙文。

（四）【詳解】十法雖廣，不出因果、自他。因收境、智、行、位，果收三法。自收能應、神通、説法，他收感及眷屬、利益也。境等爲因，三法屬果者，蓋本玄六（初）云：「上來四妙，名爲圓因。三法祕藏，名爲圓果。」位妙通因果，今總名因者，籤云：「位妙若立，實通因果，爲對三法，且從因説。」因果自他，四明、孤山前五妙是同，於後五妙，四明兼自他，孤山唯屬他。正義云：「自他者，攬前五妙名自行因果，對後五妙名化他能所。妙玄云：前五約自，因果具足。後五約他，能所具足。」「既云約他，則唯屬他。四明何云通自他耶？」今謂：玄文雖約自他對前後五妙，既云「後五約他，能所具足」，能所即是自他。下文云：「能化所化，自他義藴。」其中能化者作，現通説法，是果上作用；所化者事，所化之機，天性相關，則成眷屬，無不蒙潤，則成利益，並所化邊事也。【案】前四妙名圓因，三法妙名圓果，法華玄義卷六云：「境妙究竟顯，名毗盧遮那。智妙究竟滿，名盧舍那。行妙究竟滿，名釋迦牟尼。三佛不一異不縱横，故名妙果。」此約三佛而明果妙。

〔五〕【詳解】十義，十妙也。待謂相待。彼此互形曰相，以他望己曰待。以法華之妙形四時爲麤，以四時之麤形法華爲妙。待者，前四時爲所待麤，法華爲能待妙，故云相待。絶待者，絶前諸麤，無復形待，故名爲絶。相待論判，出前三教四時之上。絶待論開，復能開前，令皆圓妙。籤云：「圓中約時，待、絶俱妙。」而融會之，釋融字，謂法法皆融，令無壅礙；釋通字，謂法法通入。

【案】妙有待妙、絶妙，待妙指相對粗法而爲妙，絶妙指絶待而爲妙，即妙不可言之妙。就破、開而言，前三教皆屬破粗顯妙，圓教則開粗顯妙。破則隔異，無明與法性相離；開則圓融，無明與法性相即。

【總釋】釋文分三：一，總叙立意；二，列門解釋；三，結文示意。第一部分又分四節，第一節總結迹門十妙文意，明十不二門的述作之意。十妙不出自行因果與化他能所，意在「使一代教門融通入妙」。關於因果自他，智圓以自行因果對化他能所，知禮認爲後五妙中，能化屬自，所化屬他。具如詳解。

凡諸義釋，皆約四教及以五味，意在開教悉入醍醐。

二，「凡諸」下，衆釋意〔一〕。如初理境具有七科，一一皆用四教揀之，意開藏等俱圓。復以五味判之，欲開兼等皆妙，即使醍醐之外更無餘味。如此釋之，方稱妙法〔二〕。智、行乃至利益，各明種種法相，無不皆用四教五味，判後開之，皆成極味〔三〕。

校釋

〔一〕【詳解】「衆釋」者，境有七科，智明二十，乃至利益，各明法相。「意」者，於此諸釋，皆用教味，先判後開，俱圓俱妙。「開教」等者，約教則開三教入圓，約部則開四味入醍醐。正義云：「開教不語入圓，入醍醐不語開味，影略互顯，巧妙若斯。」【案】「衆釋意」，玄義以十妙概括法相事數，皆約四教五味給予解析，目的就是爲了開權顯實、開粗顯妙。

〔二〕【詳解】「理境」者，實相妙境，爲智所照。從本具邊，故名理境，柬判也。【案】「理境」，境即是理，並稱爲理境，指第一境妙。「七科」，法華玄義明迹中境妙文，開境爲七科，即十如、因緣、四諦、二諦、三諦、一諦與無諦。無諦不可說，無文。「兼等」，謂兼、但、對、帶。華嚴說圓兼別，三藏但說藏教，方等對小明大，般若帶方便說圓。法華「正直捨方便，但說無上道」，無復兼但對帶，故謂之妙。「五味」，乳味、酪味、生酥味、熟酥味、醍醐味，分別對應五時教。

〔三〕【案】上約境妙論，以境例後九妙，所明法相，同樣約四教五味解析，開之令妙。

【總釋】十妙談因果自他，廣釋法相，基於法相分別而開決成妙。法華玄義卷十釋教相文云：「若弘餘經，不明教相，於義無傷。若弘法華，不明教者，文義有闕。」法華以佛之知見爲諸法實相，佛之知見不可說示，須假思議境詮表不思議境，所以欲論法華之玄義，須約四教五味辨，而以妙境爲依歸。

觀心乃是教行樞機，仍且略點，寄在諸說，或存或没，非部正意，故縱有施設，託事、附法，或辯〔一〕十觀，列名而已。

二，「觀心」下，叙觀略〔二〕。「樞」即門之要也，「機」謂機關，有可發之義〔三〕。蓋一切教行皆以觀心爲要，皆自觀心而發。觀心空故一切法空，即所修諸行、所起諸教皆歸空也。假、中亦然。豈不以觀心爲樞機邪〔四〕？然今玄文，未暇廣明，寄諸文末，略點示爾。又雖據義，一一合有，爲避繁文，故有存没。如十二因緣境後則有，四諦則略〔五〕。蓋有止觀對此，明乎教觀旁正，如常所說〔六〕。託事則借彼事義立境立觀，如王舍、耆山等。附法則攝諸法相入心成觀，如四諦、五行等〔七〕。既非專行，故十乘不委。此即義例約行等三種觀相也〔八〕。

校　釋

〔一〕【案】「辯」，釋籤、示珠指、十不二門義等均作「辨」。

〔二〕【詳解】觀即能觀妙觀，心即刹那妄心。稟教修行，莫不由觀心顯發，故喻樞機。「樞機」者，要也，發也。易曰：「言行，君子之樞機。樞機之發，榮辱之主也。」樞喻教行以觀心爲要，機喻教行從觀心而發。如云：「教不觀心，如貧數寶。行不觀心，非涅槃因。」「仍且」下，明玄文觀略之意。觀心雖是教行之要，但玄文正明五重玄義出諸教上，觀且傍示，止觀則委明行相，故於今文但略點示。

〔三〕【詳解】上二句就譬釋。樞謂門臼，門若無樞，則無開閉之功，故云要也。機謂弩牙，弩若無牙，則無啓發之用，故機有可發之義也。

〔四〕【詳解】「蓋一」下，就法釋。以觀心爲要，合樞要義。觀心爲教之要。果上偏圓、漸頓諸法，皆我心具。行者必須攝法歸心修觀，故至果成，稱性設化。四教義：「問：四教從何而起？答：依①三觀起。」觀爲行要者，所修六度萬行，皆因心本具，故全性起修，名無作行。皆觀心而發，合上

① 依：四教義作「從」。

發義。由觀心故理顯，出①觀心故果成。若非三千空假中，安能成兹自在用？故教行皆自觀心而發。觀心空故等者，一切諸法若教若行，皆心本具，若觀心空，則所修六度萬行、果上所起諸教，皆歸空寂。空觀既爾，假、中亦然。説雖次第，用在一心。只於一心，宛有三用。此亦爲下起教觀之張本也。

〔五〕【詳解】「然今」下，釋仍且略點等。未暇廣明者，觀心雖爲樞要，以玄文正明開解，未暇委明。乘境寄者，非部正意故。因緣境後則有者，玄二（十九）明觀心者，「一念無明即是明」，乃至「一念之心既具十二因緣，觀此因緣，恒作常樂我淨之觀，其心念念住秘藏中」。四諦則略，玄二（二十二）：「觀心可知，不復記也。」以有釋存，以略釋没。非全無爲没，但觀心語略，其文隱没耳。或云二句並釋或存，没則不釋。箋要②云：「以略釋，存没固可知，不復更出也。」【案】「四諦則略」，法華玄義釋因緣境文，有觀心一節；釋四諦境文，綱目中亦列觀心一節，却略而不記，謂「觀心可知，不復記也」。概智顗實説觀心，灌頂爲避文繁而略去。

〔六〕【詳解】教觀傍正者，樞要云：「此文興致，正爲於觀。教觀傍正，須知二意：一，約三部所自之文；二，約一家傳通之旨。三部所自，則傍正互有。如義例云：如法華玄，雖諸義之下，皆立觀

① 出：疑當作「由」。
② 箋要：宋柏庭善月述附鈔箋要，即十不二門指要鈔箋要。見佛祖統紀卷二五山家教典志第十一録柏庭著述。

心，然文本意明五重玄義出諸教上，則教正觀傍。託事興觀，義立觀心。若今止觀縱用諸教，意在十法以成妙觀，則觀正教傍。一家傳通，則唯觀爲正。是故三部皆以觀心而爲正要。」乃至「以從文故，玄既觀傍，故於十妙，觀有存没。今用①旨故，玄亦觀正，故撮十妙，爲此十門。門門既乃即心，妙妙無非是觀。若談觀文言，望於止觀，此中極略。若談宗旨，望於止觀，今文頗周。以止觀宗旨，無出三千即在一念。今以三千不二，點示一心。心全是妙，妙不出十。若曉十妙，止觀可知，故云一期縱横等。」【案】止觀義例謂：「如法華玄，雖諸義之下皆立觀心，然文本意明五重玄義出諸教上，則教正觀旁。託事興觀，義立觀心。教中則以權實本迹爲主，常以五味八教以簡於權，並以世界塵數以簡於迹。若本迹交雜，教味疏遺，無以顯於待、絶二妙，餘味餘部，以類求之，則可知矣。若今止觀縱用諸教，意在十法，以成妙觀，則觀正教旁。爲顯實理，旁通諸教，復爲生信，旁引諸經。」

〔七〕【案】「王舍」，即王舍城，音譯羅閲祇，有譯爲王舍國，中印度摩竭陀國都城。「耆山」，全稱耆闍崛山，意譯爲靈鷲山、鷲頭、靈山，位於王舍城東北，佛陀説法地之一。「五行」，指聖行、梵行、天行、嬰兒行和病行，如法華玄義卷三行妙文釋。

〔八〕【詳解】「既非」下，釋或辨十觀。謂玄文既非專明觀行，是故十乘不暇委明，但列名耳。然後總

---

① 用：十不二門樞要作「從」。

結，指向所明託、附二觀，顯名所出，即義例文中約行、附法、託事三種觀相也。

三種觀法。初，名義。三種觀法，義藴經疏。天台依諸大乘經立四種三昧，修十乘觀法，直就陰心，顯三千法，即從行觀義。又依諸經，於玄、句，約事相、法相入心成觀。託事謂心爲能託，依、正事爲所託。附法謂心爲能附，諸法門爲所附。即事、法兩觀之義。荆溪考覈其義，立三種名。故義例云：「夫三觀者，義唯三種。一者從行，唯於萬境觀一心，萬境雖殊，妙觀理等。二約法相，如四諦、五行之文，入一念心以爲圓觀。三託事相，如王舍、耆闍，名從事立，借事爲觀，以導執情。如方等、普賢，其例可識。」

次，用與此三種觀。妙玄、文句各有事、法。玄約四諦、五行等，即是附法，託感應等事修觀，即託事也。句釋如是我聞等即附法，王舍、耆山即託事也。以玄、句消經，而於事相、法相文末，令行者附、託觀心，免數他寶，故缺從行。止觀正明十法成乘，如正修章，專約一心修乎十觀，前六章廣開妙解，縱明事相觀心，亦只助成約行觀爾。若義例以三種敵對三部者，乃引三部三觀顯文，示其觀相也。

三，修不。問：事、法二觀，可造修不？修則乘境不備，不修則立觀何爲？答：山外一宗，謂事、法觀門，不通修習。所以玄、句立觀心者，有二義焉。一爲已修止觀者，令其不忘本習故。二爲未修止觀者，忘於封滯，令知起行必依止觀故。四明義書引妙玄「觀心即聞即行」，釋籤「隨聞一句，攝事成理，不待觀境，方名修觀」等文示之，乃轉計云：「不論立陰。」四明引「正當觀陰具」，如止觀第五去文，「又諸觀境不出五陰」等文逐之，又轉計云：「我本自問於陰揀境，諸文所無，不問通立陰境。」四明又引妙樂「揀境及心」，妙玄「由一心成觀」等文爲證。既被四明前後窮逐，義皆破壞，不足評矣。四明建立三種觀法皆可造修。義書五云：「三種觀法，皆爲行立，俱可造修。若但論教義，不觀己心，如貧數他寶。」尊者之説，懸合吾祖所立觀心之意，深符「即聞即行」、「立陰揀境」之文。然乘境不備，若爲修習？據義書，有乎四意。一者咨稟口決。如云：「豈非大師説諸玄疏，多在圓頓止觀之前；所談玄疏，正開座下行人圓解。蓋兼有觀行之機，欲修觀法，故託於事相、法相，立乎觀門，令其即聞即修，得益者何限。豈待玉泉唱後，尋之方修耶？或於事、法，觀道有壅，則咨稟口決，而通達之。」二以廣決略。文云：「大師滅後，傳持此教爲師之者，必須懸取止觀之意而開決之。荆溪數於記中指乎止觀，乃令講授之人取彼廣文，決兹略觀，既得決通，乃於事、法觀門，便而修習。豈須背今見講，自尋止觀耶？」三從行度入。文云：「若於師門，先聞止觀，久曾研習，今覩玄疏事、法觀門，則用本習觀法，度入事、法觀門而修，或因兹得悟，乃名事、法觀門悟入，非是約行觀中得悟也。」四略論三觀。文云：「又一種根性，只於事、法觀門，修之得悟，亦不待尋止觀，故法華三昧只約一念妄心，略論三觀，乃有三品證相。」已上四義，並是十義書發明隨聞事相、法相，攝歸内心，成乎理觀，不待尋彼止觀專示觀境，方名修觀。若山外既謂事、法不通修習，釋彼文云：隨聞一句，事相、法相，攝歸真理，便是觀心，不待託陰修觀。此與四明説義，優劣可見矣。

四，兼獨。事、法二觀，皆有兼含之義。如光明玄「觀心三菩提」云：「若知即空真諦菩提心，度妄亂心數之衆生」，「若真即假俗諦菩提心，度沉空心數之衆生」，「雙忘二邊，即發中道第一義諦菩提心，度二邊心數之衆生」。菩提屬法，衆生是事，法中兼事，故記作附法含託事釋。光句：「以四方佛，表四諦智。」佛即是事，四諦屬法，事中含法，故句記作託事兼附法釋，云：「行者應知，借四方佛，表四諦智，此乃託事含附法也。」且行人心無並慮，何得兼含而修？當知但約兼含釋義，不約兼含修觀。若從行一種，無兼含義。舊謂淨名疏釋「法無衆生」等諸句，一一皆以生空觀，歷心及餘陰入諸法而觀。義書判云：「乃是用於約行觀門，修附法觀。」以爲附法含從行。又據方等歷幡壇道具，是從行兼託事。今謂「法無衆生」之文，四明謂以從行觀，修附法觀，觀成即附法觀成，非法含從行。若方等乃修三昧者，傍歷幡壇等事，非從行兼事也。

五，内外事理。從行通觀内外，事、法惟局内心。如四三昧，屬從行觀。四行中，修十乘觀，正觀内心。至例餘陰入，歷緣對境，則通觀内外。十六觀經觀佛，亦從行外境。附法乃附四諦、五行法相，入心成觀。託事則借事表託内心，唯局内心，不通外境。通事理者，上三三昧并諸經行法屬理，縱任三性是事。理觀觀陰心本具三千，事觀觀變造三千。舊謂事、法亦通事理，今不取焉。

六，料簡。問：輔行標歷結託，義例引歷例託，其義云何？答：諸文凡約事相明觀，皆名託事。文句借城、山事，表對五陰，正論修觀。止觀以正觀心，傍歷事儀，表對法門修觀。觀門雖異，表託義同。故得諸文，通稱託事，則標歷結託，引歷例託，二俱無妨。請觀音疏以大林精舍，明託事觀，與城、山同。義書云：「大林精舍是依報色入，以理智體之，正同方等、普賢歷尊容道具，用法門體達，此則方是託事之觀。」大悲懺儀云：「二、託事者，觀音一身有千手眼，手有提拔之力，眼有照明之用，即是一千神通智慧也。」又云：「三①種觀門，相須而進。」此與止觀傍歷義同，皆可稱託事也。問：四種三昧收諸行盡，且四三昧自屬從行，何云收諸行盡？答：諸經所明行相，不出四種，故云收盡。事、法二種，乃吾祖於玄、句事相、法相，立此觀心，令行人攬彼事、法，入心成觀，不可爲難。故縱諸文末有明觀心，但是附法、託事。雖位妙中略列十乘之名，既非專行，亦不委明，故云或辨等。【案】「十乘」，即觀心十法，依次謂觀不可思議境、起慈悲心、巧安止觀、破法遍、識通塞、修道品、對治助開、知次位、能安忍、無法愛。摩訶止觀約行觀心，謂之專行，法華玄義廣釋法相，故雖立觀心，但不對十乘窮源竟委。「三種觀相」，止觀義例卷下謂：「夫三觀者，義唯三種：一者從行，唯於萬境觀一心，萬境雖殊，妙觀理等，如觀陰等即其意也；二約法相，如約四諦、五行之文，入一念心以爲圓觀；三託事相，如王舍、耆闍，名從事立，借事爲觀，以導執情，即如方等、普賢，其例可識。」

【總釋】十妙文，教廣觀略，明教相則意在開決入妙，攝法相、事相入心作觀，但略示，至於十乘觀

---

① 三：千手眼大悲心呪行法作「二」。

法，列名而已。「觀心乃是教行樞機」，鈔據此句謂十不二門以成觀體爲述作之意。湛然將天台所示觀修方式概括爲三種觀相，詳解所釋最爲系統，故全録於此。

所明理境、智、行、位、法，能化所化，意在〔一〕能詮，詮中咸妙。爲辯詮内始末自他故，具演十妙，搜括一化，出世大意，罄無不盡。

二，「所明」下，立意，又二。初，重示大部意〔二〕。更舉十妙，方出其意〔三〕。能化即應，并神通、説法也。所化即感，及眷屬、利益也。此十乃〔四〕是一代教中能詮名字。大部明此，意在開顯諸名咸妙故也。須辨十者，欲收始末自他盡故。始謂境等，即自行因；末謂三法，即自行果。自他如前。若辨此十，一一咸妙，則了如來出世意〔五〕盡。

校釋

〔一〕【案】「在」，十不二門義作「有」。

〔二〕【詳解】科「重示大部意」者，向叙前文教廣、觀略，今欲正明述作意，故重示之，以爲下妙解、妙行之張本也。「意在能詮」等者，大部明此境等十妙是能詮名，意在開顯一代教中因果自他之法無不咸妙。「爲辨」等者，示須十妙所以，如來出世，施設一化，無出自行因果、化他能所，故演此十，則一化大意，該攝無遺。文心解曰：「不談十妙，攝法不周。不論一化，示妙不遍。」十妙釋題是能詮名，詮於題下別文，故云詮中、詮内也。【案】「大部」，指法華玄義。

〔三〕【案】「意」，大正藏出校記謂又作「義」。

〔四〕【案】「乃」，洪武南藏作「人」。

〔五〕【案】「如來出世意」，法華經方便品謂：「諸佛世尊唯以一大事因緣故出現於世。舍利弗，云何名諸佛世尊唯以一大事因緣故出現於世？諸佛世尊欲令衆生開佛知見、使得清淨故出現於世，欲示衆生佛之知見故出現於世，欲令衆生悟佛知見故出現於世，欲令衆生入佛知見道故出現於世。舍利弗，是爲諸佛以一大事因緣故出現於世。」

【總釋】將明述作之意，先重示法華玄義的述作意趣。十妙爲能詮名，搜括一代時教，辨析因果自他，無不絶妙，如此方顯「如來出世意」。法華玄義卷一明開權顯實意云：「開權顯實者，一切諸法莫不皆妙，一色一香無非中道，衆生情隔於妙耳。大悲順物，不與世諍，是故明諸權實不同。故無量義云『四十餘年三法四果二道不合』，今開方便門示真實相，唯以一大事因緣，但説無上道，開佛知見，悉使得入究竟實相。除滅化城，即是決麁，皆至寶所，即是入妙。若乳教四妙與今妙不殊，唯決其四權入今之妙。是故文云『菩薩聞是法，疑網皆已除』，即此意也。決酪教四權、生蘇十二權、熟蘇八權，皆得入妙。故文云『千二百羅漢，悉亦當作佛』，又云『決了聲聞法，是衆經之王，聞已諦思惟，得近無上道』。方等、般若所論妙者，亦與今妙不殊。開權顯實，其意在此。」如來示人無諍法，約實諸法皆妙，奈何衆生情隔於妙，故説權實法，至今經則開權顯實，決諸粗法皆妙。如無量義經云：「以諸衆生性欲不同，性欲不同，種種説法。種種説法，以方便力，四十餘年未曾顯實。是故衆生得道差别，不得疾成無上菩提。」又云，佛法如水，能洗垢穢，水性是一，但因江、河、井、池等而有别異。開權顯實、開粗顯妙，正是法華玄義的立意所在，此意即爲法華所詮核心思想。

故不可不了十妙大綱〔一〕。

二，「故不」下，正明今述意，二。初，爲成妙解。欲知此十皆妙，須了開顯大綱，即三千世間俱空假中，是今經之大體，能開之絶妙〔二〕。境即此故事理俱融，智發此故無緣，行起此故無作，位歷此故相攝，三法究盡此故果滿〔三〕，生具此故一念能感，佛得此故無謀而應，神通用此故化化無窮，説法據此故施開自在，眷屬全此故天性相關，利益稱此故無一不成佛〔四〕。今此十門，正示於此，若能知者，名發妙解〔五〕。

校釋

〔一〕【案】「綱」，十不二門義作「經」。

〔二〕【詳解】「三千世間俱空假中」者，世是隔别，十種五陰，十種假名，十種依報，隔别不同，故名世；間是間差，三千種世間差别，不相謬亂，故名爲間；以三千法皆因緣生，是故一一即空假中。「今經大體」者，法華三周開顯，並以三千爲體。輔行云：「十妙是今經權實正體，亦大車體，亦實所體。」「能開」等者，妙樂云：「若不先了能開之妙，將何以爲所開之麤？」

〔三〕【詳解】「境即」等者，「此」字即指三千大綱，七科諦境不出三千，理本圓融，事寧隔異，理即性具，事即變造，具變不二，故曰俱隔，色心門從境妙立，故荆溪名事理不二門也。「智發」等者，以智緣境，智爲能緣，境爲所緣，以境發智，境爲能發，智爲所發，三千妙智既全境而發，境智一如，緣即無緣。「行起」等者，進趣名行，即修治造作，全性德三千，起修德妙行，以性奪修，修德無功，故稱無作。「位歷」等者，位位皆具三千，故一一位具攝諸位功德，初阿字門具四十二字，後荼亦爾，故云相攝。「三法」等者，妙乘三軌，真性遍周，觀照圓導，資成助發，唯佛究盡，故稱果滿。

【案】「位歷此」，位指修行證果之位階。圓教五十二位中，十信屬内凡位，十住、十行、十回向屬内凡三賢位，十地及等覺、妙覺屬聖位，相對妙覺極果而言，十地、等覺仍屬因。

〔四〕【詳解】「生具」等者，生雖在迷，理體本具，衆生由理具三千故能感。「佛得」等者，諸佛由三千果滿故能應，所謂任運真化，不須謀作，如月不下降，水不上升，水月一際，感應道交。「神通」等者，神名天心，通名慧性，與六法相應，用此三千，任運化物，化復作化，化化無窮。「説法」等者，五時説法，憑據此三千，施則稱性，被機分隔而説，開則稱理示妙，無不圓融。「眷屬」等者，前機受道，即成眷屬，既全三千，故得父子天性，自然相關。「利益」等者，十種利益，稱三千故，七方便人來至今經，咸成佛道，如三草二木，皆一地所生、一雨所潤也。

〔五〕【詳解】今此十門，正示此十妙大綱，以十法皆即三千三諦，故皆稱妙。能知此者，名發妙解。爲此義故，十門所由作也。若能知者，名發妙解，是發明荆溪開發妙解，故述此十門，不離一念，令修觀者易入。序云「荆溪妙解」，蓋謂此也。【案】「妙解」，亦謂圓解，下之「妙行」即圓行，均爲天台宗術語。

【總釋】一念三千世間即空假中，就是十妙大綱，即法華經體，或諸法實相、佛之知見、如來秘藏、無上道等，依此絶待妙境，方能開顯決了一切法皆妙，故謂「能開之絶妙」。如下文示，此綱亦即一部玄義所揭，統領一切法相，乃一代時教之旨歸，由摩訶止觀十乘觀法所證。鈔説爲「三千世間俱空假中」，三千世間涵蓋法界一切法，空假中是諸法之性，亦是觀法之維，謂之三諦，下文常説爲「三千之性」等，三千世間中舉任一法皆即空假中，故謂「俱」。俱融、無緣、無作、相攝、果滿、無窮、自在等語，詮表境等十皆妙，妙即開顯大綱，不知此則不能算作發妙解。

故撮十妙爲觀法大體。

二，「故撮」下，爲成妙行〔一〕。言「觀法」者，十乘也。應知止觀十乘是別論行相，而一一乘不離三千即空假中，故云觀法大體〔二〕。義例云：「散引諸文，該乎一代，文體正意，唯歸二經：一依法華，本迹顯實；二依涅槃，扶律顯常。以此二經同醍醐故。」〔三〕是知用此十妙絶待之義爲觀體者，方譬日光不與暗共〔四〕。又此三千法門遍於諸法，若色若心，依之與正，衆生諸佛，刹刹塵塵，無不具足。故華嚴云：「如心佛亦爾，如佛衆生然，心佛及衆生，是三無差别。」〔五〕故今家釋經題「法」字，約此三法各具三千，互具互融，方名妙法〔六〕。

然雖諸法彼彼各具，若爲觀體，必須的指心法三千。故玄文云：「佛法太高，衆生法太廣，於初心爲難。心佛及衆生，是三無差別，觀心則易。」又義例云：「修觀次第，必先内心。」今家凡曰觀心，皆此意也〔七〕。故今文中撮乎十妙入一念心。十門示者，爲成觀體故也。若不爾者，何故節節唯約心説，豈塵刹生佛而不具邪？若不見此，全失今文述作之意也〔八〕。

校釋

〔一〕【詳解】撮，攬也，攬此十妙三千之法爲今止觀之大體而修妙行。述作意，荆溪於迹本二門之間立此十門有何深意？孤山正義云：「蓋荆溪大師，攬玄文教義入止觀行心，俾夫名字行人識法相之有歸達造修之無滯也。」又云：「悟理之要必在十乘，故荆溪恐後昆昧旨，乃於釋籤更立十門，結束十妙，咸歸止觀一念三千不思議境，方顯教不虚設，悟理有從。荆溪述作意在斯焉。」又云：「以彼觀門收此教義，以此義教識彼觀門。若欲造修，須依彼部。勿謂此文，便堪修行。」既云攝教歸行，唯以玄、觀，教理相對，義歸一邊，反顯事、法不通修習，乃見十門虚設，難可信從。淨覺文心解云：「述作之意不逾二焉。一爲攝教成觀，即前云故撮十門爲觀法大體。二爲示略知廣，即後文云使一部經旨皎在目前。然其後意亦成前意。」初云攝教成觀，無妨之説。次云示略知廣，以十門爲略，經文爲廣。況以後意成前，致使二義皆未明述作之意。法智科此文云：「爲成妙解妙行。且玄文十妙，大師縱辨宣揚，釋經題旨，豈非妙解？文文之下，立觀心釋，豈非妙行？又何假荆溪重述十門方成妙解行耶？須知玄文十妙，法相該博，學者難以造入。荆溪攬彼十妙攝作十門，門門結歸一念三千。以此三千是十妙之大綱，觀法之大體。乃以略顯廣，以易通難，正爲成於妙解妙行。」如此明之，深得荆溪述作之意矣。

〔二〕【詳解】觀法攝屬，問：荆溪述此十門，以三種觀法言之，屬何一種？若云從行，則部旨有妨。蓋妙玄唯明事、法，籤解玄文，豈是從行，反顯事、法不通修習，過同山外。若云託事、附法，且十門不約四諦、五行法相，及王城、耆山事相明觀，何名事法？答：須知的屬事、法二觀所攝。蓋由妙玄廣解十妙，文文之下，立觀心釋。或於四諦、五行文末，附彼法相，以明觀心。或託感應、神通事相，以明觀心。故今文云：「縱有施設，託事、附法。」然玄文正意，生解義強，觀且傍示。乘境不備，難以造修。若大師在日，説玄疏時，座下有觀行之機，咨稟口決而修習之，得益者何限？大師滅後，爲人師者，必須三部通達諳練，學者欲修事法之觀，懸取止觀十乘十境而開決之。荆溪懸鑒末代，神根既鈍，何能諳練止觀乘境之相？故於迹本二門之間，述此十門，門門結歸一念三千爲觀法之大體。稟學之徒，覩事、法觀心之文，若欲造修，不待遠尋止觀乘境，即觀一念具足三千三諦便能通入。所謂以略顯廣、以易通難，即此義也。故鈔云：「玄文雖立觀心，而且託事、附法，蓋非部意，故多缺略。若具論能成之功，須指摩訶止觀也。」又云：「此文乃行正解傍，與止觀同成觀體。」以由十門，門門皆顯三千，即是摩訶止觀十乘觀法之大體。若論能成，雖是止觀從行，須知正爲成就玄文事、法觀門，觀成則事、法觀成，非從行觀成也。是知十門即玄文總觀心文耳。能成既是從行，不妨通於内外二境。所成正是事、法，不與部旨相違。

或據攬彼無邊法相，攝作十門，作附法觀收攝。須知玄文本通事、法二觀，不可迷荆谿義例，以三種敵對三部，便謂玄文只屬附法。且十妙法相無邊，行人心無並慮，安可俱時而修。豈可見攬十妙法相，遽作此判。釋爲成妙行，初明絶待三千爲觀體。十乘觀法是所修行相，三千三諦即十乘之大體。别行玄記云：「止觀十乘是觀别相，三千空假中是觀總體。」别相雖有十乘，論其大體，只一三千。如云：「觀法非十，對根有殊。雖復根殊，但以不思議觀，觀不思議境。」十妙既以三千爲大綱，故撮開顯大綱爲觀法大體。大綱、大體，法、喻異耳。

〔三〕【詳解】「本迹顯實」者，迹門顯圓成之實，本門顯久成之實。文句分經云：「前十四品迹門開權顯實，後十四品本門開權顯實。」義例云：「所以始末皆依法華，此即法華三昧之妙行也。次用涅槃者，雖依法華咸歸一實，末代根鈍，若無扶助，正行傾覆，正助相添，方能遠運。」設三種權扶一圓實，名扶律顯常。金錍云：「指的妙境，出自法華。」此因野客問妙境所憑。故大部談圓極處，無非三千，妙境所出，獨在法華。今文通約一部言之。前六章廣開妙解，通乎大小偏圓。論其正意，歸於二經。由本迹顯實，談常顯性是同同①一味故。【案】大般涅槃經文涉律儀，謂「扶律」，明常住佛性及常樂我淨四德，謂「顯常」。

〔四〕【詳解】結顯云「是知用十妙爲觀體」等。「不與暗共」者，既指開顯十妙三千而爲觀體，方可喻如

---

① 同：疑衍。

日光赫奕，不與暗共。在昔諸經，大小並陳，權實各立，其猶燈炬星月，與暗共住。來至今經，指權即實，佛慧圓明，法界洞朗，其猶日輪當午，無處不南。妙玄云：「燈炬星月，與暗共住，譬諸經存二乘道果，與小並立。日能破暗故，法華破化城，除草菴故。」

〔五〕【詳解】「又此」下，明三千周遍，示唯心體具。初明諸法圓具。又者，更端之辭。遍於諸法，此句總標色心，是己色陰及四陰心。依正者，色心是正，國土屬依，生佛即十界正報，刹塵即生佛依報。即心佛衆生皆具三千。引華嚴如來林菩薩説偈爲證。彼文先明心造一切，次以心例佛，以佛例生，明三無差。

〔六〕【詳解】今家釋心造，有事有理，則三法各具兩種三千，方無差別。義書云：「以我一念之心，及一切衆生、十方諸佛，人人説於理具，各各論於事造，而皆互具互攝，方名三無差別。」「今家」等者，妙玄三釋法字，約心、佛、衆生三法，一釋衆生法云「一法界具九法界，則有百法界千如是」等。（次約佛法、心法釋云云。）今云三千廣略異爾。各具、互具者，隨境示具曰各，具體本同曰互。

〔七〕【詳解】「然雖」下，明觀體唯心。諸法體同，故彼彼圓具。今欲修觀，須揀難從易，的指自心，故引二文爲證。佛法等者，義書云：「是則諸佛亦有心，衆生亦有心。若隨淨緣熏起作佛界之心，則高遠難觀。若隨染緣熏起作九界心，則廣散難觀。故輒取一分染緣熏起，只今刹那陰識之心，依之顯性也。」義例云者，心境釋疑例。問：諸文皆云色心不二，若欲觀察，如何立觀？答：色心一體，無前無後，修觀次第，必先内心。今家諸部凡明觀心，皆揀難從易之意。

〔八〕【詳解】「故今」下，的示今立意。今之十門攝彼十妙入一念心，束作十門而示者，爲成觀法大體故也。攝前五妙成今四門，爲十乘觀體，攝後五妙成今六門，爲起教觀體。並以心法三千爲門。不然，何故十門節節云一念或心性剎那等耶？豈可見多明心具，不了揀難從易之意，便謂塵等不具乎？諸法圓具，如向所陳。孤山唯談心具，不許色具，故寄此斥之。今爲成妙行，故攝十妙大綱一念三千成乎觀體。不見此意，全失荆溪述作之意也。

【總釋】上明成妙解，此段明成妙行，十不二門述作之意在此。此段點出指要鈔的解義思想，可謂核心段落。三千世間俱空假中，即爲十妙大綱，今經之體，摩訶止觀所示十乘觀法亦不離此，故約行相説爲觀法大體。境觀一如，即理境而爲觀體。先引義例與華嚴，謂玄義約心、佛、衆生三法釋經題中的「法」名，「三法各具三千」，因而以三千爲介質獲得同一，如此理解三無差別，則法法皆妙。次約觀心，揀擇心法三千爲觀體，於境等十法，皆攝入一念，以妙觀觀之，方可在實踐上親驗妙境。十不二門之所以門門結歸一念，意在成觀體。一念心即爲觀道所托，所觀爲一念，能觀亦爲一念。作爲能觀的一念，指智解之心，雖發一念即三千的妙解，但三千未顯，事上仍屬妄。一念雖妄，約理即三千，此理即是觀體。

若解迹妙，本妙非遥。應知但是離合異耳。因果義一，自他何殊？故下文云「本迹雖殊，不思議一」。

二，「若解」下，例後義彰法理無殊〔一〕，二。初，例本妙。若本若迹，各論十妙，而不同者，但是互有離合故也。迹因具明境、智、行、位四者，離因故。迹果惟明三法一妙者，合果故。本中不云境等，唯明一本因妙者，合因故。本果之外，更立本國土、本涅槃、本壽命者，離果故。故知唯云因妙必具境等，唯云三法必具國土等〔二〕。若知因果不殊，自他豈應有異？以本初坐道場時，亦遍赴物，豈不現通説法，豈無眷屬獲益邪〔三〕？應知久近雖異，皆以三千俱空假中而爲大綱，故云「不思議一」〔四〕。

校釋

〔一〕【詳解】科語謂以前迹妙例後本妙，又以釋名例下四章，彰本迹十妙。名等五章，自他因果之法，三千妙理無殊。初例本妙，迹本俱談，十妙但有離合之異。自行因果既一，化他能所豈殊。故引玄文爲證。此二句，本肇師九轍中語，彼第六本迹無生轍云：「多寶爲本，釋迦爲迹。本既不滅，迹豈有生？本迹雖殊，不思議一。」今家雖用其語，義則永異。以約久遠成佛爲本，中間施化、今日五時近成爲迹。本迹久近雖殊，三千三諦不思議一也。

〔二〕【詳解】「離合異」者，迹中因開而果合，合習果、報果爲三法妙也。習果既證三法，必有壽命、國土，但合爲一三法妙耳。本中因合而果開，開習果出報果，明本國土妙也。蓋由涅槃、壽命、國土，是稱實感報故，於習果開出涅槃、壽命、國土之報果，亦是開正報，出依報也。又因果有傍正。玄九云：迹門「破廢方便，開顯真實佛之知見，明弟子實因實果，亦明師門權因權果。爲成弟子實因實果，因正果傍」，本門「廢方便之近壽，明長遠之實果，亦明弟子實因實果，亦明師門權因權果，要顯師之實果，果正因傍」。良以迹中正爲物機開顯，得入真因，故因爲正；本中正開長遠壽量，故果爲正。正則離而詳説，傍則略而合明。因果既有傍正，所以文有廣狹，義有可否。文廣狹者，「唯佛與佛乃能究盡諸法實相」，境妙也；「唯我知是相，十方佛亦然」，智妙也；「本從無數佛，具足行諸道」，行妙也；「天雨四華」，位妙也，此因文廣也；佛自住大乘果，文狹也。本門經曰：「我本行菩薩道時，所成壽命，今猶未盡。」因文狹也。「我成佛來，久遠若斯」，果妙也；「自從是來，我常在此娑婆世界」，國土妙也；「然今非實滅度，而便唱言當取滅度」，涅槃妙也；處處自説年紀大小，壽命妙也，此果文廣也。義有可不者，機土淨不淨，化事成未成，故於習報開不開也。由本佛是淨土淨機，故不説涅槃。即於法華唱滅，有涅槃妙。既有涅槃，必論壽命長短，故有壽命。有正必有依，故有國土。又往事已成，開出涅槃等，迹中無此，但一果證三法而已。由此諸義，故本迹十妙，互有離合也。（妙玄本門文意。）【案】「例本妙」，法華玄義立本十妙，謂本因妙、本果妙、本國土妙、本感應妙、本神通妙、本説法妙、本眷屬妙、本涅槃妙、本壽命妙和本利益妙。十不二門所解爲迹妙文，然「若解迹妙，本妙非遥」，由近知遠，謂之例本妙。

〔三〕【案】解「因果義一，自他何殊」。因果謂自行，前五妙、前四門所示。自他謂果後化他，能化是自，所化是他，後五妙、後六門所示。道場，佛成道處，在中印度摩竭陀國尼連禪河畔，有時指得道之行法、供佛處，這裏指成正覺或成佛。「本初坐道場時」，指本佛證覺時。

〔四〕【案】解「本迹雖殊，不思議一」。「久近」，久遠者指本，切近者指迹。就時間論本迹，本是絶待，非前非後非中間，反之爲迹。以國土爲例，若爲「今佛所栖」、「前後修立」、「中間所拂」，即可判爲迹土，反之則爲本土。

【總釋】序分第二節「例後義彰，法理無殊」，分爲例本妙與例四章。以迹十妙之理例知本十妙，本迹理同，差別在於離合。迹中離因爲四，合果爲一。本中合因爲一，離果爲九。因果理同，生佛無差。本迹爲二，大綱是一，即「三千俱空假中」。

況體、宗、用，秖是自他因果法〔一〕故。況復教相，秖是分別前之四章，使前四章與諸文永異。

二，「況體」下，例四章〔二〕。如上所明二十重妙，皆是釋名而含體等。以釋名是總，三章是別，總總別故。且十妙中，境即是體；智、行、位、法是宗；應等三妙是用；感及眷屬，既獲利益，必合從因至果，還起利他之用，亦具體等，故云「秖是自他因果法故」〔三〕。又名等四章，皆是被下之法，即屬教也，而須以相別其麤妙。今之四章，出前三教、四時之上，復能開前，今皆圓妙故〔四〕。「永異」之言，含其待、絶，以唯今經能遍開故〔五〕。

校釋

〔一〕【案】「法」，示珠指本無。

〔二〕【詳解】上以迹例本，總是釋名。今以釋名例下四章，亦不外此，故云「秖是」。教相只是區別麤妙，永異諸經也。自他因果與因果自他不同。前以因果自他收攝十妙，今欲自他各論十妙，機應皆能化物故。鈔云「必合從因至果」等，故自他各有體等，則自他在前也。

〔三〕【詳解】「釋名」、「含體」等者，名謂名言，一部言句，皆能詮名；體、宗、用三，皆遍始終，但題目是總，經文是別，攬別爲總，就題釋名，故釋名章能總含三章之别。如法華本迹十妙以名，其名具含體等。即今文云「境即是體」等，境是理境，因果所依，故屬體。智、行、位三是因，三法是果，因果屬宗，應及神通、説法是果上之用。依體起宗，宗成有用也。籤云：「境是體是法身，智、行是宗是用。」乃境、智、行三，住前三法，對體、宗、用，即一性二修規矩。今文以名例於體等，名既不出十妙，故以十妙分對體等也。【案】「且十妙中」之「且」，洪武南藏作「具」，大正藏作「目」。「總總別」，如詳解釋，經題與經文相對，題總文别。名與三章相對，名總三章別。題總中分名總與三章別，謂總總别。

〔四〕【詳解】「名等」等者，鈔主釋意，前四章爲教，第五章爲相，常途名是能詮，體等是所詮。今文體等例屬於教者，纔涉言詮，即屬教也。妙宗云：「上之四章，皆是言教，謂詮名詮體詮宗詮用之教。」妙樂云：「通論聖言被下，俱名爲教。」並約能詮爲言。妙宗云：「五重玄義本是經中所詮觀法。」此約所詮爲語。此四皆是聖人被下之法，故皆屬教。須以大小偏圓之相，揀別麤妙。今經四章，相待論判，則出前三教四時之上；絶待論開，則開前諸麤令皆圓妙。【案】「屬教」，文句記卷一云：「通論聖言被下，俱名爲教，今教別有顯實之功，故名爲相。」知禮述觀無量壽佛經疏妙宗鈔卷三：「判教相，教是聖人被下之言，相是相狀，覽而可別。上之四義皆是言教，謂詮名教，詮體、詮宗、詮用之教。若以其相而分別之，則令覽者觀之顯了，故約五時二藏漸頓而示其相。」

〔五〕【詳解】「以唯」下，釋絶待永異。相待則待麤論妙，永異可見。絶待則無非一妙，何言永異。故釋云：唯獨今經遍開一切，則前部所無，豈非永異。又凡言教相，有教即是相，有教家之相。玄十云：「教即是相，非謂無相。」於前四章，俱論簡判，名教即是相。妙樂云：「教家之相，故云教相。」謂前四章爲教，第五章爲相，即前四章，教家之相也。

【總釋】以迹中十妙例知四章。玄義五章，釋名中先法後妙，次釋蓮華、經，本迹二十重妙屬釋名文。大聖制名詮體，宗依於體而能顯體，用依於體，宗、教之所詮即名體宗用四章。名亦爲能詮，相對於教相，圓教之名（妙法蓮華）與前三教名不同，因而以教爲能詮，名則是所詮。四教差別，在於名體宗用不同，故圓教所論四章，與前三教不同，且以開權顯實爲意趣。約十妙論，境即是體，智、行、位、三法是宗，後五妙爲果後化他之用，教相則分別前四章與前三教不同，因而釋名中所示十妙大綱亦即後四章的大綱。或者說，大綱就是體，爲名所詮，宗、用之所依，教相之所分別。

若曉斯旨，則教有所〔一〕歸。一期縱橫，不出一心〔二〕三千世間即空假中，理境乃至利益咸爾。

三，「若曉」下，別示妙體，令解行俱成〔三〕，三。初，指妙歸心。三千妙體，爲教所歸。故一期之内，五味傳傳相生故縱，四教各各趣理故横。而所詮法雖有顯覆，準今經意，未嘗暫離三千妙法〔四〕。又雖諸法皆具三千，今爲易成妙解、妙觀故，的指一念，即三法妙中，特取心法也〔五〕。應知心法，就迷、就事而辨〔六〕。故釋籤云：衆生法一往通因果，二往唯局因；佛法定在果；心法定在因。若約迷悟分之，佛唯屬悟，二皆在迷。復就迷中，衆生屬他，通一切故；心法屬己，别指自心故〔七〕。四念處節節皆云「觀一念無明心」〔八〕。止觀初觀陰入心，九境亦約事中明心，故云煩惱心、病心乃至禪、見心等，及隨自意中四運心等，豈非就迷、就事辨所觀心〔九〕？

校　釋

〔一〕【案】「所」，釋籤、十不二門義、示珠指本無。

〔二〕【案】「心」，底本及大正藏作「心」，釋籤及餘本均作「念」。

〔三〕【詳解】科「別示」等者，上科叙前例後，名等四章，玄文該遍。今乃離文別示三千妙體入一念心，令妙解行俱得成就。初指妙歸心，若曉三千三諦十妙大綱之旨，則一代教法有歸趣矣。以一代教法不離三千，三千不逾一念，故云「一期」等。籤一云：「始自寂場，終乎鶴樹，故云一期。」五味爲縱，四教爲横，如來五時化物，四教逗機，所説法門雖即無量，不出一念三千三諦。「理境」等者，上雖攝法歸心，言猶通總，故今歷妙别示，始自理境，終至利益，無出一念三千，故云「咸爾」也。

〔四〕【詳解】「三千妙體」等者，一代時教宗歸法華。法華開顯三千實相，是諸法之大旨，衆流之歸趣也。傳，音轉，驛遞之義。約部則五味次第相生，從淺至深爲縱。約教則藏通趣真、别圓趣中爲横。所詮即境等十法。雖有昔日之覆、法華之顯，若準今經開權顯實正意，則無非三千妙法，以前四時十法之麤，皆從三千妙理施出故也。【案】「顯覆」，佛陀以權實二智設教度衆，前三教、四味雖屬方便權施，「但除其病，不除其法」，故「機息則覆，機興則用」，即無機而教覆（隱），機興則教顯。依開粗顯妙，決了一切權教皆是妙法，體現了天台「融通入妙」的解經意趣，所以祇論顯覆，不非彼是此，徒生諍論。

〔五〕【詳解】「又雖」等者，上雖通以諸法各具三千爲所歸，今之文意爲成觀故，的指心法，即揀難從易，心佛衆生三法中，揀生佛之高廣，特取心法近而復要，易成妙觀故也。

〔六〕【詳解】此句定心法屬於迷事，爲下觀真立陰、破立之張本。「應知」之言，辭含誡斥，應知此心乃約迷約事以辨，非從悟從理以論。即引三文爲證。初觀陰心，證心是迷。下之九境、四運心等，證心是事。

〔七〕【詳解】玄二云：「若廣衆生法，一往通論諸因果及一切法。若廣佛法，此則據果。若廣心法，此則據因。」籤二釋云：「然衆生義通，故云通論。義非究竟，故云一往。一往雖通，二往則局，不通於佛，及唯在因。」此文，鈔中三番引用：初、定心法在迷；二、斥山外違文；三、釋因果二字。雖三番引，各有所主，非繁重也。玄、籤但約因果通局以論三法，四明復約迷悟自他柬判者，以因果名義然有收揀。以六即言之，九界屬迷，皆名理即，名字已去，並名佛界，此收無不盡也。下文云：「因從博地，至等覺還，果唯妙覺。」此揀無所遺也。則因果分之，九界爲因，佛界無①果。其如佛界，言猶通漫。名字以去並名佛界，故須復約迷悟甄分。佛唯屬悟，的取圓教妙覺爲果，等覺已還並屬九界三道，以無明未盡故也。心、生雖皆在迷，心法乃別指自己刹那妄念。以心對生，九界皆名衆生，並屬於他。又復應知玄、籤約教且約因果，今文明觀更約自他。下文云：「生雖在因，復通一切，唯取心因，是今觀體。」故知四明約因果迷悟自他揀判，方見三法體相不濫矣。【案】法華玄義卷二約因果界定三法，釋籤卷四亦約因果釋，謂衆生法一般而言通因果，確定而説唯在因，心法定因，佛法定果。由此三法「得名各别」。由於三法互具，所以湛然又特别予以界定，云：「衆生身中佛法、心法猶通因果，况衆生名通，通凡通聖。若佛身中衆生、

① 無：疑當作「爲」。

心法亦定在果，心法之中佛法、衆生法，此二在因。若爾，何故經云三無差別？答：理體無差，差約事用。此義廣明，具如止觀十法成乘中説，即是心法及衆生法，彼佛法界亦兼於果而不專於果，彼文寄果明理性故也。」知禮由釋籤撮略引出，以證觀心之心是因位心，就迷就事而論。

〔八〕【詳解】四念處等者，彼文四云：「此之觀慧，只觀衆生一念無明之心即是法性。」又云：「觀無明心畢竟無所有而能出十界諸陰。」又云「今觀此無明心從何而生」等。【案】四念處，四卷，智顗説，灌頂記。

〔九〕【詳解】止觀初觀陰者，正修章初觀陰境，用十乘觀法，下之九境亦是約事。第四三昧隨自意中，觀起心、推四運，亦是事也。「豈非」下，結指上所引文，皆是迷事，三法通局。今問：玄文云「一往通論諸因果」，諸者，不一之辭，似約界界各論因果，四明那約迷悟九一分耶？答：諸字訓於，即語助也。下文云「一往通於因果」是也。舊謂界界各論因果者非。問：十界因果，攝法周足，何得又云「及一切法」？答：拾遺記云：「一切法者，即是假人、實法及以依報，各有性、相、體、力、作、因、緣、本末究竟等法也。」是知上云因果，通言十界。今云一切法，即十界中各具十如是法，界界互具，乃成千如矣。舊謂九界中善惡等法，義恐不然。問：籤云「一往雖通，二往則局，不通於佛，及唯在因」，既云「不通於佛」，又云「及唯在因」，何繁重乎？又「及」字對何處下？答：此二句釋上二往局義，以衆生法二往言之，正在於因，不通佛界，唯在九界，故云「不通於佛」也。既不通於果佛，及唯在九界之因，故云及也。問：衆生法須約一往通論，有何所以？

答：玄文廣明千如妙旨，正約衆生法説之，一往通論，十界皆名衆生，則千如義備也。【案】「觀陰入心」及「九境」，摩訶止觀卷五開止觀爲十境，謂陰界入、煩惱、病患、業相、魔事、禪定、諸見、增上慢、二乘、菩薩。「四運心」，摩訶止觀卷二「勸進四種三昧入菩薩位」第四「非行非坐三昧」，即隨自意三昧，其中明四運文中，析心爲未念、欲念、念、念已四相，「未念名心未起，欲念名心欲起，念名正緣境住，念已名緣境謝。若能了達此四，即入一相無相」，謂之四運心。

【總釋】釋序分第三節「別示妙體，令解行俱成」，分三，此段明第一「指妙歸心」。妙體即「三千世間即空假中」，一代時教，五時之縱與四教之横，即以此妙體爲旨歸。約行則攝一切法入一念。一念屬因，雖本具三千，但指迷中一念，就事而論。驗諸釋籤、四念處、摩訶止觀等教典，皆可爲證。因爲有些天台學者專據真心、真性解此一念，所以通過反復强調一念屬迷予以辨正。

有人解今「一念」，云是「真性」，恐未稱文旨〔一〕。何者？若論真性，諸法皆是，何獨一念？又諸文多云「觀於己心」，豈可真理有於己他〔二〕？更有人全不許立陰界入等爲所觀境，唯云不思議境〔三〕。此之二師，灼然違教〔四〕。且摩訶止觀先於六章廣示妙解，豈不論諸法本真皆不思議〔五〕？然欲立行造修，須揀入理之門、起觀之處，故於三科揀却界入，復於五陰，又除前四，的取識陰。輔行又揀能招報心及以發得屬於下境。此是去丈就尺，去尺就寸，如灸得穴也〔六〕。乃依此心，觀不思議，顯三千法。乃至貪瞋等心及諸根塵，皆云觀陰入界，及下九境，文中揀判，毫末不差〔七〕。豈是直云「真性」及「不思議」？

校釋

〔一〕【詳解】叙破清、昱二師觀真棄陰。初云是真性，是清師。次不許立陰，天台昱師也。忠法師①云：「如序中引示珠指解今一念，以帝網珠喻，乃至云我之一念，亦復如是。能如是觀一切諸法唯心無性，名真性空等。」今且從容不迫略斥之曰恐未稱不二門之文旨。【案】「有人」，指源清，示珠指解一念具三千云：「我之一念具三千法，彼彼一念悉具三千。地獄衆生無量一一三千，乃至諸佛無量一一三千，雖復彼彼無量，全我一念，非前後相，雖無前後，彼彼宛然，名不思議。」又云：「能如是觀一切諸法唯心無性名真性空，真空色名妙有假，唯一念心名不二中，是名一心三觀，故云即空假中。」內中「唯一念心名不二中」，即前文所立「不二唯心實相」，不二即是唯心，均指實相，顯然解一念爲真性或真心。

〔二〕【詳解】諸文觀己心者，如籤云：「己心生佛。」別行玄②云：「他者謂衆生佛，自者即心而具。」若論真性，生佛平等，無間己他。

① 忠法師：繼忠，廣智尚賢弟子，知禮法孫，字法臣，俗姓丘，永嘉人，卒於元豐五年（一〇八二），撰有扶宗集，於知禮著述做了不少裒集整理工作。

② 別行玄：指觀音玄義，二卷，智顗述，灌頂記，因單釋法華經觀世音菩薩普門品，故略稱別行玄。

〔三〕【詳解】「更有人」者，忠法師云：「昱師唯觀不思議境，消一念三千。」若據註文，本無此語，但云：「介爾起心，三千性相，即非縱横並别之旨，故云總在一念。」既云三千性相非縱横並别，豈非不思議境？故四明約義，引而破之。

〔四〕【詳解】「此之」下，總斥二師，灼然違背一家教文。觀真妄，問：一家圓觀，觀一念心爲真爲妄？若云觀真，止觀揀境修觀，唯觀識陰。若云觀妄，止觀何云「繫緣法界」，妙樂何云「但觀理是①」等耶？答：示珠指謂心唯是理，如云「一念即一性也」、「一念靈知」等，又云：「心即生佛之心，非離生佛外别有心爲生佛之本。」謂心是非迷非悟之真心。究其弊源，始因慈光恩師兼講華嚴，見清涼大疏以心法是理，爲能造；生佛是事，爲所造。既不深本教，濫用他宗，故定一念屬真。清、昭諸師，謬有承襲，咸謂觀真。須知克論此心，真妄同源。衆生無始在迷，未嘗離念，約修門説，必須達妄即真。若㓗指真心，則杜初心入理之門、起觀之處。凡論諸法皆是真性，自是開解，奈何山外境觀不明，將解爲觀。慈雲所謂「不知啓發之所」。四明定所觀境，的屬妄心，只由凡夫衆生迷真逐妄，見前一念全體是陰，欲令返本還源，故須從近從要，令達妄以顯真，方是佛祖爲人之意。若㓗指真心，真心已是顯悟，何須修觀耶？然雖定境屬妄，畢竟圓頓行者，正用觀時，觀一切法爲真爲妄。當知直觀此一念妄心，當體具足三千諸法，皆不思議，所謂造境即

① 是：疑當作「具」。

中，無不真實。止菴①曰：「直觀一念心體是三千，譬如見冰，不問融與不融，直作水會。」先達云：「山外觀真即同觀妄，四明觀妄即同觀真。」斯言得矣。梵天昭師、孤山圓師，本承襲清師之說。孤山見四明立義定境屬妄，遂轉計云：「昔人觀真，今人觀妄。鷸蚌相扼，我乘其弊，達六識之妄心，顯三諦之妙理。」昭師因被四明往復徵詰，巧作救義，云：「觀六識之妄心，成三諦之真心。」義書云：「予聞此救，喜躍不勝。蓋予義論有益，能轉人心，改迷從悟也。上人因誰得解？若謂奉先座下得聞，且示珠全不約妄釋心，亦無觀妄成真之說。」是知觀妄成真出自四明。如云：「乃依此心觀不思議顯三千法。」又云：「以依陰心顯妙理。」故孤山何得竊取以爲己說，却乃妄破直云觀妄耶？昭師縱能轉計，巧救爲觀妄顯真，但有其言，全迷其義也。

立陰，止觀第五正修章，列所觀十境，陰乃居初，文云：「此十境通能覆障。陰在初者，一現前，二依經。大品云：聲聞依四念處行道。菩薩初觀色，乃至一切種智。章章皆爾，故不違經。又行人受身，雖②不陰入，重擔現前，是故初觀。」輔行云：「今家用此十法爲境，不同常途別立清淨真如無生無漏。」據此，則圓頓行者，陰境現前，恒得爲觀，何須言立？蓋由山外不立陰等爲境，直觀不思議境。今對彼不立，故云立耳。問：圓頓行人必須觀陰，釋籤何云「陰等十境，唯在三

① 止菴：疑指法蓮，字實中，自號止菴，佛祖統紀卷一七有傳。
② 雖：摩訶止觀作「誰」。

教」？答：若論陰體所屬，在前三教。如止觀五云：「此十種境，始自凡夫正報，終至聖人方便，陰入一境常自現前。」（方便即別教道。）則別教教道已還，三教九界背性成迷，無非三障四魔，皆屬陰境所攝。圓人了知，無非性具法門。荆溪據陰體而判，故云「惟在三教」。圓人既了此陰無非法界，即此便是圓人所觀之境，故連文云：「今是圓人所觀境界。」蓋前輩有讀文不盡之過，但以陰境在三教爲難，殊不知今是圓人所觀境也。

〔五〕【詳解】前六章開解者，止觀五云：「前六重依修多羅以開妙解，今依妙解以立妙行。」輔行：「問：五略中，有行有解，有因有果，何故但云六重是解？答：言大意者，冠於行解自他因果，意既難顯，還作行解因果等釋，非謂已有行果等也。」「若論文意，但屬於解。於屬解中，恐解不周，故須委明名體及攝法等。」「方便望五，稍似行始。若望正觀，全未論行，亦歷二十五法約事生解，方乃堪爲正修方便，是故前六並屬於解。」【案】「且」，大正藏作「唯」。

〔六〕【詳解】「然欲」等者，既能解了法法本真皆不思議，若欲起行造修入此真理，須得其門。欲觀此不思議境，須知起觀之處。所以吾祖於正修章中，廣明十境十乘行相。「三科揀却界入」者，止觀云：「依毗婆沙明三科開合。若迷心，開心爲四陰，色爲一陰。若迷色，開色爲十入及一入少分，心爲意入及法入少分。若俱迷者，開爲十八界也。」「十界少分屬色，七界少分屬心。」「以此法界中，亦有四類法，故言二少分者。以法入中，有四類法，謂無表色、心所法、不相應行、三無爲。則無表色屬色，心所法屬心，不相應行非色非心，三無爲非三聚攝。次克示境體，云：「若欲觀察，須伐其根，如灸病得穴，今當去丈就尺，去尺就寸，但觀識陰。識陰者，心是也。」輔行云：「從廣之狹，正示境體。陰入界三，並可爲境。寬漫難示，故促的指。略二就陰，如去丈就尺。略四從識，如去尺就寸。以由界入所攝寬多，陰唯有爲。有爲之中，義兼心色，故置色存心。心名復含心及心所，今且觀王，置於心所。故初觀識，餘下例之。」輔行又揀等者，彼云：「於第六中，取能招報者，仍須發得，屬煩惱境，餘之分別，方是今境。」彼云取。取，去也。今文云揀，其義是同。能招報心有二：一、見行；二、發得。並須揀去。故四明用「及以」二字代彼「仍須」，文義易曉。發得能招報，屬下煩惱境中。見行能招報，乃受、想、行三心。雖五陰中，揀去界入中，未分王數，故須此揀，在後文例餘陰入中觀。【案】「能招報心」，輔行卷五謂：「問：五識、五意識及第六識，並能生於受等三心，何等識心及所生三心，是今觀境？答：五識、五意識定是今境，未屬煩惱，在無記故。於第六中取能招報者，仍須發得，乃屬煩惱境。餘之分別，方屬今境。」初觀陰界入境，取五識、五意識爲境。若起煩惱，則次觀煩惱境，故以能招報心爲觀境。五意識，即五俱意識，如慧思撰大乘止觀法門云：「大乘中不明五意識與第六別，但能分別者悉名意識。」

〔七〕【詳解】「乃依」等者，正指所揀，克示境體，總無明心也。貪嗔等心，即歷餘一心，如破遍文後云：「歷餘一心三觀者，若總無明心，未必是宜，更歷餘心，或欲心、嗔心、慢心，此等心起，即空即假即中，還如總中所說。」輔行云：「今此但觀欲等心王。」「及根塵」者，破法遍文，末例餘陰入及十乘文。後歷緣對境，故云皆也。止觀云：「前來所説，但觀識陰，作如此説，餘四陰亦如是，十二入十八界亦如是。」輔行云：「此文應在第七卷末、十乘文後，何故於此即例餘耶？答：以義便故。從初至此，單約識心。從此已去，乃至離愛，具約五陰，方成行相」，「故須於此，例餘陰入。」輔行云：「欲融諸法，示觀境遍。」「歷緣對境」者，止觀云：「端坐觀陰入，如上説。歷緣對境，觀陰界者，緣謂六作，境謂六塵。」更有淨心歷法，以示妙境，在第五卷不思議境説教大體科後。「及下九境」，謂煩惱、病患、業相、魔事、禪定、諸見，現文六境也，兼上慢、二乘、菩薩三境，託緣不説，前開章明於十境，今亦通言。文中揀別分判，如云煩惱心、病心等，皆屬迷妄之事，毫釐無有差忒也。

揀境，止觀正修章，先示三科色心爲境，次克示境體，揀去界入及前四陰，唯觀識陰。文云「若欲觀察，須伐其根」等，并輔行釋，並如前引。但南屏已來，謂識中有善、惡、無記三性，爲通觀三性，別觀無記。若別觀無記，止觀不揀善惡，總觀識陰。若通觀三性，輔行何云在無記？故竹菴草録①釋出此義，云：「摩訶止觀所立觀境，通陰界入，初心通漫，難可用觀，的揀見前無始日用能造諸法識陰心王爲所觀境。若乃善惡無記三心，屬所起心相，非能造識體，非所揀境。歷緣對境，隨自意三昧方能觀境。荆溪云在無記，故通約五陰，色心屬報，陰法對下所發煩惱九

---

① 竹菴草録：可觀撰。可觀，南宋天台宗僧，知禮弟子南屏梵臻下第四代。

境，非善即惡，以分三心，本自分明，初無難見。」但輔行料揀自來謂文無生起。止觀揀境已自分明，荆溪何故孤然立問？況五識、五意識乃是界入中法相，大師既揀，荆溪又却取來爲問，至答文中又云「定是今境」，豈非師資相違？止菴約二義斷之曰：界入無歸，識名通濫，由止觀揀去界入諸識，唯取第六識心。荆溪謂五識、五意識既皆揀去，在何處得爲觀境？又五識、五意識通名爲識，何等識心是今觀境？正對止觀設問，初不相違。

今但直消輔行料揀之文，則揀境之義，從而可了。「問：五識、五意識及第六識，並能生於受等三心，何等識心及所生三心是今觀境？」初且定能生、所生。「何等」下，徵問。此據上文，引有宗所計，以下界入二科，對今五陰，揀示境體識心而問。上文既云「今初且觀諸識爲境」，又云「若①以識界而爲觀初，何往不得？」但識名多故，陰在初故，又名略故，是故先用」。其義已明，恐人迷故，復設此問。意謂三科既但開合之異，若略二就陰，十八界眼等五識及五意識，及界入中第六識心；十二入中雖無識名，意根即第六識，以前念爲根，後念爲識也。此等識心，及所生三心，是今所觀陰境否？「答：五識、五意識定是今境，未屬煩惱，在無記故。」先答界中五識等也。五意識者，即第六識與眼等五識同時取境，名五意識，亦名同時意識，約用中相背，故分五種。既是報陰無記，未屬所起煩惱心也，判屬今陰境所觀，在下當明。「於第六中取能招報。」今

① 若：止觀輔行傳弘決作「欲」。

文云「輔行又揀能招報心」，彼文云「取，取去也」。此答第六識，先答所生三心也。能招報，即受、想、行。受、想煩惱潤於行業，遷流造作，即能招報。此有二種：一者見行，二者發得，屬下煩惱境。第八記云：「自此已下，現文六境，及略三境，咸是發得。此九境外所起煩惱，乃至四弘，但屬受等三陰所攝。是故尋常非無煩惱，乃至發心亦並通觀，非不名境。」雖在五陰中已揀三心，由界入中未分王數，故須此揀。然此現起能招報心，輔行既云「非不名境」，亦並須觀，今既揀去，就何處觀？須知例餘陰入中觀，仍須發得，屬下煩惱境。今文云：「及心①發得，屬於下境。」現行能招報心，如上已揀，仍須更揀。發得能招報心，亦當揀去，自屬下煩惱境中所觀。然輔行的指煩惱一境，今通云下境者，以煩惱所起之心，既是發得，下諸境中所起之相，亦不出此故也。不答五識、五意識中三心者，以起惑造業，皆第六識王數共造，五識、五意識但爲助耳。既揀第六，餘五可知。「餘之分別，方是今境。」謂第六中，有乎三種，除彼三種能招報者，對境所有能分別者，名之爲餘，故云方是。又此五識、五意識，雖是今境，仍在下文歷緣對境中明。覆疏初答文。止觀第七十乘文，末歷六作緣，對六塵境修觀。然語不頓，疏説非行時前，判定在今所觀境，乃是修觀行者歷經行等緣，對色香等境，以正觀心，攬彼緣境，攝入一心，總爲觀境。妙觀觀之，令成妙境。故止觀云：「若不於行中習觀，云何速與道理相應？」又云：「懷道之賢，觸

---

① 心：十不二門指要鈔作「以」。

處用觀。」行緣既爾，餘之緣境，用觀亦然。五識、五意識、第六識相狀，智湧云：「今且約於眼根見煙，以示其義。由勝義根引生眼識，見於前塵，分別是煙，屬現量境。既見其煙，比知有火，即眼意識，屬比量境。境謝緣念即存，屬第六識緣法塵中落謝色塵。」竹菴云：「剎那有初後，境界有現比，並能生三心之相。鑑堂約親疏説。今謂只是空有二宗，宗計不同。荊溪挾有宗立難，不必苦求相狀也。」

【總釋】此段舉謬解予以辯破。既一念爲迷，解爲真性、不思議境則謬。若論真性或不思議境，一切皆即真性，不獨一念。但爲「立行造修」，而揀現前刹那一念爲「入理之門」或「起觀之處」，然後以妙解之心觀之，令三千得顯，親驗妙境。知禮堅持一念屬迷，意在肅清關於天台教觀思想的誤讀，認爲真性之解，有執理廢事之偏，存在以教廢觀的可能。因爲對初心行人而言，三千之性尚未顯發，根本没有可能緣真性作觀。然而山外師借鑒華嚴、禪宗「直顯心性」用釋一心三觀，是否因爲二者之間存在可通性，尚待探究。詳解於鈔所引止觀及輔行文予以增廣，並立觀真妄、立陰、揀境三段助解，由之可見後知禮時代天台學人關於真妄觀的討論情形。

問：「常坐」中云，「以法界對法界起法界」；「安心」中云，「但信法性，不信其諸」，及節節云「不思議境」，今何不許〔一〕？

答：此等諸文，皆是能觀觀法，復是所顯法門〔二〕。豈不讀輔行中分科之文，「先重明境」，即去尺就寸文也；「次明修觀」，即觀不思議境等十乘文也。況輔行委示二境之相，非不分明，豈得直以一念名真理及不思議邪〔三〕？應知不思議境對觀智邊，不分而分，名所觀境；若對所破陰等諸境故，不思議境之與觀皆名能觀〔四〕。故止觀云：「譬如賊有三重，一人器械鈍、身力羸、智謀少，先破二重，更整人物，方破第三，所以遲迴日月。有人身壯、兵利、權多，一日之中即破三重。」〔五〕輔行釋云：「約用兵以譬能所」，「今以身壯譬圓三諦，兵利譬圓三止，權多譬圓三觀，械等並依身力故也。」上皆輔行文也。豈非諦、觀俱爲能觀邪〔六〕？今更自立一譬，雙明兩重能所。如器諸淳朴，豈單用槌而無砧邪？故知槌、砧自分能所，若望淳朴，皆屬能也〔七〕。智者以喻得解，幸可詳之。皆爲不辯〔八〕兩重所觀，故迷〔九〕斯旨。

校　釋

〔一〕【詳解】料簡法界、法性、不思議等。第二卷「常坐」中但云「一念法界，繫緣法界」。今是第一卷「弘誓」中文，云：「佛法界對法界起法界。」輔行釋云：「佛法界，根也。對法界，塵也。起法界，識也。仍本迷說，故云根等，得名法界，更無差別。」義例作「弘誓」文，引二文俱有法界之言，約義引之。「安心」中者，止觀云：「惟取①此心，但是法性，起是法性起，滅是法性滅。」今是發大心

① 取：摩訶止觀作「信」。

科、「六即顯是」中文。義例亦云「安心」者，二文皆云法性，文意相似，約義引也。二文法界、法性，正符山外之見，今何不許而觀妄耶？

〔二〕【詳解】總判上諸文，不出能觀所顯。

〔三〕【詳解】義例云：「體達，若起若對，不出法界。」止觀云：「繫緣法界是止，一念法界是觀。」（即法界是能觀所顯。）止觀云：「若未聞時，處處馳求。既得聞已，攀緣心息，名止。但信法性，不信其諸，名之爲觀。」（即法性是能觀所顯。）「重明境」者，前於生起互發中具明十境已竟，今復明之，故云重明。於此陰境，委明三科色心，正是定境，未論修觀。次明修觀，即不思議境十乘觀法。義書亦云：「輔行於陰入境文分兩段。謂先重明境，即指三科内唯取識心、去尺就寸文也。次明修觀，即十法成乘之文也。」「委示二境」者，揀示陰境及不思議境也。「豈得」下，結斥二師。

〔四〕【詳解】由山外不曉兩重所觀，直將不思議境爲所觀境，不知若對陰等諸境，則不思議自屬能觀，以對觀智邊，忘能所故，從境受名耳。故此特以兩重能所示之，令知所觀決然屬妄。如義書云：「故不思議境，望下九乘，名所觀境，望前識陰，則妙境并下九乘同是能觀之三觀也。」大意云：「諦觀名別體復同，是故能所二非二。」然此兩重，在於一心，更無前後。

〔五〕【詳解】「譬如」等者，止觀約別、圓對揀修證遲速之殊，含於兩重能所之義，故引爲證。彼云「別教初知中道，前破兩惑，奢促有異。何以故？別除兩惑，歷三十心，動經劫數，然後始破無明。圓教不爾，只於是身即破兩惑，即入中道，一生可辨。譬如賊有三重」等。賊有三重，（三惑。）一人（別教行人。）器械鈍，（次第三止。）械者兵器通名，身力羸，（次第三諦。）智謀少，（次第三觀。）先破二重，（別教歷三十心方破二惑。）十住修空破見思，十行修假破塵砂，更整人物，（十向修中。）方破第三，（無明。）歷劫修行，故云「遲迴日月」。有人身壯，（圓教行人。）一日一生能入初住，故曰「一日之中即破三重兵」。智譬三止三觀，並是能觀。身譬三諦，此語所觀。「械等並依身力」等者，三止三觀皆依三諦，譬智械並依身力而有。

〔六〕【詳解】輔行云：「智械並依身力故也。」兵器智謀是能依，譬能觀；妙止妙觀身力是所依，譬所觀不思議境，此一重也。賊譬所破陰妄之惑，前之諦觀若望所破，皆屬能破，此一重也。【案】「上皆輔行文也」六字，詳解本作夾注。

〔七〕【詳解】「今更」等者，復加砧槌一喻，的譬圓教兩重能所。兩重用在一時，故曰「雙明」。「器諸淳朴」者，妙樂云：「本以古質爲淳朴，今以未治爲淳朴。令其成器，故名爲器。淳朴不一，故名爲諸。」

「兩重能所」，舊云：初重以一心三觀爲能觀，一境三諦爲所觀。次重合上境觀俱爲能觀，一念妄心爲所觀。問：兩重能所，約何義而立？答：初重約圓詮開解而說，次重約立行造修而說。讀教記云：「定境用觀，一家要宗，必先詳於解行之文。解行詳，則境觀明矣。止觀一部，其要在乎解之與行。解則圓解，諸法本真。行則立行，定境用觀。第五文云：前六重依修多羅以開妙解，今依妙解以立妙行。此解行之分也。余嘗斷曰：開妙解於定境之前，用妙觀於定境之後，故知定境用觀，盡在立行文中，與開解文了不相涉。荆溪義例、十不二門，大概同然，皆先開解，而後立行也。立行有二，先定境，後用觀。定境者何？立陰是也。若不立陰，妙觀就何處用，妙境於何處顯？故十義書云：「定境修觀，乃是止觀一部綱格、進道要宗。」輔行於陰入境文分兩段，謂先重明境，即指三科内唯取識心，去尺就寸文也；次明修觀，即十法成乘文也。山外之失，可知矣。近代有謂定境之後，方用妙解，蓋不究此解行之文。如其説，則定境在前，開解在後矣。又謂先以不思議觀，觀不思議境，爲初重能所，却合不思議境、觀，而觀於陰，爲次重能所。如其説，則修觀在前，定境在後矣。顛倒錯亂，不足評也。

私謂：開解立行，定境用觀，如上所明，可謂詳矣。須知圓頓行者，正用觀時，的觀現前一念妄心具三千法，三千即一念，一念即三千，不縱不横，不前不後，觀之不已，則陰境轉成不思議境矣。不思議境，境即是觀。兩重能所，歷歷分明。以要言之，但觀心是不可思議境，則兩重能所，妙在其中。此義蘊之止觀、輔行。四明因山外境觀不明，不許立陰入爲境，唯觀不思議境，因示之曰：「不思議境是能觀觀法、所顯法門。」復以兩重能所示之云云。遂引止觀、輔行明文爲證。復自立椳砧淳朴之譬，詳夫祖師文意。説有次第，用在一心，稱性而觀，絶待而照。焉有初重、次重之分，又何得謂之初重約解、次重約行？又何得謂先以不思議觀觀不思議境爲初重，却合不思議境、觀而觀於陰爲次重？解行倒置，境觀前後，如上所評。義學不可不精究之。

〔八〕【案】「辯」，洪武南藏作「辨」。

〔九〕【案】「迷」，詳解本作「述」。

【總釋】針對陰界入境、不思議境，引止觀用兵喻，又約打鐵喻，立兩重能所。第一重，不思議境爲所，觀智爲能。第二重，境與觀爲能，識陰爲所。玄義卷三智妙文云：「至理玄微，非智莫顯。智能知所，非境不融。境既融妙，智亦稱之，其猶影響矣。」境智相對，智爲能知，境爲所知，如身與影、聲與響。約觀論，即三諦爲所，三觀爲能。止觀示十境十乘，十境爲所觀，十乘爲能觀觀法。第一觀陰入界境中，揀取識陰爲觀境，輔行備釋，撥棄心所，取心王爲所觀。觀心十法第一謂「觀心是不可思議境」。輔行謂觀法雖十，「但是一不思議觀觀不思議境」。知禮辨析兩重能所，重心在第二重，指示剎那一念爲觀道所托。意識活動乃一時間性過程，前念滅，後念生，念念相續，約事並不能指出哪一念爲所、哪一念爲能。爲辨明此事的性質，對事進行反省，遂在言説分別層面區分能所。指識陰爲所觀，而所觀之識，無非就是關於某物的心識，因爲根塵相對方能起識。能觀亦是識，但用識的智解、觀照力爲能觀。也就是説，能觀之心已是圓解三諦之心，此妙解心能以三觀觀照一切法。這裏的一切法已經攝歸一念，所以觀一切法即是觀心。一心三諦是境，一心三觀是觀，境觀不分而分，謂之境所觀能。境觀一體，堅持用不思議境觀熏習妄心或觀照一切法，則轉妄成真，明見心性。圓教的三諦三觀，已非知性分別所能理解，所以名之爲絶妙。但是一般觀行原理，乃經論所常示，亦不難領解。圓頓止觀不違一般原理，但後學在解釋過程中，難免將不思議境對象化的傾向，既作爲知解亦作爲觀的對象，如此則將真理獨立於事，成爲所解所觀。有鑒於此，知禮竭力將天台教典的事理互融互收之義重新詮出，融理於事，指刹那一念爲觀道所托，以發掘並維護教觀並舉的實踐意趣。如果山外師將妙解之心説爲能觀，此時能觀即爲真心，亦無妄心可立，那麽知禮的批判是否繼續有效？據知禮解義，初心行人雖發妙解，真性未顯，妙解之心仍在因位，約理本具三千，約事不離於妄。因此，即便如此改轉，亦難躲避批判矛頭。知禮反對的是將理脱離於事，主張的是即事明理，即理論事。

又若不立陰等爲境，妙觀就何處用？妙境於何處顯〔一〕？故知若離三道，即無三德〔二〕。如煩惱即菩提，生死即涅槃，玄文略列十乘，皆約此立〔三〕。又止觀大意以此二句爲發心立行之體格〔四〕。豈有圓頓更過於此？若如二師所立，合云「菩提即菩提、涅槃即涅槃」也〔五〕。

校　釋

〔一〕【詳解】明圓人離陰無德。若如山外直觀真心，不立陰妄爲境，反顯觀非即境而立，故曰「觀無處用」，境非達陰而成，故曰「於何處顯」。

〔二〕【詳解】離三道别求三德，如棄冰求水，豈可得耶？如煩惱即菩提等，不言結業即解脱者，乃順四諦法相，生死即涅槃，（生死是苦，涅槃是滅。）煩惱即菩提，（煩惱是集，菩提是滅。）意令行人翻苦爲滅，翻集爲道，以苦集二諦，束爲三道，結業收在集諦。鈔云「集既兼業」，以惑業俱屬故因於兼之耳。【案】「三道」，謂惑、業、苦。「三德」，謂法身、般若、解脱。

〔三〕【詳解】「玄文略列十乘」者。玄八辨體章「入體之門」，四教皆列十乘。至第九卷初明「圓十乘」，一一乘皆依此二句而立不思議境，云：「即生死之苦諦，是無作之滅諦。即煩惱之集諦，是無作之道諦。」發心云：「一切生死即大涅槃，一切煩惱即是菩提。」安心云：「體生死即涅槃名爲定，達煩惱即菩提名爲慧。」破遍云：「若生死即涅槃者，分段、變易，苦諦皆破。若煩惱即菩提者，四住、五住，集諦皆破。」通塞云：「知生死過患名爲塞，即涅槃爲通。知煩惱惱亂爲塞，即菩提爲通。」道品云：「觀生死即涅槃，治報障，觀煩惱即菩提，治業障、煩惱障。」次位中云：「生死之法本即涅槃，理涅槃也。」乃至「盡生死底，即究竟涅槃也。觀煩惱即菩提，亦如是」。安忍中云：「若觀生死即涅槃，不爲陰入等境所動。若觀煩惱即菩提，不爲見慢境所動。」離愛中云：「觀生死即涅槃故，諸禪三昧功德生。觀煩惱即菩提故，諸陀羅尼等生。」【案】法華玄義卷八、卷九，明藏通别圓四教各有四門以入體，均約十乘以示觀門，對十乘行法的略示，皆以煩惱即菩提之理爲樞要。例如在「圓門入實觀」文中，第一觀不可思議境，明生死苦諦、煩惱集諦即不思議境；第二真正發心，指出起大悲興兩誓願，令未度者度，令未斷者斷，一切煩惱即是菩提等；第三安心，謂體生死即涅槃名爲定，達煩惱即菩提名爲慧。下略，俱檢如文。

〔四〕【詳解】「止觀大意」者，荆溪所述文中，發心文云：「衆生無邊誓願度，生死即涅槃故。煩惱無數誓願斷，煩惱即菩提故。」安心中云：「若知煩惱生死，本性清淨，名之爲寂。此煩惱生死，本性如空，名之爲照。」通塞中云：「雖知生死煩惱爲塞，菩提涅槃爲通。」

〔五〕【案】即事顯理，觀迷中一念而顯真性，可謂煩惱即菩提，生死即涅槃。若不立陰爲境，一方面妙觀無處用，妙境不得顯，另一方面二句只能説爲菩提即菩提，涅槃即涅槃。

【總釋】明即一念陰心而顯不思議境義。觀心却不立陰爲境，偏指於理，理在事外，觀行實踐因之失去依托。

又引「常坐」中起對俱法界者。今問：法界因何有起對邪？須知約根塵識故方云起對法界〔一〕。故義例釋此文云：「體達，（修觀。）若起若對，（陰入。）不出法界。（成不思議。）」彼有約理、約觀、約果三義，此文正約觀行辨也〔二〕。又「安心」文云「唯信法性」者，未審信何法爲法性邪？而不知此文正是於陰修乎止觀〔三〕。故起信論云，一切衆生從本已來「未曾離念」。又下文云「濁成本有」〔四〕。若不觀三道即妙，便同偏觀清淨真如。荆谿還許不〔五〕？故輔行解「安住世諦」云：「以止觀安故，世諦方成不思議。」又云：「安即觀也。」故談圓妙，不違現文，方爲正説〔六〕。今釋一念，乃是趣舉根塵和合一刹那心，若陰若惑，若善若惡，皆具三千，皆即三諦，乃十妙之大體，故云「咸爾」，斯之一念爲成觀故〔七〕。今文專約，明乎不二，不可不曉，故茲委辨。

校釋

〔一〕【詳解】前問答中，直分判其能觀所顯，今出其意，故云「因何有起對」等耶。「約根」等者，輔行釋云：「佛法界，根也。對法界，塵也。起法界，識也。」

〔二〕【詳解】「義例釋」者，心境釋疑例：「問：第一卷弘誓境中，云對法界、起法界，法界如何有起有對？答：一者約理，心佛無殊，雖起雖對，奚嘗非理。二者夫念起依理，體達若起若對，不出法界。三者稱理，理既法界，起對稱理，無非法界。」即約理等三義也。雖有三釋，今欲顯法界之言，是所顯故，但引約觀一義。【案】小字爲知禮夾注，洪武南藏混入正文。

〔三〕【詳解】「唯信法性」者，正是達妄成真，真外無法，故云唯信法性。山外引此爲觀真心，而不知乃於陰妄修乎止觀。二文並答上能觀所顯。

〔四〕【詳解】引起信并染淨門，並證一念屬妄。論云：「是故一切衆生，從本以來，念念相續，未曾離念，故説無始無明。」【案】大乘起信論，馬鳴菩薩造，南朝陳真諦譯，文云：「又心起者，無有初相可知，而言知初相者，即謂無念。是故一切衆生不名爲覺，以從本來念念相續未曾離念故，説無始無明。若得無念者，則知心相生住異滅。」

〔五〕【詳解】「偏觀」等者。輔行云：「今家用此十法爲境，不同常途別立清淨真如、無生無漏。」金錍云：「傍遮偏指清淨真如。」知荆溪不許也。

〔六〕【詳解】「安住」等者。因止觀五引大經不生等四句，於不生生中，云：「安住世諦，名不生生。」止觀釋云：「無明共法性，能生一切隔歷分別，故名世諦。安住者，以止觀安於世諦，即是不可思議境。」輔行五下釋云：「以止觀安故，世諦方成不思議境，安即觀也。」豈可直云不思議耶？

【案】摩訶止觀原文爲：「今解世諦者，無明共法性出生一切隔歷分別，故名世諦。安住者，以止觀安於世諦即是不可思議境。觀行位成，故名安住。」

〔七〕【詳解】今釋文中一念，乃是意根爲因，法塵爲緣，因緣和合，起一念心。輔行云：「秖觀根塵一念心起。」此心的屬於妄也。陰是苦道，惑是煩惱，善惡是業。此之三道，皆具三千，皆即三諦。舊謂一念三道，正當揀境。今謂不然。須知正釋「理境乃至利益咸爾」，意謂此之三道，趣舉一法，皆具三千，皆即三諦，爲今十妙大體，故云咸爾。若爾，何故文云「不出一念」？故繼之曰：「斯之一念，爲成觀故。」與上文諸法皆具，爲成妙觀，的指一念義同。

【總釋】引文證關於一念的正解，即「根塵和合一刹那心」，無論陰惑、善惡，皆具三千，皆即三諦，即是「十妙之大體」。觀道所托爲一念，文中頻繁出現的觀體一語則指心體，約理說。約根塵識而釋起對法界，未曾離念，以止觀安住世諦等文，皆證理事相即義，約心不妨說爲「心即理」。湛然「別立」「偏指」清淨真如，在智顗那裏指別教理而論，知禮用釋「偏觀」，明「專緣理性」修觀之偏。佛法、衆生法、心法，俱具空假中，爲成觀而指刹那爲所觀，立此正解以糾誤讀圓理之失。

問：相傳云，達磨門下三人得法，而有淺深。尼總持云「斷煩惱證菩提」，師云「得吾皮」；道育云「迷即煩惱，悟即菩提」，師云「得吾肉」；慧可云「本無煩惱，元是菩提」，師云

「得吾髓」。今煩惱即菩提等，稍同皮肉之見，那云圓頓無過〔一〕？

答：當宗學者，因此語故，迷名失旨，用彼格此，陷墜本宗。良由不窮「即」字之義故也〔二〕。應知今家明即，永異諸師。以非「二物相合」，及非「背面相翻」，直須「當體全是」，方名爲即〔三〕。何者？煩惱生死既是修惡，全體即是性惡法門，故不須斷除及翻轉也〔四〕。諸家不明性惡，遂須翻惡爲善，斷惡證善，故極頓者，仍云「本無惡，元是善」。既不能全惡是惡，故皆即義不成。故第七記云：「忽都未聞性惡之名，安能信有性德之行？」〔五〕

校釋

〔一〕【詳解】上因山外不立陰境，直觀真心，遂引玄、觀，以生死即涅槃、煩惱即菩提，爲一家宗極之說。又恐他人以禪宗名同義異之文惑亂正說，故料簡之。「相傳云」者，不欲指其異說之人故。須知此出圭峰後集。裴相國問禪法宗徒、源流、淺深，圭峰答釋云：達磨直出可師，傍傳道育，及尼總持。及示三人見解親疏，故有此語。印本見行。詳四明意，恐當時有人引此爲難，故今斥之。如往復書云：「圭峰後集流衍來吳，禪講之徒多所宗尚，咸云：達磨印於二祖，本無煩惱，元是菩提，方爲得髓。智者所說，即同持、育二人之解，乃成得肉之言。鄙僧忝嗣台宗，得不傷痛？遂於指要文中，對揚厥旨。」「今煩」下，結成難勢。【案】關於禪宗這一公案的記述，各本不同。祖堂集謂：達摩語諸人言：「有三人得我法：一人得我髓，一人得我骨，一人得我肉。得我髓者惠可，得我骨者道育，得我肉者尼總持。」景德傳燈録謂：「時門人道副對曰：如我所見，不執文字，不離文字，而爲道用。師曰：汝得吾皮。尼總持曰：我今所解如慶喜見阿閦佛國，一見更不再見。師曰：汝得吾肉。道育曰：四大本空，五陰非有，而我見處無一法可得。師曰：汝得吾骨。最後，慧可禮拜後，依位而立。師曰：汝得吾髓。」此中「相傳」内容，據下文，可能源自圭峰宗密的著述。對此問題，知禮與天童子凝進行過書信討論，四明法師復天童凝禪師第一書明謂此段文字引自圭峰後集。

〔二〕【詳解】當宗學者不得今家正傳，因見迷即煩惱等説，便同今家煩惱即菩提之語，即迷名也。但有即名，而無即義。雖云迷即煩惱、悟即菩提，乃背面相翻之義，非今家當體全是之義，故云「失旨」。若用彼禪宗格量吾教，則使抗折百家之説，同彼得肉之言，故云「陷墜」。皆爲不明即義故也。

〔三〕【詳解】今家所明即義，永異諸宗人師。此通總言之。下云諸家、諸宗是同。二物相合，對總持斷惑證理。背面相翻，對道育迷惑悟道。當體全是，正示今家即義。輔行云：「即者，廣雅云合也。若依此釋，仍似二物相合，其理猶疏，今以義求，體不二故，方名爲即。」雖不對可師「本無元是」，今既云「煩惱當體，全是菩提」，豈可謂「本無煩惱」，是知可師亦無即義。往復書云：「智者立法華待、絶二妙，止觀圓頓十乘，以生死即涅槃、煩惱即菩提二句文，以爲綱格。誠非二物相合名即，不可以斷證明之。亦非一法翻轉名即，故不可以迷悟分之。煩惱非定本無，菩提非定

亦無所斷。知禮述觀音玄義記卷二解云：「九界望佛，皆名爲惡。」「只一具字，彌顯今宗。以性具善，諸師亦知。具惡緣了，他皆莫測。故摩訶止觀明性三千，妙玄、文句皆示千法，徹乎修性，其文既廣，且義難彰，是故此中略談善惡，明性本具，不可改易。名言既略，學者易尋。若知善惡皆是性具，性無不融，則十界百界，一千三千，故得意者，以此所談，望止觀文，不多不少。」「性具善」，亦「具惡緣、了」，下文「修二性一」指此説，緣、了二修屬事，約理由性本具，因此方能全性起修，毋須斷除、翻轉。「煩惱生死既是修惡，全體即是性惡法門」，是此段關鍵句，也是指要鈔的核心思想。

若爾，何不云煩惱即煩惱等，而云菩提涅槃邪〔一〕？

答：實非別指，秖由性惡融通寂滅，自受菩提涅槃之名，蓋從勝立也〔二〕。此則豈同皮肉之見乎？又既煩惱等全是性惡，豈可一向云本無耶〔三〕？然汝所引達磨印於可師「本無煩惱，元是菩提」等，斯乃圭峰異説，致令後人以此爲極，便棄三道，唯觀真心。若據祖堂自云「二祖禮，三拜，依位立」，豈言煩惱菩提一無一有耶？故不可以圭峰異説，而格今家妙談爾〔四〕。（元本云：此乃又超得髓之説也。可師之見，意縱階此，語且未圓。問：今明圓教豈不論斷惑證理及翻迷就悟邪？若論者，何異持、育之解？答：秖如可師，豈不斷惑翻迷？豈亦同前二邪？故知凡分漸頓，蓋論能斷、能翻之所以爾。）今既約即論斷，故無可滅；約即論悟，故無可翻〔五〕。煩惱生死乃九界法，既十界互具方名圓佛，豈壞九、轉九邪？ 如是方名達於非道，魔界即佛。 故圓家斷證迷悟，但約染淨論之，不約善惡淨穢説也。 諸宗既不明性具十界，則無圓斷圓悟之義，故但得即名，而無即義也〔六〕。 此乃一家教觀大途，能知此已，或取或捨，自在用之。 故止觀亦云：「唯信法性，不信其諸。」語似棄妄觀真。〔元云：豈異可師之説？〕而義例判云：「破昔計故，約對治説。」〔七〕故知的示圓觀，須指三道即是三德，故於陰等觀不思議也。 若不精揀，何稱圓修？ 此義難得的當，至因果不二門，更爲甄之〔八〕。

校釋

〔一〕【詳解】「若爾」下，徵釋即義。 由上云「不能全惡是惡」，謂斷除、翻轉、本無，皆不能全修是性。今徵云：何不云「煩惱即煩惱，生死即生死」耶？ 【案】由「全惡是惡」義設難，若此義得成，亦可云煩惱即煩惱、生死即生死，如此則屬無謂之言。

〔二〕【詳解】實非煩惱生死之外，別指他法爲菩提涅槃。 只由生死等，雖是惡法，以即性故，法體通融故，煩惱受菩提之名；法體寂滅故，生死受涅槃之號。 從勝立名，名雖勝劣，體無優降。 但約化他修門邊説，言煩惱生死，則生厭離，言菩提涅槃，則生欣樂。 爲此義故，從勝立名，名雖轉而體不轉也。 若名體俱不轉，謂生死即生死，亦應無妨。 【案】「融通」，洪武南藏作「通融」。

〔三〕【詳解】煩惱即菩提等，體既不轉，豈同持、育斷除翻轉得皮得肉之見？ 又既修惡全是性惡，豈同可師云本無耶？名體轉不轉，四句分別：一，名轉體不轉；（三道即三德，三道之名雖轉爲三德，體實不轉，生死即涅槃即此句。）二，體轉名不轉；（大論云：「轉生死五陰爲法性五陰，而猶有五陰之名。」）三，名體俱不轉；（如云：「十二因緣非佛、天、人、修羅所作，本自有之。」此名體俱不轉，今云全惡是惡亦爾。）四，名體俱轉。（止觀云：「無明復爲法性明。」即名體俱轉。）

性惡，問：天台諸部，不談性惡，獨在別行言之，何耶？答：玄約人法十雙，總釋品題。初人法，至第八，乃順論自他。九明緣了，是却討根本。上之八雙，皆是緣了二因，而爲種子。至料揀中，「問：緣了既有性德善，亦有性德惡不？答：具。」以此義故，在彼文明。諸部不明者，記云：「摩訶止觀明具三千，妙玄、文句明示千法，微①乎修性。其文既廣，具義難彰。是故此中，略斷善惡，明性本具。名言既略，學者易尋。若知善惡皆性本具，性無不融，則十界百界、一千三千，以此所談，望止觀文，不多不少。」據此，則玄、句、止觀，非不明之，但是廣談一千三千，別行略說性具善惡也。問：修性善惡，其相何如？答：性具佛界爲性善，性具九界爲性惡。修中佛界爲修善，修起九界爲修惡。四明云：「本具三千爲性善性惡，緣起三千爲修善修惡。」問：緣起三千爲修善惡，則三千法體不可斷破。指要云：「煩惱生死既是修惡，全體即是性惡法門，故不須斷除及翻轉也。」若云不斷，別行玄又云「闡提斷修善盡，佛斷修惡盡」。北峰曰：「今言斷

① 微：觀音玄義記作「徹」。

者，約即論斷。」四明云：「障體即德，無障可論，斯爲斷義。」今亦可疑。既即是了，有何可斷？曰：以由即故，而顯於離。以由離故，全顯於斷。離謂離情，即謂即法。以離情故，即是於斷。以即法故，故言不斷。應知但斷能執之情病，故云諸佛斷修惡盡，不破所執之法。故云修善修惡，即事造三千也。問：性惡斷不？答：性具善惡，實不斷破。故云：性之善惡，但是法門。性不可改，復不可斷壞。如云若斷性惡，普現色身，從何而起？若云拔性德苦，即理毒害爲所消伏，此乃體是修惡，以就圓論，指修即性，故受理性之稱，亦約即論斷義也。應知性惡有起、有具。具者，性具九界也。起者，乃全性起惡，此是修惡，以圓詮故，即性而起，受理性稱。如云：「法界無染，即理性之毒。」玄云：「破無明理惡。」別行云：「拔性惡苦。」皆此類也。既指修即性，以修爲性也。

〔四〕【詳解】「能斷能翻之所以」者，其實漸頓二教，咸皆斷證迷悟，蓋約能斷能翻之觀智，即不即、次不次，以分漸頓之別爾。【案】「然汝」至「談爾」，爲新改之文，舊稿即下夾注文字。舊文過於激烈，激起禪門宗徒的不滿，直接引發與天童子凝的争論。繼忠天童四明往復書後叙謂：「當時四明太守直閣林公見二師諍議不已，因請法智於指要下和融之語，法智不得而辭，遂改之。」

〔五〕【詳解】此下對前斷證、迷悟二義，以明今家正意。若得前來修惡即性之義，則斷與不斷，二皆無在。今家約即論斷，不同尼總持；約即論悟，不同道育。當知煩惱生死，乃九界修惡之法。既十界互具，界界具十，則九界當處即是佛界，是名圓佛。豈斷壞九界而證佛界？又豈轉九界之迷爲佛界之悟耶？　如是論之，方名達九界非道即是佛道，魔界如、佛界如也。　四明云：「佛之與魔，相去幾何。」圓論斷證迷悟，但約情理以說。　情著則十界俱染，有惑可斷，爲惑所迷。　理融則十界俱淨，不斷而證，了迷即悟。　但約此論，不約三善三惡、六穢四淨法體而說。　以善惡淨穢，皆性本具，不可斷除、翻轉故也。　【案】知禮述金光明經文句記卷二：「圓教自論斷與不斷二義同時。　既明六即，六故有斷，即故不斷。　亦可秖就即之一字明於二義。　障體即德，無障可論，斯爲斷義。　障既即德，障何嘗斷，斯不斷義。　故煩惱即菩提，生死即涅槃，斷與不斷，妙在其中。」

〔六〕【詳解】「此乃」等者，指上即具之旨，是教觀大途。　教不明此，非圓頓妙教。　行不明此，非圓頓妙觀。　苟能知此旨，取捨自在，無不圓極。　取捨即斷否義。　光記云：「秖就即之一字，明於二義。障體即德，無障可論，斯爲斷義。　障既即德，障何嘗斷，斯不斷義。　斷與不斷，妙在其中。」

【案】「達於非道」，玄義卷五云：「三軌即三道，是爲理性行於非道通達佛道，五品觀行行於非道通達佛道，六根清淨相似行於非道通達佛道，十住去即分真行於非道通達佛道，妙覺究竟行於非道通達佛道。」

〔七〕【詳解】「止觀亦云」者，對前第三師說，非特彼云「本無元是」，而止觀亦云「唯信法性」。　然義例云「約對治」，文云：「以衆生久劫，但著諸法，不信法性，破昔計故，約對治說。　令於諸法純見法性。　若見法性，則見諸法純是法性。」　【案】引文出義例卷上，如詳解徵引，其下又云：「是諸法性本無名字，約破立說名性名法。」

〔八〕【詳解】「故知」下，通結上文所明即義。一家極談，難於的當。至下釋三千並常，更爲甄別。鈔云體用之名等。

【總釋】示「一家教觀大途」，性具十界，三道即三德，但約染淨論斷證迷悟，不約善惡淨穢說，因爲善惡淨穢皆是分別，染淨約果後化他論，俱名緣起，緣起即理，事理不二，則斷無所斷，悟無所悟。「便棄三道，唯觀真心」，指要鈔全文所破指此，認爲此解乃受「本無煩惱，元是菩提」說影響。

則止觀「十乘」，成令自行因果；「起教」一章，成令化他能所。

二，「則止」下，示成由行〔一〕。已約心法，顯乎妙旨。雖知十妙不離一念，若非妙行，何能成之〔二〕？故玄文雖立觀心，而且託事、附法，蓋非部意，故多闕略。若具論能成之功，須指摩訶止觀也〔三〕。故境等五妙，且論諸聖及佛世當機所觀、所發、所行、所歷、所究盡法。而於我曹稟教行人如何成就？故令修止觀，用十法成乘，方能親觀妙境，發智、立行、歷位、登果。故彼十乘能令行人「成就自行因果」也〔四〕。

校釋

〔一〕【詳解】科「示成由行」者，欲成顯此十妙因果自他，當修妙行。止觀凡十章，大意、釋名、體相、攝法、偏圓、方便、正觀、果報、起教、指歸，此十亦即因果自他。於十章中唯舉十乘。起教者，前六是十乘之解，果報是三法之相，旨歸是息化之理，今故不言。但舉正觀成前五妙，起教成後五妙。

〔二〕【詳解】將欲正出今文之意，先重指前科指妙歸心，乃約一念心法顯示三千妙旨，則了十妙法相不離一心。雖能解知，若欲成就，須修妙行。

〔三〕【詳解】「故玄」下，釋出相成之意。玄文縱有觀心，但是託事、附法，以其解正行傍，非部正意，故乘境不備。若欲具足論於能成，須指止觀。以止觀正明觀法，行正解傍，乘境悉備，故須修十乘，起教成就玄文十妙，因果自他之法。

〔四〕【詳解】「故境」下，釋十乘成自行因果。玄文所談境等五妙，乃佛世諸聖當機修證之法，於我輩今日禀教修行之人何能成就？故荆溪令學者依止觀十乘修之，方能成顯也，所觀、(境。)所發、(智。)所行、(行。)所歷、(位。)究盡。(三法。)【案】十法成乘，維摩玄疏卷二云：「十法成三乘者，三觀乃是乘之正體，若不約十法和合則乘義不成。」

【總釋】此段明第二「示成由行」。玄義廣釋教相，略示觀心。止觀專行，五略十廣，前六章開妙解，第七正修止觀，修習十乘觀法，克證大果。二部合論，十法觀心，成前五妙所示自行因果，此顯教觀並重之旨。

言「起教一章，成今化他能所」者，彼文「起教」，雖即弗宣，而且不出「裂綱」之意〔一〕。

此裂網文泛論生起，雖在果後化他，細尋其意，多明初心自行〔二〕。故文云：「種種經論，開人眼目，執此疑彼，是一非諸」，「今融通經論，解結出籠」。豈非始行能裂他網〔三〕？又文云：「若人善用止觀觀心，則内慧明了，通達漸頓諸教，如破微塵出大千經卷，河沙佛法一心中曉。」豈非自行起教〔四〕？又云「若欲外益衆生，逗機設教」等，此文方是果後化他也〔五〕。輔行二釋，謂化他裂網、自行裂網。但自行文略，故讀者多暗〔六〕。至于「歸大處」文，亦爲初心修觀而説，故云「膠手易著，寱夢難醒，封文齊意，自謂爲是」，乃至云「爲此意故，須論旨歸」〔七〕。故知五略十廣，雖該自他始終，而盡是行者修法〔八〕。若了彼文，方可銷今相成之意。故今十門，從「染淨不二」已去，皆指果後設化之相，悉在初心刹那一念，而必須三觀功成，此用方顯。故文云「故須初心而遮而照」等。故知能修起教之觀，則能成就應機現通説法之用也〔九〕。此意稍隱，解者方知。不作此解，則止觀裂網、旨歸之文，記中自行之釋，及今相成之語，如何銷之？若云但修十乘果用自顯者，則合云「十乘成今化他能所」爾〔一〇〕。

校釋

〔一〕【詳解】「弗宣」者，天台説摩訶止觀至第七正修，纔至見境，時逼夏終，法輪停轉，後三章不説。起教不出五略中裂網之意，起教本爲除他疑網，其意是同。故輔行云：「雖缺餘文，行門非要，略中已具，足表其心。」

〔二〕【詳解】「此裂」等者，若以止觀文相生起次第言之，則裂網在感果之後，須至果後化他，方能裂他疑網；若委細推尋文中元意，必自行修之，後方化他，則一部始終，盡是行者修法。故深求文意，多明初心自行，少論果後化他。淨覺謂：「自裂網則通初心，裂他網須至果後。」但得泛論生起之義。

〔三〕【詳解】引文凡三節。北峰①謂：「初文乃初心爲他通經，非修觀也。第三是果後化他，亦非修觀。今起教觀，正是第二自行起教之文。由善用止觀觀心發悟，通達諸教，名自行起教，未是破無明、果上起教。又非初心爲他説起教。若初心爲他説，名初心裂網，非正修起教觀義也。」初始行裂網文云「種種」等者，第二卷五略生起中，標裂網文云：「云何裂大網？種種經論開人眼目，執此疑彼，是一非諸，聞雪謂冷，聞鶴謂動，今融通經論，解結出籠。」大小乘教本是開明智眼，逗物不同，種種各説。不曉如來悉檀被物之意，於四門互相執著，是一非諸，今融通經論，解結出籠。既云「融通經論」，即初心能裂他網也。輔行釋云：「雖本爲開衆生智眼，實機未顯，如法華前衆生，於教權實、空有、事理互迷。若爲判已，開權顯實，使權實不濫，令識教本意，破執教疑網，達一理無外，了法門大體，知衆教有歸。」「今融通等者，理本無説，説必被機。四悉四

① 北峰：宗印，字元實，號北峰，竹菴可觀法嗣，著有北峰教義，佛祖統紀卷一六有傳。

門，諸觀諸諦，適時利物。未及通方，便各計一隅，情執未破，今爲融會。重疑颯然，如繫鳥在籠，情無所適。解執滯結，開權教籠，如游太虚，縱曠無礙。」此是始行裂他網之文。初心便能解釋經論，教示來學。淨覺謂「若自裂網則通初心，裂他網須至果後」者，不究融通經論之言，與釋裂網中通除自他疑網之説。又籤云：「自行則從因至果，化他則位位有之。」淨覺見據初心依理生解與果上起教不同者，輔行自揀初心，觀化他境是内心觀解，與果上起教不同，於今始行裂他網了無關涉。

〔四〕【詳解】「又文云」等者，第二卷釋裂網文云：「第四，爲通裂大網諸經論故，説是止觀者，若人善用止觀觀心」等。此正明修起教觀，故云「用觀觀心」，通達諸教。輔行明作自行釋之，言善用者，用不思議觀觀於妙境，則攬果上偏圓漸頓，不出一心，用觀觀之，則河沙佛法一心中曉。輔行云：「初文通除自他疑網，故云通裂，乃至須曉漸頓諸教，出自一心，若不善用不思議觀觀於一心不思議境，何由可裂執教大疑？」科云：「初約觀心，自除疑網。」豈非正明初心修起教觀耶？「破塵出卷」者，華嚴如來性品譬如有一經卷如大千界，所有一切無不記録，時有異人具足天眼，見此經卷在一塵内，作是念言：云何經卷在一塵内？遂破塵出卷。輔行引寶性論云：「有神通人見佛法滅，以大千經卷藏一塵中，後有人破塵出卷。」【案】此句及下句引止觀卷二廣釋「裂大網」文，謂此文含自行、化他二義。止觀括「十廣」爲「五略」，「五略」之第四「裂大網」，當於「十廣」第九「起教章」。

〔五〕【詳解】連文云「若欲外益衆生，逗機設教」者，「隨人堪任，稱彼而説」等，四明斷爲果後起教。

〔六〕【詳解】明輔行釋，二。釋者，通指上兩文。初作自行釋，故云「須曉」等。次作化他釋，故曰「爲利他故」，裂他疑網。「自行文略」者，輔行自行釋中，文甚簡略。只由淨覺引文不備，專據「若不善用不思議觀」等文，謂「但修十乘，果上①自顯」。不許四明修起教觀，而不看上文云「須曉漸頓諸教出自一心」，此正當修起教觀之義。淨覺昧此，故云「讀者多暗」，又謂「自裂通初心，裂他須果後」，不許初心裂他，及修起教。故四明備引三文，一一結示，使初心有裂他網義，有修起教義，有果後起教義。初文有融通之言，即始行裂他網也。次文有善用止觀之言，即初心修起教也。第三有逗機之言，即果後施化也。【案】輔行卷二釋「裂大網」文，謂「裂破執於權教疑網，初文通除自他疑網，故云通裂。乃至須曉漸頓諸教出自一心，若不善用不思議觀觀於一心不思議境，何由可裂執教大疑？若欲下，爲利他故，裂他疑網」，乃從自行與化他兩個層面釋。

〔七〕【詳解】云「至于」等，旨歸三德，名爲大處。自他同歸三德，雖是息化之理，亦爲初心故。止觀二云：「第五歸大處，諸法畢竟空，故説是止觀者。夫膠手易著，寱夢難醒，封文齊意，自謂爲是。競執瓦礫爲瑠璃珠。近事顯語，猶尚不知，況遠理密教，寧當不惑？爲此意故，須論旨歸。」輔行釋云：「心性如手，惑著如膠，隨文封滯，迷於旨趣，不達教相，不曉旨歸。隨文生著，互相是

① 上：十不二門文心解作「用」。

非。非但不至三德旨歸，爲陰集魔而擔將去。寱夢等者，夢甚故寱，寱故難醒，法性如眠，無明如夢，僻執如寱，執重難除，名爲難醒。封文等者，封，閉也，塞也。諸教諸門，諸諦諸悉，隨一各執，故云齊意。」【案】引止觀卷二中釋「五略」第五「歸大處」文，當於「十廣」第十「旨歸章」。

〔八〕【詳解】通一部文意。五略中，發心、修行即自行始，感果即自行終，裂綱即化他始，歸處即自他同歸，亦自他終。

〔九〕【詳解】示今門文意，謂若了止觀裂綱文意，通於初心，方可消今之起教成化他能所後之五妙也。故今十門，前四門爲十乘觀體，後六門爲起教觀體也。從染淨門去，純談化他悉在初心修觀，由因中修觀之功，至果顯化他之用，故引染淨門能顯妙觀文，證空中名遮，假觀名照，三觀圓修，淨用方顯。故知因修起教，能成就應機等用也。感應妙中之應，神通、説法二妙，皆是能化之用，所化即感及眷屬、利益二妙也。後六門中，染淨謂所顯淨法，依正謂果用由因本具，自他謂感應之體本同，三業謂所顯果用皆果後化他也。若染淨云「能顯妙觀」，依正云「理顯以觀爲功」，自他云「觀行之功方顯」，三業云「能顯觀體」，皆因中修起教觀之相也。

〔一〇〕【詳解】「若云」等者，結斥淨覺偏見之失。彼謂四明離十乘别修起教，自立義云：「但修十乘，果用自顯。」今反質云：如其説，則荆溪合云十乘成化他爾。

起教觀，輔行二下云：「問：大章名起教，五略名裂綱，云何得同？答：對揚利物，名爲起教。令他除疑，名爲裂綱。起教本爲除他疑綱，是故同也。」止觀大意叙五略中，云「起八教」。是則裂網、起教，名異義同。四明深得此意，乃云：「彼文起教，雖即弗宣，而且不出裂網之意。」以五略略於九廣，九廣廣上五略。文心解云：「起教之言，須起八教，遍逗群機，而反用自裂之文，作自行起教，不亦謬濫乎。」彼迷於義同名異，反顯廣略義不相關。況復止觀明指「第九重當廣説」，是知五略裂網即大章起教也。今文云：「此裂網文，泛論生起，雖在果後化他，細尋其意，多明初心自行。」尊者立義，果後化他法門，須在初心修觀。因若不修，果何能顯？初心行人必須遍攬果上偏圓、漸頓、權實法門，入一念心修之，方能果後遍逗群機也。止觀明指：「第九重當廣説，攝法中亦略示。」起教雖即弗宣，攝法之文可考。止觀三云：「如來曾作漸頓觀心，偏圓具足。依此心觀，爲衆生説。教化弟子，令學如來破塵出卷，仰寫空經。」又釋裂網文，如前引，並初心修起教觀之明文也。然初心修起教，爲離十乘外別修耶？即十乘而修耶？若別修者，則顯十乘觀體，一念三千攝法不盡。況自行初心修不思議境，又修起教，應兩重用觀耶？若即十乘而修不二門，那云十乘成自行、起教成化他耶？答：若以觀體言之，十乘起教只一三千三諦，何法不具？但修觀行者，須精識果上偏圓、漸頓諸教出自一心，攬此等法入一念心而修，名起教觀。北峰曰：「法理已備，修相未明。是知説有次第，修在一心。善修止觀者，攬化他法，融入一心。焉有起教在十乘外？」荆溪云：「須曉漸頓諸教出自一心」（至）「執教大疑，如此自他，並由妙觀，契於妙境，是故能有如是妙用。」草菴云：「終日十乘，終日起教。但文義主對，解行相當。」則妙玄十妙，止觀十章，各具自行化他之法。妙玄前五妙，須修止觀十乘自行之觀成之；後五妙，須修止觀起教之觀成之。此關節也。若以旨趣言之，十乘不離起教，起教不離十乘。草菴曰：「止觀雖十乘，不思議境觀一也。初心雖起教，而不思議境觀亦一也。」文心解引輔行云：「若不善用不思議觀等文，豈非但修十乘耶？若謂十乘不該果用，後之五妙更須別修，則衆寶之車，成壞驢之運。」此以旨趣而難關節，抑亦四明何嘗云別修耶？若云起教不通初心修者，籤文云「攝十妙爲觀法大體」，應云「攝五妙爲觀體」，只合云「重述四門，令觀行可識」。淨覺不許初心修起教觀，如何消今相成之意耶？文心解曰：「但以起教之義，正明感應等事，彼此相顯，故云成今。」荆溪謂十乘成前五妙，起教成後五妙，故重述十門，令觀行可識。是知十乘起教，俱是觀法。若以彼此教觀相顯，以釋相成，却見十門徒施，觀法無用矣。問：鈔云「互相顯映」，與「彼此相顯」何異？答：淨覺但約彼觀此教而言相顯，不知以行成解。四明約教廣觀略、行正解傍而論相顯，即解行相成也。問：初心修起教與化他境，爲同？爲異？答：起教觀乃攬果後化他法門入初心修，化他境明三千法離性執已，無妨四說，不可會同。

【總釋】止觀五略十廣架構中，第九起教章（相應於五略之四裂大網），成就後五妙所示化他能所。玄義十妙，分自行與化他，初覽或解爲證果後方能化他，如此則將二者割裂，實則自行即化他，方顯融自覺覺他爲一體的菩薩精神。知禮解五略十廣之意，認爲全是行者觀法，皆爲初心修觀而說，可注意者有三：初心自行義，裂網文雖明果後化他，但多明初心自行裂網；始行裂他網義，不待果後，蘊凡夫菩薩亦可說法度生義；自行起教義，止觀觀心，內慧明了，可通達諸佛所設漸頓諸教。因融果方圓，因果不二，初心不修起教之觀，果後必無化他之用。因此，後六門所示爲起教觀體，撮染淨法等入於一念，以妙觀觀之，觀成入妙，起化他大用。仁岳謂裂網須至果後，爲知禮所破，詳解述之甚詳。

則彼此昭著，法華行成。使功不唐捐，所詮可識。

三，「則彼」下，功成識體〔一〕。故知得此相成之意，則不唐學問，不謾修行，教下所詮妙體可識〔二〕。

校　釋

〔一〕【詳解】科「功成識體」者，十乘起教，觀行功成，則識所詮三千妙體。

〔二〕【詳解】彼此者，彼即止觀，此即十妙，彼觀此教，解行相成，昭明顯著，法華妙行，於兹成就，使功不虚棄，教下所詮之體可識。故知若得前科解行相成之意，解成則不唐學問，行成則不謾修行也。【案】摩訶止觀明觀，行者依教奉行，以觀證教，教觀互相輔成，法華行成。由之可見法華玄義、摩訶止觀二部著述間的内在聯繫。【總釋】明第三「功成識體」。玄義與止觀，前者成妙解，後者成妙行，互相昭著，以解導行，行能證解，解目行足，共運行者至清涼池。法華行，謂法華經所示法門，即慧思所解安樂行，智顗所明法華三昧。鈔釋爲解行有成則「妙體可識」。妙體者，三千也。

故更以十門收攝十妙。何者？爲實施權，則不二而二；開權顯實，則二而不二。法既教部，咸開成妙。故此十門，不二爲目。一一門下，以六即檢之。本門〔一〕已廣引誠證，此下但直申一理，使一部經旨皎在目前。

四，「故更」下，結示立名，使詮旨斯顯，四。初，立門所由，如文〔二〕。

二，「何者」下，出門名義〔三〕。理事三千，本皆融即，實機未熟，權化宜施，佛順物情，分隔而說，故云「不二而二」〔四〕。半滿諸法，暫有差殊，權化若成，實理須顯，佛隨自意，開會而談，故云「二而不二」〔五〕。境等十法，即是所通。既約教部，判後開之，俱圓俱妙，故能通門宜名不二〔六〕。

校釋

〔一〕【案】「門」，釋籤、十不二門義、示珠指、文心解、顯妙、樞要、詳解諸本均作「文」。

〔二〕【詳解】科「結示立名，使詮旨斯顯」，以十門攝十妙，結示立名，直申一理，使經旨泠然詮旨斯顯也。初立門所由，十門從十妙立，故云「所由」。「故更」之言，承上而來，欲令解行俱成，故更立十門，收攝十妙。

〔三〕【詳解】十門何故皆名不二？徵釋云「爲實」等。在昔四時三教分隔而說，皆云二法。今經顯實，開會而談，皆不二也。

〔四〕【詳解】「理事」至「而説」，釋爲實施權。初二句明一實理，次二句明施權意，後二句正明施權。諸佛慈悲，不與世諍。物情差別，亦以差別之法逗之。從一清淨道，施出二三四，故云「分隔而説」，此施權當分義也。【案】「順」，大正藏作「須」。「不二而二」，佛陀説法設教有權實二意。不二指實説，二指權説。隨順衆生根機分别而説，爲權説或方便説，説必依實，謂之不二而二。開決一切權説皆是實説，謂之二而不二。

〔五〕【詳解】「半滿」至「而談」，釋開權顯實意。初二句明權法，次二句明開顯意，後二句正明開權，會二三四，咸歸於一，故云「開會而談」，此開權跨節意也。與妙玄二「會異」科明施開意同。初明諸法本實云：「一切諸法無不皆妙，衆生情隔於妙耳。」（今云「理事」等。）次大悲施權云：「大悲順物，不與世諍，是故明諸權實不同。」（今云「實機」等。）三今經開顯云：「今開方便門，示真實相。」（今云「半滿」等。）【案】「半滿」，大般涅槃經判教法爲半字教與滿字教，半指小乘法，滿指大乘法。「二而不二」，即智顗所揭法華開權顯實、開粗顯妙之旨。如方便品云，如來「知諸衆生有種種欲，深心所著，隨其本性，以種種因緣譬喻言辭方便力而爲説法」，此即爲實施權；「世尊法久後，要當説真實」，即法華經所説「諸佛如來言無虚妄，無有餘乘，唯有一乘」，此即開權顯實。「隨自意」，佛以三意赴緣度衆，謂隨他意、隨自他意與隨自意，或謂隨情、隨情智與隨智，四教各涵藴三意。

〔六〕【詳解】「境等」去，釋「法既教部」等，門爲能通，境等即所通。約教判三麤一妙，約部判昔麤今妙。約教開偏入圓，約部開四味麤即醍醐妙。俱圓則約教論開，俱妙乃約部義也。所通之法，既俱圓妙，門由妙立，故能通門宜名不二也。【案】知禮解題，謂十不二門是能通，法華玄義迹中十妙文爲所通。

【總釋】釋序分第四節「結示立名，使詮旨斯顯」，分四。初「立門所由」，門從妙立，謂之「所由」。二「出門名義」，色心等十雙爲二，二從不二立，謂之「爲實施權」。十雙雖二，開之令妙，不二即門，謂之「開權顯實」。

三，各自高深〔一〕。一家所判法門名義，無間高下、己他，無不理性本具，全性起修，分顯究盡〔二〕。故今十門一一如是皆爲觀體，其義更明〔三〕。然「事異故六，理一故即」，此宗學者誰不言之，而的當者無幾〔四〕。應知圓家明理，已具三千，而皆性不可變；約事乃論迷解、真似、因果有殊。故下文云：「三千在理，同名無明，三千果成，咸稱常樂；（約事明六。）三千無改，無明即明，三千並常，俱體俱用。（約理明即。）」〔五〕若見斯旨，稍可持論。

四，直彰宗趣。如文。

校釋

〔一〕【詳解】「各自高深」者，該修德之極爲高，（究竟。）徹性德之源爲深，（理即。）門門皆用六即檢校高下，故云「各自」。須六即檢者，以十妙不出三千，三千不離一念，既以十門收攝十妙，則門門之下的指一念三千爲今觀體，故須六位揀其高下也。

〔二〕【詳解】「一家」等者，天台一家判諸經論，一切法門，能詮名字，所詮義理，無論高下、己他，皆用六即揀判。止觀云：「圓觀諸法，皆云六即，故以圓意約一切法，悉用六即判位。」高下、己他，即心佛衆生，十界依正。佛界爲高，九界爲下。心法爲己，生佛爲他。理性本具，（理即。）全性起修，（名字、觀行、相似。）分顯（初住至等覺。）究盡。（究竟。）【案】「具」，洪武南藏作「俱」。

〔三〕【詳解】既諸法門皆用揀判，故今十門亦以六即撿之，故云「一一如是」。十門既約六即，乃顯門門攝歸一念三千，皆可修證，則十門皆爲觀體，前四爲十乘觀體，後六爲起教觀體。其義至此，猶更分明。驗知起教，初心不可不修矣。

〔四〕【詳解】「然事」下，北峰分四，初標迷，二正示，三引證，四結示。初文即止觀大意文。此二句自荆溪發明之後，凡稟山家學者皆能言之而得旨者少，故云「無幾」。以由淨覺以空中爲理同，俗假爲事異。（此義雖在雜編，以在四明輪下已有此語，故暗斥之。）

〔五〕【詳解】「應知」等者，三千法門，理性本具，不可改變。荆溪云：「萬法是真如，由不變故。」隨緣即不變，乃全事成理，理同故即也。「約事乃論迷解」等，即變造三千，全理成事，遂分六位之差，即事異故六也。理即名迷，名字、觀行屬解，真即分證，似謂六根，因即前五，果即究竟。引因果門四句釋之，鈔下釋曰：「三千在理，爲染作因，縱具佛法，以未顯故，同名無明。（該前五即，因中三千也。）三千離障，八倒不生，一一法門皆成四德，故咸常樂。（究竟即，果上三千也。）」此二句既將因果對分，必該六位，故註云「約事明六」。「三千實相皆不變性，迷悟理同，故曰無明即明。（此明因果只一三千。）三千世間，一一常住，理具三千俱名爲體，變造三千俱名爲用，故云俱體俱用。（此明因果三千俱能起用，因中三千起於染用，果上三千起於淨用。）」此二句示三千之性，在迷在悟未始改易，雖在於體，體不離用，全用是體也，故註云「約理明即」。

原夫事理兩種三千，本圓融相即之義。理即迷此，名字解此，乃至究竟顯此。今以理同事異，對兩種三千者，不分而分：以事異故六，即理之事，對事造三千；理同故即，即事之理，對理造三千也。若謂兩種三千之外更有迷悟之事，則兩種三千攝法不盡，何名妙法耶？六即義蘊大經，名出智者，止觀一引如來性品云：「譬如貧人，家有寶藏而無知者，知識示之，即得知也。耘除草穢，漸漸得近，近已藏開，盡取用之。」經文甚廣，大師撮略而引，輔行委釋。義雖蘊經，諸師莫知。吾祖深悟圓宗，發明此義，故於止觀「發大心」「約六即顯是」。觀經疏約六即釋佛字。荆溪云：「此六即義，起自一家，深符圓旨。」即之爲義，輔行云如前引「體不二故名即」，指要云「當體全是，方名爲即」。吾祖立六即義有二。一，顯圓詮諸法事理不二、生佛體同，免生退屈，故明即字，雖全體是迷悟因果，其相有殊，免生上慢，故明六字。止觀云：「若智信具足，聞一念即是，信故不謗，智故不懼，初後皆是。若無信，高推聖境，非己智分。若無智，起增上慢，謂己均佛。初後俱非。爲此事故，須知六即。」二，革文字、暗禪之蔽。世間暗證禪人撥棄修行，唯云即心是佛，不辨階位淺深，多濫上聖。爲救斯蔽，故明六位。文字法師封文滯意，唯守名相，推功上人，自謂絶分。爲此等故，故明即字，以示初後理同。輔行云：「暗禪者多增上慢，文字者推功上人，並由不曉六而復即。」

【總釋】三「各自高深」，約六即論高深。三千法約理本具，約事故六。全性起修，修歷六即位。知禮釋十不二門意在爲成觀體，如此中云「十門一一如是皆爲觀體」。此爲指要鈔的主要解義思想。文心解釋六即云：「三千事異故六，空中理同故即。」詳解予以詳破。四「直彰宗趣」，釋「直申一理」，一理即宗趣。以一理爲綱，十不二門可解。

一者色心不二門，二者内外不二門，三者修性不二門，四者因果不二門，五者染淨不二門，六者依正不二門，七者自他不二門，八者三業不二門，九者權實不二門，十者受潤不二門。是中第一從境妙立名，第二、第三從智、行立名，第四從位、法立名，第五、第六、第七從感應、神通立名，第八、第九從説法立名，第十從眷屬、利益立名。

二，「一者」下，第二列門解釋，二。初，列門對妙，二。初，列門，可見。二，「是中」下，對妙。七科之境不出色心，此二不二，則諸境皆妙，故云第一從境立名〔一〕。智、行二法正論修相，儻二境不融，修性有異，則不成妙，故二、三從智、行立名〔二〕。位多在相，三法唯果，若了始終理一，此二皆妙，故第四從位、法立名〔三〕。通、應二事，果後利他，既是淨用，依正必融，縱是他機，亦同自體，此之妙事，在今染心，能如是觀，妙用方顯，故五、六、七從感應、神通立名〔四〕。三業是能說之人，權實是所說之法，此二若融，說法方妙，故八、九從說法立名〔五〕。眷屬是三草二木，利益由法雨所滋，若知本一地雨，則權實益等，故第十從眷屬、利益立名〔六〕。立此十門，意成十妙解行故也〔七〕。

校釋

〔一〕【詳解】玄文明境具有七科，今以色心二法收盡，故云「不出」。今經開權，色心諸法咸成不二，門顯七科無非妙法。【案】「七科」，玄義開境爲七，謂十如、十二因緣、四諦、二諦、三諦、一諦、無諦。無諦不可說，實際只論六科。

〔二〕【詳解】依境發智，以智導行，是正論起修。今明內外二境互融，修全性起，故使智、行方稱妙法。鈔中反顯云「不融」、「有異」也。

〔三〕【詳解】位妙實通因果，爲對三法極果，故多在因。若了始因終果，一理無殊，位、法方妙，故因果門從二妙立。【案】「相」，詳解本作「因」，亦依「因」釋。「三法」，即三軌，謂真性軌、觀照軌與資成軌。玄義云：「前明諸位，秖是修此三法所證之果耳。若然何以重說？重說有三義。一者前境、智、行，是因中所乘之三軌，今明乘是大乘，已至道場證果所住之三軌也。二者前作境、智等名別說，今作法名合說。三者前直爾散說，不論本末，今遠論其本即是性德三軌，亦名如來之藏，極論其末即是修德三軌，亦名秘密藏。」

〔四〕【詳解】神通、感應是果後利他之事，果上全三千之體起於淨用，其用既淨，故依正不相妨，他機同自體。此之淨用在今染心，能以利他之法，攬入一心，妙觀觀之，果用方顯。故此三門，從通、應二妙而立。此初心修起教觀之相也。【案】「二」，詳解本作「是」。神通、感應二妙屬果後利他之事，既爲淨用，則依正不二、自他不二。知禮從初心行人的觀修實踐角度給予解釋，所以强調如此妙事在於染心，即此染心作觀，纔能顯現妙用。

〔五〕【詳解】能説之人，三輪①設化；所説之法，權實不融。今經開之，咸名不二。

〔六〕【詳解】三草二木是能受法，雨是能潤。今皆一地所生，一雨所潤，即利益平等。【案】「三草二木」，如法華經藥草喻品頌曰：「或處人天，轉輪聖王，釋梵諸王，是小藥草。知無漏法，能得涅槃，起六神通，及得三明，獨處山林，常行禪定，得緣覺證，是中藥草。求世尊處，我當作佛，行精進定，是上藥草。又諸佛子，專心佛道，常行慈悲，自知作佛，決定無疑，是名小樹。安住神通，轉不退輪，度無量億，百千衆生，如是菩薩，名爲大樹。佛平等説，如一味雨，隨衆生性，所受不同，如彼草木，所稟各異。」依智顗法華玄義「明位妙」文釋，小藥草、中藥草、上藥草分喻人天位、二乘位與三藏教菩薩位，小樹、大樹分喻通教三乘位與別教菩薩位。

〔七〕【詳解】結意云，荆溪立此十門，爲成妙解行也。【案】知禮解十不二門的述作之意，是爲了成妙解，成妙行。

---

① 三輪：即三業，謂身、語、意。

【總釋】此段明立門所由，及十門與十妙的對應關係。湛然通過融通色心等十對相待之二，達於不二、平等，幫助讀者理解境等十法何以成妙。知禮認爲，智顗述十妙，湛然述十不二門，意在開妙解，成妙行，因此行人修習止觀時，智解導行，以關於妙境、不二之理的妙解之心爲能觀，觀於識陰，便可即此妄心親證絕妙之境理，謂之「即妄顯真」。

一，色心不二門者。

二，「一色」下，釋門旨趣，十段。初，色心不二門，三。初，標。一切諸法無非妙境，本文七科，亦且從要〔一〕。七科尚廣，妙旨難彰，今以色心二法收盡〔二〕。故大論云：「一切世間中，唯有名與色。若欲如實說，但當觀名色。」〔三〕此二不二，諸法皆妙，故今攝別入總，特指心法，明乎不二〔四〕。以此爲門，則解行易入也〔五〕。

校　釋

〔一〕【詳解】初文從寬至狹，示境之要。法華開顯三千諸法無非妙境，天台從要總作七科。

〔二〕【詳解】次明法相該博，故云「尚廣」。今以略顯廣，故用色心收盡。心法爲門，解行易入，即以易通難也。【案】玄義卷二上謂：「數者，經論或明一法攝一切法，謂心是，『三界無別法，唯是一心作』；或明二法攝一切法，所謂名色，『一切世間中，但有名與色』；……如是等增數，乃至百千。」名即是心。此說色心二法可以攝盡一切法。詳解謂「心法爲門」等，就修觀說，即智顗所謂佛法太高，衆生法太廣，但觀己心爲易。

（三）【詳解】論云：「一切諸法中，但有名與色，更無有一法，出於名色者。」箋要①曰：「大論云名色者，謂心但有名故，若望假名，此名即實。」【案】引文見大智度論卷二十五，原謂：「復有一切法，所謂名色。如佛説利衆經中偈：若欲求真觀，但有名與色，若欲審實知，亦當知名色。」智顗常意引此文，如摩訶止觀卷五謂：「論云：一切世間中，但有名與色，若欲如實觀，但當觀名色。」

（四）【詳解】攝別入總者，攝色心之別，入一念之總，故就心法以明不二。【案】「攝別入總」，就觀修之事論，以事中一念爲總，一切法爲別。

（五）【詳解】解行易入者，攬法歸心，無法不趣，解易入也；即心成觀，觀無不通，行易入也。

【總釋】智顗舉七科攝一切境。湛然更以色心二法總攝七科之境。知禮更從觀修實踐，取事中一念（識陰）爲總，以之爲所觀，則可洞悉一切法之本性或本原，即心呈現不二妙旨。以心爲門，「解行易入」。

且十如境乃至無諦，一一皆有（一）總別二意。總在一念，別分色心。

二，「且十」下，釋中又二。初，約諸境明總別，二。初，雙標。「總在一念」者，若論諸

① 箋要：據佛祖統紀卷二五，疑指柏庭善月撰附鈔箋要，夾注云「節指要情義」。

法互攝，隨舉一法，皆得爲總，即三無差別也，今爲易成觀故，故指一念心法爲總〔二〕。然此總別，不可分對理事〔三〕。應知理具三千，事用三千，各有總別，此兩相即，方稱妙境〔四〕。

校釋

〔一〕【案】「有」，大正藏作「可」，餘本均作「有」。

〔二〕【詳解】「諸法互攝」者，三千諸法，以即性故，趣舉一法攝一切法，則法法皆得爲總，即心佛衆生三無差別。諸法雖多，不出三法，故用此結也。然雖諸法皆得爲總，今意爲成妙觀，故指一念。玄文揀難從易之義也。【案】「三無差別」，如華嚴經夜摩天宮菩薩説偈品云：「心如工畫師，畫種種五陰，一切世界中，無法而不造。如心佛亦爾，如佛衆生然，心佛及衆生，是三無差別。」

〔三〕【詳解】「不可」等者，以山外以理爲總事爲別，以理同故論理總，事異故論事別。俟下評破。【案】示珠指卷下謂：「總者，一念也，一性即一念也，一念靈知性體常寂。」既訓一念爲一性，性指理，顯然是以理爲總，以事爲別。所以詳解謂「山外以理爲總事爲別」。總別之論，一如華嚴金師子章所括六相，謂總別、同異、成壞，其中師子爲總相，眼等五根爲別相。一如大乘起信論謂「心真如者，即是一法界大總相法門體」，即以心真如爲總。淨影慧遠義疏云：「心是能總，恒沙佛法，攬衆諸法，以成總心。」又云：「若通言之，諸法各有總別之義。然心一總者，心爲能知，法爲所知，故名爲總。依此心生種種法，故言法門體，此是總相。」源清應據起信論及諸家疏，以心性、理體爲總，諸法爲別。

〔四〕【詳解】四明建立，則理具三千，一法爲總，諸法爲別；事用三千，總別亦爾，故云「各有」。「相即」者，理中總別即事總別，事中總別即理總別，方得稱妙，皆由理具方有事用故也。事理總別，文云「總在一念，別分色心」，以一家事理，如何分對？孤山以理總事別而釋，以理同故論總，由事異故論別，一念是總屬能造，故名理總，生佛依正是事，屬所造，名事別。淨覺亦云：「理總事別。」但以空、中爲理，俗、假爲事。舊破云：「以彼不曉性具諸法，法法宛然，故無理別。不曉事相本來圓妙，故無事總。如毛吞巨海，芥納須彌，豈非事相能總諸法耶？」破義未盡，別出義章。四明立義，理具三千事用三千各有總別，「性具諸法總別相收，緣起諸法總別亦爾」等。尊者之説符文得旨。符文者，不二門「當知心之色心，即心名變」，妙樂記四句立法，金錍圓見事理一念具足，皆藴乎事理各論總別之義。又深得一家圓頓解行之旨，以圓論諸法，事理不二，趣舉一法，咸具事理。理體具足名理總，雖同趣一理而諸法宛然，名理別，此性具三千也。緣起諸法以即性故，隨舉一法，諸法咸趣，名事總，雖同趣一法而諸法宛然，名事別，此變造三千也。是則三千諸法，法法即性，法法起修，法法終日不失自體，法法終日同趣刹那，雖各有總別，其實事理互融。圓解雖爾，若欲修觀，必須揀難從易，的指一念心法爲總，則妙觀易成。故四明云：「若事若理，皆以事中一念爲總。」則又得一家立行造修之旨。然此既約兩種三千會之，則修性、體用、無住本法、不變隨緣，皆一揆矣。又知荆溪明乎總別之意，欲顯諸法互攝一一性遍故也。以互攝故法法爲總，以性遍故別體宛然。故四明云「諸法不失自體爲別」，即性遍也，「同趣刹那爲總」，即互攝也。【案】「稱」，詳解本作「成」。據詳解釋，持「理總事別」説者除源清、智圓外，還有淨覺仁岳。知禮約理事兩重三千解「總在一念，别分色心」，就理具三千，任一法皆可爲總，所攝諸法爲別，就事具三千，指事中一念爲總，事中諸法爲別。法華玄義卷七約理事明本迹云：「從無住本立一切法。無住之理，即是本時實相真諦也；一切法，即是本時森羅俗諦也。由實相真本垂於俗迹，尋於俗迹即顯真本，本迹雖殊，不思議一也。」約理教明本迹云：「即是本時所照二諦俱不可説，故皆名本也。昔佛方便説之，即是二諦之教，教名爲迹。若無二諦之本，則無二種之教，若無教迹，豈顯諦本？本迹雖殊，不思議一。」本時具真俗，指理。迹中具真俗，指事與言教。可知知禮兩重三千及總別之論應非無據。

【總釋】與單講理總事别不同，知禮認爲理事各有總别。事依於理，理由事顯，事理相即，方成不二妙境。據此，由理具三千方能成立事具三千，事中有總别，理中亦應有總别。不僅批判源清，而且批判本諸大乘起信論的心真如爲總、依真如所起諸法爲别之觀點。一念既爲識陰，則「總在一念」便是以事中一念爲總。事中一念是觀道所托。强調這一點，意在爲行人趨入妙境明確一個易於把握的門徑。約理事解析總别，是指要鈔核心思想之一。

何者？初十如中，相唯在色，性唯在心，體、力、作、緣義兼色心，因、果唯心，報唯約色。十二因緣，苦、業兩兼，惑唯在心。四諦則三兼色心，滅唯在心。二諦、三諦，皆俗具色心，真、中唯心。一實及無，準此可見。

二，「何者」下，雙示，二。初，别。十如中，相可别故，屬色；性據内故，屬心。觀音玄義指心爲體，而諸文中，雙取色心〔一〕。力、作，單不能運〔二〕。緣或指愛，或指具度，既存兩説，義必雙兼〔三〕。若云業爲因者，則似兼色，今從習邊，故因、果皆心〔四〕。五陰皆報，則須兼心，今從受身，約色義彊〔五〕。本末究竟，文雖不對，既論三等，同後三諦〔六〕。因緣中，現未七支皆須雙具。識名雖獨，必含中陰，故亦兩兼。行、有是業，不可徧屬。無明、愛、取，唯心可知〔七〕。諸諦中，苦同七支，集既兼業，道亦含戒，皆具色心。俗論諸法，兼二可知。滅及真、中，一實、無諦，體唯是理，無相可表，並心證故，故不兼色〔八〕。然上所對，不可永殊，欲成别義，故且從彊〔九〕。

校　釋

〔一〕【詳解】相、性二法，玄云：「相以據外，攬而可别。性以據内，自分不改。」「指心爲體」，玄下云：「心覺苦樂，故以當體。」「雙取」者，玄云「地獄界以摧折色心爲體，人天以安樂色心爲體」等。

【案】十如是義，摩訶止觀卷五所釋最詳。法華玄義卷二通解十如是，云：「通解者，相以據外，覽而可别，名爲相。性以據内，自分不改，名爲性。主質名爲體。功能爲力。構造爲作。習因爲因。助因爲緣。習果爲果。報果爲報。初相爲本，後報爲末，所歸趣處爲究竟等。」關於體，湛然謂兼於色心，然觀音玄義有「指心爲體」之説，如觀音玄義卷下云：「體者，以心爲體。心覺苦樂，故以當體。譬如釵鐺環釧之殊，終以銀爲體質。六道之色乃異，只是約心，故心爲體也。」然諸文一般「雙取色心」爲體。如法華玄義卷二釋人天界十法，謂：「體是安樂色心。」又如摩訶止觀卷五謂：「如是體者，主質故名體，此十法界陰俱用色心爲體質也。」

〔二〕【詳解】「力、作」者，功用名力，搆造名作，動作須是色心相應，故云「單不能運」。

〔三〕【詳解】「緣或指愛」者，止觀云：「無明愛等，能潤於業，即心爲緣也。」玄云：「二乘以無明爲緣，六度菩薩以煩惱爲緣，或指具度。」妙玄云：「緣，助也，所謂諸惡我、我所所有具度，皆能助成習業。」【案】摩訶止觀卷五謂：「如是緣者，緣名緣由，助業皆是緣義。無明、愛等能潤於業，即心爲緣也。」法華玄義卷二釋人天外餘四趣十法謂：「如是緣者，緣，助也。所謂諸惡我、我所所有具度，皆能助成習業，如水能潤種，故用報因爲緣也。」法華以大白牛車喻大乘，「具度」，指車之珠絡、幡蓋等莊嚴具，屬乘，故云具度。法華文句記卷五約三觀解此喻，謂「空如白牛，假如具度，中如車體」。金光明經玄義拾遺記卷五約三乘論，謂：「理乘爲車體，故高廣無過；隨乘爲白牛，故行疾如風；得乘爲具度，故莊嚴絶比。」所謂「諸惡我、我所所有具度」，即以惡爲助道法，故説爲緣。

〔四〕【詳解】業因兼色者，善惡之業皆以意爲方便，身口七支所造，故兼色心。今從習因而説，故唯在心。玄云：「如是因者，惡習因也。自種相生，習續不斷。以習發故，爲惡易成，故名如是因。」

果屬心者，玄云：「習果也，如多欲人，受地獄身，見苦具，謂爲欲境，便起染愛，此習果也。」

【案】「習因」，成實論明三因四緣，其中生因，即一法生起之因，如業爲報因；習因，如習貪欲，貪欲增長；依因，如心、心所法依於色、香等。

〔五〕【詳解】「五陰皆報」，既四陰屬心，一陰屬色，合兼色心，今取受身爲報，故唯屬色，亦從强而説。

〔六〕【詳解】「本末」等者，妙玄：「初相爲本，後報爲末，所歸趣爲究竟等。」「既論」等者，玄云：「若作如義，初後皆空爲等。若作性相義，初後相在爲等。若作中義，初後皆實相爲等。」「同後」者，真、中唯心，俗兼色心也。【案】法華玄義解十如是之「本末究竟等」云：「初相爲本，後報爲末，所歸趣處爲究竟等。」又云：「若作如義，初後皆空爲等；若作性相義，初後相在爲等；若作中義，初後皆實相爲等。今不依此等三法具足爲究竟等。夫究竟者，中乃究竟，即是實相爲等也」。三等，即空、假、中等，所以知禮據解云：「既論三等，同後三諦。」

〔七〕【詳解】七支皆名苦道，須兼色心。現五果中，識本唯心。今取含中陰色，故亦兩兼。此識託胎，乘於中陰。陰義屬色，天眼能見。身口屬色，意業屬心，故不偏屬。無明等惑，唯在心也。

【案】「現未七支」，十二因緣中的現在世五果（識、名色、六入、觸、受）與未來世二果（生、老死）。「中陰」，又名中陰身、中有，指死後至投胎之間的陰形。

〔八〕【詳解】「諸諦」者，四、二、三、一、無諦，通總而示。四諦中，苦同前因緣，理須雙具。「集兼業」者，四諦法相，合惑業二，皆集諦收。集是煩惱，只唯在心，既兼於業，故通色心。道即三學，戒體屬色，故雙具。（此釋「三兼色心」。）二諦三諦，俗該依正，故兼色心。四諦中滅，二諦中真，三之真、中，一實、無諦，體並屬理，無形相表，故不兼色，並內心證，故唯在心。【案】苦諦是世間之果，當於十二因緣中的現在世五果與未來世二果，故謂「苦同七支」。四諦之滅諦，二諦之真諦，三諦之真諦、中諦，與一諦、無諦，皆指理體，無相爲相，由心所證，故不兼色。

〔九〕【詳解】示意者，上將七科，分配色心，欲成別義，一往從强。若論諸法本來相攝，又不可謂條然永殊。

【總釋】此段以色心與境妙七科相對。法華玄義卷二謂：「數者，經論或明一法攝一切法，謂心是」，「或明二法攝一切法，所謂名、色」，「或明三法攝一切法，謂命、識、暖」，「如是等增數，乃至百千。今經用十法攝一切法，所謂諸法如是相、如是性、如是體、如是力、如是作、如是因、如是緣、如是果、如是報、如是本末究竟等」。於十如是，智顗提出「三轉」讀法：是相如，指空；如是相，指假；相如是，指中。空假中三諦圓融，即爲圓教所詮實相。對任一法同時作空假中三觀，即一心三觀。湛然依境妙立色心門，故以色心分對境妙文所述十如是、十二因緣及諸諦。雖說十如是亦可攝盡一切法，然而七科却均是對一切法的解釋與觀照，是關於一切法的境理，如對任一法，都可從相、性等方面進行分析說明。也就是說，色心（一切法）是被觀察與解釋的對象，七科却爲説明色心的理論或觀察色心的維度。因而以色心分對七科，很難做到完全相當。所以知禮亦總結說：「然上所對，不可永殊，欲成別義，故且從彊。」一般所言法相，其實亦可指色相心相。然而依據智顗「相以據外，覽而可別」、「性以據内，自分不改」之説，相既爲外境，屬色，性既爲内，則屬心。另外，關於體，若就一心攝一切法、諸法性空無體以心爲體之論，則含有「唯心」思想。若解體爲「主質」，十法界五陰當然以色心爲體質。總之，以色心對七科雖有此難，但既然十法界皆以色心爲主質，而一一法界各有十如是，加之湛然立色心，意在扼要，方便觀修，即爲令行人即色心而入於不二，亦不妨如此比對。

既知別已，攝別入總，一切諸法無非心性，一性無性，三千宛然〔一〕。

二，「既知」下，次總。前約諸法不失自體，爲別；今明諸法同趣刹那，爲總。終日不失，終日同趣。性具諸法，總別相收。緣起諸法，總別亦爾〔二〕。非謂約事論別、以理爲總。又復應知若事若理，皆以事中一念爲總，以衆生在事未悟理故，以依陰心顯妙理故〔三〕。

校釋

〔一〕【詳解】既解上科別分色心，今當攝諸法差別歸刹那之總。一切諸法，別也。無非心性，總也。既云諸法無非心性，豈非攝別入總。心屬事，性屬理。今欲於事顯理，是故雙舉。「一性」下，正釋攝別入總之所以，良由一性圓融，無決定堅住之性，立理事三千，故能攝別以歸總也。前云「一念」，今云「一性」，理事相顯也。

〔二〕【詳解】前別分色心爲顯法法宛然，不相混濫，不失自體。今明諸法元同一性，故同趣刹那。妄念別時常總，總時常別，總別同時，故云「終日」。亦爲成觀，故云「刹那」。據圓詮妙旨，法法爲總，亦可云同趣一塵也。此之總別，若事若理，皆有此義，故云「性具」等。本具三千，一法爲總，諸法爲別，一攝一切，故云「相收」。緣起三千，既全性起，亦以一法爲總，諸法爲別，亦皆融攝，故云「亦爾」。【案】「刹那」，指識陰。

〔三〕【詳解】「非謂」下，如前叙破，應知理事三千皆以心法爲總，就迷而辨，故云「事念」①。衆生全體在迷，未嘗悟理，須指事念，不可以心爲真心，以依陰心觀顯不思議理，故曰事念，豈可不立陰等直觀不思議耶？上云「若事」，是事造緣起之事。下云事念，是迷妄之事。現前一念云何能總事理諸法？須知約此一念能具諸法名爲理總，所具諸法名爲理別；約此一念能造諸法名事總，所造諸法名事別。如此分之，兩重總別自然不濫。鈔云「本具三千爲別」，至「咸趣一念也」。又序云「介爾之心爲事理解行之要」，即此謂也。【案】「一念」，屬迷屬事。

【總釋】單就「既知別已，攝別入總」，接云「一切諸法無非心性，一性無性，三千宛然」，似可解爲事別理總。心性、一性、無性爲總，約理説。三千爲別，約事説。事是差別，理則無差別。但是此句所詮，則爲知禮所論理具三千，非就事論。是在理上，認識到一念本具三千，内中三千亦就

① 事念：指指要鈔中「事中一念」。

理言。十不二門「直申一理」，是約理論總别，應非指理總事别。知禮認爲「性具諸法」與「緣起總法」，一理一事，各有總别。不僅如此，而且無論理與事，皆以「事中一念」爲總。理事皆就衆生當下一念而論。約理論，一念具三千。因爲一念之理具三千，或性具三千，所以事上纔能開顯三千。事上，佛已親證三千，衆生在迷，三千未顯，爲顯三千妙理，須即陰心修習止觀，觀成則開顯三千妙境。换句話説，事造三千以理具三千爲本爲依據，唯其理具，纔有事造。總之，理具三千，即認識到衆生一念在理上具三千，或者説事中一念本具三千是指心性、一性、無性而言。事造三千，約事修論，一念爲總，三千爲别。

問：他云「一念即一性也，一念靈知，性體常寂」；又云「性即一念，謂心性靈寂，性即法身，靈即般若，寂即解脱」；又云「一念真知妙體」；又云「並我一念清淨靈知」〔一〕。據此等文，乃直指文中「一念」名真淨靈知，是約理解。今云屬事，是陰入法，與他所指，賒切如何〔二〕？

校釋

〔一〕【詳解】「他云」者，引示珠指文，對今一念屬事，並難，凡引四文。初是釋「今總在一念」云：「一性即一念也，一念靈知，性體常寂。」次釋修性門「界如一念」云：「性即一念，德即法身、般若、解脱，皆常樂我淨也。今畝體示性德相，謂心性靈寂，性即法身，靈即般若，寂即解脱。」第三文是未入文，前懸叙不二唯心實相，科云：「一一法界，皆即一心真知妙體。」又云：「當知諸法不二唯心，唯心無相，具一切法，故此十門，門門之法，皆名不二。一一諸法當體通入，名之曰門。若一法入此一法外，更無九門之法爲異，並我一念清淨靈知。」據此四文，並約理解。今云屬事，與他所見遠近，如何賒遠切近？【案】設問中先引示珠指中四句話爲靶的。十不二門謂「一念三千世間即空假中」爲一代時教之旨歸，是能詮之妙法。示珠指卷下謂：「總者，一念也。」解一念爲一性、一念靈知、性體、一念真如妙體，並以之爲總，顯然是約理釋一念，持理總説。

〔二〕【案】於一念，源清解爲理，知禮解爲事，誰更接近一念本意？「賒切」，意謂遠近，佛典常用語，原指梵語音譯如泥洹、涅槃，於同一梵音而有賒切，這裏指差異。

【總釋】大乘起信論有「心真如者，即是一法界大總相法門體。所謂心性不生不滅，一切諸法唯依妄念而有差別」語。淨影慧遠疏云：「大總相者，心是能總，恒沙佛法，攬衆諸法，以成總心，豈得不大，故言大總相。」又云：「依此心生種種法，故言法門體。」法藏大乘起信論義記云：「一法界者，即無二真心爲一法界，此非算數之一，謂如理虚融平等不二，故稱爲一。」地論師及華嚴宗人，多據起信論指心爲真心，爲法體，持真如隨緣生起一切法之説。源清指天台一念爲理爲總，妄法爲事爲別，應由此流行佛學觀念而來。知禮針對將一念解爲理，强調天台約事立一念及其觀修意義。

答：此師秖因將此一念約理釋之，致與一家文義相違。且違文者，一違玄文。彼判

「心法定在因，佛法定在果，衆生法一往通因果，二往則局因」〔一〕。他執心法是真性，故乃自立云「心非因果」。又礙「定在因」句，復自立云：「約能造諸法，故判爲因。佛定在果者，乃由研修覺了究盡爲果。」〔二〕今問：既將因果分判法相，何得因果却不相對？果若從覺，因須指迷，何得自立理能造事而爲因邪？既不相對，何名分判〔三〕？又違華嚴「心造」之義。彼經如來林菩薩説偈云：「心如工畫師，造種種五陰，一切世間中，無法而不造。如心佛亦爾，如佛衆生然，心佛及衆生，是三無差別。」輔行釋云：「心造有二種，一者約理，造即是具；二者約事，即三世變造等。」〔四〕心法既有二造，經以心例於佛，復以佛例於生，故云「如心佛亦爾，如佛衆生然」，是則三法各具二造，方無差別。故荆谿云：「不解今文，如何銷偈『心造一切，三無差別』？」何忽獨云心造諸法得名因邪〔五〕？據他所釋，心法是理，唯論能具能造，生、佛是事，唯有所具所造，則「心造」之義尚虧，「無差」之文永失矣〔六〕。又若約能造釋因，則三法皆定在因，以皆有二造故。此文是今家立義綱格。若迷此者，一家教旨皆翻倒也，焉將此解定教文之欠剩邪〔七〕？

校釋

〔一〕【案】玄義卷二謂：「若廣衆生法，一往通論諸因果及一切法；若廣佛法，此則據果；若廣心法，此則據因。」釋籤由三法差别與無差别義注釋此語，謂：「然衆生義通，故云通論。若其通論，義非究竟，故云一往。一往雖通，二往則局，不通於佛，及唯在因。佛法及心不云一往者，佛法定在於果，心法定在於因。故此三法得名各别。何者？如衆生身中佛法、心法，猶通因果，況衆生名通，通凡通聖？若佛身中衆生、心法，亦定在果。心法之中佛法、衆生法，此二在因。」爲什麽經中説「三無差别」？答説：「理體無差，差約事用。」約事用論差别，約理體則無差别。可知天台明三法，約因果事用予以界説，心法在因，爲在事在迷之心。

〔二〕【案】示珠指卷上謂：「玄義中釋法有三，謂心佛衆生。若定其因果，則心法定在因①，佛法定在果，衆生法一往義通因果。心定因者，心非因果，約能造諸法，判爲因也。何者？如華嚴云『一切唯心造』、『心造諸如來』等，豈非十法界法皆由心造？因能致果，故云定因也。佛定果者，由覺自心研修究竟名佛，故云定果也。衆生一往義通因果者，由無始本迷，不覺自心清淨知體，恒逐妄緣，造諸妄業，名妄因；受諸妄報，名妄果。故云一往義通因果也。若二往而望佛真果，但是於因。爲斯義故，佛亦唯心，因果不二，故云無差也。」詳引此文，可見源清所據爲起信論。真如隨染淨緣生起染淨諸法，即慧遠、元曉、法藏諸師所立真如隨緣義。源清據此講迷悟法界緣起，解「心造」之心爲真心，既爲真心，必非因非果，遂約心造一切解「心法定在因」。玄義卷一約觀心釋法華經名文中有「心法非因非果，能如理觀，即辨因果，是名蓮華」語，釋籤解云：「心法

① 心法定在因：示珠指後衍「佛法定在因」，據原文校記删。

非因非果，此舉因果所依之體；能如理觀，此語能取因果之觀。故得名爲體家之宗，用者得是宗體功能，因華果蓮，可以意得。」因果謂宗，宗依於體，就理體説「心法非因非果」，但就觀心實踐則有因果，即一心三觀爲因，觀成證得一心三諦爲果。智顗著述中，並無關於真如隨緣的明論。

〔三〕【詳解】「今問」下，徵斥。「因果相對」者，對迷説覺。既以研修究了名果，則合判迷爲因，何云心法是理，能造生、佛之事，故判爲因耶？【案】起信論於心生滅門説阿黎耶識，此識有覺與不覺二義。覺指「心體離念」之法身，即法身説本覺。真如本覺，隨無明緣而有不覺，依不覺説有始覺。源清之判三法，應藴有此義。然而解心爲理，又約「心造」解「心法定在因」，理爲能造，事爲所造，則理即爲因。所以知禮認爲，因位迷，果頭悟，如此纔能因果相對，約「理能造事」而判心爲因，則三法界限不明。

〔四〕【詳解】「又違」等者，前云「心造諸法，故判爲因」，豈但違玄文，又違華嚴心造一切、三無差别之義。須知心佛衆生，三皆能造，故云無差。豈可獨云心能造耶？故引彼經、輔行委破。輔行五中，引經十八如來林菩薩説偈云「心如工畫師」，至「是三無差别」，「若人欲了知，三世一切佛，應當如是觀，心造諸如來」。不解今文，如何消偈「心造一切、三無差别」？如工畫師者，畫師即無明心，能造十界五陰，故云種種。一切世間即十法界假實國土等。輔行釋初偈云：「言心造者，不出二意：一者約理，造即是具；二者約事，不出三世。三世又三：一者過造於現，過、現造當；

二者現造於現；三者聖人變化所造，亦令衆生變心所造。」（彼文甚廣。）今云：三世變造，指前二義，等即等於聖人權造也。問：華嚴只云「心造」，荆溪得何文意，便作事理而釋？答：正得天台引造證具之義。【案】所引如來林菩薩偈出自華嚴經卷一〇，「造種種五陰」經文作「畫種種五陰」。

〔五〕【詳解】「經以」下，四明例釋。次偈，別行玄記上云：「經文先示心造一切，便以此心而例於佛，示佛權造，同心實造。次復以佛而例於生，示生實造，同佛權造。權實雖異，因果暫殊。三皆能造一切世間，故得結云三無差別。」不解天台引造證具之文，如何消釋華嚴經偈，心造一切，（指初偈。）三無差別。（指次偈。）輔行又云：「若無今家諸圓文意，彼經偈旨，理實難消。」通指一家諸部圓文，今此正指不思議境文也。蓋清涼華嚴大疏解釋此文，以心爲理爲能造，生佛是事爲所造，故斥云「不解今文等也」。荆溪釋意，三皆能造，山外何獨以心爲能造耶？【案】「三法各具二造」，謂心造生、佛，佛造心、生，生造心、佛，據此纔可説三無差別。「荆谿云」引文見輔行卷五。

〔六〕【詳解】「據他」等者，然示珠指本無顯文指心是理，四明據他立義，覈而破之。義書①六引珠指云：「佛名真覺，生名不覺。心即生佛之心，非離生佛外別有心爲生佛之本。經示本末因果不二，故云三無差別耳。」四明斷云：「豈非謂心是非迷非悟之真心？（註云：心唯屬理。）」今云：心法

①　義書：全稱四明十義書。

是理，能具能造。義書云：「此心迷則爲生，悟則爲佛。（今云：生佛是事，所具所造。）此則只得一人心法生佛①少分。（註：以唯知事造生佛，不知理具生佛，二造雙明，方明②全分。）（今云：心造尚虧③。）殊不識法界有情，十方諸佛，生佛之全分。因嗟珠指棄於大海而取一漚，所得者如爪上土，所失者如大地土。（今云：無差之文永失。）故指要斷云：心造之義尚虧，無差之文永失。以我一念，及一切衆生，十方諸佛，各各論於事造，人人説於理具，而皆互具互攝，方名三無差別。」問：心造義虧，爲理，爲事？若云虧理，他云「心法是理」。若云虧事，義書云「唯知事造」。答：義書明云「唯知事造，不知理具」，正當虧理。他謂心是非迷非悟之真心，此心迷則爲生，悟則爲佛，心能作生作佛，豈非事造？以約迷悟説故迷悟屬事也。他云「心法是理」者，他謂非迷非悟之真心，故云心唯屬理，非圓詮性具三千之理也。問：既云能具，豈非理耶？答：他計真心遍一切處，名之爲具，但有具名，而無具義也。

〔七〕【詳解】「又若」等者，若謂心能造法，釋心在因，應須生佛亦定在因，以三法皆具二造故也。以三無差別之文，是一家所立不思議境觀、心具造等義之綱格。若以非迷非悟之理以釋心法，乃成

① 生佛：詳解無，據十義書補。
② 明：十義書作「名」。
③ 今云心造尚虧：應爲夾注，詳解混入正文，今改正。

緣理斷九，偏指真如，則抑挫圓宗，反同歷別之行，故云「翻倒」也。「欠剩」者，山外謂妙玄類通十種三法，合有觀心之文，文無者，略也。光明玄十種三法圓談法性，若更立觀心，則是剩也。義書十云：「妙玄但以三軌類通十法而已，合有觀心一科。彼文無者，略也。今之玄文，雖帶十種法相，並以一性貫之，法性無外，即我一心，豈此之外而有法相不融，更須附法作觀乎？」焉可將此等見解定教文中之欠剩耶？只緣山外纔見言心便作真理而釋，謂圓談法性便是觀心，故此斥之。【案】「是」，大正藏作「應」。

【總釋】約理解一念，既違法華玄義三法因果之判，又違華嚴心造義。約能造解「心法定在因」，加之解心爲真性，則理爲能造，事爲所造。這是知禮着力提出批判的。據智顗關於三法的判分，以及湛然對三法及心造義的解釋，源清顯然不免誤讀之嫌，原因在於藉真心、真如隨緣等流行佛學觀念疏釋天台教典。與智顗不同，湛然進一步以理事解心造。約理說，「造即是具」，謂一念心本具三千。約事說，「不出三世，三世又三：一者過造於現，過、現造當，如無始來及以現在，乃至造於盡未來際一切諸業，不出十界、百界千如、三千世間；二者現造於現，即是現在同業所感，逐境心變，名之爲造，以心有故一切皆有，以心空故一切皆空，如世一官所見不同，是畏是愛，是親是冤；三者聖人變化所造，亦令衆生變心所見。」意謂從事用明心造，凡有三義。一，從心起三世一切法，依過去業起現在業，過去、現在造未來業，均不出十界。二，「現造於現」，將此心逐境起一切法。三，「聖人變化所造」，於此衆生亦可「變心所見」。依唯識教義，如佛陀施設言教，衆生以聽聞言教爲緣，於自識變現似法似義，而得聞思熏習之益。又謂：「並由理具，方有事用。今欲修觀，但觀理具，俱破俱立，俱是法界，任運攝得權實所現。」道出以理事解心造的用意，即事用上之所以呈現三世一切法的生滅以及「聖人變化所造」，是因爲從理上看此心本具三千。理上本具三千，略爲「理具」。理非實指，不是有一對象謂理具足一切，而是指心之理或性具足三千，因而事上能從心開顯出三千。因此，心造唯指事造，事造之所以可能，因爲理具。如心造一切，佛、衆生亦造一切，以一切爲媒介，三法纔有同一性，三無差別纔能獲得理解。知禮即由「三法各具二造」成立三無差別義，三法因爲理具方有事造，據此認爲源清指理爲能具、能造，衆生與佛屬事，但爲所具、所造，則心造、無差之文，都將無法理解。從現代學術看，「理能造事」的表述方式，存在將理做對象化理解的可能，當然源清所解未必就有此義。

二違大意及金剛錍。他自引云：「隨緣不變名性，不變隨緣名心。」引畢乃云：「今言心即真如不變性也。」〔一〕今恐他不許荊谿立義。何者？既云「不變隨緣名心」，顯是即理之事，那得直作理釋〔二〕？若云雖隨緣邊屬事，事即理故，故指心爲不變性者，佛法、生法豈不即邪？若皆即理，何獨指心名不變性？故金錍云：「真如是萬法，由隨緣故；萬法是真如，由不變故。」故知若約萬法即理，則生佛、依正俱理，皆不變故，何獨心是理邪？若據衆生在事，則內外、色心俱事，皆隨緣故，何獨心非事邪〔三〕？他云「生佛是因果，法心非因果」，驗他直指心法名理，非指事即理，生、佛二事會歸心故，方云即理，亦非當處即具三千。是知他師雖引唯色之言，亦秪曲成唯真心爾〔四〕。

校　釋

〔一〕【詳解】示珠指釋色心門「心之色心」，引止觀大意云：「『隨緣不變名性，不變隨緣名心。』今言『心』即真如，不變性也。『之色心』即隨緣也。」雖不引金錍，由二文並明不變隨緣之義，既違大意，亦違金錍也。

〔二〕【詳解】隨緣不變名性，即事之理也。不變隨緣名心，即理之事也。他云「心即不變之性」，直作理釋，即不許荆溪立義也。

〔三〕【詳解】「若云」下，縱釋，以三法無差破之。若言心法即理，生佛亦然。若知三法無差，不可獨指心名不變性也。引金錍文以顯，事則俱事，理則俱理。既云「萬法是真如」，則心與生佛俱理，不獨指心爲理。既云「真如是萬法」，則心與生佛皆隨緣事，不可云生佛是事、心非事也。

〔四〕【詳解】「他云生佛是因果法」者，珠指云：「佛名真覺，生名不覺，心非因果。」如前引，驗他所解既謂「非迷非悟之真心」，正是指心爲理。他謂會生佛歸心，方名事即於理。須知一家圓説，色心依正，生佛刹塵，一切諸法，趣舉一法，當處具足三千。所以大師圓四念處，六塵皆唯。唯者，無外之稱。舉色則諸法趣色，色外無法，香等亦然。四明云：「唯色之言，非權唯實。」山外不曉，雖引唯色之言，克論其義，只是唯心。以不明諸法當處圓具，須攝色歸心方具故也。【案】輔行卷七謂：

「問：色之與識，如何同異？答：若色心相對則有色有心，論其體性則離色無心、離心無色。若色心相即，二則俱二，一則俱一。故圓説者，亦應得云唯色唯聲唯香唯味唯觸，何但獨得云唯識耶？若合論者，無不皆悉具足法界。」金剛錍謂：「問：唯心唯心，亦唯色耶？若不唯色，色非心耶？」

【總釋】止觀大意明上根觀不思議境，云「觀是能觀」，所觀是陰界入，不出色心，因爲「色從心造，全體是心」，由心造達三無差別，「如是觀時名觀心性，隨緣不變故爲性，不變隨緣故爲心」。天台教典常引涅槃師子吼菩薩品中「一切衆生具足三定，謂上中下。上者謂佛性也，以是故言一切衆生悉有佛性」語，略説爲「能觀心性名爲上定」。心性即佛性。湛然引真如不變隨緣二義釋心性，由文意可知，性指即事之理，心指即理之事。金剛錍論無情有性，亦引此義，謂「隨緣不變之説出自大教」，「萬法是真如，由不變故；真如是萬法，由隨緣故」，據此詰云：「子信無情無佛性者，豈非萬法無真如耶？」先由湛然將真如不變隨緣義引入天台語境，後有源清等山外師解一念爲真心，並引真如不變而隨無明緣生起一切法教義爲證。據上引文，心謂即理之事，性謂即事之理。知禮認爲，講即理，則一切法皆即理，或一切法皆如，不獨指心；講即事，則一切法俱爲隨緣之事，心亦包括其中。「驗他直指心法名理，非指事即理，生、佛二事會歸心故，方云即理，亦非當處即具三千」，此語點出源清思想中的核心觀點。源清思想，可歸入現代學術所謂心性佛學。一切法緣起生滅，性空無體，以心爲體，心體即真如、佛性。「唯心」之説指此，「唯」遣一切外境。由此確立「直顯心性」的觀修法門。知禮説源清通過攝法歸心環節方成即理，應非謬指。同時也不是「當處即三千」，即不合上文所論「當體即是」義。不能「當處即三千」，則緣起論上講依真如起一切法，落入「性起」觀，非如「性具」講一切法當體即真如、真如當體即一切法。也就是説，依性起講，真如與一切法尚有隔，依性具講，則二者絶對同一。有隔，觀修實踐須或斷、或翻，世間法不得安立。絶對同一，當體即是，則無此虞。指要鈔所立義，及對山外師的評議，大概如此。天台實相論，謂三諦圓融，一色一香無非中道。所以可唯心，亦可唯色等。講唯心，爲修觀方便，以一念爲所觀，以不思議境爲能觀，觀成即識陰顯現三千妙境。據湛然解，欲界衆生執外境，故應觀心，上二界衆生執心，則須觀色，因而隨觀修主體而論，非定得觀心。「偏唯真心」之見，因此爲知禮所必破。緣起論，智顗未明言，於摩訶止觀卷五中先破後立，隨便宜説「無明法法性生一切法」，湛然解「從無住本立一切法」亦據此説，又采用真如不變隨緣義講。上田義文從對象化思維或主客二分維度解釋佛教思想，謂三諦圓融説，關係項不是二，而是三，但仍以有、無爲問題，「並不是爲了要發展能知與所知關係而開爲三項的」，一念三千説「並非表示特別是要藉由一念(現在刹那的妄心)纔能呈現三千亦即實相，祇不過是爲了觀的方便，纔選擇了切身的虚妄一念，在這種説法當中也表示其不探討色和心之本質差異的立場」①。唯識思想則詳示能緣與所緣差異，講境無識有，攝境歸識，消解主客對立，不滯於任何對象，以通達無分別境，而天台

① 上田義文著、陳一標譯：大乘佛教思想，臺北：東大圖書公司，二〇〇二，第四〇、一六三頁。

所謂心，仍屬一切法中的特殊一法，被作爲對象看待。此解亦通，可幫助理解天台三大師的思想。

況復觀心自具二種，即唯識觀及實相觀，因何纔見言心便云是理〔一〕？又實相觀雖觀理具，非清淨理，乃即事之理也，以依陰等顯故〔二〕。

問：若爾，二觀皆依事，如何分邪？

答：實相觀者，即於識心體其本寂，三千宛然即空假中。唯識觀者，照於起心，變造十界即空假中〔三〕。故義例云：「夫觀心法，有理有事。從理則唯達法性，更無餘途。從事則專照起心，四性叵得。亦名本末相映，事理不二。」〔四〕又應知觀於內心，二觀既爾，觀於外境，二觀亦然〔五〕。此皆止觀及輔行文意，非從臆説〔六〕。他云「真心具三千法」，乃指真如名不思議境，非指陰入也。金錍云「旁遮偏指清淨真如」，那得特偏指邪〔七〕？又云：「夫唯心之言，豈唯真如心邪？須知煩惱心遍。」〔八〕第一記云「專緣理性而破九界」，是別教義〔九〕。那得句句唯於真心？又此標一念，乃作一性真如釋之，後文多就剎那明具三千，亦作真如釋邪？

校釋

〔一〕【詳解】以事理二觀破他指心爲理。初示觀心具事理，因將此心作真理釋，違背諸文。況復一家所明觀心具乎二種，謂唯識歷事，實相觀理，因何纔見言心便云是理？【案】唯識、實相二觀名出占察善惡業報經（菩提燈譯）：「若欲依一實境界修信解者，應當學習二種觀道。何等爲二？一者唯心識觀，二者真如實觀」，「學唯心識觀者，所謂於一切時一切處，隨身口意所有作業，悉當觀察，知唯是心」，「若學習真如實觀者，思惟心性無生無滅，不住見聞覺知，永離一切分別之想」。輔行、止觀義例均引此文以明事理二觀。如義例卷上云：「十問：諸文皆云色心不二，若欲觀察，如何立觀？答：心色一體，無前無後，皆是法界。修觀次第，必先内心。内心若淨，以此淨心歷一切法，任運泯合。又亦先了萬法唯心，方可觀心。能了諸法，則見諸法唯心唯色。當知一切由心分別諸法，何曾自謂同異？故占察經云：觀有二種，一者唯識，二者實相。實相觀理，唯識歷事。事理不二，觀道稍開。能了此者，可與論道。」與山外師辯觀心，知禮常引此文以明天台觀道所以，十義書中還對之做詳細夾注。占察經所説與起信論無異。觀察一切法，「知唯是心」，即唯心識觀。真如實觀則思惟心性，離一切妄念。湛然引此以證其關於修觀次第的解釋，即「必先内心」，觀識陰顯於妙淨，則轉染爲淨，再以淨心歷一切法，一切法無不成妙，故謂「實相觀理，唯識歷事」。又云須先了萬法唯心，方可觀心，但接着説如此則能知一切法唯心、唯色，原無同異，但由心而起分別。實相、唯識二觀，一觀理，一歷事，後被説爲理觀與事觀，增加了理解難度。

〔二〕【詳解】次明觀理，即事而顯。今雖觀理，非同他見清淨真如之理，即迷事而顯理也。

〔三〕【詳解】答釋二觀之相，此二各具能觀、所觀。所顯之義，「識心」是境，「體」是於觀本寂三千所顯也，「照」是於觀起心是境變造十界所顯也。云識云起，即二觀皆依事也。雖皆依事，今以具變而分，故云本寂三千、變造十界也。【案】占察經説二觀應有次第，即由唯心識觀知萬法唯心，再由真如實觀體達心性不生不滅。湛然、知禮則調換次序，謂實相觀是就識心「體其本寂」，即觀心是不思議境，唯識觀則照生滅之心，變造十界，雖變造十界，皆即空假中。識心、起心，均屬事。前者是即事之理，後者是即理之事。其實起信論講真如、生滅二門，也是在心生滅門説的，生滅中的真如亦是在纏之真如。

〔四〕【詳解】「不二」者，義書云：「須知事理不二之語，得意之者，隨修一觀必含二義。如修理觀者，雖云但觀理具，須知全修在性，則善修實相觀也。修事觀者，雖觀能造十界之心，須知全性成修，則善修唯識觀也。豈令九旬常坐之徒，皆須縱任善惡之念，四運推檢耶？豈令公私匆遽之徒，皆須静室觀理，然後方名事理不二耶？」【案】語出止觀義例卷上，内中「四性」謂自生、他生、共生與無因生。

〔五〕【詳解】示外境具二觀。孤山唯識觀外、真如觀内，直以内外二境分對事理。四明立義，内外皆修事理二觀。内心二觀者，上三三昧及諸經行法是理觀，縱任三性是事觀。外境二觀者，觀色等諸法本具三千即理觀，觀色等變造十界即事觀。先輩或約外色生滅例心四運，或約大經琉璃光菩薩「非青現青」等，文殊云「此光即是智慧」，大師謂是有分別色，或云推過在心。今謂：内心約四運推檢者，只緣此心但起慮想，無色質可見，故須推之。若外境色法擬然在目，何必推之。

但直觀一色變造十界即空假中，即外境事觀也。【案】内外二境，具如内外不二門。據詳解，智圓約内外二境區别真如、唯識二觀，謂真如觀内心，屬理觀，唯識觀外境，屬事觀。觀内即直顯心性。如知禮解，無論觀内心還是觀外境，皆有理事二觀，「從理則唯達法性」，「從事則專照起心」。

〔六〕【詳解】「止觀、輔行文意」者，結上内外各具二觀，備見大師、荆溪文中，非任胸臆，如隨自意歷六作六受即見色等，豈非外境事觀耶？

〔七〕【詳解】「他云」等者，重復結斥真心具法之謬。前云「心法是理，能具能造」，驗他約真心攝於色具，正指清淨真如名不思議境，具足三千，非指現前妄念陰入之心也。「傍遮」等者，義書云：「荆溪立於無情有性，正謂顯圓妄染即佛性，傍遮偏指清淨真如。珠指正當金錍所遮，云何將所遮之義爲能釋之文？如以毒刺損衆生之佛眼，殊非金錍抉四眼之惑瞙。」【案】「他云」，示珠指解一念爲「一性」，「以此性令即十界色心之法，故云三千宛然，是知一念三千世間相常也」。知禮將之説爲「真心具三千法」。

〔八〕【詳解】「唯心」等者，義書云：「此則遮於世人約於真心説唯心義，故云唯心之言，豈唯真心，應知唯字，正屬唯心。乃今①約煩惱心説唯心，不可約真如心説唯心。豈非金錍本示無情有於佛性，無情色與煩惱心二法俱約隨緣義説，於隨緣中，煩惱心爲能造，生死色爲所造。所造即理故

① 今：十義書作「令」。

既遍，能造即理豈不遍耶？」【案】語出金剛錍。

〔九〕【詳解】「第一記」者，文句約教釋阿若憍陳如，阿若翻無生，別觀無生中云：「依於法界修菩提行。」記釋云「依境起行」、「專緣理性」等，謂緣佛界清淨真如而破九界，自是別義。今偏指真心，正當此責。【案】法華文句記卷一下謂：「但理爲九界覆而爲所依，法界秪是法性，復是迷悟所依。於中亦應云從無住本立一切法。無明覆理，能覆所覆俱名無住，但即不即異而分教殊。今背迷成悟，專緣理性而破九界。」

【總釋】據詳解，此段「以事理二觀破他指心爲理」，分三層：一，觀心有事、理二觀，即唯識觀與實相觀，不應纔見心便云是理；二，實相觀觀於理具，理爲清淨理，是即事之理，即陰界入所顯；三，「二觀皆依事」，如答語中說。結合理事二觀、內外二境，知禮再次申論以陰界入境爲觀道所托的主張，觀內可從理從事，觀外亦然，而從理從事均托於事中一念。觀修行爲本來屬事，所觀（內心或外境）、能觀皆就事而論。真如爲正智所照，智如一體，能所雙泯，此爲觀成所顯境。因位行人作觀，若以專緣真如，則有偏真傾向，有違事理不二平等之旨，不能「當處即三千」。當然亦可將理觀解爲以不思議境爲觀境，惺惺寂寂，寂寂惺惺，空靈純淨，萬法如如，但知禮認爲此乃即識心所顯之妙境，具如「兩重能所」所辯。一念靈知，或直顯心性，約禪修者的體悟、心境論。即識陰作觀，或理或事，約止觀實踐原理或技術說。這大概就是分歧所在。然而將一念靈知納入天台止觀原理中，並采用理觀、內觀文證成此說，難免捉襟見肘，遭遇知禮的四面圍堵。

由此亦可見天台與華嚴、禪宗在法門實踐上的氣質差異。無明即法性，渾然一體，一念三千，如如無別。基於此解，三大師對偏提法性、真如做法均有警示。法華玄義卷二云：「諸論明心出一切法不同，或言阿黎耶是真識，出一切法，或言阿黎耶是無没識，無記無明出一切法。」接着說：「若定執性實，墮冥初生覺從覺生我心過。」湛然講無情有性，正是基於真如無分別而論，金剛錍云：「今搜求現未，建立圓融，不弊性無，但困理壅，故於性中點示體遍，傍遮偏指清淨真如。尚失小真，佛性安在。他不見之，空論無情性之有無，不曉一家立義大旨。」法華文句記卷一解別教理，謂「真如在迷能生九界，即指果佛爲佛法界，故總云十。是故別人覆理無明爲九界因，故下文中自行化他皆須斷九，九盡方名緣了具足」，「以別教中無性德九，故自他斷，別修緣了，而嚴本有常住法身」，「依境起行，亦指但理爲九界覆而爲所依，法界秖是法性，復是迷悟所依，於中亦應云從無住本立一切法，無明覆理，能覆所覆俱名無住，但即不即異而分教殊。今背迷成悟，專緣理性，而破九界」。觀修時「專緣理性」，基於別教的但理隨緣義。圓頓止觀亦初緣實相，即以不思議境爲所緣，但基於圓理，舉任一界即具十界。指要鈔認爲真如隨緣有圓理隨緣與别理隨緣二義，而標一念爲一性真如，知解上落入別理隨緣義，觀修上亦唯觀真心。

問：永嘉集既用今家觀法，彼奢摩他云「一念即靈知自性」，他立正合於彼，何謂不然〔一〕？

答：彼文先於根塵體其本寂，作功不已，知滅對遺，靈知一念方得現前，故知彼之一念全由妙止所顯。不爾，何故五念息已一念現前〔二〕？秖如五念何由得息？那得將彼相應一念類今刹那念邪〔三〕？况奢摩他别用妙止安心，毗鉢舍那别用妙觀安心，優畢叉方乃總用止觀，故「出觀體」中一念，正是今之陰識一念也〔四〕。何者？彼文序中，先會定慧同宗，「法爾」中乃云「故即心爲道，可謂尋流得源矣」，故「出觀體」云「秖知一念，即空不空，非空非不空」〔五〕。言「秖知」者，乃即體（止也。）了（觀也。）現今刹那是三諦理，不須專亡根境顯其靈知，亦不須深推緣生求其空寂，故云「秖知」，此乃即心爲道也〔六〕。若奢摩他觀成顯出自性一念，何用更修三觀〔七〕？

校釋

〔一〕【詳解】永嘉大師與左溪同時，嘗學天台教，有集見行，其間暗用天台三觀，故云「用今家」等。恐山外謬據彼文「靈知自性」以釋今文「一念」，故兹料揀。彼集有十大章，第四奢摩他（妙止），第五毗鉢舍那（妙觀），第六優畢叉（止觀）。彼奢摩他云：「得此五念停息之時名爲一念相應，一念者，靈知之自性也。」答中釋出彼文「靈知一念」乃是所顯，與今文「一念」屬陰不同。【案】玄覺（六六五—七一三），温州永嘉人，俗姓戴，字明道，謚號無相，曾與左溪玄朗一起，依第七祖天宫慧威修學天台教觀。據宗寶本壇經、景德傳燈録等書，玄覺精通天台止觀法門，因誦維摩經而發明心地，遂與東陽玄策一同往參六祖慧能，言下相契，應六祖之邀，留住一宿，翌日返回温州，因之時呼「一宿覺」。撰有禪宗永嘉集、永嘉證道歌行世。

〔二〕【詳解】「先於根塵」等者，彼云：「夫念非忘塵而不息，塵非息念而不忘。塵忘則息念而忘，念息則忘塵而息。忘塵而息，息無能息。息念而忘，忘無所忘。忘無所忘，塵遺非對。息無能息，念滅非知。知滅對遺，一向冥寂。闃爾無寄，妙性天然。」文中念即是根，故云「根塵」。息無能息，忘無所忘，故云「體其本寂」。進修無間，故云「作功不已」。能知之念既滅，所對之塵亦遺，故云「知滅對遺，妙性天然」，即今靈知一念，方得現前。故彼靈知一念，由修奢摩他妙止，體其根塵本來寂滅，五念停息，方顯也。【案】「知滅對遺」，能知滅，與能知所對之境（所知）亦遺。「息」，洪武南藏作「自」。

〔三〕【詳解】「五念」者，文云：「復次，初修心人入門之後，須識五念：一故起，二串習，三接續，四別生，五即静。故起念者，謂起心思惟世間五欲。串習念者，謂無心故憶，忽爾思惟。接續念者，謂串習忽起，知心馳散，又不制心，更復續前，思惟不住。別生念者，謂覺知前念是散亂，即生慚愧改悔之心。即静念者，謂初坐時，更不思惟世間善惡及無記等事，即此作功，故云即静。四念爲病，即静爲藥。雖復藥病有殊，總束俱名爲念。得此五念停息之時，名爲一念相應。一念者，靈知之自性也。」斥彼謬據並難之非，故云「那得」等也。【案】刹那念，當下妄心、妄念。修習止觀，令心安住於妙境，與妙境相應，謂相應一念。知禮判靈知一念爲相應一念，而非觀道所托之刹那念。

〔四〕【詳解】「别用妙止」者，以彼所明止觀二法有於總别，别則先止次觀，總則止觀雙修，對優畢叉總用，故云别也。對散用止，對昏用觀，總用止觀，是彼正意。故前云「況」，次云「方乃」也。出觀體中，一念乃指摘彼文「觀體中之一念」，恰與今文陰識一念是同。彼第六優畢叉中，十門初則言其法爾，次則出其觀體。【案】「奢摩他」，謂止。「毗鉢舍那」，謂觀。「優畢叉」，又作優畢捨，意爲捨、平等，捨離偏執，謂之捨，這裏指止觀雙運，不專於止，亦不專於觀。「出觀體」，永嘉集云：「第六重出觀體者，秖知一念即空不空，非有非無，不知即念即空不空，非非有非非無。」據此，玄覺所謂觀體，應指陰識一念。

〔五〕【詳解】「定慧同宗」者，彼序云：「夫定亂分歧，動静之源莫二。愚慧乖路，明暗之本非殊」（至）「暗動之本無差，静明由兹合道。愚亂之源非異，定慧於是同宗」。定即是止，慧即是觀，同宗即總用止觀也。「法爾」者，註云：「今古常然名爲法爾，謂真如之法，法爾隨緣，萬法俱興；法爾歸性，本自如斯，故云法爾。」「即心爲道」者，彼云：「一心深廣難思，何出要而非路。是以即心爲道者，可謂尋流而得源矣。」即心爲道，鈔文自釋，以妙觀體了一心是三諦理也。「立觀體」者，即文云：「第二出其觀體者，只知一念即空不空、非空非不空。」立三觀之體也。

〔六〕【詳解】「秖知」者，今釋即是用於止觀，體了見前一念是三諦理，故云即空等。體了即能觀，刹那是所觀，三諦是所顯，兩重能所藴乎其中。「不須」等者，異奢摩他亡根境也。彼一念對塵，即是根境塵念俱忘，靈知斯顯。彼云：「忘緣之後寂寂，靈知之性歷歷。」「深推」等者，亦不同毗鉢舍那也。彼云：「一切諸法，悉假因緣。因緣所生，皆無自性。一法既爾，萬法皆然。境智相從，于何不寂。」此即推緣生求空寂也。謂唯用止觀體了一念是三諦理，故云「只知」等，即法爾中即心爲道之義也。【案】「現」，大正藏作「理」。

〔七〕【案】修三觀的目的是現觀心性妙境。若當前一念即是靈知，則一念自性（心性）已經發露，觀修實踐便成多餘。可見知禮堅持一念爲妄，實爲糾以解廢行之偏。無論知解上的心即理，還是觀行上的即心修觀，心均指識陰，就事就迷而辯。

【總釋】依永嘉集中「一念者靈知之自性也」設問，通過疏釋文義，明斷玄覺所謂靈知一念指與妙境相應的一念，觀道所托仍爲刹那一念，因此引此文亦不能證成天台一念爲真性。永嘉集所謂「即心爲道」，意指「尋流而得源」，流謂刹那一念，源謂心之本原、本性。知禮據「刹那是三諦理」以釋，解脱論上則「不須專亡根境，顯其靈知」，即爲圓斷圓證；「亦不須深推緣生，求其空寂」，識陰「當體即是」三諦理。唯其如此，方爲圓頓止觀。永嘉集簡括止觀實踐原理，可證知禮所解觀體。

問：彼云「若於相應一念起五陰者，仍以二空破之」，那云不更修觀〔一〕？

答：於真知起陰以觀破之，不起陰者何用觀之？彼二空觀，乃是觀陰，非觀真知。

故知解一千從，迷一萬惑〔二〕。若欲廣引教文，驗其相違，不可令盡，書倦且止。

校釋

〔一〕【詳解】然若奢摩他中塵念俱忘，顯出自性靈知相應一念，則不須優畢叉中更修三觀，因茲並難彼奢摩他。既云「此五陰者，舉體即是一念。此一念者，舉體全是五陰。歷歷見此一念之中，無有主宰，即人空慧；見如幻化，即法空慧」。是則仍修二空之觀，破其五陰，何云不修觀耶？

〔二〕【詳解】答於相應一念起陰，用觀破之，不起則何須修觀。況彼二空，正是觀陰，非是觀真。初亦無妨。「故知」下，總結，斥由不知一念是妄，纔見言心便云是理，故於諸文觸途成礙矣。【案】「惑」，洪武南藏作「或」。「二空」，依永嘉集毗婆舍那頌，謂境空與智空。【總釋】針對上文修止時一念相應勿須修觀之難設問：靈知一念與空相應，若更起五陰，仍須以二空觀除遣，並非説不要修觀。首先，起陰須觀破，不起則不必。其次，二空觀仍以陰爲所觀，非以真如。十境中，「陰入一境，常自現前，若發不發，恒得爲觀，餘九境發可爲觀，不發何所觀」（摩訶止觀卷五）。陰入界境因其一般性而立爲觀境，適用於所有初心行人，煩惱、病患、業相、魔事、禪定、諸見、增上慢、二乘、菩薩九境則爲修習過程中所發。「解一千從，迷一萬惑」，所謂「一」，即指以陰界入爲觀境。

二違義者。問：據上所引衆教，雖見相違，且如立此十問，欲通妙理，亡於名相，若一念屬事，豈但通事，將不違作者意乎〔一〕？

答：立門近要則妙理可通，若復指真如，初心如何造趣、依何起觀邪〔二〕？今立根塵一刹那心本具三千即空假中，稱此觀之，即能成就十種妙法，豈但解知而已，如此方稱作者之意〔三〕。若也偏指清淨真如，偏唯真心則杜初心入路，但滋名相之境〔四〕。故第一記云：「本雖久遠，圓頓雖實，第一義雖理，望觀屬事。」〔五〕他謂圓談法性便是觀心，爲害非少〔六〕。今問：一念真知爲已顯悟，爲現在迷？若已顯悟，不須修觀，十乘觀法將何用邪？若現在迷，全體是陰〔七〕。故金錍云：「諸佛悟理，衆生在事。」既其在事，何名真淨？然誰不知全體是清，其奈濁成本有。應知觀心大似澄水，若水已清，何須更澄？若水未清，須澄濁水〔八〕。故輔行釋「以識心爲妙境」云：「今文妙觀觀之，令成妙境，境方稱理。」又解「安於世諦」云：「以止觀安故，世諦方成不思議境。」〔九〕故知心雖本妙，觀未成時，且名陰入，爲成妙故，用觀體之〔一〇〕。若撥棄陰心，自觀真性，正當偏指清淨真如之責，復招緣理斷九之譏〔一一〕。且如今欲觀心，爲令刹那便具三千，爲須真知體顯方具三千？若即刹那，何不便名陰心爲於妙境，而須立真心邪？又大師親令觀於陰等諸境及觀一念無明之心，何違教邪？應是宗師立名詮法未的，故自別立邪〔一二〕？又若謂此中一念，不同止觀所觀陰等諸心者，此之十門因何重述「觀法大體」、「觀行可識」？斯言謾設也〔一三〕？又中諦一實，別判屬心，與總真心如何揀邪〔一四〕？

校釋

〔一〕【詳解】假設問辭，以理難事，意在答出即事通理，以顯專理則違義。問中先領上違文，次設難。難意立此十門，意令學者從門入理，不滯名言。今釋一念，既屬於事，莫違述作元意乎？【案】「十問」之「問」，他本均作「門」。立十門意在通達十妙所揭妙理，若解一念爲事，豈不成了通事，而非通理，如此則違「直申一理」的述作之意。解一念爲事，可有此難。

〔二〕【詳解】初總答。初二句，明觀妄之得，正約一念近而復要，即陰妄而通妙理也。次三句，明觀真之失。若遠指佛界真如爲所通，初心何能造入，抑亦觀無所託矣。

〔三〕【詳解】次「今立」下，別答，至「作者之意」，廣上總中觀妄之得。今文正意，乃是趣舉根塵和合一剎那心，當處具足三千三諦，稱性而觀，即能成就。玄文因果、自他十妙法相，即以易通難之義。若云十門通於妙理，亡名離相，但是開解，荊溪述意，爲成妙行，豈但解耶？即妄顯真，方稱述作之意。【案】「十種妙法」，謂迹門十妙。

〔四〕【詳解】「若也」至「名相之境」，廣上總中觀真之失。敻指真心而爲所觀，正同偏指真如。唯於真心，則杜絕衆生入理之門、起觀之處，但滋名相耳。

〔五〕【詳解】「故第」下，引證理觀爲要。若以一念爲真，則不須修觀。如云：攬玄文教義歸止觀行心，俾乎行者識法相之有歸，達修造之無壅，此但解知而已。今立根塵一念爲境，妙觀觀之，顯此十妙，故知觀心爲要。文句四釋消經。前之三釋，望後觀心，並屬事境。妙樂釋疏，因緣、約教、本迹、觀心四釋，文意云：「本雖久遠，（本迹。）圓頓雖實，（約教。）第一義雖理，（因緣中，世界、爲人、對治並事，第一義屬理。）望觀屬事。（三釋望觀心並屬事。）」【案】引文出自法華文句記卷一。圓談法性，但爲知解，並非理觀，對觀行實踐而言，理亦屬事。知禮所持此義，此句最爲能證。

〔六〕【詳解】「他謂」下，舉妄毀觀心結斥。蓋有宋景德年間，光明玄廣、略二本並行於世。慈光恩師製記曰發揮，專解略本，廢廣本十法觀心之文，謂後人擅添。清、昭已下，皆承其説，謂十種三法是圓談法性，不須觀心。義書斥曰：「若剛廢此文，則杜衆生入理之門、趨果之路，全迷一家解行之要。」故今云「爲害非少」也。

〔七〕【案】徵問，一念真知是在悟還是在迷？若在悟，則已現證，勿須修觀；若現在迷，則「全體是陰」。「全體是陰」，即「當體即是」所詮表無明與法性一體不二、絶對同一的關係。迷則全體是迷，陰外並無一個獨存之理。悟則全體是悟，一切即理，並無所斷所翻之惡。爲了轉迷爲悟，先須解了一切法皆如之理（屬事），以此解心觀陰界入境，觀成理顯。

〔八〕【詳解】「金錍」下，引證。衆生在事，既其在事，則一念屬妄，何名真耶？「然誰」下，約譬顯。染淨門云：「清濁雖即由緣，而濁成本有。」濁喻迷中染心，清喻果後淨心。從來未悟，故濁在前，以驗此心是妄。　【案】金剛錍謂：「應知衆生但理，諸佛得事；衆生但事，諸佛證理。是則衆生唯有迷中之事理，諸佛具有悟中之事理。迷悟雖殊，事理體一。」

〔九〕【詳解】「輔行」下，重引證，觀妄顯真，以識心爲境。如輔行五中，初云：「前雖示體，但直指心。心爲一切法之本，故示體是心」（至）「是故今文妙觀觀之，令成妙境，境方稱理」。此以前簡示境體，一念識心爲不思議境，正是達陰成不思議也。安住世諦，如前釋。【案】「止觀」，洪武南藏作「正觀」。引文見輔行卷五。

〔一〇〕【詳解】「故知」下，示觀妄意。心雖本妙，合全體是清，觀未成時，全體是迷，須名陰妄。今爲成就妙法，故用妙觀體之。

〔一一〕【詳解】「若撥」下，結斥成失。既其棄妄觀真，正當金①錍傍遮之責，復招妙樂專緣理性而破九界之譏。

〔一二〕【詳解】「且如」下，以今文止觀皆觀陰入徵斥。只問：今欲觀心，爲現今刹那妄陰即具三千，爲須顯悟真理方具？若即妄示真，正是以識心爲妙，何須別立真心？又天台説止觀，親令行人觀現前陰入并所發下之九境，及四念處節節皆云「觀一念無明心」，何得固違宗教，別立真心？恐是祖師立陰等名，詮示行法，未爲的當，而自立耶？【案】「真知體顯」之「知」，大正藏作「如」。

〔一三〕【詳解】「又若」等者，爲防轉計。若謂今文一念不同止觀陰等諸境，猶更不可。重述十門令觀行

① 金：詳解作「今」，據文意改。

可識，觀法大體，行正解傍，與止觀同成觀體等言，皆成虚設矣。

〔一四〕【詳解】「又中」等者，以他立義反難於他。彼謂理總事别，今别分色心，中諦一實諦體，唯是理，别屬於心。今問：此别中真心與總真心如何揀異①？若云是異，皆是真心。若云是同，則總别不分。況别判屬心，正當理别，何謂理中無别耶？

【總釋】十不二門意在成妙解、妙行，解行並重。「一念三千世間即空假中」爲十妙大綱，亦爲觀法大體，解爲知此理，行爲證此理，所謂「立門近要，則妙理可通」。一念指根塵相對所起現前剎那一念，本具三千即空假中（解此理），本諸此理作觀（行證），「即能成就十種妙法」。若將一念解爲靈知、真性，不即識心作觀，但止於「解知」，則以解廢行，有目無足，便違湛然立十門的本意。此段涉及金光明經玄義廣略本之争，其中慶昭、智圓有圓談法性即是理觀的答辯。首先，理上「偏唯真心」，棄事談理，有解無行，「則杜初心入路，但滋名相之境」。其次，觀上揀真心爲所觀，真心未顯時如何作觀，若已顯何必修觀？徵引智顗、湛然著述爲證，解一念爲真心不能成立。

心性二字，不異而異。既言不變隨緣名心，即理之事也；隨緣不變名性，即事之理也。今欲於事顯理，故雙舉之〔一〕。例此合云「不變隨緣名佛，隨緣不變名性」，生性亦

① 異：疑當作「耶」。

然〔二〕。應知三法俱事俱理，不同他解。「心則約理爲通，生佛約事爲别」，此乃他家解心佛衆生之義。不深本教，濫用他宗，妨害既多，旨趣安在〔三〕？

校釋

〔一〕【詳解】釋「無非心性」。心性二字，通迷通悟。楞嚴云「常住真心性淨明體」，屬悟也。義書云「專是凡夫一念陰識之性矣」，在迷也。今云：心性不異而異，事理相即，故不異。性屬不變之理，心是隨緣之事，而異也。大意云「不變隨緣名心」，乃即理之事，「隨緣不變名性」，乃即事之理。今文雙舉，欲就事顯理故也。【案】「於事顯理」，就解行而論，智解此理，行證此事。解行俱屬事，是托於當下陰識的佛法實踐。

〔二〕【詳解】次以此心例彼生佛，俱是即不變之隨緣，皆即理之事，亦應不變隨緣名佛名生，故云「亦然」。應知一家所論，心佛衆生，事則俱事，理則俱理。【案】「不變隨緣」，即理之事（心、佛、衆生）；「隨緣不變」，即事之理（性）。心性、佛性、衆生性，皆可依此解。因爲三法「俱事俱理」，約理（性）無差，約事各别。

〔三〕【詳解】「不同」等者，結斥山外濫用他宗。華嚴大疏以心性爲理、爲能造，生佛是事、是所造。此是他宗解心佛衆生，三無差别之義。慈光①不深台教，兼講華嚴，濫用此義，妨害今家三法各具

① 慈光：即慈光晤恩。

事理二造之旨。【案】華嚴經覺林菩薩（舊譯如來林菩薩）説「心造」偈中三無差別義，二譯不同。舊譯爲「如心佛亦爾，如佛衆生然，心佛及衆生，是三無差別」。新譯爲「如心佛亦爾，如佛衆生然，應知佛與心，體性皆無盡」。澄觀疏卷二一云：「心是總相，悟之名佛，成淨緣起；迷作衆生，成染緣起。緣起雖有染淨，心體不殊。」心與緣起是體用關係，則以心爲理，生、佛屬事。源清所立迷悟法界緣起大概本此。又云，若依舊譯，「則三皆無盡，無盡即是無別之相。應云心佛與衆生，體性皆無盡。以妄體本真故亦無盡。是以如來不斷性惡，亦猶闡提不斷性善」。內中特提新舊二譯差異，據以區別「三皆無盡」與「體性無盡」。謂應説「體性無盡」，即體性無差別，相用則有盡或有差別。因爲相用即指生佛之染淨緣起，此有差別。此説顯然非知禮所立諸法「當體即是」義。總之，知禮謂他家「心則約理爲通，生佛約事爲別」，雖無明文，但有所本，非莫須有之論。

【總釋】此段解「一切諸法無非心性」。上文詳辨事中一念爲總，這裏提出心性正解，點出山外師解心爲理的思想根源。於三法，可各約理事解析，不必定指心爲理，生、佛屬事。山外師采用他宗義詮釋天台，不免迷名失旨，多有妨害。

「一性」等者，性雖是一，而無定一之性，故使三千色心，相相宛爾。此則從無住本立一切法。應知若理若事，皆有此義〔一〕。故第七記釋此文云：「理則性德緣了，事則修德三因，迷則三道流轉，悟則果中勝用。如此四重，並由迷中實相而立。」〔二〕今釋曰：迷中實相即無住本，乃今文「一性無性」也；上之四重即立一切法，乃今文「三千宛然」也。第一重既以性德緣了爲一切法，須以正因爲無住本；餘之三重既將逆順二修爲一切法，必以性德三因爲無住本。此即理事兩重總別也〔三〕。

校釋

〔一〕【詳解】釋後二句，初文「性雖」至「宛然」，是正釋一性，即性體也。無定性，乃性計之性也。以性有二，真常不變，隨緣染習。上云「一性」，不變性也。下云「無性」，染習性也。謂此性體雖是真常一理，而其性融妙不決定，亦是三德秘藏，無堅住性也，故此妙性具足三千。次會同本法，今文「一性無性」即無住本，「三千宛然」即所立法。應知理事三千，各有本法，故云「皆有」。

【案】釋「一性無性，三千宛然」。「無性」謂「無定一之性」，因而「三千色心，相相宛爾」。緣起生滅的諸法差別相，因「無性」而立。此與中論從空立一切法義並無不同。又引維摩經「從無住本立一切法」爲證，玄義卷七約理事明本迹嘗引此文，釋籤卷一五解云：「初理事中云從無住本立一切法者，無明爲一切法作本。無明即法性，無明復以法性爲本。當知諸法亦以法性爲本，法性即無明，法性復以無明爲本。法性即無明，法性無住處。無明即法性，無明無住處。無明法性雖皆無住，而與一切諸法爲本，故云從無住本立一切法。無住之本既通，是故真諦指理也，一切諸法事也，即指三千爲其森羅。」法性指理，無明指事，「若理若事」皆有「從無住本立一切法」

義。性被界定爲不改、不變，這裏却説爲「無住」，「無定一之性」，不能没有矛盾。若領解性之實義，天台乃至中國佛學的密碼則可立即破譯。詳解釋「無性」爲無「性計之性」，即「隨緣染習」之性。

〔二〕【詳解】引第七記四句立法。因疏釋經「一相一味」云：「一相即無住本立一切法，無住無相即無差別，立一切法即有差別。」記釋云「一相即無住本立一切法，理則性德緣了，事則修德三因」等，此之四句，即是兩重立法。初云理則性德緣了，（性德正因爲本，性德緣了爲所立法。）事則修德三因，（順修。）迷則三道流轉，（逆修。）悟則果上勝用。（亦屬順修，從因至果，果必化他，故云「勝用」。次三重皆以性德三因爲無住本。）【案】引文出自法華文句記卷七下。三法妙即三軌，約果立，爲證果所住之三軌，境、智、行則是因中所乘之三軌。智顗區分三軌爲因乘三軌與果證三軌，及性德三軌與修德三軌，打通了因果、性修之間的關節，因果、修性二門由此而立。三軌謂真性、觀照、資成，分別對應法身、般若、解脱三德，苦、煩惱、業三道，及正因、了因、緣因三佛性。所引文中「三道」、「三因」謂此。「果中勝用」謂果後化他，當於十妙之後五妙。正因佛性謂真性，對法身德、苦道，聞教起智解，智即了因佛性，對般若德、惑道，禀教修行，謂緣因佛性，對解脱德、業道。依迷中實相所立一切法，可從理事迷悟角度析爲四重。理則正因爲無住本，性德本具緣、了因性爲一切法。湛然立無情有性，不僅論證有正因性，更重要的是論證具緣了二因性。事則性德三因爲無住本，修德三因、三道流轉、果中勝用爲一切法。知禮束爲二重，初重約理，正因爲總，緣、了爲別，後三重約事，以性德三因爲無住本，謂理事兩重總別，或理事兩重三千。

〔三〕【詳解】「今釋」等者，會釋今文。彼云「四重並由迷中實相而立」，即無住本。且前三重可得由迷，第四果用亦從迷立耶？曰：果由因克，故亦由迷理，以果地融通，並由理本。上之四重不出理事三千，各有本法。修有逆順，因必克果，故有四重。「此即」下，會同事理總別者。初以性中正因爲本，即理總；性德緣了爲所立法，即理別。次以性德三因爲本，即事總；逆順二修爲所立法，即事別。今問：次重既云性德，何名爲事？既云三因，安得目總？答：雖云性德全體在迷，雖曰三因只一實相，故云「並由迷中實相而立」。若爾，初重正因亦是迷中實相，那云理總？答：正由若事若理皆以事念爲總，其義宛齊。

【總釋】引「從無住本立一切法」解「一性無性，三千宛然」。智顗解性有不改、性分、實性三義。不改即不變、不動，此法由性而爲此法，彼法由性爲彼法，此彼各不可改。性分，謂此爲此，彼爲彼，條然有分，淆然不亂。實性謂極實無過，即爲佛性。性非實指，如竹中火性，非指竹中有一實火存在，但由鑽燧之緣可以起火，此性不改，火與水別，謂性分，不改、性分即爲實。摩訶止觀卷五有云「起是法性起，滅是法性滅」，諸法如是起滅本身即爲法性，法性無所謂起滅，分別妄想説爲起滅，妄想息則諸法如如不動。性即諸法如其所是的無分別相，非指諸法有一恒常不變的自體或自性，説爲不改，指如是生滅之性不改，如從竹出火之性不改。悟則一切皆即法性，迷則一切皆即無明，法性、無明皆「無住」。從空觀一切法，則一切法空，假、中亦然。諸法「當體即是」空假中。或者説諸法「當體即是」法性，法性「當體即是」諸法。當體即不二。施設一切法，觀照一切法，始終貫穿無分別原則。約理判，一切法即空即假，越二邊謂中，中爲無住本，空、假相對，爲一切法。約事判，性德三因爲無住本，修德三因本此而立，無性德，必無修德。亦即前文所論理具事造義。

問：既以迷中實相爲一性，對三千爲别，正當以理爲總，何苦破他〔一〕？

答：以三千法同一性故，隨緣爲萬法時，趣舉一法總攝一切也。衆生無始全體在迷，若唯論真性爲總，何能事事具攝諸法？而專舉一念者，别從近要立觀慧之境也。若示一念總攝諸法，則顯諸法同一真性。故釋籤云：「俗即百界千如，真則同居一念。」須知同一性故，方能同居一念。故以同居一念，用顯同一真性。非謂便將一念名爲真諦。豈同居一塵非真諦邪〔二〕？今文以一性爲總，前後文以一念爲總，蓋理事相顯也。此之二句，正出攝别入總之所以也〔三〕。由一性無性，立理事三千故，故兩重三千同居一念也。豈同他釋，直以一念名真性邪？

校　釋

〔一〕【詳解】問答去，料揀事理。初約性本同理總。問：既將本法會釋今文，迷中實相乃今文一性無性，則一性是總，三千是别。一性既是實相，正當理總。

〔二〕【詳解】引籤文，證今一念爲總。彼文因明七二諦境，初約跨節，「取①意存略」而示，故云：「但點法性爲真諦，無明十二因緣爲俗諦，於義即足。」籤釋云：「唯一法性，以對無明」，至「只點一法，二諦宛然。俗即百界千如，真則同居一念」。帖今文意，「百界千如」乃今文「三千宛然」也，「同居一念」乃今文「一性無性」也。功由諸法同一真性，故得同居一念之總。今以事顯理，達妄成真，故以一念用顯一真。山外何得作真理釋？須知圓詮諸法，互攝互具，今爲成觀，故的指心。且云同居一念，若同居一塵，豈非真邪？

〔三〕【詳解】「今文」下，結示初後，點文意。前云「總在一念」，後云「寧乖一念」，前後文也。一性是理，一念指事。即事之理，故云一性；即理之事，故云一念，即相顯也。此「一性無性，三千宛然」二句，正明所以，由於從總立法，故得攝別入總也。

無住本，諸大乘經出處非一，文義最顯，莫若淨名經中卷觀衆生品：「文殊問淨名曰：善不善孰爲本？答曰：身爲本。（見一切住地。）又問：身孰爲本？答曰：欲貪爲本。（欲愛住地。）又問：欲貪孰爲本？答曰：虛妄分別爲本。（色愛住地。）又問：虛妄分別孰爲本？答曰：顛倒想爲本。（無色愛住地。）又問：顛倒想孰爲本？答曰：無住爲本。（無明住地。）。又問：無住孰爲本？答曰：無住則無本。文殊師利，從無住本立一切法。」楞嚴第七：佛語阿難：「本此無住建立世界及諸衆

① 取：詳解無，據法華玄義卷二補。

生。」大師不見法華藥草喻品「一相一味」，亦其義也。天台引用，一如妙玄，約理事明本迹；二如文句釋經「一相一味」；三如文句釋方便品十雙權實，初約理事；四如光明玄逆順兩番生起，無住本義。四明約無堅住義釋。拾遺記上云：「都由三德秘密法性，無堅住性，是故大聖以此法性無住爲本。」別行玄記下云：「以本覺性，元離住著，即無住本。」指要云：「性雖是一，而無定一之性。」淨覺義編①云：「有云無住本者，謂性不定住也。真如非寂非照，而寂而照，是性不定住。無明體空，立一切法，亦是性不定住。此釋無據，蓋未看本疏也。疏解無住則無本云：無明依法性，法性即無明，無二無別。豈得性還依性？當知無明則無本。又解無住義，云：即無始無明也。以身見等惑，皆有所依而起，起則有始。此無所依，起亦無始，故云無始無明，即是無住。以此明之，無住是無依義。何嘗云性不定住耶？」破四明無據，自憑本疏，是無依義。今謂：疏約無依義，釋經「無住則無本」。何得錯引，以釋「無住本」耶？四明無堅住義深得荆溪文意。妙樂云：「此無住本，具如釋籤第七已釋。」籤云：「法性即無明，法性無住處。無明即法性，無明無住處。無明法性雖皆無住，而與一切法作本。」妙樂云：「無住即本，名無住本。」次辨四句立法。妙樂因釋疏「一相即無住本立一切法」，云：「理則性德緣了，事則修德三因。迷則三道流轉，悟則果中勝用。如此四重，並由迷中實相而立。」荆溪立此四句，正得經、疏元

① 義編：據佛祖統紀，指仁岳述義學雜編，六卷，一般略作雜編，今已不傳。

意。理性本法，即經云「一相」至「寂滅相」。疏釋云：「衆生心性，即是性德解脱、遠離、寂滅三種之相。」修德三因，即經云「一味」。疏釋云：「如來一音説此三法，即是三味，此三相則爲境界緣生中道之行。」記云：「由佛説故，此性可修，重指性三以爲修境。」三道流轉，即疏云：「性德只是本有三道。解脱相者，即是業道，解脱德。離相者，即是煩惱道，般若德。寂滅相者，即是苦道，法身德。」果中勝用，即經云：「究竟至于一切種智。」疏云：「終則得爲一切智果。」經、疏但云自行證果，既有自證，後必化他，故云「勝用」。又符圓詮教旨，初重爲彰性德本具，故以正因爲本，緣了爲所立法，即理具三千。次重爲彰全性起修，故以性三爲本，修三爲所立法，即全體起用，變造三千也。指要引此，會釋「一性無性，三千宛然」者，蓋爲他師指心爲理、生佛是事，理唯是總，事唯是别，故特引修性各有本法以顯事理皆有總别也。又四明直作兩重而用，如云：「第一重既以性德緣了爲所立法，須以正因爲無住本。餘之三重，即將逆順二修爲所立法，必以性德三因爲無住本。」初重約性中三法自分，次重約修性相對。淨覺不許。雜編云：「近人持論，多任胸臆。無住差乎一性，立法謬於二修。本末相紛，源流一混。」又云：「初重可爾，餘三不然。」他意謂餘之三重，是離三法門，既將修德三因爲所立法，必以性德三因各相主對爲無住本。斯乃不知修性離合之旨。何者？約性雖離，對修須合。由性中了因未曾發心，緣因未曾加行，同名正因。修中正因，即了因所照、緣因所嚴，只是無住本耳。記云「事則修德三因」，對本兼舉也。例如智者解無量義經「從一法生四果」，荆溪云：「圓佛爲一而生三權，能所相對故云四佛。」

今亦如是，正因爲本，而生緣了，修性相對故云三因。又修性不二門云：「修雖見①九，九只是三。」例今「修雖具三，三只是一」。淨覺意謂無住只是一性，立法但可二修。若判餘三重，以性三爲本，即是以二修差雜一性；（故云「無性差乎一性」。）修三爲所立法，即以一性謬亂二修。（故云「立法謬於二修」。）以修差法故末紛於本，以性謬修故本紛於末。（故云「本末相紛」。）

今謂四重立法，是荆溪本經、疏元意，既將三因三道爲所立法，必以性三爲無住本。若破四明，即破荆溪也。約性恒開，對修方合。是性種三道敵對三德，對却類種，合性三爲一，即修性相形義。今文是修性各三法相，修性相對義，何得妄破四明不知修性離合耶？又若謂修德三因是對本兼舉者，三道流轉亦應爾邪？淨覺立義，皆爲不善圓實教中修性法體各具三法，未嘗聞性但正因、修但緣了，進不成圓，退不成別也。會光明玄十種三法逆順兩番生起，初約施教逆推，理顯由事，是逆生起；次約立行造修，反妄歸真，是順生起。初從法性無住本立一切教法，二從無明無住本立一切行法。以四句會之，拾遺記云：「今之初番是彼第四果中勝用，今之次番是彼第二修德三因。」淨覺謂十種三法中，三因佛性即初二兩句。正因佛性本具二修，即性德緣了；緣了二修共發一性，即修德三因。逆順兩番生起，即三四二句。無明爲本立十種三法，即三道流轉句。法性爲本立十種三法，即果中勝用句。如此會釋，本法顛亂，何得於十種中特取

① 見：疑當作「具」。

三因分折對當初之二句，其餘九重何不對耶？二從無明無住立一切行法，乃立行造修，是順生起，何云三道流轉耶？

會兩重總別。指要云：「第一重性德緣了爲所立法，須以正因爲本。餘三重以逆順二修爲所立法，必以性三爲本。此即理事兩重總別也。」舊問：兩重之本並屬於理，兩重之總並在於事，又次重本法，性三爲本，兩重之總並是一念，事理不同，三一有異，如何會同？北峰云：「兩重總別，就法故，並以事念爲總。兩重本法，推功故，並以理性爲本。何者？兩重總別，並由一性故能總在一念。就法在迷在事，以事爲總。推功歸性，亦得以理爲總。故四明云：今文以一性爲總，事理相顯也。兩重立法，雖推功由理，以理爲本。既以實相在於迷中，當知就法亦得以事爲本。夫如是則從總別推功與本法齊，從本法在事與總別等。」問：淨名疏云：「法性即無明，無二無別，當知無明無本。」籤云：「法性即無明，法性復以無明爲本。」淨名即故無本，籤云「即故爲本」，何耶？答：淨名疏釋無住則無本，籤釋無住本。故法性無明相即，互得爲本。問：妙樂明四句立法之後，云「具如釋籤第七已釋」，且籤文無四句立法，何虛指耶？答：正指釋無住本義，非指四句立法也。

【總釋】設立問答，更明理事兩重總別的意涵，簡除「唯論真性爲總」。論總，因爲三千法同一性，所以舉任一法均能總攝一切法。也就是説，在同一性前提下，始可攝別入總。論總，則唯色、唯心，「別從近要立觀慧之境」故「專舉一念」。唯心之心謂事中一念，即此一念，分辨性修、理事，從理則本具三千，因理具而有事造三千。若以一念爲真性，指理爲總，言説上存在執理爲實之偏，亦不能舉任一法具攝一切。詳解於無住本、四重立法、兩重總别予以綜論，並徵引仁岳義學雜編對知禮解義的駁難，保存了學者所謂後山家山外之争的部分文獻。知禮解無住謂無堅住性，性無定住，這裏説爲「無定一之性」，仁岳則認爲據文句應解爲「無依」，謂無明無始，故無所依，無依即是無住。「無堅住性」能防堵執性爲實的理解傾向。至於四句立法，知禮解初句以正因爲無住本，後三句均以性德三因爲無住本。仁岳認爲此解混淆性修，致令「本末相紛」，而解初句以正因爲本，本具緣、了，謂性德三因；次句以緣了二修共發一性，謂修德三因；第三句以無明爲本，三道流轉；第四句以法性爲本，則果中勝用。如此則修性不相濫。具如詳解所述。

當知心之色心，即心名變，變名爲造，造謂體用〔一〕。

二，「當知」下，就理事明諦境〔二〕，二。初，約理事明三諦，二。初，明理事。「心之色心」者，即事明理具也。初言「心」者，趣舉刹那也。「之」者，語助也。「色心」者，性德三千也〔三〕。圓家明性，既非但理，乃具三千之性也〔四〕。此性圓融遍入，同居刹那心中〔五〕。此「心之色心」，乃秖心是三千色心，如物之八相，更無前後。即同止觀心具之義，亦向心性之義。三千色心一不可改，故名爲性〔六〕。此一句約理明總别，本具三千爲别，刹那一念爲總，以三千同一性故，故總在一念也〔七〕。

校釋

〔一〕【詳解】初言「心」者，能具刹那之心，即理總也。「色心」者，所具三千，即理别也。「即心」者，即上能具三千刹那之心，事總也。「名變」者，即事造三千，事别也。「變名爲造」者，此變亦名爲造，隨緣變造，非搆造也。此即事理兩重總别。此之變造，乃全體之用，故云「造謂體用」。

【案】「之」，示珠指訓作「往」。「用」，十不二門義、示珠指本作「同」。

〔二〕【詳解】大科「就理事明諦境」者，前明總别未分事理，今明事理俱有總别。初「約事理明三諦」者，理具事造咸空假中，故先明理事，次結三諦也。

〔三〕【詳解】先正釋，次料簡。初又三。初，釋初句，理具總别，心之至念也。初句牒文，即事明具，總標也。即事標心字，理具標色心。「初言」下，釋。【案】「心之色心」就事明理具。初心字即事而言。此刹那心本具色心，約理而説。故謂色心乃性德三千，即色心(一切法)由性德本具。

〔四〕【詳解】「圓家」下，出意。圓論性德，非别教但中之理，具法之性也。【案】「但理」，三藏教但空，空不具一切法。别教但中，中不具一切。但空、但中即爲但理。這裏指但中，謂别教中理不具一切法。

〔五〕【詳解】「圓融遍入」者，無一法偏謂之圓，無一法異謂之融，法法周遍，法法互入，只由諸法性體圓融互遍互入，故同居刹那也。

〔六〕【詳解】「此心」下，絶能所。上明色心諸法同居一心，謂有能具、所具。今絶此計，故云：只能具心即是所具三千色心。如彼八相遷物，不分前後。相在物前，物在相前，則不被遷。只物論相遷，只遷相論物，謂無前後，是故云祇。具如止觀不思議境，止觀心具正指妙境文也。止觀云：「一念即三千，三千即一念，一念不在前，三千不在後。」八相者，大小各四，謂生住異滅。輔行釋云：「相爲能遷，物爲所遷。俱舍云：此謂生生等，於八一有能。謂本四相，及隨四相，名之爲八。大相爲本，小相爲隨。以此八故，令一切法成有爲相。言生生者，謂小生生大生。於八一有能者，謂小相於一有能，能生大相，大相於八有能，謂一大相起時，必與三大相及小四相俱起，并一本法，故云八相。餘三大相，亦復如是。故此八相，望於本法，不前不後。心具三千，亦復如是。三千如八相，一心如本法。」亦向心性，指上無非心性。此三千色心，在因在果，不可改變，故名性德。【案】「物之八相」，有爲法具生、住、異、滅之性，謂四本相，四相又各有生、住、異、滅四相，即生有生相，住有住相，異有異相，滅有滅相，謂四隨相，合稱爲八。心與色心不可作前後判，如物與八相亦無前後。

〔七〕【詳解】「此一」下，結成總别。此理總别，亦事念爲總。

【總釋】解「心之色心」爲性具三千，即約理明總别，與摩訶止觀所立心具義無異。事中一念爲總，色心三千爲别。三千之所以能總在一念，因爲同一性。由理具三千而有事造三千，下文明事造。

「即心名變」等者，即上具三千之心隨染淨緣，不變而變，非造而造，能成修中三千事相〔一〕。變雖兼別，造雖通四，今即具心名變，此變名造，則唯屬圓，不通三教〔二〕。此二句，則事中總別，變造三千爲別，剎那一念爲總。亦以三千同一性故，故咸趣一念也〔三〕。

校釋

〔一〕【詳解】釋「即心名變」，名事總別。「即心名變」者，牒文，即上下釋即心也，即上來具德剎那之心。「隨染」下，釋變造文，謂真如不變之性能隨染淨二緣變造十界諸法。「不變」等者，全性變造，故云「不變」、「非造」。

〔二〕【詳解】「變雖」下，釋變造義。金錍云「變義唯二」，故云兼別。「造通於四」，藏通論業惑搆造。造變雖通，具義則局。以通從局，即具名變，變亦名造，三義俱圓也。【案】金剛錍據四教所論有無、心造心變、具不具義證無情有性，至於心造心變之說，咸出大宗，小乘雖有其言但無其理，然諸宗各說心造心變，義却有别：「有共造依報，各造正報；有共造正報，各造依報。衆生迷故，或謂自然、梵天等造，造已或謂情與無情。故造名猶通，應云心變。心變復通，應云體具。以無始來心體本遍，故佛體遍，由生性遍。遍有二種，一寬廣遍，二即狹遍。所以造通於四，變義唯二，即具唯圓，及別後位。故藏、通造六，別、圓造十。此六及十括大小乘教法罄盡。由觀解異故，十與六各分二別。藏見六實，通見無生，別見前後生滅，圓見事理一念具足。論生，兩教似等。明具，別教不詮。種具等義，非此可述。故別佛性滅九方見，圓人即達九界三道，即見圓伊三德體遍。」謂造通於四教，心變通別圓二教，「即具」之理唯圓教所詮。別教證道與圓教同，故

「即具」亦通「別後位」。約四教解造變義，約造變義判分四教，此文所論最爲詳明。「心體本遍」意在說明「圓見事理一念具足」，與指要鈔立義密切相關，故亦徵引於此。

〔三〕【詳解】「此二」下，結成事中總別。

【總釋】解「即心名變，變名爲造」爲事造三千，或修中三千，即約事明總別，一念爲總，變造三千爲別。引金剛錍變造、具不具說將圓理與前三教區別，謂圓理由理具而論事用。

「造謂體用」者，指上變造即全體起用，故因前心具色心，隨緣變造修中色心，乃以性中三千爲體，修起三千爲用，則全理體起於事用，方是圓教隨緣之義〔一〕。故輔行云：「心造有二種，一者約理，造即是具；二者約事，乃明三世凡聖變造。」即結云：「皆由理具，方有事用。」〔二〕此文還合彼不？

校釋

〔一〕【詳解】釋「造謂體用」。初句牒文。「指上」至「起用」者，總標。「故因」下，釋。「因前心具色心」指上理具，「隨緣變造修中色心」指上事造。「乃以」下二句，釋今體用。「則全」下二句，釋出全體起用，即不變隨緣，方成圓教隨緣之義。

〔二〕【詳解】引文證同者，一者約理，同今心之色心；二者約事，同今即心名變等。皆由理具，方有事用，同今造謂體用。二文若合符節矣。【案】引文出自輔行卷五之三，末句原作：「並由理具，方有事用。」

【總釋】解「造謂體用」。緣起論，關涉緣起之理體與緣生諸法之事用的關係。湛然引用真如不變隨緣講緣起，不變即理，隨緣即事。這裏又依體用明造，能造約真如理體而言，所造即三千事用。知禮初解爲「全體起用」，又更進一步强調爲「全理體起於事用」，足見其認爲唯有如此説方能呈現「造謂體用」的圓義。全體即理具。因爲理具三千，方能成就事造三千。理若不具，便不能在事中全體顯現。修以性爲體，依性中三千之體起於修中三千之用。全體起用，全用在體。雖皆講隨緣，但只有依全體、理具，方成圓理隨緣義，否則落入别理隨緣義。

問：變名本出楞伽，彼云「不思議熏不思議變」故；造名本出華嚴，彼云「造種種五陰」故。華嚴唯有二教，楞伽合具四教，何故金錍云「變義唯二，造通於四」〔一〕？

答：部中具教多少雖爾，今約字義，通局不同。何者？大凡云變，多約當體改轉得名，故變名則局〔二〕。若論造者，乃有轉變之造，亦有構集之造，故造名則通。别、圓皆有中實之性，是故二教指變爲造。藏、通既無中實之體，但明業惑構造諸法，不云變也。大乘唯心，小乘由心，故云變則唯二，造則通四〔三〕。

校　釋

〔一〕【詳解】簡變造所出用與。所出謂二經，用與如金錍。正約部中具教多少以難不思議熏，理具也。如云：「真如内熏。」輔行云：「真如常熏内具。」亦云：舊熏不思議變，即事造。楞伽部屬方等，故具四教。金錍云「變義唯二」，今云等者，等上熏義。【案】二引文，一出宋譯楞伽經卷一，謂：「不思議薰，及不思議變，是現識因。」一出華嚴經，晉譯華嚴經作「畫種種五陰」。「二教」，圓教與別教，華嚴經兼別明圓。「四教」，三藏、通、别、圓。金剛錍文見上所引。

〔二〕【詳解】答中謂不約部中具教多少以論，乃約字義通局而説。先釋變義，變謂轉變，由中道實性，妙不決定，故受熏變，當體改轉義也，此義唯局別圓。

〔三〕【詳解】次出造義有二，轉變，搆集。別、圓同詮中道實性，當體改轉名造，此釋轉變名造。藏、通灰斷，不談常住，故云無中實體，但明見思煩惱潤有漏業，搆六凡生死，非轉變造，此釋搆集造也。金錍云「藏、通造六」，業惑造也，「別圓造十」，轉變造也。「唯心」結上轉變，「由心」結上搆集。大乘所説，諸法唯心，故論轉變。小乘由業力造，造遍三界，故云搆集。【案】「中實之體」，即真如、佛性。輔行卷一之二謂：「自山家教門所明中道唯有二義：一離斷常，屬前二教；二者佛性，屬後二教。於佛性中，教分權實，故有即離。」

【總釋】設問答釋「造」。化法四教，或教有部，如三藏教，指四阿含、諸部律及毗曇，法華唯詮圓理，只是圓教；或有教無部，如通別二教不定指某部，一部或具四教，或具二教，「部中具教多少」有差。藏通二教詮空理，以空爲真，不詮中道，以六道爲所觀，論緣起則屬業惑緣起，知禮説爲「構集之造」或「構造」。業惑緣起爲四教所共許，故云「造則通四」。別圓二教詮中道，以中爲真，以十法界爲所觀，論緣起則爲真如隨緣，謂「轉變之造」或「變造」，故云「變則唯二」。變造義不共前二教。内中又以「唯心」與「由心」區別大小乘。一般認爲講唯心屬大乘。

問：他云「造謂體同」，及改此文二十來字，而云「收得舊本」，又云「勘契多同」，今何違舊〔一〕？

答：舊本諸文全無錯邪？應是荆溪親書本邪？又，多本同者，止如杭州十藏中台教，頃曾略讀，錯字不少。豈非初將一本寫之，一本或錯，十處皆訛〔二〕？又云「日本傳來別行十門，題云國清止觀和尚録出，亦云『體同』等者，未審止觀和尚又是誰邪？此人深諳一家教不？始録之本全不錯不？豈以先死之人遵之爲古，所立之事皆可依邪〔三〕？如乾淑所録邃和尚止觀中異義，乃以三界爲無漏總中之三，可盡遵不？況諸異義，特違輔行，自立己見，故皆云記文易見〔四〕。和尚云云，此師又稱第七祖，故知止觀和尚多是此師。若其是者，則全不可依，既暗荆谿深旨，必有改易也〔五〕。又，日本教乘，脱誤亦多，唯有別行十不二門，則全同他所定之本。他既曾附示珠指往於彼國，必是依之勘寫爾〔六〕。設是舊本，須將義勘，莫可專文。

校釋

〔一〕【詳解】簡謬本改字違文。示珠指云：「有別行本云造謂體用者，近人謬故也」，「或①者意云造是體之用，而不知此文正示色心全真如變，色心不異本性，故云體同。」及改二十來字者，下文多一「差」字；内外門除兩「假」字，改「終自炳然」爲「終日炳然」；修性門「藉智起修」爲「藉知曰修」，「一期」爲「其」字；因果門「三千並常」爲「三身並常」；染淨門除二「與」字；自他門「形事不通」爲「未通」；三業門「若信因果」，除「因果」二字。此皆示珠指據舊本改除也。【案】示珠指卷下，謂：「有別行本云『造謂體用』者，近人謬故也。既失義意，又違金錍。惑者意云造是體之用，而不知此文正示色心全真如變，色心不異本性，故云體同。」示珠指解文部分先録原文，夾注云：「此文已求多古本釋籤抹勘開即，仍與諸傳教碩德評定。訖今世有别行之本，其間二十餘字不同。蓋三寫成就耳。覽者未審，請徵古本釋籤對之，無致多惑。」跋語又云：「雍熙三年歲次丙戌孟夏之月，余於錢塘湖之陰講法華玄義，解座屬安居時，對而未得即入文句。有二三道侶賫不二門别行本至，皆云『此文訛②謬多矣，幸爲辨惑焉』。余因校據本宗，聊以消諸。學生

① 或：示珠指作「惑」。
② 訛：疑當作「訛」。

聞已，恐有失墜，請編録之。余索①非筆削之流，尤慙環碩之學，但以宿發聞之於師，遂允所求，書之于紙。其科分節逗，即用檇李敏師舊本，不復別出。庶一句一偈成讚佛乘，若見若聞同期佛慧耳。筆既絶矣，歲亦暮。」據此，舊本得於檇李洪敏，別行本爲當時坊間流行本。【案】「讀」，大正藏作「續」。

〔二〕【詳解】以舊本多同爲問，先答舊不可依，次答多本同者，錯字亦多。

〔三〕【詳解】「日本傳來」等者，亦契勘多同中義，故亦云「體同」也。「國清」等者，淨覺雜録名義云：「唐貞觀十一年，有日本僧最澄，乃天台道邃門人，邃即荊溪弟子。澄初傳教歸國，以道邃爲始祖，封山曰天台，造等②曰國清，自是教法大行於彼。」今云：止觀和尚即邃師也。【案】日本傳來本，署「止觀和尚述」，或即源清所據。止觀和尚指天台宗第十祖道邃。

〔四〕【詳解】乾淑，僧名，有文集，抄録邃師所釋止觀異義。邃師暗於止觀之義，多有異見，與荊溪所釋相違。如釋止觀「無漏總中三」，謂：「於三界有漏法上證於無漏。」止觀一明漸次止觀，云：「先修歸戒，翻邪向正，止火血刀，達三善道。次修禪定，止欲散網，達色無色定道。次修無漏，止三界獄，達涅槃道。次修慈悲，止於自證，達菩薩道。後修實相，止二邊偏，達常住道。」輔行

① 索：疑當作「素」。
② 等：疑當作「寺」。

云：「此中番數，但有五重，義則十三。」「初番有六，謂三善、三惡。第三番四，謂兩教、二乘。并前六義，合爲十也。餘三不開，合爲十三。於十三中，實相是所緣之境，望頓是同，不應數爲不同之限。」止觀下文，料揀三種止觀，牒「疑者云：教境名同，相頓爾異」，釋曰：「然同而不同，漸次有六，善惡各三，無漏總中三，凡十二不同，從多而言，故言不定。」輔行云：「兩教、二乘，是無漏四，而今乃云無漏總中三者，何耶？別而言之，離爲四人。若總名無漏則合，卻三人，但存一位。今舉總合開，一中兼三，故名無漏總中三也。若没本位，離而①爲四，并善、惡各三，及以禪定、慈悲各一，故成十二。」「和尚云云」者，乾淑所録，異義甚多，今不煩引，故此指之。【案】乾淑集謹録邃和尚止觀記中異義（一卷）謂：「無漏總中三者，記家意易知。和尚云：將三界爲三，即所止；無漏爲一，即能止。從前次修無漏止三界獄中來，故用三界爲三，無漏爲一，合爲四也。」

〔五〕【詳解】稱第七祖者，謂天台已下，至邃師，當第七也。設如所言，收得舊本，須以義勘，豈可專文，而害於義。【案】「第七祖」，若以智顗爲初祖，道邃當第七祖。志磐於佛祖統紀「道邃紀」末下斷語云，日本人乾淑録邃和尚止觀記中異義「以三界爲無漏總中三」，屬自立私義，假托道邃行之，因爲道邃親從湛然受止觀，没有理由創立此説，可知日本別行十不二門署「國清止觀和

---

① 而：止觀輔行傳弘決作「開」。

上」亦仿此例；又指要鈔説十不二門附示珠指傳入日本，日本人又依之勘寫，亦是假託「止觀和尚」之名流傳。志磐據此申明，知禮所斥乃乾淑、源清，而非道邃。

〔六〕【案】意謂日本傳十不二門乃從示珠指中録出。知禮推測日本傳來本，可能就是隨附示珠指傳到日本的源清定本。此説難以成立。最澄與圓珍入唐時均抄録十不二門別行本，如傳教大師將來台州録與智證大師請來目録，皆載十不二門義（一卷），後者還綴署「妙樂」。圓珍入唐求法目録則題十不二門論（一卷），天台宗章疏載十不二門義（一卷），署「止觀和尚述」。凡此可證，十不二門在最澄入唐時已經別行，並題十不二門義。卍續藏經收録十不二門義，目録中署「唐道邃録出」，所附整理者跋語中，指出知禮臆測之非。

【總釋】此段由訛文引出十不二門版本問題，如文。

問：文縱難定，義復相違。何者？此文攝別入總，合云「變造體同」；若云「從體起用」，還是開總出別。既失不二之義，便無開會之功也〔一〕。

答：若得前之總別意者，則自不執舊訛文也。豈理體唯總、事用唯別〔二〕？如「常坐」中修實相觀，既云唯觀理具，文中廣辨三千，還有總別不？若無者，那云一心具三千邪〔三〕？「隨自意」中修唯識觀，觀於起心，即約變造事用而説，還有總別不？若無，那云「一切法趣檀」等，那云「觀一念善惡心起十界」邪？豈隨自意三昧非不二開會觀邪〔四〕？

應知立茲體用，欲於理體及以事用，皆明三諦，事用若即空假中，還成不二圓妙不？既於理事兩重總別皆顯絶妙，那將攝別入總而爲難邪〔五〕？又夫開顯乃示法法皆妙，若知即具而變，用豈不妙邪〔六〕？

校釋

〔一〕【詳解】揀謬，釋從訛暗義。初，依謬立難。「此文攝別入總」者，他不明事理各有總別，乃指前別爲歷境顯示別相。從「即①知」下，爲攝別入總，正示歸宗。從「當知」下，爲結顯不二，故云「此文攝別入總」也。只由他謂理總事別，故攝別入總，是攝事歸理也，合云變造之事與理體同。若云從體起用，還成開理總而出事別。他謂「體同」等文，正是結顯不二，故云則失結顯「不二之義」。他云：今文「變造體同」，唯約法華圓門開顯，以同示體，令曉變造色心，性常不二。故云若作「從體起用」，則「無開會之功也」。【案】「開會之功」，從體起用謂開，造謂體同謂會。

〔二〕【詳解】二，據正決答。初總，示正斥邪。若得前文正釋總別之意，謂理具事用各有總別也。豈理唯總、事唯别耶？【案】「自」，詳解本作「是」。

〔三〕【詳解】「如常」下，徵事理總別文義，正指下文不思議境以下十乘，名通四行，常坐居首，故先言之。唯觀理具者，荆溪云「實相觀理」，廣辨三千，正是不思議境，一心是總，三千是別，理中總

①即：疑當作「既」。

別也。

〔四〕【詳解】「隨自意」，乃五略修大行，縱任三性，推四運心，即唯識觀，歷諸善中，不出六度，一切法是別，趣檀是總，等謂餘五度也。止觀云：「一切法趣檀，成摩訶衍，是菩薩四運。」又一念是總，十界是別。四種三三①昧妙行，皆依法華絶待妙義而爲觀體，豈②非不二開會觀耶？【案】止觀卷二上「非行非坐三昧」文云：「今不見色有相無相，亦有無相非有無相。若處處著相，引之令得出，不起六十二見，乃名無相檀到於彼岸。一切法趣檀，成摩訶衍，是菩薩四運。」

〔五〕【詳解】「應知」下，彰事理總別皆妙，應知今明理事總別，欲於體用結成三諦，故下文云「非色非心」等。【案】若，大正藏作「苦」。

〔六〕【詳解】法法皆妙者，正示事造諸法全具而變。理具既妙，事變亦然。【總釋】由用同之訛設問，若從用，則「開總出別」，失結會不二之旨。引摩訶止觀常坐三昧、隨自意三昧文作答。智顗明常坐三昧之「意止觀」，云：「端坐正念，蠲除惡覺，捨諸亂想，莫雜思惟，不取相貌，但專繫緣法界，一念法界，繫緣是止，一念是觀。」觀佛即法界，煩惱即法界，業即法界印。止觀大意謂「唯專念法界」。此即實相觀，「唯觀理具」。内中應有總別，約理論，一念爲總，

① 三：疑衍。

② 豈：疑前脱「隨自意三昧」五字。

所明佛、衆生、業、煩惱等爲别。隨自意三昧，「意起即修三昧」，所起心不出善、惡、非善非惡，無論何時何地，心起即作觀，四運推檢，入於「一相無相」，此即唯識觀，約事用説。智顗謂，「四種三昧方法各異，理觀則同」，「若解理觀，事無不通」，「不得理觀意，事相助道亦不成，得理觀意，事相三昧任運自成」。隨自意三昧雖觀起心但以通達事相爲目的，所以知禮説亦是「不二開會觀」，即同樣會歸不二妙理。另外，立體用，意在約理體與事用明三諦，事用即空假中，還歸不二圓妙。知禮總結云，「於理事兩重總别皆顯絶妙」。若開若會，無非顯示法法皆妙。但須知「即具而變」，若不能領解「即具」義，則圓理不成，反落入偏指清淨真如的别理。

問：他云「之猶往也」，即全真心往趣色心，則全理作事，此義如何〔一〕？

答：非唯銷文不婉，抑亦立理全乖。何者？心不往時，遂不具色心邪？又與心變義同，正招從心生法之過〔二〕。況直云「心是真理」者，朗乖金錍釋心，既云「不變隨緣名心」，何得直云真理〔三〕？又「造謂體用」方順文勢，如何以「同」釋「造」〔四〕？

校　釋

〔一〕【詳解】簡謬執訓釋乖理。「他云」等者，珠指云：「之，往也，非助語也，謂全性往趣，故云之色心。爾雅云：之者，往也。般若云：一切法趣色，是趣不過。」

〔二〕【詳解】答中初斥消文、立理俱非。若云真心往趣，殊非性德本具。次斥義同生法。心之色心，正明理具，若云往趣，却與即心名變義同，全同別教從心生法，則四性計中，墮自性過。

〔三〕【詳解】次斥指心爲理，公違大意、金錍不變隨緣之義。金錍云：「萬法是真如，由不變故。」故知諸法皆理，何獨指心爲理。如前已明。今但云即乖彼文，不變隨緣名心，乃即理而事，何得直作理釋。【案】「心是真理」之「真」，底本作「直」，據大正藏改。「朗」，詳解本作「即」。

〔四〕【詳解】「又造」下，重破體同之謬。以全體起用，名造謂體用，文方宛順。

【總釋】「全真心往趣色心」，「全理作事」，與「全體起用」在表達上看不出差別。由於將心解爲真心，即獨立於妄法之上的真性，則將真妄對立起來。知禮本諸「心具」説予以駁難，謂往時具色心，不往時亦具色心，即約理説，理體、事用皆具三千。其次，智顗明一念具三千，先約心具、緣具、共具、無因四句破，若訓爲往，招「從心生法」之過，落入別教心變義。其三，但説「心是真理」，無法理解金剛錍指心爲即理之事的説法。最後，體用爲慣用法，體同稍顯生硬。

問：若真心往作色心，有從心生法之過者，文云「即心名變」，亦有此過邪〔一〕？

答：不明剎那具德，唯執真心變作，灼然須招斯過〔二〕。今先明心具色心，方論隨緣變造，乃是全性起修，作而無作，何過之有〔三〕？

校釋

〔一〕【詳解】揀心變，對謬顯正。問中牒前生法，以難心變。初至「過者」，牒前真心往趣，義同生法。

次「文云」至「過耶」，並難即心名變，亦應招過。

〔二〕【詳解】答中約心變異性具通難。初順問答，謂若不明具，單云心變，豈免斯過。

〔三〕【詳解】「今先」下，違問答，今既先云心之色心即是理具，次云心變，是隨緣變造，全具而變，全性起修，何過之有？

【總釋】「即心名變」是否招「從心生法」之過，關鍵還在如何解讀一念。「真心變作」基於真妄相對，事修上斷妄證真，行則有作。「剎那具德」基於真妄一體，「心具色心」，則「隨緣變造」始爲圓理隨緣，即妄顯真，斷無所斷，方爲無作行。「全性起修」，修性不二門將詳辨，此中亦由「即具」義給予解讀。

問：「即心名變」，此心爲理事邪？若理者，上約隨緣名心；若事者，乃成事作於事。那言全理起事〔一〕？

答：止觀指陰入心能造一切，而云全理成事者，蓋由此心本具三千方能變造。既云「心之色心」，已顯此心本具三千。今即此心變造，乃是約具名變。既非但理變造，自異別教也〔二〕。

校釋

〔一〕【案】解心爲事，「即心名變」便由事至事，與「全理起事」似違。設此問，進一步揭明「全理成事」

説的藴意。

〔二〕【詳解】揀即心名變，全理成事。答中以止觀例顯今文。蓋由此心本具三千方能變造，即並由理具方有事用也。今既先明心之色心已顯心具，次云心變即全具而變。「既非」等者，以由變造，義通别圓，復須此揀，既全具而變，不同别教但中之理隨染緣造九界也。

【總釋】由具不具判分别理與圓理，爲智顗所常論。法華玄義卷二明「圓入别二諦」，謂「俗與别同，真諦則異。别人謂不空，但理而已，欲顯此理，須緣修方便，故言一切法趣不空。圓人聞不空理，即知具一切佛法，無有缺減，故言一切趣不空也」。别圓二人皆入不空，别人不空只是「但理」，不具諸法。卷三解智妙文中，謂「别教四智（四加行智）三麁一妙，圓教四智悉皆稱妙。何者？地人云中道乃是果頭能顯，初心學者仰信此理，如藕絲懸山。故説信、行皆非圓意也。故十信智爲麁，十住正修空傍修假、中，十行正修假傍修中，十迴向始正修中。此中但理不具諸法，是故皆麁。登地智破無明見中道，證則爲妙」。别人次第三觀，至十迴向始正修中，中只是「但理」，「不具諸法」。知禮所論，皆本於此。約圓理論，此心本具三千，因爲事上能變造三千，謂之「全理成事」。但理變造，由於不具諸法，所以以真心往趣色心論變。意謂源清所解落入别理隨緣義。

是則非色非心，而色而心，唯色唯心，良由於此。

二，「是則」下，結成三諦者。上之事理三千，皆以刹那心法爲總。心空故理事諸法皆空，即「非色非心」也。心假故理事諸法皆假，即「而色而心」也。心中故理事諸法皆中，即「唯色唯心」也〔一〕。故輔行云：「並由理具，方有事用。今欲修觀，但觀理具，俱破俱立，俱是法界，任運攝得權實所現。」言「良由於此」者，即由「心之色心」故，（理也。）「即心名變」故，（事也。）全體起用故，（理事合也。）方能一空一切空，一假一切假，一中一切中也〔二〕。他解此文，分擘對當，大義全失。仍不許對三諦，而云此中「未論修觀」故。設未修觀，立諦何妨？況此色心本是諦境〔三〕。更有人互對三諦，云得圓意，蓋不足言也〔四〕。

校釋

〔一〕【詳解】初正釋。上云「心之色心，即心名變」，心及即心，豈非刹那爲總？色心即理具三千，變造即事用三千。非色非心，破也。而色而心，立也。唯色唯心，法界絶待也。【案】解「非色非心」等三句是結成三諦。重提事理兩重三千俱以刹那心法爲總，「心空故理事諸法皆空」三句，所詮爲「即空即假即中」之圓融三諦義。

〔二〕【詳解】引輔行文，初二句證事理三千，「俱破」等證結成三諦。只觀性具三千，任運攝得事造，三世變造是九界實造，聖人變化是佛界權造，權實皆事，猶同示現。「俱破」等者，若云三千俱破是空，俱立是假，法界是中，即名隨德用。若云三諦俱彰蕩相故云俱破，三諦俱彰立法故云俱立，三諦皆顯絶待故俱法界，即體一互融，一空一切空等，可見。【案】「今欲修觀，但觀理具」，謂依圓理作觀，破則破盡無餘，立則一切俱立，破立皆即法界。唯依理具，始能「一空一切空，一假一切假，一中一切中」。

〔三〕【詳解】「他解」下，斥謬。珠指云：「非色非心顯上心性也。（上云「一切諸法無非心性」。）而色而心顯上之色心。唯色唯心顯上體同，唯心不二也。」不許對諦。彼云：「有人用對三觀三諦，非色非心對空真，而色而心對俗假，唯色唯心對中。今謂此是圓法，若隨自意，何法不通，豈止三觀諦耶？此門本依諸諦境立，既攝別入總，以明色心，唯顯色心不二，至內外門對境明智，方辨觀智。」

〔四〕【詳解】「互對」者，昱師註文云「淨光大師①點讀云：非色非心，真諦也；而色而心，俗諦也；唯色唯心，中諦也。予之書曰：非色非心，中諦也；而色而心，俗諦也；唯色唯心，真諦也。一家妙旨，三諦讀經，愚今註曰：是相如，色即真諦；如是相，色即俗諦；相如是，色即中諦。一如三諦」等，乃至「不縱不橫，不並不別。如斯消釋，奇哉暢哉，快哉②樂哉！何法華三昧之遠乎？旋陀羅尼之異耶？」故斥云：「云得圓意，蓋不足言。」

【總釋】法華玄義卷二約十如是三轉讀詮實相，謂：「約如明空，一空一切空；點如明相，一假一

① 淨光大師：即義寂（九一九—九八七），號淨光，宗昱之師，佛祖統紀追奉爲天台十五祖。
② 哉：詳解無，據註法華本迹十不二門補。

切假;就是論中,一中一切中。非一二三,而一二三。不縱不横,名爲實相。」卷四明圓五行文中,謂:「圓三三昧圓破二十五有,即空故破二十五惡業見思等,即假故破二十五無知,即中故破二十五無明。即一而三,即三而一。一空一切空,一假一切假,一中一切中,故名如來行。」知禮復楊文公書談及三觀,由一心三用説:「三觀者,一念即空即假即中也。恢揚肇自於如來,妙悟近推於智者。全由性發,實匪修成。故於一心宛有三用。所謂空者一切皆空,即三觀悉彰破相之用也。假者一切皆假,即三觀悉明立法之功也。中者一切皆中,即三觀悉是絶待之體也。是則終日破相而諸法皆成,終日立法而纖塵必盡,終日絶待而二諦熾然。」引上三文,頗可助解此段文意。

故知但識一念,遍見己他生佛。他生他佛,尚與心同,況己心生佛,寧乖一念〔一〕?

二,「故知」下,會生佛居一念。己生佛者,心法三千。他生佛者,佛法衆生法並名爲他,各具三千,三千不出生佛也。以理攝事,同趣我心,蓋心之具故,即心變故,全體用故,故識一念即能遍見也〔二〕。

校　釋

〔一〕【詳解】理事三千,全心本具。即具而變,全體之用。故知但了見前刹那爲諸法總,則能遍見理事三千。「己他生佛」者,九界爲生,極果爲佛。心具十界,名己生佛。生佛各具十界,名他生佛。以他況己，謂生佛三千之高廣尚與心同，況近在自心之所具寧乖一念？

〔三〕【詳解】釋云以理攝事，謂理具攝得事造。既全理成事，理既舉一全收，故使事中同趣一念。此釋「但識一念，遍見己他生佛」。【案】「二」，底本作「一」；「各具三千」之「千」，底本作「十」。均據大正藏改。

【總釋】「己他生佛」，知禮約三法釋，詳解進一步約十法界及十界互具義説明，所論仍爲華嚴三無差別教義。此段結歸一念，一念具十界，所以若識一念本性，則遍知一切。「心之具」約理明本具，「即心變」明己他生佛本諸心，「全體用」示體用絶對同一，本此實相觀、緣起理，始可將一切攝歸一念，即一念而知解並行證諸法實相。雖然攝歸一念基於觀修方便考慮，但由中不難發現「唯心」傾向。

故彼彼境法，差差而不差〔一〕。

三，「故彼」下，結不二，可見。他云此本多一「差」字，存略無妨，不須苦諍〔二〕。

校　釋

〔一〕【案】註本讀作「故彼彼境法差，差而不差」。釋籤、十不二門義、示珠指本均作「故彼彼境法，差而不差」。

〔二〕【詳解】結上不二。「彼彼」等者，己他生佛之境，迷悟高下之別，既同一心，故云「差而不差」也。

「他云」者，珠指云：「有別行本多一差字，亦近人添也。」四明意謂存略無在。【案】示珠指謂：「有別行本多一差字，亦近人添也。彼意謂先立云彼彼境法差，方結云差而不差。此蓋未曾境法無差之文故爾。」

【總釋】「無差而差，差而不差」，指二與不二的權實關係，乃慣用表達。如釋籤卷一五謂：「一理雖同，十門事別。不思議一，十妙恒殊。差而不差，斯之謂矣。」可知此文確衍一差字，但於文意無傷。境法即境妙七科，此中謂色心。色心相對，事相有別。「攝別入總」，差別境法由於「一性無性」獲得統一，皆即空假中，從而開顯不差或不二之妙理。「差而不差」即結歸不二。十不二門「直申一理」，皆即差或二之事而顯。下九門同此。

二、內外不二門者。

二、內外不二門，又三。初，標。正約三法立內外境也。衆生、諸佛及以依報，名爲外境；自己心法，名爲內境〔一〕。故觀音玄義立所觀境有二，「所謂自、他，他者謂衆生、佛，自者即心而具」，乃引華嚴「心如工畫師」等爲證〔二〕。有人立佛界爲內，九界爲外，乃引此經或説己事、或説他事證之〔三〕。而不知彼明果後垂迹，乃以佛界爲己，九界爲他〔四〕。今論初心觀所依境，既未成佛，安用佛爲己邪？據觀音玄，方爲允愜〔五〕。

校釋

〔一〕【詳解】初，正釋。「正約」下一句，標起。「衆生」下，釋出生佛該十界正報及依報，兼自他。依報亦屬於外，唯取自己一念心法爲内。【案】「三法」，謂佛法、衆生法與心法。衆生與佛即六凡四聖爲正報，所依之器世間謂依報。就報果分依正二報。

〔二〕【詳解】引證，如玄上云「此境復爲二，所謂自他」等。（如今引。）記①云：「一家明觀不出二境。四念處心對色陰而分内外，此文心對生佛而分自他。十不二門以心對彼依正色心而分内外，則依報生佛及己色陰，皆名爲外。荆溪特會兩處之文，立外境也。」觀音玄明菩薩所觀之境不出十界，故約三法而分自他。念處所觀身受心法不出五陰，故以色心而分内外。此門以心爲内，依報、生佛及自己色陰亦屬於外。特會二文者，念處但以己色爲外，不言生佛。觀音玄但言生佛爲外，不及自色。今文既云依正色心，則生佛依正及自己色皆屬於外。故知荆溪特會二文立外境也。内境則二文皆是内心，故不俟言。【案】觀音玄義卷上：「十種法界、三十種世間，即是所觀之境也。此境復爲二，所謂自他。他者謂衆生佛，自者即心而具。如華嚴云：『心如工畫師，造種種五陰，一切世間中，莫不由心造。』」如詳解引，觀音玄義記謂湛然據觀音玄義並參會四念處立内外境，謂生佛爲外，心爲内。

① 記：知禮述觀音玄義記。

〔三〕【詳解】二，「有人」下，斥謬。昱師注云：「九法界即外境也，佛法界即内境也。」【案】宗昱註解内外云：「九法界中即外境也，佛法界即内境，内外合明，一念方具三千之妙境矣。他云『外境是色心門中三千性相爲外境，智性爲内境』者，即是不達文旨矣。」「此經」，即法華經，卷五如來壽量品云：「如來所演經典，皆爲度脱衆生，或説己身，或説他身，或示己身，或示他身，或示己事，或示他事，諸所言説，皆實不虚。」查註文，未見引。文心解認爲理内事外，並引摩訶止觀、法華文句記、涅槃疏、占察經、輔行爲證。

〔四〕【案】「九界」之「界」，洪武南藏作「果」。法華玄義卷七解本十妙云：「文云，如來祕密神通之力。又中間文云，或示己身，或示他身，或示己事，或示他事。即是垂形十界作種種像，驗本亦然，是本神通妙也。文云，是諸菩薩，悉是我所化，令發大道心，今皆住不退，修學我道法。又中間或説己事，或説他事，驗本亦然，即本説法妙。」果後化他，佛爲自，衆生爲他。

〔五〕【案】内外不二門據智行二妙立，明初心觀境，因而佛爲他爲外，心爲自爲内。

【總釋】據觀音玄義判内外境。内外相對，下文示不二。内外門依色心門立，即色心而分内外。如下文説，外謂彼依正色心，應指十法界五陰，十法界色心在「唯一實性」基礎上差而無差，如此解了，攝外色心入於自内一念。

問：前引大部，揀於佛法太高、衆生太廣，今何取之〔一〕？

答：辨其難易，故且揀之。若論機入不同，故須雙列〔二〕。復爲顯其妙義，必須内外互融，隨觀一境皆能遍攝，故名不二，此之不二悉得稱門〔三〕。泛論雖爾，一家觀法，多用內心妙義爲門也〔四〕。

校釋

〔一〕【案】修觀但取己心，此中爲何又取佛法、衆生法爲外境？

〔二〕【詳解】「機入不同」者，下界衆生心麤散故，多著外色，宜觀內心。上界衆生味禪定故，多著內心，宜觀外色。有此二機，故雙列二境。

〔三〕【詳解】「復爲」等者，即以略顯廣之意。此門從智、行二妙而立，倘內外不融，則不成妙。內外融攝，妙義方彰。

〔四〕【詳解】「泛論」下，的示今意。義書云：「但不二門都爲示於觀法大體，以今家觀法正在內心傍託外境，以捨傍取正，所以特取內心爲總。」一家觀法，揀難從易，多明觀心也。內外二境，義書云：「只一非內非外之三千，隨乎觀慧，趣內趣外之不同。」一家境觀近而復要，雖多就內心，蓋機緣不同，自有宜於外境修觀者，故須雙列，故不二門云「凡所觀境不出內外」云云。四念處四云：「衆生有兩種：一者多著外色少著內識，二者少著外色多著內識。如上界多著內識，下界著外色多內識少。」別行玄上云：「此境復爲二，所謂自他等。」（如前。）記上云：「一家明觀」至「立外境」。（如前引。）荆溪特會兩處之文立外境。（如上略示。）若論二境被機者，義書三云：「修內觀時，先用圓解攬於萬法唯心然後觀心。若宜修外觀，先攬萬法唯色而觀於色。」此得天台「唯色唯心」、荆溪「一念具足，一塵不虧」等諸圓文旨，豈同孤山「獨頭之色不具三千」等。又義書云：「且内外境，略以四義論之。自有推過在心，故先於内心修觀伏斷五住，則以伏斷淨心歷彼色等諸法，任運自見，一一法具三千三諦，則不論於外境修觀。此如義例必先内心，内心若淨，以此淨心遍歷諸法，任運泯合。亦即止觀識陰觀成，遍歷界入依正，一一皆結三諦也。自有内外兼修，如方等懺儀，正修内觀，若對外境，乃用内心正觀之法，傍歷尊容道具，皆成三昧也。自有正約内心，修觀不入，乃捨内境，專修外觀，如破法遍文後，例餘陰界入修圓破遍，既例破遍，亦例十乘，但文在破遍中示爾。此則外色若淨，將此淨色歷一切法及以内心，任運泯合也。自有初心便宜修外觀，如先得色無色定，若發心修圓頓止觀，此人已著内心重故，須以外觀破之，於外色等觀成理顯，還將淨色歷一切法及以内心，任運泯合也。此如四念處唯色唯識二種觀法，被二根機也。」雖具四義，不出内外二境也。孤山、淨覺之説，不暇評破。

【總釋】設問答，明根據機入判内外境，因病施藥，欲界衆生多執色故觀心，上二界衆生多執心故觀色，因而須分内外，就内外境顯妙。此中知禮再次强調天台觀法「多用内心妙爲門」。詳解引十義書釋内外境甚詳，謂境理上講唯色唯心，舉任一法皆具三千，觀修則必先内心。同時駁難智圓獨頭色不具三千説。此爲知禮所常論。如觀音玄義記又云：「應知生佛依正及己色心皆是法界，無不具足三千三諦，故内外自他皆是妙境。但爲觀境近而復要，莫若内心，故諸經論多明心法遍攝一切。須知遍攝由乎不二，故四念處云，唯是一識，唯是一色。萬象之色既許心具，千差之心何妨色具？衆生成佛是依報成，國土廢興豈是他事？有不達者，但執唯心，不許色具，而立難云，色具三千應自成佛，何處曾見草木受記？是何言歟？是何言歟？以説心具義則易明，於色示具，相則難顯，故使教文多明心具，欲禀教者因易解難，以心例色，乃顯諸法一一圓具，故云唯色唯聲唯香唯味唯觸。」

凡所觀境不出内外。

二，「凡所」下，依門釋，二。初，明内外境觀，二。初，標示者，大小乘中所明觀法，二境收盡，故云「不出」，今非偏小也〔一〕。

外謂託彼依正色心即空假中。即空假中妙故，色心體絶。唯一實性，無空假中。色心宛然，豁同真淨。無復衆生七方便異，不見國土淨穢差品，而帝網依正，終自炳然〔二〕。

二，「外謂」下，釋相，二。初，明外境觀相。言「託」者，依也〔三〕。「彼」者，既以内心爲自，乃指依報及生佛色心爲彼，此乃正立外境。「即空假中」去，即是妙觀及觀成相〔四〕。於依等四，隨託一境，皆以圓融三觀觀之〔五〕。此觀既妙，故令陰入染體泯淨。即前依正等全爲妙體、一實圓理，故云「體絶」及「一實」等。所觀陰境既絶，能觀妙觀亦寂，則病去藥亡，能所雙絶，故云「無空假中」〔六〕。於雙絶之處，融妙三千一時顯現，豁然同皆真淨，法法皆實故真，皆非染礙故淨，故云「宛然」等〔七〕。如是則一切衆生皆毗盧體，一切國土悉常寂光，有何定法名三五七九及淨穢邪？故云「無復」至「差品」也〔八〕。而彼彼三千圓融互入，猶因陀羅網終自炳然〔九〕。即是外觀功成之相。觀行已上至于妙覺，節節無非如此顯發。不爾，安云「發心畢竟二不別」邪〔一〇〕？

校釋

〔一〕【詳解】「凡所」下，科標示者，初句標，次句示。釋標示，云「大小」等者，四教之機，能觀觀智，隨教詮示析體，漸頓不同，若所觀境，初無有異，故云「不出内外」。今明圓人所觀，揀非偏小。【案】「所觀境不出内外」，外觀如觀身不淨、觀佛相好等。内觀觀心，如法華玄義卷五約觀心釋圓五行，云：「上來圓行，不可遠求，即心而是。一切諸法中，悉有安樂性，即觀心性，名爲上定。心性即空即假即中，五行三諦一切佛法，即心而具。」按内外不二門叙述理路，先觀外依正色心即空假中，次攝歸一念無念，後在心性基礎上結成不二。

〔二〕【詳解】別明外境觀相。的論修觀，多在内心，今被二機，内外雙列。隨標語便，先明外境。初句正立外境。「即空假中」去，是能觀三觀亡照。「色心宛然」下，明觀成理顯。「託」者，依也。文從通總，但云「依正色心」。其實生佛色心及以依報，與自己色陰，皆名爲外也。「彼」字正指外境。色心體絶是亡所觀，無空假中是泯能觀。境觀雙亡，三千理顯，故云「色心宛然」等。是則正報無非遮那法身，豈有七方便衆生之異？依報無非寂光，更無下三土淨穢之殊。而色心相入，依正互融，如帝網珠，交相輝映，故云「炳然」。義書云：「依正若不互具互攝，豈可如帝網耶？」【案】「即空假中，即空假中妙故」，十不二門義、示珠指本作「即空即中，空中妙故」。指空、中爲理，假爲事，理事分論，正合前文依真心往趣色心、但理隨緣之難。「終自炳然」之「自」，示珠指本作「日」，十不二門義作「曰」。

〔三〕【詳解】初句釋託字，託有表託，如王舍、耆山。輔行云「歷事觀法」，結云「託事見理」。今文不同前二，乃依託之託。

〔四〕【案】彼之依正色心屬外境，外境即空假中。知禮解爲妙觀或觀成相。境爲所托，以妙觀（一心三觀）觀之，觀成境即不思議境。

〔五〕【案】「四」，依正爲二，加衆生色心與佛色心爲四。或正報謂衆生、佛，所依器世間爲依報，生、佛加上各自依報亦成四。「圓融三觀」，即一心三觀。三觀謂從假入空觀、從空入假觀、中道第一義觀。别教次第三觀，先從假入空，再從空入假，前二觀基礎上進修中觀。圓教同時三觀，舉一即具三，論三則統於一，一三、三一，圓融無礙。

〔六〕【詳解】「所觀」下，釋「無空假中」。「所觀陰絶」結前色心體絶，「能觀亦寂」正釋無空假中。病去譬陰絶，藥亡譬觀寂。能即觀藥，所即陰病。【案】「亡」，洪武南藏作「已」。一心三觀爲能觀，陰入界境爲所觀。觀妙，陰入界境亦入於妙，差别之體絶，「唯一實性」。實性，指法性、佛性。病去藥亦去，所觀無，能觀亦無。

〔七〕【案】能所雙絶，三千宛然顯現，圓融無礙。所顯三千指事修之果而言。

〔八〕【詳解】衆生國土是總，三五七九及淨穢等是別。先以遮那、寂光點示依正，次方云有何定法等。聲聞、緣覺、菩薩爲三，加人、天爲五。兩教、二乘、三教菩薩爲七，或合二乘取人、天爲七。九即九界。同居等三土，傳作淨穢。【案】「毗盧體」，毗盧遮那佛，指法身佛，體即法身。「常寂光」，智顗據正報析依報爲四，即凡聖同居土，人、天及聲聞、緣覺之聖者所居；方便有餘土，阿羅漢、辟支佛、地前菩薩所居，羅漢等修方便道，尚餘根本無明未斷，故稱；實報無障礙土，斷除一分無明的菩薩得實報，來生此土；常寂光土，法身佛所居。三五七九，如詳解釋。若依七方便文，七應指三賢位、四加行位人。

〔九〕【詳解】「而彼」下，釋帝網依正炳然。「因陀羅」者，帝釋有千名，一名釋迦，因陀羅殿前有衆寶珠網，一目一珠，一一珠内現帝釋宫殿莊嚴，如是衆珠互相映入，衆珠咸現一珠之内，一一珠内皆具衆珠，帝釋依正彼彼不雜，以譬三千理顯，圓融互入。義書云：「況外觀中，全無攝外法歸内心之言，而自云帝網依正，豈外色不具三千、不具内心耶？」【案】「因陀羅網」，裝飾忉利天宫，用寶珠結成的網，又名帝網，網上結無量寶珠，互相映顯，重重無盡，華嚴經以此網喻法界之圓融無礙。天台明一色一香皆是中道，舉任一法則攝盡一切法，即所謂「三千圓融互入」之義。

〔一〇〕【詳解】「即是」下，結外觀成相。「觀行」下，示正斥謬。下文引他解外觀成相，文云：同者，似也，乃似其分真。破云：豈外觀功成，止齊相似？故今云觀行已上節節顯發，但分四位明昧淺深耳。因明正義，暗斥邪説。【案】「觀行以上至于妙覺」，約六即、五十二位説。六即謂理即、名字即、觀行即、相似即、分真即、究竟即，五十二位謂十信、十住、十行、十回向、十地、等覺、妙覺。觀行即對應於十信位，究竟即對應於妙覺。引文出自涅槃經迦葉菩薩品，其中迦葉菩薩贊佛偈有云：「發心畢竟二不別，如是二心先心難，自未得度先度他，是故我禮初發心。」發心謂初發心，畢竟謂妙覺，此二無別，因爲「本具三千」，當下一念具三千，至果所證即此本具三千。

【總釋】此段明外境觀相。外境無非指陰入界境，即差別萬法，以妙觀觀之，令即空假中，觀成能所雙泯，三千宛然，圓融無礙，衆生、國土淨穢等種種差別頓然泯寂。文中舉因陀羅網喻觀成相。

問：他云舊本無兩「假」字，唯云「即空即中，空中妙故」，而云「以空中亡彼依正之假」，此本何得妄加邪〔一〕？

答：雖欲依於舊本，其如義理殘缺，必是往時讀者不諳境觀，故妄有改削矣。且文標所觀境有内外，豈以依正色心陰入之境而爲假觀邪？遍尋荆谿之意，必不闕此一觀〔二〕。何者？如止觀破思假文中，云「因緣生法，即空即中」，輔行云「且以法性空中對幻假説，其實幻假即不思議假」〔三〕。既云「且以」，知非盡理，須即妙假，故云「其實」。文中不云「即假」，尚欲據義加之，豈自著述而特略之？況彼云「因緣生法」方有幻假之義。今直云「依正」等，且未成幻假，況妙假乎〔四〕？又第一記中，釋十二入各具千如中云：「境據假邊，且存其數。空中尚無，其數安在？然必約假以立空中。」此雖將境爲假，然與今文不同。何者？彼約十二入各具千如爲境，即已成不思議假，故非此例。恐未解者以此爲據，故粗引之，仍出其意〔五〕。又上若不立假觀，下何亡之，而云「無空假中」邪〔六〕？又若更云空中兼上，依正俱亡，故云「無空假中」者，文已自云「色心體絶」，何繁重乎〔七〕？若以「色心體絶」亡所觀陰境，「無空假中」泯能觀妙觀，則無是過也。又準内體三千即空假中，三千已是妙境，猶尚更立三觀，今但云依正等，未結成妙境，那便略兹假觀邪〔八〕？

校　釋

〔一〕【詳解】初云「舊本」者，珠指云：「依正三千是假，以空中亡彼依正之假，故云即空即中。有别行本添即假二字，謬也。此正用空中以亡彼假，豈又云即假乎？」【案】示珠指以依正三千之假對空中，以空中對假，故取「即空即中」，並引下文爲證：「又下染淨門云遮故法爾空中，又云亡淨穢故以空以中，何不皆添假字耶？」此釋將三諦或三觀之假與空、中相對而論，似有簡化爲真妄關係的傾向。

〔二〕【詳解】答中先斥不諳境觀依等是境，即空假中是觀。豈以所觀陰妄，便爲能觀妙假？驗他不諳定境修觀之異也。次遍尋文意，須存假觀。初且通標，云「遍尋」等。次引輔行、妙記，當文示之。【案】「假觀」，即從空入假觀，又名平等觀，此觀一破空病，二爲化衆生，所以建立妙假（道種智）以化導衆生。

〔三〕【案】止觀卷五：「生生故不生者，因緣生法，即空即中，心行處滅，言語道斷，故不可説也。」上文有「不生者法性也，生者無明也」之釋，因此「因緣生法，即空即中」，當於無明即法性義。輔行卷五釋云：「但云空中者，且以法性空中對幻假説，其實須云幻假即是不思議假。何者？今但以此假即是空中，此假任運成不思議，故不别説。」

〔四〕【詳解】今先引文，次類今文不略假觀，次以因緣生法幻假之義，並今依正色心，尚未成幻假，寧是妙假？且幻假與賴緣緣生、建立妙假等諸名言，如何區别？須知賴緣緣生，義只是一，謂賴緣而生，隨稱不同。幻假之體，既是有漏之生，亦緣生也。但境隨觀轉，幻名雖殊，通是緣生無體幻，别名一理隨緣幻，圓名以性奪修幻。今是圓無生門，正當以性奪修，名隨德用，空彰蕩相，中彰絶待，假彰立法，名建立假。若約體一互融，一假一切假，名妙假也。【案】「直」，底本作「真」，據大正藏改。此文「依正色心」尚「未成幻假」，意謂凡夫將之執爲實有，未用空觀爲幻有。「妙假」，指從空入假之假。

〔五〕【詳解】「第一記」者，疏釋經萬二千人觀心釋中，以十二入各具千如，成萬二千法門。記文有六句，初四句明三諦俱亡，第一義中無有一法，故云境據假邊等；下二句明三諦俱照，故云約假以立空中。此即空中，還寄妙假而立，正同輔行「三諦無形，俱不可見，然即假法，可寄事辨」。雖云將境爲假，乃取千如妙假，正是能觀，以十二入是所觀，故如云「具即是假」。【案】「第一記」，指法華文句記卷一。

〔六〕【詳解】「又上」等者，引當文泯能觀觀，只由先明俱照，故有次文俱亡。上若不立，下何亡之？

〔七〕【詳解】「又若」等者，縱他轉計。他問：此既云無空假中，上有假字，何妨？答：此是示觀成，唯一性體，能所俱亡，故須云無空假中。今牒他云兼上依正俱亡，云無空假中，其如文中已有色心體絶句，是泯所觀，豈非繁重？【案】「繁」，大正藏作「繫」。

〔八〕【詳解】「若以」等者，示文正義。「又準」下，復將内境具有三觀，顯今外觀須有假字。三千妙境已是妙假，尚明三觀依正色心，但名陰入，尚非妙境，安可略觀？【案】「便」，詳解本作「更」。【總釋】由版本差異引起解義之辯。示珠指以空中對境假，知禮則解爲三觀觀境。三觀相，初從假入空觀，又謂二諦觀，幻假指此；次從空入假觀，又謂平等觀，妙假指此；中道第一義觀，以前二觀爲方便道，進修中觀。初觀用空破執幻假爲實，次觀用妙假破空執，中觀則雙遮二邊、雙照二諦。二乘修初觀，取證涅槃。菩薩爲化衆生而觀空不證，故進修假觀，趨入中道。引文「因緣生法即空即中」，是約破法遍而以空中對假，湛然尚着意以幻假即不思議假爲釋。此文「依正色心」尚非幻假，還得用空假中觀之令成幻假、妙假。總之，觀成無空假中，妙境未顯，缺一不可。據義理判，「即空即中，空中妙故」缺略二假字。

問：前門「心之色心」，云是三千妙體，今云「依正色心」，何非妙境〔一〕？

答：上云「心之色心」，即刹那念本具七科色心，此非妙境，更指何邪？今但云「依正」等，乃是直論外陰入界，故不例上〔二〕。

校釋

〔一〕【詳解】次重料揀，因答作並前釋。依正色心，未結成妙境，故以前門心之色心、三千妙境爲難。【案】承上文「依正色心」、「且未成幻假」設問，既謂前門「心之色心」明理具，此門「依正色心」爲何不能解爲妙境？

〔二〕【詳解】答意者，既指刹那本具，正是妙境。今直明外境陰入，不可比例。【總釋】妙境指圓融三諦或不二妙理。「心之色心」，約理説，刹那一念當體即妙。「依正色心」作爲外境，約理當體亦即空假中。但知禮認爲此文直論陰入界境，尚未就幻假、妙假論，須通過知解、觀行環節始能入妙。

問：既將佛法、衆生法爲外境，佛已離陰，何得皆是陰入邪〔一〕？

答：修觀行者，外境未亡已來，見有他佛。故起信論云：「以依轉識故説爲境界。」則知過在於我，何關佛邪〔二〕？然且置所定之文，試論能定之義，還合一家教宗不？秖如他於論迷顯正決中，指色心門爲外境者，豈可内境離色心門邪〔三〕？又解外觀成相「豁同真淨」文，云「同者，似也，乃似其分真，即六根淨也」。豈外觀功能止齊相似〔四〕？又解内觀「先了外色心，一念無念」，謂「外境亡」；「唯内體三千即空假中」，謂「内體顯」。既全不約解行分文，「先了」之言乃是牒前外觀，「內體」已下方觀於內，是則六根淨後方修內觀。則識陰十乘，初心絕分〔五〕。又若謂外境亡時內體必顯者，則唯有外觀，不須觀內。又成內觀初心後心皆不修也〔六〕。此等相違，請當宗匠者觀之，還可將此見解定教文之是非乎〔七〕？或須云「終日炳然」，有何損益而苦諍之？境觀乖失而全不知〔八〕。況依正本融，迷情彊隔，觀成情遣，且云「不見」，塵去鑑淨，現像非磨，故云「終自炳然」。此則「自」勝於「日」，他莫知之〔九〕。

校釋

〔一〕【詳解】因上答文，定彼依正色心是外陰入界，故以佛已離陰何名陰入爲難。果佛亦有非漏非無漏陰，今言離生死陰耳。【案】玄義卷二明佛界十如是法云：「佛界相表非生死非涅槃，中道常樂我淨，故言佛界最是無上。」又云：「六道表諸有因緣生法，二乘表即空，菩薩表即假，佛表即空即假即中，故佛界最爲無上。」因此說「佛已離陰」。外境包括佛法，佛既離陰，怎可說爲陰入界境？設此問以明觀外境的內容與性質。

〔二〕【詳解】答中推過歸己，在佛非陰。蓋修觀行者直至等覺皆有內外色心之別，猶見他佛則屬陰境，唯至妙覺更無彼此色相迭相見，唯一真如智獨存，方能離陰。故義書云：「若修外觀，須觀妄色成真色。若衆生諸佛爲外境，則觀衆生陰入色心成真淨色心。諸佛雖離陰入，行人所觀，須將應身色心爲境。」故知纔屬所觀，雖是佛境，亦屬陰攝。引起信證文云：「以依轉識故説爲境界，而此證者無有境界，唯真如智名爲法身。」【案】起信論中設問，既説「法界一相，佛體無二」，爲何「不唯念真如」，却要「求學諸善之行」？答中稱「衆生真如之法體性空淨，而有無量煩惱染垢」，故得以種種方便熏修，修一切善行。內中説到證發心，云：「證發心者，從淨心地乃至菩薩究竟地證何境界？所謂真如，以依轉識説爲境界，而此證者無有境界，唯真如智名爲法身。」菩薩雖位居十地，但未達佛果，所以基於轉識而現的真如仍説爲境界。知禮引此文，證初心行人修觀，外境尚未泯淨，則所見「他佛」仍爲依識陰所變現境界。上引三法因果之論，湛然謂心法據因，則心法中的衆生法、佛法皆屬因，亦可説明此義。

〔三〕【詳解】「只如」下，引他所釋，一一別破。一，不合指色心門爲外境，諭迷顯正，清師文也。初句引他釋義。「豈可」下，鈔主徵詰。色心門正明諦境，內外兼收，故知內境豈離於此。【案】示珠指解色心不二門中云「此門本依諸諦境立，既攝別入總，以明色心，唯顯色心不二，至內外門對境明智方辨觀智」，至內外門判云「前但約自己色心以〔辨〕不二，此約己他而辨內外，內即自己三千，外即彼彼諸法」。宗昱註稱有説色心門三千性相是外境，智性是內境，及知禮此中轉述，皆應指此，但與源清所述頗有差異。內外門既從色心門立，因此內外境均不離色心。源清內外之判，表述上看不出差異，若以智性爲內，以他生他佛爲外，且以他生他佛非事中一念本具，則爲知禮所不許。

〔四〕【詳解】二，錯解「豁同真淨」文。「又解」下，引他釋義。「豈外」下，破。據茲釋義，外觀功成，只齊相似，則後心不修外觀，何云發心畢竟不別耶？節節顯發，如前所明。【案】引文見示珠指卷下。「六根淨」，據玄義卷三，圓教五品位不斷五欲而六根淨，獲相似中道智。「相似」，謂相似即。上文謂「即空假中」下所述是妙觀及外觀觀成相，此處認爲源清解外觀功成祇到相似即位不能成立。

〔五〕【詳解】三，錯解内境觀相文。初引他釋，外境亡與内體顯，是珠指釋内境科語。「既全」下，斥解行不分，下文正釋，「先了之言」，是先開妙解，「内體已下」，正修内觀故也。「先了」下，是他所釋。「是則」下，以位分齊，斥前外觀成齊相似位，次修内觀是六根淨後是。則止觀於内心陰境，明十乘觀法，初心無分矣。【案】引文出示珠指卷下，釋内文分二。初，外境亡，謂「一念尚無，豈在色心，故云一念無念」；二，唯内下，内體顯，謂「攝彼三千即我三千，即空假中也」。「識陰十乘」，即觀心十法。所以知禮認爲源清之意是：外觀觀成，至六根淨位，方纔觀内。這樣，初心行人即刹那一念而修三觀，則絶無可能。

〔六〕【詳解】「又若」下，牒他所見。「則唯」下，定唯有外觀。前破内觀，名字、觀行，初心絶分。今又見不須觀内，又成相似已上後心不修，故云皆也。【案】外境亡，内體顯。心性既顯，外觀即可達成目的，則不必觀心。這樣一來，初心、後心均無須觀心。

〔七〕【詳解】「此等」下，總結斥。如上衆釋，文義顯然相違。豈可將此見解定文中假字有無耶？次斥舊中，初舉他釋義乖違，次破妄改「終自」爲「終日」。初至宗否，先總標置文用義，且置假字有無之文，試論所釋内外觀相之義，還合一家妙教之宗不？

〔八〕【詳解】「或須」下，破他改字。珠指云：「終日互映交涉，如珠珠常各炳然也。有本云終自炳然，字之誤也。既云終，則知是終①日字。若言自，則終字無力。思之。」今斥意者，一字是非，未害大義，何必於此閑緩字義而苦諍之？若定境用觀立行之要，却不諳練，致成乖失。

〔九〕【詳解】「況依」下，自出正義，性具三千，本來融攝。「迷情」下二句，約迷悟説，妄情既遣，故云不見等。約離相説，一往言之，障體即德，無障可論也。塵去譬情亡，鑑淨譬體顯。三千妙用，互入無妨，發得本有，修德無功，故云「現像非磨」、「終自炳然」，所謂但復本時性也。辭不迫切，但云「自」勝於「日」，不同他徑廷言之。

【總釋】外觀亦是即心修觀，内心所見佛法亦屬陰入界境。若外境亡、内體顯，始觀内，初心無分。若外境亡，内體已顯，便無需觀心，則後心不修内觀。湛然明外境文，外境謂彼依正色心，以圓觀觀之，皆即空假中，無復差别。知禮釋爲妙觀及觀成相。源清解爲外境亡，下文「先了」等言明内體顯，二者存在因果關係。此段正難此釋。

問：染淨不二門云「照故三千常具，遮故法爾空中」，又云「亡淨穢故，以空以中」，又

---

① 終：示珠指無。

義例云「觀此一運，即具十界百界千如，即空即中」，此文何須添「假」字邪〔一〕？

答：因徵彼文，驗知舊本是往人改削。何者？若不解彼之文意，須據彼文除今「假」字。今人既然，往人亦爾，不足疑也。嗚呼！不解境觀，以至於斯〔二〕。且如染淨門云：「故須初心而遮而照，照故三千常具，遮故法爾空中。」蓋三觀相成也。既云「照故三千常具」，照是觀不？三千是妙假不？既不可單修假觀，遂須空中成之，故云「遮故法爾空中」。因茲遮照，妙用現前，故云「遍應無方」〔三〕。既以妙假歷於淨穢，復須空中亡之，故云「亡淨穢故，以空以中」〔四〕。義例「照此一運，即具十界百界千如」者，即於内心唯識之境，用不思議假觀照之，方顯百界千如，仍須遮之，故云「即空即中」，正是三觀相成，則與染淨門中觀相恰同也〔五〕。故彼三文有即是剩，此文無即是欠。何者？今文標云：「凡所觀境不出内外」，即云「外謂託彼依正色心」，既無心具及百界等言，未成妙境，又無觀照之義，因何便云是假觀邪〔六〕？黨理之者見斯曉諭，更何由執？

校釋

〔一〕【詳解】引染淨門并義例，對今文料揀假字有無。珠指據染淨門文，除今假字故也。義例「照①

① 照：止觀義例作「觀」。

此」等者，「五心境釋疑例第三」：「問：起已望前心相可識，未起望後有後可望，則名欲起，何名未起？答：對於後境，知心未起，名爲未起。心相欲生，即是欲起。是故二心，心相全別。觀此一運，即具十界，百界千如，即空即中。故知雖觀十界四運，亡界亡運，唯觀三千即空即中，無三觀名字，能所泯合。」

〔二〕【詳解】答中初至「於斯」，先斥今昔不解文意，謬據三文，除今假字。

〔三〕【詳解】「且如」下，出三文義，只作一意消通，所謂三觀相成。初文以妙假照其法體，故云「恒具」，以空中遮其情執，故云「法爾」。空中即自然無相也。如空中名遮，一相不立，假觀名照，三千宛然，以妙假成空中，以空中成妙假，故曰「相成」。若無空中亡泯，絶待妙假未免建立。若無妙假照性，乃成偏空但中。然空中二觀俱名爲遮，那分二耶？空以離性相計爲遮，中以絶待爲遮。一法之外，更無餘法，故名絶待。【案】空遮幻有，中遮二邊，雙遮與雙照對，遮照同時，三觀相成。

〔四〕【詳解】次文先以妙假歷彼淨穢法體，復以空中遮其淨穢分別之相，故名爲亡，亦三觀相成也。

【案】「既以」，詳解本作「既於」。

〔五〕【詳解】義例亦與此門觀相同也。問：事觀合以事造三千爲觀體，今照一運即具百界，亦觀具耶？答：照此一運，即具界如，正當假觀具即是假。次云空中，正是三觀相成，非觀理具也。

〔六〕【詳解】「故彼」下，結判彼此文相有無欠剩。

【總釋】「即空即中」三文，常被引以證此文之無二假字。首先，三文可能就是往人改削假字的依據。其次，改削因不識三文原意。三文約遮照明三觀之用，照既指假觀，故只云即空即中，若添假字便是剩。此文依正色心爲境，須三觀照之成妙，若省假字便是欠。關於假字有無，上文已設問答專論，此處又舉文辯意，可知兹事體大，關係到能否準確解讀境觀思想。之所以如此反復辯難，或因存在將假與空中對論的傾向，頗失三觀同時相成的意趣。

所言内者，先了外色心，一念無念，唯内體三千，即空假中〔一〕。

二、「所言」下，明内境觀相者。「先了」等者，初心行人欲依内心修觀，先須妙解，了達外法唯一念造〔二〕。此能造念，本無念性。能造既無，所造安有？外法既虚，唯有内體三千實性〔三〕。如是解已，方依内心修乎三觀。故「内體」二字，亦事理雙舉。内即内心隨緣義，故對外立也。體即是性不變義，故非内外也〔四〕。故義例云「修觀次第，必先内心」，乃至云「又亦先了諸法唯心，方可觀心」，又彼文云「唯於萬境觀一心」〔五〕。故知若無此解，如何知心具足諸法？若不知具，但直觀心，何殊藏、通？藏、通何曾不云觀心？縱知心體是中，若不云具，未異別教教道也〔六〕。故止觀先開六科妙解，然始正修。觀心之義如是，如何釋云「先修外觀，至六根淨，方修内觀」邪〔七〕？又此内觀含於唯識、實相兩觀之義，學者尋之〔八〕。

校釋

〔一〕【詳解】明内境觀相。初句標，「先了」下，先須開解，「唯内」下，正修内觀。行者先用妙解了達外境全我心造，能造之心本無四性。故鈔云「本無念性」，謂無造念之自性也。唯内體三千是内境，即空假中是妙觀。外境色心，能造所造，皆無自性。唯有内體三千宛然，妙觀觀之，觀成理顯。

〔二〕【詳解】從初至「唯一念造」，釋「先了」等。「外法」謂生佛依正色心，唯心所造。【案】「唯一念造」，指事造三千，一念爲事中一念，與真心變造説不同。

〔三〕【詳解】「此能」下，釋「一念無念」。「本無念性」謂無造念之自性也，能造所造既皆虚寂，唯見三千法體。

〔四〕【詳解】「如是」下，正明修觀。初句結前開解。「方依」下，修觀。「故内」下，點内體二字，則内體三千該於事理。既云並由理具方有事用，若明理觀，任運攝得事造，所謂善修實相觀者，知全修在性也。【案】體無分別，「故非内外」。内心乃即理之事，體爲即事之理，故謂之内體。

〔五〕【詳解】「故義」下，引證。初文正①内心修觀，次文證先解次行，第三雙證解行。故義書於「一念

---

① 正：疑當作「證」。

無念」下注「先了萬法唯心」，「即空假中」下注「方可觀心」。

〔六〕【詳解】「故知」下，明須妙解，止觀所明四教，皆觀根塵一念，故云「藏、通豈不觀心」，即具唯圓故，不談具，別教教道也。輔行：「問：既知心具，但觀於心，何須觀具？答：一家觀門，永異諸説。該攝一切，十方三世。若凡若聖，一切因果，良由觀具。具即是假，假即空中。」「問：若不觀具，爲屬何教？答：別教教道，從初已來，但從心生十界，斷亦次第，乃至藏、通，此等皆不觀具。」【案】證道，別圓二教同。教道有別，雖皆詮中，但別理不具，圓理具。觀心具，即爲圓教理觀。

〔七〕【詳解】「故止」下，以祖意示正斥謬。止觀十章，前六重依修多羅以開妙解，第七正修，方依妙解，以立妙行。山外何云「外觀功成，止齊相似，却見六根淨後，方修内觀」耶？前已破斥。【案】摩訶止觀以五略十廣爲大綱，十廣依次曰大意、釋名、體相、攝法、偏圓、方便、正觀、果報、起教、旨歸，前六章爲成妙解，即知禮所謂六科妙解，第七章爲正修止觀章。「先修」等語，示珠指中並無明言，爲知禮據意述引。

〔八〕【詳解】「又此」下，兼示文含事理。山外内心理觀，外境事觀。四明謂今内觀具含事理二觀之義，不可云單修理觀。鈔云：既内體三千，事理雙舉。内心隨緣，即變造三千，唯識觀也。體性不變，即理具三千，實相觀也。意令尋文見義。

【總釋】此段釋内境觀相。依正色心唯心所造，本來無體，以心即體，攝一切法入於事中一念，始可觀心，觀心本具三千即空假中。如此解，方與前三教觀心實踐區別開來。

問：外觀何不先明解了，而直修三觀邪〔一〕？

答：據義合有，但是文略。何者？若不先了唯色唯香，如何觀外依正等邪〔二〕？但爲外觀攝機須故，爲對内故顯不二故，故且並列〔三〕。今之文意正明内觀，以十門妙理唯指心法故，諸部中皆云觀心〔四〕。

校釋

〔一〕【詳解】以内例外，徵問外觀何無先了之言。

〔二〕【詳解】答中先明文略。義書云：「然内觀合有三觀亡照及觀成相，外觀合有妙解先了萬法唯色之言，蓋綺文互映，故互闕也。」

〔三〕【詳解】「但爲」下，明雙列意。「攝機」者，或有得色、無色定之機著内心重，須令從易，先觀外色；次對内立外，故有外境；三者十門皆顯不二，若不雙列，何能顯其不二耶？

〔四〕【詳解】「今之」下，正出今意。泛論雖通内外，一家觀法，從近從要，多明内①觀。故内觀文中，先明妙解也。「十門妙理唯指心」者，鈔云「此文與止觀同成觀體，專約心法説之，所以節節云一念」等，特指心法妙爲門也，豈唯今文諸部皆以觀心爲正意也？

【總釋】上文明内境觀相，解「先了」下是開妙解，「内體」下是正修，而外境觀却無「先了」開解之語，故設此問。知禮認爲，據義亦有開解文，即攝一切法歸色等，因爲十門所論妙理唯指心法，諸部明觀也都説觀心，所以正明内觀，出於攝機、結合内外顯不二等考慮，始旁明外觀，故不論開解。

是則外法全爲心性，心性無外，攝無不周。十方諸佛，法界有情，性體無殊，一切咸遍〔一〕。

二，「是則」下，明内外融泯，二一。初，互融。三法體性，各具三千，本來相攝〔二〕。前雖解了心攝一切，今觀稱性，包攝灼然。故「是則」下，先明内心融於外法。既云互攝，生、佛亦然。故「十方」下，次明若生、若佛，各自遍融〔三〕。又此性體非謂一性，蓋三千性也。以佛具三千，方攝心、生；生具三千，方融心、佛；心具三千，豈隔生、佛？若心無佛性，豈能攝佛？佛無生性，何能攝生？故「性體無殊」之語，有誰不知？「一切咸遍」之言，須思

① 内：詳解無，據文意補。

深致〔四〕。他解唯論「融外歸内名不二」者，一何局哉？「一切咸遍」，如何銷之？況餘九門，皆歸一邊，全傷大體〔五〕。

校釋

〔一〕【詳解】生佛、依正、色心等法，全爲心性。諸法唯心，故云「無外」。心佛衆生，趣舉一法，融攝三千，故科云「互融」。先明心攝，心攝既爾，生佛亦然。次「十方」下，明生佛各攝，所具三千性體初無二致，只由性體無殊，故能彼彼各遍。

〔二〕【詳解】先總標互融意。心佛衆生同一法界圓融體性，從本以來互具互攝。

〔三〕【詳解】「前雖」等者，却指「先了」之言。前明外法唯心，但解而已。今觀之不已，灼然稱性，融攝無妨。「故是」下，釋初四句，明心攝。「故十」下，釋生佛各攝。

〔四〕【詳解】「又此」下，釋性體無殊等，非謂定一之性，蓋具足三千圓融妙性也。「以佛」下，廣上三法各具三千相攝義。「若心」下，反顯。「故性」下，寄正義誡斥謬解，先誡云「有誰不知」等。

〔五〕【詳解】「他解」下，斥融外歸内者。清師云「心性融攝，攝彼三千即我三千」，孤山云「攝色歸心」，所見同也。「一切咸遍」，如輔行云：「縱知我心具三千法，不知我心遍彼三千，彼彼三千互遍亦爾。」若云融外歸内，此文莫消。況例餘九，皆歸一邊，融色歸心，融修歸性，則傷害大體。【總釋】依湛然所述，「心性無外」，外法皆從心性而出，約心之性論，心攝一切「彼依正色心」，再由「性體」論「咸遍」，謂心佛衆生三無差別。由此門叙述理路，確有以心攝一切法的唯心傾向。

據金剛錍「心外無境」之論，唯心思想亦十分明顯，如云「小乘由心」、「大教心外無境」，「若不立唯心一切大教全爲無用，若不許心具，圓頓之理乃成徒施」，「圓人始末知理不二，心外無境，誰情無情」等。因此示珠指「攝彼三千即我三千即空假中也」亦非無據。知禮以三法互攝、遍融釋，云「性體非謂一性」，而指「三千性」，三法各具三千。若性體但指一性，則佛衹有佛性，衆生衹有衆生性，心衹有心性，則談不上互攝、遍融。也就是説，湛然唯心思想，從性具角度，與一般但以心攝一切法尚有區别。如詳解引輔行「又復學者縱知内心具三千法，不知我心遍彼三千，彼彼三千互遍亦爾」之説，不僅心具，而且生具、佛具。生性、心性、佛性，「性體無殊」，平等平等。

誰云内外、色心、己他？

二、「誰云」下，俱泯。既各融即，不可定分，故稱理觀，誰云有二？然内外等三雙，但泛舉相對，今皆融泯〔一〕。亦可云内色心爲己，外色心爲他，更用己他揀其内外〔二〕。

校釋

〔一〕【詳解】釋「俱泯」，泛舉内外等三雙，皆約色心相對，此等二法俱泯，即不二也。

〔二〕【詳解】「亦可」下，又作一義消之。更用己他揀上内外，故云内外、色心、己他。且上文以心爲内，餘皆名外。今云内色心爲己，何相違耶？須知亦不出上科文意。前既云三法本來相攝各具三千，今云内色心爲己即心具三千，外色心爲他即生佛各具三千也。亦同前門己心生佛、他生他佛之義，謂内心所具三千，外境各具三千，皆融泯也。

【總釋】基於「性體無殊，一切咸遍」，結成不二，内外、色心、己他等二而不二。稱理而觀，内外「融即」，對立泯寂。

此即用向色心不二門成〔一〕。

三，「此即」下，結門所從。十門理一，莫不相由。今從依境修觀，内外二境，皆色心故。此二妙故，内外不二也〔二〕。

校　釋

〔一〕【詳解】用向門成者，前門明所觀境，此門正明觀法，從境立觀故也。

〔二〕【詳解】門門皆顯三千三諦，故云「十門理一」。由七科色心，皆成妙境，今依境立觀，故内外不二也。

【總釋】色心門約境妙立，内外門及下修性門約智、行二妙立，境謂一心三諦，智謂一心三智，行謂一心三觀，次第相成。十門以一理爲綱，即「一念三千世間即空假中」。

十不二門指要鈔卷下

宋〔一〕四明沙門知禮述

三，修性不二門者。

三，修性不二門，三。初，標。修謂修治造作，即變造三千。性謂本有不改，即理具三千〔二〕。今示全性起修，則諸行無作；全修在性，則一念圓成。是則修外無性，性外無修，互泯互融，故稱不二，而就心法妙爲門〔三〕。

校釋

〔一〕【案】洪武南藏無「宋」字。

〔二〕【詳解】造行曰修，不改曰性，修性義也。變造、理具三千，修性體也。只一十界，三千諸法，在性在修，得名雖殊，其體是一。妙樂云：「鏡明性十界，像生修十界。」只一大圓鏡體，非背非面，取鏡明邊喻性具十界，取像生邊喻起修十界。故文云：「在性則全修成性，起修則全性成修。」然一家事理、修性、體用三雙，名異體一。故諸文凡釋事理，必以修性申之；凡釋修性，必以事理明之；凡釋體用，必兼事理、修性。如今修性以變造、理具三千而釋。義書釋二造云：「此之二造，各論三千。理則本具三千性善性惡也，事則變造三千修善修惡也。」鈔云：「理具三千，俱名爲體。變造三千，俱名爲用。」籤云：「理體無差，差約事用。」鈔云：「性體具九，起修九用。」

【案】法華文句卷一解圓教觀無生智，舉鏡像喻，謂：「觀鏡團圓，不觀背面，不觀形像，非背非闇，非面非明，不取種種形容，不取種種槃像，但觀團圓，無際畔，無始終，無明闇，無一異差別者。」文句記卷一解云：「言觀鏡者，一法界也。團圓者，理境智也。觀即是智，團圓是境。」又云：「不觀下明觀相。背即無明，面即智明。鏡十界因，形十界緣，像十界果。又鏡明性十界，像生修十界，故形像修性皆具十界，並不出於法性理鏡。見明形像修性本如，鏡内外一。離於三教分別情想，總以不二無分別智。」此中舉鏡像喻説修性關係最爲著明，性具十界，修起十界，此二一體無異。

〔三〕【詳解】釋「不二」中，初互融。以性融修，修雖造作，既全性起，以性奪修，修德無功，作而無作。次二句以修融性，性雖不改，既修德相貌在性德中，則諸法縱然圓成互具也。次「是則」下，互泯。初句以修泯性，次句以性泯修。「互泯」下，結上融泯，顯不二義。融謂虚融，泯謂泯淨，謂無修性隔異曰融，亦無修性名相曰泯。門義者，諸法皆可論於修性，亦爲成觀，從近要故，心法爲門。【案】融對不融，不融則修在性外、性在修外，融則一體，修性泯寂，無復分別。「全性起修」，謂修依性起，修性一體，無明當體即是法性，則修無所斷，謂之「無作」。法華玄義卷二解無作四諦云：「無作者，迷中輕故，從理得名。以迷理故，菩提是煩惱名集諦，涅槃是生死名苦諦。

以能解故，煩惱即菩提名道諦，生死即涅槃名滅諦。即事而中，無思無念，無誰造作，故名無作。」內中「即事而中」，中指中道，事之當體即是中道，則作而無作。又云：「生滅滅已，寂滅爲樂，即是別教相性。即於生滅仍是寂滅，不待滅已方稱爲樂，是爲圓教佛界相性。」生滅本身即寂滅，則修無所滅，即無作義。總之，行之無作，實基於心具或「當體即是」之理。全修在性，修爲即性之修，或修之全體不離性，修具三千之性，方能一念圓成。摩訶止觀卷七明圓教五品位云：「若能勤行五悔，方便助開觀門，一心三諦豁爾開明，如臨淨鏡，遍了諸色，於一念中圓解成就，不加功力，任運分明，正信堅固，無能移動，此名深信隨喜心，即初品弟子位也。」之所以「一念圓解成就」，亦基於一念三千即空假中的實相論。

【總釋】釋標題中修性、不二、門。如詳解釋，事理、修性、體用三對範疇，在天台宗語境中「名異體一」。十如是中，「性以據內，自分不改名爲性，主質名爲體」，體、性均指理而言。用謂力用，五重玄義中，宗、用俱論事，皆依於體。修屬事，變造三千即上文所明事造三千。性即理，本有、不改，本有即本具，本具三千之性不改。無作、圓成，皆基於修性一體之理觀，即「互泯互融」之謂。此門亦就智、行二妙立，講觀修，故取心法妙爲門。

性德秖是界如一念，此內界如，三法具足。

二、「性德」下，釋，二。初，修性雙立，三。初，修性對論，二。初，直明性德（一）。言德者，即本具三千，皆常樂我淨故〔二〕。界如一念，即前內境具德剎那心也〔三〕。界如，既即空假中，任運成於三德、三軌等。即空是般若清淨義故，即假是解脱自在義故，即中是法身究竟義故。諸三例之〔四〕。然諸法皆可論於修性，亦爲成觀，唯指一念。應知前二門直明依境立觀，此門及因果不二，乃委示前二，令成圓行始終也〔五〕。何者？性德豈出色心不二，修德莫非一心三觀。今示修性互成，成妙智行。以此智行，從因至果，則位位無作，方名「如夢勤加」等，即自行始終皆妙也〔六〕。

校釋

〔一〕【詳解】科「直明性德」。若不識性，以何爲修？皆由理具，方有事用。故先明性德本具三千。不可復異故名性，法法皆常樂我淨名爲德。略舉界如具攝三千，諸法皆具三千，今爲成觀，故指一念。此內心所具界如三千，皆即三諦，有軌持義，故名三法。

〔二〕【詳解】初句釋「性德」，「本具三千」釋「性常」等，性德不變故常，離二死苦故樂，具八自在故我，一切染法不相應故淨。【案】玄義卷五云，前四妙是散説，「不論本末」，於三法妙文中「遠論其本即是性德三軌，亦名如來之藏；極論其末即是修德三軌，亦名秘密藏。本末含藏一切諸法」，又云「性德之三法起名字之三法」等。此中據本末區分德。始終心要云：「夫三諦者，天然之性德也。中諦者，統一切法；真諦者，泯一切法；俗諦者，立一切法。舉一即三，非前後也。含生本具，非造作之所得也。」

〔三〕【詳解】「界如」下，釋界如一念。「即前」者，指前門内體一念。【案】「界如」，即三千。一心具十界，十界互具成百界，百界各具十如成千如，三種世間各具千如成三千世間。

〔四〕【詳解】「界如」下，釋此内界如，三法具足。界如三千既即三諦，故成三德三軌等。即等諸三法，般若是智，能破煩惱，故云清淨；解縛得脱，故云自在；法法圓具，故云究竟。「諸三」者，略則十種三法，廣則無量三法也。【案】「即假」，大正藏作「則假」。玄義卷五云：「前以三軌之法，從始以至終，即是豎通無礙。今欲横通諸法悉使無礙，類通諸三法。何者？赴緣名異，得意義同。粗通十條，餘者可領。三道、三識、三佛性、三般若、三菩提、三大乘、三身、三涅槃、三寶、三德，諸三法無量，止用十者，舉其大要明始終耳。三道輪迴生死本法，故爲初。若欲逆生死流，須解三識，知三佛性，起三智慧，發三菩提心，行三大乘，證三身，成三涅槃，是三寶利益一切，化緣盡入於三德，住祕密藏。」「諸三」，即十種三法，文中示三德，則「諸三」代指餘九。

〔五〕【詳解】示意中，爲成觀體，的取心法，對於諸法，故云「唯指」。對上三門一念爲總内體三千，故云「亦」也。對辨何故有此修性一門，故對前後，辨其來意，以此四門成前五妙，今委示之。初總判，依色心境立内外觀。色心即所依妙境，内外即能觀妙觀。修性、因果委示色心、内外，令成圓行。則全性起修，全修在性，行始爲因，行終爲果也。問：染淨門，鈔云「色心門攝別入總，專立識心爲所觀故」，今云依境立觀，何故總將色心爲所依妙境耶？答：據徵釋中，「性德豈出色心不二」，即妙境也。又文云「心之色心」，乃至「結成三諦」等，豈非妙境？下文因明十門皆爲觀心而設，故的指識心爲境也。

〔六〕【詳解】徵釋中，色心不二即初門，一心三觀即次門，此門正論觀法也，故修性互成即今門，從因至果指第四門。二、三兩門，從智、行二妙而立，故云「成妙智行」。因果門從位妙立，故云「位位無作」、「如夢勤加」。即因果門譬無作行如夢作，爲前四門正明自行因果，故云「始終皆妙」。問：色心門約理事明三諦，「心之色心」，性德也，「即心名變」，修德也，今何直云性德耶？答：乃約境觀，分於修性。【案】「自行」，謂自行因果，即前五妙所詮。

【總釋】修從性起，故先明性德。知禮釋義再次强調「界如一念」指「具德刹那心」，當内外門所示内境，彼文説爲「内體三千」。並謂於任一法皆可就修性論，但爲成觀而「唯指一念」。另外，又結合前五妙明性德、修德所指。「自行始終皆妙」，爲玄義三法妙文所明示，如云「前明諸諦，若開若合、若麁若妙等，已是真性軌相也。前明諸智，若開若合、若麁若妙，是觀照軌相也。前明諸行，若開若合、若麁若妙，已是資成軌相也。前明諸位，秖是修此三法所證之果耳」，前五妙盡顯自行因果。一念三千即空假中之妙理，亦即貫穿於十妙的大綱。

性雖本爾，藉智起修。由修照性，由性發修〔一〕。

二，「性雖」下，以修對辨，二。初，相成者，性雖具足，全體在迷，必藉妙智解了，發起圓修，故云「性雖本爾，藉智起修」〔二〕。由此智行，方能徹照性德。而此智行，復由性德全體而發。若非性發，不能照性。若非徹照，性無由顯。故云「由修照性，由性發修」〔三〕。此二句正辨相成之相。

校釋

〔一〕【案】「藉智起修」，十不二門義作「藉智曰修」，示珠指本作「藉知曰修」。

〔二〕【詳解】「相成」者，由修照性，故性德方顯，由性發修，故方照性，故云相成。雖性德本然，必須憑藉妙智，發起圓修之行。此二句先明從性起修，下二句正明相成。上云「藉智起修」，此修偏目於行，下云「由修照性」，該乎二修。【案】詳解本「相成」上有「明」字。「智」指智妙，「圓修」即行妙。玄義卷三智妙文云：「至理玄微，非智莫顯。智能知所，非境不融。境既融妙，智亦稱之。其猶影響矣。」行妙文云：「夫行名進趣，非智不前。智解導行，非境不正。智目行足，到清涼池。」此二文明境智行三妙關係，由之「藉智起修」可解。「本爾」，意謂本有、本具，本來如是。

〔三〕【案】智行由「性德全體而發」，謂性修一體，彼此不隔。非性發，則修在性外，修性不具有同一性，修亦不能照性。不能徹照，性仍在迷，無從開顯，「性無由顯」，覺悟解脱無期。

【總釋】此門中心在修。然須依性德而論修德。修從性起，而能照性。修性相成，方爲圓修。因此圓修必基於修性不二之妙解。性以不改爲義。諸法生滅，皆不離性，其性如如，不動不改。背性成迷，執生執滅，煩惱叢聚，流轉生死，因而必須通過觀修實踐以徹照其如如之性。

在性則全修成性，起修則全性成修。性無所移，修常宛爾。

二，「在性」下，明互具者〔一〕。相成之義雖顯，恐謂修從顯發方有，性德稍異修成，故今全指修成本來已具〔二〕。如止觀廣辨三千之相，雖是逆順二修，全爲顯於性具，則全修成性也〔三〕。又一一行業因果自他，雖假修成，全是性德三千顯現，故云「全性成修」也〔四〕。又雖全性起修，而未嘗少虧性德，以常不改故，故云「性無所移」。雖全修成性，而未始暫闕修德，以常變造故，故云「修常宛爾」〔五〕。然若知修性各論三千，則諸義皆顯。故荆谿云「諸家不明修性」，蓋不如此明也〔六〕。

校　釋

〔一〕【詳解】前雖相成，恐不了者謂修性尚異，故明互具，令知修外無性，性外無修。全性成修，全修在性，謂具無別具，皆是緣生，生無別理，並由本具，然雖互具，修性宛然。故雖全修在性，修起三千，終日隨緣變造，雖全性成修，而理體三千，未嘗變異，故云「性無所移」等。以後二句釋成上二句互具之義。錯綜其文，謂在性則全修成性，修常宛爾；起修則全性成修，性無所移。

〔二〕【詳解】初句指前雖顯相成，尚迷互具，既云由性發修，則顯發方有，既云由修照性，則性稍異修。恐有此謂，故明互具。然釋全修成性、全性成修，皆以修顯性，良由理無所存，遍在於事。初句以修起顯性具。【案】「由修照性，由性發修」表述相成，可能會留下性德爲修所成的解讀空間，如此則性非本有，而爲始有（修成）。因此，進一步示互具，謂由修所照所顯之性「本來已具」。

〔三〕【詳解】止觀廣辨三千，先明思議境，心生十界，次明不思議境，心具十界，正是以生顯具。逆順二修，不出十界，變造諸法，九名逆修，佛界名順，此全修成性也。【案】止觀卷五上謂：「因緣有逆、順。順生死者，有漏業爲因，愛、取等爲緣；逆生死者，以無漏正慧爲因，行行爲緣。俱損生破惑。順界外生死，亦以無漏慧爲因，無明等爲緣；若逆生死，即以中道慧爲因，萬行爲緣。俱損變易生死故。因緣既爾，餘者逆順，准此可知。」内中示兩重逆順，初重依分段生死説，指六凡法界，次重依變易生死説，指阿羅漢、辟支佛、地上菩薩之三聖法界，佛則超分段、變易生死。這裏逆順指十如是之因、緣説，相、性等亦可論逆順。三千之相，也就是逆、順二修，即由心具，所謂「介爾有心，即具三千」。知禮謂此文説三千相、二修，皆爲顯性具妙理，因此，論性，修之全體即是性，也即前文所謂即事之理。「性具」，意謂三千相或二修約性論皆心本具，從心所出。

〔四〕【詳解】次句顯修成由性發。修謂修治、造作，故云「行業」等，即變造十界，雖是修成，全性顯現，則全性成修也。【案】「全性成修」，謂即理之事。

〔五〕【案】從性修相即、不二，解「性無所移，修常宛爾」。理具事造不二，修性一體，因此全性起修，不虧性德，全修成性，修德不缺。性具善惡諸法，修亦非斷惡成善。

〔六〕【詳解】示意由上文來，既修常宛爾、性無所移，乃知修性各論三千，則事理總別，二造二觀、本法不變隨緣，三無差別等皆顯明，故云「諸義」。「荆溪云」者，妙樂云：「比讀此教者，不知修性。」下文云：「他以真如一理爲性，隨緣差別爲修。」蓋不如今家明修性相成互具，各論三千之義。

【案】法華文句卷七解藥草喻品「如來説法，一相一味，所謂解脱相、離相、滅相，究竟至於一切種智」文，謂「一相者，衆生之心同一真如相，是一地也。一味者，一乘之法同詮一理，是一雨也。昔於一實相方便開爲七相，於一乘法分别説有七教，佛知究竟終歸一相一味也」，又謂「一相一味，衆生心性即是性德，解脱、遠離、寂滅三種之相，如來一音説此三法，即是三味」，又謂「如來能知，釋成兩意。無差别者，謂一相一味，一相合上一地也。解脱相者無生死相，離相者無涅槃相，滅相者無相亦無相，唯有實相，故名一相」，「無差别如一地，地雖無差别，而能生桃梅卉木差别等異」。文句記卷七約性修釋，謂解脱等三相即性三德，「如來下，釋一味。由佛説故，此性可修。性本無名，具足諸名，故無説而説。説即成教，依教修習，方名修三。比讀此教者不知修性，如何消釋此中疏文」，又謂「三相下重指性三以爲修境，緣生下重舉修相，故名爲行」。地喻一相，依之生起一切卉木差别相。智顗以此喻解一乘與七方便教的關係，湛然則以從性起修爲釋。知禮認爲論修性，得領解天台「修性各論三千」義，若指三千爲事，爲差别，性指理，無差别，不具三千，便有執性爲實或視性在三千之外的偏謬。

【總釋】此段以「互具」明修性一體。若不知修性一如，修造三千由性具三千所發，則不能領解圓修圓斷圓證的真義。

問：他云舊本作「藉知曰修」，而以本性靈知用釋「知」字。若云「藉智起修」者，蓋寫者書「曰」逼「知」，後人認作「智」字，既不成句，又見下句有「起修」之言，遂輒加「起」字爾。此復云何〔一〕？

答：既許寫「曰」逼「知」，遂成「智」之一字，何妨往人寫「日」遠「知」，誤成「知曰」二字？必是因脱「起」字，復由二字相懸，致使有本作「藉知曰修」也。故知寫字添脱、遠近，難可定之。魚魯之訛，豈今獨有？須將義定，方見是非〔二〕。何者？他既暗於三法妙義，尚將一念因心陰識直作「真知」解之，況今有此訛文「知」字可執，豈不作靈知解邪〔三〕？且靈知之名，圭峰專用。既非即陰而示，又無修發之相，正是偏指清淨真如，唯於真心及緣理斷九之義也。他云：「因真教緣示善惡知，即是真知，乃知諸法唯心，故云藉知曰修。」〔四〕

今問：此之知字，爲解爲行？若隨闕者，則不名修。若單立知字，解行足者，乃玄文智、行二妙，止觀妙解、正修，便爲徒設，則天台但傳禪詮都序也〔五〕。又言「示善惡知即真知」者，還須先用妙解即之不？次用妙行即之不？若然者，正是「藉智起修」。若不然者，智、行二妙全無用也〔六〕。今云「藉智起修」，直是由於智妙起於行妙耳〔七〕。故後結文云：「如境本來具三，依理生解，故名爲智。智解導行，行解契理，三法相符，不異而異。」〔八〕

然智、行俱修，今偏在行者，蓋智從解了，發起義彊，行就進趣，修治義彊，故從彊也。又此一句全是釋籤行妙中文，彼云「藉智起行」故。他又云「智名未稱全性成修」。若爾，何名「智妙」？應亦本是「知妙」，後人改爲「智妙」乎〔九〕？

校釋

〔一〕【詳解】揀謬中，初問「云舊本」等者，珠指云「藉，假藉也。知，了性也。曰，言也。靈知，即心也。今文知者，因真教緣示善惡知①，乃知諸法唯心，故云藉知曰修」，「有別行本云藉智起修者謬。由不曉全知之修，故玆妄改。況知體直指唯心而照，智名未稱全性成修，蓋寫者書曰逼知，後人認作智字」等。

〔二〕【詳解】答中先以寫字添脱破，次以義理定是非。逼，近也。加，添也。他云寫曰逼知是近，今云寫日遠知是遠。他謂復加起字是添，今云因脱起字是脱。故添脱、遠近，難定其義。以文定義，萬無一得。「魚魯」者，抱朴子云：「三寫魚爲魯，帝成虎。」文字訛舛，自古難定。須以義定文，萬無一失也。

〔三〕【詳解】初文以他錯解三法無差，況出今文訛謬三法妙義。蓋山外一派，昧於華嚴三法各具事理妙義，謂心是理、生佛是事，致將一念在因之心陰妄之識作真理解。況見今文舊本訛爲知字，豈

① 知：示珠指後有「即真知也」四字。

不執之作靈知解耶？【案】「因心」，據「心法定在因」立名。

〔四〕【詳解】「圭峰專用」者，珠指引云：「知之一字，衆妙之源。」「既非」等者，不能即妄成真，正同偏指清淨真如。既無修發之相，驗非全性起修，正同緣理斷九也。「他云」下，舉彼謬解，委悉難破。【案】「他云」之文，引自示珠指卷下。「緣理斷九」，指别教觀修。觀音玄義記卷二云：「斷常名通别人緣理斷九。以定斷九，故昧性惡，名爲斷見。不能忘緣，是存修惡，名爲常見。涅槃已前皆名邪見，斯之謂歟？斷修存性，既離斷常，乃絶一切邊邪之義及種種思，斯是妙旨，庶去滯情。」十義書卷一云：「又所觀心境，如何名真？若令始行緣於真心修觀，正當荆溪所揀緣理斷九，義歸别教也。」

〔五〕【詳解】「今問」下，以義徵覈。初以智行缺，具徵知字，初覈定解行，次難隨缺非修，何名藉知曰修？「若單」下，謂只一知字，兼具解行，則妨玄、觀解行諸文。玄文智解、行行，止觀六章妙解、正修立行，皆成徒施矣。禪源詮都序是圭峰作，彼云「知之一字，衆妙之源」故。「天台」等者，天台傳南嶽三種止觀，摩訶止觀六章，第七正修，解行備足，如膏明相賴，若知字解行足者，天台不須傳止觀，但傳禪源詮也。【案】禪詮都序，全稱禪源諸詮集都序，圭峰宗密撰。

〔六〕【詳解】「又言」下，牒彼謬解，徵難即義。今問：若用解行即之，正同今文用妙解即，故名藉智用，妙行即全同起修，不用解行論即，則二妙無用也。

〔七〕【詳解】正釋今文智字爲是，初直就義合釋，以由釋藉，由智起行，故云藉智起修。

〔八〕【詳解】「故後」下，引下文離義證，結文約十妙明理一。鈔釋如下文。雖引離文，正取「智解導行」以證今意。

〔九〕【詳解】「然智」下，修偏屬行。應疑云：若對一性，智行俱修，今藉智起修，偏指於行何耶？「蓋智」下，釋出乃從名義偏强説也。「又此」下，引文證同。籤四云：「智爲行本，則行藉智生。行能成智，則智藉行成。」今約義引。「他又」下，引謬徵斥。【案】「藉智起行」文，如釋籤卷八云：「智爲行本，則行藉智生；行能成智，則智藉行成。」「他又云」文，引自示珠指卷下。

【總釋】源清將古本「藉知曰修」之知解爲靈知，則與華嚴與禪宗所論知義相淆濫。知禮由解行、相即、智行等宗義角度予以駁難。澄觀華嚴經疏卷一五謂「知即心體」，同時説明「了別即非真知」、「瞥起亦非真知」，而云「心體離念，即非有念可無，故云性本清淨。衆生等有或翳不知，故佛開示皆令悟入。即體之用，故問之以知。即用之體，故答以性淨。知之一字，衆妙之門」。即體之用謂知，即用之體謂性淨，賦予知字豐富内涵。禪源諸詮集都序卷一云：「妄念本寂，塵境本空。空寂之心，靈知不昧。即此空寂之知，是汝真性。任迷任悟，心本自知。不藉緣生，不因境起。知之一字，衆妙之門。由無始迷之故，妄執身心爲我，起貪嗔等念。」並謂「知之一字，衆妙之門」出自荷澤神會，將之視爲「直顯心性」禪的特色。依天台宗義推求，首先，真知既非就識陰而論，亦非觀修所顯，則落入緣理斷九之別義。別人次第三觀，即空破見思惑，即假破塵沙惑，更入中，見如來藏理，破根本無明。始行不即中，所以至第三觀方緣如來藏理破五住地惑。

其次，妙解即事顯理，妙行即識陰證理，解行相資，缺任一，智行二妙便成無謂之說。最後，由智解導行之立義，應讀作「藉智起修」。

性事恒殊。

修又二種，順修，逆修。順謂了性爲行，逆謂背性成迷。迷了二心，心雖不二，逆順二性，

二，「修又」下，明逆順相返，二。初，明對逆故，二性並存。二，明因順故，二心俱泯。初文者，上之「全性起修」，一往且論順修，修名既通，有順有逆，今欲雙亡，先須對辨〔一〕。「了性爲行」者，即「藉智起修」也〔二〕。「背性成迷」者，始從無間，至别教道，皆背性故〔三〕。逆稱修者，即修惡之類也〔四〕。「心雖不二」等者，隨緣迷了之處，心性不變，故云「不二」。逆順二性，是全體隨緣故，即理之事常分，故曰「事殊」〔五〕。是則以前稱圓理修，對今背性，故成二也〔六〕。

校　釋

〔一〕【詳解】「今欲雙忘」者，近指二心俱泯。「修通逆順」者，佛界修善名順，九界修惡名逆。【案】「雙亡」，就下文迷、了二心俱泯而言。「逆順」，樞要云：「一者約於善惡法體以分逆順，從究極謂九界是逆修，佛界爲順修。天然體性本具善惡，具善則佛界之順稱之爲悟，具惡乃九界之逆號之爲迷。二者約知不知以分逆順，善惡十界既性本具，發而爲修，能了善惡之修全性本具者名爲順悟，不知善惡之修全性而起者名爲逆迷。」

〔二〕【詳解】「了性」下，正釋初。釋初句，指前藉智起修，既全性起，故名爲順，謂解了本心具三千法，全性起修，名性德行。【案】樞要卷一云：「問：了善可爾，了惡如何亦名順耶？答：只恐不了，其若了者，惡全是性，即見性體本非善惡，所以名順。傳四明者皆謂修惡只是性惡，便以此惡而爲觀體，斯殊不知當於修惡之暗，達見修善之明。良由惑智皆即是性，是故非但惑性無殊，只如惑智亦乃一體，是故得云能觀觀智即無明是。如此了已，若相體俱即，故方可云惡是觀體。」

〔三〕【詳解】「背性」下，釋次句。九界衆生不知性具，違理而作，故名背性。始自阿鼻苦趣，終至教道已還，皆是背性。何者？四趣墮苦，人天著樂，二乘沈空，菩薩著假，咸未達性，俱名逆修。【案】「無間」，梵音阿鼻，此中指無間地獄。約圓教論，不知圓理即是無明，故從無間地獄至別教教道，皆屬背性。

〔四〕【詳解】「逆稱」下，簡逆名修，以修惡例九界三道，惡亦名修。舊疑今之背性自別以還，下文謂實。終至等覺者，各有所以背性。以圓對偏，圓教始終皆是。順性謂實，則因果對論，等覺已還，無明未盡猶有，謂實心也。

〔五〕【詳解】次釋「心雖不二」，云隨緣染習，性分之性，此逆順性，乃全三千不變之體，隨緣變造，事既恒分，故有差殊。【案】性事恒殊，逆順二修皆從性發，故解爲「即理之事常分」。

〔六〕【詳解】「是則」下，釋對逆故，二性並存。以相成中，全性起修之順，名稱圓理，對今背性成迷之逆，爲二性並存也。

【總釋】此段由逆順二修立迷了二心。迷了就圓理而判，稱圓理修謂順，反之謂背性。詳解謂「九界衆生不知性具」故皆背性，符合知禮解義。

可由事不移心，則令迷修成了。故須一期迷了，照性成修。見性修心，二心俱泯〔一〕。

二，因順故，「二心俱泯」者。可，不可也，由，因也。不可因逆順二事同一心性，便令迷逆之事作了順邪〔二〕？此乃責其不分迷悟也。故正立理云：「故須一期迷了，照性成修。」言「一期」者，即與「一往」之語同類，乃非終畢之義也。蓋言雖據寂理，二修終泯，且須一期改迷爲了，了心若發，必照性成修〔三〕。若見性修心，自然二心俱泯。此義顯然，如指諸掌，人何惑焉〔四〕？豈非逆修如病，順修如藥？雖知藥病終須兩亡，一往且須服藥治病，藥力若効，其身必康，身若安康，藥病俱泯〔五〕。法諭如此，智者思之。

校釋

〔一〕【詳解】初二句，責其不分迷悟。不可因迷了二事不移心性，如前迷了二心，心雖不二也。又須知逆順，性事常分，不可執迷爲了。「故須」下，正立理。故須一往改迷爲了，照本性德，成乎順修，自然二心俱泯也。【案】「二心」，釋籤、十不二門義及示珠指、註、文心解等本，均作「二修」。「迷修成了」，前文背性之逆修屬迷修，執迷修爲了，知禮認爲此句意在呵責迷悟不分。

〔二〕【案】「令」，洪武南藏作「今」。

〔三〕【詳解】「蓋言」下，釋一往義。據本寂理，二修終自泯亡，且須一往改迷爲了。「了心若發」者，謂妙解開發，必照迷順，同一心性。既能照了，故曰見性，全性成修，故曰修心。如云「若不識性，以何爲修」，因順故泯也。【案】解「一期」爲「一往」，「一期迷了」爲「一往改迷爲了」。此與源清將一期讀作「一其」不同，如下文辨。

〔四〕【詳解】「此義」等者，山外不曉一期是一往義，故此斥之。【案】「見性修心」，謂稱圓理修心。

〔五〕【詳解】「豈非」下，約譬顯。藥病兩亡，譬二修俱泯。服藥治病，譬改迷爲了。藥效譬了心發，身康譬見性也。

【總釋】前段立二心，此段明「俱泯」。圓修謂順，九法界謂逆，前者了性，後者背性，若轉迷爲了，則「照性成修」，若「見性修心」，則「二心俱泯」。喻如藥病，病去藥亦亡。

問：他云舊本作此「其」字，釋意云「豈可由不移生死涅槃常殊之性事，便任此爲了修乎，是故下句便云『故須一其迷了，照性成修』」，此復云何〔一〕？

答：他雖執於舊本，而違現文。何者？文云「可由事不移心，則令迷修成了」，文意唯責執迷爲了，何曾雙責迷了爲了邪？豈非彰灼違文乎〔二〕？故知迷了雙泯，功由了修。何者？迷既背性，故立了修翻之，遂一期事殊也。了既順理，理無違順，故二心自泯也〔三〕。是知用此「期」字者，既不違文，兼得順理。若用此「其」字，相違稍多，不能廣破也〔四〕。

校釋

〔一〕【案】引文出示珠指卷下：「可者，豈可也，乃責辭耳。豈可由不移生死涅槃恒殊之性事，便任此爲了修乎？是以下句云，故須一其迷了，照性成修。有人將可字作因義解，謂因由不移迷了性事便爲了修。若爾不應云故須也。但詳故須之語，自曉可由之言。」解由爲因，諸家無別。解可爲因，不知所指爲誰。註云：「日本科云遮妄計，意云可因生死之事不移真心，便執計迷修成了耶？理須迷之與了，相絶天真，故下文云俱泯矣。」諸本均作「期」，所謂舊本作「其」，無據。示珠指引摩訶止觀「何不息心達本以一其意，意若一者，何事不辦」語，讀一期作一其，意謂統一迷了二心。

〔二〕【詳解】答謂他執舊違文，文意責不分迷悟，以迷爲了，如彼所説雙責迷了也。生死是迷，涅槃爲了。

〔三〕【詳解】「故知」下，示正義。二心雙泯，功由順修。迷既背性成迷，故須順修翻，改迷修爲了，則二性並存，一期事殊也。了修既順本寂之理，則違順亘存，此則因順，故二心俱泯也。

〔四〕【詳解】「是知」下，結示彼此釋義邪正得失。期字則不違現文，兼順義理。其字則違文背義，故云稍多。

【總釋】駁難異解。文意在責迷爲了，而非雙責迷了爲了。了性謂順圓理，背圓理爲迷。據此，可知知禮所解，是以圓修（了修）翻破背性之逆修。了修順理，理無分別，在此意義上方始俱泯。

又了順修對性，有離有合。離謂修性各三，合謂修二性一。修二各三，共發性三。是則修雖具九，九秖是三。爲對性明修，故合修爲二。

三、「又了」下，明離合本同，二。初，約法明離合相異者。復置逆修，但論順修法相離合。蓋此修性，在諸經論，不易條流。若得此離合意，則不迷修性多少〔一〕。如金光明玄義十種三法，乃是采取經論修性法相，故具離合兩説〔二〕。如三德、三寶，雖是修德之極，義必該性；三身、三智，文雖約悟，理必通迷；三識、三道，既指事即理，必全性起修。此六豈非修性各三〔三〕？三因既以一性對智、行二修，三菩提、三大乘、三涅槃，並以一性對證理起用二修。此四豈非修二性一〔四〕？若各三者，唯屬於圓，以各相主對全性起修故。修二性一，則兼於别，直以修二，顯於性一，則教道所詮。若知合九爲三，復是圓義〔五〕。此文多用各三，如云：「性指三障，是故具三；修從性成，成三法爾。」又云：「一念心因，既具三軌，此因成果，名三涅槃。」若後結文，「三法相符」。雖似修二性一，乃合九爲三也〔六〕。

「修二各三」等者，就合各開。如三般若等，是了因之三。如三菩提等，是緣因之三。共發三道等，正因之三。既發性三，俱云修九者，雖兼性三，咸爲所發，故皆屬修。又凡論修者，必須兼性〔七〕。「九秖是三」者，如三般若，秖是了因；如三解脱，秖是緣因；如三道等，秖是正因〔八〕。「爲對」等者，釋前合意。性既唯立正因，爲對性以成三，故修但緣、了也。諸合三義，例皆如是〔九〕。

校　釋

〔一〕【詳解】欲明修性體同，先辨離合相異。前科逆順雙明，意令改迷爲了。今明修性離合，復置逆以論順，故云「又了」等也。

〔二〕【詳解】「如金」下，正引文釋義。光玄十種三法，乃是採摘經論法相，該因徹果，大師自約六離四合而釋，故今引而申之。【案】金光明經玄義所舉十種三法，謂三德、三寶、三涅槃、三身、三大乘、三菩提、三般若、三佛性、三識、三道。十種三法有逆順兩番生起：「初從無住本立一切法，夫三德者名祕密藏，祕密藏顯由於三寶，三寶由三涅槃，三涅槃由三身，三身由三大乘，三大乘由三菩提，三菩提由三般若，三般若由三佛性，三佛性由三識，三識由三道，此從法性立一切法也。若從無明爲本立一切法者，一切衆生無不具於十二因緣，三道迷惑，翻惑生解，即成三識。從識立因，即成三佛性。從因起智，即成三般若。從智起行，即成三菩提。從行進趣，即成三大乘。乘辦智德，即成三身。身辦斷德，即成三涅槃。涅槃辦恩德利物，即成三寶。究竟寂滅，入於三德，即成祕密藏也。」另外，一法門具九法門，如「三德尊重即是三寶，三德不生不滅即是三涅槃，三德具足諸法聚集名爲三身，運載荷負即是三大乘，不可異趣名三菩提，覺了清淨名三般若，是如來種名三佛性，分別不謬是名三識，即事通理故名三道」。

〔三〕【詳解】三德、三寶，修德之極，以修顯性，故云「義必」。玄中直作修極而説三德者，法身、般若、解脱各具常樂我淨名德。文云：「法名可軌，諸佛軌此①而得成佛。」「身者，聚也。一法具一切法。」「覺了三諦，名般若；於諸法無染無住，名解脱。」「三寶者，至理可尊，名法；覺理之智可尊，名佛毗盧遮那；遍一切處，此和可尊，名僧。」乃果上一體三寶。然此德寶，雖是修極，必全性三而起。三身、三智，以悟顯迷，故云「理必」。法、報、應爲三身。實相般若即一切種智，觀照般若即一切智，文字般若即道種智。然此身、智，雖約悟論，必通迷性。修性相對，亦離義也。三識、三道，雖是迷逆之事，玄云：「識名了别，是智慧之異名。」三道修惡，即是性惡，皆結同三德，故云「指事即理，必全性起修」。第九菴摩羅識，第八阿梨耶識，第七阿陀那識。三道者，苦道即法身，煩惱道即般若，業道即解脱，皆指事即理也。今據玄文釋義，判云「此六豈非修性各三」。

【案】「三智」，據詳解，指十種三法中的三般若。性三謂性德之法身、般若、解脱。修三謂修德所具之法身、般若、解脱。「修性各三」約離義説。知禮約修性不二或事理相即解「各三」，性具三，

① 此：金光明經玄義作「之」。

修亦具三，唯其各具三，始能不二或相即。

〔四〕【詳解】智、行約因中自行證理，起用約果上對機。釋三因，了因云智，與理相應；緣因云功德善根，資助覺智，開顯正性。釋三菩提云：「真性菩提，以理爲道。實智菩提，以智慧爲道。方便菩提，以善巧逗會爲道。」釋三大乘云：「智隨於境，名爲隨乘。得果得機，名爲得乘。」釋三涅槃，修因契理，惑不生，智不滅，名圓淨涅槃；寂而常照，機感即生，此生非生，緣謝即滅，此滅非滅，名方便淨涅槃。記①釋云：「此三涅槃，約契理應機三種修義，對於本淨一性而説。」故知四種是合義也。【案】「修二性一」，修二謂般若、解脱，性一謂法身。相對境、智、行三妙，境指性，智、行指修。合般若、解脱或智、行爲修。

〔五〕【詳解】「若各」下，判所屬圓別。先判所屬，次引今文示。離謂修性各三，唯在於圓，修二性一，別教亦詮，故云「兼別」。「各相主對」者，修三性三主對，正是全性起修。以性法身對修法身，以性緣了對修緣了，雖云修三性三主對，修中必兼智行。修二兼別者，別教亦詮三法，修性不融，非縱即横，別修緣了，顯本法身，即以修顯性。圓人了知修二性一，乃合九爲三，圓融互具。【案】各三屬圓，舉修舉性皆具三。修二與性一相對，若隔歷屬別教義，融即則爲圓教，故云「修二性一，則兼於別」。「合九爲三」，境三、智三、行三爲九，合之即三。「各相主對」，如法華玄義

① 記：指知禮述金光明經玄義拾遺記。

卷五以真性、觀照、資成三軌類通十種三法文。

〔六〕【案】「雖似」，詳解本作「雖是」。十不二門多用各三，所詮唯圓。

〔七〕【詳解】「就合各開」者，前約離修性各三，修必該於智、行，以合則修二性一。驗知修三，須開智、行。今就合中，修二各開爲三也。三般若等是了三等，於三識、三大乘，般若是智，故對了因。菩提緣因等，於三寶、三涅槃也。三道正因等，於三身、三德。【案】緣因、了因屬修，各具三，共發正因之三。據境、智、行三妙解「修二各三」，即從境理所起智三、行三。境即三，智、行亦各即三。「既發」等者，既以修三發性三，何①云修具九，故云「咸爲所發，故皆屬修」。修必兼性，故云「修九」也。

〔八〕【詳解】「九只是三」者，合九爲三也。解脱與菩提義同，前後互出。【案】「九秖是三」，釋籤卷第八：「一謂涅槃，三謂三德，境是法身，智是般若，行是解脱，當知秖一涅槃而論此三。又境即理三，智即名字三，行即觀行、相似三也。當知九秖是三，三秖是一。一尚無一，豈有九三？」兼性之言，涵修性不二義。

〔九〕【詳解】「爲對」下，點爲對性明修，合修爲二，是釋合謂修二性一之意。性唯正因，對性明修，合爲緣、了。諸合三例者，菩提、大乘等諸三法，並是對一性以明二修。

---

① 何：疑當作「合」。

【總釋】此段釋修性離合。看似繁瑣，實即天台常論「一三、三一」思想。三謂空、假、中，合而爲一，離而爲三。舉一具三，論三即一。金光明經玄義釋金光明三字舉十種三法，法華玄義明三法妙文以三軌類通十種三法，由此二文頗可領解法法互具互融説的意趣。釋文中，知禮强調講各三屬圓，講修二性一則兼於别義，因爲别教教道修性不融，須假修二以顯性一，圓教不爾，修二各三，則全修在性，共發性三，如此解則修性一如，修屬圓修。修性各論三千，可明示二者本來一如，但「爲對性明修，故合修爲二」。

問：十種三法俱通修性，各可對三德、三因，何故三般若等唯對了因，三菩提等獨對緣因〔一〕？

答：如此對之，方爲圓説。單云了因不少，以具三故。了三自具三因三德等，故緣、正亦然。應知一德不少，三九不多。至於不可説法門，豈逾於一邪〔二〕？

校　釋

〔一〕【詳解】問「俱通修性」者，謂諸三法，不出一性二修，趣舉一種，可對三德、三因，何故唯將般若對了、菩提對緣？似非圓融遍通之義。

〔二〕【詳解】答謂正顯圓融，故作此對。如以三般若對了因，了是般若，般若必具解脱、法身，則了三自具三因等。諸三法緣、正例知，一德不少，一必具三，故三九不多，九只是三，三只是一，縱至無量法門，舉一全收也。

修性離合。離合之名起自一家離合之義，蘊乎經論。法華藥草喻品一相一味，所謂解脱相、離相、滅相。涅槃三德互具。地論空有不二等。中論因緣所生法等。離是具義，合是即義，三法互具故成離，互即故成合，一必具三名離，三即是一名合，如云「離謂修性各三，合謂修二性一」。光明記以具釋離，如云：「究論空假，得爲體者，由具於中。」然體上之名有離有合。草菴云：「離謂修性各三，此離名也。其義何嘗定離乎？方且合之可也。合謂修二性一，此合名也。其義何嘗定合乎？方且離之可也。蓋以義推之，即合而論離，即離而論合，至賾其體，誰離誰合乎？」一家所明修性法相，須論離合者，意彰圓融即具之旨。光記云：「只爲單説，圓義不成。作此融談，方彰妙體。」指要云：「一德不少，三九不多。至於不可説法門，豈逾於一耶？」（上明名義體意。）

次明離合數者。先達約二句收束諸文。一，修三性三，修性對論三。二，修九性九，修性對論九。初修三性三，如不二門云：「性指三障，是故具三。」又「一念心因」等，「離謂修性各三」等。金錍云：「本有三種，三理元遍。」答修性對論三者，不二門對性明修，合修爲二，即合謂修二性一也。修九性九者，不二門云修雖具九，光句釋金鼓圓空鳴三法，即理境中二明於九法，鼓圓是法身，鼓空是般若，鼓鳴是解脱，於此三法，一一具三，遂成九法。既約鼓體性德中論，未涉起修，乃性九也。修性對論九者，如涅槃玄體宗用三，各有三法。或約三一論，如籤云：「一謂涅槃，三謂三德。」又約五法，如妙宗云：「此是法身中三，未明餘二各三。」又約十八法，如拾遺記云：「斯由性三互具成也①，致令修三亦成九義。」又約二十七法，如光疏鼓體譬法身，具圓空鳴三，三義各三，體具九法，宗用亦然。已上皆是隨文生解，非的分離合之數。一家正意，的約三九明之。九法爲離，三法爲合，減之則法體不圓，增之則徒加名相。荆溪云：「離謂修性各三，合謂修二性一。」四明云：「修中論九，九只是三。三九圓融，未始差别。」或據「修性各三」之文，約六法論，謂不二門所論離合，與經體離合不同。經體約法門大體，九法論離。今文約圓人起修，六法論離，從性三起修三。指要引十種三法六離，並是修三性三相對。又「性指三障，是故具三，修從性成，成三法爾」，豈非六法論離？若下文云：「修雖具九，九只是三。」四明謂就合各開，不可爲難。今謂不二門且約修性相對，故云修性各三。纔言修者，必含智行，語不頓舒，且云各三。又云各相主對，全性起修，一往似謂修三性三，各相主對，全性三起修三，細尋其意，須該二修。若剛執修性各三是六法者，今問此之修三爲智爲行？若云智，修則缺於行。云行亦然。況合文云修二性一，以合顯離，必二修各三。若離爲六法，應云合謂修一性一，又只應云合六爲三，亦應問云今修性門依何妙立？恐難酬答矣。

淨覺謂離性中法身爲修中法身，離修中緣了爲性中緣了，合修法身歸性法身，三，明離合相者。

---

① 也：金光明經玄義拾遺記作「九」。

合性緣了歸修緣了，川字分離合。雜編經體章云：「三雖似九，九只是三。全修之二在性中，全性之修在修內，以互相攝，故似九義。（互攝成離。）克論其體，唯是法身，宗唯般若，用唯解脱。（克論是合。）文心解云：「性中智脱，全成二修。修中法身，即是一性。義雖具九，體只是三。」此乃修自即修，性自即性，修性體别，何名不二乎？孤山約修性與奪而説。約迷性與而言之，性中具三，是離義。約悟修奪而言之，合爲性一。如正義云：「爲對迷性説爲悟修，故爲修中奪所照境以屬於性，則修唯有六，而智三不出於了，行三只是於緣，故云合修爲二。亦應更云爲對修明性，故合性爲一，以性中了因未曾發心，緣因未曾加行，故奪緣了之名以屬於修也。」此是今家對類二種相形之義，非全性起修圓融之旨也。四明得一家圓融離合之旨，約一必具三爲離，三即是一爲合。鈔云：「如三般若是了因之三，三菩提是緣因之三，共發三道等正因之三。」又云：「如三般若只是了因，三解脱只是緣因，三道等只是正因。」約具明離，一中具三。約即論合，三即是一。方見不縱不横，全性起修之義也。

四，明離合位。今修性門，正依玄文智、行二妙而立。釋籤明斷云：「今言行者，多在住前，三法妙顯，在於初住。」又云：「境即理性三，智即名字三，行即觀行、相似三。」又妙樂明初住分果修性一合，無復分張。據此但是住前法相，何故鈔釋離合，直至於果？如云「三德、三寶是修德之極」，又云「以此智行，從因至果，位位無作」等。須知玄、籤之文，有自行豎入義，有當妙高深義。若前五妙四因一果，約自行豎入，則境、智、行三多在住前，三法之果顯於初住。若當妙高深，則境、智、行三該因徹果，不局初心，故「一一門下，以六即檢」。先達云：「智行既檢六即，修性須該始終。況籤顯約六即以明三德，一理而三理，一行而三行，乃至六即初後俱三，三一不殊，初後不二。」又玄五云：「從理性之三法，起名字之三法，修觀行之三法，發相似之三法，乃至究竟之三法。」此等諸文，皆通因果。故光明記云：「若境、智、行對住前三即，此乃從强，約修别對。若論法體，真位無缺。」孤山、淨覺局以住前法相而説，但得自行豎入從强約修别對之義，失於修性法體該因徹果當妙高深之旨矣。

【總釋】設此問答，更明一具三、三即一的圓義。如三佛性，舉正因，即具緣因、了因，加正因自身，則成三。緣、了亦然。湛然説無情有性，不僅有正因性，更重要的是有緣了性，有正因也就意味着有緣了因。關於修性離合，詳解從離合名義、離合數、離合相、離合位、離合文五個方面詳論，並引述智圓、仁岳之解辯破，此處録存前四節幫助理解。

二與一性，如水爲波。二亦無二，亦如波水〔一〕。

二，「二與」下，約諭明修性體同者。雖明修性及智行等别，皆不二而二，故約波水横豎諭之〔二〕。仍約合中三法而説，開豈不然？初明修二如波，性一如水，二而不二，波水可知。修性既然，修中二法，亦二而不二，同乎波水〔三〕。

問：修二性一，已同波水，修尚即性，豈修中二法，更須約諭融之耶〔四〕？

答：如身兩臂，雖與身連，臂自未合，爲防此計，故云「亦如波水」。有本云「亦無波水」者，既不成諭，此定訛也〔五〕。

校釋

〔一〕【案】「波水」，註本作「波爲水」。

〔二〕【詳解】「雖明修性，及智行等别」，總指上修性雙立，并離合相異。二而不二，指今體同。初約波水喻修性，次以波水喻二修，即智、行。前雖修性對論，離合之相，義雖殊别，理無二致，故約波水以喻體同。修二如波，性一如水，竪也。修性相望，一往名竪。次以波水自喻二修，横也。文中既以二修對一性説，是約合明合，既二而不二，開亦例然。

〔三〕【詳解】「初明」下，釋上二句。「修性既然」下，釋下二句。修二性一，既同波水，異而不異，豈修中二法條然别也？故云亦也。且取波水不二，喻於二修，不可同前修性，求其法譬相當。

〔四〕【案】「耶」，詳解本作「也」。

〔五〕【詳解】觀音疏下云：「譬如一身，有左右手，定慧亦爾。」故云「如身兩臂」等也。「有本云」者，珠指亦作「亦如波水」，釋叙他説云：「有本云亦無波水，誤也。若云波水俱無，即喻修性雙泯，非此中意。又波水俱無，不成譬喻也。」今云不成喻，亦此意也。【案】「亦無波水」，現見諸本均作「亦如波水」。宗鏡録卷一五録十不二門文作「亦無波水」。註將「達無修性」解爲「亦無波水」。示珠指解云：「一性如水，二修如波。修從性成，水爲波也。全修是性，波即水也。故云亦如波水。有本云亦無波水，誤也。若云波水俱無，即喻修性雙泯，非此中意。又波水俱無，不成譬喻也。」

【總釋】舉波水喻修性。波喻修二，指事。水喻性一，指理。修中二法謂了因、緣因，知禮謂亦可以波水喻給予融即。

洞朗。應知性指三障，是故具三。修從性成，成三法爾。達無修性，唯一妙乘。無所分別，法界

二，「應知」下，修性俱亡，正示不二〔一〕。「性指三障」等者，既全理成事，乃即障名理，是故立性爲三〔二〕。性既非三立三，修從性成，亦非三立三〔三〕。豈唯各定無三，抑亦修性體即。如是了達，即不動而運，游於四方，直至道場，名一妙乘也〔四〕。

問：性三本具，那言對障名三？

答：本具妙理，若定是三，不能作一及無量故。故知立則一多宛然，亡則修性寂矣。今就亡説，豈得將立以難之〔五〕？

此由内外不二門成。

三，結門從前，可解〔六〕。

校釋

〔一〕【詳解】釋「俱亡」者。上雙立中，修性對論，逆順相返，離合本同，並釋修性。今明俱亡，是釋不二，故云「正示不二」也。

〔二〕【詳解】全理成事，謂全性惡成修惡。即障名理，謂修惡即性惡。既全理性而成三障之事，今即指此三障，名理性三，故性具三。此同金錍「無始煩惱、業、苦，即是理性三因」。【案】「三障」，謂惑障、業障與報障。煩惱即法界，法界外更無有法。三障從性出，當體即是性，性不在三障外，故謂「性指三障」。知禮解爲「全理成事」、「即障名理」，故立性德之三，謂法身、般若、解脱。

〔三〕【詳解】「非三立三」者，性本無三，故曰非三，指三障而立三也。【案】「修從性成」，大正藏作「修性從成」。修從性成，修具三千之性，所證即爲三法。此就果論。三法，即三軌，謂真性、觀照、資成。

〔四〕【詳解】「各定無三」者，修三性三，妙不决定，皆非三立三耳。「修性體即」，如上波水之喻，修之與性，亦非二立二，其體常即。乘是運義，圓人全性起修，名不動而運，從因至果，遊於四方，四十位直至道場妙覺位也。【案】釋後二句。「達無修性，唯一妙乘」，結成不二。「修性體即」即是不二。「如是了達」謂妙解。解妙行亦妙，則「不動而運」，直至成佛。如此領解，方是「唯一妙乘」。

〔五〕【詳解】問答意者。性指三障，釋云非三，即是亡義，若云性三本具，自是立義，妙理圓融，性不定住，能出生一及無量，豈可定三。「一多宛然」、「修性寂矣」者，立即是照，亡即是寂。此之二句，亡照互顯，上下相映。應知照則修性一多宛然，亡則修性一多寂矣。今就亡説者，今科正明俱亡，故云性本無三，對障説三耳。達無修性，正明亡義。若云性三本具，是約立以難亡，豈可得乎？【案】由此問答可知性具所以。性無分別，對三障而立性三。設問將性三本具之理與事障對立起來，故云「性三本具，那言對障名三」。修從性起，性三故修亦三，修無量，性亦具無量之性。若定三，既不能作一，亦不能作無量。「定執性實」，正是天台圓談法性的對立面，故常提出以爲參照。知禮以破立答，立則一切立，亡則破盡無遺。修性歸於不二，就亡寂而言。立則是差別，依因緣立一切差別法。所以在此不能以差別難無差別。

〔六〕【案】內外、修性二門對應智、行二妙。內外門析觀境爲內外，結歸「內體三千」，二而不二。修性門對性立修，性如水，修如波，波水一體，修性一如。內外觀屬修，故云修性門「由內外不二門成」。

【總釋】修性一如，歸於不二。區別修性，則爲二。修二性一，如波與水。「修性體即」，即是不二。全性起修，無差而差。全修在性，差而無差。仍可依「當體即是」獲得理解。

四，因果不二門者。

四，因果不二門，三。初，標。因果名通，今就開顯，唯約圓論〔一〕。因從博地至等覺還。果唯妙覺，雖通傳立，約極義彊。三千實相未顯名因，顯則名果〔二〕。隱顯雖殊，始終常即，故名不二〔三〕。門義如前。

校釋

〔一〕【詳解】亦指心法、四趣、人天及四教，各有因果，故云「名通」。今就法華開顯，唯約圓論因果也。【案】「就」，洪武南藏作「皆」。綜論佛法，因果二字賅盡。通論因果，十法界各有因果，法華經直詮佛法界因果。法華玄義卷九明宗文云：「開佛知見名圓因，究竟妙覺名圓果。」此文約圓論，謂圓因、圓果。

〔二〕【詳解】博，廣也。六道凡夫，未稟方便教者，名博地，乃至圓教等覺已還，皆名爲因。妙覺爲果。「傳立」者，初住已上，位位迭論，真因分果。文心解云：「因該五即，果通分滿。」初句可爾，次則不然，故云「約極義强」。大乘因果，皆三千實相。【案】「博地」，指六道凡夫，常説爲博地凡夫。從理即至分真即，當於五品弟子位（外凡）、十信（内凡）、三十心（三賢位）、十地、等覺位。博地凡夫至等覺，相對於妙覺，皆屬因位。「雖通傳立」，妙覺亦由前五十一位漸次增進而至，故謂之「傳立」，位已至極，故名爲果。

〔三〕【詳解】隱則在迷，顯則屬悟。然迷有厚薄，悟有分極。理與名字，俱名爲隱。雖五品觀行，論顯六根，相似論顯，初住已去，分證論顯，今對妙覺究竟顯故。等覺猶有一品微細無明，尚名爲隱，前位可知。雖果悟因迷，隱顯事異，而三千實相，初後無殊，故云「始終常即」，始因終果也。

【總釋】釋題中因果、不二、門。此門從位妙、三法妙立名。化法四教，依次增進，約教道論，前三教果頭無佛，前教之果爲後教之因。圓教取妙覺爲果，凡夫至等覺均屬因。前五妙論自行因果，其中境、智、行、位四妙屬因，三法妙明果。法華玄義卷六感應妙文云：「上來四妙名爲圓因，三法秘藏名爲圓果。」卷五三法妙文云：「前境智行是因中所乘之三軌，今明乘是大乘已至道場證果所住之三軌也。」位對妙覺亦屬因。論果必對因，故立因果之二。圓佛親證三千，三千未顯時名因，已顯即名果。三千無論隱顯，約理而論，始因終果「常即」，謂不二。不二即門。

衆生心因，既具三軌。此因成果，名三涅槃。因果無殊，始終理一。

二，「衆生」下，釋，三。初，就圓理明因果暫存，三〔一〕。初，明始終理一。衆生一往通於因果，佛名無上衆生故。二往則局因，對佛立生故〔二〕。生雖在因，復通一切，唯取心因，是今觀體〔三〕。體具三軌，是果之性，故名爲因。此性若顯，名三涅槃〔四〕。三法體常，始終理一〔五〕。

校釋

〔一〕【詳解】大科「因果暫存」，修證無得，是名因果，三。始終不二，方明不二。初先明始終理一，即不二義。理雖不二，其如迷悟事異，因果乍殊，故有次二科。衆生之名通於九界，別就一念心法爲因，當處具足三千三諦，可軌則故，名爲三軌三千：即空觀照軌三千，即假資成軌三千，即中真性軌。雖具而迷，故名爲因。三法究顯，方名爲果。果是歸趣，復名涅槃。

〔二〕【詳解】初釋衆生心因，引籤文釋衆生二字。籤云：「一往通因果。」今釋佛亦名衆生。故大論云：「衆生無上者，佛是。」籤云：「二往則局因。」今釋對佛界立衆生唯局九界。雖總引二句，正取次句二往局義。

〔三〕【詳解】「生雖」下，釋「心因」二字。衆生雖因，復通九界，廣散難示，今從近要，唯取一念心法之因而爲觀體。言觀體者，指陰心也。如云：「若無十境，乘則無體。」

〔四〕【詳解】「體具」下，釋既具三軌。一念心體具足三千即空假中，可則名軌，是果人之因性也。「此性」下，釋「此因成果」等，謂此因性若顯，成證果位，名三涅槃。【案】「三涅槃」，謂性淨涅槃、圓淨涅槃與方便淨涅槃。

〔五〕【案】三軌在因、在果，體常不變，故「始終理一」。

【總釋】此段明始終理一。心、佛、衆生三法因果之分，如上文引述。衆生法通因果，對佛是因。衆生法太廣，佛法太高，故取心因爲觀體。因果一致，亦可由性具三千給予解釋。約理，心具三千之性，因位即此三千而修觀，觀成性顯，即名爲果。法華玄義卷八云：「圓教菩薩即事而真，初發心時便成正覺，得一身無量身，普應一切。」心因不具，「初發心時便成正覺」便不能成立。故云「三法體常，始終理一」。

若爾，因德已具，何不住因？但由迷因，各自謂實。若了迷性，實唯住因。故久研此因，因顯名果。

二，「若爾」下，悟迷事異，二〔一〕。初，問意者。求證果位，爲成功德，因德既具，何須求果〔二〕？二，「但由」下，答意者。因德雖具，但爲在迷，諸法本融，執之爲實。始從無間，終至金剛，皆有此念。若不謂實，鐵牀非苦，變易非遷。此念若盡，即名妙覺。故云「各自謂實」〔三〕。若了所迷之性，有何佛果别生？還證因德，故云「住因」。而因德顯處，自受果名，故約迷悟而分事殊〔四〕。

校　釋

〔一〕【詳解】科「迷悟事異」者，欲彰因果不二，先辨迷悟事殊。事殊乃不二而二，理顯則二而不二。故約迷悟，暫分因果。

〔二〕【詳解】「若爾」者，領上心因本具。發問意謂，心因既具三軌，是果人之性，只合住因，何須求果？　【案】於如來藏系佛學，此問可謂千古一問。由於將心因本具三千之性執實而發，三千含攝一切事相，全從性起。如竹中火性，事火之生必依於生火之性，但非指竹中有一實存的生火之性。由言説或認爲有一火性在竹中，如此則易執火性爲實。其實諸法的如是生滅就是法性。竹有火性，畢竟得待鑽燧之緣，方能起火。天台教典詮以本具、常即，避免將體用、性相、理事等理解爲彼此分别的獨立存在。指要鈔通篇所論就是要揭明這一圓理。智顗、湛然、知禮等詮表圓理，通常立別理爲參照，作爲言説圓理的方便。另外，還存在將法性理解爲諸法本原及諸法生起之因等佛學思辨問題，此中不贅。

〔三〕【詳解】初釋「但由迷因，各自謂實」。諸法本融等者，三千諸法，本皆虚融，無明之心，執之爲實，如云「一色一香無非中道，衆生情隔於妙耳」。此謂實心，始自阿鼻，終至金剛後心，雖惑有厚薄，皆有此念。若不謂實等者，以無顯有，鐵牀對前無間，變易對前金剛，若無此念，處阿鼻而非苦，因移果易而非遷，無非究盡。離謂實心，方名妙覺。【案】解「但由迷因，各自謂實」爲「因德雖具，但爲在迷，諸法本融，執之爲實」云云，意謂諸法本來融即，迷於此，必執實，便成隔離，反之，「鐵牀非苦，變易非遷」，如如不動，不生不滅。

〔四〕【詳解】「若了」下，釋「若了迷性」等。但了所迷三軌之性，更無佛果别從他生。古德云：「但復本時性，更無一法新。」【案】「若了迷性」，領會到佛果不在性外，因中三軌開顯，即名爲果。「住因」謂果性與因性一體無别。「還證」即返本還源。果必有因，因果融即，謂不二。【總釋】此段明「悟迷事異」。迷則因是因，果是果，誤以爲因德既具，不必求果。悟則諸法本融，因果不二，因位本具三千之性開顯，即爲果證三千之性。

秖緣因果理一，用此一理爲因。理顯無復果名，豈可仍存因號？因果既泯，理性自亡。

三，「秖緣」下，明事極理亡〔一〕。「理顯」等者，對隱名因，稱顯爲果。顯已無對，果名豈存〔二〕？果能稱實，名尚不存，因既屬權，故宜雙廢〔三〕。又對因果事，立理融之。所對既泯，能融自亡〔四〕。

校釋

〔一〕【詳解】複疏上「因果無殊，始終理一」。既以一理爲因，亦以一理爲果。大乘因果，皆是實相故也。理顯則因果俱亡，理亦自泯。故知因果乃取理之事，得理則亡事。一理乃能融之性，故亦自亡。

〔二〕【詳解】「對隱」下，釋「理顯無復果名」。對隱名因，稱顯名果。如前三千實相未顯名因，顯則名果。隱顯相對，論因果也。理性若顯，無隱可對，果名不存。

〔三〕【詳解】「果能」下，釋「豈存因號」。以果實不存，況因權亦廢。

〔四〕【詳解】「又對」下，釋後二句。因果是事，一性是理，以理融事，故因果俱亡。所對既亡，能融亦泯。

【總釋】明「事極理亡」，約隱顯、理事、權實等釋。「秖緣因果理一，用此一理爲因」一句，知禮未出釋，「對因果事，立理融之」可作此句之解。因果指事，而有分別。約理，果證三千之性，即心因所本具，故謂「理一」。一理在因是隱，顯則名果。果實因權，藉權證實，果名不存，因號亦廢，因果、理事等言説方便頓時亡泯，入於不可思議境。

秪由亡智親踈，致使迷成厚薄。迷厚薄故，强分三惑。義開六即，名智淺深。

二，「秪由」下，依圓解明修證無得，二。初，約法明惑智之體本虚〔一〕。言「亡智」者，即上事理頓亡之智，方能圓斷，故云「秪由」。圓人始終用絶待智頓亡諸法，理果尚亡，惑何次第〔二〕？秪由此智功力微著，故成踈親。由踈親故，惑落前後，名「迷厚薄」。智踈惑厚，智親惑薄，傳傳明之，此乃約智分惑也。既有厚薄之義，故彊分三惑。又「義開六即」，名其亡智淺深〔三〕。若論亡智，了於即理，無一德可修，無一惑可破，彊名厚薄淺深也〔四〕。

校　釋

〔一〕【詳解】科「惑智之體本虚」者，雖智有親疏，迷成厚薄，了於即理，體本虚融也。

〔二〕【詳解】圓頓行者即境立觀，能所泯亡，始自名字，終至等覺，位位如是，故云「始終用絶待智」。非唯因果泯淨，理性亦亡，故云「頓亡諸法」。「理果尚亡」者，從勝而説，置因而言果，理果是所證之實體，尚自泯亡，惑障乃所破之妄情，豈存次第？【案】法華玄義卷三智妙文云：「圓三智者，有漏即是因緣生法即空即假即中，無漏亦即假即中，非漏非無漏亦即空即假，一法即三法，三法即一法，一智即三智，三智即一智，智即是境，境即是智，融通無礙」，此與别教三智不同，「如來藏智入空智分别三智者，依漏無漏發一切智、道種智不異前，而後不因别境，更脩中智，但深觀空，能見不空，不空即如來藏，藏與空合，故言相入。以深觀空見不空故，發一切種智。前中道智但顯别理，理之與智不具諸法，藏理藏智具一切法，故異於前，以藏智對兩智爲三智也」。境智合論，别教教道詮即空即假，中不具一切法，證中始具，故次第斷惑。圓教三即，故爲圓斷。「一智即三智」即絶待智，通常説爲一心三智。智發，種種虚妄分别頓亡，謂之「亡智」。

〔三〕【詳解】由此事理頓亡之智，功力微故名疏，著故名親。鈔以微著釋親疏義。智疏故厚惑前除，智親故薄惑後落。「傳傳明之」者，相似已還，觀疏力微，故一體三惑，麤者先落，從强受見思塵沙之名。分真已上，觀親力著，故一體三惑，細者方斷，從强受無明之號。亦可分真已上，位位迭論親疏厚薄之義。由迷有厚薄，故强分三惑，乃不分而分也。由智有淺深，故義開六即，不當開而開，無淺深中而論淺深也。【案】「三惑」，三毒異名，指貪、瞋、癡三種根本惑。天台又指界内界外之見思惑、塵沙惑、無明惑。二乘斷見思惑，超界内分段生死，尚有界外變易生死；二乘著空，不能入假而知一切衆生，故尚有塵沙惑；無明惑爲一切煩惱之根本，由大乘菩薩所斷。三惑由觀力而有厚薄之殊。親疏意謂近遠，知禮解爲智力之著與微，力强爲著，弱則微。智力不同，而迷有厚薄，迷即是惑，分爲見思、塵沙、無明之三。「六即」明位，從初發心至妙覺，觀智自淺入深。三惑、六即，均屬方便開顯。

〔四〕【詳解】若以圓融絶待妙觀體了惑智本虚，智即理故，無德可修，惑即理故，無惑可破，修德無功，是無作行，方名圓斷也。圓斷義章，如四教儀。又淨覺楞嚴説題云：「秖由觀力微著不同，是故麤者先落，細者後破，非作意然，任運然也。」竹菴補注云：「此爲圓教先斷見思，後斷無明，約觀力説。相傳前輩曾問：觀力微則俱微、著則俱著，所破之惑，何故不隨三觀之力，同時分破？作此問者，甚有眉目。今謂：圓人一切圓融，所破之惑乃偏情也。偏情麤細，故有先後。從來學者，以情難法，圓詮諸法，一切圓融，爲有偏情，强分三惑耳。」【案】迷之厚薄，智之淺深，强爲之而已。若了「即理」，智成絶待，修成無作，斷爲圓斷，關於惑智的種種分别頓然亡泯。

【總釋】以「惑智之體本虚」釋迷之厚薄與智之淺深。約理，惑、智無體，本無厚薄淺深，假名而説，分三惑以示厚薄，開六即以論淺深，觀智功力由微至著，自遠至近，斷惑顯真。究實而論，圓教意義上的絶待智或亡智，一空一切空，假中亦然，如此則亡爲頓亡。

故如夢勤加，空名惑絶〔一〕。幻因既滿，鏡像果圓。

二，「故如」下，約諭明修證之功不立，二。初，明修證功亡〔二〕。他云：夢、空、幻、像，四皆是諭，以對智、斷、因、果。釋意雖即不顯，對法稍似相當〔三〕。又云：「空」下須作此「名」。其義甚便。蓋言惑體如空，但有名字。故「大乘十諭」第四云「虚空者，空但有名，而無真實」等〔四〕。作此「冥」字，義説雖衆，終恐未親。今秖圖顯理，豈敢黨情？如予意者，舊文諸字，若稍有理，即便遵行，必諸聖眼洞見我心。儻智短言踈，未能稱理，請諸匠碩示以彈訶。然舉此四諭者，蓋顯圓人妙解。衆德元具，萬惑本空，雖立證修，一一無作〔五〕。故勤修慧行，如夢作爲，都無所辨。惑但有名，如空無實，知無即絶〔六〕。復約智斷始終，以明因果。因無能感，故如幻。果非所克，故如像。解既稱實，四皆無作〔七〕。因果既爾，何有二邪〔八〕？

校釋

〔一〕【案】「如」，十不二門義作「知」。「勤加」，十不二門義、示珠指、文心解、樞要諸本作「勤加功」。「名」，註本作「冥」。示珠指卷下：「別行本作空冥者，後人謬改耳，意謂冥契真空之理，故云惑絶。」

〔二〕【詳解】欲明「修證功亡」，故約夢、空、幻、像四喻，以譬智、斷、因、果，皆成無作。勤修智德，由稱性故，如夢中事，了不可得。妄惑本無，假名不實，如彼虛空，但有名字。如幻通喻上智斷之用，故牒云「既滿」。鏡中現像，以譬果德斯圓。

〔三〕【詳解】「他云」等者，珠指云：「此中四喻，夢喻智，空喻斷，幻喻因，像喻果。言如夢勤加者，正喻能亡之智也。如夢本無，由眠心故有，覺已求夢叵得，而夢事宛然。諸法本空，無明故有，因智若發，達性本無，唯觀無性，故云勤加。空名惑絶者，喻斷德也。無明本無實體，而但有虛名。幻因者，通喻智斷之因也。鏡像者，鏡中像也，不取鏡，但取像，喻果之不可得耳。」

〔四〕【詳解】「空下須作此名」者，彼云：「有別本作此冥者，後人謬改耳，意謂冥契真空之理，故云惑絶。今謂不然，豈唯法喻不分，抑亦懵於斷德。」大乘十喻，大品經通序讚菩薩功德云：「解了諸法如幻、如燄、如水中月、如虚空、如響、如乾闥婆城、如夢中①、如影、如鏡中像、如化。」大論云：「虚空但有名而無真實。」【案】「大乘十諭第四」，大乘經論立十喻説空，如詳解引，其中第四爲虚空喻。引文出輔行卷五，其中徵引大智度論釋十喻文。

〔五〕【詳解】「衆德元具」，示「如夢勤加」意。「萬惑本空」，示「空名惑絶」意。萬惑者，無明重數甚多，處處説破無明三昧，又云河沙煩惱。證修無作，示「幻因」、「鏡像」意。

〔六〕【詳解】「勤修」下三句，釋夢喻慧行，即智德也。「惑但」下三句，釋空喻，即斷德也。「知無即絶」者，謂解知惑但有名，而無真實，即名爲絶。

〔七〕【詳解】「復約」下四句，釋幻像喻，智斷之始爲因，智斷之終爲果，能成即因，所克即果，皆以法喻，參合而釋。　【案】「因無能感」，因位衆生爲能感，諸佛菩薩爲所應，無能無所，謂「因無能感」。「果非所克」，因果不二，非因非果，證無所證，謂「果非所克」。「解既稱實」，解爲妙解，實指實相，即三諦圓融，妙解達於實相，謂之「稱」。

〔八〕【詳解】結中圓解，既稱實理，故使妙行，證修無作，顯因果不二也。

【總釋】立「修證功亡」義爲釋，謂文中舉夢、空、幻、像四喻，以明圓修之智、斷、因、果。「衆德元具」，約理具説，即性德三千。本於此理，智斷因果方成無作。以智斷惑，惑體本空，斷無所斷，

---

① 中：大品般若序品無。

智如夢，作而無作。因如幻，果如像，「因無能感」，「果非所克」，始終融即，二而不二。「修證功亡」指此無作而言。前引法華文句「約圓教觀無生智者，觀鏡團圓，不觀背面，不觀形像」等，文句記解爲「鏡十界因，形十界緣，像十界果」，可助解因果幻像之説。

空像雖即義同，而空虛像實。像實故，稱理本有。空虛故，迷轉成性〔一〕。

二、「空像」下，明德障體異〔二〕。空惑像果，不實之義雖同，而空但有名，知無永絶，像雖無性，色相宛然，故云「空虛像實」也。「像實」等者，釋成體異〔三〕。果德三千，非今方得，故論非果。然稱本而證，不可泯亡，故云「稱理本有」〔四〕。迷即無明，無明轉故，即變爲明，迷名永失，轉成性明，故云「迷轉成性」〔五〕。他云須作「性成」，若云「成性」，則令果成因也。若爾，後文云「了今無明爲法性」，豈亦果爲因邪〔六〕？

校釋

〔一〕【案】「轉」下，釋籤有「應」字。「成性」，十不二門義、示珠指本作「性成」。

〔二〕【詳解】圓人指障即德，何云體異？今云異者，體質之體也，約迷悟論，一往云異。

〔三〕【詳解】「空惑」下，釋初義同。空喻惑，像喻果。惑即所破之障，果即所顯之德。「不實」者，上云「惑但有名」，如空無實，果非所尅，故如像也。「而空」下，釋次句「空虛像實」，略標體異。「知無永絶」，謂既知有名無體，自然永絶，無復有也。「像雖無性」者，鏡中現像，非自、他、共、離而生，雖無性計，色相宛然。

〔四〕【詳解】「果德」下，釋第三句，釋成「像實」。果德所顯，本自有之，全性成修，非適今有。以性奪修，故論非果如前，果非所尅也。果德既稱性而證，性名不改，豈可泯亡。

〔五〕【詳解】「迷即」下，釋第四句，釋成「空虚」。迷時即法性爲無明，悟時轉無明爲性明，名轉體不轉也。「迷名永失」，同前「知無永絶」。

〔六〕【詳解】「他云」等者，珠指云：「有本云成性，誤也。若然者，則反令果成因也，非性因成智果也。」引下文斥非，可見。【案】「迷轉成性」，知禮解爲無明轉而爲性明。源清認爲應依古本作「迷轉性成」，謂「惑虚故迷轉（去聲），智實故性成」，若作「成性」，「反令果成因」，然「非性因而成智果也」。意謂「性成」謂果，「成性」謂「成因」。「性因」就真如不變隨緣之緣起論説，正落入下文知禮所揭批的「一理隨緣」義。

【總釋】以「德障體異」爲釋。障謂惑、業、報三障，德謂三德，指果而言。上文以虚空喻惑，像喻果，皆不實，故謂「義同」。惑但有名，其性本空，故「知無永絶」。之所以説「像實」，因爲見空，更深見不空，故「像雖無性，色相宛然」，即空即假即中。二者體異，「像實」謂果德，約理本具三千；惑本「空虚」，緣起生滅，約事修則「迷轉成性」。

是則不二而二，立因果殊；二而不二，始終體一。若謂因異果，因亦非因。曉果從因，因方克果〔一〕。

三，「是則」下，約圓乘明始終不二，二。初，翻覆對揚，明體一，可解〔二〕。所以三千在理，同名無明；三千果成，咸稱常樂；三千無改，無明即明；三千〔三〕並常，俱體俱用。此以修性不二門成。

二，「所以」下，高廣無減，明不二〔四〕。大乘因果，皆是實相，三千皆實，相相宛然〔五〕。實相在理，爲染作因，縱具佛法，以未顯故，同名無明〔六〕。三千離障，八倒不生，一一法門，皆成四德，故咸常樂〔七〕。三千實相，皆不變性，迷悟理一，如演若多，失頭得頭，頭未嘗異，故云「無明即明」〔八〕。三千世間，一一常住，理具三千，俱名爲體，變造三千，俱名爲用，故云「俱體俱用」〔九〕。此四句中，初二明因果各具三千，三明因果三千秖一三千，以無改故；四明因果三千之體俱能起用，則因中三千起於染用，果上三千起於淨用〔一〇〕。

校釋

〔一〕【詳解】「是則」之言，由上文意，既其德障體異，空虛像實，是則立因果殊也。今明因果不二，故復應知二而不二，始終體一。「若謂」下，反顯不二。「曉果從因」等，即順也。

〔二〕【案】爲實施權，則不二而二，因果相對。開權顯實，則二而不二，因果一體。知禮釋爲「翻覆對揚，明體一」。於圓乘之妙解，因果相異但爲權説，若定執異相，因果不同一，修因亦不能證果，領解二者「體一」方可稱妙。

〔三〕【案】「千」，釋籤、十不二門義、示珠指本作「身」。

〔四〕【詳解】科「高廣無減」者，高即佛界之果，廣即衆生之因，高廣雖殊，體無增減，故因果不二也。

【案】高謂佛法，廣謂衆生法，高廣約因果之殊論，約理則不增不減。

〔五〕【詳解】先通釋四句。今經略開，明諸法實相，如是相等，即三千故。今約因果實相釋三千也。「因果皆實相」者，普賢觀云：「大乘因者，諸法實相。」祖師以義加之，「大乘果者，亦是實相」。「三千皆實，相相宛然」，謂性具十界，皆是真實，法法縱然不失自體，故云宛然。

〔六〕【詳解】「實相」下，釋初句。三千在於迷，理能隨染緣，作九界法，故云「爲染作因」。此三千中，非無佛界，未究顯故，同名無明。常途謂初句屬理，即今據因從博地至等覺還，又實相未顯名因，總該前五、等覺。無明未盡，三千未究顯，故同名無明也。【案】理既不動，如何爲因？全理成事，在此意義上指理爲因。理具三千與事造三千絕對同一，不分而分，說理爲因，事爲果。若執性實，理事相別，說理爲因，難免思維矛盾。雖然理具三千，若未解未證此理，仍屬無明。

〔七〕【詳解】「三千」下，釋次句。八倒者，外計邪常等，爲界內四倒；二乘無常，爲界外四倒。極果所證，一一法門，法法皆常樂我淨，名爲四德。但舉常樂，任運有於我淨。【案】「八倒」，凡夫四倒，小乘四倒，合稱八倒。據大般涅槃經，凡夫著有，於世間法之無常計常、苦計樂、無我計我、不淨計淨；二乘著空，於大涅槃之常計無常、樂計非樂、我計無我、淨計不淨。「四德」，謂常樂我淨。

〔八〕【詳解】「三千」下，釋第三句。以「不變性」釋「三千無改」。迷即因，悟即果，迷悟雖殊，始終理一。迷即無明，悟即性明，體不二故，方名爲即。無明即明，迷悟理一也。失頭喻迷，得頭喻悟。楞嚴第四舉演若多，「晨朝照鏡，愛鏡中頭眉目可見，瞋責己頭不見面目，以爲魑魅，無狀狂走」，「忽然狂歇，頭非外得，縱未歇狂，亦何遺失」。演若多，翻祠受。【案】「演若多」，又作演若達多，意譯祠授，事如詳解引。

〔九〕【詳解】「三千世間」下，釋第四句。初釋三千並常，即今經世間相常也。「理具」下，釋俱體俱用。問：今云理具三千，爲體變造，三千爲用，豈非理同，故即對兩種三千耶？答：正明圓家全體之用，方名不二也。【案】「俱體俱用」是基於圓理的表述，下文別釋，更立別理隨緣義。

〔一〇〕【詳解】「此四」下，總判四句，初二明因果各具，是知初句因中三千，該前五即。

【總釋】立「始終不二」爲釋，分兩段，體一即不二。體一基於因果之殊立，由體一而結歸不二。上門明依性立修，以修顯性，故不二。此門約修論因果，性具三千，在因則爲理，爲無明所覆，在果則爲事，爲修所顯，因果雖殊，三千之性不異，故始終體一。因果即五重玄義之宗，十法界因果均約事修而説。法華經取佛界因果爲宗，是謂圓宗。因此，依修性不二門成因果不二門，修爲圓修，宗爲圓宗。

此第四句明圓最顯。何者？夫體用之名，本相即之義。故凡言諸法即理者，全用即體，方可言即〔一〕。輔行云：「即者，廣雅云合也。若依此釋，仍似二物相合，其理猶踈。今以義求，體不二故，故名爲即。」（上皆輔行文也。）今謂全體之用，方名不二。他宗明一理隨緣作差別法。差別是無明之相，淳一是真如之相。隨緣時則有差別，不隨緣時則無差別。故知一性與無明合方有差別，正是合義，非體不二，以除無明無差別故〔二〕。今家明三千之體隨緣起三千之用，不隨緣時三千宛爾，故差別法與體不二，以除無明有差別故〔三〕。驗他宗明即，即義不成，以彼佛果唯一真如，須破九界差別，歸佛界一性故〔四〕。

校釋

〔一〕【詳解】初約體用不二明即義。既云俱體俱用，正顯體用不二，具變雙明相即之旨，故云「最顯」。【案】第四「三千並常，俱體俱用」句詮表圓理最明顯。皆説相即，如上文釋，講體則理具三千，明用則變造三千，方屬圓即。「俱」字與「全」字義同。

〔二〕【詳解】此段四明據賢首宗，約義引文，藏師起信論疏上之上（十六）：「一、約體絶相義，即真如門，非染非淨，非生非滅，平等一味，理無差別。（今云「純一是真如之相」。）二、隨緣起滅義，即生滅門，隨緣轉動，成於染淨，染淨雖成，性恒不動。」（今云「差別是無明之相」。）一理即真如，清淨是能隨，九界差別是所隨。又云：「直論真性，乃無差別，但隨染法差別，故説無漏法有差別耳。」今云：「差別是無明之相，純一是真如之相。」疏云：「不生不滅與生滅和合，是隨緣門。」今云：「隨緣時有差別，不隨緣時無差別，故知一性與無明合，方有差別。」謂真如守於自性，未論緣起諸法時，則無差別也。今以義斷之，既真妄和合，方能隨緣，正是二物相合，非體不二相即義也。「除無明無差別」者，真如一性，是佛界法與無明合，則有九界差別之相。若斷無明，則滅九界，唯有一性，故無差別也。【案】一理隨緣起差別之用，含有體用對立的理解前提，所以特別説爲「一理」，以與「俱體」或「全體」相區分。

（三）【詳解】「今家」下，今家體用是即，體即理造三千，不變性也；用即事造三千，即隨緣也。今家全三千理體，隨緣起三千事用，方是圓教隨緣義也。全理成事，只一三千，在修在性，爲體爲用，不隨緣時，理具十界，不少一法，故云「三千宛爾」。故隨緣差別，三千事用與體不二也。「除無明有差別」者，名達爲除，修惡即性，事造三千，法體不動纖毫，故云「有差」。

（四）【詳解】「驗他」下，判他宗即義不成。他明即者，藏疏序云：「不變性而緣起，染淨恒殊，不捨緣而即真，聖凡一致。」華嚴疏云：「由不變故，始終隨緣。由隨緣故，方能不變。」又云：「隨緣即是不變，不變故能隨緣。」今格量他宗，既破九顯一，正是離義，但有即名，而無即義也。

【總釋】此段由「俱體俱用」點示「即」義，解析一理隨緣説。此中一理隨緣就是別理隨緣，爲指要鈔的核心思想。

今家以即離分於圓別，不易研詳〔一〕。應知不談理具，單説真如隨緣，仍是離義。故第一記云：「以別教中無性德九故，自他俱斷九也。」〔二〕若三千世間是性德者，九界無所破，即佛法故，即義方成，圓理始顯。故金錍云：「變義唯二，即是唯圓。」故知具變雙明，方名即是。若隨闕一，皆非圓極〔三〕。荆谿云他家不明修性。若以真如一理名性，隨緣差別爲修，則荆谿出時，甚有人説也。故知他宗極圓，秖云性起，不云性具，深可思量。又不談性具百界，但論變造諸法，何名無作邪〔四〕？

校釋

〔二〕【詳解】九界即佛界，圓教義。離九界説佛界，别教義。他破九界差别歸佛界一性，但得離義，正同今家别教也。【案】法華玄義卷八云：「見不空者，復有多種。一見不空次第斷結，從淺至深，此乃相似之實，非正實也。二見不空具一切法，初阿字門則解一切義，即中即假即空，不一不異，無三無一。二乘但一即，别教但二即，圓具三即。三即，真實相也。釋論云：何等是實相？謂菩薩入於一相，知無量相；知無量相，又入一相。二乘但入一相，不能知無量相。别教雖入一相，又入無量相，不能更入一相。利根菩薩即空故入一相，即假故知無量相，即中故更入一相。如此菩薩深求智度大海，一心即三，是真實相體也。華嚴不共二乘，但約菩薩，三智次第，得亦非正實，不次第得者是正實也。」别圓二教菩薩同見不空，别人次第得，圓人則不次第得。另外，别教二即，圓教三即。三即爲真實相體。此文約次第不次第、即不即明别圓二理差異最分明，可證知禮「今家以即離分於圓别」之説，而次第不次第之判，也是談具不具的學理基礎。

〔二〕【詳解】「應知」下，引文示義。應知他宗不明理具諸法，不知全體起用，單明一真隨九界緣作差別法，正是離義。引證者，妙樂二云：「以別教中，無性德九，故自他斷九，別修緣了，而發本有常住法身。」性不具九，故須斷除，豈非離義。「九界無所破」者，變造九界，名爲修惡；性具九界，名爲性惡。修既即性，故九無所破，性具九一，雖有生佛、色心等殊，舉一全收，從勝即佛變等。

【案】文句記卷二云：「以別教中無性德九，故自他斷，別修緣了，而嚴本有常住法身。」

「九」代指佛法界外的下九界。

〔三〕【詳解】「唯二」者，金錍云：「變義唯二。」今云「等」者，楞伽云：「不思議薰，不思議變。」熏亦通別，故云「等」也。「具變雙明」者，具是理體，變是事用，凡言即者，須於諸法，指事即理，指修即性，全用即體，方是圓教體不二義。【案】金剛錍云：「變義唯二，即具唯圓。」「義」，詳解本鈔文校記云：「準詳解合作等。」

〔四〕【詳解】「荆溪」下，以今驗彼。妙樂云：「比讀此教者，不知修性。」修性各論三千，屬圓。他宗不明一理差別而論修性，屬別。甚有人說。「只云性起」者，他宗一乘圓教，說四種法界，謂性悔圓融（理），緣起無礙（事），相即相入（事理），主伴重重，依正無盡（事事）。此爲至極之說。「但論變造，何名無作」者，全具而變，以性奪修，方名無作。【案】「真如一理名性」之「性」，底本作「往」，據大正藏改。

【總釋】就「即離」明別圓二教在實相論、緣起論上的差異，更提性起與性具判分華嚴與天台二圓宗。別圓二教證道同，同見不空。教道有別，別理初不即中，故次第斷惑入實，修屬有作。圓理同時即三，初發心便成正覺，圓斷圓證，修爲無作。

世人見予立別教理有隨緣義，惑耳驚心，蓋由不能深究荆谿之意也〔一〕。且如記文釋「阿若」文中云：別教「亦得云從無住本立一切法，無明覆理，能覆所覆，俱名無住，但即不即異，而分教殊」。既許所覆無住，真如安不隨緣？隨緣仍未即者，爲非理具隨緣故也。又云：「真如在迷能生九界。」若不隨緣，何能生九〔二〕？又輔行釋別教根塵一念爲迷解本，引楞伽云「如來爲善不善因」，自釋云「即理性如來也」。楞伽此句，乃他宗隨緣之所據也。輔行爲釋此義，引大論云：「如大池水，象入則濁，珠入則清，當知水爲清濁本，珠象爲清濁之緣。」據此諸文，別理豈不隨緣邪〔三〕？故知若不談體具者，隨緣與不隨緣皆屬別教〔四〕。何者？如云梨邪生一切法，或云法性生一切法，豈非別教有二義邪〔五〕？

校　釋

〔一〕【詳解】「世人」者，四明立別理隨緣，諸師不許，有永嘉繼齊師立隨緣指濫、嘉禾子玄師立隨緣撲、天台元穎師立隨緣徵決廣破。今言諸師聞予此說，惑耳驚心，蓋由暗於荆溪深旨。荆溪雖不顯立其名，備有其義。連引三文示之。【案】「惑耳驚心」之語，應是諸師提出疑議後補入原稿。

〔二〕【詳解】釋阿若文，如妙樂第一，因疏釋阿若憍陳如，陳如是姓，阿若是名，翻無知，以無生智爲名，約四教釋無生，「別觀無生智」云：「依於法界，行菩提行。」記釋云：「依境起行，亦指但理爲九界覆而爲所依，法界只是法性，復是迷悟所依。於中亦應云，從無住本立一切法。無明覆理，能覆所覆，俱名無住，但即不即異，而分教殊。今背迷成悟，專緣理性，而破九界。」別圓同詮真實之性，性不定住，皆能立法，故云「亦」也。佛界但理，不即九界，能覆真理，雖皆無住，即則是圓，否則是別。是知無住立法，與真如隨緣，同出而異名。既許所覆真理名無住本，豈非別理隨緣耶？仍未即者，非理具故。蓋由別教能隨是真如但中佛性，所隨染緣作九界法，九非性具，但隨緣起，須破九顯一，故不相即。圓則全性十界，隨染淨緣，變造事用，修之與性，體用恒同，既全性起修，故全修即性，修九即性九。下文明圓教隨緣云體具，明隨自異權教。今但理明隨，與實教異也。真如生九，亦是釋阿若文，「真如不守自性」，隨無明緣，故曰「在迷由隨緣故能生九界」。反以生法顯出隨緣，故曰「若不隨緣，何能生九」。竹菴謂：「四明以生法爲隨緣，厚誣之也。須知真如在迷，正語能隨能生九界，方論生法由隨緣故生法。」

〔三〕【詳解】引輔行者。止觀云：「只觀根塵一念心起，即是假名，假名之心爲迷解本。」輔行釋云：「照知一心起無量心，心無量故，迷解無量。迷則十界苦集，解則四種道滅。應以十界互爲善惡。」又引大論，如今文。楞伽第五云如來藏爲善不善因者，即理性如來爲善惡本，以理性如來證一念也。以善證解，不善證迷，因即本也。故根塵相對所具理性佛界，故引楞伽，以理性如來證一念也。別教根塵一念起一念爲迷解本，即理性如來爲善不善因，隨無明緣作九爲迷，隨師教作佛爲解，即染淨二種緣起也。他宗所據者，藏師立隨緣，正憑此文。起信疏（之一）云：「隨緣起滅義，即生滅門，謂隨熏轉動，成於染淨」，（乃至引）楞伽云「如來藏爲善不善因」。池水等者，水喻一念，珠喻淨緣，清喻佛界，象喻染緣，濁喻九界，此喻通圓別。今文喻別，但云「象入則濁」。下文喻圓，則曰「濁緣與水俱有」也。

〔四〕【詳解】「故知」下，兼明生法。先簡不談體具標隨不隨，復引梨耶生法證不隨緣，引法性生法以證隨緣。若單云妄出生九界，直明生法耳。若云法性出生九界，隨緣義也。法性若不隨無明緣，安能生九？一切即九界法，單明一界，不言一切，故此亦悉檀被機説隨不隨。若約理論，單真不立，獨妄難成，真妄和合，方能生法。別圓皆爾，但以具不具分，即不即揀。

〔五〕【詳解】「如云梨耶」等者。妙玄云「諸論明心出一切法不同。或言阿梨耶是真常淨識，生一切法。或言阿梨耶是無記無明，生一切法」等。應知今云不隨，與前不隨緣時則無差別，言同義異。今云不隨，乃指梨耶直明生法，不説隨緣。前云不隨，乃是真如守於自性，未論緣起時也。【案】智顗將十地經論、攝大乘論判屬別教，含真心與妄識二系，所謂「別教有二義」指此而言。玄奘傳唯識學，真如凝然不變，依阿賴耶識講緣起，性相別談，不講真如隨緣。因此，別理隨緣但指從真心出一切法，非指唯識學。

【總釋】此段引法華文句記、輔行及所引楞伽經、大智度論文，證成別理隨緣。真如不變隨緣義，一般視爲圓教解義，似成當時定論。所以知禮講別理亦隨緣，纔有「惑耳驚心」之呼。據摩訶止觀卷五文，別教有從法性出一切法與從無明出一切法二説，其中從法性出一切法顯然藴有真如隨緣義。

問：淨名疏釋無明無住云，「説自住是別教意，依他住是圓教意」，且隨緣義，真妄和合，方造諸法，正是依他，那判屬別〔一〕？

答：疏中語簡意高，須憑記釋，方彰的旨。故釋自住，法性煩惱，更互相望，俱立自他。結云：故二自他，並非圓義，以其惑性定能爲障，破障方乃定能顯理〔二〕。釋依他云：更互相依，更互相即，以體同故，依而復即。結云：故別圓教俱云自他，由體同異而判二教〔三〕。今釋曰：性體具九，起修九用，用還依體，名同體依，此依方即〔四〕。若不爾者，非今依義。故妙樂云：「別教無性德九，故自他俱須斷九。」是知但理隨緣作九，全無明功。既非無作，定能爲障。故破此九，方能顯理〔五〕。若全性起修，乃事即理，豈定爲障，而定可破〔六〕？若執但理隨緣作九爲圓義者，何故妙樂中，真如在迷能生九界，判爲別邪？故真妄合，即義未成，猶名自住〔七〕。彼疏次文，料簡開合，別教亦云依法性住，故須究理，不可迷名〔八〕。此宗若非荊谿精簡，圓義永沈也〔九〕。

他云舊本云「三身並常」，今問如何説「俱體俱用」邪？他恐應身説體、法身説用不便，乃自立云「舉體全用」。縱兹巧釋，義終不允〔一〇〕。

校　釋

〔一〕【詳解】問答料簡説「自住」等者。此引淨名疏八立問。若據記釋，别圓各有自他。疏中語簡，又從各説，别自圓他。或據此文，便謂别既屬自，則隨緣義不成。豈知别教還有自他之義。故答中指出别教具有自他。今且準疏，依他屬圓難。【案】淨名疏即維摩經略疏，智顗説，湛然略。卷八有云：「今經撿覈煩惱之本，法性非煩惱，故言無住無本。既無有本，不得自住，依他而住。若説自住，望法性爲他，亦得説是依他住也。説自住即别教意，依他住即圓教意。」

〔二〕【詳解】答中約疏簡，憑記釋爲答。「法性煩惱，俱立自他」者，記云：「説自住是别教意者，是説煩惱法性體别，則是煩惱法性自住，但①名爲自。亦可云離煩惱外，别有法性，法性爲他。亦可法性爲自，離法性外，别有煩惱，煩惱爲他。故二自他，並非圓義。」故今云「更互相望，以立自他」，指前之自，及後自他，故名爲二。【案】記，即湛然述維摩經疏記，三卷。「並非」，詳解本作「並無」。無明望法性，無明屬自，法性屬他，反之，法性屬自，無明屬他。若無明法性體别，則成自住，體同或相即，成依他住。前是别義，後爲圓義。體同、理具、相即、依他住，或俱體俱用，均表達圓解。

---

① 但：維摩經疏記作「俱」。

〔三〕【詳解】「釋依他云」者，記云「依他即圓者，更互相依」等。「由體同異」者，別教無明法性體異，圓教無明法性體同。

〔四〕【詳解】「今釋」下，釋記文義。先釋「以體同故，依而復即」。無明法性體同，故全體起用，用還依體，用即體也。「性體具九」，對別無性九。「起修九用」，對別修說。無明依法性，起修九用，謂全法性體所具九界，起九界修惡之用，此用還依性惡之體。若法性依無明起修佛界淨用，亦全無明體，所具佛界，修①善之用，此用還依性善之體。今文且就隨九界緣邊，說性善性惡，雖有九一之殊，而皆融泯，舉一全收，並名爲體，對別但論九耳。

〔五〕【詳解】「若不」下，釋別教惑定爲障義。別無性九，顯圓性體具九。自他斷九，顯圓不斷。但中之理，能隨染緣，作九界法，全是無明之功。即真如在迷，能生九界，亦是法性與無明力，造諸染法。既非體具明隨，非全性起，不名無作，故無明惑性，定能爲障，故須破九，顯佛界但理也。

〔六〕【詳解】「若全性起修」等者，復約圓義，全體隨緣，全性起修，指隨緣事，即不變性，方名無作。障既即德，不須斷除，顯於別教，定須破顯。

〔七〕【詳解】「若執」下，酬答前難。若謂但理隨緣，作圓義者，其奈妙樂文何？既許真妄和合，方造諸法，正是合義，終成二法各自住也。不同即義，故云未成。

---

① 修：疑前脱「起佛界」三字。

〔八〕【詳解】「料簡開合」者，淨名疏八云：「無住有住，有開合否？答：若合無明即是法性，法性無住，無明無住，故言無住。（此是圓教相即之義，此合是即也。）若開法性出無明，無明依法性，亦得言有住。有住者，依法性住，法性非煩惱，即是無住。」記釋曰：「此中開合，合義唯圓，開義唯別。圓亦論開，非一向異，與別永殊。別但具開，無合諸文。明別亦真妄合，此合還開。今合乃是即之異名耳。若開下，正示別義。法性是所覆，無明是能覆，能所兩別，故曰開出。開，離也。合，即也。」圓中合義，如云：「緣、了與性一合。合，即也。」

〔九〕【詳解】「此宗」等者，鈔上云：「若不精揀，何稱圓修？此義難得的當，因果門更甄之。」鈔主至此揀判，引荊溪文證，定故有此語。隨緣名出他宗，義蘊經論。起信論疏序云：「不變性而緣起，染淨恒殊。不捨緣而即真，聖凡一致。」疏釋真如門，立二義：一、真如不變義；二、隨緣起滅義。又云：「真既不變，云何隨於染淨？既有染淨，云何不變？釋云：如海因風起於波浪，浪雖起滅，濕性不變。不變之性，不礙起浪。浪雖萬動，不礙一濕。是故動靜無二法也。」義蘊經論者，法華經「是法住法位，世間相常住」，荊溪作不變隨緣釋。「知法常無性，佛種從緣起」，大師釋云：「中道無性，即是佛種。（不變義。）迷此理者，無明爲緣，九界起。解此理者，教行爲緣，正覺起。（隨緣義。）」藥草喻品云「一相一味」，大師引淨名「從無住本立一切法」，作事理本法釋。（理即不變，事即隨緣。）妙樂釋此文後，結云：「隨緣不變，理在於斯。」楞伽第五云：「如來藏爲善不善因。」（他宗所據。）大論云「如大池水，象入則濁，珠入則清」等。隨緣者，對不變説。不變即中道理本，有不改之義。隨緣乃全理成事、轉變造作之義，良由真如不守自性，故受熏變，隨於染淨二緣，故名隨緣。「體相」者，別教不變，以真如一性、如來藏理爲當體體，無明差別爲所依體；隨緣則以無明差別爲當體體，如來藏理爲所依體。圓教不變，以理造三千爲當體體，隨緣以事造三千爲當體體，並以一念妄心爲所依體。不變即性具三千，相相宛然爲相。隨緣則以真如無明互相熏習，成染淨二用爲相。起信云：「真如淨法，實無染相，但以無明而熏習故，則有染相。（染熏淨。）無明染法，實無淨業，但以真如而熏習故，則有淨用。（淨熏染。）初是從真起妄，次是反妄歸真。因茲真妄之緣，故有染淨二用之相。」指要云：「淳一是真如之相，差別是無明之相，隨緣時則有差別，不隨緣時則無差別。」則知不變乃一理無差，隨緣以無明差別爲相也。

他宗建立。彼立五教，草創於帝心，因循于至相，開判於賢首。帝心即杜順法師，造法界觀通華嚴，於中有五教之義。洎乎至相儼尊者，方顯名義，如孔目章云云。賢首藏法師起信論疏云：「教類有五：一，愚法小乘教，但說我空，縱少說法空，亦不明顯，但依六識三毒，建立染淨根本，未盡法源，故多諍論；二，大乘始教，亦名別①教，於中但說諸法皆空，不盡大乘法理，故名爲始；三，大乘終教，亦名實教，說如來藏隨緣成阿梨耶識，緣起無性，一切皆如，定性二乘、無性闡提，悉當成佛，方盡大乘至極之說，故名爲終；四，大乘頓教，總不說法相，唯辨真性，亦無八

① 別：大乘起信論疏作「分」。

識差別之相，呵教勸離，毁相泯心，但一念不生即名爲佛，不依地位漸次，故名爲頓；五，一乘圓教，所説唯是法界，性海圓融（理），緣起無礙（事理），相即相入（事理無礙），帝網重重，主伴無盡（事事無礙），故名圓教。」彼判起信論如懸叙義門中云：「若於五中，顯此論之分齊，正唯終教，亦兼於頓。」彼判隨緣，正在終教，亦兼於頓，如起信論疏。若據清涼，亦兼於圓，以隨緣義爲究竟之説。如華嚴出現品疏云：「不變隨緣之義乃爲諸佛之本，性相無礙，因果圓融，爲不思議，過此更無究竟。」故四明二十問中第四云：「藏疏五教，既皆不立理具三千，但就不變隨緣，立終、頓、圓三教。」

次今家引用。一，如止觀大意云：「隨緣不變故名性，不變隨緣故名心。」二，如金錍云：「萬法是真如，由不變故。真如是萬法，由隨緣故。」三，如妙樂云：「隨緣不變，理在於斯。」三文皆圓教相即之義，不同他宗一理隨緣，但是合義。今家圓教隨緣，如指要云：「今家明三千之體，隨緣起三千之用。不隨緣時，三千宛爾，故差別法與體不二。」圓中實理，體具諸法，全體起用，修性無殊，事理不二之義也。

次別理隨緣者。荆溪引用，並在圓教。法智已前，及同時人，皆昧荆溪之意，只知圓教隨緣，則抑今之圓同彼終教。唯我法智，深究荆溪之意，酌量其義，中興教門，特於別教顯立隨緣之説，則顯他宗終、頓、圓三教所立不談理具，單説真如隨緣，仍是離義，正同今家別教。故於指要引文誠證。楞伽云「如來爲善不善因」，是他宗隨緣，所據輔行，却引此文，以證別教「根塵一念爲迷解本」，豈非別理有隨緣義？豈非他立隨緣只齊今家別教耶？四明立義，可謂深切著明。奈何同時昧旨，不許此說。

有永嘉繼齊師立隨緣指濫破之。孤山有長書，請嘉禾子玄師同破，玄師立隨緣撲撲滅其義。故四明有別理隨緣二十問，問於齊公。後天台元穎師立隨緣徵決，以代齊公答二十問。時淨覺在四明輪下，撮三師難意，以十門折難闢之。今原四明特立別理隨緣義者，柏庭云：「有二義故，一，以教理當然，蓋別與圓同詮真如變造，但約即不即、具不具以分。別教若非隨緣，安能生法，理之所在，孰曰非邪？二者判他屬別，然而彼宗雖明不變即隨緣等，以不談具，則非全體而造，雖曰相即，還成離義，以非即具之即故也。故今判之，但齊別教而已。」逸堂曰：「四明立別理隨緣，乃中興一家圓頓之教。」誠哉斯言！近代竹菴亦乃不許，乃云：「檢盡諸文，莫過生法。淨覺非是是非，良可笑也。」竹菴不究荊溪文意，只由真如不守自性，隨於染緣，方能生九界法，故四明云「若不隨緣，何能生九」。況淨覺雖是，未背宗前，作十門析難，扶成四明，闢齊、玄、穎三師之說，其間亦有未盡之義。如第一門叙齊師：「難曰：隨緣之名對乎不變，不變之稱對乎隨緣，反覆相成，如波水矣。（叙他師不變隨緣相即。）而言別理有隨緣不變義者，果有也，即邊之中，豈是別教；果無也，名不孤立，安稱隨緣。（明別教即無隨緣義。）析云：藏疏云，不變隨緣者，皆真如二義也。彼立無明自有二義，一無體即空義，二有用成事義。無明二義，即別教二邊也」，（至）「且真如二義自論相即，別理二義何嘗不即，那忽將事而難於理，皆指事中隨緣之性與不變之性，自論相即，以理望事，終成相離，須斷九界，歸一性故。」今謂淨覺酬齊師之難，以正理考覈，良恐未然。蓋淨覺失究分門立義。藏疏隨緣，雖在真如門立，乃謂真如能隨於緣，當其隨緣，即生滅門。須知今家別教能隨所顯只一真如，所隨所破只一九界。四明説別理隨緣，只是真如能隨染緣生九界法，本無相即之説。如指要云「他宗明一理隨緣作差別法」，（至）「正是合義，非體不二。驗他宗明即，即義不成。今家以即離分於圓別，不易研詳」等。據此則別圓皆有隨緣之義，但以即不即而分教殊。別理隨緣，不談理具，非全體之用，無相即之義也。他雖説不變即隨緣，隨緣即不變。既不談具，正是合義。即義不成，但有即名，而無即義。正同今家別教。讀教記説義，亦本析難。但精看指要文義，是否自知。復次，別圓二教，俱論生法，亦以即離分二教殊，並須真妄和合，故論云：「唯真不立，獨妄難成。真妄和合，方有所爲。」楞伽云：「理性如來爲善不善因。」（理性屬妄，如來屬真。）起信論云：「不生不滅（真）與生滅和合（生滅是妄）。」妙樂云：「真如在迷，（真如是真，在迷是妄。）覆理無明。（無明能覆，真如所覆。）」諸文並約真妄，合論生法也。

〔一〇〕【案】示珠指卷下云：「三身並常，俱體俱用者，三身果滿，咸成四德，舉體全用也。又本云三千其理，亦顯即體之用，三千並常，然前之三句是千字，果德似身字，便二義無失，故但存耳。」

【總釋】引維摩經「從無住本立一切法」，指本爲無明與法性，約本判分別圓。體別則成二本，故須論合。體同則一本，本具三千，當體即是。湛然約自住與依他住、三障與三德、佛界與下九界爲論。無明與法性體別，住爲自住，障與德相離，佛界與下九界相離，反之則爲依他住，三障即三德，佛界具九界，九界亦具佛界。若但理隨緣作九，修須斷九方能證真，圓理本具三千，無明當體即是法性，煩惱不成障，勿須斷九，修「無明功」，雖修而無作。立別理隨緣，凸顯圓教理具、即是義，一方面駁難源清等山外師解義，一方面明示天台與華嚴在實相論、緣起論、修行論上的差別。智顗關於別教與圓教的劃界，湛然以後表現爲天台與華嚴的宗義之辯。知禮謂華嚴解義落入天台所謂別理，華嚴宗學者未必認同，但言詮方式上二宗差異明顯。詳解引述二宗教典，對勘明義，比較系統，尤其保存了後期關於別理隨緣的討論文獻與觀點，因此全録此段以便讀者參閱。

五，染淨不二門者。

五，染淨不二門，三。初，標。以在纏心變造諸法，一多相礙，念念住著，名之爲染。以離障心應赴衆緣，一多自在，念念捨離，名之爲淨〔一〕。今開在纏一念染心本具三千，俱體俱用，與淨不殊，故名不二〔二〕。有人云染即是感，淨即是應。不解文旨，但對而已。須知此門，指果後淨用。凡夫染心已具，乃令觀此染心顯於淨用，并後依正，俱在能應。自他不二，方兼於感〔三〕。

校釋

〔一〕【詳解】「在纏心」者，凡夫爲煩惱縛著，遍造九界諸法，全屬無明，故名爲染。「離障心」者，果後離三障故，緣扣即應，故名爲淨。問：在纏名染，離障名淨，約六即位，如何分對？答：前明因果，因從博地至等覺還，果唯妙覺。鈔釋「俱體俱用」，謂因中三千起於淨①用，果上三千起於淨用。今明染淨二用，須約因果分之。前明「終至金剛」皆有謂實，即今云「念念住著」，豈非等覺猶有一分在纏？然義有進退。若論相似位人，六根遍照，即相似離障，況諸文以觀行相似位坐道場爲如佛，則在纏且齊名字已還。又雖論觀行相似離障，克論應取初住已上聖位，離無明障，方名離障。但文云「果後淨用」，復須的指妙覺，故云「雖通傳立，約極義强」。今開在纏染心，但開名字五品。圓解已深，能知如來祕藏，則不論開。五品既爾，相似可知。今文正意指妙覺，果後遍應衆緣之淨用，全在名字凡夫之染心，觀此染心，顯兹淨用，任運歷六即位也。【案】此門及後二門從感應、神通二妙立。迹門後五妙示果後化他，故染淨門對染緣明果後淨用。

〔二〕【案】釋不二。「在纏一念染心」即刹那一念，與起信論心生滅門同指。染心本具三千，俱體俱用，淨心亦本具三千，亦俱體俱用，基於本具三千而明不二。

〔三〕【詳解】「有人云」者，昱師見五、六、七從感應、神通立名，殊不知今明淨用，并後依正互融，皆是能應，自他門中，能應屬自，感即他機，故云兼也。【案】「染即是感」之「感」，大正藏作「惑」。示珠指卷下云：「言法性之無明者，此染相也。（中略）無明之法性者，淨相也。」又云：「此門依

① 淨：疑當作「染」。

感應、神通而立，故妙果成，能遍應十界之用，即向下清水之波是。」註云：「無明爲染，法性爲淨，相待爲二，一理爲門，故曰不二矣。」又云：「在染名造，在淨名應，名相雖殊，觀文元意，即不思議解脱性。」「有人云」出異解，大概指宗昱解義。據知禮釋，染淨、依正二門「俱在能應」，自他門「方兼於感」。

【總釋】釋標題。先分别染淨，次明染淨不二，不二即門。仍約本具三千、俱體俱用論染淨一體。

若識無始即法性爲無明，故可了今即無明爲法性。

二，「若識」下，釋，二。初，明所顯淨法〔一〕，二。初，染淨體用，理無增減，三。初，法，二。初，明染淨體者。三千寂體，即寂而照，既無能照，亦無所照，名爲法性。以本愚故，妄謂自他。三千靜明，全體暗動，即翻作無明。本來不覺，故名無始〔二〕。若識此者，即照無明體本明静，即翻爲法性〔三〕。

校釋

〔一〕【詳解】科「所顯淨法」，正在果後。而無明染體用者，顯不二故，即染之淨也。體用者，法性無明是染淨體，變造諸法，應赴衆緣爲染淨用。次文明用，用必全體，故先明之。文中二句，約迷悟相翻，以示體一，以明静曰法性，暗動曰無明也。無始無明，與起信論「一切衆生從本已來未曾離念」是同，而大經有「十地菩薩見終，諸佛見始」之言，以至諸經有「忽然不覺，從真起妄」之說，又成有於始終，唐復禮法師曾有偈問天下學子曰：「真法性本淨，妄念何由起？許妄成真生，此妄安可止？無初則無末，有終應有始。無始而有終，長懷懵兹理。願爲開祕藏，期之出生死。」①原夫法界平等，非真非妄，教門詮示，有真有妄。是知從理則真妄同源，本無終始；從事則迷悟敻隔，終始條然。荆溪則曰：「若從事説，若見法性始，則見無明終；從見法性終，名見無明始。」「若從理者，應知二法俱始並終。」況此二法，自無二法，俱無始終。四明云：「甚深祕藏之源非真非妄」，「若言忽然不覺而生無明，此乃約修以説，對性論起。不如是，則無以顯進修之人復本還源之道矣。以此義故，凡諸經論多云從真起妄。其實一切衆生自無始來唯在迷不覺而已。」若得此意，則禮師之問，雖不答可也。

〔三〕【詳解】初釋法性。三千寂體者，性德三千是染淨體，此之三千本來寂滅，名爲寂體。全體靈明，故即寂而照。寂即是静，照即是明。即此三千明静之體是於法性，故約寂照釋之。體離能所，即照而寂，故無能照所照也。「以本」下，釋無明愚迷也。無始在迷名爲本愚，妄謂自他即分能照所照。所謂元明照生所，所立照性忘。全明爲暗，全静爲動，故云「翻作」。本來不覺，釋無始義。

① 復禮偈見宗鏡録卷五：「真法性本淨，妄念何由起？從真有妄生，此妄安可止？無初即無末，有終應有始。無始而無終，長懷懵兹理。願爲開玄妙，析之出生死。」

〔三〕【詳解】次釋無明爲法性。識亦了也，謂無明暗動之體本來明静，即昏爲明，即動爲静也。

【總釋】此段明染淨體。體即實相、法性，實相即空假中，這裏表述爲「三千寂體」。三千之體，即爲一切法之體，故常稱「全體」。不識此體，就是無明。「即法性爲無明」，知禮解爲無始「本愚」，「全體暗動」而「翻作無明」。「即無明爲法性」，解爲若識無明本原，無明即「翻爲法性」。此中雖用「翻」字，但應基於法性無明一體思想而説。

法性之與無明，遍造諸法，名之爲染。無明之與法性，遍應衆緣，號之爲淨〔一〕。

二，「法性」下，明染淨用者。體既全轉，用亦敵翻，法性既作無明，全起無明之用，用既縛著，名之爲染。無明若爲法性，全起法性之用，用既自在，名之爲淨〔二〕。

問：他云，無二「與」字，及將二「之」訓「往」，迷即法性往趣無明，悟即無明往趣法性。其義云何〔三〕？

答：二「與」有無，俱有其義。二「之」訓「往」，釋義稍迂。且「之」字者，乃是常用文字，而多爲語助，雖爾雅訓往，用自有處，安於此中，文似不便。如「一理之内」，「淨穢之土」，豈皆訓往邪？若舊本無二「與」字，則「之」字不須訓「往」，但爲助辭，其義自顯。何者？但云即法性之無明，其用則染，即無明之法性，其用則淨。其文既宛，其義稍明〔四〕。

問：若有「與」字，義復云何？

答：此文既辨二用，有則於義更明。何者？夫與者，借與、賜與也，亦助也。法性無明既互翻轉，成於兩用，互有借力助成之義〔五〕。而劣者借力助於彊者。若法性內熏無力，無明染用彊者，則法性與無明力造諸染法。若無明執情無力，法性內熏有力，則無明與法性力起諸淨應〔六〕。以由無明雖有成事之用，以體空故，自不能變造，須假法性借力助之，方成染法。法性雖具三千，淨用顯發由修，真修縱不藉無明，緣修寧無欣厭？故下文云：「必藉緣了爲利他功。」無明與力助於法性，方成淨用〔七〕。荊谿既許隨緣之義，必許法性無明互爲因緣。但約體具明隨，自異權教〔八〕。

校　釋

〔一〕【案】十不二門義、示珠指本無二「與」字。

〔二〕【詳解】「體既全轉，用亦歒翻」，此且總示染淨體用歒對翻轉。法性作無明，無明爲法性體全轉也。全起無明，法性之用用歒翻也。體既全轉，指上「即法性爲無明」，是真轉爲妄，「了無明爲法性」，是妄轉爲真。用亦歒翻，點今二用。起無明用，縛著名染，對翻爲染用也。起法性用，自在名淨，對翻爲淨用也。【案】「全轉」明體，「歒翻」明用。用有二，謂染用、淨用。「法性之與無明」，落在無明上，謂即理之事，名染。「無明之與法性」，落在法性上，謂即事之理，名淨。果後淨用，隨衆緣之感而遍應。

〔三〕【詳解】「他云」等者，珠指云：「言法性之無明者，此染相也。之，往趣也，同上文心之色心也。謂全法性趣於無明，唯無明起，故云遍造。無明之法性者，淨相也。有別行本加兩與字，云法性之與無明，復云無明之與法性。若言之與，之即語助，與猶共也。乃是法性共無明造惡，亦是無明共法性起應」，（乃至）「誠爲可笑。」【案】源清意謂，若有二「與」字，之是語助詞，則成共造、共應義，則有「共生」之謬。

〔四〕【詳解】答中三。初，總明縱奪，縱其二「與」字，去留無在，奪其「之」字訓「往」，釋義全非。二，「且之」下，斥「之」字訓「往」。三，「若舊」下，無「與」字，亦通。「之」字爲語助，徵起釋出，文順義明。【案】「文似不便」之「似」，詳解本作「字」。「其用則染」之「則」，詳解本作「即」。依知禮解，有無二「與」字，於意無傷，之爲助詞，法性之無明，無明之法性，無非詮表「相即」義。

〔五〕【詳解】「法性」下，釋借助相。「既互翻轉」者，即指上文體用全轉敵翻之義。

〔六〕【詳解】「劣者借力助强」者，此由劣弱，自不能造法，應緣但可以劣借助强者，造作應用耳。「内熏」者，法性真如常熏内具，造諸染法，即九界依正，三世變造，俱名實造。執情即謂實之心，起諸淨應，即是聖人變化所造，縱現九界之像，普門示現，亦名淨應權造也。【案】「助於」，詳解本作「助與」。内熏説，出自起信論：「真如淨法實無於染，但以無明而熏習故則有染相。無明染法實無淨業，但以真如而熏習故則有淨用。」

〔七〕【詳解】「以由」下，釋借助義。初，法性助無明成染。以單真獨妄不能成功，須真妄和合方能變造。以無明體空，須法性助，有成事之用。論明無明有二義，無體即空義，及有用成事義。次，「法性」下，釋無明助法性成淨法。性雖本具，由修方顯，亦藉無明爲緣助也。他釋此文，亦有異論。淨覺雜編，元師輔讚，已死之説，不騰①叙也。今鈔約起教觀意釋之。法性理體，雖本具三千淨用，若欲顯發，須假修成。但修有真、緣，住前爲緣修，住上爲真修。真修既任運相應，縱不藉無明助，緣修則未發真前，難逃作意，須存欣厭，即無明助法性力，由兹修習，故至果上，顯於淨用。故引文證，彼云「應知理雖自他具足」，即今文「法性具三千淨用」，彼云「必藉緣了，爲利他功」，即今「顯發由修」。鈔釋云「稱性圓修，方名緣了，與性一合，功成用顯，設化無方」，即果後淨用。稱性圓修，即初心修觀也。不作此解，則果後五住究盡遍應衆緣之淨用，何故猶有無明助耶？舊昧淨用由修方顯之意，致果上有無明之疑，故多異論。【案】依起信論，無明熏習真如起染法不斷，真如熏習無明起淨法不斷。此中謂無明有成事之用，由於體空，自己不能變造諸法，須向法性借力，成於染法。同樣，法性雖具三千淨用，還須由修顯發。此類説法頗爲費解，可參考起信論的熏習思想。另外，亦可結合無住本而理解。

〔八〕【詳解】「荆溪」下，略引隨緣結顯。「既許」者，不變隨緣，名出他宗，既曾引用，即許義也。「互爲因緣」者，親生爲因，疏助爲緣。若隨染緣，則無明爲因，法性爲緣。若隨淨緣，則法性爲因，無

① 騰：疑當作「勝」。

明爲緣也。若爾，別圓何揀？故云「體具明隨，自異權教」。謂性體具九，起修九用，即隨染緣，例此性體具佛，起佛淨用，即隨淨緣。別亦具佛，而不具九，故但理隨緣作九，非全體隨緣也。妙樂釋「無住本」法，云：「染淨二類，具在十門。」今明染淨體用，如何會同。須知四明既約真妄相即，釋無明法性乃是一體不二，言法性則全無明爲法性，言無明則全法性爲無明。妙樂既云迷中實相是真不離妄，與今染淨二體義同。若以染淨二用，會彼四句，今之二用與彼後三句同，染用即三道流轉，淨用即果中勝用，亦兼修德三因，但缺初句。光明玄兩番生起，既皆順修，但是今文淨用，不可將染用對彼次番生起也。【案】「法性無明互爲因緣」説，今日已經引起諸番爭論。依唯識學解義，法性是無爲法，若作爲因緣，則成有爲，自相矛盾。實則中國佛學關於「性」的理解與用法存在共識。此中就染淨體論染淨用，依法性起淨用，依無明起染用，當然必須基於無明法性一體或染淨一體而説。

【總釋】此段明染淨用，亦結合無明法性一體不二的關係給予解析。摩訶止觀卷五在破四生基礎上，又論破立無礙，俱不可説俱可説，「若隨便宜者，應言無明法法性生一切法，如眠法法心則有一切夢事，心與緣合則三種世間三千相性皆從心起，一性雖少而不無，無明雖多而不有。何者？指一爲多多非多，指多爲一一非少，故名此心爲不思議境也」。輔行卷五解云：「無明是暗法，來法於法性。如丹是藥法，來法於銅等。因緣和合有成金用，是則無明爲緣，法性爲因，明暗和合，能生諸法。自行猶觀染因緣生，化他則以淨因緣生。自他相對，則以染淨和合因緣而生。又自行染有内有外，内謂無明，外謂他境，以内具故他境能熏。故觀所熏，唯見理具。若觀理具，則識真如常熏内具。」此中解「法」爲和合，法性爲因，無明爲緣，因緣和合生一切法。「真如常熏内具」，即知禮所説「法性内熏」。果後化他以淨用，自行因果觀染法，染淨和合起一切法。引此二文，可知知禮解義，其來有自。

濁水清水，波濕無殊。

二，「濁水」下，諭。濁水諭迷中染心，清水諭果後淨心，波諭三千俱用，濕諭三千俱體。須知染中，其水雖濁，亦全濕爲波，清時豈别有波濕？故云「無殊」。則波之與濕，皆無殊也〔一〕。他謂「波中之濕無殊」者，濕性既不變，波性豈變邪〔二〕？

問：第四記云「如清濁波，濕性不異」，豈非波異濕同，今何違彼〔三〕？

答：讀彼文者不看前後，但取一文成我局見。今爲粗引彼文，仍聊釋出，令欲據彼證唯濕無殊者聞之自誡。何者？彼文本釋世間相常，但相本流動。今欲説常，須約位顯。全位爲相，位常，相亦常。故文數云「相位無二」，仍自問云：「位可一如，相云何等？」答曰：「位據理性，决〔四〕不可改；相約隨緣，緣有染淨。緣雖染淨，同名緣起。如清濁波，濕性不異。同以濕性爲波，故皆以如爲相。同以波爲濕性，故皆以如爲位。所以相與常住，其名雖同，染淨既分，如位須辨。」

釋曰：彼問既云「相云何等」，故知答文以位例相，成乎等義。乃先法次諭。諭中以法參而合之。法中先舉位一，故云「決不可改」。次明相等，故云「同名緣起」。諭中亦先舉濕性不異，顯上位一。次明以濕爲波，以波爲濕，正當顯上位相無二，位等相等。故知文中本答相等，但相兼染淨，等義難彰，故先以濕性諭位，論等仍顯全位爲相，全濕爲波〔五〕。以位例相，明其咸等。因何但將「濕性不異」一句爲證，全不以濕而例於波，及抛「相等」之問，豈可得乎〔六〕？況若論異義，豈獨相異，位無異義邪？故當科即云「染淨既分，如位須辨」。豈非染相必以在纏真如爲位？豈可淨相不以出纏真如爲位〔七〕？若論等者，濁水清水既同一濕，豈不得言同一波邪？以水清後，還是濁時動用故也〔八〕。

校釋

〔一〕【詳解】常途直將波水以喻修性體用，今以清濁喻染淨心，以波喻二用，濕喻二體，清濁之水皆全濕爲波，則因之與果，皆全體起用。「波喻三千俱用，濕喻三千俱體」者，謂清水之濕譬法性體，濁水之濕譬無明體。染淨，體也，雖有清濁，其濕無殊。以清波譬淨用，濁波譬染用，雖有清濁，其動無殊。故云「波與濕皆無殊」也。故下文云：「以水清後，還是濁時動用，則染淨二用同一事造三千，染淨二體同一理造三千也。」

〔二〕【詳解】「他謂」等者，珠指云：「濁水之波，清水之波，二波雖殊，而濕性無殊。喻迷悟緣起雖二，唯心不二。」今破：既許濕性無殊，波性豈應變異？　【案】此門明染淨不二，故舉清濁二水喻染淨二用。依知禮解，波喻用，濕喻體，但分濁清二水，各有波濕，在此意義上説二水之波濕無殊，又説波與濕皆無殊。源清則以濁清二水爲二波，二波殊，濕性無殊，謂迷悟爲二，唯心不二。全濕爲波，全波即濕，波濕一體。若解爲「濕性無殊」，於義不便，故以「濕性既不變，波性豈變」反詰。

〔三〕【案】設問引文句記卷五「濕性不異」語質難。法華文句釋方便品云：「『是法住法位』一行，頌理一也。衆生正覺，一如無二，悉不出如，皆如法爲位也。『世間相常住』者，出世正覺以如爲位，亦以如爲相，位相常住，世間衆生亦以如爲位，亦以如爲相，豈不常住？世間相既常住，豈非理一？又釋世間者，即是陰界入也。常住者，即正因也。然此正因不即六法，緣了不離六法。正因常故，緣了亦常，故言世間相常住也。」文句記解此文後，又設問答云：「問：位可一如，相云何等？答：位據理性，決不可改。相約隨緣，緣有染淨。緣雖染淨，同名緣起。如清濁波，濕性不異。同以濕性爲波，故皆以如爲相。同以波爲濕性，故皆以如爲位。所以相與常住，其名雖同，染淨既分，如位須辯。況世間之稱，亦通染淨因果故也。今且從悟顯迷，以淨顯染，則淨悟得於常事，迷染但名常理。又世間之名通收依正，常住之稱不礙二途，故云理一。若不了此，徒云開權，如何顯實？故今問之：被開之法，唯信佛説，爲亦改迷？雖復四法咸以人攝，得意忘言，説不可盡。又釋下，單約生釋世間相常。向釋雖然事理通總，未的示其理境所在，故以陰入對正因說，九界陰入位本常住。」

〔四〕【案】「決」，大正藏作「快」。

〔五〕【詳解】「故知」下，出答。文意本答相等，以兼染淨等義難見，故先以濕性喻位，仍以全濕爲波，方顯全位爲相，以如爲位，亦以如爲相，即以位例相，位如相亦如，即咸等也。【案】「故先」，大正藏作「故光」。

〔六〕【詳解】「因何」下，斥其但取一文不看前後之失。記云「相與常住」名同者，染淨二相同名緣起，二真如位同名常住，開下異義，故云名同。

〔七〕【詳解】「況若」下，釋染淨既分，如位須辨。上論位相咸等，故以位例相。若論異義，以相顯位，相異位亦異也。染淨既分是相異，如位須辨是位異。衆生在纏真如，正覺出纏真如，即是如位亦異也。

〔八〕【詳解】「若論等者」，上既辨異，復結歸同，謂水之清濁雖異，濕性一等；波之清濁雖異，動性一等。如是結同，爲顯今文正意，波之與濕皆無殊也。

【總釋】舉二波喻染淨體用。水有濁清，同一波濕，故云「波濕無殊」，二水之波與濕皆無殊。此解基於迷中染心與果後淨心相即而論，波性濕性皆無殊，意謂染心之體用與淨心之體用無別，皆是「俱體俱用」。因此對源清濕無殊而波殊的解讀提出駁難，認爲就理一論，濕性不變，波性亦不變。「是法住法位，世間相常住，於道場知已，導師方便說」是法華經中的名句，智顗解如上引，認爲此頌示理一，即衆生與正覺一如，解「世間相常住」，謂出世正覺以如爲位、以如爲相，位相常住，世間衆生亦以如爲位、以如爲相，也是常住，世間相常住即是理一，也就是説世間出世間、衆生與佛，一如無二，故謂理一。湛然立染淨釋：「染謂衆生，淨即正覺。衆生正覺是能住法，染淨一如是所住位。分局定限故名爲位，位無二稱，同立一如。」上引問答中又舉「如清濁波，濕性不異」喻説染淨緣起。知禮解讀此文，認爲「濕性不異」喻染淨一如之位，而「同以濕性爲波故皆以如爲相，同以波爲濕性故皆以如爲位」是喻説位相無二，因此不宜單取「濕性不異」，略去以濕例波而明位等、相等之説不談。總之，清水、濁水，既同一濕性，亦同一波性。也就是説，三千俱體，三千俱用，不因染淨而不同。

清濁雖即由緣，而濁成本有。濁雖本有，而全體是清。以二波理通，舉體是用。

三，「清濁」下，合者。水之波濕，常無增減。若其清濁，必各由緣。雖象入則濁，珠入則清，而其濁緣與水俱有。從來未悟，故濁在前〔一〕。如山抱玉，如沙有金，鑛璞本有〔二〕。水雖本濁，濁非水性，故「全體是清」。以清濁二波，秖一動性，故云「理通」。而皆全濕爲動，故云「舉體是用」〔三〕。既悟後不迷，知清是水性，違性可轉，稱性則常故也〔四〕。

校　釋

〔一〕【詳解】初二句喻染淨由緣，用大論文意，水爲清濁本，珠象爲清濁緣，水譬一念，象譬染緣，珠譬淨緣，清濁譬二用。與水俱有，正釋濁成本有，染淨由緣，而衆生全體是妄。「從來」下，正約法釋本有，起信論云「從本已來未曾離念」是也。【案】喻出大智度論卷三六：「譬如清淨池水，狂象入中，令其混濁；若清水珠入，水即清淨，不得言水外無象、無珠。心亦如是，煩惱入故能令心濁；諸慈悲等善法入心，令心清淨。以是故不得言煩惱、慈悲等法即是心。」此喻意在説明心與心法關係，知禮引以説明清濁由緣。「從來未悟故濁在前」意謂無明無始。

〔二〕【詳解】「如山」下，復以二喻帖釋濁成本有。山、沙喻一念，抱玉、有金譬法性淨用，鑛、璞譬全體在迷，濁成本有也。

〔三〕【詳解】「水雖」下，釋全體是清。濁非水性，譬一念雖迷，迷非本性。全體是清，譬全是淨用。「以清」下，釋二波理通。通，同也。二波只一動性，譬二用同名緣起。「而皆」下，釋舉體是用。全濕爲動，譬體用也。

〔四〕【詳解】「既悟」下，顯濁非水性，從來未悟，故濁本有，既悟後不迷，知濁非水性。違性可轉，合濁非水性。稱性則常，合清是水性也。同前迷轉成性、稱理本有義也。

【總釋】「清濁雖即由緣」謂染淨相即，濁緣即無明，無明由性本具，謂本有。「濁雖本有，而全體是清」，喻染法全體即是淨用。二波喻三千之用，用依於體，故「舉體是用」。二波「秖一動性」，故「理通」。動性即波性，喻用，濕性喻體。此段明「合」，謂濁清同一波濕。

故三千因果俱名緣起。迷悟緣起，不離刹那。刹那性常，緣起理一。一理之内，而分淨穢。別則六穢四淨，通則十通淨穢。

二，「故三」下，界如緣起，性本圓常〔一〕，二一。初，約性德直示者。迷悟緣起皆三千之體起於妙用，體既不出刹那，妙用豈應離體？故使緣起咸趣刹那〔二〕。三千既其不變，刹那之性本常。以體收用，緣起理一〔三〕。不分而分，十界百界。約十界則六穢四淨，約百界則十通淨穢，十中一一各六四故〔四〕。

校　釋

〔一〕【詳解】界如緣起，即三千因果俱名緣起。性本圓常，即刹那性常，緣起理一也。【案】「界如」，即三千。三千，俱體俱用，舉三千之體起三千之用。「圓常」謂諸法之性體。「界如緣起」提法，概括了天台宗的緣起思想，

〔二〕【詳解】從初至「咸趣刹那」，釋前四句，迷悟緣起，三千妙用，皆全體而起，因中三千迷緣起，果上三千悟緣起，雖分迷悟，同名緣起。刹那本具三千妙體，用既即體，故不離刹那。【案】三千因果，即十法界因果，約事修論，皆是活潑潑的生命活動，故「俱名緣起」，緣起即因果。刹那即事中一念，十法界因果，或迷或悟，一念攝盡。

〔三〕【詳解】「三千」下，釋「刹那性常，緣起理一」。以不變釋性常，體既不離刹那，故三千不變，刹那性常也。以體收用，故緣起理一，理即是體，緣起是用。

〔四〕【詳解】「不分」下，釋後四句。一理内分即不分，而分六穢四淨。且約别論百界，則十通淨穢，互

具爲言，十中一一即十界，各具六穢四淨也。【案】「六穢四淨」，即六凡四聖，此約十界之别論。通則「十通淨穢」，謂十界互具，所以知禮以百界釋通，舉任一界皆具十界，各具六穢四淨。【總釋】此段以「性德」釋「理一」。攝十法界因果入於剎那一念，一念三千即空假中，謂之「性常」或「理一」。即此一理分淨穢，淨穢理通。

故知剎那染體悉淨，三千未顯驗體仍迷。故相似位成，六根遍照。照分十界，各具灼然。豈六根淨人謂十定十？分真垂迹，十界亦然，乃至果成，等彼百界〔一〕。

二，「故知」下，約修反顯者〔二〕。

問：前云「剎那百界，有穢有淨」，今何悉淨？

答：前論淨穢法門，皆理本具，通於迷悟，無有增減，即性善性惡也。今之染淨，約情、理説，情著則淨穢俱染，理性則淨穢俱淨。故剎那染情，體具十界，互融自在，故名悉淨〔三〕。

疑者云：剎那既具三千，我何不見？

答：未顯者，驗體仍迷，非理不具，此名字中疑也。觀行既亦未顯，遂以相似驗之。父母生身，發於相似，五眼五耳乃至五意，皆能遍照，自身既現十界，以驗他身亦然。故相似位人比知百界同在一心〔四〕。若至分真，普現色身，能現十界，一一復起十界三業，故云

「亦然」。果地究盡諸法實相，等彼性中所具百界〔五〕。故知性具百界，互融廣遍，染心自局，濁體本清〔六〕。

校　釋

〔一〕【案】「各具」，大正藏作「各俱」。「乃至」，釋籤、十不二門義、示珠指本作「乃由」。

〔二〕【詳解】「約修反顯」，科初二句。重明性德，如上所示，則知刹那染心體具三千，悉皆互融互泯。「三千」下，正約修顯。初二句釋伏疑，觀行位人雖理觀圓融，事用未顯。「故相似」下，以十信、六根遍照百界一心，即是相似顯此三千也；初住分顯中道垂十界應迹分證三千，故云「亦然」。四十一位，位位皆爾，乃至妙覺果成，究顯三千實相，等彼性具百界也。

〔三〕【詳解】前論六穢四淨，即理性三千性善性惡法門是，於法體在迷不減在悟不增。今云染淨，的約迷情理性而分，迷情執著，則十界俱名染礙，理性虚融，則十界俱淨。故上卷云：「圓家斷證迷悟，但約染淨論之，不約善惡淨穢説也。」故得刹那染念，雖是迷情，體具三千，法法互融，自在無礙，故名悉淨。此則果後淨用，全在染心，方名不二。【案】由本具淨穢，揭明天台特有的性具善惡思想。

〔四〕【詳解】鈔意何故以相似驗，由觀行位亦未顯故。如下文五品位人理觀遍融事用，未能自在，三千未顯故也。五眼等謂六根各明肉、天、慧、法、佛五，如法師功德品明父母生身，獲得六根清淨，自身現十，驗他亦然，正釋「豈六根淨人謂十定十」也。「比」者，此位雖未證真，相似解發，以似比真，故云「比知」等。既知百界，故非定十。【案】「五眼」謂肉眼、天眼、慧眼、法眼與佛眼。「五耳」等佛典中殊少提及，然據法華經法師功德品中佛説，若人受持法華，並讀誦、解説、書寫，能令六根清淨。「比知」，相似位人尚未現證，故比知百界一心。

〔五〕【詳解】「若至」下，釋「分真垂迹，十界亦然」。普現色身，名爲垂迹，既十界一一復十，任運百界。「果地」至「所具百界」，釋「乃至果成，等彼百界」。妙覺究竟三千實相即彼性中所具百界稱性而證，故云等也。

〔六〕【詳解】「故知」下，總結。修成之位，既顯三千，故知性具百界，法體融遍，迷情自生局礙，故云染心自局，本來悉淨故，譬濁體本淨也。

【總釋】此段約修顯性德。約理「染體悉淨」，三千未顯則在迷，不識理具。論修，則約六即。名字位起疑，觀行位未顯，於相似位比知百界一心，分真位能現十界，至究竟位方「等彼百界」。

故須初心而遮而照，照故三千恒具，遮故法爾空中。終日雙亡，終日雙照。不動此念，遍應無方。隨感而施，淨穢斯泯。亡淨穢故，以空以中。仍由空中，轉染爲淨。由了染淨，空中自亡。此以因果不二門成。

二、「故須」下，明能顯妙觀〔一〕。然今十門皆爲觀心而設。故色心門攝別入總，專立識心爲所觀。故内外門正示觀法，雖泛論二境，正在内心。第三門全性起修，辨觀令妙，第四門即因成果，顯證非新。故此二門，皆論一念。已上四門，攝自行法門，同在剎那，而爲觀體〔二〕。從此門去，純談化他。而化他法門，雖即無量，豈出三千？亦攝歸剎那，同爲觀體。此當其首，故廣示觀門，後既倣此，但略點示〔三〕。不得此意，徒釋十門，空談一念〔四〕。故今文先明淨用同在染心，理具情迷，顯發由觀〔五〕。遮照者，空、中名遮，一相不立；假觀名照，三千宛然〔六〕。復令三觀俱亡，三諦齊照，乃亡前遮照，照前遮照，故各名「雙」。亡照同時，故云「終日」。此則同前即空假中、無空假中也〔七〕。

他見「法爾空中」，欲例「即空即中」，而不看上句「照故三千常具」，彼門但舉依正之境，況不云三千及以百界，尚未結成妙境，何關假觀邪？若此中縱無上句「照故三千常具」，但云空中，於理亦成。何者？上已具示三千淨用在剎那故。彼秖云「依正色心」，據何文義云是妙假？思之，思之〔八〕。

「不動此念」者，明觀成相不移，即今剎那之念，而能盡未來際作三千化事。此之剎那即法界故，有何窮盡？第五記云：「剎那剎那，皆盡過未。」施設三千皆妙假力，亡淨穢相須藉空中，故云「以空以中」〔九〕。染中淨穢更顯明者，復是空中之力，故云「轉染爲淨」。染淨各具三千，空中了之，三千既亡，空中亦泯，方名染淨不二。此則同前，因果既泯，理性自亡〔一〇〕。

校釋

〔一〕【詳解】釋「能顯妙觀」，先通明觀體。以後六門爲起教觀體，成後五妙化他能所，此門居初，今明能顯妙觀，故通叙十門皆爲觀體之義。

〔二〕【詳解】初二句總標，記主述此十門，皆爲修觀設也。「故色」下，先明前四門十乘觀體。色心門，初標云「總在一念」；次明總中云「既知別已，攝別入總」。總在一念、攝別入總，正立識心爲所觀也。內外門，正明觀法。「泛論」等者，機入不同，故須雙列。一家觀法，多就內心。內境觀相，文云「唯內體三千，即空假中」。鈔前文云「應知前二門，直明依境立觀也」。第三門者，色心門明所觀是性，內外門明能觀是修，今示修成全爲性具，名無作行，故云「辨觀令妙」。第四門者，果德三千，由因本具，稱本而證，故曰「非新」。前文云「此門及因果委示前二，成圓行始終」。「二門皆一念」者，前明辨觀令妙，顯證非新，示二門意。今指出二門心境，皆論一念。修性門云「性德只是界如一念」，鈔釋云「亦爲成觀，唯指一念」。因果門云「衆生心因，既具三軌」，鈔釋云「唯取心因，是今觀體」。「已上」下，總結四門。「自行法門」者，以前五妙明自行因果，四門從前五妙而立故。「同爲觀體」者，並指心爲十乘觀體也。

〔三〕【詳解】「從此」下，明後六門起教觀體，以後五妙明化他門，是果上用。物機無量，不出三千。此下六門，依後五妙立，並指果用，在於染心，爲起教觀體也。「廣示觀門」者，此門明能顯觀體，廣明遮照亡照及觀成相等，望下五門，最爲詳委。「後略點示」者，依正門但云「若非三千空假中，安能成兹自在用」，自他門云「必藉緣了爲利他功」，三業門云「百界三業俱空假中」，權實門云「至果乃由契本一理」，受潤門云「故知三千同在心地」。

〔四〕【詳解】「不得」下，結勸。若不得記主述作元意皆爲觀心，則徒釋十門，不知前四後六十乘起教觀體之妙，空談一念，不知前四攝自行因果同歸一念，亦不知後六攝化他法門同歸刹那也。須知鈔主於此十門科判，並以觀心爲正意。色心門以總别事理分科，意在攝别入總。内外門以内外境觀及融泯分文，意令修内觀。修性門明雙立俱亡，意在全性成修。因果門意在修證無得。染淨門明所顯淨法，意在能顯妙觀。依正門云理顯以觀爲功。自他門云觀行之功方顯。三業門云能顯觀體。權實門云遍逗由心證。受潤門云權實本圓，熏修如幻。觀此科語，豈非十門皆爲觀心耶？

〔五〕【詳解】「故令」下，正釋今文。復先叙意，先明淨用在染心者，却指前文染體悉淨。「理具」等者，生下須明修觀，理雖本具，凡情尚迷，欲顯淨用，必由修觀，同前法性雖具三千淨用，顯發由修也。

〔六〕【詳解】「遮照」下，正消文。初釋三觀亡照，次釋觀成相。初又二。初，正釋空中遮、假觀照，即三觀相成。空中雖同名遮，其義則别。空遮於有，中遮二邊。遮謂遮其情執，故云一相不立；照謂照其法體，故云三千宛然。此釋「照故」下二句。

〔七〕【詳解】「復令」下，釋終日亡照。亡謂亡其修用，故云三觀俱亡；照謂照其法體，故云三諦齊照，此釋亡照。「乃亡」下，釋「雙」字。既俱亡俱照，何名爲雙？乃指上遮照爲雙，故云亡前遮照，照前遮照。若欲易曉，只是亡前三觀，照前三諦。亡前遮照，謂空中二觀之遮、妙假一觀之照。照前遮照，謂真中二諦之遮、妙俗一諦之照也。以同時釋終日，亡時常照、照時常亡也。以外境觀相文義例同。今文即空假中，義同於照，無空假中，義同於亡。【案】「照前遮照」，大正藏作「照前遮故」。

〔八〕【詳解】「他見」下，破舊。清師於外境文中，除兩假字，唯云「即空即中，空中妙故」。正中今文爲例，前已委破，今臨文亦略斥之。今文上句有「照故三千恒具」，照是觀，三千是假。上句既明假觀，復須空中成之，故下句云「法爾空中」。彼但云「依正色心」，非是假觀，不可爲例。「三千淨用在刹那」者，即三千因果、迷悟緣起，不離刹那。

〔九〕【詳解】次釋觀成相。「不移」下，釋「不動」下二句。何能不移此念遍應無方？由此刹那全法界作，法界之體，亘徹無遺，故不動刹那，化用無盡。妙樂記證刹那心盡未來際。上文二因茲遮照，妙用現前，故二遍應無方，隨感而施，以空以中，四句亦是三觀相成。上二句假觀，鈔上云妙假歷於淨穢，即觀成歷法，淨穢斯泯，是任運泯合。下二句明空中二觀亡妙假三千也。

〔一〇〕【詳解】「染中」下，釋「仍由空中，轉染爲淨」。染中淨穢，即染體本具六穢四淨三千法門，由三觀淨心，歷茲淨穢，觀慧增進，故更顯明，仍藉空中，遮其妙假，亦是三諦齊照。鈔以「復是」釋「仍由」也。「染淨」下，釋「由了染淨，空中自亡」。「各具三千」者，如前云因中三千起於染用，果上三千起於淨用，只一三千，在染在淨之不同，故云各具。三千是假，空中了之。空中究了染淨所具三千，即是空中亡淨穢相，三千淨穢法門既亡，空中能亡之觀亦泯。

【總釋】此段明能顯妙觀，即一心三觀，其中以「空中名遮」、「假觀名照」分疏三觀的功用。空、中二觀以遮爲功，遮有破義，空遮凡夫有執，中遮二邊。假以照爲功，照有立義，照無量相。如法華玄義卷八明體文云：「利根菩薩即空故入一相，即假故知無量相，即中故更入一相。如此菩薩深求智度大海，一心即三，是真實相體也。」利根菩薩指圓教行人。遮照同時，如此則「遍應無方」、「隨感而施」，此爲果後化他之相，詮表感應妙，含神通妙。三觀功成，所觀三千泯寂，能觀三觀亦亡，入於實相，謂染淨不二。前門對因明果，此門對染明淨，示果後化他之淨用，故依因果不二門成立染淨不二門。釋中又結合十門明觀體，前四門論自行法門，以刹那一念爲觀體，後六門論化他法門，亦攝歸刹那，謂之起教觀體。

六，依正不二門者。

六，依正不二門，三〔一〕。初，標。果後示現下三國土名爲依報，示現前三教主及九界身名爲正報〔二〕。以寂光、圓佛本無二故，即是能開之妙法故也〔三〕。此淨穢土及勝劣身，同在初心刹那，有何二邪〔四〕？

校　釋

〔一〕【詳解】此門依感應、神通而立，應物現通，必該依正，既是淨用，依正必融，故名不二。

〔二〕【詳解】「果後示現」者，聖人變化權造也。前三教主雖名爲佛，藏、通二佛屬二乘界，别佛屬菩薩界，圓等覺還亦菩薩攝。果後示現十界依正，如妙玄六云：「若言神通度物，非但變己身同其正報，亦變己國土同其依報。瓔珞云：起一切國土應，起一切衆生應也。若應同正報者，即是示爲十法界像也。若應同依報者，即是同十界所依處也。」【案】「下三國土」，指常寂光土外的凡聖同居土、方便有餘土和實報無障礙土。「前三教主」，指三藏教佛、通教佛與别教佛。此句解依報與正報之二。

〔三〕【詳解】「寂光、圓佛無二」者，如云：「真如實性，非身非土，而説身土。離身無土，離土無身。言身土者，一法二義。」今云「已證遮那一體不二」，下三土、九界是所開之麤，寂光圓佛是能開之妙，開前身土即寂光圓佛，故云不二。

〔四〕【詳解】「淨穢土」者，三土傳作勝劣身，即九界迭論，同在初心，兼明門義，繼云有何二耶，復是不二義，依正既居一心，一心豈分能所也。【案】「淨穢土」指前三國土。修行證果所得之諸種意生身有勝有劣，謂之「勝劣身」，分别與其土相應。

【總釋】釋標題中的依正、不二。依正之别，但就下九界論。圓佛與常寂光土一體不二，爲實施權，不二而二，隨感垂應爲下九界之勝劣身與淨穢土。身土居於一心，在此意義上歸於不二。

已證遮那一體不二，良由無始一念三千。

二，「已證」下，釋，二。初，明果用由因本具，三〔二〕。初，示依正不二，二。初，明不二之由。「已證」者，蓋舉已證之位也。寂光遮那，依正不二，全由因德一念三千〔一〕。儻因本不融，果何能一？縱修治令合，亦是無常，終歸分隔〔三〕。

校　釋

〔一〕【案】「果用」，指果後化他之用，即前門所論淨用，謂垂應、神通等。之所以有三千之果用，端在因位本具三千，因果理通。

〔二〕【詳解】初釋已證，舉已證位，即究竟妙覺。「寂光」下，釋遮那一體不二。籤只云「身」，鈔則兼「土」，方見不二。「全由」下，釋「良由」等，皆由理具，方有事用。

〔三〕【詳解】「儻因」下，反顯果必由因，因中若不互融，果上何能不二？别不談具，縱别修緣了，莊嚴法身，是修治令合。既本無今有，是無常法。

【總釋】從「不二之由」與「不二之相」明依正不二，此段説「不二之由」。毗盧遮那與常寂光土不二，此乃果證三千，端由因德本具三千。果證一理，由於因心諸法融即。諸法在理上不即中，修治令合，此指别教。圓教則因果一理。

以三千中，生、陰二千爲正，國土一千屬依〔一〕。依正既居一心，一心豈分能所？雖無能所，依正宛然。

二、「以三千」下，示不二之相，在文可見〔二〕。

校釋

〔一〕【案】衆生、五陰、國土，謂三種世間，各有百界千如，成三千世間。其中衆生、五陰是正報，國土是依報。

〔二〕【詳解】初二句以三千分屬依正，「依正」下正明不二，能依身、所依土也。「雖無」下，不分而分。「依正宛然」者，以法法不失自體，故依正雖在一心，而能依所依任運常分，故云宛然。

【總釋】明「不二之相」。不二之相即爲實相。以一心攝依正，無能所之别，即一相、無差别相。依正宛然，即三千宛然。雖無能所，諸法宛然而有，法界洞朗，此明理具三千，在佛屬事。

是則理性、名字、觀行，已有不二依正之相，故使自他因果相攝。

二，「是則」下，明因理本融，二。初，明三位本妙〔一〕。理等三位，融相未顯，如五品人，雖以理觀遍融一切，而於事用未能自在。此位尚爾，前二可知。然迷情自異，不二天真，故云「已有」〔二〕。自即己心，他是生、佛。佛唯在果，餘二在因。果攝心、生，縱由修證。心能攝二，全由性融。推功歸理，乃言「故使」〔三〕。

校釋

〔一〕【案】「三位」，即理即、名字即、觀行即，均屬因位。「本妙」約理説。

〔二〕【詳解】理等三位，性雖本具，但融相未顯。若至十信，六根互用，能以一妙音遍滿三千界，方於事用自在，況至分真。故知五品，理觀雖融，事用仍隔。解謗云：「若圓五品，初隨喜人，能於一心，須顯三諦，即廣事而達深理，即深理而達廣事，無一事用不具三千，以達事用全理起故。」彼正約理觀遍融，故得無一事用不具三千。理觀雖爾，未能如真，似化用身土，無妨也。然此三位融相未顯者，乃迷情自生隔異，不二之相，天真自然，本來融攝，同前染心自局、濁體本清。

【案】「五品人」，即五品弟子位，屬外凡位。玄義卷五上明位妙之圓教位中，於十信位前更立五品之位。灌頂解云，五品位是圓家方便，可與三藏教五停心位相參照，謂：初隨喜品，圓信法界，上信諸佛，下信衆生，皆起隨喜，是圓家慈，當於五停心之慈悲觀，對治瞋心；第二讀誦品，讀誦大乘文字，讀誦明利，是圓家數息，當於數息觀，對治散心；第三説法品，是圓家因緣停心，當於因緣觀，對治癡心；第四兼行六度品，是圓家不淨停心，當於不淨觀，對治貪欲；第五正行六度品，是圓家念佛停心，當於念佛觀，對治一切煩惱。此中五停心均予圓解。「前二」，疑指理即位、名字位，五品人修止觀，位在觀行。「已有」，即本有，約理説。

〔三〕【詳解】「自他相攝」者，前文云「三法體性，本來相攝」，果攝於因，縱謂修顯，心能攝二，既未證得，全由性體互融。【案】衆生法與心法在因。果攝心、生，約修證説，心、生俱果。心攝生、佛，約「性融」説，指理具而言。

【總釋】明「因理本融」，分爲「三位本妙」與「一切皆融」，此段明「三位本妙」。三位俱在因位，約事隔異，約理則融即，謂之本妙。釋中舉五品人爲例。

但衆生在理，果雖未辨，一切莫非遮那妙境。

二，「但衆」下，示一切皆融。不可任情，必須順理〔一〕。理智未顯，見法仍差〔二〕。須知本融，無非妙境〔三〕。

校　釋

〔一〕【詳解】釋「一切皆融」。初二句約情，理分融隔。前明融相未顯，蓋任迷情。今謂一切皆融，須順理體。

〔二〕【詳解】「理智」下二句，釋「但衆生在理，果雖未辨」，言衆生在迷，但有理性，事用未顯，名果未辨。理智乃證理之智，迷情既深，「理智未顯，見法仍差」，由果未辨，故於事用未能自在，此是任情。

〔三〕【詳解】「須知本融，無非妙境」，釋「一切莫非」等，即順理觀也。

【總釋】此段明「一切皆融」。任情則諸法隔異，「謂十定十」，十界不能互具。順理則本融，一色一香無非中道。

然應復了諸佛法體非遍而遍，衆生理性非局而局。始終不改，大小無妨。因果理同，依正何別？

三，「然應」下，明始終無改，二。初，明情智局遍〔一〕。於生局處，佛能遍融。於佛遍處，生自局限〔二〕。二，「始終」下，明體用常融，二。初，略示，有四句。初、三約因果，豎辨理同。二、四約諸法，横辨相入。意顯終既大小無妨，始亦如是，由不改故。果既依正不二，因亦復然，由理同故〔三〕。

校釋

〔一〕【詳解】明「情智局遍」者，生自局限，屬情；佛能遍融，屬智；非遍非局，約體性説；而遍而局，約情智論。

〔二〕【詳解】「於生局處，佛能遍融」者，果上佛眼佛智觀之，全生是佛。「於佛遍處，生自局限」者，衆生於佛依正中而生殊見也。

〔三〕【詳解】釋略示。云「横豎」者，始因終果相望名豎，依正大小相對名横。「意顯」者，以終顯始，以果顯因也。【案】「初、三」，指「始終不改」、「因果理同」，爲豎。「二、四」，指「大小無妨」、「依正何別」，爲横。「大小」，疑指應身之勝劣。

【總釋】立「始終無改」爲釋，分爲「情智局遍」與「體用常融」二節。始因終果，三千之理體不改。九界爲因，佛界爲果，果位依正不二，因位亦不二，謂之理同。依理體而垂應事用，理事相即，體用常融。

故淨穢之土，勝劣之身，塵身與法身量同，塵國與寂光無異。是則一一塵刹一切刹，一一塵身一切身，廣狹勝劣難思議，淨穢方所無窮盡。

二，「故淨」下，廣示，文有八句〔一〕。初二句，雙舉依正。同居等三土，傳作淨穢。地獄等十界身，迭分勝劣〔二〕。次「塵身」下二句，雙示依正體性。一微塵身，一微塵國，各具三千，體遍法界。彼彼身土，亦復如是〔三〕。三，「是則」下二句，明遍攝一切刹趣一刹，一切身趣一身。文雖刹身各攝，意必依正互收〔四〕。四，「廣狹」下二句，結妙，三千無礙，出生無盡，不可心思，不可口議。如是融相，今古常然，迷悟不改〔五〕。

校釋

〔一〕【詳解】廣示八句，依正問出，初二句先土次身，次二句先身次土，次二句又先土次身，相由而來，順文義便，亦由身土體一，趣舉無在。「塵身法身量同」者，如云一塵之身，咸與理等。廣狹約土，勝劣約身。釋塵身二句，示依正體性，文云法身、寂光故也。文雖各攝可見，意必互收，即一切刹趣一身，一切身趣一刹，此明事用相攝。

〔二〕【案】土論淨穢，身分勝劣。土止於前三土，寂光無淨穢。身則十界身，約下文「塵身」而論勝劣。

〔三〕【案】「微塵國」，洪武南藏下有「土」字。法身無量，塵身有量，約理亦無量，故云「量同」。塵身即法身，塵國即寂光，法身、寂光指體，塵身、塵國指用，體用常融。

〔四〕【案】一刹一切塵刹，一身一切身，論刹必含身，論身必含刹，故云「依正互收」。

〔五〕【案】「廣狹」指塵刹，「勝劣」謂塵身。「難思議」、「無窮盡」即妙。

【總釋】八句廣示「體用常融」，堪稱經典。説依區分廣狹淨穢，説正則或勝或劣，均基於虚妄分別論。據圓理觀照，一切皆即不思議境，彼此互融，開顯了一個無限而明朗的絶對悟境，法界因此而絶妙。

若非三千空假中，安能成茲自在用。

二，「若非」下，明理顯以觀爲功，二。初，克彰觀行之功。性具三千，若體若用，本空假中，常自相攝。微塵本含法界，芥子常納須彌〔一〕。無始無明，强生隔礙。順性修觀，即空假中。則自在體用，顯現成就〔二〕。性本空假中，性淨解脱也。修成空假中，實慧解脱也。起用空假中，方便淨解脱也。雖是修二性一，以皆空假中故，則成合義〔三〕。

校釋

〔一〕【詳解】釋「觀行之功」，先明性具體用。衆生心性圓具三千，有體有用，法身、般若爲體，解脱爲用。性具三德本空假中，故三千體用互相融攝。性本常然，因理本融，不二天真之謂也。塵含芥納即大小無妨，刹身遍攝不思議解脱妙用。微塵、芥子體量雖微，法界、須彌體量雖大，事用三千，同一體性，相入無妨。如是融相，本來自爾，故云「本含」、「常納」也。

〔二〕【詳解】理雖本然，「融相未顯」者，由迷情强隔，故云「無始無明」等。若能全性起修，此用方顯，故云「順性」等。「順性修觀，即空假中」，釋初句。「自在體用，顯現成就」，釋次句。「成兹」者，指前大小無妨，依正何别，刹身遍攝，果用自在也。

〔三〕【詳解】「性本」下，以離釋合，性具三千本空假中。本含法界，常納須彌，即性淨解脱也。順性修觀，實慧解脱，自在體用，成兹方便淨也。以證理起用，二修對一性説，既皆空假中，乃合九爲三之義，非教道所詮修二性一，故云「則成合義」，彰圓詮也。文明自在用，三解脱中即方便淨，方便必由實慧與真性合方能起用，故約三脱明之。【案】三解脱，摩訶止觀卷一〇云：「一切衆生即是菩提不可復得，即圓淨解脱。五陰即是涅槃不可復滅，即方便淨解脱。衆生如即佛如，是性淨解脱。」涅槃玄義卷一云：「三滅即三解脱，無縛無脱是性淨解脱，因果畢竟是圓淨解脱，巧順機宜無染無累是方便淨解脱。」

【總釋】觀成理顯，故明「觀行之功」，分「克彰觀行之功」與「生佛一致」二節，此段明初節。順三千之性修空假中三觀，三千之體與三千之用自在顯現。釋中以三解脱分對性本、修成與起用，雖修二性一，然三觀同時，謂之合。强調合義，顯然針對上文分空中與假爲二的解義。

如是方知生佛等，彼此事理互相收。此以染淨不二門成。

二，「如是」下，結示生佛一致。既解修成全是本具，即知迷悟體用不二。波濕無殊之譬，於兹更明〔一〕。我心爲此，生佛爲彼。緣起爲事，性具爲理。彼此三千，理同不隔。遂令緣起，互入無妨。依正不二，斯之謂歟〔二〕？

校釋

〔一〕【詳解】釋「生佛一致」。既解修全性具，指前果用修成，因德本具。即知迷悟、體用不二，釋初句也。須知果悟因迷，體用無二。染淨門明因果，染淨二用，皆全體起，喻波濕皆無殊。今云迷悟體用不二，此譬愈彰明矣。

〔二〕【詳解】「我心」下，釋次句，謂心佛衆生三千理同，本無隔異，遂令事用十界、緣起諸法，互融互入，皆無妨礙，故云依正不二也。

【總釋】明「生佛一致」。約體用、事理論依正不二。此心事理與生、佛事理爲一，塵刹塵身互相融即。緣起即前門所示染淨緣起，既全理體而起，隨感垂應之依正必融，故由染淨不二門成立依正不二門。

七，自他不二門者。

七，自他不二門，三。初，標。染淨、依正及以此門，都爲感應、神通而立。且即染之淨，依正必融，即是神通及以能應。既由己辦，須名爲自。唯未論感，感即他機〔一〕。雖分自他，同在一念。故上文云：「他生他佛尚與心同，況己心生佛寧乖一念？」佛法衆生法，皆名爲他，而各具生佛。若己生佛顯，則與他佛生佛同，俱爲能化，唯他衆生生佛而爲所化。既同一念，自他豈殊？故名不二〔二〕。依此觀察，能成二妙，復名爲門〔三〕。

校釋

〔一〕【詳解】釋自他中，初明依妙立門，上云「五六七從感應、神通立名」。「即染」下，以三門對通應。即染之淨，謂果後淨用，染心已具。既是淨用，依正必融，故前二門即是通應名自，今論所化之機名他。上云「自他不二，方兼於感」，起應現通，從因至果，必自修證，故云「已辨」。【案】他機，上文所明神通及能應爲自，此門更明所化之機爲他。

〔二〕【詳解】釋不二中，初二句略示，次引上文證。先引，次「佛法」下，釋自心爲己、生佛爲他，各具三千，故云生佛三千，不出生佛故也。「己生佛顯」等者，自心所具三千，果用彰顯，則與諸佛所具三千，並屬能應，即自也；九界衆生所具生佛，爲所化機，即他也。既同居一念，故名不二，能成感應、神通二妙也。【案】「能化」，己所本具之生佛已顯，便與他佛所顯之生佛同，既同是佛，便都是能化，屬自。「所化」，其他衆生（下九界）本具之生佛未顯，故是所化，屬他。

〔三〕【案】「二妙」，謂感應妙與神通妙。由自他不二方成二妙，故不二即入妙之門。

【總釋】釋標題中的自他、不二、門。三千果顯，名自，或能化，指神通與能應。下九界爲他或所化，爲能感。果後化他，前二門明能化之自，此門示所化之他，自他不二，方成化功。釋中約三法明不二，衆生與佛同居一念，己之生佛顯，即與佛同，爲能化，他之生佛未顯，爲所化，己之生佛名果，他之生佛名因，因果理同，自他不二。不二即門。

隨機利他，事乃憑本。本謂一性，具足自他。方至果位，自即益他。

二，「隨機」下，釋，二。初，示感應之體本同，二〔一〕。初，約法示，三。初，約一性明自他。證果之後，不動而應，衆機普益〔二〕。既非謀作，皆由性同。因果驗之，灼然不二〔三〕。

校　釋

〔一〕【案】本是本迹之本，亦是無住本之本。「隨機利他」之事迹憑藉一性之本，既爲一本，能化所化亦不二。

〔二〕【詳解】釋一性，明自他不動而應，故曰「無謀」。一身湛然，安住無量身，百界作佛，全真起應，故曰「不動」。

〔三〕【詳解】皆由自他同一性故，一性具足自他，因也，至果益他，果也，故云「因果驗之」。【案】「非謀作」，一性不動，自他同一性，故非謀作。謀作即有作，反之爲無作。「因果」，一性具足自他爲因，至果益他爲果。因果理同，自他不二。

【總釋】釋中分感應體同與觀行之功。初又分法示與喻示。法示分三，此段論第一「約一性明自他」。性具自他，約理説。若約事論，因位三千未顯，自他爲二；三千果顯，自即是他。

如理性三德三諦三千，自行唯在空中，利他三千赴物。物機無量，不出三千。能應雖多，不出十界。界界轉現，不出一念。土土互生，不出寂光。

二，「如理」下，約三千明感應。先以三諦例自他本同，三千既即空假中，乃三德三諦之三千也。自行即淨穢亡泯，無不空中；利他則帝綱交羅，三千皆假〔一〕。三諦既即三是一，自他則分而不分〔二〕。然今所辨自他，俱在妙假，以能化所化皆三千故〔三〕。欲約三諦論不二故，且對空中辨之〔四〕。妙假尚不離空中，一假豈應隔異〔五〕？

問：前修外觀，既當自行，但列空中，與今符合，何苦責之〔六〕？

答：往時不解境觀之徒，據此等文，妄有除削。何者？此約三千以明空中，已具不思議假。況復利他之觀，初心豈可不修？不修則何名摩訶薩〔七〕？秖爲假觀始行須修，方得感應同居一念，自他不二據兹而立。如何却云自行無假？又若自行唯修空中，内觀豈非自行？何故言即空假中邪〔八〕？

「物機」等者，正明自他各具三千。細辨故三千，總論故十界。轉現互生，即無記化化，化復作化也，依正皆爾。應必對感，機豈不然？一念從事，寂光約理，二必相即，故互舉爾〔九〕。

校　釋

〔一〕【詳解】「三德三諦三千」者，桐洲①云：「三諦是所依體，故云天然之性德也。三德是所顯常樂我

---

① 桐洲：桐洲懷坦，屬知禮法脉。

淨，故云果德。欲顯三千因果理同，故云理性三德三諦三千也。」一師①云：「以三千即空假中故，乃約三德三諦以明之。何者？三德之三千，法法皆常樂我淨故，三諦之三千，法法皆圓融自在故，德顯修成，諦約性具。故荆溪云：德若無諦，德無所依。諦若無德，諦不能顯。故以修成之德，顯於理性之諦。」愚謂：此句正釋理性三德三諦三千，以此三千一一即空假中，故名三德三諦三千也。三千自即三諦，何名三德三諦耶？蓋圓詮三諦，體是三德，不縱不横，一一互具。三千即空，三皆能破；三千即假，三皆建立；三千即中，三皆絶待。不同别人不知三諦體是三德，故三諦隔歷，非縱即横。故云三千既即空假中，乃三德三諦之三千也。別行玄記上云：「以三千法皆因緣生，是故一一即空假中，三諦互具，非縱非横。故荆溪云：三德三諦三千。」下卷云：「若觀心空，理事三千，無不空也。觀心假、中，理事三千無不假、中。觀三千空，空即三觀，三皆能破，故總言空。觀三千假，假即三觀，以皆立故，故總言假。觀三千中，中即三觀，皆絶待故，故總言中。此乃三德三千故也。但以别人不知三諦體是三德，不縱不横，一一互具。」理性者，就迷説也。自行空中利他假觀，同染淨門能顯妙觀，「照故三千恒具，遮故法爾空中」。此自行利他，對下自他，並屬於自，即初心所修妙假，名利他行，且屬於自。此二句分釋三諦。

【案】就「淨穢亡泯」而説空中，就「帝網交羅」而説假，前爲自行，後爲利他。三諦分説之意在此。

① 一師：疑指一原紹宗，亦屬知禮法脉。

維摩玄疏卷二明從空入假觀云：「入假之意者，此觀正爲觀俗諦破塵沙無知。若二乘不爲化物，不須此觀。菩薩弘濟，必須此觀。所言從空入假者，若滯於空，墮二乘地。如大品經云，我以天眼觀十方世界，恒沙菩薩學菩薩道，少得入菩薩位，多墮二乘地。是故通教菩薩須從空入假，用道種智入菩薩位，若不滯空，如空中種樹，分別藥病化衆生也。」菩薩爲大悲利物而修假觀，用道種智照諸法無量。三觀分説，二乘但修空觀，菩薩進修假觀，別教菩薩更修中觀見恒沙佛法如來藏理，圓教菩薩一心三觀，因此，空、中二觀有亡泯之意，假觀有入假化他之意，實則三觀一心。

〔二〕【詳解】次「三諦」下，以三諦明自他。上句明三諦，下句例自他圓融。三諦體一互融，故云即三是一；雖分自他，只一三諦，故分而不分，豈非自他本同。

〔三〕【詳解】「然今」下，取次文意，能應不出十界，物機不出三千，即能化爲自，所化爲他，於三諦中，俱屬妙假，以能所皆三千釋上自他俱在假義。

〔四〕【詳解】「欲約」下，明今以三諦例自他意，欲約三諦以論不二，故暫對空中明之。三諦既即例顯自他本同，故云自行唯空中也。

〔五〕【詳解】「妙假」下二句，初句明三諦尚即三是一，次句明自他既同，一假豈應分二。然妙假一假，其體是一。但上句約三諦，故對空中而言妙假，下句約自他同一妙假，故云一假也。【案】「妙假」，即下文所説不思議假，屬果後假。「一假」，詳解釋爲自他同一妙假。

〔六〕【詳解】料揀中，以自行唯在空中，合前外觀即空即中作難。答中明舊人昧旨，妄自除削。

〔七〕【詳解】「何者」下，釋出自行有假，三千明空中，即文云「利他三千赴物」，故云已具。「況復」下，明初心須修假觀意。摩訶翻大，薩埵名心。不修利他之行，何名大道心耶？由是而知初心修起教觀，何所疑哉？【案】內外不二門屬自行，既修三觀，當然包含假觀。此門屬果後利他，初心亦得利他之假觀，詳解釋爲起教觀。

〔八〕【詳解】「秖爲」下，明修假觀功能，正由始行，須修至果，乃感應同居一念，自他俱在妙假，故云據茲而立。「又若」下，以內觀例顯。【案】自他不二據「感應同居一念」之果而立，此果則由始行修假觀而達。

〔九〕【詳解】「正明」等者，今文所辨正明自他同一三千，以明不二。先以三諦例顯，未是正意，故云「且對」。今明自他各具三千，故曰「正明」。雖云各具，只一三千也。依正皆爾者，界界是正，土土是依。無記化化禪，是果上所證，屬能應也。所化之機雖未彰顯，全體本具，故云「機豈不然」。果地融通，並由理具故也。塵說剎說，即依報也。事理相即，是故互舉。亦可云界界轉現不出遮那，土土互生不出伽耶。【案】「無記化化」，玄義卷六上明神通妙文云：「六根之通不因事禪而發，此乃中道之真，真自有通，任運成就，不須作意，故名無記化化禪。不別作意，故名無記。任運常明，如阿脩羅琴，化復能化，故言化化。中道真通，任運如此，與餘通異。論其修習，皆緣實相常住之理。」

【總釋】第二「約三千明感應」。就三諦明自他不二。自行則即空即中，利他則即假。「物機」指能感，雖無量而「不出三千」，此爲理具三千。「能應」不出十界，十界亦三千，此爲事中三千。鈔指此門所論自他俱在妙假，因爲能化所化皆是三千。之所以對空中辨三千妙假，因爲約三諦論不二，妙假既即空即中，爲一相無相，就假所論自他亦無分別。因爲内外不二門有解爲「以空中亡彼依正之假」，此門「唯在空中」語似可爲證，故更設問答予以辯駁。

衆生由理具三千故能感，諸佛由三千理滿故能應。應遍機遍，欣赴不差。

三，「衆生」下，約俱具明道交〔一〕。既三無差别，則感應相收。衆生感心中他佛，諸佛應心中他生〔二〕。不然，豈能一念皆令解脱邪〔三〕？

校釋

〔一〕【詳解】「俱具明道交」者，生佛俱具三千，妙道交感也。衆生在迷，故云理具。諸佛果成，故云理滿。三千理同，故感應相收。機應咸遍，機欣應赴，毫髮不差也。

〔二〕【案】衆生爲他，之所以能感，因爲理具三千。諸佛爲自，之所以能應，因爲覺行圓滿，親證三千。由於自他皆俱三千，所以應遍，機亦遍，感應道交，成就化功。約三無差别爲釋，感應同居一念，因而自他不二。

〔三〕【案】摩訶止觀卷六破法遍中論超云：「圓人根最利，復是實説，復無品秩，此則最能超。瓔珞明頓悟如來，法華一剎那便成正覺。」此中説化他，故云「一念皆令解脱」。

【總釋】法示第三「約俱具明道交」。佛爲化主，衆生爲所化。衆生即此一念而感諸佛，諸佛即此心而遍應衆生。衆生與佛皆具三千，基於此理而達成同一，方能「感應道交」。

不然，豈能如鏡現像？鏡有現像之理，形有生像之性。若一形對不能現像，則鏡理有窮，形事不〔一〕通。若與鏡隔，則容有是理，無有形對而不像者。

二，「不然」下，約諭示，二：初，順諭。諸佛三千即現像之理，衆生三千即生像之性。若不然者，不能即感即應，非任運化也〔二〕。二，「若一」下，反諭。以鑑淨形對無不現之理而反顯之。意云若不現者，可言「鑑理有窮，形事不通」也。諸佛悟理，衆生在事〔三〕。三千理滿，若一機扣之不應，則可云三千互闕〔四〕。既無此理，則前義善成〔五〕。仍釋伏疑：何故衆生多不見佛？故云「若與鑑隔，則容有是理」。即障重機生名「與鑑隔」，機成名「對」，若其對者，終無不現〔六〕。然「未通」字必誤，合云「不通」，縱移於下句，語稍不便，智者詳之〔七〕。

校　釋

〔一〕【案】「不」，十不二門義、示珠指、註、顯妙等本作「未」。

〔二〕【詳解】順喻，謂若不爾者，何能如明鏡當臺，無心現像，形對像生。形喻機扣，像喻應赴。理之與性，即生佛各具三千也。

〔三〕【詳解】釋反喻。初釋，出反喻意。「以鑑」等者，以由果滿機扣無不應之理而反顯之，故云「若一形對」等。諸佛悟理，故云「鏡理」。衆生在事，故云「形事」。

〔四〕【詳解】「三千」下，以法合喻，三千理滿合鏡淨，機扣不應合形對，不能現像、三千互缺合有窮、不通。「互缺」者，佛缺三千則不能應，生缺三千則不能感。【案】理滿則不應互缺，缺則未滿。諸佛悟理，親證三千，遍攝一切法，遍應一切衆生。衆生理具三千，始能感招一切，證覺如佛。

〔五〕【詳解】「既無此理」者，謂無果滿機扣不應之理，則前俱具道交之義善成。

〔六〕【詳解】籤「若與」下，釋伏疑。應疑云「理滿機扣無不應者，何故衆生多不見佛」。故約喻釋云：若與鏡隔，容有是理。鈔以法釋鏡隔衆生，三障厚重，道機未熟，如臨鏡背視，名與鏡隔，則像不現，有是理也。「無有形對不像」，此句顯出正義。鏡明常存，物來斯現。臨鏡背視，非鏡咎也。三千理滿，無有機扣而不應者矣。

〔七〕【詳解】「未通必誤」者，珠指云：「若形對不現像，則鏡理有窮。形事未通，與鏡隔，容有是理。」【總釋】於感應體同，以上法示，此段喻示。前引觀團圓喻説圓觀文，文句記解云「鏡十界因，形十界緣，像十界果」，在此亦通。鏡喻能應，有遍應之理，形喻能感，鏡形相對喻感應道交，「應遍機遍，欣赴不差」。

若鏡未現像，由塵所遮，去塵由人磨，現像〔一〕非關磨者。以喻觀法大旨，可知。

二,「若鑑」下,明觀行之功方顯,二。初,帶諭彰用匪功成者〔二〕。故知心鑑本明,三千之像本具。對物未能現者,蓋三惑之塵所遮〔三〕。去塵雖緣了之功,現像乃全由性具。此中正明觀心發用〔四〕。他云「由機現像」,其義天隔。觀法大旨者,非唯此中,諸門皆爾,但在此説爲便耳〔五〕。

校釋

〔一〕【案】「現像」,釋籤、示珠指本作「像現」,十不二門義無「現」字。

〔二〕【詳解】科「帶喻彰用匪功成」者,帶前鏡像之喻,彰用全性具,非由觀行功成。然總科云觀行之功方顯,今云何匪功成耶? 須知總科雖爾,今科意彰。果由因具,以性奪修,故匪觀行功成,即文云「現像非磨」也。

〔三〕【詳解】釋喻,文以法參合,先明理具,衆生心體,如大圓鏡,本來明淨,三千妙用,具足無虧。鏡未現像,因塵所遮,譬機扣不能應,由惑塵所障。去塵由磨,譬惑破由修。

〔四〕【詳解】「緣了之功」者,了是正觀,緣是助道,去三惑塵,全由觀行之功也。現像非磨者,果用若顯,普現色身,全由性具,非關修觀。若非性具,何名無謀之應?

〔五〕【詳解】「他云」等者,珠指云:「鏡明實由磨力,像現自因形生。此辨修觀故性明,機感故應赴。」鈔主謂,今科正明由觀心故,顯發應用,現十界像。若云由機現像,乃前科意,故云天隔。「諸門皆爾」者,點籤文意,十門皆爲觀心而設,豈獨於此明之? 蓋逐便爾。文出此中,義遍初後也。

【案】示珠指卷下云：「鏡明實由磨力，像現自因形生，故云『像現非關磨者』」。此正辨由修觀故性明，由機感故應赴。有人云鏡有現像之性，是談其本性，非關於修，復移得現字在上。又豈是鏡之明性自能現像耶？」「其義天隔」，現像全由性具，故非關磨者，若謂現像由機，則與上文不符，故謂「其義天隔」。

【總釋】明觀行有顯感應體同（顯像）之功，分「帶喻彰用匪功成」與「就法明發由觀合」二節，此段示用非功成。去塵待緣、了二修之功，但若鏡無現像之理，形無生像之性，則必不能現像，即「現像乃全由性具」。也就是説，現像之果，須性因與二修合方能成辦。以性奪修，雖觀修而無功，即爲無作修。

應知理雖自他具足，必藉緣了爲利他功。復由緣了與性一合，方能稱性。施設萬端，則不起自性，化無方所。此由依正不二門成。

二、「應知」下，就法明發由觀合〔一〕。雖由緣了，須揀前三，稱性圓修，方名一合〔二〕。功成用顯，設化無方〔三〕。

校　釋

〔一〕【詳解】科云「就法明發由觀合」者。上約喻彰修德無功，故云「非磨」，今就法明理顯由觀。理雖具足，指前科意，謂能化之自、所化之他，理體本具，故喻非磨，然必憑藉觀行爲利他功。「復由」

等者，修既稱性，不同別修，故云一合。「方能」等者，修觀功成，故果用自在也。非二物相合，須知此合是即義也。妙宗云「荆溪有時以合釋即」，正引今文。

〔二〕【案】「須揀前三」，前三，指前三教。觀音玄義記卷二云：「初，諸教皆具。藏、通義立全乖性種，別教雖有初心別修，唯有圓教修性不二。雖云皆具，須辨此殊。」

〔三〕【案】「不起自性」，鈔未出解，註謂即上文所云「性無所移」。

【總釋】此段示「就法明發由觀合」。觀合即緣、了二修與一性合，發謂顯發三千之理。圓修則「修性不二」，謂之稱性而修。如此方能「不起自性」，施設無方之化。上門分三千世間爲依正，依正居於一心，塵身即法身，塵國即寂光，彼此互心故不二。此門論能應之自與機感之他不二，就正論自他，故此門依上門成立。

八，三業不二門者。

八，三業不二門，三〔一〕。初，標者。果後逗機，示諸三業。四時三教，謂有差殊。今經開之，唯圓法體〔二〕。諸身尚即，三業豈分？故名不二。亦就心法示也〔三〕。

校　釋

〔一〕【詳解】諸門皆以二法而論不二，此門以三業明不二者，以色心束之，雖三而二，身、口是色，意業是心。故文云「心色一如」，豈非不二？鈔云「示諸三業」，即開三教九界，三業即圓佛三輪，故云不二。鈔云「諸身尚即，三業豈分」。文中融身説是「諸身尚即」，會三輪即「三業豈分」。

〔二〕【詳解】此門唯在能應，故云「果後逗機」等。亦是聖人變化權造，故云「示」也。十界三業，是故云「諸」。四時三教「有差」者，法華以前，各各身、各各口、各各説，故今經開之，即向身是圓常之身，向法是圓法，故云唯圓法體。

〔三〕【詳解】「諸身尚即」者，法華以前，三佛離明，來至今經，從劣辨勝，即三而一，諸身尚即一身，示諸三業豈異？【案】「亦就心法示」，謂就心法示三業不二。

【總釋】釋標題中的三業、不二。三業即三輪。法華玄義卷六明神通妙文云：「前論機應，止是辨其可生可赴之相。」機應指感應妙，亦自他不二門所論。又云：「若正論化用益他，即是三輪不思議化，謂身輪、口輪、他心輪。普門品但有二文，而兼得三意。遊於娑婆世界，即是身輪。而爲説法，即是口輪。如見蓮華大知池水深，若見説法大則知智慧大，故兩輪兼示他心輪也。又化他多示兩輪，示心輪少。從多但二，故無心輪。」此中以説法爲口輪。第八三業不二門與第九權實不二門約説法妙立。説法妙文云：「諸法不可示，言辭相寂滅，有因緣故亦可説示。前藥、珠二身，先以定動。今毒、天二鼓，後以慧拔。演説一乘，無三差别，皆悉到於一切智地，其所説法，皆實不虛。」神通妙論三輪不思議化，由五、六、七三門通達。説法即是口輪，語必不離身、意，故立三業不二門以通説法妙。

於化他門，事分三密，隨順物理，得名不同。心輪鑒機，二輪設化，現身説法，未曾毫差。

在身分於真應，在法分於權實。

二，「於化」下，釋，二。初，明所顯果用，二。初，約對機顯逗會無差，二〔一〕。初，示三輪不同。三皆祕妙，非下地知，故名爲密。能轉摧碾，復名爲輪，轉已示他，摧他惑業。稱機示現，毫髮不差〔二〕。二，「在身」下，明真應復殊。説三權法，皆是應身，若聞圓乘，必見法佛。别縱覩報，猶是修成。圓見應身，皆唯本具〔三〕。仍約四味，權實未會，真應且分〔四〕。

校釋

〔一〕【詳解】「於化」等者，總科云「逗會無差」，謂果人三業，隨機逗會，毫髮無差。雖曰無差，未論不二，故子科云「不同」與「復殊」也。「事分」者，果後化他，故約事用分於三密，理則不異。「物理」者，物機道理也。

〔二〕【詳解】「三皆秘妙」者，大術在於世尊，等覺已還所不能測，故云下地。輔行釋輪義云：「如輪王寶，能壞能安。」運載名安，摧碾名壞。今約能轉、摧碾二義：轉己所證，以示衆生，是能轉義，如三轉中云「示轉」也；摧碾衆生煩惑結業，是摧碾義。【案】如上門能感、能應俱具三千，由三千之理而生與佛等，「應遍機遍，欣赴不差」，即此中所謂「稱機示現，毫發不差」。

〔三〕【詳解】釋「真應復殊」。先約偏圓①相對，約真應分：三教是應；圓乘是法，法即真身也。次約

---

① 偏圓：疑當作「偏圓」，下一「偏圓」同。

偏圓相對，揀修性：藏、通現劣，故但是應；別覩勝身，名爲他報，奪而言之，只云勝應，與而言之，故云「別縱覩報」，既不談具，猶是修成；圓人了知三身本具，全性而發，故見應用，指修即性，亦名法身。諸文以身對教，則生應報法對藏通别圓，此從增勝而説。【案】「法佛」，即法身佛。前三教有權有實，圓教唯實，相對圓教皆權。三權法，應身與法身隔歷不融。別教證道與圓教同，故曰「覩報」，然而教道不即中，須假修成，圓則本具，應身即法身。

〔四〕【詳解】「仍約」下，正釋文意，約未開説一往分於真應，故云「復殊」也。【案】「四味」，謂醍醐之前的乳、酪、生酥、熟酥。前四時尚未開權顯實、開粗顯妙，故約四味而分身爲真應、分法爲權實。

【總釋】釋文約境觀分，初「所顯果用」，二「能顯觀體」。初又分「對機顯逗會無差」與「稱理明卷舒自在」二節，皆指果後説法妙。此段明初節，立三輪不同、真應復殊。釋中約三權、四味論差殊。至第五時，方會三歸一，開權顯實，決了四味入於醍醐一味，一切皆不二絶妙。

二身若異，何故乃云「即是法身」？二説若乖，何故乃云「皆成佛道」？若唯法身，應無垂世。若唯佛道，誰施三乘〔一〕？

二，約稱理明卷舒自在，二。初，融身説〔二〕。

問：此中法身説佛道邪？餘文何故不許法身有説〔三〕？

答：蓋華嚴宗獨謂我經是遮那説，餘經皆是釋迦所説，故今家會之。遮那乃是釋迦異名，縱勝劣有殊，而説必是應，法定無説〔四〕。若相即者，法全是應，無説即説；應全是法，説即無説。今云法身者，非離應之法，故經云「微妙淨法身，具相三十二」等〔五〕。若論即者，凡説圓教，皆即法身，何獨華嚴〔六〕？但彼經隔小，故現勝身，乃報身像而即法身。今經開權，故於應身即法身也〔七〕。

問：現住靈山，豈不垂世〔八〕？

答：身既即法，土非寂光邪？故施開廢會，身土咸然〔九〕。

校釋

〔一〕【案】「即是法身」，涅槃經卷四謂：「我今此身，即是法身，隨順世間，示現入胎。」「皆成佛道」，法華經方便品頌云：「若有衆生類，值諸過去佛，若聞法布施，或持戒忍辱、精進禪智等，種種修福慧，如是諸人等，皆已成佛道。」「二身」，謂應身與法身。「二説」，謂權説與實説。

〔二〕【詳解】科云「融身説」者，應身即法身，三乘皆佛道也。「即是法身」者，大經云「吾今此身即是法身」，同今經「微妙淨法身，具相三十二」。二經同味，故得用之。「皆成佛道」者，方便品廣開中數云「皆已成佛道」。「應無垂世」、「誰施三乘」者，一開之後，無所間然，豈有應身垂世説三乘法之異耶？似廢權義。

〔三〕【詳解】問意者，今文法身説圓教佛道，因何諸文不許法身有説？【案】法身説法還是化身説法，是個由來已久的佛學問題。華嚴經疏卷一云：「今説此經佛，爲真爲應，爲一爲多？若言真者，何名釋迦，居娑婆界，人天同見？若云應者，那言遮那，處蓮華藏，大菩薩見？見佛法身，若云一者，何以多處別現？若云異者，何以復言而不分身？故説此經佛，並非前説，即是法界無盡身雲，真應相融，一多無礙。即盧遮那是釋迦故，常在此處即他處故，遠在他方恒住此故，身不分異亦非一故，同時異處一身圓滿皆全現故，一切菩薩不能思故。」內中盧遮那，全稱毗盧遮那，即法身佛，釋迦是應身佛。可知華嚴四祖澄觀與天台一樣基於「真應相融」或「法界無盡身雲」理解説華嚴經之佛。

〔四〕【詳解】答中先示不許法身説法之由，蓋新譯華嚴謂是毗盧遮那所説，弘彼宗者有此謂也。妙樂破云：「近代翻譯，法報不分，二三莫辨①。」良由不分遮那屬法，能説教主是盧舍那，乃他報身，亦名勝應。所以真應之二，法報應之三，皆莫能辨。「故今」下，以義定判遮那是異名者，普賢觀云「釋迦牟尼名毗盧遮那」，今家會意，以五時教主只一釋迦，云遮那説華嚴，即是釋迦異名也。若三身相對而論離義者，説必是應，法定無説。【案】「我經」，代指華嚴經。詳解引文句記卷九辨三身，云：「近代翻譯，法報不分，三二莫辯。自古經論許有三身，若言毗盧與舍那不別，則

---

① 二三莫辨：法華文句記作「三二莫辯」。

法身即是報身。若即是者，一切衆生無不圓滿。若法身有說，衆生亦然。若果滿方說，滿從報立。若言不離，三身俱然，何獨法報？生佛無二，豈唯三身？故存三身，法定不說，報通二義，應化定說。若其相即，俱說俱不說。若但從理，非說非不說。事理相對，無說即說，即說無說。」此文辨析說法主頗爲詳明。若三身分別，法身不說，報身亦說亦不說，化身定說。若三身相即，一即三，三即一，俱說俱不說。「說必是應，法定無說」即基於三身分別而釋。下約三身相即釋，謂「法全是應，無說即說；應全是法，說即無說」，即此文約「事理相對」論說。

〔五〕【詳解】「若相即」下，約三身相即而說。妙記云：「故存三身，法定不說。報通二義，應化定說。若其相即，俱說俱不說。若但從理，非說非不說。事理相對，無說即說，說即無說。」報通二義者，自報無說，他報有說，此三身俱存，即前三身相對，說必是應，法定無說。相即中云俱說等者，法即報、應故俱說，報、應即法故俱不說。若但從理，雙非義者，理非說默故也。事理相對者，謂相對論即，正同今文相即義也。法既即應，全是應身，故無說即說；應既即法，全是法身，故說即無說。今云即是法身，乃應全是法，故云「非離應之法」。既說佛道，乃說即無說也。引妙經證應身即法。【案】引文出法華經提婆達多品。

〔六〕【詳解】「若論」下，通示諸經中圓皆是應身即法，斥他何獨華嚴是法身說。

〔七〕【詳解】「但彼」下，辨二處教主，即法有異。華嚴隔小，於彼初分，永無聲聞，既說別圓，被別機故，現起尊特，亦名他報，亦名勝應；被圓機故，乃即法身。今經開權，故指劣應即法身也，故云二一塵之身，咸與理等」，況丈六之質非法身耶？【案】「彼經隔小」，法華玄義卷一云：「初教建立融、不融，小根並不聞。」初教指華嚴。又云：「今經正直捨不融，但説於融，令一座席同一道味，乃暢如來出世本懷。」今經即法華。據釋意，華嚴會上現勝身，勝身指報身像，即爲法身，法華會上應身即法身。

〔八〕【詳解】次問意者，文云「法身」、「佛道」，無應身垂世施三乘法者，經云「常在靈鷲山」，豈非應身垂世耶？　【案】法華經卷五謂：「常在靈鷲山，及餘諸住處。」

〔九〕【詳解】答意者，應既即法，伽耶豈非常寂？故施則身分勝劣、土有淨穢；開則無非遮那、寂光。開已無權，義當於廢，故云「應無垂世」，「誰施三乘」，會即開之異名。「身土咸然」者，豈開身而不開土耶？

【總釋】「稱理明卷舒自在」，分「融身説」與「會三輪」二節，此段明初節，謂二身相即，二説無別。湛然以反詰立論，謂基於知性分別，必造成違教違理的理解困境。若真應相離，一違經「我今此身即是法身」文，二違理，法身不即應身，垂世以示現化迹必不可能。若權實二説乖違，一違「皆成佛道」文，二違理，但執佛道之實，必不能開權以施設三乘，如方便品云「若但讚佛乘，衆生没在苦」。真應、權實之分，爲前三權教，今經開權顯實，三身融即，權實不二，違教理之難方獲化解。鈔釋引入與華嚴宗人的争論，如文不具。

身尚無身，説必非説，身口平等，等彼意輪。心色一如，不謀而化，常冥至極，稱物施爲。

二，「身尚」下，會三輪。雖知權實相冥，真應互即，儻三業尚殊，則色心不泯〔一〕。故會身説，令知身口本融。以二等意，使色心不二〔二〕。方名即應見法，不動而施，靈山見聞，無不爾也〔三〕。

校釋

〔一〕【詳解】「權實相冥，真應互即」，指上已「融身説」。「三業尚殊，色心不泯」，明今須會三輪。

〔二〕【詳解】「故會身説，令知身口本融」，釋「身尚非身，説必非説」。「以二等意，使色心不二」，釋「身口平等，等彼意輪」。身口是色，意輪是心。心色一如，即三業不二。【案】「以二等意」，身、口屬色，意屬心，以身、口二等一意，色心不二即三業不二。

〔三〕【詳解】「不謀而化」者，鑒機名謀，現通説法名化，以性奪修，故云不謀。「常冥至極」者，心常契於極理。「稱物施爲」，謂稱彼物機，現身説法，或權或實，若勝若劣也。「靈山見聞」者，法華開顯，見佛聞法，無非遮那，咸是佛乘，故云「無不爾也」。不動而施，正示「常冥至極、稱物施爲」義。【案】「即應見法」，謂即應身而見法身。「不動而施」，即「不謀而化」，基於色心不二而説。

【總釋】此段「會三輪」。由上文真應相即、權實一體，結歸三業不二，如此則「常冥至極，稱物施爲」。釋云「不動而施」，爲實施權，指説法妙而言。

豈非百界一心，界界無非三業。界尚一念，三業豈殊？果用無虧，因必稱果。若信因果，方知三密有本〔一〕。

二，「豈非」下，明能顯觀體，三。初，結指心因。指上果人三業，真應互融。雖即難思，豈過百界？百界融泯，全在我心〔二〕。因心若無，果須造得。若信因果相稱，方知三密有本〔三〕。他云「信」下無「因果」字。有亦未多，令義易顯，故須存之〔四〕。

校　釋

〔一〕【案】「因果」，十不二門義、示珠指本無。「有本」，洪武南藏、十不二門義作「本有」。

〔二〕【詳解】「指上」下，釋初四句。指上果人三輪，不思議化，真應互融，權實相即，不出百界三業，全心本具。【案】十界生命活動樣態由業力因果分，故「界界無非三業」。既一心十界，亦可云一心三業。果後三業之用，乃心因本具。

〔三〕【詳解】「因心」下，釋「果用無虧，因必稱果」。籤則以果無虧，驗因本具，鈔則以因元具，顯果無作。果地融通，並由理具。以果驗因，並由理具，方有事用，以因顯果，二文互映，乃見因果相稱也。【案】「造得」，詳解本作「造作」。造得則始有，心因本有，則果用無作，與上「不謀而作」、「不動而施」文義合。

〔四〕【詳解】「他云」等者，珠指云：「有別行本於若信下有因果二字，蓋後人味此文意，輒加耳。今文自是指上文云若信上百界一念三業之因，方知三密有本，故文便舉百界等以釋成，豈非正由因理本具也，何得云信因果耶？」【案】「存」，詳解本作「在」。

【總釋】「能顯觀體」分三，此段明第一「結指心因」。「三密有本」，果後三業妙用，全在一念，由心本具。詳解概括得好，謂湛然由「果用無虧」比知因心本具，知禮由因心元具推知果方無作。果用有虧，説法不能普被一切，因心不具，衆生如何切入佛法智海。因果相稱，生佛一如，可知「三密有本」。本即下文所謂「百界三業俱空假中」。

百界三業俱空假中，故使稱宜遍赴爲果。一一應色一一言音，無不百界三業具足。化復作化，斯之謂歟？

二、「百界」下，觀成用顯，百界一念本空假中〔一〕。須順性三，以成修德。修性一合，果用乃彰〔二〕。遂使色聲，傳生百界。豈無記化化禪不即陰發邪〔三〕？

校　釋

〔一〕【詳解】上既結指果上三密，因心本具，已有其本，故云百界三業本空假中，即性德三諦也。

〔二〕【詳解】「須順」下，正示文中俱空假中，圓人全性起修，故須順性修觀，即全性德三諦成順修三觀。修性一合，即觀成果用乃彰，是用顯故，使稱適機宜遍赴爲果。【案】「稱宜遍赴」，即稱機遍應，指説法契機而言。

〔三〕【詳解】「一一應色、言音，無不百界等，即色聲傳生百界，化復作化，故云傳生。妙玄六云：「不別作意，故云無記。化復作化，故云化化。」果上所證，全由陰妄心中顯發。【案】「應色」，謂應身相。「言音」，謂口業，法音。

【總釋】明第二「觀成用顯」。妙用即「稱宜遍赴」，「一一應色、一一言音」無不具足百界三業，「化復作化」等。〈鈔〉謂「修性一合」，此用乃彰，又謂說法妙用皆即陰心顯發。

故一念凡心已有理性三密相海，一塵報色同在本理毗盧遮那，方乃名爲三無差別。此以自他不二門成。

三，「故一」下，染體本妙。三密相海，本理遮那，心塵皆具。例彼生佛，名三無差〔一〕。

既云一念凡心，那作非因果釋〔二〕？

校　釋

〔一〕【詳解】三密相海是應，本理遮那是真。心塵染體皆具，故云「本妙」。以心例佛，以佛例生，事用難①分迷悟之殊，三千理體元無差別。

〔二〕【詳解】「既云」下，因便斥謬，心非因果，又既云一塵遮那，那云無情無性？【案】駁源清所立「心非因果」義。

【總釋】明第三「染體本妙」。「已有」、「同在」之說，彰顯理具，與上述唯心唯色之義合。上門論

---

① 難：疑當作「雖」。

能化所化不二，衆生與佛等。此門明真應二身融即、權實二説一體，三業同居一念，故不二。因此，依自他不二門成立三業不二門。

九，權實不二門者。

九，權實不二門，三。初，標。權是九界七方便，實則佛法圓乘〔一〕。四時未會，權實不融，此經開之，皆稱祕妙，故云不二〔二〕。

校　釋

〔一〕【詳解】「九界七方便」者，輔行云「人、天，二乘，三教菩薩」，别取教道地前位也。妙樂六云：「七望於九，但除四趣，離開菩薩，以子義通故。世間從九，結緣義局，故方便唯七。」第五云：「照九界機説七方便者，九是所被，教不出七。説七被九，漸令入實。人法七九，故立總言。九界從自分立名，方便從進趣爲稱。又九界從物機立名，方便從化主受稱。總舉不同，故云七九。」佛法圓乘，佛法指人，圓乘指法，以佛對九，圓乘對方便。【案】「九界」，指佛法界外之九法界。「七方便」，特指人乘、天乘、聲聞、緣覺及藏、通、别三教之菩薩。上門云「在身分於真應，在法分於權實」，此門即就權法與實法二分而論。此中以九界、七方便爲權，佛界、圓乘爲實。九界約所被機説，七方便約化主説。同時將人天乘亦攝入權法。

〔二〕【詳解】「此經」下，今開法用能通，無非秘妙。【案】「四時」，法華涅槃時之前的華嚴時、鹿苑時、方等時與般若時。「此經」，或今經，均指法華經。法華玄義卷一判教相文論根性融不融相，謂華嚴大隔於小，三藏小隔於大，方等彈小嘆大，般若俱建立，令小根寄融向不融，大根寄不融向於融，亦隨他意語，非佛本懷。據此云「四時未會，權實不融」。今經「正直捨不融，但説於融」，開權顯實，入於絶妙，方爲不二。

【總釋】釋標題中的權實及不二。關於法之權實，法華文句卷三作四句解，云：「權實者，先作四句，謂一切法皆權，一切法皆實，一切法亦權亦實，一切法非權非實。一切法權者，如文云諸法如是性相體力本末等，介爾有言皆是權也。一切法實者，如文如來巧説諸法悦可衆心，衆心以入實爲悦，又諸法從本來常自寂滅相，又云如來所説皆悉到於一切智地，又云皆實不虚，又大經四句皆不可説也。一切法亦權亦實者，如文所謂諸法如實相，是雙明一切亦權亦實，例如不淨觀亦實亦虚。一切法非權非實者，文云非如非異，又云亦復不行上中下法、有爲無爲、實不實法，非虚非實如實相也。」

平等大慧，常鑒法界〔一〕。亦由理性，九權一實。實復九界，權亦復然。權實相冥，百界一念。不可分別，任運常然。

二，「平等」下，釋，三。初，明等鑒由理融〔二〕。權實優劣，不名平等。實不融權，復非於大。故法法皆妙，一一互收〔三〕。常如是知，即名平等大慧。此之大慧，雖由果證，凡心本然，故但觀心，此慧自發〔四〕。

校　釋

〔一〕【案】「平等大慧，常鑒法界」，如菩薩瓔珞本業經卷下云：「諸佛菩薩大方便平等慧照諸法界。」

〔二〕【詳解】果證此理，故能常鑑。雖是果證，全由理性權實本融。

〔三〕【案】「實復九界，權亦復然」，註解云：「理實十法界中各各十法界，各各九權一實，性本天然矣。」文心解亦釋作「十界互具」。顯妙解云：「若圓互具，百界常然，名雖百界，一性無差。群情隔礙，權實乃乖，若依今經，顯斯至理，同一佛乘，空假中妙。」樞要解「實復九界」云：「圓通云復由，歸也，返也，還也。今謂不然，復由，重也。良以佛界重有九界，如云重重互現。」解「權亦復然」云：「此一復字，應通二釋。一者同上訓重，九界之權亦重有佛。二者以九例佛，故云亦復。意謂九權重有佛界，亦復如佛重有九界。」諸家表述不同，但均解爲「十界互具」。「亦由理性，九權一實」，謂理性所具十界，分九權一實。知禮所謂「實不融權，復非於大」，大可能指「大慧」，可能接「權實優劣，不名平等」而來，如此則文意連貫。但與下文「權實相冥」構不成因果聯繫。以「實不融權，復非於大」釋「實復九界，權亦復然」，頗費解。「法法皆妙，一一互收」釋「權實相冥」，可解。

〔四〕【詳解】「亦由」者，從上門來，非唯三密全在凡心，果證大慧亦由理性，故云「凡心本然」。不可分別，任運常然，即權實理本不二。既百界一念，故但觀心，則大慧自發。【案】「凡心本然」，意謂凡心本具諸佛親證的平等大慧。

【總釋】釋文爲三，此段明第一「等鑒由理融」。等鑒，謂「平等大慧常鑒法界」，如此則説權説實，任運自在。等鑒因爲理性本融。平等大慧，爲果證，亦凡心本具，由觀心顯發。

至果乃由契本一理，非權非實，而權而實。此即如前心輪自在，致令身口赴權實機。三業一念，無乖權實。不動而施，豈應隔異？

二，「至果」下，遍逗由心證〔一〕。證果之後，於體内不分之權實，而被機分隔説之〔二〕。既理元不分，故此經稱理而會。如是施會自在者，由契本因〔三〕。因本若隔，果那得融？若欲契之，但觀一念〔四〕。

校釋

〔一〕【詳解】至果遍逗群機，乃由契本一理。理體則權實雙非，赴機則權實雙照。「如前」者，指三業門意輪鑒機，二輪設化，三業能説既居一念，權實所説任運無乖，無乖即不二也。全雙非體，起雙照用，名不動而施。權實即非權實，豈應隔異？方名權實不二也。

〔二〕【詳解】體内不分，即雙非體。分隔説之，即而權而實也。

〔三〕【詳解】稱理而會，故名不二。即籤云「豈隔異也」。施會自在，是至果逗機，因契合本因一理故爾。

〔四〕【詳解】若因隔果融，則本無今有。圓頓行者，曉果從因，欲契果融，須觀陰識。【案】「但觀一念」，諸佛設教，「施會自在」，此果由一念因心之所本具，故欲證果，須觀現前一念。

【總釋】明第二「遍逗由心證」。心證則非權非實，遍逗則而權而實。三業爲能說，權實爲所說，文從「三業一念」論所施權實法融即。鈔以一念本具爲「本因」，「施會自在」因爲與本因契合，而欲契果，「但觀一念」即爲下手處。因融約理，果融指事。法華以開決會通爲旨，會則「稱理而會」，理即諸法實相、佛之知見。玄義所詮，十不二門所申，指要鈔所依，正是此理。

對說即以權實立稱，在身即以真應爲名。三業理同，權實冥合。此以三業不二門成。

三，「對說」下，結示歸理一，如文〔一〕。

校　釋

〔一〕【詳解】三業是能說，權實是所說，二必相由，故前門云「在法分於權實」，今云「在身則以真應爲名」。三業理同，能說三業既理同，所說權實必冥合，故此權實以上門成。

【總釋】明第三「示歸理一」。上門云「心輪鑒機，二輪設化，現身說法，未曾毫差」，此門說「平等大慧，常鑒法界」，「不動而施」，說權說實，而「權實相冥」。「三業一念」，「百界一念」，一念則無殊。因此依三業不二門成立權實不二門。

十，受潤不二門者。

十，受潤不二門，三。初，標者，從諭立也。能受者，即三草二木七方便衆生。能潤者，即大雲注雨，即前四時三教〔一〕。今經開之，唯一地所生，一雨所潤，無復差降，名爲不二〔二〕。觀己心地三千與佛心地三千不殊，則念念受潤，常沾妙益，依此爲門，則成二妙〔三〕。

校釋

〔一〕【詳解】初釋受潤，謂能受、能潤也。法喻參合，草木是譬，方便是法，雲雨是譬，時教是法。如來大雲，注諸教雨。【案】「三草二木七方便衆生」，俱如前釋。三草二木，法華七喻之一，出藥草喻品，三草即小藥草、中藥草、上藥草，二木即小樹、大樹。據文句卷七上釋，小草喻人、天，中草喻二乘，上草喻菩薩，二木亦喻菩薩。又「外凡爲大草，内凡爲小樹，初地至七地爲大樹」。又大草喻藏教菩薩，小樹喻通教菩薩，大樹喻別教菩薩。三草二木喻指七方便衆生，即人、天、二乘及前三教菩薩。「前四時三教」，文句卷七上云：「土地是能生，雲雨是能潤，草木是所生所潤。」雲雨即法雨，此中指權教，即前四時三教。下文一雨謂圓教，第五時説。

〔二〕【詳解】「今經」下，釋不二。今經開顯，皆一地所生、一雨所潤。

〔三〕【詳解】「觀己」下，取當門地雨無殊，科文帖釋門義，三千圓理，生佛無殊，常沾合受，妙益合潤。此門從眷屬、利益立名，故以此爲能通，則成就二妙也。【案】「成二妙」，二妙謂眷屬與利益，此門爲通眷屬妙利益妙而立，故謂「成二妙」。

【總釋】釋標題中的受潤、不二。此門從喻立名，能潤即權實法，能受即法門眷屬，法華明一雨所潤、一地所生，開三會一，普被一切，故謂不二。立受潤不二門以通眷屬、利益二妙。法華玄義卷六眷屬妙文云：「若無説而已，説必被緣，緣即受道人也。已受道故，即成眷屬。譬如父母遺體，攬此成身，得爲天性，天性親愛故名眷，更相臣順故名屬。行者亦爾，受戒之時，説此戒法授於前人，前人聽聞即得發戒，師弟所由生也。禪亦如是，授安心法，如教修行，即得發定，是爲我師，我是弟子。慧亦如是，説諸法門，轉入人心，由法成親，親故則信，信故則順，是名眷屬也。」約法被緣，緣即法門眷屬，依戒定慧三學而立，如世之人倫依天性而立眷屬。既成法門眷屬，必領受佛法利益。如功德利益妙文云：「諸佛所爲，未嘗空過。釋論云佛入王三昧，前放光度前者，後放光度後者，譬如網魚前獲後獲，見光聞法皆不唐捐。淨名云法寶普照而雨甘露，即身口兩益也。華嚴、思益並云放光破慳破瞋破癡等，具如彼説。今經四大弟子，領佛開三顯一之益。佛言如來復有無量功德，汝等説不能盡。譬如大雲起於世間，譬形益也；興雷耀電，譬神通益也；其雨普等，譬説法益也；而諸草木各得生長，即是四種眷屬皆沾七益。」依鈔釋，受潤、沾益之理，在於「觀己心地三千與佛心地三千不殊」。三千之理無殊，衆生與佛同一，如此作觀，方能蒙潤得益。

物理本來，性具權實。無始熏習，或權或實。權實由熏，理常平等。遇時成習，行願所資。若無本因，熏亦徒設。遇熏自異，非由性殊。性雖無殊，必藉幻發。幻機幻感，幻應幻赴。

能應所化，並非權實。

二，「物理」下，釋，三。初，明權實本圓，熏修如幻，二〔一〕。初，由具可熏，如文〔二〕。二，因熏可發。豈唯權實相冥，抑亦感應體一〔三〕。性本圓具，偏發由熏。以性奪修，故修如幻〔四〕。平等法界，佛不度生。不分而分，暫立感應。欣赴本虛，故皆如幻〔五〕。然此尚非但理隨緣之幻，豈同緣生無體之幻邪？今明各具本融，暫分如幻，能知此者，方是圓乘〔六〕。

校　釋

〔一〕【詳解】「物理」等，有物機道理，本具權實妙體，即所熏也；或爲權機，或爲實機，並由無始熏習有殊，即能熏也。權實由熏習者，謂爲權爲實，由能熏殊。「理常平等」者，所熏之理本無二相，故云平等。「遇時」等者，值遇時節因緣，成其所習，加其行願相資，故有權實之機出，由具可熏義，性具權實，即是本因。「熏亦徒設」者，謂內無種，外緣無功，即徒設也。輔行五中云：「自行由觀染因緣生，化他則以淨因緣生，自他相對，則以染淨因緣和合而生。又自行染有內有外，內謂無明，外謂他境，以內具故，他境能熏。故觀所熏，唯見理具。若觀理具，則識真如常熏內具。」此文有能熏所熏及權實義。無明是權，真如是實，內具是所，化他是能。

〔二〕【案】「由具可熏」，由於「性具權實」，或「性具三千」，故可熏。詳解謂「本具權實妙體」，體謂全體，全一切法之體，猶如具指具足一切法。一切法作爲果，必有其所自出的因性。性指諸法之所從生的實性或性因。竹若無火性，加鑽燧亦不能起火。故謂「若無本因，熏亦徒設」。所以知禮謂「由具可熏」，不具則不可熏。既指性爲因，爲何又以不改、不變名性呢？不變謂從竹出火之性不變，非謂有一實火不變。性無殊，爲何諸法有異？諸法因虛妄分別而有差別，其緣起生滅之性則平等無殊。性有性分義，或者説諸法之差別相即由性成。這裏雖講熏習與種子，却與唯識學關於能熏所熏的界説不同。

（三）【詳解】釋「因熏可發」。初二句約理體平等，總貫下文，謂不但所熏權實體本冥合，即非由性殊，亦乃機感應赴其體常一，即感應皆幻也。

（四）【詳解】「性本」下，釋「遇熏」下二句。權實性體，本來圓具，釋「非由性殊」。權實偏發，良由熏習不同，釋「遇熏自異」。籤謂：「權實體性雖等，必藉幻修顯發。」鈔釋云：「以性奪修，修德無功，故名爲幻。」

（五）【詳解】「平等」下，釋機感應赴皆幻，即感應體一，佛是能應，生是能感，平等真法界，佛不度衆生，即感應一致，理不可分，不分而分，故云暫立機欣應赴，本無實義，故皆如幻。

（六）【詳解】「然此」下，揀非。幻名雖通，幻義永異。今明以性奪修，尚非別教隨緣之幻，豈同通教體空幻耶？今是感應各具，權實本融，暫分感應，故名如幻。能知以性奪修之幻，方是圓妙一乘也。籤「能應所化，並非權實」，總結感應如幻。【案】「但理隨緣之幻」，別教二諦以幻有即空爲俗，中道不有不無爲真，所以但理隨緣之幻指空有爲幻。「緣生無體之幻」，通教二諦以幻有爲俗，以即幻有空爲真。圓教二諦，如法華玄義卷二云：「直説不思議二諦也，真即是俗，俗即是真。如如意珠，珠以譬真，用以譬俗，即珠是用，即用是珠，不二而二，分真俗耳。」

【總釋】釋文分三，此段明第一「權實本圓，熏修如幻」，二「由具可熏」，三「因熏可發」。性具權實之機，遇權實淨法熏習，顯發權實之幻相。機幻感幻，應幻赴幻，俱在俗諦層面論感應、權實、受潤之别，真諦則平等無殊。鈔約通别圓三教二諦釋。

然由生具非權非實，成權實機。佛亦果具非權非實，爲權實應。物機應契，身土無偏，同常寂光，無非法界。

二，「然由」下，明生佛一際，欣赴不偏〔一〕。若圓理無偏，感應一致〔二〕，故一塵應色無非法身，自他所依不逾祕藏，方爲色香中道，起對法界也〔三〕。

校　釋

〔一〕【案】「偏」，大正藏作「遍」。

〔二〕【詳解】生具非權非實，成權實機，如前生具三千能感。「佛亦」等者，佛由三千理滿能應。生佛皆具故，圓理無偏，由俱具故，成機爲應，豈非一致？

〔三〕【詳解】「一塵」下，釋身土無偏等。一塵之身，咸與理等，故云無非法身，身無偏也。自他不逾祕藏，土無偏也。三德祕藏即常寂光，依報色香無非中道，同常寂光正報。根塵若起若對，無非法界。四明自約色香中道、起對法界，帖釋後二句爲者是也。

【總釋】明第二「生佛一際，欣赴不偏」。生具、佛具，即因具、果具，因而衆生與佛一致，機應冥契，「身土無偏」，同一圓融法界。偏則不即，融即則圓。

故知三千同在心地，與佛心地三千不殊。四微體同，權實益等。此以權實不二門成。

三，「故知」下，明地雨無殊，利益平等〔一〕。四微約諭，即「一地所生」。權實約法，即「一雨所潤」〔二〕。凡地三千無隔，隨一念以俱圓。佛地三千既融，隨一應而盡具〔三〕。況生感心中之佛，佛應心中之生，感應之體尚同，權實之益何别〔四〕？故云「但化菩薩，不爲二乘」。其有聞法者，無一不成佛，方名受潤不二〔五〕。

校釋

〔一〕【詳解】利益平等中，四微謂色香味觸，對四大得名，四大爲四微所造。金錍云：「草木與地四微何殊？」彼明法華開顯三草二木皆一地所生，正同今文一雨所潤。正明益等，一地實相也，一雨佛乘也。

〔二〕【詳解】初「四微」下，釋「四微體同，權實益等」。【案】法華經藥草喻品云：「譬如三千大千世界，山川谿谷土地所生卉木叢林及諸藥草，種類若干，名色各異。密雲彌布，遍覆三千大千世界，一時等澍，其澤普洽。卉木叢林及諸藥草，小根小莖、小枝小葉，中根中莖、中枝中葉，大根大莖、大枝大葉，諸樹大小，隨上中下各有所受。一雲所雨，稱其種性而得生長華菓敷實。雖一地所生，一雨所潤，而諸草木，各有差別。」

（三）【詳解】「凡地」下，釋「故知三千」至「三千不殊」。衆生三千既在因迷，約一念而圓具；諸佛三千既已果滿，隨一應以遍收。

（四）【詳解】「況生」下，以感應體同，況權實益等。生佛同一三千，感應一致，人分凡聖，其體尚同，法唯聖説，所益何別？

（五）【詳解】引證二文，皆明益等。「但化」等是能潤，「其有」下是能受，故結云受潤不二。【案】文句卷四云：「就昔方便謂教化三乘，理實而言但化菩薩。」

【總釋】此段明第三「地雨無殊，利益平等」。一地所生，一雨所潤，喻應遍普被一切。法華先以三乘方便引導諸子出離火宅，今則等施一大白牛車，無所偏向，意謂衆生等受法益。利益爲什麽能平等？約理事不二説，「凡地三千無隔」，隨一念而感三千，「佛地三千既融」，隨一應而具三千。約心法即觀體論，「生感心中之佛，佛應心中之生」，生佛體同，得權實法益無別。佛施權實法，爲能潤，衆生本具權實機蒙熏而得顯發，爲能受，權實不二，受潤亦不二，故依權實不二門成立受潤不二門。

是故十門，門門通入，色心乃至受潤咸然，故使十妙始終理一。如境本來具三，依理生解，

故名爲智。智解導行，行解契理。三法相符，不異而異。而假立淺深，設位簡濫。三法秖是證彼三理。下之五章，三法起用〔一〕。

「是故」下，結文示意，三。初，明十門通貫，理體無殊，一〔二〕。初，約十門明理一。門門皆顯三千即空假中。十門既然，十妙亦爾，故云「通入」及「理一」也。二，「如境」下，約十妙釋理一。性德三千即空假中，名爲境三。境能發智，照此三千即空假中，故名智三〔三〕。智能導行，契此三千即空假中，名爲行三〔四〕。此是修中論九，九秖是三，一一具三，開合無礙。功成歷位，雖有淺深，三九圓融，未始差別〔五〕。三九究盡，等彼三千即空假中，名爲三法。由空假中，方能起用。他機因果，亦復如然〔六〕。故十章始終，皆得稱妙〔七〕。

校　釋

〔一〕【案】「三理」，釋籤、十不二門義及示珠指、文心解、樞要諸本均作「理三」。「下之五章」，指後五妙，謂感應、神通、説法、眷屬與利益妙。

〔二〕【詳解】初明十門通貫，理體無殊。鈔曰「門門皆顯三千即空假中」，即其義也。初約十門明理一。門爲能通，妙爲所通，能通之門既顯三千三諦，則所通之妙始終理一，故次科約十妙釋成理一也。

〔三〕【詳解】釋十妙理一。境是理境，故籤云「本來具三」，鈔約性德三千三諦而釋。籤云「依理生解」，即依於理境，而起智解，全由性起，故云依理。籤但云智、行，鈔以性例修，作離義釋，即是從境三起智三，從智三起行三也。鈔云「境能發智，照此」等者，即以妙智照於妙境，「此」字指性德三千三諦也。

〔四〕【詳解】籤「智解導行，行解契理」，即從智起行。鈔云「智能導行，契此性德，名爲行三」，正是住前三法生起次第義也。前鈔文云「修二性一，以修例性而言，乃合九爲三」，故今約修中論九而釋，雖兼性三，咸爲所發，故云修九。

〔五〕【詳解】「此是」下，指上境智行明三九離合之義，圓融自在，故云無礙。籤云「三法」等者，境智行三，修性符合，圓融互具，即三而一故不異，即一而三故而異。約位位理同，故云假立，設位揀濫，免增上慢。「功成」下，釋假立淺深，三九離合，遍通諸位，故云未始差別。【案】境三，謂一心三諦。智三，謂一心三智。行三，謂一心三觀。

〔六〕【詳解】「三九」下，釋三法只是證彼理三，唯佛究盡究盡此也。「等彼」之言，與前「等彼百界」義同，即稱性而證也。已明前五，下之五章指後五妙，由證三法方能起用，故鈔云「由空假中」，由等彼三千即空假中也。籤文通總而言，故云五章起用，其實神通、説法及以能應，故前云應等三妙是用，感及眷屬既獲利益，必合從因至果，還起利他之用，故云他機亦然。

〔七〕【詳解】「故十」下，結始自理境，終至利益，皆得稱妙者，只由皆全此三千三諦故也。

【總釋】釋流通分，科曰「結攝重示」或「結文示意」，分三，此段明第一「十門通貫，理體無殊」。初約十門明理一，十門次第相成，皆結歸不二，顯一念三千世間即空假中之妙理，即序分所謂立十門以「直申一理」。「故使」之言，可知立十不二門以通十妙理一的撰述意趣。次約十妙釋理一。境、智、行、位、三法之五妙，明自行因果。境三、智三、行三之釋，皆依性德三千而論修德三千。性德即圓融三諦，智解此，行觀此，位歷此，三法證此，一理貫穿始終。果後起用，後五妙示化他大用，不離三千即空假中。故此則始終理一，「皆得稱妙」。

既是一念三千即空假中，成故有用〔一〕。若了一念，十方三世諸佛之法，本迹非遥。故重述十門，令觀行可識。

二，「既是」下，明一念包容〔二〕，觀行可識，三。初，明一念境觀之功。此上十門十妙，攝法雖廣，同在凡夫刹那一念。三千世間即空假中，性三爲境，修三爲觀，成則是果，用則化他〔三〕。若不攝歸心法，焉能成辦自他？是故指要，其功莫大〔四〕。二，「若了」下，明心法攝成之要。言「非遥」者，一念三千總攝故非遥，一心三觀易成故非遥〔五〕。三，「故重」下，明重述觀行易明。將彼十妙無邊法相，攝作十門，不離一念，令修觀者可識。作者再三顯示，何以迷之〔六〕？

校釋

〔一〕【案】「成故有用」，一念三千即空假中，指性德三千，爲理具，依性德三千起修德三千，觀成則有化他用。

〔二〕【案】「容」，詳解本作「融」。

〔三〕【詳解】「此上」等者，指前二科攝法雖廣，即自行因果、化他能所。「同在一念」者，正明今意。「三千」等者，只一三千，在性名境，全性起修爲觀，成是果成，用即化他。

〔四〕【詳解】「若不」下，反顯以此門妙攝歸一念，方能成就自行因果、化他能所。「是故」下，結示一念境觀之功。

〔五〕【詳解】科「心法攝成之要」者，念即心法即總攝，易成非遥即要也。久本近迹之别，不出三千，一念總攝，故云非遥。此約解釋生佛高廣，初心難觀，從近而示，就一心修，三觀易成，故云非遥，約行釋也。

〔六〕【詳解】釋「重述觀行易明」中，無邊法相，攝作十門，即以略顯廣，不離一念，即以易通難。【總釋】明第二「一念包容，觀行可識」，分爲三節，謂「一念境觀之功」、「心法攝成之要」與「重述（十門）觀行易明」。釋序分中明述作之意，爲成妙解與妙行，故攝法歸心，此中「若了一念」、「觀行可識」之説，可證此解。立一念爲觀行之要，自行觀體與起教觀體均指刹那一念而論。

首題既爾，覽〔一〕别爲總，符文可知。

三，「首題」下，明得意符文，總别無異。此之十門，雖在迹門之後，仍例本門，復將釋名例餘四章，故知五義釋題盡備，故云「既爾」〔二〕。此既一部都名，必覽三分諸品别相而立。既得總意，令將此總符彼别文，故云「可知」〔三〕。欲銷一部文文句句，皆須預知絶待之意，無不入心，成乎觀行〔四〕。儻迷茲旨，銷彼别文，何能顯妙乎〔五〕？

校釋

〔一〕【案】「覽」，文心解、顯妙、樞要本等作「攬」。

〔二〕【案】釋「首題既爾」。「仍例本門」，例餘四章，俱如釋序分中説。「五義」，即五重玄義，法華玄義立名體宗用教五章以釋經題。鈔以經題爲總，諸品爲别。

〔三〕【案】釋「覽别爲總，符文可知」。「三分」，謂序分、正宗分與流通分。

〔四〕【詳解】「欲消」下，示意一部别文，「文文」之下，通結妙名，「句句」之間，咸具體等，皆須預知開顯三千大綱絶待妙意。此是妙解，入心成觀，即此絶待之義爲觀體，乃成妙行。此是點示消經之法，令顯妙旨。【案】文句消文，以玄義所揭絶妙爲基礎。教觀並重，廣釋教相同時攝法入心作觀。

〔五〕【案】「茲旨」，謂絶待，以此旨消文，諸法皆妙。「銷彼别文」，别文即二十八品經文，則所謂「符文」便指與經文相符。

【總釋】明第三「得意符文，總别無異」。題總品别，玄義立五義釋題，彰顯實相即空假中之絶待妙境，依妙解成妙觀，解行相資，能得此意，然後疏釋文句，方能顯妙。

問：他云「釋名是總，三章是別，名中具三，即覽别爲總，將此四章符教相文，則可知也」。今以首題爲總，經文爲别，據何所出〔一〕？

答：名總三别，少分可然，以教相爲符文，全不允當。况餘四章，前文已例，不須更示〔二〕。今依記文云：「所以釋題不可率爾，題下别釋，理非容易。」豈非以題爲總，以文爲别〔三〕？

校釋

〔一〕【案】示珠指卷下謂：「首題者，即經題，此指釋名一章也。别謂體、宗、用三章也。文謂教相一章也。今云覽别爲總者，即覽體宗用之别入釋名不二之總，使一一咸成不二，與教相符契。」

〔二〕【案】源清釋名爲總，體宗用爲别，教相爲符文。知禮認爲，序文已例四章，這裏不必再示。

〔三〕【案】引文出文句記卷一，其下云：「以由釋題大義委悉，故至經文但粗分章段。題名「文句」，良由於此。故但分文句，則大理不彰。唯譚玄旨，則迷於起盡。若相帶以説，則彼此無歸。故使消釋，凡至大義，並指玄文。」所論玄義與文句關係甚明。玄義釋題名，五章原爲釋題立。玄義詳於大理，文句詳於起盡，彼彼昭顯，不可或缺。據此題總文句之釋爲是。

【總釋】立問答辨總别。經題與經文不可分，故玄義與文句，一釋題，一疏通文句，雖是二部，實爲一部。因此，應「以題爲總，以文爲别」。

問：觀心既非此部正意，何故十門皆約觀釋，豈作者特違部意邪〔一〕？

答：文初既云「觀心乃是教行樞機」，信非閑緩之義。但爲妙義難解，故部中判教生解義强，觀且旁示。然部之妙旨，乃摩訶止觀之大體也〔二〕。何者？若非三千空假中，何能頓止三惑，圓觀三諦？故義例云，唯依「本迹顯實」。應知止觀用此妙義，爲能止能觀。蓋不思議境即觀故，三障四魔爲所止所觀也〔三〕。故千如妙旨，玄文廣約衆生法示之，文句廣約佛法明之〔四〕，此十門欲與止觀同成觀體，皆專約心法説之，所以節節云「一念」或「心性剎那」等也。故總結文云：「令觀行可識。」前文云：「則彼此昭著，法華行成。」又云：「故撮十妙爲觀法大體。」應知前四門爲十乘觀體，後六門爲起教觀體也〔五〕。大部既教廣觀略，此文乃行正解旁。互相顯映，方進初心。豈重述十門？但銷名相而已〔六〕。願諸聞見，如理思修云爾〔七〕。

校釋

〔一〕【詳解】問中云「觀心非正意」者，玄文教正觀傍，故今之十門皆約觀云而明，將非與部旨相違耶？

〔二〕【詳解】答意者，此文末①上既云「觀心是教行樞機」，信知十門正意，觀心爲要。然玄文教正觀傍，由妙義難解，正明五重玄義出諸教上，故生解義强，傍論觀法。然須了知部中開顯絶待妙旨，是止觀十乘觀體。前文云「用此絶待之義爲觀體」者，方譬日光不與暗共。

〔三〕【詳解】「何者」下，徵釋義例之文。上卷亦引止觀。既依今經本迹開顯妙旨，即以三千爲觀體也。三千三諦是不思議境，用此爲能觀，是即境立觀，三障四魔不出所觀陰等十境，兩重能所藴在其中。【案】止觀義例卷上謂：「文體正意，唯歸二經：一，依法華本迹顯實；二，依涅槃扶律顯常。」

〔四〕【詳解】「故千」下，以三法歒對三部，明此十門與止觀觀體是同。「千如妙旨」者，玄、句從略，但明千如；止觀明觀，廣説三千。「玄約衆生法」者，文釋法字，先約五差判權實，謂四趣、人天、二乘、菩薩、佛，前四屬權，後一屬實。次約四類釋法相，以菩薩佛菩提器同，共爲一類。「文句約佛法」者，玄文釋佛法指云「是事可知，無勞廣説，至方便品，更當明之」，故文句方便品約四義釋，初約十界釋，次約佛界釋，三約離合釋，四約諸位釋。記云：「明理遍攝，約十界釋；明自證極，約佛界釋；明佛化用，約離合釋；明三德遍，約諸位釋。」問：止觀專明觀法，約心法説，其義易明，何故玄文約衆生法、文句約佛法耶？答：玄約衆生，有乎二義：一者玄文一往通論因果，

① 末：疑衍。

十界並名衆生，佛名無上衆生，欲明千如義便故也；二者五章釋題，順約行次第，必約衆生，起行義便故也。文句釋經別文，經初命章，談諸法實相，十如是法是法華權實正體。既云唯佛究盡，故順經文，就佛法義便故也。所以四釋中，後之三釋皆屬於佛。

〔五〕【詳解】此十門爲成就玄文十妙，部中觀既略示，荆溪重述十門，皆約心説，蓋欲與止觀同成觀體故也。止觀正明觀法，故於正修委明乘境。玄文雖立觀心，未暇委明。荆溪作此十門，結歸一念三千即空假中，即十乘觀法之大體，意令修觀行者隨聞事相法相，不須遠尋止觀，即於十門便可修習。述作大意，豈過於此？同成觀體，義稍難明，切宜詳究。

〔六〕【詳解】「互相顯映」者，以此文之行正，顯大部之觀略；以大部之教廣，顯此文之解傍。不二門云：「本文已廣引文證，此下但直申一理。」鈔云：「重述十門，豈但消名相而已？」此以教廣顯於解傍，縱有施設，託事、附法，或辨十觀，列名而已，玄文觀略也。然今十門皆爲觀心而設，故不可不了十妙大綱，故撮十妙爲觀法大體，總結文云令觀行可識，十門行正也。

〔七〕【詳解】「願諸」下，鈔主總結勸修也。

【總釋】設問答，結合三大部教觀旁正之意及其關係，明十不二門爲成觀體的述作之意。慧皎高僧傳云，佛法東傳以來，「西域名僧往往而至，或傳度經法，或教授禪道」，「自遺教東移，禪道亦授」。撇開其他方式（如異迹化人、神力救物等）不論，佛教傳播中國之初，義解與習禪即分二途。道宣續高僧傳慧思傳云：「自江東佛法，弘贊義門，至於禪法，蓋蔑如也。而思慨斯南服，定慧雙開，晝談理義，夜便思擇。故所發言無非，致遠便驗。因定發慧，此旨不虛。南北禪宗，罕不承緒。」智顗作爲佛教集大成者，承慧思「定慧雙開」之旨，唱「聞慧兼修，義觀雙舉」，法華玄義卷一設問云，「事解已足，何煩觀心」，立答云，「大論云，佛爲信行人以樹爲喻，爲法行人以身爲喻。今亦如是，爲文字人約事解釋，爲坐禪人作觀心解」，又云「今使聞慧兼修，義觀雙舉」。三大部中，玄義與文句教正觀旁，止觀觀正教旁，雖有旁正，皆秉持義觀雙舉之旨。玄義約解，廣解法相而以不思議境爲大綱，止觀約行，詳示十乘觀法。如鈔釋，境觀一如，不分而分，不思議境即爲能觀妙觀。論境則實相即空假中，一色一香無非中道，明觀則揀剎那一念而爲觀體，謂一念三千即空假中。十不二門雖出釋籤，卻「欲與止觀同成觀體」，故專約心法而説，「觀心乃是教行樞機」、「令觀行可識」等可證，序文以玄義例止觀十章以成就法華行之説，亦可佐證此意。佛教以因果爲宗，原爲觀修實踐而設，觀修須依教奉行，聞教生解，以解導行，解目行足，共資行人至清涼池，豈可偏廢？

附録

十不二門義①

唐道邃録出②

然此迹門，談其因果及以自他，使一代教門融通入妙，故凡諸義釋，皆約四教及以五味，意在開教悉入醍醐。觀心乃是教行樞機，仍且略點，寄在諸説，或存或没，非部正意。故縱有施設，託事、附法，或辨十觀，列名而已。所明理境、智、行、位、法，能化所化，意有能詮，詮中咸妙。爲辨詮内始末自他故，具演十妙，搜括一化，出世大意，罄無不盡。故不可不了十妙大經，故撮十妙爲觀法大體。

若解迹妙，本妙非遥，應知但是離合異耳。因果義一，自他何殊？故下文云：「本迹

① 十不二門義，從釋湛然述妙法蓮華經玄義釋籤第一四卷中録出，見卍續藏經第一〇〇册，整理者考異及跋語亦照録。今加標點，略注，分段據十不二門指要鈔科判。文中表引用之夾注「文」字，今删去，以引號標注引文。重文符號，除考異中相關段落外，均改爲對應文字。

② 唐道邃録出：原無，據卍續藏經目録添加。

雖殊，不思議一。」況體、宗、用，只是自他因果法故。況復教相，只是分别前之四章，使前四章與諸文永異。

若曉斯旨，則教有歸。一期縱横，不出一念三千世間即空假中，理境乃至利益咸爾。則止觀十乘，成今自行因果，起教一章，成今化他能所。則彼此照著，法華行成。使功不唐捐，所詮可識。

故更以十門收攝十妙。何者？爲實施權，則不二而二。開權顯實，則二而不二。法既教部，咸開成妙。故此十門，不二爲目。一一門下，以六即檢之。本文已廣引誠證，此下但直申一理，使一部經旨，皎在目前。

一者色心不二門，二者内外不二門，三者修性不二門，四者因果不二門，五者染淨不二門，六者依正不二門，七者自他不二門，八者三業不二門，九者權實不二門，十者受潤不二門。是中第一，從境妙立名；第二、第三，從智、行立名；第四，從位、法立名；第五、第六、第七，從感應、神通立名；第八、第九，從説法立名；第十，從眷屬、利益立名。

一，色心不二門者。且十如境，乃至無諦，一一皆有總别二意。總在一念，别分色心。何者？初十如中，相唯在色，性唯在心，體、力、作、緣義兼心色，因、果唯心，報唯約色。十二因緣，苦、業兩兼，惑唯在心。四諦則三兼色心，滅唯在心。二諦、三諦，皆俗具色心，真中唯心。一實及無，准此可見。既知别已，攝别入總，一切諸法無非心性。一性無性，三千宛然。當知心之色心，即心名變。變名爲造，造謂體同。是則非色非心，而色而心，唯色唯心，良由於此。故知但識一念，遍見己他。他生他佛，尚與心同，況己心生佛，寧乖一念？故彼彼境法，差而不差。

二者，内外不二門者。凡所觀境，不出内外。外謂託彼依正色心，即空即中。空中妙故，心色體絶，唯一實性，無空假中，色心宛然，豁同真淨。無復衆生七方便異，不見國土淨穢差品，而帝網依正，終日炳然。所言内者，先了外色心，一念無念，唯内體三千，即空假中。是則外法全爲心性，心性無外，攝無不周。十方諸佛，法界有情，性體無殊，一切咸遍。誰云内外、色心、己他？此即用向色心不二門成。

三，修性不二門者。性德只是界如一念。此内界如，三法具足。性雖本爾，藉智曰修。由修照性，由性發修。在性則全修成性，起修則全性成修。性無所移，修常宛爾。修又二種，順修、逆修。順謂了性爲行，逆謂背性成迷。迷、了二心，心雖不二。逆、順二性，性事恒殊。可由事不移心，則令迷修成了。故須一期迷了，照性成修。見性修心，二修俱泯。又曉順修對性，有離有合。離謂修性各三，合謂修二性一。修二各三，共發性三。是則修雖具九，九只是三。爲對性明修，故合修爲二。二與一性，如水爲波。二亦無二，亦如波水。應知性指三鄣，是故具三。修從性成，成三法爾。達無修性，唯一妙乘。無所分別，法界洞朗。此由内外不二門成。

四，因果不二門者。衆生心因，既具三軌。此因成果，名三涅槃。因果無殊，始終理一。若爾，因德已具，何不住因？但由迷因，各自謂實。若了迷性，實唯住因。故久研此因，因顯名果。只緣因果理一，用此一理爲因。理顯無復果名，豈可仍存因號？因果既泯，理性自亡。只由亡智親疏，致使迷成厚薄。迷厚薄故，强分三惑。義開六即，名智淺深。故知夢勤加功，空名惑絶。幻因既滿，鏡像果圓。空像雖即義同，而空虚像實。像實故，稱理本有。空虚故，迷轉性成。是則不二而二，立因果殊；二而不二，始終體一。若謂因異果，因亦非因。曉果從因，因方尅果。所以三千在理，同名無明；三千果成，咸稱常樂。三千無改，無明即明。三身並常，俱體俱用。此以修性不二門成。

五，染淨不二門者。若識無始即法性爲無明，故可了今即無明爲性法。法性之無明，遍造諸法，名之爲染。無明之法性，遍應衆緣，號之爲淨。濁水清水，波濕無殊。清濁雖由緣，而濁成本有。濁雖本有，而全體是清。以二波理通，舉體是用。故三千因果，俱名緣起。迷悟緣起，不離刹那。刹那性常，緣起理一。一理之内，而分淨穢。别則六穢、四淨，通則十通淨穢。故知刹那，染體悉淨。三千未顯，驗體仍迷。故相似位成，六根遍照。

照分十界，各具灼然。豈六根淨人謂十定十？分真垂迹，十界亦然。乃由果成，等彼百界。故須初心，而遮而照。照故三千恒具，遮故法爾空中。終日雙亡，終日雙照。不動此念，遍應無方。隨感而施，淨穢斯泯。忘淨穢故，以空以中。仍由空中，轉染爲淨。由了染淨，空中自亡。此以因果不二門成。

六，依正不二門者。已證遮那一體不二，良由無始一念三千。以三千中，生、陰二千爲正，國土一千屬依。依正既居一心，一心豈分能所？雖無能所，依正宛然。是則理性、名字、觀行，已有不二正依之相，故使自他因果相攝。但衆生在理，果雖未弁，一切莫非遮那妙境。然應復了諸佛法體非遍而遍，衆生理性非局而局。始終不改，大小無妨。因果理同，依正何別？故淨穢之土，勝劣之身，塵身與法身量同，塵國與寂光無異。是則一一塵刹一切刹，一一塵身一切身，廣狹勝劣難思議，淨穢方所無窮盡。若非三千空假中，安能成兹自在用？如是方知生佛等，彼此事理互相收。此以染淨不二門成。

七，自他不二門者。隨機利他，事乃憑本。本謂一性，具足自他。方至果位，自即益他。如理性三德三諦三千，自行唯在空中，利他三千赴物。物機無量，不出三千。能應雖多，不出十界。界界轉現，不出一念。土土互生，不出寂光。衆生由理具三千故能感，諸佛由三千理滿故能應。應遍機遍，欣赴不差。不然，豈能如鏡現像？鏡有現像之理，形有生像之性。若一形對不能現像，則鏡理有窮，形事未通。若與鏡隔，則容有是理，無有形對而不像者。若鏡未現像，由塵所遮。去塵由人磨，像非關磨者。以喻觀法，大旨可知。應知理雖自他具足，必藉緣了爲利他功。復由緣了與性一合，方能稱性，施設萬端。則不起自性，化無方所。此由依正不二門成。

八，三業不二門者。於化他門，事分三密。隨順物理，得名不同。心輪鑒機，二輪設化。現身說法，未曾毫差。在身分於真應，在法分於權實。二身若異，何故乃云即是法身？一說若乖，何故乃云皆成佛道？若唯法身，應無垂世。若唯佛道，誰施三乘？身尚無身，說必非說。身口平等，等彼意輪。心色一如，不謀而化。常冥至極，稱物施爲。豈非百界一心？界界無非三業。界尚一念，三業豈殊？果用無虧，因必稱果。若信方知三密本有，百界三業俱空假中，故使稱宜遍赴爲果。一一應色，一一言音，無不百界三業具足。化復作化，斯之謂歟？故一念凡心已有理性三密相海，一塵報色同在本理毗盧遮那，方乃名爲三無差別。此以自他不二門成。

九，權實不二門者。平等大慧，常鑒法界。亦由理性，九權一實。實復九界，權亦復然。權實相冥，百界一念。不可分別，任運常然。至果乃由契本一理，非權非實，而權而實。此即如前心輪自在，致令身口赴權實機。三業一念，無乖權實。不動而施，豈應隔異？對説即以權實立稱，在身則以真應爲名。三業理同，權實冥合。此以三業不二門成。

十，受潤不二門者。物理本來，性具權實。無始薰習，或實或權。權實由薰，理恒平等。遇時成習，行願所資。若無本因，薰亦徒設。遇薰自異，非由性殊。性雖無殊，必藉幻發。幻機幻感，幻應幻赴。能應所化，並非權實。然由生具非權非實，成權實機。佛亦果具非權非實，爲權實應。物機契應，身土無偏，同常寂光，無非法界。故知三千同在心地，與佛心地三千不殊。四微體同，故權實益等。此以權實不二門成。

是故十門，門門通入，色心乃至受潤咸然。故使十妙，始終理一。如境本具三，依理生解，故名爲智。智解導行，行解契理。三法相符，不異而異，而假立淺深。設位簡濫，三法只是證彼理三。下之五章，三法起用。三法既是一念三千既空假中，成故有用。若了一念，十方三世諸佛之法，本迹非遥。故重述十門，令觀行可識。首題既爾，覽別爲總，符文可知。

十不二門義終

點本云：元久元年六月二十八日，依朱點本移點畢，沙門心性。云云。

傳教大師將來台州録云：十不二門義，一卷。

同越州録云：十不二科文，一卷。

智證大師將來目録云：十不二門義，一卷。（妙樂。）

諸師製作書目録云：十不二門義，一卷。（妙樂大師。）

諸宗書籍目録（延喜十四年，玄日大法師奉敕撰。）云：十不二門義，止觀和尚述。

大師撰述目録（修禪和尚所記。）云：十不二義集。（一卷，十二紙。）

考異

十不二門義：示珠指作法華十妙不二門。註十不二門作法華本迹十不二門。指要鈔、文心解及明藏本，並作十不二門。顯妙解作法華玄記十不二門。○今謂：義同四種四諦義、七種二諦義、三諦義、四悉檀義、十法界義等之義，義字不可無也。

然此：近刻本點然字讀シカルニ或シカモ，古本不讀「然」字，然此二合訓コノ者，與今本同。○今案：然此合訓，例猶論語「如示諸斯」、「其斯之謂」，廣韻、龍龕手鑑並云：「然，語助也。又，如也，是也。」又案：禮記云：「穆公召縣子而問，然曰。」注云：「然之言焉也。」嘉應元年，清原氏點本禮記問字讀トフテ，而於然字傍細注不讀。

皎：註十、文心、顯妙、明本、永正書寫本，並作「皎」。寬喜書寫本、示珠、弘安板釋籤、貞治書寫釋籤、元和活板科本釋籤、惠心僧都點板本科籤、寬永書寫科籤，並與今本同。

心色：註十、顯妙、明本，並作「色心」。寬喜本、示珠、宋藏釋籤、弘籤、貞籤、科籤諸本，並與今同。

及無：顯妙「無」字下加「諦」字。

體同：註十、指要、文心、顯妙、明本、日遠記宋籤，並作「體用」。寬喜本、永正本、示珠、猪熊鈔、惠海談、日朝記、弘籤、貞籤、科籤諸本，並與今同。○今謂：下有「尚與心同」、「因果理同」、「四微體同」之語，文義一轍也，作用之訛可知。

己他：註十、指要、文心、顯妙、明本、宋籤，並「他」字下加「生佛」二字。寬喜本、示珠、日朝、弘籤、貞籤、科籤諸本，並與今同。○今謂：己即心法三千，他者生佛三千，於遍見字，其義自見，何煩添字爲？

即空即中妙故心色：註十、指要、文心、明本、宋籤，並作「即空假中，即空假中妙故色心」。寬喜本、永本、示珠、猪熊、日朝、弘籤、貞籤、科籤諸本，並與今同。○今謂：下有

「法爾空中」、「以空以中」乃至「唯在空中」之語，皆以「空中」對「假」而説，妄加「假」字者，義不穩也。

終日炳焉：註十、指要、文心、顯妙、明本、宋籤，並「日」作「自」。寬喜本、示珠、猪熊、弘籤、貞籤、科籤諸本，並與今同。○今謂：以下「終日雙亡、終日雙照」，對見此文，「不見差品」，即「雙亡」也，「終日炳焉」，義當「雙照」，「日」字之允可見。○近刻本「日」形長作，古本「曰」形方作，與今同。○今案：「陀羅尼」對譯「嚩曰哩」字，作方形。但明藏經「曰」作長形耳。凡唐已上書「日曰」二字，俱作方形。是故古書遇二字，或相疑之。尚書云「即命曰記功」，毛詩云「豈不曰戒」，並陸氏釋文云「曰音越，一音人實反」。又案：説文云：「日以口一象形，日古文象形。」篇韻貫珠集云：「六書之法，一曰象形，象物之形作字，日月之字是也☉☽。」「口」作方形則「曰」形須然者。又説文云：「曰，从口，乙聲。亦象口氣出也。凡曰之屬，皆以曰。」書家者流説云：日者，口左隅相連，曰者，缺隅不連，以分兩字云云。毛晉校刊説文，楷字日曰，如書家説。

智曰修：註十、指要、文心、顯妙、明本、宋籤，並作「智起修」。寬喜本，「智」作「知」，而傍書「智」。示珠「智」作「知」。猪熊、惠海、日朝、弘籤、貞籤、科籤諸本，並與今同。○今謂：修性即爲理智，故云「由修照性」，若作「起修」，則下「發修」語煩重也。

一期：示珠「期」作「其」。寬喜本作「其」，而傍書「期」，自餘諸本與今同。

二修：註十、指要，並作「二心」。

曉：註十作「了」。

波水：寬喜本、註十，並作「波爲水」。

知夢：示珠、註十、指要、顯妙、明本、宋籤，並作「如夢」。寬喜本、弘籤、貞籤、科籤諸本，並與今同。

空名：註十作空冥。

像々實々：一本作「像實々々」，其餘諸本作「像實像實」。〇今案：古卷本毛詩作「嗟々嘆々之不足故，詠々歌々之不足故」，「振々君子歸々哉々」。十三經本作「嗟歎之嗟歎之」（乃至）「永歌之永歌之」，「歸哉歸哉」。善相公奉菅家書政事要略作「努々力々」，本朝文粹作「努力努力」。歐陽佝①書「幸々甚々」，弘法大師書「所々望々」、「莫々責々」。古書存者，皆一例也。

性成：註十、指要、文心、顯妙、明本，並作「成性」。宋籤作「應成性」。寬喜本、示珠、

① 歐陽佝：疑當作「歐陽詢」。

猪熊、弘籤、貞籤、科籤諸本，並與今同。

因異果：寬喜本作「因果異」，而傍書「異果」。

三身並：註十、指要、文心、顯妙、明本，並「身」作「千」。寬喜本、示珠、宋籤、弘籤、貞籤、科籤諸本，並與今同。○今謂：此門初舉三軌、三涅槃，至此結之。若結三軌以陰生土，則不親也。守護章云：實教三身，俱體俱用。可見不許三身俱體俱用者，同龘食者執見矣。

法性之（乃至）明之：註十、指要、文心、顯妙、明本、宋籤，並二「之」字下有「與」字。○今謂：古文之法，詳曰「之與」，略曰「與」曰「之」，其義是同，例如「七之與八」，或爲「七與八」，或爲「七之八」也。

號：註十作「名」。

雖由：註十、顯妙並作「雖即由」。

正依：寬喜本、示珠、註十、文心、顯妙，並作「依正」。宋籤、弘籤、貞籤、科籤諸本與今同。

能應：註十作「能化」。

與鏡：文心、元和、科籤，並作「形與鏡」。

像非：示珠、宋籤，並作「像現非」。註十、文心、顯妙、明本，並作「現像非」。寬喜本作「像現非」，而「現」字墨抹。弘籤、貞籤、科籤諸本，並與今同。

化無：示珠、宋籤，並作「應無」。

界一心：示珠「心」作「念」。

若信：註十、指要、文心、顯妙、科籤諸本，並「信」字下加「因果」二字。寬喜本、示珠、弘籤、貞籤，並與今同。

本有：示珠、註十、指要、顯妙、明本、宋籤，並作「有本」。寬喜本、文心、弘籤、貞籤、科籤諸本，並與今同。

斯之：寬永、科籤「之」作「以」。

亦由：一古本「由」字無，寬喜本有「由」而墨抹。

念不：註十作「念亦不」。

則以：一古本「則」字無。示珠、文心、顯妙、明本、宋籤，並「則」作「即」。

或實或權：註十、文心、明本，並作「或權或實」。寬喜本、示珠、顯妙、宋籤、弘籤、貞籤、科籤諸本，並與今問①。○今謂上文「心色正依」，此之「實權」，例之諸經，人天、天人互用，孝經感應曰：應感其他，如呂律、陰陽、西東、小大等，或依言便，或約義便，上下互用

① 問：疑當作「同」。

之類不尠。

理恒：明本「恒」作「常」。

幻赴：註十脱。

生具：文心作「性具」。

契應：註十、文心、顯妙、明本，並作「應契」。

故權：示珠、註十、文心、顯妙，並脱「故」字。

本具：註十、文心、顯妙、明本、宋籤，並作「本來具」。

三法既：註十脱「三法」。

既空：示珠、註十、文心、明本，並作「即空」。寬喜本、顯妙、弘籤、貞籤、科籤諸本，並與今同。

覽：文心、顯妙、會本指要，並作「攬」。寬喜本、示珠、註十、明藏指要、明本、永正本、弘籤、貞籤、科籤諸本，並與今同。○上曰「攝別入總」，今謂「攝覽」二字，俱訓爲「取」。文選文賦云：「覽營魂以探賾濱。」連珠云：「覽影偶質不能解獨。」「攬」又訓「觀」。義之蘭亭帖云：「後之攬者，亦將有感斯文。」覽、攬，音同義通，猶成城、解懈、頻嚬、章憧諸字，音義俱通也。陸氏經典釋文云：「音堪互用，義可並行。」蓋謂此類也。

右十不二門義，以大原如來藏中古板本所翻刻也。此本傳爲以根本大師手書所鏤板者，字樣之古雅，筆勢之飛動，與山家本法華經及開結二經無差毫末，則真大師手迹。而存今千歲之後者，可謂無價寶珠也哉。如其訓點及「元久」等數字，蓋後人以朱所加也。又有一本尾記云：以慈覺大師之點點之，訓點亦出於祖師可尚也。猪熊抄云：本朝古本者，山家將來本也。對邃、滿（二師）而禀承之本，故雖一字不可有謬也。良大師航海之行，意在求善本教乘，故瑯琊道邃座主勾當書寫，台州陸淳刺史印記目録，此書儼然載其目録。又延喜年間，敕撰目録亦載此書也。可見山家本者，本朝初傳之古本，而爲第一善本也。若宋僧知禮於指要鈔叨議本朝教乘者，蓋依不知本朝有此善本矣。況示珠指之作，在宋雍熙三年丙戌，則後於延曆將來者百八十年，後於延喜目録者七十餘年也。既有先傳之善本，何據後人之杜撰？指要所云，不亦妄乎？今刻此善本，更對校諸本，彼此照著，使是非皎。凡宋本竄改不止此書，別作古本、宋本、明本優劣，辨詳之。庶幾學者開擇法之眼，正得道之針云爾。

法華十妙不二門示珠指①

丹丘沙門源清述

法華十妙不二門示珠指卷上

法王髻珠，靈山解賜。智者得已，轉示餘人。人有不見者，荆溪師指之令見。猶有不能隨指而觀者，故余今復指其指焉。

初、釋題

「法華十妙不二門」，（出釋籤第六卷，蓋然師搜括十妙大旨，直申開顯一理，示所詮極致，故自立此名耳。）初七字題，荆溪禪師依玄示立，下注三十二字，後録出人示文辨意也。

① 法華十妙不二門示珠指，二卷，前有序文，後附跋語，釋源清述，見卍續藏經第一〇〇册。今加標點、略注，原文中夾注文字加括號，整理者跋語照録。

初，略釋。法華者，所宗之經也，具云妙法（法也）蓮華（喻也）經，今略云爾。如玄義備解十妙者，標今所依乃迹中十妙也。不二門者，自今所述，謂法體圓妙之門也。有本題妙法蓮華經本迹十妙不二門，或法華本迹不二門，或本迹十妙不二門，或但稱本迹者，並後人增損，今所不用。（下問答疑中辨之。）

二、廣釋。分三章：一，示不二唯心實相；二，示迷悟法界緣起；三，問答決疑。

初，示不二唯心實相者。即示今經開權顯實，衆生一念心服真佛知見也。諸佛出世，唯爲此事故。欲令衆生了十法界皆是自心清淨知體、妙圓覺性耳。夫十法界者，全即一念，非謂前後相生，非謂色含内外。一一諸法，當體真如，豈是能知、所知。知性即體，一切法趣色，是趣不過，色即法界，法界唯心。一切法趣香，乃至相、性、體、力、作、因、緣、果、報、本末究竟等，皆即法界，一一法界法即一念真如妙體。又此一念，體常虚寂，非念趣爲明，非無念爲静，念即無念，當體叵得。諸法本來常寂滅相，更無能知，異彼諸法。全諸法而一念，而無無相，無相之相是真實。譬摩尼珠，珠體圓淨。全珠非色，是瑩徹空。全瑩徹空，是摩尼色。隨意能雨種種衆寶，寶非内有，亦非外來，是珠體妙具一切寶。故玄義云：「舒之充滿法界，不知從何而來；卷之莫知所有，不知從何而去。」當知諸法，不二唯心。唯心無相，具一切相。故此十門，十門之法，皆名不二。一一諸法當體通入，名之曰門。若一法入此一法，外更無九門之法爲異，並我一念清淨靈知。譬一圓珠具有十竅，無非一珠。若一竅入盡一圓珠，無非此竅所入珠體，餘竅雖珠，珠體一也。是故十門，門門通入，色心乃至受潤咸然，使十妙始終理一。（此下示六即不二珠，文云：「一一門下，以六即撿之。」總述於此。）

佛於諸大乘經中處處宣告言：心佛衆生，三無差別。煩惱性中具如來智、如來服，德相備足，無所減少。佛界、衆生界，一界無別界。一切衆生皆如也，一切法趣色、受、想、行、識，是趣不過，色等皆常樂我淨。一切衆生皆有佛性，譬如力士額珠，圓明在體，乃理即佛不二心珠也。（此是性德，下五修德。）

又於諸過去佛，若有聞一句，無一不成佛。若佛在世、滅度後，得聞是經一句，乃至一念隨喜，皆與授菩薩記。大通佛所爲説是經，譬如以無價寶珠繫著內衣裏，此乃名字即佛不二心珠也。（曾從經中，及從善知識所，聞佛名字，故云名字即佛。）

又修攝其心，觀一切法空如實相，學大乘者雖有肉眼，名爲佛眼。欲得一切法，當學般若。譬如得如意珠，此乃觀行即佛不二心珠也。（此有五品位：一，一念信解即圓一心三諦也；二，兼能受持大乘經解典；三，復廣爲衆生説法正①；四，能説法，兼行六度；五，事理心融，正行六度。五位俱修圓行，同名觀行即佛。）

又持是經者，得六根清淨，下至阿鼻，上至有頂，及聲聞、緣覺、菩薩、諸佛色像，皆身中現，唯獨自明了，餘人所不見。譬如示以所繫珠，其心大歡喜，此即相似即佛不二心珠也。（開顯聲聞。案：位與六根淨位同，故用領解珠也。若進入者，即同分真，非此位也。此有十倍②心位，至第七心，是正六根淨位，十位俱似分真，同名相似即佛。）

又，初發心時更成正覺，從佛口生，從法化生，得佛法分，龍女獻珠，南方作佛，此乃分真即佛不二心珠也。（獻珠表得圓解，開佛知見，非舉譬也。此有四十一位，皆破無明，證實相，而智用不無優劣。十住名開，十行名示，十迴向名悟，十地、等覺，名入四十一位本末究竟，同名分真即位。）

又過荼無字，名上士，唯佛與佛乃能究盡諸法實相，獨王頂上有此一珠，此究竟即佛不二心珠也。（此唯妙覺位耳。上況引諸經明六即之文不出經，自嫌繁故也。）

諸經所明六即之位，自凡極聖，一一皆即，始終不二，無非一念清淨摩尼。一念外無生佛，生佛外無我心。故金剛錍云：「阿鼻依正全處極聖之自心，毗盧身土不逾凡下之一念。」示不二唯心實相已。

---

① 正：卍續藏經出校記謂「正字疑衍」。

② 倍：疑當作「信」。

二，示迷悟法界緣起者。一切衆生從無始來，一念本具十界諸法，清淨圓湛，迷來無始，故曰本迷。淨名云：「從無住本立一切法。」（此指衆生無始恒造，非謂中間忽然而造，名之爲立也。今舉此兩句，爲下清淨緣起張本。）無住本者，即一念常虛寂體。本性叵得，無所依止。稱無住本，無住即本。（淨名疏云：「法性即無明，故法性無住，無明即法性，故無明無明①。」今但直示體耳。）是無住本具一切法，故稱法性。由性本具，緣能生之。染緣能生染法，淨緣能生淨法。譬火水珠，向日生火，向月生水。只一圓珠，具水火性，日月之緣，而能生之。一念心性，亦復如是。（上法譬雙明染淨，下先明染，後明淨。）

如諸衆生，無始時來，一向不覺，恒爲染緣，（謂無明業緣也。）或造諸業相，備受苦報，故有地水火風、色香味觸、三界依正等法。大論云：「三界無別法，唯是一心作。」以顛倒故，不知唯心，隨緣反造，謂是他物，而起愛恚攀緣，厭離馳騁，流轉六趣四生、十生，十二因緣，修②環不息。涅槃中，譬如春池，王時遊翫，忽遺明珠於彼池内，衆人聞之，俱入池中，各執瓦礫，謂得寶珠。（經前方便三修。）此喻諸忘因果也。淨名欲令衆生達本唯心真無住體，即了

① 明：疑當作「住」。

② 修：卍續藏經出校記謂「修疑循」。

顛倒所造諸法無非唯心，故云「從無住本立一切法」。（上染緣也。）

若諸衆生，無始時來，或遇淨緣，（教行緣也。）即得成佛。經云：「諸佛兩足尊，知法常無性，佛種從緣起，是故説一乘。」常無性者，即無住本，真佛性種。此有三因佛性，即種也。一、正因性，即衆生，如當體清淨，是毗盧性，名法身種。（即前苦報。）二、了因性，即貪恚癡，性本明了，是般若性，名報身種。（即前癡惑。）三、緣因性，即六趣業，性不可得，是解脱性，名應身種。（即前業相。）譬如摩尼，唯一圓體，（喻法身也。）金珠瑩徹，（喻般若也。）其①一切寶。（喻解脱也。）是三一相，非同非異。從緣起者，謂此三因性種，俱從教行緣起。經云：「若有聞一句，無一不成佛。」即教緣起。若善男子能於此經，一念隨喜，乃至深心信解、受持、讀誦、解説、書寫，爲令衆生開示悟入佛之知見、究竟一切種智，是名智慧莊嚴般若種。（翻前癡惑。）經云：「低頭舉手，畫地聚沙，皆成佛道。」即行緣起。經云：若善男子「住忍辱起②，柔和善順，而不卒暴，心亦不驚」，佛子住是地，即是佛受用行此諸道已來，世得作佛，是名福德莊嚴顯解脱。（翻前業相。）經云：「一切衆生皆是吾子。」凡有心者，皆得作佛。我心自空，罪福無主。

① 其：卍續藏經出校記謂「其疑具」。
② 起：妙法蓮華經作「地」。

應觀法界，一切唯心。破心微塵，出大千經卷。如其所得法定慧力莊嚴等，即正因種，是所莊嚴真法身也。（翻前苦報。）此乃一乘教行，起三因性德佛種。故云：「佛種從緣起，是故說一乘。」

然則能覺之智，自有深淺。如涅槃重四教，觀十二因緣，凡有四智：下智覺①，不見佛性，得聲聞菩提；中智觀，不見佛性，得緣覺菩提；上智觀，見不了了，得菩薩菩提；上上智觀，即見佛性，得佛菩提。（四智對四教，如玄義。）譬如雜色裹摩尼珠，光隨色變。遂玄黄之色，隨落二乘，緣所見之光，悲其本體。如來於涅槃會上，慇懃顧命，令其深觀十二因緣，咸見佛性。佛性名第一義空，空名中道，中道名佛，佛名涅槃。（此下翻前地水火風、色香味觸、三界依正。）涅槃即常、（真法界性地，真空元我②相色。）樂、（真法界性火，真空無相觸。）我、（真法界性風，真空無相味。）淨，（真法界性水，真空無相香。）毗盧身土，（一體依正。）三德秘藏，故云：「安置諸子秘密藏中，我亦不久自住其中。」淨名云「從無住本立一切法」，實此意也。若能如是深觀，見真佛性。秘密藏者，是十法界相、性、體等，本無減增。應知三際無際，不離一念之心；十界界如，常湛真如之性。故經

① 覺：卍續藏經出校記謂「覺疑觀」。
② 元我：疑當作「無」。

云：「是法住法位，世間相常住。」示迷悟法界緣起已。

三，問答決疑者。

問：心佛衆生，三無差别，爲心與生佛異故云三，爲因果異故云三耶？

答：夫佛名真覺，生名不覺，心即生佛之心，非離生佛外别有心，但心爲生佛之本。玄義經示本末因果不二，故云「三無差别」。如諸子義，經論備説。今依本宗，略示因果。玄義中，釋法有三，謂心、佛、衆生。若定其因果，則心法定在因，佛法定在因①，佛法定在果，衆生法一往義通因果。心定因者，心非因果，約能造諸法判爲因也。何者？如華嚴云「一切唯心造，心造諸如來」等，豈非十法界法皆由心造？因能致果，故云定因也。佛定果者，由覺自心研修究竟名佛，故云定果也。衆生一往義通因果者，由無始本迷，不覺自心清淨知體，恒逐妄緣，造諸妄業，名妄因，受諸妄報，名妄果，故云一往義通因果也。若二往而望佛真果，但是於因。爲斯義故，佛亦唯心，因果不二，故云無差也。

問：若衆生無始本迷，必與佛異，佛還從迷覺乎？若不從迷覺，斯有自然佛與衆生異。若必從迷覺，假如無始諸佛未覺之前，誰爲其設教，爲乘種緣？若云由心本具，佛之

① 佛法定在因：卍續藏經出校記謂「佛等五字疑衍」。

智眼能自覺者，如諸衆生減①具覺性，何不皆自能覺，而云須乘種緣耶？ 又，無始既無其際，孰能窮之？ 總斯衆疑，請爲開决。

答：此由諸佛境界，非凡所測。 然經云：「學大乘者，雖有肉眼，名爲佛眼，能知如來秘密藏故。」今依了義教，亦可比知。 若欲達無始本際者，即一念是也。 何者？ 小般若云：「過去心不可得，現在心不可得，未來心不可得。」不可得故，即無住本，無住即無始也。 雖不可得，而一念知性，常靈常寂。 故李逸人云：「十世古今，始終不移於當念。」知②者大師云：「三十相即一念是。」若了一念，無始何疑？ 既許衆生本是佛之智眼，設爾，無始一佛自覺，亦何乖也？ 如支佛在凡，尚能自覺因緣遷謝以證聖道，況諸佛乎？ 且十方世界，衆生根性利鈍不等，設無始來有一利智之者自能覺了諸法唯止，頓修成佛，豈非諸法即是真教？ 如經云：「一切諸法皆摩訶衍。」治生産業即是實相，一色一香無非中道。 又如諸佛國土，備用六塵爲經，見色、聞聲、覺觸，皆獲悟道。 是以玄義解經一字，遍歷六塵諸法，一一塵塵即真法界。 妙經故結歎云：「如此解字，手不執卷，常是讀經；口無言

① 減：疑當作「咸」。
② 知：卍續藏經出校記謂「知疑智」。

聲，遍誦衆典；佛不説法，恒聞梵音；心不思惟，普照法界。」豈非遍了諸法，一切唯心。由心本具，破心微塵，出大千經卷。胎經云：「法性如大海，不説有是非，凡夫賢聖人，平等無高下，唯在心垢滅，取證如反掌。」若爾，何妨無始一佛自覺、展轉化他？其根鈍者，不能自覺，良由無始耽染諸法，恒處生死，積造諸業，癡惑重故也。是以諸佛與大慈悲，設諸方便，木牛楊葉，化城寶所，與作教行因緣耳。法華記云：「若遠推無始有佛，恐墮無窮之過。且信過去必有一佛，自然悟道。譬如群盲，欲過險道，中有一盲，眼忽開明，導彼群盲，過重險處。」有不隨者，墮重險中，誰之過矣？如來設教，導彼群盲，於之可解。

問：衆生無始，爲一念本性清淨不覺稱迷，爲一念本妄故稱迷乎？又，諸經論多云「衆生從真起妄」，如楞嚴云「覺海性澄圓，圓澄覺元妙，元明照生所，所立①性亡，迷妄有虚空，依空立世界」等，淨名云「從無住本立一切法」，起信云「從真如門不變隨緣故有生滅等相」，豈非皆云從真起妄耶？若爾，則妄起有始，何謂無始本妄乎？又，本既是真，真何起妄，仍須息妄歸真者乎？

答：此乃是佛起緣之説，不可定執是真是妄。何者？佛欲示諸衆生，令其了妄即

① 立：楞嚴經後有「照」字。

真，故云「從真起妄」耳。若佛出世，便直云「諸法從本來，常自寂滅相，是法住法位，世間相常住」，而化衆生，何由可解？如云：「我若讀①佛乘，衆生没在苦。」豈非不堪聞是法，以方便力故隨順衆生説？如玄義有三種意語。一、隨佛自意語，説圓頓乘，直云「一切諸法，唯心法界，非真非妄，衆生無始，不能自覺，稱之爲妄」。華嚴云：「應觀法界性，一切唯心造。」輔行云：「衆生無始，但著諸法，爲彼流轉，而不了諸法之性。」豈非衆生不了唯心，爲彼所轉。菩薩造論，亦申佛此意。二、隨自他意語，赴緣亦相種種差别，乃説八九等識，分别染淨，迷悟迴殊，修證行位，因果碩異。菩薩造諸論，亦申佛此意。或有學此經論，不體是佛赴緣之説，偏多執諍。或謂衆生根身器世間等，定須從八識種子熏發識種等。故智者大師判屬方便不了義説，廣破同外道「冥初生覺」等過也。三、隨他意語，唯説小乘四阿含等法是也。如諸賢聖，亦造諸論，申佛此意。此三意語，並法華前赴緣之説，乃至法華開權顯實，一切諸法皆真實相，咸令衆生開佛知見，唯一佛乘隨自意語，無彼兼但對帶等法。備在玄義、止觀，一一簡偏示圓，可識。

① 讀：妙法蓮華經作「讚」。

問：前示唯心實相，始自凡夫，終於妙覺，滅①即不二之性，爲只觀唯心便入上位，爲更假修戒定慧耶？

答：只觀不二，即修戒定慧也。如涅槃云：「能觀心性，名爲上定。」無所犯即戒，能觀妙智即慧，此名如來行，一行具一切行矣。（廣如玄義圓五行中。）

問：圓修不二，得入上位，爲一生辦，爲多生辦？若多生辦，與漸何別？若一生辦，聞不二者其衆，辦者誰歟？

答：人有三種。一、根性極利，惑障稍輕，宿殖敢②厚，志願堅固，纔聞即解，頓獲證入，此只用世界即悟第一義也。二、根性亦利，惑障亦輕，宿殖未多，志願猶弱，纔聞即解，如聞思修，當觀一念即空假中，方獲證入，此至爲人而悟第一義也。三、根性雖利，惑障頗重，宿殖尤薄，志願都無，以根利故，因聞得解，以惡强故，觸境隨緣，深修理事，種種調練，方獲證入，此備用對治而悟第一義也。（此第三人，具四悉也。然四悉不必定須，次第隨機，宜聞即用耳。）故醫子喻及金光明中流水除病，有直聞其言即除差者，有授與妙藥方除差者，明其意也。三人

① 滅：疑當作「咸」。
② 敢：卍續藏經出校記謂「敢疑敦」。

雖殊，並是圓頓根性，證入五品、十信等位。（南嶽、天台等者高僧輩是。）經云：「息心達本源，故號爲沙門。」論云：「如是尊妙人，即能見般若。」是其人也。餘癡鈍者，毒氣深入，聞不能解，設解斥言，乃作毒鼓之因繫之緣耳。

問：既用方便殊調練，則是歷車①，何謂唯心不二觀耶？

答：只爲諸法本唯心，是故世間相常住，舉足七②足，道場何處？慮歷事不開悟者哉。

問：如云無始來迷，遇染淨緣熏習差別，致有十界之殊者，則是界因迷有，何謂世間相常住耶？

答：假使十界因迷悟立，本既唯心，何妨常住？如色相成壞，豈令虚空亦隨色成壞耶？况十法界性本如如全真，叵得之相即真實相，本相常住，何始終之有乎？

問：善惡事殊，迷悟緣别，莫無始染緣本有、無③淨緣續有乎？

① 車：卍續藏經出校記謂「車疑事」。
② 七：卍續藏經出校記謂「七疑下」。
③ 無：疑後脱「始」字。

答：二性既本常，二緣皆本有，迷則本俱迷，悟緣有前後耳。

問：迷必斷善，悟必斷惡耶？

答：闡提不斷性善，而斷修善。由斷修善，唯有修惡莊嚴，故恒處惡趣。由不斷性善，或遇淨緣，性善得發，能至菩提。佛不斷性惡，而斷修惡。由斷修惡，唯有善莊嚴，故住無上道。由不斷性惡，能起餘法界身，應諸惡趣。以覺了故，諸惡不生。猶出鑛金，不重爲鑛矣。（備如觀音玄義。）

問：如斷事惡，即是壞滅諸相，何謂不滅癡愛起於明脱？

答：圓中論斷，不斷而斷。既覺諸法本唯我只①，種種衆惡皆三昧門，豈更有法名爲惡耶？

問：若爾，只應一斷，何故六即伏斷有異？

答：譬如渾水，濁源深遠，狂風鼓激，魚龍出没，卒難可清，應久澄渟，萬像乃現。斷惡亦爾，雖頓了煩惱濁水，性本菩提清水，而無始本習，惡源深遠，必須止妄想風，息覺觀魚龍，真法性水方澄，百千三昧方現。故初心人，須了妄念，並真我心清淨知體，雖諸宿習

① 只：疑當作「心」。

馳騁讙繁，常了是心恒起現，一旦俄澄，名根清淨。復體知性徹源明，名破無明。（遲疾如前三種人也。）當知圓人了惡即善，實無所斷，而論斷耳。如央堀摩羅遇惡緣時，恣行殺害稱惡人，後遇佛時，聞實際法，頓悟唯心，成大菩薩。和須密多女示行惡法，乃至諸善知識示作大坑、刀山、劍樹等，減①即妙三昧門。此皆深達罪福無性，入善惡不二法門，得是妙用矣。

問：淨名「從無住本立一切法」，與楞嚴中「覺海性澄圓」乃至「知覺②衆生」同乎？

答：此但逆順之殊。何者？楞嚴中，因佛爲阿難示一切法，地水風周遍法界，本如來藏，是汝真心清淨覺性，於是富樓那乃問佛：一切諸法本既真如來藏，云何忽生山河大地等耶？時佛廣爲富樓那顯示性覺妙明，本覺明妙，由諸衆生無始不覺，因妄生所，則有山河大地、衆生之異，及廣辨器世間，並十二類生；復命諸弟子等各説覺因，俱陳本解，成二十五圓通；於後釋迦及十方佛，互放光明灌頂，普及大會，減令十方成七寶色，唯一世界；復命文殊觀是二十五圓通法門，文殊即於佛前説偈頌，出如來所示。富樓那無始迷真覺性，逐妄緣生，則有山河等相，故云「覺海性澄圓」等，及頌二十五圓通，唯向

① 減：卍續藏經出校記謂「減疑咸」。下一「減」字同。
② 覺：楞嚴經後有「乃」字。

取觀音是真似不二圓通之門。豈非先亦示其迷真起妄，修業發現則有妄法？洎①乎各説圓通，方是了妄即真，復如來藏之意也。如淨名中，因其示疾，佛遣文殊問其疾源，淨名答其疾本由妄所生，推妄返真至無住本。豈非從妄逆推，歸真無住，示妄即真，明矣。當知二經，俱顯諸法本真法界圓常經體，俱二經同方等部，猶是對少②明大，簡於三乘所説，非究竟耳。

問：諸法既本真覺藏，皆即不二，應如淨名默然，是爲真入，今之顯説，莫非真入乎？

答：顯默雖殊，所入無異。智者大師云：諸菩薩從化他，故以言説入。文殊兼自行化他作，故以言示無言入。淨名唯自行，故不以言説，不以言示無言，但默然而入，是以文殊歎爲真入。亦如楞伽中，大慧問佛：如世尊言，始從得道，經至涅槃，於其中間，不説一字，世尊依何密語作如是言？佛答：我依二密語，一、自證法，二、本住法。自證法者，如被③如來所得，我亦得之。本住法者，本有法輪常住，如道趣城，城由道至（云云）。是則常住

① 洎：疑當作「泊」。
② 少：疑當作「小」。
③ 被：卍續藏經出校記謂「被疑彼」。

法界，唯心無住，名本住也。覺此唯心，契常合道，名自證也。故知自證①修，本住約證。亦與楞嚴意同，本覺明妙，即自證也，性覺妙明，即本住也。亦是金光明中明如來所盡之性，性即性也，如來即修也。今經云：「世間相常住」，道場得知已，「是法不行②示」。此不可示等，並明修性不二，皆與淨名所入意同。若顯、若默者，乃示自行化他故爾。

問：此與止觀同乎？

答：天台止觀有三，謂漸次、不定、圓頓。（漸次者，亦解圓理，但是行漸，謂次第修於四禪八定、現③練熏修及修九種大禪等，不從圓發，故名漸次。不定者，亦依漸門而修發，不從圓發頓、或發漸、或前後互發，故名不定，由宿習漸頓種熟故爾，此又不同圓發中十境，自是煩惱等互發之相耳。）此不二門唯與圓頓意同。故文云：「故撮十妙，爲觀法大體」，乃至「彼此照著，法華行成」。法華行者，即圓頓止觀也。止觀云：「依修多羅以開妙解，圓修一心三觀。若根利者，聞名即入，快馬見鞭影，即著正路。若障重者，因觀唯心，宿習遂動，諸境互發。」智者大師爲令其一一體達無非唯心、安心實相定慧，故論文廣明四三昧爲行門，十境十乘爲觀法。（四三昧者，一、常行，二、常坐，三、半行半坐，四、非行非坐。此第四亦名隨自意，即通

① 證：疑後脱「約」字。
② 行：卍續藏經出校記謂「行疑可」。
③ 現：卍續藏經出校記謂「現疑觀」。

於善惡舉動常三昧，非專一事。四種俱稱三昧者，三此言正，昧此云定，又三之言明，昧之言靜，明是觀體，靜是止體，即妙定妙慧也。）是四三昧隨彼事用而得四名，皆是一行三昧耳。對境乘無非一心三觀不二法門，故言與此同也。

問：若爾，止觀一論唯圓頓行，圭峰何故判云，天台解難宿圓妙而趣不門户，猶是前諸入禪定耶？

答：如圭峰所言，應是略曾披覽漸次止觀耳，脱或曾睹圓頓止觀，必不細詳起盡、研究大意，暗今家全約法華開顯明佛知見、唯觀一念即空假中、無相定慧之旨，故兹謬判。何者？論中廣明二十五方便，及正修中備列十境互發，於禪定境列四禪八定等者，一一各有其致，如方便中咸約開顯，俾一止一作無非實相，一一方便並真法界唯心妙行。洎①列諸境，恐行人因修唯心妙觀，而有宿習發動，不識其相，謂是聖法，（如比丘得四禪謂得四果之類是也。）智者大師乃歷於煩惱、業、魔、禪、見等諸境，一一示之，使行人識其所發之相，隨而體達無非真佛法界唯心法門，遂委細明之。（論文見在，尋之可見。）若如圭峰所判，即是都不許師曠説鄭衛之音、伯樂話駑駘之狀也。若然者，圭峰禪詮亦應不合談諸禪行相，唯得論於無念

① 洎：疑當作「泊」。

之宗耳。既説諸禪行相，亦莫令圓頓、禪詮成漸次行相門户耶？又況禪詮既無開顯之意，望今止觀幾許遠矣。

問：此與金錍及止觀大意同乎？

答：金錍宗於涅槃常住，荆溪爲破世人執有外色非佛性義，備引本經，詰難研覈，復説設三十六門，然後總申一答，顯示毗盧藏性，心佛衆生三無差別，與此不異也。大意特爲李華撮止觀樞要，直示不思議，即此唯心也。

問：前章所明六即之位，經文雖備而名義猶昧，既云唯心法界，而衆生可自知即乎？

答：法界性德，尚無生佛之名，誰復論即與不即？應知即者，乃諸佛知衆生心本來是佛，日用不知，故方便示言即耳。況六即之名，獨是天台依法華諸大乘所立，以顯圓位修性始終，不二而二、二而不二之因果耳。故荆溪禪師以六句對成三義釋之：一曰理同故即者，即之一字，直指當體即是，如指波即水也。故十六觀云：「是心是佛。」又見佛三昧云：「如實觀衆生即是佛。」此理即性德佛也。事異故六者，六之一字，顯修性因果事殊，如指水即波也。故金光明云：「如來遊於無量甚深法性，過諸菩薩所行清淨。」二曰初後俱是故即者，謂六位皆即佛也。如涅槃云：「發心畢竟二不別。」始終不濫故。六者，謂聖凡力用，天地懸隔。如十六觀云：「凡夫心想羸劣，未得天眼，不能遠觀。」淨名云：「有佛世尊得真天眼，不以二相見諸佛土。」三曰但理故不即者，謂不即修德果事也。如今經云：「壽命無量。」久修業所得理是故。不離者，謂不離性德因理也。如涅槃云：「一切衆生皆有佛性。」華嚴云：「法身流轉五道名爲衆生。」（三釋語異，其意大同，今欲令調①了修性故，備述三義，仍引經證之。）智者大師立此六即，二而不二，使稟權教佛在果者，即信自心是佛，免恥躬不逮之非；不二而二，使學大乘暗證謂齊極聖者，即識次位，免墮增上慢之咎也。

問：文初解題云「後人增損其題，今皆不用」者，只如稱「本迹不二門」，復有何過？文云「本迹雖殊，不思議一」，又云「若解迹妙，本妙非遥，應知但是離合異耳」，又發端云「然此迹門，談其因果」等，既言迹必對本，其文炳者著，何不用之？

答：名不正則義不顯，是②不顯則解不生，解不生則修證無所措手足矣，故先須正其名。所以佛説一經，諸聖必問此經當何名，爲令世諦不亂、顯呂有歸也。如稱爲「本迹不二門」者，且夫不二之名爲約何法而立？若如所引「本迹雖殊」之文中，應云本與迹爲二，本迹雖殊不思議一爲不二，此則可名「本迹不二」也。今文中自叙例云「若解迹妙，本妙非

① 調：疑當作「明」。
② 是：疑當作「義」。

遥」，乃明二門雖古今化事權實之殊，而十妙但因果開合之異，（開合之相，文中自解。）故結云「本迹雖殊，不思議一」，豈得以結例之語，使爲一文立名之大意耶？

又，若言本迹雖各十妙，只爲因果不二，理一無殊，從其大綱，開迹十妙即本十妙，故得題爲「本迹本①二」者，此更爲不可。若然者，則智者大師徒張名義，中佛久成之本，限指聞壽增道損生之益，使顯本之妙翻成繁剩之文。且夫開迹顯本意則不然，但是開其所述執近之情耳，令達久證之實，不滯迹化之權，開已本迹成實，故云「即迹而本」，六番權實，皆不思議一也。豈因開迹便令本妙設其化事乎？况本門總别，總十六番明本迹之殊，復一一番結爲不思議一，此豈非本中一十六番不二門，何關迹十不二名義耶？

又，若云但了一法不二，尚取五章罄盡，而本迹何得堅謂非者。今之所論，非謂不許不二不攝本迹之理，但論正明不二之文，文無本迹不二之義。若然者，何意解方便品中，古人判題，從昔縣額牒州惑亂行人之過乎？况本門一一法相名義稍殊，豈可以迹十妙不二便作本事而説以爲不二乎？如今「十不二」之名，但依十妙而立，易其名目，或合或開，非謂一門對於一妙，當知十門都收十妙，自他因果，罄無不盡矣。是以荆溪禪師於文自立

① 本：卍續藏經出校記謂「本疑不」。

其題云：「法既教部，咸開成妙，故此十門，不二爲目。」法之教部，即法華也。十門即依十妙所立之門也。不二即正因所述法體也。其意煖①然可解，何得輒違宗師所立之文，擅題「本迹不二」之稱？況本迹乃是古今分節經文科目耳，非是經論顯要法相之名，豈得立爲「十妙不二」之題也？

又，若云本迹正是今家判經之鈐鍵，如玄義序云：「玄意述於文心，文心莫過本迹。」正以本迹爲要，故得立爲「不二」題者。今謂智者大師豈不知本迹之名爲要，何不於諸部文首立爲總題，云「法華本迹玄義」、「本迹文句」等乎？「文心」之語，自是章安禪師以蓮華喻於本迹、施垂開廢、六番合喻，得於經旨故云爾，此意正在分節經文故。經云「仰觀斯旨，衆義冷然」，何關今之十不二門歟？

又，引發端「然此迹門」之言，故立爲「本迹不二」者，益知不曉其意，只爲發端云「然此迹門」，所以不可題爲本迹。（思文②。）

又，若云不二正是心觀，何妨「觀心本迹」以爲題者。此亦不然。況約文、附事之觀，

① 煖：卍續藏經出校記謂「煖疑焕」。
② 文：卍續藏經出校記疑當作「之」。

非此敵對不二之旨，此唯心外更何所觀。或曰圓解之者無所不通，滯名之徒即執文字，可①不聞「解則文文解脱，執則字字瘡疣」，若題「本迹不二」，但知圓神體會其意，何必桎梏於其名義乎？今謂此等人所説不應受，若言亡相，何本迹而可論？若就談詮，豈立名而無召？故文句云：「傳詮若謬，則文不如，文不如則理不是。」普賢菩薩授與持經人一句一偈，令其通利，大辨天女，益説法者，辨才莊嚴次第，何不但會其意，任意失於句偈次第乎？若謂圓解之人不須苦執名者，亦應可題爲真應不二，權實不二，體用不二，待絶、空假、真俗等不二，又何必獨在於本迹乎？全今所論者，但正宗師之所立，豈强搆於是非？儻修理以求索，必無矛楯。或隨情而文過，任自縱横。

問：荆溪禪師立此十不二門，爲偈然而作，爲别有由致？

答：玄義中廣明迹門十妙，待、絶六十重妙，果妙畢，復以六十番權實絶②結上諸妙，然後云：「若悟理者，理即非權非實，不見一法，空拳誑小兒，説權説實，爲兼理則非權非實，是故爲妙。」釋籤解上六十重妙並權實説，至此乃解云：「一切諸法，亡泯不二，故更約

① 可：疑當作「何」。
② 絶：疑衍。

悟開前十妙權實，圓一理心性，乃識前來若妙若麤，若開若施，空拳成實，因茲復立大音。」（老子云：「大音希聲。」）顯悟誰少之説，咸堪被圓，從此便入不二門玄，「然此迹門」等也。豈非是見玄義結文唯指悟理爲妙，由是搜括十妙大旨，示其不二，以爲證入之門乎？文云「故撮十妙，爲觀法大體」者，此乃正述作者之意也。問答決疑已。

初釋題訖。

第二，解文。先平書本文，（此文已求多古本釋籤抹勘開即，仍與諸傳教碩德評定訖。今世有別行之本，其間二十餘字不同，蓋三寫成就耳。覽者未審，請徵古本釋籤對之，無致多惑。）後分科備解。（全在下卷。）

然此迹門，談其因果，及以自他，使一代教門，融通入妙故。凡諸義釋，皆約四教，及以五味。意在開教，悉入醍醐。觀心乃是教行樞機，仍且略照①，寄在諸説，或存或没，非部正意。故縱有施設，託事、附法，或辨十觀，列名而已。所明理境、智、行、位、法，能化所化，意在能詮，詮中咸妙。爲辨詮内始末自他，故具演十妙，搜括一化，出世大意，罄無不

① 照：疑當作「點」。

盡。故不可不了十妙大綱，故撮十妙爲觀法大體。

若解迹妙，本妙非遥，應知但是離合異耳。因果義一，自他何殊？故下文云「本迹雖殊，不思議一」。況體、宗、用，祇是自他因果故。況後教相，祇是分别前之四章，使前四章與諸文永異。

若曉斯旨，則教有歸。一期縱横，不出一念三千世間即空假中，理境乃至利益咸爾。則止觀十乘，成今自行因果，起教一章，成今化他能所。則彼此照著，法華行成。使功不唐捐，所詮可識。

故更以十門，收攝十妙。何者？爲實施權，則不二而二。開權顯實，則二而不二。法既教部，咸開成妙。故此十門，不二爲目。一一門下，以六即撿之。本文已廣引誠證，此下但直申一理。使一部經旨，皎在目前。

一者色心不二門，二者内外不二門，三者修性不二門，四者因果不二門，五者染淨不二門，六者依正不二門，七者自他不二門，八者三業不二門，九者權實不二門，十者受潤不二門。是中第一，從境妙立名；第二、第三，從智、行立名；第四，從位、法立名；第五、第六、第七，從感應、神通立名；第八、第九，從説法立名；第十，從眷屬、利益立名。

一，色心不二門者。且十如境，乃至無諦，一一皆有總别二意。總在一念，别分色心。

何者？初十如中，相唯在色；性唯在心；體、力、作、緣，義兼心色；因、果唯心；報唯約色。十二因緣，苦、業兩兼，或①唯在心。四諦則三兼色心，滅唯在心。二諦、三諦，皆俗具色心，真、中唯心。一實及無，准此可見。既知别已，攝别入總，一切諸法無非心性。一性無性，三千宛然。當知心之色心，即心名變。變名爲造，造謂體同。是則非色非心，而色而心，唯色唯心，良由於此。故知但識一念，遍見己他。他生他佛，尚與心同。況己生佛，寧乖一念？故彼彼境法，著②而不差。

二，内外不二門者。凡所觀境，不出内外。外謂託彼依正色心，即空即中。空中妙故，心色體絶。唯一實性，無空假中。色心宛然，豁同真淨。無復衆生七方便意，不見國土淨穢差品，而帝納③依正，終日炳然。所言内者，先了外色心，一念無念，唯内體三千，即空假中。是則外法全爲心性，心性無外，攝無不周。十方諸佛，法界有情，性體無殊，一切咸遍。誰云内外、色心、己他？是即用色心不二門成。

① 或：疑當作「惑」。
② 著：疑當作「差」。
③ 納：卍續藏經出校記謂「納疑網」。

三，修性不二門者。性德衹是界如一念。此内界如，三法具足。性雖本爾，藉知曰修。由修照性，由性發修。在性則全修成性，起修則全性成修。性無所移，修常宛爾。修又二種，順修、逆修。順謂了性爲行，逆謂背性成迷。迷、了二心，心雖不二。逆、順二性，性事恒殊。可由事不移心，則令迷修成了。故須一期迷、了，照性成修。見性修心，二修俱泯。又曉順修對性，有離有合。離謂修性各三，合謂修二性一。修二各三，共發性三。是則修雖具九，九衹是三。爲對性明修，故合修爲二。二與一性，如水爲波。二亦無二，亦如波水。應知性指三障，是故具三。修從性成，成三法爾。達無修性，唯一妙乘。無所分別，法界洞朗。此申①内外不二門成。

四，因果不二門者。衆生心因，既具三軌。此因成果，名三涅槃。因果無殊，始終理一。若爾，因德已具，何不住因？但由迷因，各自謂實。若了迷性，實唯住因。故久研此因，因顯名果。只緣因果理一，用此一理爲因。理顯無復果名，豈可仍存因號？因果既泯，理性自亡。衹由亡智親疏，致使迷成厚薄。故强分三惑，義開六即，名智淺深。故如夢勤加功，空名惑絶。幻因既滿，鏡像果圓。空像雖即義同，而空虚像實。像實故稱理本

① 申：疑當作「由」。

有，空虛故迷轉性成。是則不二而二，立因果殊；二而不二，始終體一。若謂因異果，因亦非因。曉果從因，因方克果。所以三千在理，同名無明；三千果成，咸稱常樂。三千無改，無明即明。三身並常，俱體俱用。此以修性不二門成。

五，染淨不二門者。若識無始即法性爲無明，故可了今即無明爲法性。法性之無明，遍造諸法，名之爲染。無明之法性，遍應衆緣，號之爲淨。濁水清水，波浮①無殊。清濁雖即由緣，而濁成本有。濁雖本有，而全體是清。以二波理通，舉體是用。故三千因果，俱名緣起。迷悟緣起，不離刹那。刹那情常，緣起理一。一理之内，而分淨穢。別則六穢四淨，通則十通淨穢。故知刹那，染體悉淨。三千未顯，驗體仍迷。故相似位，六根遍照分十界，各具灼然。豈六根淨人，謂十定十？分真垂迹，十界亦然。乃由果成，等彼百界，故須初心，而遮而照。照故三千恒具，遮故法爾空中。終日雙亡，終日雙照。不動此念，遍應無方。隨感而施，淨穢斯泯。亡淨穢故，以空以中。仍由空中，轉染爲淨。由了染淨，空中自亡。此以因果不二門成。

六，依正不二門者。已證遮那一體不二，良由無始一念三千。以三千中，生陰二法爲

---

① 浮：疑當作「濕」。

正，國土一千屬依。依正既居一心，一心豈分能所？雖無能所，依正宛然。是則理性、名字二行，已有不二依正之相，故使自他因果相攝。但衆生在理，果雖未辨，一切莫非遮那妙境。然應復了諸佛法體，非遍而遍，衆生理性，非局而局。始終不改，大小無妨。因果理同，依正何別？故淨穢之土，勝劣之身，塵身與法身量同，塵國與寂光無異。是則一一塵刹一切刹，一一塵身一切身，廣狹①勝劣難思議，淨穢方所無窮盡。若非三千空假中，安能成兹自在用。如是方知生佛等，彼此事理互相收。此以染淨不二門成。

七，自他不二門者。隨機利他，事乃憑本。本謂一性，具足自他。方至果位，自即益他。如理性三德、三諦、三千。自行唯在空中，利他三千赴物。物機無量，不出三千。能應雖多，不出十界。十界轉現，不出一念。身土互生，不出寂光。衆生由理具三千故能感，諸佛由三千理滿故能應。應遍、機遍，欣赴不差。不然，豈能如鏡現像？鏡有現像之理，形有生像之性。若一形對，不能現像，則鏡理有窮，形事未通。若與鏡隔，則容有是理。無有形體而不像者。若鏡未現像，由塵所遮。去塵由人磨，像現非關磨者。以喻觀法大旨可知。應知理雖自他具足，必藉緣了爲利他功。復由緣了與性一合，方能稱性，施

① 狹：卍續藏經出校記謂「狹疑狹」。

設萬端。則不起自性，應無方所。此由依正不二門成。

八，三業不二門者。於化他門，自分三密。隨順物理，得名不同。心輪鑒機，二輪設化。現身説法，未曾毫差。在身分於真應，在法分於權實。二身若異，何故乃云即是法身？一一説若乖，何故乃云皆成佛道？若唯法身，應無垂世。若唯佛道，誰施三乘？身尚無身，説必非説。身口平等，等彼意輪。心色一如，不謀而化。常冥至極，稱物施爲。豈非百界一念，界界無非三業。界尚一念，三業豈殊？果用無虧，因必稱果。若信方知三密有本，百界三業俱空假中。故使稱宜遍赴爲果，一一應色，一一言音，無不百界三業自具足。化復作化，斯之謂歟？故一念凡心，已有理性三密相海，一塵報色，同在本理毗盧遮那，方乃名爲三無差別。此以自他不二門成。

九，權實不二門者。平等大慧，常鑒法界，亦由理性，九權一實。實復九界，權亦復然。權實相冥，百界一念。不可分别，任運常然。至果乃由契本一理，非權非實，而權而實。此即如前，心輪自在。致令身口，赴權實機。三業一念，無乖權實。不動而施，豈應隔異？對説即以權實立稱，在身則以真應爲名。三業理同，權實冥合。此以三業不二門成。

十，受潤不二門者。物理本來，性具權實。無始熏習，或實或權。權實由熏，理恒平等。遇時成習，行願所資。若無本因，熏亦徒設。遇熏自異，非由性殊。性雖無殊，必藉幻發。幻機幻感，幻應幻赴。能應所化，並非權實。然由生具非權非實，成權實機。佛亦果具非權非實，爲權實應。物機契應，身土無偏。同常寂光，無非法界。故知三千同在心地，與佛心地三千不殊。四微體同，權實益等。此以權實不二門成。

是故十門，十門通入，色心乃至受潤咸然。故使十妙，始終理一。始境本具三，依理生解，故名爲智。智解導行，行解契理。三法相符不異，而假立淺深，設位簡濫。法①祇是證彼理三。下之五章，三法起用。三法既是一念三千即空假中，成故有用。若了一念，十方三世諸佛之法，本迹非遥。故重述十門，令觀行可知。首題既爾，覽別爲總，符文可知。

法華十妙不二門示珠指卷下

入文大分三：初，總叙一期不二宗旨；二，别立十門，歷法解釋；三，融通文旨，結意歸宗。（初文分三。初，結示前章教觀宗要，又二。初，略示教觀旁正，又二。初，教正故意周，又二。初，述所談之本意。）「然」者，是也，生前起後之辭。「此」者，指定迹門也。「迹」謂影迹，諸佛出世化事未

① 法：疑前脱「三」字。

顯本之前，皆迹也。經云：「是我方便，諸佛亦然。」「門」即能通之法也。經云：「以種種法門，宣示於佛道。」「談其因果及以自他」者，此指智者大師以陀羅尼力恣樂説辨説其十妙，明法華開權顯實，唯一佛乘，自行因果、化他能所等法也。十妙者，初，境妙，謂十如、十二因緣，四諦，三、二、一、無諦等，即藏、通、別、圓人所觀之境也。二，智妙，即四教人各觀諸境之法，共有二十智，謂四菩提等智也。三，行妙，即四教人修次第、不次第五行，謂聖、梵、天、病、兒，戒、定、慧等也。四，位妙，即四教行成，各入其位，謂藏七賢、七聖，通十地，別五十二位，圓六即位也。五，三法妙，即四教各至極果，所住三軌三身三德之法也。此之五妙，雖各四教，意在門顯無非圓乘自行因果。前四爲自因，後一爲自果。六，感應妙，即四教機隨感，佛故有四句三十六句十法界機應也。七，神通妙，即四教佛欲爲四機説法，先現神變，放光動地，警發物情，及示身土差別等相也。八，説法妙，即正爲四機説四種十二部經，詮辨諦緣度，心佛衆生等法也。九，眷屬妙，即四教受道之人，爲法眷屬也。十，利益妙，即四教人獲自行因果等益。此之五妙，一一開顯，同前爲化他能所。（如感爲他，應爲自，互名能所。神通、説法，偏從能立。眷屬、利益，偏從所立。此亦大概，略舉名數而已。至下建立所從中更辨。）故云「談其因果」等也。「一代」者，通指釋迦出世一化始終也。

（二，「故凡」下，舉用義以釋成。）「故凡諸」等者，明用教味之意。四教謂横約化法（藏、通、別、圓。），五味謂豎約化儀。（頓、漸、秘密、不定。）華嚴以圓兼別，未施小故，名頓，在初如乳。鹿苑但是小乘經律論三藏，正施小，名漸，次乳如酪。方等以圓對藏、通、別之漸，次酪如生蘇。般若以圓帶通、別之漸，次生蘇如熟蘇。秘密、不定者，只在前頓、漸之中，密見密聞，悟入不定，無別時部。法華無兼但對帶之唯一圓頓，是顯露非秘密，是定非不定，純一醍醐味也。此則待前三教四味之麤，法華得名爲妙，相待妙也。若前三教四味麤人理教行，至法華悉被開顯，咸成圓教一味妙人理教行，指除糞人，即長者子，開方便門，示真實相，決了聲聞法，是諸經之王，汝等所行是菩薩道，此開麤即妙，唯一絶待妙也。今約絶待，故云「意在開教悉入醍醐」也。

（二，觀旁，故從略。）「樞」謂之猥門户扉樞也。「機」，弩互①也，取其要也。五時八教，由爲觀心故立。了心由教，故解譬目足更資，方有所至。「略點」下，明旁正意。觀心莫如止觀，明教莫若玄義，故云「縱有施設，託事、附法」。又如辨體章中，明四教入體之門，各列十乘觀法，名同略示，引相而已，故云「或辨十觀，列名而已」。皆是旁述耳。

（二，總歎十妙宗旨，又三。初，詮旨咸妙意。）此明演十妙之意也。能所如前解。「詮」即法華，「中」

① 互：卍續藏經出校記謂「互疑牙」。

即十妙。（二，該叔①化意。）「始末」即前五妙，境爲始，法爲末。「不可不了」者，勸辭也。「綱」謂綱之所依，提綱則目整，譬若了十妙，一化教意該收皆盡。（三，覽教成觀意。）「大體」者，爲止觀所修之大體也。

（二，明後段法義無殊，又二。初中明迹本離合，以顯無殊。）從華嚴始成正覺，鹿苑初轉法輪，方等、般若已來，至法華開顯會入，指大通佛所曾説是經，今日成佛，還爲汝説，皆謂實修實證，及菩薩地涌，彌勒問如來，方云「我非今始成道」，舉塵點之喻不能喻其久遠，此名爲本。中間、今日，示生示滅，並名爲迹。雖是其迹，只用本證因果，自化之處處化導，更無別法名爲迹。法言「離合」者，非謂本望迹名離，迹即本名合，乃是本迹十妙因果開合耳。如本中合境、智、行、位四妙爲一，本果妙迹中雖開爲四，亦俱是因，而本事已成，故没四名合爲一耳。又，開一三法妙爲本果、國土、壽命、涅槃四妙者，本既至昔，必有國土筭②事，故没三法一名開爲四也。雖此開合，不出自行因果、化他能所，更無別法名爲本法，故云「因果義一，自他何殊」，指此無殊名不思議一也。玄義約理事、理教、教行、體用、權實、今已六重，

① 叔：疑當作「叙」。
② 筭：卍續藏經出校記謂「筭疑等」。

而明本迹。六名雖異，如理事至行只是自因，體是自果，用及權實是化他能所，今已只是時節異耳。況三際不離唯心，故六重皆不思議一。若了此意，於迹隨入不二，更無他本之法非不二也。

（二，明五章總别，以顯無殊。）「況體、宗、用」三，不出十妙。宗即因果，體即所證，用即自他。玄義云：「釋名，總論三法。體、宗、用，別論三法。」故知但是總别之殊。教相分别前之四章，對前四時三教諸部兼但對帶爲異，玄義云「釋名名異」乃至「判教教異」，五章既是十妙，五章之外更無他本十妙之殊也。

（三，初曉教行旨歸，彰所述之意，又二。初，叙教行旨歸，又三。初，明教理融妙。）「若曉斯旨」者，即指上所辨五章十妙，若一一曉了，方爲圓解法華融妙之旨，則能會諸教諸味之殊途同於一乘醍醐之圓極也。「一期」者，指佛出世一化也，五時漸頓爲縱，四教化法爲横。又三世爲縱，十方爲横，指此縱横只是一念三千世間即空假中。言「三千」者，謂十法界各其①相、性、體、力、作、因、緣、果、報、本末究竟等十如是，又一一界互具餘九法界即百法界，法界十如是即千如是。又於此界如復分五陰實法、衆生假名，各有千如，此約正報。正各有依，復分國土

① 其：卍續藏經出校記謂「其疑具」。

一千，是則依、正共有三千。止觀云：「三千相相惟性，只是一念，一念不前，三千不後，全一念即三千，三千即一念，故云一念三千世間。」言「世間」者，謂假，依正三千有異，一一不濫，稱爲世間也。我之一念具三千法，彼彼一念悉具三千，地獄衆生無量一一三千，乃至諸佛無量一一三千，雖復彼彼無量，全我一念，非前後相，雖無前後，彼彼宛然，名不思議。譬帝釋宫，衆寶珠網，一目一珠，一一珠内現一帝釋宫殿莊嚴，如是衆珠互相映入，衆珠咸現一現①之内，一一珠内具衆珠，帝釋依正，彼彼不雜，展轉無窮，雖復無窮，隨舉一珠收之皆盡，於一珠外更無餘珠不見其中。我之一念亦復如是。能如是觀一切諸法唯心無性名真性空，真空色名妙有，假唯一念，心名不二中，是名一心三觀，故云即空假中。中論云：「因緣所生法，我説即是空，亦名爲假名，亦名中道義。」問：向明百界千如云是爾今經不思議境，經有百界互現之文否？答：法師功德品「六根淨人，下至地獄，上至諸佛，皆身中現」，即其文也。人界既具彼十，彼亦名具人等之十，但有明昧之珠，諸法未曾增減。譬太虚萬像，日夜自分森羅，豈有異哉？

（二，明觀行依憑。）十乘者，一觀不思議境，二真正發菩提心，三巧安止觀，四破法遍，五識

---

① 現：卍續藏經出校記謂「現疑珠」。

通塞，六道品調停，七對治助開，八知次位，九能安忍，十無法愛，此十俱不運而運，令諸行人乘是寶乘，直至道場，故名乘也。「起教一章」者，止觀中有十大章，謂一大意，二釋名，三體相，四攝法，五偏圓，六方便，七正觀，八果報，九起教，十旨歸，今指第九章也。此章全是化他能所。大意一章，則總明自行因果、化他能所。餘章則別明自行因果。旨歸一章乃自他俱入秘密藏也。

（三，歎功成道着。）止觀全是法華妙行，則修後而證此也。所詮即因果。

（二，「故更」下，彰所述三意，又二。初，標立門所由。）可解。（二，辨名義歸趣，又三。初，依義立世，名符妙意。）「何者」，徵起也。「爲實施權」者，是法不可示，言辭相寂滅，以方便力故，於一佛乘分別説三，故云「不二而二」。「開權顯實」者，雖示種種道，其實爲佛乘，開方便門，示真實相，故云「二而不二」。「法既教部，咸開成妙」者，玄義云「通則偏圓、權實、漸頓俱通，別則偏圓約法、權實約教、漸頓①根」。偏者，謂藏、通、別，各有所詮生滅、無生滅、無量諦緣度，心佛衆生十界等法；圓者，即中道無作諦緣度，心佛衆生，三無差別，一念十界法也。權者，謂藏、通、別各有十二分能詮教也。實者，即圓十二分能詮教也。部即頓漸四味兼對帶等部，若偏

① 頓：疑後脱「約」字。

法、若權教、若漸部，至法華時，悉被開顯融會，咸令開示悟入佛之知見，十方佛土唯一乘法，皆到一切智地，一相一味，究竟涅槃，故云「咸成妙也」。十門不二，如釋題。（二，門門六即，簡濫意。）六即如釋題。（三，指廣申略，結要意。）本文，指云玄義也。彼彼一一妙，皆引經論誠證，若得此十門不二之旨，諸佛所證皆我一念心眼。（初總叙一期不二宗旨訖。）

（第二，別立十門，歷法解釋，又分三。初，標列門名。）如文。（二，建立所從。）第一，色心從境妙立名者，境有六，依今經及涅槃立，謂十如、十二因緣、四諦、二諦、一諦、無諦，文中自列，以辨色心。今就開顯諸方便色心皆成圓色心，色與心爲二，乘①色即心爲不二也。第二，内外從智、行二妙立者，智有二十，依大品、大論、婆娑等立，謂世智、藏六、通五、別四、圓四。行有四，依大論、涅槃立，謂道途增數次第不次第。今就開顯諸方便智行皆圓智行，以自己一念智行爲内，以他彼彼一念依正②外，示③即内爲不二也。第三，修性亦從智、行立者，修即智、

① 乘：疑衍。
② 正：疑後脱「爲」字。
③ 示：疑後脱「外」字。

行，性即界如一念，示修即性，爲不二也。第四，因果從位、法二妙立者，位有六，依今經立，謂三草二木一地。三法依涅槃立，謂因三佛性，果三涅槃，亦有方便等三。今就開顯草木皆地四微無别，示諸方便因果皆圓果。示因即果，故爲不二也。第五染淨、第六依正、第七自他，從感應、神通二妙立者，感應依正法華立，彼土①如來所爲感應，如是則有别圓等感應。神通依今經立，經云「如來自在神通之力」，則有業修報不思議等通，令②就開顯唯妙、機應唯圓，天心界性之神通，變淨穢土、現勝劣身，故以染淨、依正、自他各爲二，示染即淨、依即正、他即自，爲不二也。第八三業、第九權實，從説法妙立者，説法依今經云「分别説諸法」，又云「但説無上道」，即説權實四教十二部法。今就開顯唯説妙法，示身口即意、權即實，爲不二也。第十受潤，從眷屬、利益二妙立者，眷屬、利益依今經立，大通佛所曾爲説法，世世與師俱生，則有業願通應生等者③眷屬、草木受潤增長等利益，令就開顯示諸方便眷屬稟方便益即圓頓眷屬，同稟妙益，一味法雨，受潤無偏，爲不二也。

① 土：卍續藏經出校記謂「土疑云」。
② 令：卍續藏經出校記謂「令疑今」。下一「令」字同。
③ 者：疑衍。

（三，依正釋分十。初，色心不二，又二。初，標。）云。

（二，釋，又二。初，辨釋總別，又三。初，通標境具總別。）境是所觀理，對能觀智得名，十如乃至無諦，俱理境也。（二，「何者」下，歷境顯示別相。）十如者，玄義通釋：「相以據外，覽而可別；性以據内，自分不改；主質爲體；堪任爲力；搆造爲作；習因爲因；助因爲緣；習果爲果；報果爲報；初相爲本，後報爲末，俱真實相爲究竟等。」今就十如辨其色心，相、性可知，體即五陰，四心一色，色心俱力，色心俱作，色心俱緣，故云「義兼」。好習爲因，習成爲果，故但心報，即善惡、好醜、貧富、貴賤等，故色也。十二因緣即三道也，無明、愛、取是煩惱道，故但心識；名、色、六入、觸、受是苦道現報陰，故兼色心；行、有是業道，業身口意，又業種合果，故亦兼色心。四諦等可解。一實及無，但心故也。（三，「既智」下，攝別入總，正示宗歸。）「總」者，一念也，一性即一念也，一念靈知，性體常寂，故涅槃云「能觀心性名爲上定」，之①即首楞嚴「第一義空」，空即真如性也，無性即一念叵得，故云「無」也。又無自、他、共、無因之四性也。經云「諸佛兩足尊，知法常無性」，今指一念知性，本來清淨，不生不滅，是真無性，以此性令即十界色心之法，故云「三千宛然」，是知一念三千世間相常也。

① 之：疑衍。

（二，結顯不二，又三。初，明即總三別造體恒同。）常知者，令解總别不二之意也。「心」即上一性無性也，色心即上三千宛然也。「之」，往也，非語助也，謂全性往趣，故云「之色心」也。爾雅云「之，往也」，般若云「一切法趣色趣不過」等，備如境妙。此則真如性隨緣，起信真如隨緣義是也。止觀大意云：「隨緣不變名性，不變隨緣名心。」今言「心」即真如性不變也，「之色心」即隨緣也。（此不勞辨内摶①、緣慮等心。）「即心名變」下，示心之色心相也。金錍解心佛衆生無差别有三義，謂變、造、具。彼對四教：造通心②教，藏通但謂造六道，别圓造十界；變則别圓所變十界；具唯在圓，本具十界。彼雖四教，俱明常住，總顯三無差别之旨。令③文云「變造同」三者，唯圓，爲示迷真性體、起惑業苦相也，即以變釋之，以造釋變，以同示體。變者以顯惑也，譬寒能凝水成冰，迷法性水變癡惑冰冰④爾，故云變。令示冰即水，指煩惱性即菩提也。造者以顯業也，譬火能鍊金成器，迷法性金造業相器亦爾，故云造。令示器即金，指結業即解脱也。「同」者以顯體也，譬摩尼珠光寶，一體非造，迷唯心，珠遂異光，

① 内摶：卍續藏經出校記謂「内摶疑肉團」。
② 心：疑當作「四」。
③ 令：卍續藏經出校記謂「令疑今」。下一「令」字同。
④ 冰：疑衍。

寶亦爾。今示光寶即珠，指生死即涅槃也。此之三喻，但顯變造同，三義一體，惑業苦之色心本不二也。又義例云：「譬如官路土，私人堀爲像，愚者謂像生，智者知路直①，後時官欲行，還將像填路，像本不生滅，路亦無新故。」亦斯謂也，故云「即心名變，變名爲造，造謂體同」。輔行於不思議境廣釋變造義，須者尋之。有別行本云「造謂體用」者，近人謬故也。既失義意，又違金錍。惑者意云「造是體之用」，而不知此文正示色心全真如變，色心不異本性故云「體同」，令了色心不二故，下句云「他生他佛尚與心同」，「心同」之言豈非正以他況己，色心不異性體？明文若是，胡不研尋？或苟順人情，改真從僞，恐懵他智眼。

（二，「是則」下，明不二而二，舉一全收。）四句結顯向義也。「非色非心」顯上心性也，「而色而心」顯上之色心也，「唯心」顯上體同唯心不二也，色即是心，何況心乎？不但唯色，香等皆唯心也，「良由」之言，正結顯由上「心之色心」體同故也。有人用對三觀、三諦，非色心對空真，而心對假俗，唯色唯心對中。今謂此是圓法，若隨意説，何法不通，豈止三觀諦耶？又消文不便，況談不二，字字無非三諦，此門本依諸諦境立，既攝別入總，以明色心，唯顯色心不二，至内外門，對境明智，方辨觀智。又有人以諸句一一顯不二，可則可矣，然消文

① 直：卍續藏經出校記謂「直疑土」。

終爲不便。或曰：若境不可對觀者，上總叙中何以云三千世間即空假中？答：上總叙爲十門起本，故舉三千便言空假中，今則别開十門，十門相生，各有所屬，不可混濫，然則十門互攝，舉一全收，但爲消文解義，必須如此，意則何嘗不通融乎？

（三，「故知」下，結示己他三無差别。）「他生他佛」者，示一一衆生各自心佛三千，如上帝珠所喻，雖他生佛並我一念具足，所以果成之時，不動一念，遍遊十方佛國，遍應十界衆生。「彼」者即指一一衆生各三千法，與我無别，故云差别而不差。有人云是十如等六境名彼彼身。今謂不然，此正結示他生他佛等唯我一念，與金錍釋生佛彼彼相正同也。有别行本多一「差」字，亦近人添也。彼意謂先立云「彼彼境法差」，方結云「差而不差」，此蓋未①曾境法無差之文故爾。（初門訖。）

（二，内外不二，又三。初，標。）云。

（二，釋，又二。初，辨釋内外，又二。初，通標内外。）前但約自己色心以不二，此約己他而辨内外。内即自己三千，外即彼彼諸法。（二，别釋内外，又二。初，釋内外，又三。初，明境體本妙。）「託」，寄也，寄彼依

① 未：卍續藏經出校記謂「未下疑脱見字」。

正，明于三觀不二也。依正三千是假，以空中而亡彼依正之假，故云「即空即中」。有別行本添「即假」二字，謬也。此正用空中以正彼假，安得又云「即假」乎？下句云「心色體絶」，絶即亡也。又下染淨門云「遮故法爾空中」，又云「亡淨穢故，以空以中」，何不皆添假字耶？（二，明境觀雙泯。）言「空中妙故，心色體絶」者，牒示觀成之相也。有別行本於空中上添即字，復添假字，謬矣。唯一實性，示能所都泯也。問：此既云無空假中，上有假字何妨？答：此是示觀成唯一心性體，能所俱亡，故須云無空假中，上二句正是以能亡所，豈得相例？（三，「色心」下，顯帝網依正。）此示唯一天然之性，不壞森羅，如淨瑠璃，內外瑩徹，故云「豁同真淨」，永嘉「豁然如托空，唯覺無所得」。「同」者，似也，乃似其分真，即六根淨也。「帝網」如前釋。「炳」，明也，經終日互映交涉，而珠珠恒各炳煥也。有本云「終日①炳然」，字之誤也，既云「終」，則知是「日」字，若言「自」，則「終」字無力，思之。（二，釋內，又二。初，外境亡。）一念尚無，豈在色心？故云「一念無念」。（二，「唯內」下，內體顯。）攝彼三千即我三千，即空假中也。觀師云「照體獨立，總我皆如」。（二，「是則」下，結顯不二，又二。初，心性融攝。）一舉心性外無他法，如舉一珠衆收盡。（二，「十方」下，生佛

---

① 日：疑當作「自」。

泯同。）法界外無法，生佛一如，空無内外，性無己他，故云「誰云内外」等，此正示内外不二。（三，結所從。）可解。（第二門訖。）

（三，修性不二，又三。初，標。）云。

（二，釋，又四。初，標性因，又二。初，雙標修性，又二。初，標性。）性即一念，德即法身、般若、解脱，皆常樂我淨也。今敵體示性德相，謂心性靈虚寂，性即法身，虚即般若，寂即解脱，性無生滅故常，性無憂喜故樂，性無縛脱故我，性無染淨故淨，性既四，虚、寂亦然。知體一故，一切衆生本性虚寂，故稱性德，此内只指一念耳。（二，「性難①」下標修。）「藉」，假藉也。「知」，了性也。「曰」，言也，說文云「開口動舌爲曰」，凡有心稱知性也。故玄義示諸實相異名，亦名虚知也，虚知即心也。若然者，作善作惡，不作善惡，皆名知，稱此等知曰性。今文「知」者，因真教緣示善惡知，即真知也，乃知諸法唯心，故云「藉知曰修」，如作善惡無記只是一知，遍造善惡等諸法，豈非諸法皆知之？如水爲波爲澄，波澄皆水之相。既知諸法唯心，了無相名真如相，非對性知忽有始知名爲修，知若定有始皆不了義說，則性不名性。今云知者

① 難：疑當作「雖」。

性知，即照稱之曰修。故經云「爲令衆生開佛知見」，則有六即知見。圭峰云「知一字，衆妙之源」，此性知也。永嘉云：「不須知知，但知而已。」但唯一知，即照體獨立也。觀師云：「以知寂不二之一心，契空有雙融之中道。」則與此全性之修知同也。明圓佛知見，借如妙。有別本云「籍智起修」者，謬也。由不曉全知之修，故兹妄改。況知體直指唯心而照，智名未稱全性成修。蓋寫者書「知」逼「曰」，後人認作「智」字，既不成，又見下句有「起修」之言，遂輒加「起」字耳。（二，辨相成相即。）「由修照性」者，若迷知性則不名修，了妄唯心無妄，即照性也。如從睡覺，照覺無睡，睡覺一如，由性發修者，由睡可覺故也。

（二，顯修中逆順，又四。初，示逆順。）順緣修四教菩提，逆緣修六道生死。（二，會事理。）迷了雖即唯心，而逆順性事常別，此指染習隨緣成性，非真知性，然豈離隨緣別有真知？如水與波，隨緣事性，故曰「恒殊」耳。（三，斥謬解。）「可」者，豈可也，乃責辭耳，豈可由不移生死涅槃恒殊之性事，便仕①此爲了修乎？是以下句云「故須一其迷了照性成修」。有人將「可」字作因義解，謂因由不移迷了性事，便爲了修。若爾不更云「故須」也，但詳故須之語，自曉可由之言。若如彼解，則有二失：一，不識語辭失，凡可字有多用，今是許否與奪之辭，如常語

① 仕：卍續藏經出校記謂「仕疑任」。

云「可如此乎」、「豈可如此」、「不可如此」等，當知「可由」即豈可耳，那忽輒謂「可」字是因義，出誰家之詁訓乎？ 二，不識文勢血脉失，上文既立建①了二修，此欲示不二之修，故先斥之，豈可以逆順二修恒殊便爲了修？ 欲達真修，故須一其迷了二性不二，照不二性，方名真修，此豈非上下文勢起盡血脉貫通耶？ 且失著述之人，必須解文義上下相映，端末相成，用語辭可否，若不爾者，並爲猶簡耳。（四，顯真修。）「故須一其迷了」者，由上不達語，諸法唯心之修，今爾②令達其性不二，修此中道之性，以爲真修，則上之生死涅槃二修，一時亡泯，如止觀安心文云「當須以一其意，制心一處，無事不辦」，荆溪師引老子天地得一清淨寧等解焉，此文意同也。 有別行本作要約之期，有人云：自迷已來爲一期，照此一期之性爲修。 此乃昧於一字，是一於上迷了二修爲不二性也。 只見前文有一期縱横之言，便一既作要期字釋，況下句云「見性修心，二修俱泯」，若不一却迷了二性爲不二之修，爲見何性名爲修心乎？ 復泯何二修乎？ 無縱臆説，設誤他後學。

（三，辨修性離合，又二。 初，正明離合，又二。 初，明離合相。）「各三」謂正了緣也，「修二」謂且置正因，但

① 建：卍續藏經出校記謂「建疑迷」。
② 爾：卍續藏經出校記謂「爾疑示」。

約緣了性。「一」謂且置緣了，但約正因。此就離合而談故爾，舉一必具三，如起覺心必有覺慧及諸數等，覺心即正覺，慧即了，諸數即緣，皆相扶而起。如緣與了從正，舉了必不及緣，舉緣必正及了，故云「修二各三」，舉性一理必具三，故云「性三」也。（二，明離合所以。）修二各三，共發性三，故云九也。若具論，則修三各三，性三亦各三，今爲辨修性，且云「修二各三，共發性三」，身然性九只是三，修九六只是三，故今以緣了六對性三爲九，雖此開合，不出一念。（三，寄喻融通。）一性如水，二修如波，修從性成，水爲波也；全修是性，波即水也，故云「亦如波水」。有本云「亦無波水」，誤也。若云波水俱無，即喻修性雙泯，非此中意。又波水俱無，不成譬喻也。

（四，結顯不二，又二。初，重示理體。）三障謂煩惱業報也，煩惱即貪嗔癡等，業即五逆十惡等，報即諸趣五陰身。障者，謂此三從無始來，障弊三德，長輪生死，故云「性指三障」。今圓解頓發，達障即德，文句云「陰界入苦即是法身，非顯現故名爲法身，障即法身，貪恚癡即是般若，非能照故名爲般若，性本明了，無所可照，業行繫縛即解脱，無所繫體，亦無能繫，如是解者名一念信解也」。（二，「達無」下，正彰不二。）可解。

（三，結所從。）可解。（第三門訖。）

（四，因果不二，又三。初，標。）云。

（二，釋，又三。初，標不二之宗。）言三軌者，即三法耳。軌者也，則也。三法可依則，故名軌，謂真性軌、觀照軌、資成軌。具如三法妙。涅槃具梵語云摩訶般若涅槃那，此言大滅度。因華果蓮，即自行一乘因果也。

（二，徵難釋成，又二。初，徵。）可解。（二，釋，又二。初，釋因果不二，又二。初，迷了事别因果名殊。）研謂研竅，唯觀此一念迷性即真妙性，三因頓發，理智齊彰，名之爲果。（二，「只依」下，理顯情亡，性相俱泯。）言「理性自亡」者，語之時尚無理性之名，豈存因果之號？經云「諸法從本來，常自寂滅相」，當知契語真理，情智都亡。論云「念想觀已除，言語道皆滅，如是尊妙人則見般若」。（二，辨惑智淺深，又二。初，正明惑智淺深。）言「亡智親疏」者，智何親疏？由根障願行不等故也。此有三，謂利根人，惑障有輕重，志願有深淺，殖善有厚薄，如釋題問文云：由亡智親疏，致迷厚薄，莫是智有利鈍，故云親疏不乎？答：今辨智親疏，非鈍①也。若是利鈍，自成漸頓二根，今但就頓根明親疏耳。何者是漸頓二根？何者爲頓根智有親疏？答：漸頓二根者，謂過去聞漸頓法爲種，如涅槃中置毒之喻，宿種今熟，故成漸頓之根。一，漸根者，過去聞

---

① 鈍：卍續藏經出校記謂「鈍上疑脱利字」。

通、別大乘爲種，如生熟蘇中置毒，今世雖值正師軌聞圓頓上乘，由宿種漸故，發解還成於漸，如雖服醍醐觸藥，由發生熟蘇中飲毒，故今則難死。二，頓根者，過去聞圓頓上乘爲種，如醍醐中置毒，今世但真正師軌聞圓頓上乘，由宿種頓故圓頓解發，即破無明，如再服醍醐觸藥，藥發便死。此例如北秀、南能同遇五祖，示真心眼，而解分漸頓。（上二種人非今文親疏之人，恐有相濫，因而明之耳。）若頓根智有親疏者，唯就惑障志願殖善不等而明，譬如太虛本暗，及有煙雲共翳，暗本與太虛同體，或暗有重雲，或時有輕煙，或時但闇而無雲煙，法性如太虛本淨，無始無明如暗，塵沙如煙，見思如雲，圓解如日光，頓照真性，太虛體無煙雲，故暗則頓朗，此喻障輕願深善厚者，名智親，如云一生尚超登十地是也。若虛空本暗，加以煙雲，日光雖照，而本未頓朗，須待觀慧之陽氣倍際，道品之情風稍猛，助卷三惑之煙雲方盡，真性之太虛乃明，此喻障重願微善薄，故名智疏也。（此是今文親疏人也。）廣如隨意中。又四念處云：「但觀無明即是法性」，如以火治鐵爲器，分①麤垢自然先落，圓人本觀無明即種智器，而見思垢自然先落，得六根淨，此並喻圓智親疏之相。（二，喻顯智斷因果，又二。初，總喻四法性虛。）此中四喻，夢喻智，空喻斷，幻喻因，像喻果。言「如夢勤加」者，

① 分：疑當作「而」。

正喻能亡之智也。如夢本無由泯，以①故有覺已，求夢叵得，而夢事宛然。諸法本空，無明故有。圓智頓發，達性本無。唯觀無性，故云「勤加」。經云「修攝其心，觀一切法空」，如實相論云「諸法不生，而般若生」，智德成也。「空名或絶」者，喻斷德，無明本無實體，而但有虛名。金光明云「無明本自不有，忘想因緣和合而有」，和合豈非但空有其名耶？是智圓斷力，成契真性體，則空名之惑自絶也。有別行本作「空冥」者，後人謬改耳，意謂冥契真空之理，故云惑絶。今謂不然，豈唯法喻不分，抑亦懵於斷德，況下自釋云「空虛故迷轉性」，空虛迷轉，豈是真性空乎？故荆溪師釋圓無生文、貪恚癡即般若句，云「但觀理」，豈不觀染體自虛，本虛名滅，故妙體滅不立除名，彼云「本虛名滅」，正與此「空名或絶」義同也，豈改真作假、捨長從短乎？「幻因」者，對果，通喻智斷之因也，故牒云「既滿」。「鏡像」者，鏡中像也。不取鏡，但取像，喻果之不可得耳。如前文云「理顯無復果名」，即斯義也。有人將諸句對六即，夢對觀行，空對相似，幻對分真，鏡對究竟，此乍雖似耳②，其如惑智無歸，且如相似位中云「空名惑絶」，此位尚未破一品無明，何謂

① 以：卍續藏經出校記疑衍。
② 耳：卍續藏經出校記疑衍。

謂①名惑絶耶？但是喻於智斷而六即之位自成矣。餘即例破。

（二，別顯事虚理實，又二。初，重提二喻。）「義同」者，惑智對辨，雖但叵得，以智性本有，惑②體本無，故云「空虚像實」。（二，像實正合歸。）惑虚故迷轉（去聲），智實故性成。有本云「成性」，誤也。若然者，則反令果成因也，非性因而成智果也，乍春③則小事，細尋誠不可。

（三，結顯不二，又三。初，正結不二。）可解。（二，汙④謬顯真。）「因亦非因」者，不能致果故也。果從因致，因得因名耳。（三，「所以」下，重示融即。）「三身並常，俱體俱用」者，三身果滿，咸成四德，舉體全用也。又本云「三千其理」，亦顯即體之用。三千並常，然前之三句是千字，果德似身字，便二義無失，故但存耳。

（三，結所從。）可解。（第四門訖。）

（五，染淨不二，又三。初，標。）云。

①　謂：卍續藏經出校記謂「謂疑空」。
②　惑：卍續藏經出校記謂「惑疑惑」。下一「惑」字同。
③　春：卍續藏經出校記謂「春疑看」。
④　汙：卍續藏經出校記謂「汙疑斥」。

（二，釋，又四。初，明法界像①起熾然染淨，又二。初，明染淨本。）可解。（二，示染淨相。）言「法性之無明」者，此染相也。之，往趣也，同上文「心之色心」也，謂全法性趣於無明，唯無明起故，故遍造，造義如前。解「無明之法性」者，淨相也，準上可解。此門依感應、神通而立，故妙果成，能遍應十界之用，即向下清水之波是。有別行本加兩「與」字，云「法性之與無明」，復云「無明之與法性」，若言之與，即語助，與猶共也，乃是法性共無明造惡也。或引起信八識與染淨像和合故起染習種子等，得云「法性之與無明」者，今問：彼八識爲是染淨識，爲非染淨識？若是淨識，第九真如識何別？若是染識，與七識何别？若謂非此二識，應是法性本淨，忽有無明外來，共法性和合，便起染習而造諸法也。若言不爾者，何故云「法性之與無明」乎？若是法性與無明共造者，下句淨法亦是無明共法性起，應如云遍應衆緣，遍應豈非果用？此淨果性如何更與無明共方起應乎？此則染淨不可分，迷悟無以別，誠爲可笑。如百喻中，亦應云清水與濁水共方有其波，若不爾者，則法喻不齊也。況圓頓之法，談迷説性，迥異教道之言，若不解之，即二字之義，那辨教之權實體別？嗚呼，荆溪師云「自行暗於妙宗，何殊無目而導斯言」，信矣。權教八識染淨等，具如玄義破古文，在第五卷末，須者尋之。

① 像：卍續藏經出校記謂「像疑緣」。下一「像」字同。

（二，明即用之體非染唯淨，又二。初，立喻。）濁水之波、清水之波，二波雖殊，而濕性無殊，喻迷悟緣起雖二，唯心不二。若達不二之體，則了染淨不二之用也。「清濁雖由緣，濁成本有」者，喻迷悟雖俱緣起，而迷緣本有，如釋題中。「濁雖本有，全體是清」者，謂濁非濁性本清故而可清，喻迷性非體是覺故而可覺，迷之與覺，只唯一心，一心無殊，迷覺豈二？故云「二波理通，舉體是用」。（二，「三千」下，念顯。）「六穢」謂六道，「四淨」謂聲聞、緣覺、菩薩、佛也。「十通淨穢」者，一界具十界，皆九穢一淨。百界唯心，故云「悉淨」。

（三，「三千」下，約位簡濫，又二。初，辨功能卷淨。）言「豈六根淨人，謂十定十」者，此明相似位人，十界於身中現六根。既是人界具，餘九界展轉互具可知。（二，示行法勸修。）釋籤解遮流亡照各分體用，照爲體，流爲照用，亡爲亡用，今文即用即體，亡照一如，可解。

（四，「不動」下，結顯不二。）可解。今云「以空以中，空中自亡」，證前內外門中「即空即中」義，善成矣。

（結三①所從。）可解。（第五門訖。）

① 結三：疑當作「三結」。

（六，依正不二，又三。初，標。）云。

（二，釋，又三。初，明所因。）由本理一，故證極不二。

（二，「以三」下，辨行相，又二。初，正釋二而不二之相，又二。初，辨依正。）如文。（二，「依正」下，示不二。）可解。（二，「是則」下，約位釋簡，又二。初，約凡位理具釋。）衆生但性德而已，全無修德，故云「未辨」。雖無修德，一理已具，故云「莫非無」也。（二，約生佛理同釋。）言「法體非遍」者，法界性體，不當遍不遍，而諸佛果智妙用稱本性體，故云「而遍」。十六觀云：「諸佛如來是法界身。」疏解云「無所不遍」者。「理性非局而局」者，理性不當局不局，而衆生自起限方之見，故云「而局」。今經云「癡愛故生惱，盲冥無所見」。言「始終不改」等者，始凡終聖，性體一如，毫刹含容，波海交徹，若局若偏，恒不二。華嚴云：「法性遍在一切處，一切衆生及國土，三世悉在無有餘。」

（三，結顯不二，又三。初，結成不二。）淨勝，佛也，穢劣，生也。諸佛了達非淨穢、非勝非劣，對衆生不達而去①淨勝，同前而遍也。衆生亦本非淨穢勝劣，以不達故，但見穢劣，同前而局也。「塵身」去，顯不二相。塵法二身，塵寂二土，理性如事相，事相即理性。論云：是法住法位，世間相常住，治生産業皆與實相不相違背。（二，「是則」下，融難思。）塵國寂光、生佛土、

① 去：卍續藏經出校記謂「去疑云」。

塵身法身、凡聖，容彼彼無礙俱一念，各各周遍未曾同，欲知事事真常相，一切無生法性空。（三，「若非」下，重示理本。）可解。

（三，結所從。）可解。（第六門訖。）

（七，自他不二，又三。初，標。）云。

（二，釋，又三。初，法正辨，又三。初，明理性三千爲自他本，二。初，標定義宗。二，「物機」下，明能化所化，身土必融。）「土土」者，謂一淨穢同居，二方便有餘，三實報無障礙，四常寂光，如神通妙。（三，「衆生」下，辨機應所由，忻赴無爽。）機忻應赴，猶水月聲響，如感應妙中。

（二，寄喻重明，又三。初，順喻應道交，又二。初，正喻。）「不然」者，反上也。「境有現像之理」者，鏡爲現像之本，喻果德智顯可爲應本，如磨鏡已明也。「形有生像之性」者，形爲生像之本，喻因性理具得爲機本，如有形可照也。（二，結釋。）若一形對，而鏡無像現，則非鏡也。若一機發，而佛無垂應，則非佛也。（二，「形事」下，反喻因緣未會，又二。初，喻機未會。）鏡雖明而不能現無形之像，佛慈雖廣而不能度無信之人。（二，喻應未彰。）鏡爲塵翳，未能現像，欲令現像，須磨去塵。磨之鏡明，形對必像。喻若觀行不勤，六根未淨，果智未明，未能起應，必須如理而修，唯觀不二之性，了性淨鏡，本無塵垢，名爲真磨，加功不已，人法之執雙遣，本明之性發現，則無物不鑒也。

問：如云磨鏡去塵，則可喻去妄顯真，乃此①秀「心如明鏡臺，時時勤拂拭」之意耳？

答：今文磨鏡與彼不同。如五祖見其所呈，知彼心眼未正，不付其衣，泊②能師有偈云「本來無一物，何處有塵埃」，乃知已達心源，密付衣鉢。明知彼乃是驗學人見解，非論進行之門。今明修觀之人，但觀無念之性，以後本明之體則能隨機起應，故喻塵除像現，不得見俱是鏡喻便雷同而解。若永嘉云：「此來塵鏡未曾塵」③，又云：「心是根，法是塵，兩種猶如鏡上痕，痕垢盡除光始現，心法雙亡性即真」，此則與今文同是論修，非呈解也。

言「像現非關磨者」者，鏡明實由磨力，像現自因形生，故云「像現非關磨者」。此正辨由修觀故性明，由機感故應赴。有人云：鏡有現像之性，是談其本性，非關於修。復移「現」字於「像」字上，上④「現像非關磨者」。今謂設爾移得「現」字在上，又豈是鏡之明性自能現像耶？上文云「若形對不現像，則鏡理有窮，形未通與鏡隔，則容有是理」，此自約明

---

① 此：卍續藏經出校記謂「此疑北」。
② 泊：疑當作「洎」。
③ 此句永嘉證道歌作「比來塵鏡未曾磨」。
④ 上：卍續藏經出校記謂「上疑云」。

鏡而無形對故不現像，豈論鏡之明性有隔不隔乎？又前文云「欣赴不差」，若云談其本性，則上下之文如何消會？復有人引前因果中「鏡門①像果圓」之語來釋此文，彼自舉鏡中之像叵得，以喻果滿，無復果名，此喻感應道交未交之相，非爲允也。（三，總結略今。）以喻觀法者，即喻今自他不二，他由自具故能應，由他具故能感，自他感具則感應不二也。以磨鏡喻修觀故，欲②知。

（三，「應知」下，結顯所司③，又二。初，示所因。二，「方能」下，彰他用。）皆可。

（三，結所從。）可解。（第七門訖。）

（八，三業不二，又三。初，標。）云。

（二，釋。又二。初，標三輪。）唯佛三業，得名三密及三輪也。密謂微密，深妙也。自等覺而下，無能思議佛身口意運用之相，故稱密輪者有三義，謂權碾義、運義、轉義。自破魔，或

①門：十不二門無。
②欲：疑當作「可」。
③司：卍續藏經出校記謂「司疑因」。

亦令他破，是摧碾義。自到彼岸，亦令他到，是運義。自說法度生，亦令他度，是轉義。以對身口意故，未曾毫差鑑機也。

（二，正釋不二，又二。初，約身口二業，各辨不二，又二。初，標身口。）法報但合爲真身，如鏡與明合但云鏡耳，言真應猶言鏡像也。法從口演，故云「在法」。十界等法不出權實，權實不出四教，教則三權一實。此約教以辨法，法爲所詮也。（二，「二身」下，辨不二，又二。初，明二而不二。）如波即水，（二，「若准」下，明不二而二。）如水之波。（二，「身尚」下，約三輪一體，總辨不二，又二。初，約果用釋，又二。初，辨三輪化用。）

如來神化，非先謀慮而後施爲。由本因中發四弘誓，修中道無緣大慈，至果上任運慈善根力，令諸衆生見如是事。佛居常寂光，實不念度彼化此，而化事宛然。如鏡現像，如月現水，故云常真至極，稱物施爲。經云：「微妙淨法身，湛然應一切。」（二，「豈耶」下，釋成不二。）可解。（二，「果用」下，約因理釋，又二。初，舉果例成。）可解。（二，乘法顯相，又二。初，明果必由因，又二。初，示所依理本。）「有本」者，本即因也，由本因三業一念即空假中，致果成三密不思議用也。或有別行本於「若信」下有「因果」二字，蓋後人昧此文意輒加耳。今文自是指上文云「若信」上「一念百界三業之因」，方知三密有本，故文便舉百界等以釋成，豈非正由因理本具也，何得云「信因果」耶？（二，辨所成果德。）稱應宜機也，一一色身也，一一書口也，起應無量，故云「一一」。「化復作化」者，乃無記化化禪，即不謀而化，展轉無窮，如華嚴一音出無量音、一一音復出多音等。（二，顯因理本具。）一念具一切法，豈唯三密，此亦名因毗盧。（三，結所從。）可斛①。（第八門訖。）

（九，權實不二，又三。初，標。）云。（二，釋，又三。初，總標機應。）「大慧」即應本也，「法界」即機本也。（二，「亦由」下，辨釋所由，又三。初，明因理常然。二，「至果」下明果由因立。三，「此即」下，正示化方。）皆可解。（三，「對説」下，結顯不二。）權實義通四教，真應多約別圓。（三，結所從。）可②。（第九門訖。）

（十、受潤不二，又三。初，標。）云。（二，釋，又三。初，明受潤相，又二。初，明差而無差，熏習有異。）言「熏習權實」者，此須約五時教，明種熟脱之緣，如涅槃置毒之喻。若於過去聞華嚴爲種，如乳中之毒。今世後聞華嚴，宿種成

---

① 斛：疑當作「解」。
② 可：卍續藏經出校記謂「可下疑脱解字」。

熟，便獲悟入，無明世諦死，法性種智生。如再食乳，毒發而死。聞藏酪、方等生蘇、般若熟蘇、法華涅槃醍醐，例知。經云：「如是衆生，世世常受我化，始見我身，聞我所説，即皆信受，入如來慧，除先修習學小乘者。今聞此經，亦入佛慧。」此正明種熟脱也。「若無本因，熏亦徒設」者，此反顯也。由生本具權實之因性可薰故，諸佛設權實之教緣薰發。「遇薰自異」者，緣習成異，心本無殊。（二，「性雖」下，辨能化所化、權實俱空。）舉幻以顯中道實慧空也。心性不當權實，故云「無殊」。雖非權實，必假幻緣顯真空性。

（二，「然由」下，明感應由，又二。初，正辨所由。）生由性具，得成開顯之機。佛由修成，能爲不二之應。

（二，「物機」下，宜同法界。）此顯法華種熟脱益，如上三世五時悟入，並是法華施開癈會之力用，故今機應不二，身土一如。經云：「雖示種種道，其實爲佛乘。」如來慇懃稱歎，良由此也。

（三，「故知」下，結顯不二。）此約三草二木皆一地所生、一雨所潤，以顯機應不二也。衆生業惑、本真心地，具於緣習三草二木之性種，此則因也。諸佛修證、種智、無緣大慈，具於權實不二之法雨，此則果也。草木性種本乎心地，權實法雨本乎大慈。地具色香味觸之四微，雲雨草木亦爾。四微理同，四大性等，咸即常樂我淨、真無住本，法界常住，故云體同、並①等。

① 並：疑當作「益」。

經云：「皆一地所生，一雨所潤」，「一相一味，所謂味①，所謂解脱相、離②、滅相、究竟涅槃常寂滅相。」

（三，結所從。）可解。（第十門訖。）

（第三，融通文旨，結意歸宗，又二。初，融通文旨，又二。初，辨能依十門，初後相收。）一門具九門之法，門門互具。（二，「故使」下，明所依十妙始終理③。）境三即相、性、體也，亦名業、惑、苦，亦名緣、了、正。智謂三智，一切智、道種智、一切種智也，亦名三眼，慧、法、佛也，在因名三止三觀。行謂三行，聖、梵、天，戒、定、慧，衣、座、室也。位三謂六即之位，只前境智行三所歷之位，位位皆三。果上則名三身三德，即三法也。感應、神通、説法、眷屬、利益五妙，一一妙並三法，以利他故。云「起用」成者，謂一念三千即空假中之觀成也。若因若果，若自若他，皆即一念三千，故上句云「始終理一」。

---

① 所謂味：卍續藏經出校記謂「所等三字疑衍」。
② 離：卍續藏經出校記謂「離下疑脱相字」。
③ 理：疑後脱「一」字。

（二，結意歸宗，又二。初，物結所述。）所述十門，不出自他因果。自他因果，不出一念。但觀一念，遍了十方三世諸佛本迹之法非遥。顯曰，真覺靈源性混融，十方生佛我心中，毗盧藏海塵塵遍，般若林華處處同，一室千燈光令雜，太虚萬像色俱空，能知十妙唯心寶，不二摩尼雨莫窮。荆溪禪師述此十門，乃舉法華之宏綱，撮上①觀之樞要，俾學佛乘者，咸至道場。故於文初云「撮十妙爲觀法大體」，令②結云「令觀行可識」。意後之學者，安可聞不思修，如貧數室③、裹糧束足者乎？（二，會歸玄旨。）「首題」者，即經題，此指釋名一章也。「别」謂體、宗、用三章也。「文」謂教相一章也。今云「覽别爲總」者，即覽體宗用之别，入釋名不二之總，使一一咸成不二，與教相符契，故云「符文可知」。前文云：「況體宗用，只是自他因果法故。教相只是分别前之四章，使前四章與諸文永異。」故知此文是結歸五章，以顯一經顯旨。有人云：「首題」者，是此十門之題。「覽别入總」者，謂覽前色心等别爲一念之總。引前文云：「既知别已，攝别入總，無非心性。」「符文」者，乃

① 上：卍續藏經出校記謂「上疑止」。
② 令：卍續藏經出校記謂「令疑今」。
③ 室：卍續藏經出校記謂「室疑寶」。

是符契不二之文，故云可知。令①謂太局，不收五重玄義，失經題旨。況文初云「直申一理，使一部經旨皎在目前」，豈非離五章之章之②意耶？復有人解「覽別爲總」同前，令③釋而云「符文」者乃是懸示消釋經文。令謂此解亦爲不便，「覽別爲總」既是四章，安得不論教相乎？

雍熙三年歲次丙戌孟夏之月，余於錢塘湖之陰講法華玄義，解座屬安居時，對而未得即入文句。有二三道侶賫不二門別行本至，皆云「此文訛④謬多矣，幸爲辨惑焉」。余因挍據本宗，聊以消諸。學生聞已，恐有失墜，請編録之。余索⑤非筆削之流，尤慙環碩之學，但以宿發聞之於師，遂允所求，書之于紙。其科分節逗，即用槜李敏師舊本，不復别出。庶一句一偈成讚佛乘，若見若聞同期佛慧耳。筆既絶矣，歲亦暮。

① 令：卍續藏經出校記謂「令疑今」。
② 章之：卍續藏經出校記謂「章之二字疑衍」。
③ 令：卍續藏經出校記謂「令疑今」。
④ 訛：疑當作「訛」。
⑤ 索：疑當作「素」。

議宋國新書考

本朝文粹（十二），東陽覺慶座主，復宋奉先寺源清法師書曰：大宋至道元年四月日，牒到，故座主權僧正，暹賀領掌，未及報陳，溘以即世矣。覺慶偏以年臘，猥得領衆，繼彼前好，寫我短懷。雖無傾蓋之昵語，自諳動履之德音。梵志之求道十二年，師及二十年，智者之閲經十五遍，師及五十遍，静言思之，匪直也。人見贈法華示珠指二卷，龍女成佛義一卷，十六觀經記二卷，佛國莊嚴論一卷，心印銘一章，見斯文彰外知其才之弼，中文章六七，聊有注出，不敢加雌黄，唯是展情緒。（乃至）月日，日本國天台座主阿闍梨僧正法印大和尚位覺慶。

顯要記破文曰：分得大宋國奉先寺源和尚觀無量壽經疏顯要記下卷，文義備矣，理趣明矣。卷舒鑽仰，慕道欣義，今録疑慮，重求幽玄而已。天台山東塔院沙門覺運。（私曰：顯要記上卷，慧心僧都破之。）

妙玄私記（卷七）曰：昔大宋源清師自作書並同朋鴻羽所造佛國論等，送之本邦，慧心檀那等各難一卷。其鴻羽論云：千華葉勝，應是方便土也（云云）。静照法橋難之。

中國佛教典籍選刊

十不二門指要鈔校釋

下

〔宋〕知禮 撰

聶士全 校釋

爲道者焉。若夫莊子，以無爲爲道，道其不言。故如知北遊章中，知問無爲①曰：「何思何慮則知道？何以安道？何以得道？」無爲不答。南問乎狂屈（群勿反），狂屈欲言而已言②者也。中宮問乎黄帝，黄帝答曰：「無思無慮始知道，無處無服始安道，無從無道始得道。」無爲謂妙體無知是真道，（所以不答。）狂屈反照遺言是似道。（所以欲答而辭襄③。）知與黄帝二人，運知以詮理，故不近乎真道者焉。乃曰「夫知者不言，言者不知」，斯蓋法不言之無爲爲道者焉。若夫竺乾，六宗九十六種之道，空見神通四韋陀之道，何勝言哉？斯諸道者，言至理近，匪辨惑智，三世生源之所不窮，罔曉果因，即生情理之所奚述，詎出生死者哉？

若夫釋氏之道，直示衆生心性，而開乎權實。離生死得道者，即生死得道者。離生死涅槃二道得道者，斯皆即權之道者焉。有即生死涅槃曰中道者，斯謂即實之道者焉。其有即心非心自已之宗，亦奚踰權實之道，同一心性。心性者，非有爲非無爲，不亦有無爲；非自然非不自然，不亦自然非自然；非有情非無情，不亦有情無情。言不言者，庶幾

① 無爲：疑當作「無爲謂」，下同。
② 欲言而已言：莊子作「中欲言而忘其所欲言」。
③ 襄：卍續藏經出校記謂「襄疑喪」。

乎哉。乃籤曰：夫一念心三千性相不思議假，一毛孔中百千諸佛國土，一微塵中大千經卷，瓶藏馬照，芥納蘇迷盧。曷有爲無爲、自然之所説乎？奚思慮之所趣乎？所謂本迹十不二者歟。蓋道有消長，時有漏隆。況斯教者，嘗鍾蕩，得無紕繆？其守株者桎梏「古本」，其蒙求者孤疑「別行」，俾余註釋。余雖愧不才，幸參祖教，多省闕疑，獲辭不免，輒注而釋之。其猶爝焰燎天，掬波投海，胡測廣深耶？呈露群賢，可垂刊定。

時皇宗三聖日咸平元稘太歲在着雍閹茂玄英首序。

天台沙門湛然述

法華本迹十不二門

此十不二門，元連釋籤第六卷，但云「十不二門」。其後別行，已經波蕩，莫知其誰。古人私安「本迹」兩字者，義亦甚善。何者？記主釋籤第六玄義迹門，將結撮文旨，依乎十妙立兹十不二門，以迹例本，理智咸然。故下文云：「若解迹妙，本妙非遥。」洎乎十門之後，結示大旨云：「若了一念，十方三世諸佛之法本迹非遥。」豈一佛化哉？本迹者，一實相理本、事迹，已下文六重本迹，又云：「本迹雖殊，不思議一。」十種不二，其門一矣。故知題云「本迹」者，甚善也。

然此迹門，

然此二字，標指也。迹門者，此經二十八品，前十四品爲迹門，後十四品爲本門，今談迹門十妙將竟，結示元意云爾。

談其因果，

十妙中前五妙中爲因果，一境，二智，三行，四位，五三法，前四爲因，後一爲果。

及以自他，

後五妙中咸具自他，六感應，七神通，八説法，九眷屬，十利益。

使一代教門，融通入妙。

元意洎從大通智勝佛所，迨乎出世一化已來，意在盡妙。華嚴一麤一妙，鹿苑但一麤無妙，方等三麤一妙，般若二麤一妙。已上四味，融麤入妙，即融通之融。融通帶方便説妙，圓融捨方便説妙矣。

故凡諸義釋，

通舉五重玄義，故曰「凡諸義釋」。

皆約四教，

凡一法起，皆約四教辨其淺深，五味通其頓漸，祕密、不定互攝其機，元意屬下云爾。

及以五味。

一乳，二酪，三生蘇，四熟蘇，五醍醐。

意在開教，

意在開權顯實。

悉入醍醐。

舉喻，如五味之中，令四味之麤咸入醍醐一味純妙。四教約權，五味論豎（云云）。

觀心乃是教行樞機，

觀心一科，廣明十乘觀法。教即是解，觀即是行。解若無行，解無所至。行若無解，行無所導。解行相須，轉凡爲聖，乃喻樞機矣。

仍且略點，

玄義之中，粗略點示，不廣解釋。

寄在諸説，

散寄諸文所説，具釋如止觀矣。

或存，

有處存其科節。

妙教曰能詮，妙行、妙理曰所詮，行親證理，故曰「可識」。親見曰識。

故更以十門，收攝十妙。

記主特立此十不二門，攝於十妙也。

何者？爲實施權，則不二而二；

理元不二，爲實施權，方便立爲二矣。

開權顯實，則二而不二。

攝用歸體，即體是用，故曰不二。

法既教部，

所説曰法，被下曰教，即八教。部謂頓漸五時部類也。

咸開成妙。

開麤即妙，即純妙無麤。玄義之中，有判麤妙，即相待妙；有開麤妙，即絶待妙。開麤之中，有案位開，即約理開；有昇進開，即約行開。今言「教部咸開」者，即案位開，中兼昇進開，意在絶待妙矣。

故此十門，不二爲目。

一理無二，不二爲名，蓋法乎妙也。

一一門下，以六即撿之。

案位開中，謂一理即，兼昇進開意，故談餘之五即也。

本文已廣引誠證，

大部玄文，是明佛語，及憑論文。

此下但直申一理。

記主申通，開佛知見，一理元意。

使一部經旨，皎在目前。

出世大意，皎然目擊。

一色心不二門，二內外不二門，三修性不二門，四因果不二門，五染淨不二門，六依正不二門，七自他不二門，八三業不二門，九權實不二門，十受潤不二門。是中第一，從境妙立名。

色心不二，從圓境妙立名。

第二、第三，從智行立名。

內外不二、修性不二，俱兼智、行二妙。契理歸宗曰智，籍智起修曰行，俱妙皆不二，

故此二門貫通二。

第四，從位、法立名。

二，汗栗陀，此方草木之心；三，牟栗陀，此方積聚精要者爲心。楞嚴經中，舜若多性爲妄心，爍迦羅心爲真心。起信云：「所言法者，謂衆生心。」如上所引之心，皆此心字所攝。

不二門者。

色心理本不二，指此爲門者，止論云：「文者，門也。門非門，非門非非門。」當體能通曰門，即通是所通，故曰不二門矣。

且十如境，乃至無諦，一一皆有總別二意。總在一念，

一念者，仁王經云「第一念異乎木石」，永嘉集云「豁然杞空，乍同死人，異乎木石」，此之一念，復非覺知之境，又非木石之心。唯識、百法等論明一念爲似塵識，起信論明一念中具九相，解深密經明陀那識真爲一念，此等一念之中，皆明縱横三千性相。華嚴經明一念中具十世古今，止論中云「一念法界」。如上等文，皆名總在一念。今注曰：介爾起心，三千性相，即非縱横並別之旨，故曰「總在一念」矣。問：下文云「以空以中，三千相泯」，此之一念存亡耶？答：不泯而泯，法爾空中，何念之有乎？泯而不泯，法爾雙照，何念之無乎？

別分色心。

玄義、文句、止觀，一家三處明十法界，皆約煩惱、業、苦三道麤細明十如矣。

何者？初十如中，相唯在色，

相者，表也。四惡趣相表墮落，人天相表清昇，二乘相表涅槃，三教菩薩如文，佛界相表一切衆生即菩提相，皆名色法，表質爲義義①矣。

性唯在心，

性謂習性。四惡趣習惡黑性，人天習善白性，二乘習無漏非黑非白性，三教菩薩如玄文，佛界以智不共爲性。記主云：「既以一切衆生即菩提爲相，豈得以智願爲性？」應知以煩惱爲性，豈是記主許師之過歟？蓋文意之未盡耳。問：百界千如，本是妙宗，如何釋義以習爲性？若習得成性，即是無常，「本無今有，無有是處」，非今妙宗耶？答：祇爲本妙本常無性，對像成習，故有百種界別，千如相殊，依正兩分，則有三千。良由本妙即非無常，對像能迷，故非本無。故經云：「知法常無性，佛種從緣起。」佛種尚從緣，九界豈非緣耶？故論云「天真獨朗」，書云「從藍而青」。實由本具，習方得成。雖云習成，總在一念，不縱不横，不並不别，故曰妙法矣。

體、

---

① 義：卍續藏經出校記謂「義字疑衍」。

爲緣，習果報果，分得十法，雖是實報，酬因相起故云報，故云「報唯約色」矣。廣如玄文。十二因緣，苦、業兩兼，惑唯在心。四諦則三兼色心，滅唯在心。二諦、三諦，皆俗具色心，真中唯心。

二諦言真，三諦言中，皆可見也。

一實及無，准此可見。

四教之中，各有一實諦，及於無諦，各有所以，故云「可見」。

既知別已，

如上別分色心，鑒之千差，意中已得，故曰「既知」。

攝別入總，

一念圓持諸法曰總。

一切諸法，無非心性。

即當萬法唯心，既其唯心，亦其唯色。

一性無性，

一性者，色即是心也。一性亦無者，即當非色非心。

三千宛然。

後文云「而色而心」也。

當知　當知者，上云既知覽別已竟，此中印定諸法一心，故曰「當知」。

心　實相真心。

之　語助。

色心，　諸法色心。

即心　然師云其體不二曰即。

名變，　變謂變異，即不思議變。起信論云：「覺心初起，心元①初相。」大經云：「十住菩薩不

① 元：卍續藏經出校記謂「元疑無」。下一「元」字同。

見其始。」覺地頌云：「性起元生不動智，不離覺體本圓成。」傅大士點：「有物先天地，無名本寂寥。」五運鈎命决云：「天地未分，有太易、太初、太始、太素、太極。氣象未分，謂之太易。元氣始萌，謂之太初。氣形之端，謂之太始云云。」謂非䁖之元①，曰變也。有人云「變爲煩惱道」，其義遠矣。

變名爲造，

造謂造作，作謂作用。文家意云：變之與造，其理不二，故云「變名爲造」。然造者，是則煩惱、業、苦，身、口七支運動，名之爲造，與其變義，麤細相別，十界分途，十如各具。有人云「造字對業道」，其義疏矣。

造謂體用。

造謂界如三千性相即體起用，故下文云「以二波理通，舉體是用」，又云「三千在理，同名無明，三千果成，咸稱常樂，三千並常，俱體俱用」，造謂體用，其義明矣，不存疑焉。古本作「體同」，字悞矣。有人云「正當造體恒同」者，其理權矣。又云「怕起業故云體同」者，令三千之妙用，何業之怕哉？

① 元：疑當作「無」。

是則非色非心，

上文云「一性無性」。

而色而心，

上云「三千宛然」。

唯色唯心，

上云「一切諸法，無非心性」，謂萬法唯心，亦當唯色耳。

良由於此。

明不二之旨，善有所以。淨光大師點讀云：「非色非心，真諦也；而色而心，俗諦也；唯色唯心，中諦也。」予之書曰：「非色非心，中諦也；而色而心，俗諦也；唯色唯心，真諦也。」一家妙旨，三諦讀經，愚今注曰：是相如，（色即真諦。）如是相，（色即俗諦。）相如是，（色即中諦。）一如三諦。故下文云：「此内界如，三法具足。」況百界千如，重重無盡者乎？ 即因陀羅網義矣。此即三法明門，初地菩薩百法門，乃至阿閦婆偈明門，約位示相，三諦之文，一家宗要，伊字三點，魔醯三目，不縱不横，不並不別。如斯消釋，奇哉快哉！ 樂哉暢哉！ 何法華三昧之遠乎？ 旋陀羅尼之異乎？ 有人云「出何典據」者，是盲者過，非日月咎。

故知但識一念，遍見己他生佛。

一念明，入於多劫。

他生他佛，

九法界中，十界是他生他佛。

尚與心同。

如心佛亦爾。

況己心生佛，

佛法界中，十界爲己心生佛。

寧乖一念？

總在一念。

故彼彼境法差，

牒上七科妙境差别之二相。

差而不差。

結示不二，一際平等，色心咸然。

二，内外不二門者。

內外即是相待妙，不二者即是絶待妙。前後九門例爾。

凡所觀境，不出内外。

九法界中，即外境也。佛法界，即内境。内外合明，一念方具三千之妙境矣。他云外境是「色心門中三千性相爲外境，智性爲内境」者，即是不達文旨矣。

外謂詑①彼依正色心，

詑彼者，指九法界爲彼也。九界未融，故當麤義。前之三教，用觀隔别，心境兩分，真俗更泯，乃分三乘殊趣，未稱佛旨。良謂心境相傾，故曰外也。

即空假中。

託外九法界境，起佛法界圓三觀，即麤是妙，故云「即空假中」。古本無「假」字者，多恐脱落也。

即空假中妙，故色心體絶。

不二而二，色心殊途；二而不二，色心同歸。故言「空假中妙，故色心體絶」矣。

唯一實性，無空假中。

① 詑：疑當作「託」，下一「詑」字同。

對病設藥，故云「託彼色心，即空假中」，病除藥亡，故云「唯一實性，無空假中」。

色心宛然，

不泯而泯，色心體絶。泯而不泯，色心宛然。

豁同真淨。

始覺合本覺，故云「豁同真淨」。

無復衆生七方便異，

外境九界正報之中，約人爲七方便。玄義中兩解。一云人、天、藏教二乘、通教菩薩、別教菩薩即三草二木也。一云兩教二乘、三教菩薩即七人也。四惡趣是所化，七方便是能化。能所差殊，故名爲異。問：人天兩乘是有漏人，如何説爲能化？答：仲尼尚設五常之教，梵皇有施十善之言，佛制五戒，其能化同矣。前云外境爲九法界，其義明矣。既同佛界真淨妙境，故曰無異矣。

不見國土淨穢差品。

依報曰國土，相宗名器世間。天台立四土不同。一，淨穢同居土者，娑婆穢土、安養淨土，同一所居，故曰同居土。淨土通五乘，人居穢土。如淨名疏明也。二，方便有餘土，七類人居。三，實報土，一乘因果人居。四，常寂光土，唯佛一人居淨土。心未融，土乃優劣，色心一如，國無差品，故云「不見」矣。

而帝網依正，終自炳然。

終自炳然者，自然天報也。帝網者，天帝釋忉利天中，得勝堂天業所感自然宫殿、因陀網，一網孔一一明珠，光光交照，自然炳著，非作所成，故曰「終自炳然」，故可喻重重法界，事事圓通，性自天然，非造所成。雖復不見國土差品，而一念心三千性相，十界宛然，本來真淨，如天帝網，終自炳然。恐人見上文「豁同真淨，無復衆生七方便異，不見國土淨穢差品」，便作斷滅意解，故舉帝網終自炳然，以喻常住法界色心宛然也。古本作「終日」字者，可以鑑矣。

所言内者，先了外色心，一念無念。

外謂達於九界色心總在一念，一念亦無，故曰「無念」，方名内境。然内體之中，本具三千，即不疑也，何故外境只云「了外色心，一念無念」，不言「三千」耶？答：元意有念無念皆具三千，内外亦然。只爲不分而分，外境是麤，三千是妙。故下文云：「三千未顯，驗體仍迷。」應知三千妙境，舉體成用，用不離體，故三千當知外境未明，三千焕然可見也。

唯内體三千，

問：論中云「一念心起，即具三千」，此中何故云「一念唯内體三千」耶？答：論中示於妙境，故曰「一念三千」，此念即體是念，此中揀麤顯妙，故曰「唯内體三千」，意云唯内妙體方具三千也。

即空假中。

據下文云「以空以中，三千相泯」，此中内體即合亦泯三千，良謂妙境即是妙觀，故云「唯内體三千空假中」，意揀外境未具三千。下文云文意，初心己情，對病設藥，故云耳。

是則外法，全爲心性。

結示心源。

心性無外，攝無不周。

唯心之性，無外可對，故云「攝無不周」。

十方諸佛，

上極佛界。

法界有情，

下盡生源。

性體無殊，

生佛無二。

一切咸遍。

心地法門，不思議解脱性，古人云「衆生心裏佛寂寂，涅槃佛裏衆生心，擾擾生死」，實謂一切咸遍。

誰云内外、色心、己他？

人法俱亡曰誰，泯然不二，内外、色心、己他俱寂，故曰「誰云内外、色心」也。

此即用向色心不二門成。

妙觀從妙境立，故名曰成。

三，修性不二門者。

以智造境曰修，三障曰性。止觀云：「常境無相，常智無緣。」智雖無緣，恒爲境發，境雖無相，恒爲智緣。「以無相境，相無緣智。」相由發也，發謂無性也；以無緣智，緣無相境，緣即是造，造謂無相也。境智不二，即修性門矣。

性德只是界如一念，

牒上色心門中「百界千如，總在一念」，止論性德名爲理境。

此内界如，三法具足。

此内謂一念，界謂百界，如謂千如。三法具足，略即三法中即十種三法，謂道、識、性等，廣即無量三法。傅大士云：「水中鹹味，色裏膠青，決定是有，不見其形。」實謂門門具足，法法圓成矣。

籍智起修①。

籍謂假籍。智開權實，如智妙中四教二十智，前三教十六智爲權，圓教四智爲實。經云：「我若讚佛乘，衆生没在苦。」實智無由得開，尋念過去佛，皆以方便力教化於衆生。作是思惟十方佛讚，爲實施權，先施三藏生滅，七智後後，對帶權實相，須經停四十餘年，方開實智，示本界如三法具足，故云「籍智起修」。如上所引經文，同聲相應，義理焕然，不須疑也。問：四教二十智，是佛之所説，曰教，如何是籍智起修耶？答：只爲教是上聖被下之言，衆生禀教之權實，至實教中，開佛知見，稱實起修，故云「性雖本爾，籍智起修」耳。古本作「籍智修」者，悮也。有人作靈知釋知者，昧矣。

由修照性，

實假權開。書云：「崑竹未剪，鳳音不彰。性未鍊，神明不發。」故云「由修照性」。

---

① 籍智起修：十不二門前有「性雖本爾」四字。

由性發修。

權假實融。性指三障，修從性成，故云「由性發修」。

在性則全修成性，

下文云「三千在理，同名無明」。

在修則全性成修。

下文云「三千果成，咸稱常樂」也。

性無所移，

下云三千無改。

修常宛爾。

下文云「無明即明」。

修又二種，

修開權實。

順修、逆修。

不了義教曰逆修，了義大乘曰順修。

順謂了性爲行，

非真流之心無以契真，何真修之行不從真起？

逆謂背性成迷。

滅心求道，三教之行俱迷。即惑爲真，圓人獨稱了性。長者云：「若了一念，緣起無生，超過三乘權學等見。」豈非順謂了性爲行耶？故知權學是逆修。可約味、約部，逆順可知。有人將六道爲逆修、四教爲順修者，不達逆順矣。六道本是三障，何修之有？下文云「應知性指三障」，可知矣。

迷了二心，心雖不二，

迷了二心，性若虛空，本來不二。

逆順二性，性事恒殊。

性謂執性，執遂成事，故同性事。楞嚴經云：「由性明心，性圓明故。因明發性，性妄見生。從畢竟無，成究竟有。」因明發性者，發謂對境能覺曰發。妄心不了，故成性執之事。事相天乖，故曰「恒殊」。官謂性執之性，與上心性，理同事別，故分逆順性事恒殊。生死涅槃，俱是性事，十界因果，紛然不同，可見矣。

可由事不移心，則令迷修成了。

日本科云「遮妄計」。意云可因生死之事不移真心，便執計迷修成了耶？理須迷之與了，相絕天真，故下文云「俱泯」矣。淨光大師科云：「結歸理趣。」意云凡聖情量，俱言朕跡，逆順性事，理絕真源，故云理趣，理趣者，法爾也。

故須一期迷了，照性成修。見性修心，二心俱泯。

故須者，牒起之詞也。一期者，一代時教也。迷了者，不了義教曰迷，了義大乘曰了。於迷了二教之中，有照性成修，有見性修心。議曰：照性成修，多恐是緣修。緣真而修，故曰「照性成修」，見性修心，真是真修。意云緣修、真修，照性、見性，未是絕待。對待未亡，心慮何絕？欲彰妙宗，故曰「二心俱泯」。亦可「見性」是見聞之見，是信行人；「照性」是觀照之照，是法行人。「成修」及「修心」，俱是思修之修。理中都絕，故云「俱泯」矣。故下文云「達無修性，唯一妙乘，無所分別，法界洞朗」，真俗不二矣。一期之字，更莫疑焉。更疑之者，未如之何也。古本作「一其」者，莫彰妙義矣。有人云「一却迷了」者，不曉矣。古本作「二修俱泯」者，義亦無在。緣修、真修，二修俱泯者，無所分別也。有人云「六道是逆修，四教爲順修，泯却二修，方曰見性」者，「圓教之人，不見性名圓」者，善哉。

又了順修對性，有離有合。

前文通舉一代教旨，故曰「一期」。此乃獨標圓教修性離合之相，故云「又了」。

離謂修性各三，

修三者，文句云「法身、智、斷」，法身即修中法身德，智即修中般若德，斷即修中解脱德。性三者，文句云「實相功德」，實相即性中法身德，功德兩字，即性中般若、解脱之二德，明矣。修中若更離開，如下文也。

合謂修二性一。

修二者，謂般若、解脱之二德，修德而成也。性一者，謂法身一德，是性中本有也。

修二各三，

般若、解脱，是修中之二德。各三者，般若中三者，實相般若是般若之中法身也，觀照是般若之中般若也，文字般若是般若之中解脱也；解脱中三者，性淨解脱是解脱之中法身也，圓淨解脱是解脱之中般若也，方便淨解脱是解脱之中解脱也，是爲各三。對於前文，是更開修德也。

共發性三。

性三者，苦道，法身也；煩惱道，般若也；業道，解脱也。

是則修雖具九，

修性相對，離爲九種，相待爲宗，九俱名修。

九只是三。

性三爲本，攝修歸性，合用體體用，不縱不横，只一三德矣。

爲對性明修，故合修爲二。

合修中三種般若，爲一般若德；合修中三種解脱，爲一解脱德，故曰「合修爲二」也。

修雖二德，還從性成，故非別異。性雖一德，三德宛然，亦非並別也。

二與一性，

提法中修性，合明三德。

如水爲波。

水喻性中一法身德，波喻修中二德，般若、解脱也。

二亦無二，

於修德中，二亦無二。般若、解脱，元是一義。以修對性，亦曰二，亦無二。水波無

二，修性一如，故曰「二亦無二」。

亦如波爲水。

修性兩亡，故曰「亦如波爲水」。不思議一，誰云修性？

應知性指三障，

苦障、煩惱障、業障，楞伽經云「本住法」，不可説也。

是故具三。

十種三法，性三居初，謂三道也，法爾本有。

修從性成，

由性發修也。

成三法爾。

登圓初住，名三法妙，不離凡初三道也。三法分明，所有慧身，不由他悟，故曰「成三法爾」。

達無修性，

亦無波水。

唯一妙乘。

經云：「十方佛土中，唯有一乘。」

無所分別，

見聞理絶，思慮道亡。

法界洞朗。

事事無礙法界，帝網重重，三千性相，終自炳然。

此由内外不二門成。

修性不二門從境、智立，故曰内外不二門成矣。

四，因果不二門者。

疏云：「大乘因者，實相是。大乘果者，實相是。」既俱實相，不二明矣。

衆生心因，

三千在理，同名無明爲因。

既具三軌。

一、真性軌；二、觀照軌；三、資成軌。因中三法妙矣。

此因成果，名三涅槃。

一性淨涅槃，二圓淨涅槃，三方便淨涅槃，果上三法妙，「三千果成，咸稱常樂」。

因果無殊，始終理一。

因爲始，果爲終，其理不二矣。

若爾因德已具，何不住因？

徵問：因中已具三德，何用趣於涅槃果耶？

但由迷因，

答：通迷内三法本妙。

各自謂實。

謂者，執計也。論云「情生智隔，想變體殊」，實謂實執矣。

若了迷性，

了者，達也。達迷本妙。

實唯住因。

實謂理實，經云「縛脱同源」。

故久研此因，因顯名果。

以觀破覈，因顯即果。

只緣因果理一，

結示妙宗。

用此一理爲因。

經云「是法住法位」。

理顯無復果名，豈可仍存因號？

三千相泯。

理性自亡①。

上云「見性修心，二心俱泯」。

只由忘智

經云「無明照生所，所立照性忘」。

親疏，

指路人爲父子，即親。指父子爲路人，即疏。

致使迷成厚薄。

滅心爲道，則迷厚。即心爲道，則迷薄。

迷厚薄故，强分三惑。

不分而分，名之爲强。

義開六即，

因果理一，名之爲即。凡聖不濫，故名爲六。名，去聲。

① 理性自亡：十不二門前有「因果既泯」四字。

名智淺深。

空假中三智，互論淺深。

故如夢勤加，

夢者，喻也。因人因眠故有夢事，法性喻之如人，無明喻之如眠，凡聖因果喻如夢事。莊周夢蝶，是性中夢事。十信菩薩夢八相作佛，是相似夢事。初住菩薩初破無明，義如夢覺，究竟正覺，夢方畢爾。今明凡聖共論五十二位，進行如一夢中所見之夢事，良由不思議業變不實，故「如夢」。信心行人稟教用觀，念念無間，故曰「勤加」。

空冥

根本無明無自性故，名之曰空。空相亦空故，名之曰冥。勝鬘經云：「不染而染難可了知，染而不染難可了知。」經云：「空生大覺中，如海一漚發。」又云：「十方虚空生汝心中，猶如片雲點太青裏。」又云：「覺明空昧。」論云「空如來藏」者，即指妄起無體曰空。故知「空冥」之字，典據顯然，可信矣。有又①云「此空字是喻」者，昧也。古本作「名字」，其義淺矣。

① 又：疑當作「人」。

惑絶。

根本無明既冥，枝條之惑自絶，故云「空冥惑絶」。圓人意在不思議惑，根本無明即無。漸除喻如治鐵，麤垢先落。從初信心，圓伏五住，初信至七信，見思先落，故有相似真因，依位成智，此亦「强分三惑，義開六即」。元意五住煩惱即是真性，亦無高位、真似、凡聖等别，别故五十二位，真似如夢。

幻因既滿，

幻者，喻也。無明之因不實，故如幻。經云：「譬巧幻師，幻作諸男女，雖見諸根動，要以一機抽，息機歸本元，諸幻成無性。」一機者，無明也。無明無性，故常住。理顯四教之中，藏教情智，情謂住實，元不知幻也；通教之人，只達幻事；别教之①達得幻師，不知幻法；圓教之人不唯達幻於也②，幻師、幻法皆爲不思議境，亦非幻之名字，用觀未終，不幻而幻。故從五品、十信，至于等覺已來，皆名幻因，雖具幻果，上位未窮，猶名始覺，直至妙覺之中，方曰「幻因既滿」耳。天台元意，初住因即真因，果究竟妙覺，妙覺真果方盡幻名。

① 之：卍續藏經出校記謂「之下疑脱人字」。
② 也：卍續藏經出校記謂「也疑他」。

鏡像果圓。

論云：「始覺合本覺時，平等平等。」平等平等，四番牒者，不思議果也。此時現於十法界色身，即是究竟普現色身三昧也，如鏡現像，故曰「鏡像果圓」也。

空像雖即義同，

妄心無體曰「空」，色身有形曰「像」。又，真心無相曰「空」，應相不虛曰「像」。總在一念，故曰「義同」。

而空虛像實。

慜師云：「妄匪妄，妄之源；真非真，真之念。」故曰「空虛」。論云：「智身寥廓，總萬像以爲軀。」百界垂形，故曰「像實」。

像實故稱理本有，

下文云「空中即假，三千宛然」，故云「稱理本有」。

空虛故迷轉成性。

性謂實性，不修而修，故實迷轉成性。元意：元是性，更不待修成，故知上文之中「空冥」兩字不悞矣。請觀「空虛故迷轉」之語，其義自明矣。

是則不二而二，

因果紛然。

立因果殊。

結示二之所以。

二而不二，

理元實相。

始終體一。

因果始終，其體本一。

若謂因異果，因亦非因。

藏、通兩教，因俱異果。別教，因是無常，果是常住。因不趣果德，果不收因善，故曰「因異於果，因亦非因」。

曉果從因，

圓人初心，曉果從因，謂實因，果從因得，果亦實果，故曰「曉果從因」。

因方剋果。

如流趣海，法爾不停。

所以三千在理同名無明，

實因也。

三千果成咸稱常樂。

實果也。

三千無改，

性無所移。

無明即明。

修常宛然。

三千並常，俱體俱用。

上文云「造謂體用」，天台心地法門，不思議解脱，凡聖俱得此用，芥納須彌，毛藏巨海。裴休尚云「擲大千於方外，蓋吾之常分矣」，云何苦執體同耶？用豈不同哉？乃至我能祭獸，獺能祭魚，古人尚云無師之禮不因周孔之所製，無師之智匪從諸佛之所授？况白符論心，昧茲胡甚耶？

此以修性不二門成。

結示因果所依境智矣。

五，染淨不二門者。

無明爲染，法性爲淨，相待爲二，一理爲門，故曰不二矣。

若識無始即法性爲無明，故可了今即無明爲法性。

密嚴經云：「清淨如來藏，世間阿賴耶，如金作指環，展轉無差別。」「若識」者，實慧也。惡慧不能知藏即賴耶識。「故可了」者，藏即識故。

法性之與無明，遍造諸法，名之爲染。

不染而染，起信論明六染，天台五住煩惱，百法論明染依，故云九相生滅。約生死相，故名爲造。

無明之與法性，遍應衆緣，名之爲淨。

彼證說。經云：「講德①諸佛子，我從具縛凡，具經一切地，圓滿行因海。莊嚴大覺果，我從清淨地，具經一切地，將一切萬行。得第一信位，入無明藏海，如是二大事，一時無前後。」在染名造，在淨名應，名相雖殊，觀文元意，即不思議解脱性，於一緣起中，法爾分途，皆以如爲位，可得云如是二法門，一時無前後。故下喻意圓頓之相，顯然可見也。

① 講德：釋摩訶衍論作「諦聽」。

濁水清水，波濕無殊。

密禪師云：「濕性無殊，可喻衆生、諸佛同一真性，故曰同體。」波有清波濁波，溉灌等用，可喻凡聖用别，生死涅槃不同。觀此中文意，衆生諸佛體之與用皆不思議，解脱俱體俱用，凡聖更無毫髮差别，故云「波濕無殊」矣。

清濁雖即由緣，

水清珠能清其水爲清緣，魚龍攪撓其水爲濁緣。意云水體本來雖清，義當非清非濁，被外緣來有清有濁，可喻真性本來非染非淨，迷心故濁，解心故清。衆生爲濁緣，諸佛爲淨緣，而明生佛前後，故下牒云。

而濁成本有。

不染而染，故衆生在前後，故而論前後。

濁雖本有，而全體是清。

煩惱本有，喻衆生在前，故曰「濁雖本有」。指煩惱即菩提，性本清淨，故曰「全體是清」。

以二波理通，舉體是用。

舉者，全也。凡爲濁波，聖爲清波，理體全通，全體成用。還源觀云：「用即波勝斯沸，全真體以運行，體即境淨水澄，任隨文緣而會寂。」①故曰「舉體是用」。

故三千因果，俱名緣起。

因果是緣起之法爾。

迷悟緣起，不離刹那。

梵云怛臈波，此云刹那，謂極少時也。詩云「介爾之心」，謂微弱之心也。

刹那性常，緣起理一。

一念常住之性，念念生念。念滅良由靈知常住，鑒物不間，任運流注，法爾不停，亘古亘今，未嘗間歇，故曰「刹那性常，緣起理一」矣。

一理之内，而分淨穢。

十界紛然，不別而別，染淨自殊，三千宛然。

別則六穢、

六道生死，一向是穢，其中不無性淨。

四淨，

---

① 修華嚴奧旨妄盡還源觀原文作「用則波騰鼎沸，全真體以運行，體則鏡淨水澄，舉隨緣而會寂」。

約從德斷惑成智，故且言淨，其中不無性惡矣。

通則十通淨穢。

淨穢俱通十界，可知。

故知刹那，染體悉淨。

性中本淨。

三千未顯，

圓淨般若，約於修德而論，故有迷悟。

驗體仍迷。

夫譚三千，皆是妙境。若三千未顯，尚言驗體猶迷，如何有又將對外境耶？

故相似位成，六根遍照。

十信位中，比量智照，不成而成，成十信位。初住證理，一成一切成。相似之中，六根互用，照分十界，十不定十矣。

照分十界，各具炳然。

一根具十法界，乃至百界千如，互照炳然，乃一根具五根，若互照之，即一根具六箇三千性相，六根計三十六三千性相。六根各一念，一念之中，各具六根，不可勝數，豈待果成方等百界耶？下言「果成等彼百界」者，分而言之矣。

豈六根淨人，謂十定十？

十信位人，不次第中而論次第，部旨元意，位位三千。

分真垂迹，十界亦然。

登住之人，分真中道，「垂迹十界亦然」者，垂迹同於住前現十法界身，六根互用亦同。

意云因位極雖證分真，未等百界，故下云「乃至果成，等彼百界」。

乃至果成，等彼百界。

因位之中，不增減中而論增減，位位增減，修中約顯，未滿百界，性本三千，果證妙覺，

方正其性，百界千如，無增減矣。

故須初心，而遮而照。

不在初、不離初者，聞思修三慧，法爾起照，無一二三是遮，而一二三是照矣。

照故三千恒具，

性體炳然，故曰「恒具」。

遮故法爾空中。

火燄向空理，數數咸滅爾空中。

終日雙亡，終日雙照。

遮照同時，不相隔異，故曰「終日」。

不動此念，遍應無方。

一念法界，故無動移。遍應衆機，亦無方所。

隨感而施，

如雞抱子，呼①啄同時。

淨穢斯泯。

性相兩亡，淨穢何有？

亡淨穢故，以空以中。

義云：以空以中，三千相泯。空中即假，三千宛然。故須初心而遮而照，終至妙覺，不異初心。性本法爾，設修亦然。此即唯圓，甚難，甚難。法爾而遮，性本寂滅。永嘉云「解脱寂滅即法身」也。

仍由空中，轉染爲淨。

① 呼：卍續藏經出校記謂「呼疑啐」。

轉八識爲四智，亦因轉染依爲淨依，功由性自空中矣。愚今斷曰：不唯仍由空中轉染爲淨，亦由空中轉淨爲染矣。

由了染淨，

染亦非染，淨亦非淨，對境修觀，而染而淨。

空中自亡。

心法雙亡，藥病俱泯。

此以因果不二門成。

染淨不出因果，結意歸宗矣。

六，依正不二門者。

三千相中，一千國土所居曰依，二千界如能居曰正。總在一念，故曰不二，即所。能通爲門矣。

已證遮那一體不二，

梵云毗盧遮那，此云遍一切處寂，李長者云通一切處照。如上五門廣明。妙境一體無二，足可誠信，故云「已證」。

良由無始一念三千。

一念心起，莫窮其始，曰「無始」。諸經諸論廣説（云云）。多云妙覺前心方見其始。玄義云：「妙覺之中，念念無邊，更無其始。」文句中明欻然火起，爲無始無明，本無今有。記主云：「無明無始，即菩提是。」良謂不思議法界性何始何終耶？念念三千何邊量耶？

以三千中，生、陰二千爲正，

衆生世間一千，五陰世間一千，俱屬正報色心也。

國土一千屬依。

國土世間，所居爲依報色心。别分之中，依報心應非分别耳。

依正既居一心，

總也。

一心豈分能所？

分而不分。

雖無能所，依正宛然。

依正宛然之相，豈同兼中之天？

是則理性、

理即是佛。

名字、

名字是佛。

觀行，

觀行即佛。

已有不二依正之相。

理等三即，體本遮那，相自不二。

故使自他、

十妙之中，後之五妙，六感應，七神通，八說法，九利益，十眷屬，咸具自他之義。

因果

前之五妙，一境，二智，三行，四位，五三法，前四在因，後一在果。總標十妙，故曰「自他、因果」矣。

相攝。

一一互攝，文義顯然。

但衆生在理，

衆生理即是佛，更無欠剩。

果雖未辨，一切莫非遮那妙境。

大師云：「手不執經卷，常讀是經。」心不思惟，普照法界耳。不聞説法，恒聽梵音，如是學聞，豈不大哉？行住坐卧，毗盧華嚴，鎮常開演，即自受土矣。

然應復了，諸佛法體，非遍而遍；

法體即不當遍與不遍，而遍法界。

衆生理性，非局而局。

理性不當局與不局，衆生情局，身微蟭螟翎飛之類矣。

始終不改，

衆生報起一身始終，生老病死，乃至六道不同，理性亦復不改。

大小無妨。

身似毛頭之小，形二①見巨海之大，於理無妨。

因果理同，

① 二：疑衍。

始終體一。

依正何別？

結示可見。

故淨穢之土，

依報國土。

勝劣之身，

正報色身。

塵身

能成四大，所成四微。禀父母元氣精血爲體，曰「塵身」。又身如微塵數量，故曰「塵身」。

與法身量同，

充滿於法界，法性身爲法身。又，約所證理爲法身。其中不論五分變易等相，結正報齊等，故曰「量同」。

塵國

四輪成世界成住壞空，八十增減不同，生滅不住，丘陵坑坎，堆阜不平，名爲「塵國」。

亦可一微塵爲一塵國。

與寂光

常寂光土爲諸土之體，無煩惱遷流曰常，無二種生死曰寂，妙覺湛明曰光，純諸佛所居曰土。又，法身德曰寂，般若德曰光，三德一體曰土，義分三品，如常所明矣。

無異。

總在一念。

是則一一塵刹一切刹，

梵云刹摩，此云土田。

一一塵身一切身。

帝網重重，無盡法界，更互相收，體同無盡矣。

廣狹勝劣難思議，

心思、口議不及。

淨穢方所無窮盡。

淨之與穢，稱理無窮。衆生、諸佛，對緣無量。

若非三千空假中，

由性發修，由修照性，修性一如，雅成大用。
安能成兹自在用？
八自在不思議用，理具功成，修性齊致。
如是方知生佛等，
理智同源，用即齊矣。
彼此事理互相收。
全奪全收，性本自爾。
此以染淨不二門成。
依正二相不出染淨緣起，故結歸所從矣。

七，自他不二門者。
佛爲能化曰自，衆生所化曰他。此從感應、神通二妙立名，故曰「自他」。能化、所化，
體本不二，曰門也。
隨機利他，事乃憑本。
三輪起感曰「事」，一性果滿曰「本」。

本謂一性，具足自他。

一性者，妙因也。生佛性具感應，故曰「具足自他」。

方至果位，自即益他。

性中雖具自他，因中自不益他，果滿自方益也。

如理性三德、三諦、三千，

性德之境，理具三千，雖具三德、三諦、三千，自未益他。

自行唯在空中，

空中是自行修德之觀。不立一法，方名空。空相亦空，不墮二邊，曰中。中道理絶，方名自行，是圓淨般若。第五門云「亡淨穢故，以空以中，三千相泯」，故云「自行唯在空中」。

利他三千赴物。

三千赴物，乃是不思議假。義解云「空中即假」。三千宛然，即自行是化他，故曰「三千赴物」，自行空中理滿，自即益他也。

物機無量，不出三千。

不思議假，爲所化境三千性相之物機。

能化雖多，不出十界。

問：何故將千如爲所化之物機，又將十界爲能化耶？答：不分而分，如依界起，故屬所化，界從心生，故屬能化。能所皆在一念，故下云「界界轉現，不出一念」也。

界界轉現，不出一念。

靈知之源，故曰「一念」。

土土互生，不出寂光。

寂光土是體，諸土是用。土土互生，用不離體，故云「不出寂光」。

衆生由理具三千，故能感。

起信論云：「真如爲内熏。」此中理性無緣慈，不感而感，故曰「能感」。

諸佛由三千理滿，故能應。

理中不滿而滿，故曰「理滿」。果上無緣慈法爾，不應而應。

應遍機遍，

理性非遍而遍，感應道交。

欣、

感也。

赴

應也。

不差。

針芥相投。

不然，豈能如鏡現像？

舉鏡現像喻之。

鏡有現像之理，

喻真應也。

形有生像之性。

理性真感，喻如身形，能生影像，是理即也。

若一形對，不能現像，則鏡理有窮，

此文喻觀行即。雖數修觀，喻若一形對於明鏡，智未通，喻若明鏡不能現像，有功用心即有共窮，亦可喻灰斷無常之理不能起應，故曰「鏡理有窮」。

形事未通。

喻相似即。未得常住法界明鏡本質，喻如明鏡不能現像，則法界形事未通。

若與鏡隔，則容有是理。

若無常機與常住鏡隔，機應不對，則可不能現像。喻如明鏡與身形隔，故云「則容有是理」。

無有形對而不像者。

若理性常機爲真感，法界常明爲真應，法爾道交，喻若世間明鏡，無有形對而不現像者。

若鏡未現像，由塵所遮。

若世間銅鏡對物，未能現像，必由微塵之所遮。理性明鏡未能現十法界形像，蓋由三惑之塵所遮。

去塵由人磨，

去鏡上之塵，由人力磨。去三惑之塵，蓋由觀力之所磨也。

現像非關磨者。

分真即乃至究竟即，天真性顯所有慧身，不由他悟。十界現身，稱理本有，不從修得。喻若鏡光，銅内本有，不從外來。故云「現像非關磨者」。意云一心中具十法界，像是常住，義非無常耳。

以喻觀法，大旨可知。

如上注文可見。

應知理雖自他具足，

結示感應，理中本具。

必籍緣了，爲利他功。

前文云「性雖本爾，籍智起修」，與此意同。理中感應自他之性雖足，須假緣了二因開顯，方有大用。止門萬善爲緣因，觀門絶相爲了因。不分而分，般若、解脱，利他先功，乃至不功最大矣。

復由緣了，與性一合，

修性理齊，故云「一合」。

方能稱性，施設萬端。

稱性施設無方之用也。

不起自性，

上文云「性無所移」。

化無方所。

不在方，不離方，故自他無方所。

此由依正不二成。

由乎依正，三千性顯，方有自他設化矣。

八，三業不二門者。

身口二業是色法，意業是心法，即色心不二門耳。業者，動也。起信論云：「動即是業，果不離因。」所以不動不成業矣。

於化他門，事分三密。

身輪現形，大小①同，非情所測，故名身密。口輪説法，頓漸同席，各各得解不同，互不相知，故名口密。意輪鑒機，上中下根，隨其根性，得無毫差，獲益殊異，各不相知，故名意密。

隨順物理，得名不同。

三草二木，五乘不同。

心輪鑒機，

① 小：疑後脱「不」字。

無緣慈力，如鏡常明。

二輪設化。

如鏡現像。

現身

身如意通。

説法，

一音普應衆機。

未曾毫差。

受潤不同，各逐其性，不差機矣。

在身分於真應，

法身曰「真」，報化曰「應」。

在法分於權實。

隨情暫用曰「權」，稱理究竟曰「實」。

二身若異，何故乃云即是法身？

應知不異而異，異而不異，故名曰「即」。

二說若乖，何故乃云皆成佛道？

應知會權歸實，毫善無乖，濫觴何失，曰「皆成」。

若唯法身，應無垂世。

應知從體起用，如日分形。

若唯佛道，誰施三乘？

應知一門狹小之事得第。

身尚無身，

身相叵得。

說必非說。

言說性空。

身口平等，

二相俱亡。

等彼意輪。

同一實相。

心色一如，

三業無二。

不謀而化。

磁石吹鐵，芭蕉向日，任運合機。

常冥至極，

色香中道，無非正覺，故曰「至極」。

稱物施爲。

毫善普益，隨情稱物。

豈非百界一心，

總在一念。

界界無非三業。

三輪恒運。

界尚一念，三業豈殊？

體用無二。

果用無虧，

如月普照。

因必稱果。

函蓋相冥。

若信因果，

明信一乘因果。

方知三密有本。

果從因尅，一理爲本。

百界三業，

境妙。

俱空假中。

智妙。

故使稱宜，

境智冥合解脱之冷應隨機。

遍赴爲果。

正遍知。

一一應色，

身密。

一一言音，

口密。

無不百界，

意密。

三業具足。

三輪備矣。

化復作化，

無記化化禪，真因分得真果，究竟滿足矣。

斯之謂歟？

結示文旨。

故一念凡心，

介爾念心在凡矣。

已有理性

問：何故理性三密，皆約一念心起而論，心未起已前，還具理性三密否？　答：起之與未起，一切咸具。爲談百界千如，須憑相起，故云「一念凡心」而已。

三密相海，

一念心生三千性相，乃至果成，亦無出此一念之心。大相海，小相海，因果不二，故曰「三密相海」。

一塵執色，

酬因曰報。

同在本理毗盧遮那，方乃名爲三無差别。

心佛及衆生，是三無差别，良謂同在一理。

此以自他不二門成。

結歸可見。

九，權實不二門者。

化儀四教，頓教唯實；漸、秘密、不定三教，亦權亦實。化法四教，藏教一向權；通教被接，有權有實；别教教行，智權理實；圓教唯實。其體元一，故曰「不二門」矣。

平等大慧，

實智空有二邊，中道一時，平等一照，故名「大慧」。

常鑒法界，

華嚴宗明四種法界，一理法界，二事法界，三事理法界，四事事無礙法界。天台約十種法界。各有其致，俱爲大慧所照矣。

亦由理性九權一實。

性中本具百界。

實復九界，權亦復然。

理實十法界中，各各十法界，各各九權一實，性本天然矣。

權實相冥，

一一權實互相冥合，依正齊舉，三百法界。衆生百界千如，五陰百界千如，是正報也。國土百界千如，是依報也。一念之中，三千性相，念念亦復如是依正二報，念念之中，重重無盡矣。

百界一念，

百法界各各一念，不可説，不可説。

亦不可分別，

不可思議，不可思議。

任運常然。

不假磨琢，大白牛車不運而運，性自天然耳。

至果乃由契本一理，

果上三千妙用，不離因中一理之内。

非權非實，

理中不當權實。

而權而實。

理中靈知之性，雖不當權實，而能權而能實。

此即如前心輪自在。

指前三業門中，意輪心密鑒機，妙用自在。

致令身口，赴權實機。

身輪現形，口輪説法，不分而分，功由意輪，平等大慧先鑒矣。

三業一念，

百界三業，遽出一念。

無乖權實。

應機之義，權實收盡。

不動而施，

不動一念，遍應無方。

豈應隔異？

無乖大用。

對説即以權實立稱，

説法，理合權實授機。

在身則以真應爲名。

靈知之中，元無真應，名字利物則形。

三業理同，

一理齊爾。

權實冥合。

自然合理。

此以三業不二門成。

功由三業不二矣。

十，受潤不二門者。

權實二益機緣，一理雖同，大小各異。如天一雨無差，如地一氣平等，三草二木，任運高低，雖然差別，一地無殊，故曰「不二門」。

物理本來，性具權實，

衆生本性天然，權實非造所成。

無始熏習，或權或實。

良由性中元具權實，熏習方成權實之性。性中若無，熏亦不成。權實之中，真如不熏，唯於第八識中有本有種子爲内熏，七識等諸識現行種子爲新熏，故有生佛，因果殊異，染淨不同。起信論明真如爲内熏，故有始覺，合本覺爲淨用；妄識爲外熏，真如不守自性，隨緣故有三細六麤生滅爲染用。此等皆是對機所説，不同天台宗中，凡一法起，皆論四教，前三是權，後一是實。既云性具，權實不待熏而成。又云「遇熏自異，非由性殊」。理而斷之，不思議性對緣成習，非權非實，非真非妄，而權而實，而真而妄，非情量所測矣。

權實由熏，理恒平等。

有處不許熏，問云：熏在何處，何不早熏？ 斯亦爲理恒平等，亦乃不熏而熏，權實成性矣。

遇時成習，行願所資。

如大通智勝佛時，智願猶在不失，今爲如是性。

若無本因，

一念爲本因。

熏亦徒設。

徒猶虚也，亦指性地。

遇熏自異，

所習不同，權實各禀。

非由性殊。

性本一理平等。

性雖無殊，必籍幻發。 幻機幻感，

性本無性，對緣能生，故曰「如幻」，故云「幻發」。 經云：「真性有爲空，緣生故如幻。」天然之機，不發而發。 故玄文云：「機者，微義，關義，宜義，皆是可發爲義。」今明靈知妙性、法爾可發爲義，自感焉。

幻應①。

對機感義。

能應所化，並非權實。

理性之中，機應不當權實。

然由生具，非權非實，

衆生天性本具，非權非實。

成權實機。

能作權實之義機也。

佛亦果具，非權非實，

果證非權非實之妙理。

爲權實應。

有機即應。古文云「應意時，絶分別，照鑒森羅常不顯」，故云「爲權實應」。

物機應契，身土無偏。

---

① 應：疑後脱「幻赴」二字。

勝劣之機，勝劣之應，勝劣之土，說權實之法，無差機之失，故曰「無偏」。

同常寂光，無非法界。

機應、身土、勝劣，無非寂光。又，機窮應歇，同歸秘藏，名常寂光，盡稱法界。

故知三千同在心地，與佛心地三千不殊。

生佛三千，總在一念。

四微體同，權實益等。

能造四大，所成四微，色香味觸。故前文云「一塵報色，同在遮那」。法相宗云「上至報佛，下至翔飛，同以自性爲體」，仍揀云「自性詮不及，共相自性詮得及」者，又，「三境章」云「性境不隨心」等，蓋權宗之義理實殊。若此文中旨者，如藥草喻品三草二木同於大地，雖根莖枝葉大小不等，皆同一地之味，可喻七乘種性，無非佛乘，一理體同，咸法性益，權實自等，經云「是法住法位，世間相常住」矣。

此以權實不二門成。

稟法權實不二，受潤所從矣。

是故十門，門門通入，色心乃至受潤咸然。

蓋由一理平等，所以門門相入相收。一門具九，乃成門門十門，十門即百門明。

故使十妙，始終理一。

此十門，既從十妙立名，門門互入，乃由法法本妙也。

本來具三，

本來三法妙即是一境，三法即是性，指三障，此障本妙。

依理

境妙。

生解，

智妙。

故名爲智。

牒智。

智解導行，

行妙。

行解契理。

行妙、智妙，合於境妙。

三法相符，

符，申合也。乃成修性符合，即修二性一矣。

不異而異，而假立淺深。設位

位妙，義分六即之位。

簡濫，

恐叨濫上聖，故曰「設位簡濫」。

三法

三法妙。

祇是證彼三理。

有處作「理三」，義亦無在，即是果上證乎？因中境妙三法而已矣。

下之五章，

六感應妙，七神通妙，八説法妙，九眷屬妙，十利益妙，只是三法因果，一理起用也。

三法起用。

果滿，法爾起用耳。

既是一念三千，即空假中，成故有用。

一念三千，妙境也。即空假中，妙觀也。成故有用，境觀冥合，大用現前，成不思議妙用矣。

若了一念，

諸法實相，總在一念。了者，頓悟佛乘之人。

十方三世諸佛之法，本迹非遥。

不唯釋迦一佛本迹，十方三世未來乃至一切諸佛本迹，過去已過去一切諸佛本迹，現在現在十方一切諸佛本迹，一時明了。應知題稱「本迹」，誠爲可信矣。

故重述十門，令觀行可識。首題既爾，

十門是解，觀行是行。十門爲觀行，總持一念，收界如之法。誠觀行人，不可不識。首題即妙名合於本迹十妙十不二門，故曰「既爾」。

覽别爲總，

首題爲總，序、正、流通爲别。重述十門之相，名曰覽别。門門收束妙觀，名曰爲總。又，體、宗、用三章，是别釋三法，故云「覽别」，十門是釋名章，總釋三法，名曰「爲總」。又，十方三世諸佛本迹不同，名爲「覽别」，一念非遥，名曰「爲總」。又，别釋界如之相總在一念，名曰「覽别爲總」。大意覽下一部經文章句起盡，不出首題，故云「覽别爲總」。

符文可知。

符下文句，如題中可解，故曰「可知」。又，十門是釋名章中別釋，名曰「覽別」，門門不二，名曰「爲總」，以題符文，更不殊途，故曰「符文可知」。

十不二門文心解①

沙門仁岳述

玄義申經，記釋玄義，文已三矣。詎假染筆以四其説？良由妙法難解，圓宗牢通，在乎上智，文若過矣，至於中人，猶若不及。歷觀荆谿著撰，尤得意於十門，辭實體要，覽之使人見佛慧之淵乎？且釋者數家，莫能一貫，義學之士未免持疑。故因講次，輒復箋解。矢石之論者，得以辨之。帝虎之訛者，亦以正之。豈曰無考？蓋率由先訓也。章安云：「玄意述於文心，文心莫過迹本。」十門既接迹本，今解遂以文心命題，分節科目，具在别紙。

然此迹門，談其因果及以自他，

迹者，望本爲名，皆從喻立也。如人從本處，則有行來之迹，故因其迹以通其本。塵

---

① 十不二門文心解，一卷，釋仁岳述，文末有跋語。見卍續藏經第一〇〇册。今加句讀並略校，十不二門文加黑。

點劫前成佛之事，猶本處也。華嚴已降，設教之相，猶行迹也。法華既開近顯遠，如來已因迹通本。今智者談迹中諸法以成十妙，十妙不出因果自他。因謂境、智、行、位，果謂三法。自即能化，他即所化。感應具能、所，神通、説法是能化，眷屬、利益是所化也。他釋前五妙爲自，後五妙爲他，此不應爾，以自他不二門正從感應等立，雖玄義約前五爲自因果，後五爲他能所，建言有異，未必例同。

使一代教門，融通入妙。

理境乃至利益，既是教下所詮之法，故開法妙則使教融。教何所融？融其情耳。

故凡諸義釋，皆約四教及以五味，意在開教，悉入醍醐。

約教簡於其法體，則三麤一妙；約味辯於其化意，則四麤一妙，此相待判也。若判餘經，但用四教，於義即足。若釋法華，不辯五味，其旨永失。言「開教入醍醐」者，即開前四味三教入醍醐純圓之教，此絶待判也。

觀心乃是教行樞機，

觀者，圓修三觀。心者，通指四陰。文句記云：「創心修觀，莫不皆以第六王數爲發觀之始，縱使觀境圓融不二，其如麤惑尚未先落，乃至未淨六根已來，未離王數。」應知理性如火，四陰如燧，三觀如鑽，火非燧而無寄，燧非鑽而不燃，故理無所存，遍在於事，即事顯理者，其唯觀心乎？ 樞機者，易曰「言行君子之樞機」，樞謂户樞，機謂弩牙，户樞之轉，弩牙之發，皆爲要也。譬教之所歸、行之所由，要在觀心。下文云「若了一念，十方三世諸佛之法，本迹非遥」，教之要也。又云「衆生心因，既具三軌，此因成果，名三涅槃」，行之要也。

仍且略點，寄在諸説，或存或没，非部正意。

寄猶附也。諸説之後，有附法一相及附事相義明觀心者，皆略點示耳。存没者，且如境妙七科，四諦、十二因緣則存，二諦、三諦等則没，以玄義正釋經題，廣談化意，非約行之宗故。

故縱有施設，託事、附法。

止觀義例云：「夫觀心者，義唯三種。一者從行，唯於萬境觀一心，萬境雖殊，妙觀理等，如觀陰等，即其意也。二約法相，如約四諦、五行之文，入一念心，以爲圓觀。三託事相，如王舍、耆山，名從事立，借事爲觀，以導執情，如方等、普賢，其例可識。」今十妙中，託事即感應、神通等，附法即義例所指。然此二觀，皆備學者即聞而修。故玄義云：「觀心十妙，即得行用，不如貧人數果頭實①。」又記云：「隨聞一句，接事成理，不待觀境，方名修

① 實：疑當作「寶」。

觀。」近人謂事、法二觀不通修者，無乃相反乎？雖義例中有破邪師依十二部經觀心之文，但由此師偏指一句兩句以爲頓頓，十境十乘以爲漸頓，是故破之。若於託、附之文，以廣決略，何往不通？故文句記釋王舍、耆山觀，後云「應於此中，辨方便、正修，簡境及心」等，苟不通修，何須簡辨？

或辯十觀，列名而已。

　　位妙中五品、十信，皆有十觀，斯乃泛論約行之相，正由辯位，故但列名也。

所明理境、智、行、位、法，能化所化，意在能詮，詮中咸妙。

　　能詮之文，該乎一化，詮中咸妙，功在法華。

爲辨詮內始末自他，故具演十妙，搜括一化，出世大意，罄無不盡。

　　始因末果，自他如前。是故不談十妙，攝法不周，不論一化，示妙不遍。言其廣則河沙無以喻其法，語其要則指掌可以觀其妙，斯是三昧發旋總持不同，文字之師尋經安布。

故不可不了十妙大綱。

　　群經如網，十妙如綱，故攬爲所觀，故先勸此解。

故撮十妙爲觀法大體。

　　十妙之法，唯極果之所究盡。若不用爲觀體，於己徒施。觀體者何？即下文「一念三千」等是。

若解迹妙，本妙非遥。應知但是離合異耳，因果義一，自他何殊？

玄義云：「迹中因開而果合，合習果報果爲三法妙。本中因合而果開。」因合者，束境、智、行、位爲一本因妙也，果開者，「開習果出報果」，離三法妙爲國土、涅槃、壽命三妙也，感應等五妙名同迹門。

故下文云「本迹雖殊，不思議一」。

語出叡公九徹，肇亦承之。彼第六本迹無生徹云：「多寶爲本，釋迦爲迹，本既不滅，迹豈有生？本迹雖殊，不思議一。」今家但借其語，不用其事，故下本門云「非今所明久遠之本，無以垂於已説之迹，非已説之迹，豈顯今本，本迹雖殊」等。

況體、宗、用，祇是自他因果法故。況復教相，祇是分別前之四章，使前四章與諸文永異。

玄義云：「釋名通論自行化他，體非自非他，宗是自行，用是化他，教相分別自他。」又云：「釋名通論因果，顯體非因非果，宗自因果，用教他因果，教相分別上法耳。」問：體既雙非，今那況指？答：若尅論實相，則名教宗用，並非其類也。若通論所依，則自他因果，皆由此立也。故大乘因果皆是實相，三千理滿，自乃益他，當知其體即諸法之本也。

又迹門境妙，即體之異名，玄義復以自因收之，今意亦爾。

若曉斯旨，則教有歸。

若曉十妙貫徹五章，教法雖多，但以自心妙境觀之，其歸一揆。

一期縱橫，

能仁出世，爲一期五味相生故縱，四教各被故横。

不出一念三千世間即空假中。

一念者，能造之心也。三千世間者，所造之法也。在理則心性本具，在事則因緣所生。即空故一相不存，即假故諸法皆立，即中故妙絶無寄。此三即一，體不可分也。即一而三，相不可混也。三皆名諦，爲不思議境。全境發觀，爲不思議智。雖發觀之始皆依王數，苟順凡情，尚無並慮，何三千之可具乎？今反常情，方合妙理。介爾有心，心體即具，具即是假，假即空中，妙法之門，不遠而入矣。

或問：三千世間爲只心具，色亦具耶？答曰：心性即色，色性即心，心色一如，無復别體，彼彼法界，何局唯心？故四念處云「非但唯識，亦乃唯色唯聲唯香唯味」等。又輔行云：「從事則分情與非情，從理則無情非情别，是故情具，無情亦然。」當知色心不出三千，三千但是俗諦，若論互具，並由即真。故記云：「俗則百界千如，真則同居一念。」若但指俗事，不論真理，何但外色不具，抑亦内心不融。故止觀明世人取著一念，不具三千。

輔行云：「能了妄念，無一異相，達此無相，具足三千。」今謂真如隨緣，變造三千。想澄爲色，知覺爲心。若望真如，俱非即離。非即故皆是幻有，非離故無非一性。性既無外，豈有此具彼不具耶？誠由因通易知，果隔難顯。心爲造法之本，譬如畫師之手，故諸教所明具法，多指歸心。往人未明，乃生異執。

難曰：有情心具，則能隨緣變造十界，無情既具，胡不起善作惡造十界耶？釋曰：若言造十，灼然唯心。今言具十，須於一塵一念不前不後而論具耳。若非即理，安得頓收？以緣生之心，難法性之色，不知其可也。或復以不輕唯禮四衆，涅槃唯記有心，偏計心具者，斯是人情，何關佛性理？章安明一念具十法界，云：「法性自爾，非作所成。」亦何必對境覺知異乎木石然後爲具耶？

理境乃至利益咸爾。

境妙，即性德三千空假中也。智、行依此而修。位、法由此而證。感應等五，從三千空中，起三千化事。十妙雖廣，三諦無殊。三諦非遥，一念即是。

則止觀十乘，成今自行因果，起教一章，成今化他能所。

十乘，初觀不思議境。境爲所觀，即理境也。觀爲能觀，即智、行也。上根一觀，即入位法。中根未悟，更修餘乘，或二或七。下根障重，須具十法。輔行云：「觀法非十，對根有殊。雖復根殊，但是一不思議觀，觀不思議境。」應知止觀十章，前六是十乘之解，果報是三法之相，旨歸是息化之理。今故不言，但舉正觀成前五妙，及指起教成後五妙。然起教一章，雖廣文不説，準望五略，即裂大網是也。

舊云：裂網之文，泛論生起，雖在果後化他，細尋其意，多明初心自行。故文云「種種經論，開人眼目，執此疑彼，是一非諸，今融通經論，解結出籠」，豈非始行能裂他網？又文云「若人善用止觀觀心，則内慧明了，通達漸頓諸教」等，豈非自行起教？故知能修起教之觀，則能成就應機説法之用。若云但修十乘果用自顯者，則合云十乘成今化他耳。今謂不然。若自裂網，則通初心。若裂他網，須至果後。故輔行釋化他不思議境，云「初心依理生解，爲他説」者，與起教不同，此唯實報，八相被物，發起權實，施開廢等，何得云始行能裂他網乎？抑又起教之言，須起八教，遍逗群機，而反用自裂之文作自行起教者，不亦謬濫乎？又令修起教之觀成説法之用，不許但修十乘果用自顯者，且輔行云「若不善用不思議觀，觀不思議境，何由可裂執教大疑」，豈非但是修十乘耶？況今文云「理境乃至利益咸爾」，故知起教更無異塗。若謂十乘不該果用，後之五妙更須别修，是則衆寶之車翻同壞驢之運，但以起教之義正明感應等事，彼此相顯，故曰「成今止觀」，云起教一章轉其自心，利益於他。輔行云：「自證妙理，稱機説法，教由機生，故云起教。」

則彼此昭著，法華行成。

彼觀此教，二説交映，其猶目足互相資成，則法華三昧由斯可入矣。

使功不唐捐，所詮可識。

以教資觀，故功不唐捐，以觀成教，故所詮可識。

故更以十門收攝十妙。

述作之意，不逾二焉。一爲攝教成觀，即前文云「故撮十妙爲觀法大體」。二爲觀略知廣，即後文云「使一部經旨皎在目前」。然其後意，亦成前意，故十門竟，復總結云「令觀行可識」。

何者？爲實施權，則不二而二。開權顯實，則二而不二。

出世本懷，唯爲一實，物機未熟，故説三權。在理雖融，於教且隔，故云「不二而二」。法華開顯，理教齊均，即指三權無非一實，實復何有，假名一乘，故云「二而不二」。

法既教部，咸開成妙，故此十門，不二爲目。

妙名不可思議，不二乃妙之異名。門名能通，通於所通。當以觀行爲能，心性爲所。

何者？玄義迹門之後，判前十妙權實，凡有所説皆名爲麤，唯取悟理方名爲妙。荆谿於是明觀法大體，故建兹十門。儻三觀不修，則十門仍塞。舊云「十妙法相該博，學者難入，此文撮要，徑顯彼意，以略顯廣，以易顯難，義立能通、所通」者，尚失於能，況得其所？一一門下，以六即檢之。

十門所詮，咸歸不二。三千事異故六，空中理同故即。然則門門之下，皆有理即不二，乃至究竟不二。以此檢之，不生上慢，不自下屈。

本文已廣引誠證，此下但直申一理，使一部經旨皎在目前。

迹門之初，廣引法華證成十妙，所以爲生信也。今但撮其梗概，直指十妙權實之法歸乎一心，是使學者覽斯妙文，明了經旨。

一者色心不二門，二者内外不二門，三者修性不二門，四者因果不二門，五者染淨不二門，六者依正不二門，七者自他不二門，八者三業不二門，九者權實不二門，十者受潤不二門。

十門名義，亦復不出因果自他，前四從因至果，後六以自化他。生起倫次，下文備矣。

是中第一從境妙立名。

色心二法，是一切世出世法之根本，能生一切法，能攝一切法，是故以此二法收彼七境。

第二、第三從智、行立名。

境分内外者，乃發智起行之所由也。修即智、行，性即前境，由修照性，故此屬焉。

第四從位、法立名。

因該五即之位，果通分滿之法。記云：「位妙若立，實通因果，爲對三法，且從因說。」又云：「三法屬果，義可通因。」即指初住爲因，妙覺爲果也。

他釋：位是住前所歷，故屬因，法是登住分證，故屬果。今文正示初心觀體，所以唯指初住爲果，正與止觀文同，以彼感大果只是初住故也。

今謂不爾。且因果門中「義開六即」，又云「幻因既滿，鏡像果圓」，染淨門云「分真垂迹，十界亦然，乃至果成，等彼百界」。此等豈非因該五即、果通分滿耶？而欲例同止觀唯指分果，其可得乎？應知彼感大果蓋示行人當報之相，故且言其初也。今明三法乃是佛地已證之德，故須顯其終也。豈以果法太高，使乖於初心觀體耶？

第五、第六、第七從感應、神通立名。

染淨二法所以對辨者，爲示染體攝於淨用也。淨用之事屬乎應、通，應、通之相在乎依正，此爲能化，必對所化，故有自他，自即應、通，他即機感。

第八、第九從説法立名。

説必三業俱運，法乃權實迭興。

第十從眷屬、利益立名。

眷屬即受化之人，利益即蒙潤之相。

一，色心不二門者。且十如境，乃至無諦，一一皆有總別二意，總在一念，别分色心。

色心萬法，通論其理，一一法體，無非是總，以由别相唯心所生，如枝派之有根源，故的指一念而爲總也。此中雙標，則先總後别，下文各釋，則先别後總者，蓋非别無以明總，即以生顯具之義也。問：十如境乃至三諦可有總别，一實及無，總别安在？答：玄義雖説一、無，亦對事辨故。一諦中，引涅槃二諦，其實是一。無諦中，引法華「諸法常寂滅相」。故知是並就色心之境，以顯一無之理，總别二意，例亦有焉。

何者？初十如中，相唯在色，性唯在心，體、力、作、緣義兼心色，因果唯心，報唯約色。

不言本末究竟等者，本末只是前之九如，指所歸處爲究竟等，歸處者，三諦也。下文云「俗具色心，真中唯心」，今正約俗諦而判。

十二因緣，苦業兩兼，惑唯在心。

問：前十如境，報唯約色，今因緣境，苦何兩兼？答：苦、報二名，大同小異，報據酬因，可云唯色，苦通三受，不可無心，然又報非無心，從習果受稱也。

四諦則三兼色心，滅唯在心。

滅以滅無爲義。若論所滅，即苦、集二境，色心兩亡也。若論能滅，即道、滅二智，以道有正、助，故兼於色，滅唯約證，故但屬心。

二諦、三諦，皆俗具色心，真、中唯心。

二諦有複俗之義，空雖在俗，不可云色，今色且從假爲言耳。然真、中二理，本非色心，而心法虚通，有名無狀，由兹悟理，故曰唯心。若下文唯心色之義，非同此例。

一實及無，准此可見。

此謂真、中。

既知別已，攝別入總，一切諸法無非心性。

七境色心緣起差別，若了心性差別同趣。止觀大意云：「隨緣不變故爲性，不變隨緣故爲心。」是則即理之事名心，心生故一即一切；即事之理名性，性融故一切即一，須彌入芥子，正顯於斯。當知此文既云「攝別入總」，祇是攝事入理。若乃理具三千，本非色心，何必令其攝別入總？下文「一性無性，三千宛然」等，即是開總出別，全理造事，不須更立兩重總別也。

問：舊云「非謂約事論別，以理爲總」，今何違之？

答：此語偏矣。文句記指此爲事理不二門，豈非理總而事別耶？但是指事即理，以理爲總，自異偏指清淨真如，若只以事中一念爲總，豈有攝別之義乎？如淨名疏釋須彌入芥子，云：「若得芥子真性之小，能容須彌之大，得須彌真性之大，不礙芥子之小。」輔行云：「然此真性遍於法界，迷謂内外，悟唯一心。是故四眼二智，萬像森然；佛眼種智，真空冥寂。今雖初觀，豈令順迷？制心從理，無非心性。」由是明之，舊説訛矣。

一性無性，三千宛然。

對別云一一復成待，待對俱絶，是謂空、中。空、中之體，且非斷無。三千色心，妙假斯立。應知心性之理，雖具三千，以未曾變造故，所有假法同名空中也。三千之事，雖即真性，以全體起用故，所有空中皆屬假法也。

問：若據下文修性之義，但云「離謂修性各三，合謂修二性一」。若如向説事理之義，應云「離謂事理各三，合謂事一理二」耶？

答：實如所問。故玄義明事理本迹，則以實相真諦爲理本，森羅俗諦爲事迹。記云：「即指三千爲其森羅。」又文句明事理權實，亦以諸法實相爲實理，如是相等爲權事。記云：「空中爲理，假法爲事。」斯皆合義也。下文觀内外二境，各云「即空假中」，豈非離義耶？當知若約諦境而論，須合真、中爲理，俗但名事。若約順修對性而辨，須合諦境爲一，分智、行爲二。各有其致，學者詳之。又復須曉三千之法定屬於假，空中之體斷非數量。故止觀云：「第一義中一法不可得，況三千法？世諦中一心尚具無量法，況三千耶？」又輔行云：「三諦無形，俱不可見，然即假法，可寄事辨。」人之多僻，見諸文云「三千空中」，便謂空中亦有數量，競執理體有差別者，幾許誤哉。殊不知約假以立空中，妄認世諦而爲臻極。淨名記釋「行於非道通達佛道」云：「三千世間皆名非道，不離空中方名佛道。」庶觀此解，用格前非。

當知心之色心，

上心字是總，下色心是別，前云一念，此單云心，皆指心念之性也。

即心名變，變名爲造，造謂體用。

心性變造三千色心，即全體起用也。變義從性，造義從心，性非心而所變無因，心非性而能造無體，變造相顯，體用方成。他本云「造謂體同」者誤。釋者云：「祇由理具，方有事用，此事即理，所以遍觀所造，唯見理具，故云造謂體同。若言體用，但得從理變事之談，而失指事即理之義。」今試辨之。且文中三句，皆迭相釋成耳。初即心名變，乃成上心之色心也。次以造釋變，後以用釋造，若不爾者，則名謂二字，並無所以。責云「失指事即理之義」者，上文攝別入總，下文結示三諦，豈非其義耶？祇緣中間開總出別，全理造事成三千色心，即點此色心而爲三諦，文理婉順，何事固迷？

是則非色非心，

　真也。

而色而心，

　俗也。

唯色唯心，

　中也。一切法趣色趣心，故謂之唯。

良由於此。

　良，實也。此指理事之境也，由事即理，故色心本常，由理即事，故變造無礙。後總結云「如境本來具三」，義見於此。

故知但識一念，徧見己他生佛。

　還就總念示觀體之要。前明變造之用，不逾生佛之法，己造他造，事雖有殊，但識一念三諦三千，徧見己他無二無別。言己他生佛者，己即自心，他即生佛，爲顯他性，各具生佛，故此言之。有本無「生佛」二字者誤。

他生他佛，尚與心同，況己心生佛，寧乖一念？故彼彼境法，差而不差。

　境法即三法權實所造也。

二，内外不二門者。凡所觀境，不出内外。

他釋己心名内，生佛名外。前門自己色心雖已融一，對外生佛尚成二法，故示己心三千攝彼生佛以成不二也。原夫前門從境妙而立，此門約智、行而談，豈可境妙唯明心法三千，智、行方明三無差别？況復前門顯示一念遍見己他生佛，何忽尚成二法之見耶？今詳究文義，祇以前門總在一念爲内，别分色心爲外。前釋總别，既前别後總。今釋内外，亦先外後内。外觀云「託彼依正色心」，豈非指前十如等七境色心耶？内觀云「是則外法全爲心性」，豈非同前一切諸法無非心性耶？況一家教觀，以理事爲内外，其文非一。如止觀不思議境破四性中，以法性爲内，無明爲外。又輔行釋觀煩惱境中云：「理性爲内，諸法爲外。」又文句記釋如來入定履歷法緣云：「履歷即歷事，對境法緣即内緣真理。」又涅槃疏釋十功德非内非外云：「非真故非内，非俗故非外。」斯等明據，足顯此門所立之義也。應知内外二境，即占察經中唯識、真如二種觀境也。彼經云：「學唯識觀者，於一切時處，隨身口意所有作業，悉當觀察，知唯是心。習真如觀者，思惟心性無生無滅，不住見聞覺知，永離一切分别之相。」輔行云：「唯識歷事，真如觀理。」又曰：「觀於十界四運，義當占察一切唯心。」由是而知，彼之所觀即今之二境也，明矣。諸文有以生佛依正等爲内外者，隨義甄分，不可一準。此門消釋，歷代不同，吾宗達人，試與評品，在理或當，能無從乎？

外謂託彼依正色心，

境也。

即空假中。

觀也。他本作「即空即中」者誤。

即空假中妙，故色心體絶。

三觀冥理，故云「妙色」，心即性，故云「體絶」。所言絶者，非無體斷絶之義。如義例云：「諸色心現時，如金銀隱起，金處異名生，與金無前後。」今觀隱起，純是一金，則異名體絶矣。他本但云「空中妙故，心色體絶」，釋者謂此中但明空中二觀不言假觀者，以此門正指前門即假三千之心收彼外境故，此但以空中亡之，令内體顯也。且前門云「彼彼境法，差而不差」，已攝生佛，亦示泯亡，如何至此方收外境始顯内體耶？況復文云「外謂託彼依正」等，而今反顯於内者，名義甚疏也。

唯一實性，無空假中。

上文「色心體絶」，亡其事境也。今云「唯一實性」，顯於諦理也。「無空假中」，泯乎觀照也。下文「色心宛然」等，只是點示外境三諦淨相耳。

色心宛然，豁同真淨。

外境顯時，三諦皆離妄染之相，故曰「真淨」。亦可空中爲真，假法爲淨，應知此義通於淺深。今意且約住前而説，以記主用智妙對名字，行妙對觀行、相似，此門既從二妙而立，故未可濫同分真淨相。然又雖通住前，若據「豁同真淨」之言，合是六根淨位。

無復衆生七方便異，不見國土淨穢差品。

此下釋成上義。衆生總示假名，七方便略舉正報，國土通收依果，即三種世間也。斯等皆即空中，故云「無異」及「不見」也。

而帝網依正，終自炳然。

空中即假，如帝釋珠網，光影交錯，體相自分。有本作「終日炳然」者誤。如玄義云：「諸大乘經雖明法界平等，而菩薩行位終自炳然。」

所言内者，先了外色心一念無念，唯内體三千即空假中。

心性何在，遍在色心。若欲觀内，必先了外。内外雖異，實性本融。是故三千色心，同居一念，念無念相，三諦現前。當知觀外三千，亦見心性空中之理，觀内心性，亦見三千即假之事。故義例云：「本末相映，事理不二。」輔行云：「修三昧者，於此二塗，一不可廢。」嘗試研覈止觀十境「初陰入界，或唯觀理」下之九境，隨發而觀，多是歷事，且初境中揀去界入，的就識心觀不思議境，此屬於理。若例餘陰等遍修三觀亦屬於事。義例云：「修觀次第，必先内心，内心若淨，以此淨心歷一切法，任運脗合。」若爾，外觀必須内心淨後方可修耶？此有二意：一者如義例所示，即不思議境後歷一切法是也；二者自有内心未淨，復修外觀，如破法遍末，歷餘陰入界是也，故文云「若總無明心，未必是宜，更歷餘心」等。

問：所觀識心及餘陰等，並是達事即理，何故分對事理二觀耶？

答：識心未起分别之時，此與真如内體彌近，其用觀者，如伐樹得根，故可唯達法性，更不餘陰也。餘陰既是根塵和合所生之法，其用觀者如尋條知本，故今「專照起心，四性叵得」也。雖復體達若對若起不出法界，此即已當從末從事而觀，應知内心不起而已起，則十界之中必屬一運，觀此一運，即具十界百果千如即空即中，未必具足推撿四運，方名唯識。況占察無四運之説，蓋今家依龍樹觀道，爲防末代深計，故以正起之心形於三運，委悉而破。若了斯義，則内外二境、事理二觀，無相奪倫，不同舊云「内外各有二觀之相」也。

是則外法，全爲心性，心性無外，攝無不周。

輔行云：「但觀理具，俱破俱立，俱是法界，任運攝得，權實所觀①。」

十方諸佛，法界有情，性體無殊，一切咸遍，

前明心性，遍彼生佛，今例生佛之性，互遍亦然。金錍云：「以無始來，心體本遍，故佛體遍，由生性遍。」是則諸佛無異心，故復其性而已矣。

誰云內外、色心、己他？

以理遣情。

此則用向色心不二門成。

用向總別二境成今內外二境。

三，修性不二門者。性德只是界如一念。

百界千如，同居一念，理具常樂我淨，故名性德。

此內界如，三法具足。

界如即空性般若，界如即假性解脫，界如即中性法身，此即前門內觀之境，故云「此

① 觀：止觀輔行傳弘決作「現」。

內」。下文云「理性三德三諦三千」，蓋指其義。

性雖本爾，藉智起修。

至理玄微，非智莫顯，故依理起智，以智導行，三修若立，一性乃彰。他本云「藉知曰修」，釋者云「知訓照也」，如妙樂記釋「知法常無性」云「知者，照也」。今觀智者並荆谿之意，並不以知字爲修，故文句釋「欲令衆生咸得聞知」云「聞知即聞思二慧也」，記云「既有二慧，必入修慧」。但以知釋修，未可全當，明文若此，豈今著述特反其言乎？雖憑訓照之文，全皆非修之義，親疏可驗，何苦諍鋒？彼又云：「若言藉智起修，即成行三是修，智三非修也。」今恐斯難非理，智起即修，誰此分隔？

由修照性，由性發修。

以智照於境，則一性而三性，以境發於智，則修二而各三。

在性則全修成性，起修則全性成修。

三修在性，則般若、解脱全成法身一性。一性起修，則法身全成般若、解脱。

性無所移，修常宛爾。

性雖起修，其體不動，修雖即性，其用彌彰。

修又二種，順修、逆修。

此門攝智、行二妙，彼之修相不出二種。智妙中有二十智，始從世智，洎乎別教佛智，皆逆修也。圓教五品至於妙覺，則順修也。行妙中約四教明行，前三是逆修，唯圓爲順。問：別教佛智，何名爲逆耶？答：此約教道，悉是權施故。

順謂了性爲行，

五品已上，即三障之事了三德之性而爲行也。

逆謂背性成迷。

世智著有，二乘取空，菩薩以二邊爲因，別佛以但中爲果，皆背性也。

迷了二心，心雖不二，

心體即理，故二而不二。

逆順二性，性事但殊。

性變成事，故不二而二。

可由事不移心，則令迷修成了。

責於以理混事。

故須一期迷了，照性成修。

一期猶一往也，故須一往且分迷了，變迷修而順了修也。他本作「一其」字誤，縱爲巧釋，終非文意。

見性修心，二修俱泯。

初住見性，真修體融，復何分於迷了之異乎？故文句記云：「若至初住，修性一合，無復分張。」今言俱泯，由合性故也。

又曉順修對性，有離有合，離謂修性各三，合謂修二性一。

玄義明智、行二妙與前境妙，一而論三、三而論一。記曰：「一謂涅槃，三謂三德，境是法身，智是般若，行是解脱，當知祇一涅槃而論此三。又境即理三，智即名字三，行即觀行相似三也。當知九只是三，三只是一，一尚無一，豈有九三？」

修二各三，共發性三。

此釋離義也。即以修六爲能發，性三爲所發。性三既爲三障所覆，故須修六顯發三德。德障雖一，發覆且殊，不分而分，修九之義，於茲立矣。

是則修雖具九，

覆唯在性，發乃由修，以所從能，故云具九。

九祇是三。

性中智脱，全成二修，修中法身，即是一性，義雖具九，體祇是三。

爲對性明修，故合修爲二。

此釋合義也。離既各三，合何一二？良[①]修中法身，其性無作，故合修三，但名智、行。亦應例云，爲對修明性，故合性爲一，以性中智脱，非修勿功，故合性三，但名理境。

二與一性，如水爲波。

一性起修。

二亦無二，亦如波水。

二修即性。

應知性指三障，是故具三。

陰入界共[②]即法身，貪恚癡性即般若，業行繫縛即解脱。

修從性成，成三法爾。

性三如水具火性，冰具水體，修三如火生於木，冰融於水。

達無修性，唯一妙乘。

① 良：卍續藏經出校記謂「良下疑脱由字」。

② 共：疑當作「苦」。

對性辨修，皆是權巧，苟契神於不二，何修性之有乎？如是乃能受賜大車，悟入中道矣。

無所分别，

中道亦亡。

法界洞朗。

三諦俱照也。

此由内外不二門成。

因觀内外，故有智行。

四，因果不二門者。衆生心因，既具三軌。

玄義明性德三軌云：「凡心一念具十法界，一一界悉有三道性相體，即是三軌性相體。」

此因成果，名三涅槃。

文句明位中，「若研性德三法，入於十信，名如是力、如是作；若入四十一地，名如是因、如是緣；若至佛地，名如是果、如是報。初三名本，後三名末，初後同是三德，名究竟等」。問：性中三軌但是性、相、體三，修中因果唯有力、作等七，然則十如是法修性互闕耶？答：性具力、作等，只是全修在性，修中性、相、體，只是發彼性三，理事相收，十如無滅。言三涅槃者，即三德異名也。大經云：「三德具足，名大涅槃。」故知性圓方便皆具常樂我淨。

因果無殊，始終理一。

因果俱三，始終不二。

若爾，因德已具，何不住因？

據理難事。

但由迷因，各自謂實。

記云：「方便諸乘，皆悉不知無始藏理一心三法，故各於一法，少分起計，並謂究竟。」

方便尚爾，況凡夫乎？

若了迷性，實唯住因。

金錍云：「果佛具自他之因性，我心具諸佛之果德，果上以佛眼佛智觀之，則唯佛無生，因中若實慧實眼冥符，亦全生是佛。」故知了性則無別修。

故久研此因，因顯名果。

此因者，即前衆生心因也。如大經以十二因緣爲因性，記主指爲理性三因，故知果上祇顯此因，其猶磨鏡發光，光非外得。

祇緣因果理一，用此一理爲因。

即觀心因，而起修因。

理顯無復果名，豈可仍存因號？因果既泯，理性自亡。

夫因果者，取理之幻事，故得理而亡事。理性者，取證之假名，故得證而亡名。大論曰：「佛坐道場時，不得一法實，空拳誑小兒，誘度於一切。」

祇由亡智親疏，致使迷成厚薄。

上言泯亡，且寄理顯。須知亡智通乎始終，祇由親疏隨功涉位，如六即位，後之五即，由亡智故，所以俱即，由親疏故，所以分五。他釋唯以初住爲親，相似爲疏，又以親疏配屬利鈍。此不應爾。下文「義開六即」，何止分真？「强分三惑」，寧關利鈍？但約一人，五即迭論親疏，於義自允也。

迷厚薄故，强分三惑，

圓人初緣實相，造境即中，不斷而斷，本斷無明，以由二惑任運先除，故説初信斷見、七信斷思等，其實見思體是無明。故文句云：「性德之理，而爲通別二惑之所染著，難可了知。」記曰：「三惑亘分，故云難了。」今言「强分」，蓋由此耳。

義開六即，

記云：「約理則證法無名，約事則不無諸位。」今言「義開六即」，其意也。

名智淺深。

親疏從行，淺深約位。

故知夢勤加功，空名惑絶。

勤加三智，泯絶三惑。他釋引大論云：「空但有名而無真實，惑即法性亦但有名，故用空名以喻惑妄。」

幻因既滿，鏡像果圓。

因果位通，故以圓滿言之。所舉夢、空、幻、像四喻者，前三喻體不可得，後一喻任運所現。

空像雖即義同，而空虚像實。

體虚雖同，然空無形，而像可見，以像望空，虚復名實。

像實故，稱理本有。

喻理具三千，果滿即現。

空虛故，迷轉成性。

喻無明轉故，即變爲明。他本云「性成」者誤。

是則不二而二，立因果殊，二而不二，始終體一。若謂因異果，因亦非因。

因不具德，此非圓因。

曉果從因，因方尅果。

果藉圓修，方獲妙果。

所以三千在理，同名無明，

果德三千在理名三道。法身爲苦，般若爲惑，解脱爲業，今略言惑也。又無明是無住之本，業、苦是所立之法，今云在理，舉本攝末故也。

三千果成，咸稱常樂；

因理三千，至果稱三德。苦成法身，惑成般若，業成解脱，皆具四德，今略云二也。又，常、樂屬法身，淨屬般若，我屬解脱，今云「果成」，舉體攝用故。

三千無改，無明即明，

釋上句，以三千法性隨緣不變，故曰「無改」。

三千並常，俱體俱用。

釋下句，以三千全是法身之體、二法之用，故曰「並常」，此又從略耳。

此以修性不二門成。

修性爲因，因成名果。問：前修性門攝智、行二妙，記以智、行對住前三即，今以修性爲因，亦合因屬住前，果在初住，何故此門有因滿果圓之説？答：記云：「今言行者，多在住前。」故知所對，且據一往。又記云：「若至初住，名隨分果。」又云：「境、智、行三，歷六即位，以至於果。」故知他人唯指初住爲果者，局之甚也。

五，染淨不二門者。若識無始即法性爲無明，故可了今即無明爲法性。

欲明染淨緣起，先示無始無住之本也。記云：「法性即無明，法性無住處；無明即法性，無明無住處。無明法性雖皆無住，而與一切諸法爲本。」今既示其觀體，是故須了無明即法性，以法性爲本，若識其本，則所立一切染淨之法在乎刹那。

法性之與無明，遍造諸法，名之爲染。

法性隨無明緣，實造九界，皆是三道流轉，故名爲染。而云「與」者，地論云：「唯真不生，單妄不成，真妄和合，方有所爲。」又圓人未破無明已還，雖造佛界，亦名爲染，以今明淨法，唯取果後應用也。故文句記釋事理權實中，謂心意識等淨不淨業，是染緣立一切法，釋體用權實中，謂初住分果百界之用，是淨緣立一切法。記自指云：「如染淨不二門明。」

無明之與法性，遍應衆緣，號之爲淨。

無明感，法性應，權造十界，並是果中勝用，故名爲淨。亦云「與」者，輔行明聖人變化所造，亦令衆生變心所見。又輔行云：「自行由觀染因緣生，化他則以淨因緣生，自他相對則以染淨和合因緣而生。」此中既云「遍應衆緣」，正是染淨和合也。故知「與」字，不可闕之。他本無二「與」字者，恐往人不善其義，妄有除削耳。

濁水清水，波濕無殊，清濁雖即由緣，

清濁二水，皆由風故，起於二波。染淨二體，並由妄故，起於二用。

而濁成本有。

衆生無始，唯有煩惱、業、苦而已。

濁雖本有，而全體是清。

三道全是理性三因。

以二波理通，舉體是用。故三千因果，俱名緣起。迷悟緣起，不離刹那。

合上濁水清水，波濕無殊，此攝事歸理也，無謂刹那非真是妄。

剎那性常，緣起理一。

合上二波理通，舉體是用，此指理融事也。但合初後，中間自明。

一理之内，而分淨穢。

即就緣起理一之内，而分緣起淨穢之相。

別則六穢四淨，

此言十界當分也。

通則十通淨穢。

此言十界互具也。如章安問：十界互相有，爲因爲果？答：俱相有因。果隔難顯，因通易知。如慈童女以地獄界發佛心等。他釋：十界相望，地獄唯穢，佛界唯淨，中八展轉，望下爲淨，望上爲穢。既互有淨穢，故名爲通。其實八通，總舉言十。故知通義方是今文染淨意也。則唯佛界名淨，九俱通染。今謂：若如是者，衹合云別則九穢一淨。通則十通淨穢，以謂染淨與淨穢同故，反顯別義，方是今意也。應知染淨從迷悟體用而言，淨穢約凡聖界如而辨。在迷，以無明爲體，造九爲用，則淨穢界如皆悉染也。在悟，以法性爲體，造十爲用，則淨穢界如皆悉淨也。

故知刹那，染體悉淨。

既了十通淨穢，故知刹那無明染體，悉同聖人法性淨體，以法性任運具十界故。言刹那者，舉至促之念也。如止觀云：「無心而已，介爾有心，即具三千。」

三千未顯，驗體仍迷。

見思未破，偏得迷名。爾雅云：「仍，因也。」

故相似位成，六根遍照。

七信已上，肉眼具五眼，故即能遍照十界，乃至意根亦爾。問：身根如何遍照？答：十界色像皆身中現。又以普現三昧，而化十界，即其相也。當知六根遍照，即因果具十之義彰矣。章安謂「因通果隔」者，蓋約前三即爲言耳。

照分十界，各具灼然。

照既似真，十必成百，界兼假實，任運三千。請觀「各具灼然」，以驗「十通淨穢」。

豈六根淨人，謂十定十？

以法師功德品文，未委示十界互具之相，恐人定謂，故此釋之。

分真垂迹，十界亦然。

相似遍照，猶屬緣修，初住已上，真修體顯，證法身之本，垂十界之迹，名不思議應也。

乃至果成，等彼百界。

妙覺果成，無別所顯，只是與彼理體百界究竟齊等。他本作「乃由果成」者，誤。釋者云：由分證佛果，故能於百世界八相成道。今謂：百界縱爾，「等彼」如何？豈不以前文云「三千未顯，驗體仍迷」，故約相似已來，明乎體顯。故知「等彼」，須指前文，況似位中云「照分十界，各具灼然」，斯亦照前百界之相耳。又下文云「三法只是證彼理三」。百界成道，諒非此意。

故須初心，而遮而照。

所顯百界，雖推上位能顯，三觀要在初心。

照故三千恒具，遮故法爾空中。

三千是權，空中是實，即法華諸法實相也。實相必諸法，故云「恒具」；諸法必實相，故云「法爾」，蓋顯三觀同時也。問：一家圓教二諦，多以空假爲俗，中道爲真，何故權實復以假法爲權，空中爲實？答：真俗約中邊而辨，權實約事理而分。當知空者，若望中道，中既絶待，空猶對假，故屬俗諦；若望權法，權是建立，法空須泯亡，故屬實相。然則不思議空體即中道，以其名義涉於修成，是故同俗也。

終日雙亡，終日雙照。

此復亡前遮照，照前遮照，亦顯同時，故云「終日」。如文句云：「非空假中，照空假中。」又如止觀云：「非三而三，三而不三。」複疏成妙，其例非一。

不動此念，遍應無方。

此念之體，廓周十界，徹三際。果上遍應，何莫由斯？易曰：「神無方而①無體。」韓康伯曰：「不可以一方一體明也。」

隨感而施，淨穢斯泯。

施應由照，泯相由遮。

亡淨穢故，以空以中。仍由空中，轉染爲淨。

空中二觀，不獨亡於所造之法，抑亦轉於能造之體。何者？無明非空中不轉，法性非空中不顯。非但無明法性，體性不二，空中二觀，即無明是。自非即惑成智，何由轉染爲淨？問：圓破無明，只應中道，何用於空？答：空是中觀之用，中是空觀之體。空無中道，未異偏真。中道不空，安能蕩相？是故諸文所説中觀觀無明、顯生法二空者，良由

① 而：疑後脱「易」字。

此也。問：假觀何不轉染爲淨？答：假破塵沙，塵沙障事，事屬化他，非自行迷理之惑，其實三觀，修在一心，今就別論，是故唯二。

由了染淨，空中自亡。

斷德爲了，智德爲亡。前明亡相，則云淨穢。後明轉義，乃言染淨。若謂同者，那反其文？

此以因果不二門成。

因觀染體，果獲淨用，但前屬自行，此攝化他也。

六，依正不二門者。已證遮那，一體不二。

法身所住，名常寂光。法身非陰入之形，寂光無莊嚴之相。淨名疏云：「真如佛性，非身非土，而説身土，離身無土，離土無身，名身土者，一法二義。」今舉遮那，身必兼土，故曰「一體不二」。況毗盧遮那遍一切處，當知一切諸法無非佛法。金錍云：「一佛成道，法界無非此佛之依正。」「一體不二」，又此義焉。

良由無始一念三千。

等彼百界。

以三千中，生陰二千爲正，國土一千屬依。

大論立三種世間，謂衆生、住處、五陰也。衆生世間，即於五陰實法之中，假立名字，妄生宰主。十界凡聖，無不依此三種世間，造十如是法。

依正既居一心，一心豈分能所？雖無能所，依正宛然。

遮那身土，如鏡如器，三千依正，如像如飯。鏡器常一，故無能所。像飯常異，故云「宛然」。

是則理性、名字、觀行，已有不二依正之相，

舉此三位者，即同前文「三千未顯，驗體仍迷」。所言相者，即佛法界如是相也。

故使自他、因果相攝。

自心因果，及生佛因果，常無間然。

但衆生在理，果雖未辨，一切莫非遮那妙境。

問：此與前文理性等「已有不二依正之相」何別？答：前一向明理具，今遍指事造，即是妙境。如金錍云：「衆生自於佛依正中而生殊見。」

然應復了，諸佛法體，非遍而遍，衆生理性，非局而局。

法體非遍，約證云遍。理性非局，隨情曰局。問：局義可爾，法何不遍耶？答：理絶百非，何遍之有？蓋從迷悟事説，强分兩端。不二之性，奚嘗暫異？

始終不改，大小無妨。

此約生佛各辨。諸佛化他，始終法體不改。衆生自行，始終理性不改。而皆大小依正，無所妨礙。

因果理同，依正何別？

此約生佛合論。恐疑者云「諸佛大小無妨」，固其然矣，衆生既局，安得無妨？故此釋之。

故淨穢之土，勝劣之身，

同居、方便、實報，皆有淨穢之相。尊特爲勝，生身爲劣。又通佛爲勝，藏佛爲劣。又丈六爲勝，隨類爲劣。他釋：淨謂寂光，穢謂塵國。勝謂法身，劣謂塵身。同居雖有淨土，比寂光還穢。應身雖有勝應，比法身還劣。今觀他意，既寂光外唯言同居，必法身外但論生身耳。是則佛佛之化用，豈有三千依正耶？又，若通取方便、實報爲穢，尊特爲劣者，諸無此例。況此中身土正談自在之相，安可以寂光爲淨、法身爲勝乎。

塵身與法身量同，塵國與寂光無異。

身之與國，皆言塵者，顯無數量也。如文句記云：「寂光既遍，遮那亦等，諸身既與法身量同，諸國亦與寂光不異。」以彼例此，諸塵義同，非謂舉劣況勝。是則一一塵刹一切刹，一一塵身一切身。

身刹化事，事既即理。理無礙故，事亦無礙。良由諸佛已得即事之理，所以身刹重重互現；衆生但有即理之事，是故依正各各不融。問：衆生雖自不融，何不見佛互現？答：是盲者過，非日月咎。故無明未破，縱生方便，猶有障礙。若至實報，非但見佛，亦復自融。仍須知此互具①現之相，由無明未盡，見②如是事。無明若盡，法身究顯，則無彼此色相，迭相見矣。故文句記曰：「若云塵刹重重相入，重重相有重重事等、重重説等，爲未了者，以事顯理。」

廣狹勝劣難思議，

國之廣狹既即寂光，身之勝劣既即法身，故難思議也。此結前二句。

淨穢方所無窮盡。

淨穢方所，亦必兼正報。既一即一切，故無窮盡也。此結後二句。

---

① 具：疑衍。

② 見：卍續藏經出校記謂「見上有不字」。

若非三千空假中，安能成兹自在用？

應如染淨門云「故須初心而遮而照」等。今但略示，非專理具而已。由觀三千空中，而證法身寂光。由觀三千即假，而現塵身塵刹。

如是方知生佛等，彼此事理互相收。

前云「故使自他、因果相攝」，言其理也。今云「如是方知」等者，謂其證也。不思議理，理則勝事，故互相收。

此以染淨不二門成。

轉染爲淨，淨用之相，故有依正。

七，自他不二門者。隨機利他，事乃憑本。本謂一性，具足自他。方至果位，自即益他。

由性本不二，故事用相即。

如理性三德、三諦、三千。

三千真俗中，皆名爲理，俱以不改爲性。此指果人已顯之性，故以三德、三諦言之。記云：「德若無諦，德無所依。諦若無德，諦不得顯。故以修成之德，顯於理性之諦。」今若不作此解，如何消釋下文？

自行唯在空中，利他三千赴物。

常在寂光，遍赴三土。

物機無量，不出三千。能應雖多，不出十界。

機應之相，不出十界。十界之法，不出三土。若曉此已，方會下文「不出寂光」之意。何者？且十如是中，報最居末。六凡界報止在同居，兩教二乘報在方便，菩薩界報兼於二土，三藏同凡通如二乘，别教空假亦齊方便，唯佛果報則屬實報，謂别圓修中地住所感也。問：寂光何得無報耶？答：有二種，若自受用，則屬寂光，即自行空中也；若他受用，則屬實報，即利他赴物也。今論機應，必須約他，但以實造爲機，權造爲應，義斯見矣。

界界轉現，不出一念。土土互生，不出寂光。

轉現即十界機應正報之相也，互生即三土機應依報之相也。斯皆指事即理，正明自他不二。問：轉現互生，合是能應無記化化之用，那通物機耶？答：衆生身土，亦是唯識，變現隨緣，發生不定，係於一界一土，故言轉言互耳。他釋四土互生，皆是果上之用。意謂身既現十，土須生四。而不思佛身有相，寂土無形。又若以寂土爲生，亦合以法身爲用也。

衆生由理具三千，故能感。諸佛由三千理滿，故能應。

理具三千以佛感佛，三千理滿以生應生。方諸挹水，陽燧引火，類同則相親，氣同則相合。

應遍機遍，欣赴不差。

機發爲欣，應益爲赴。

不然，豈能如鏡現像？

普門玄義云：「若依地人，明闡提斷善盡，爲阿梨耶識所熏，更能起善。梨耶即無記無明，善惡依持爲一切種子。闡提不斷無明無記，故還生善。佛斷無記無明盡，無所可熏，故惡不復生。若欲以惡化物，但作神通變現度衆生耳。此則作意，方能起惡。如人畫諸色像，非是任運。如明鏡不動，色像自形，可是不思議理能應惡？若作意者，與外道何異？」

鏡有現像之理，

諸佛三千有起應之理，異乎作意神通也。

形有生像之性。

衆生三千有致感之性，異乎梨耶所熏也。

若一形對不能現像，則鏡理有窮，形事不通。

若一衆生機發感動，諸佛不應，則理有所窮，感而不通也。問：上句既云「形有生像之性」，此中合云「形性不通」，何謂「形事」耶？答：上據理性，今即取事行。如玄義明冥顯二機，並由過現，善修三業，方能感應。豈可唯藉理具，端拱待應乎？他本云「形事未通」，釋者仍節此句屬於下文，非但喻義不全，亦乃文勢不便。

若形與鏡隔，則容有是理。

若機未交感，則容有不應之理。問：如佛爲闡提説法，將非無機亦能致應耶？答：玄義明闡提阿鼻不斷性善，亦可爲機，但今正約顯機爲論故，非冥非顯機不取也。

無有形對而不像者。若鏡未現像，由塵所遮。

理具三千，未能顯應，由三惑所覆故，見思無明障自行空中，塵沙障利他三千。

去塵由人磨，現像非關磨者。

去惑雖由三觀，現應實唯心性，故麤垢先落，則似像已彰，無明後除，則真應斯顯。

以喻觀法，大旨可知。

觀字，音觀察之觀。

應知理雖自他具足，必藉緣了爲利他功。

果上利他之用，不出智斷二德。此但由因中修了因故方獲智德，修緣因故乃成斷德，今推果從因，意在觀行也。

復由緣了與性一合，

緣、了二因，不但能成利他之功，亦復自行，由茲顯理。了因智慧，正破三惑。緣因福德，助顯三諦。二修泯性，故云「一合」。

方能稱性，施設萬端。則不起自性，化無方所。此由依正不二門成。

三千依正，若望自行空中，已屬於他；若望所赴物機，仍屬於自。

八，三業不二門者。於化他門，事分三密。隨順物理，得名不同。

淨名記云：「密者，一一界中各具十，故不可以一界測，不可以多界測，即名爲密。」又文句記曰：「凡云三密，必約應化，自受用報、平等法身，何所論密？」

心輪鑒機，二輪設化。

玄義明三輪示現之相，身輪示藥珠二身。藥喻可畏破惡之形，珠喻可愛生善之狀。口輪示毒天二毫，毒喻説破惡法，天喻説生善法。心輪示隨自他意，隨自如珠如天，隨他如藥如毒。然而身輪本屬前門，此門正在口密，文舉三者，相帶而明也。

現身説法，未曾毫差。

身説無差，必由心鑒。

在身分於真應，

真即法身，應兼勝劣，所以但言二身，蓋約相無相分。不論報化之別，故自受用報，同名真身，他受用報，乃隨類化身，皆屬應攝。若據現身説法，實唯應身。今對真身辨者，爲欲從應顯真，相即非相，以成三業不二故也。

在法分於權實。

説前三教七方便法皆名爲權，説圓教唯一佛乘法稱爲實。

二身若異，何故乃云即是法身？

涅槃云：「吾今此身，即是法身。」法華云：「微妙淨法身，具相三十二。」亦此義也。當知圓應皆即真身，前三教佛，俱無是理。

二説若乖，何故乃云皆成佛道？

法華明布施、持戒等，皆已成佛道，乃至開方便門，示真實相，並即權顯實也。

若唯法身，應無垂世。

通論之，十界色像，皆名垂世。别語之，且是王宫丈六身也。

若唯佛道，誰施三乘？

兩教二乘，三教菩薩，正屬施權。以人天乘非出世教，故且略之。

身尚無身，説必非説。身口平等，等彼意輪。

上明應即是法，身已融矣。權皆成實，但是所説已融，未顯能説無異，故今以身例説，以二例意，三皆平等，方名不二。

心色一如，不謀而化。

三業即法，故一如，即法而化，故不謀。

常冥至極，稱物施爲。

法化俱時，欣赴無失。

豈非百界一心，界界無非三業。界尚一念，三業豈殊？

顯前果上三業不二。本由因中百界尚一心，以界無别法，唯是依正三業，但在正報而已。界尚融一，業豈定三？

果用無虧，因必稱果。若信因果，方知三密本有。

若信因心而具果用，方知三密事乃憑本。有本「若信」下無「因果」二字，義雖無損，語似不全。

百界三業俱空假中，故使稱宜遍赴爲果。

三觀功成，百界用顯。

一一應色，一一言音，無不百界三業具足。

但舉「應色」、「言音」而不云心者，以身口是赴物之相，故又上云「稱宜遍赴」，即心輪鑒機之義也。

化復作化，斯之謂歟？

地持處明九種大禪，菩薩成道、轉法輪等，並在其中，第六一切行禪中，有無記化化禪，即化復作化也。玄義云：「不須作意，故名無記。」

故一念凡心已有理性三密相海，

前云因必稱果，蓋明諸佛之本也。今云一念凡心，正示衆生之德也。攝爲觀體，諸門並然。學者臨文，無忘鄭重。理性三密者，如來藏云：「一切衆生貪恚癡中，有如來身，結跏趺坐。」此語甚熟，而解者無幾。靈味小亮云：「生死之中，本有真神佛體，萬德咸具，而爲煩惱所覆，若能斷惑，佛體自現。」章安引古破云：「若言衆生身中已有佛果，此則因中有果，食中有糞，童女有兒等。」此見講者不了一家談具之義，往往有過靈味之説，指性善則謂二嚴已著，點性惡則謂三毒長存，計未出於自生，道何殊於常見？傳習滋蔓，傷如之何？應知三密相海，乃是不思議解脱。妙用果上，普現四性。推覓尚不可得，況因中所具相貌奚陳？良以無明之心，體即是明，已有解脱妙用之性，有非實有，無非斷無，雖撿之未形，而修之可發。請尋止觀不思議境三喻之文，當解其理。

一塵報色同在本理毗盧遮那，

三密是遮那之用，遮那是三密之體。心色互舉，二必相兼。「一塵報色」者，此舉身業之至微也。身必兼口，則三業俱妙。肇師曰：「聖遠乎哉？體之即神。」

方乃名爲三無差別。此以自他不二門成。

以自化他，必用三業。

九，權實不二門者。平等大慧，常鑒法界。

語出瓔珞。平等者，權實二智同時而照也。法界者，二智所照權實之境也。若准餘文，實照空中，權照於假，則以三法爲界。若據下文「九權一實」，即於權假之中自分權實，空中乃屬非權非實，是則但取十法爲界，以今正對所化之機故也。

亦由理性，九權一實。實復九界，權亦復然。

九界十如，皆變真常，故名爲權。佛界十如，皆合中道，故名爲實。十界互具，故曰「實復九界」等。

權實相冥，百界一念，不可分别，

即下文「一理非權非實」。

任運常然。

而權而實。

至果乃由契本一理，非權非實，而權而實。

此門從説法立名。權實之相，須約對機設教而辯。准玄義所明，對六道説人天教，對四法界説四教。若四教本①云：「三藏教明世間布施、持戒、禪定，即人天教。」又輔行云：「人天亦三藏攝。」是則約機即九權一實，約教即三權一實也。

① 本：疑當作「義」。

此即如前心輪自在，致令身口赴權實機。三業一念，無乖權實。不動而施，豈應隔異？

能説既一，所説何殊？

對説即以權實立稱，在身即以真應爲名。

説權在應，説實名真。真非離應，應即真故。

三業理同，權實冥合。

上云「不動而施」，以明權實相即。今言「理同」、「冥合」，意顯二法雙非。苟曰不然，辭則煩重。

此以三業不二門成。

雖通三業，正由口論，成茲法妙。

十，受潤不二門者。物理本來，性具權實。

權實亦約十界言之。何者？此門攝眷屬、利益。玄義明四種眷屬，獲七番利益。四種豈非十界之機？七番亦是十界之益。此機此益，物性具焉。問：四趣云何利益耶？答：因益破惡，果益離苦，具如玄文。

無始熏習，或權或實。權實由熏，理恒平等。

熏習之義，備乎起信，彼云：「如世間衣服，實無於香氣，若人以香而熏習故，則有香氣。此亦如是，真如淨法實無於染，但以無明而熏習故，則有染相。無明染法實無淨業，但以真如而熏習故，則有淨用。」前云「性具權實」，即是真如無明也。以此二法，但有二名，而無二體，雖具權實之性，實無權實之相。今云「無始熏習」等者，即是真如以無明熏故則生九權，無明以真如熏故則是起一實。然其二義皆是内熏，必假外熏方得成就。論明熏習染法，即以妄境界六塵爲緣；熏習淨法，即以諸佛菩薩善知識等爲緣。如是内外二熏，衆生無始，孰不由此成權實機？機雖有殊，理本無二。

遇時成習，行願所資。

此明熏習增長，既云「行願所資」，乃是別示外熏之義也。

若無本因，熏亦徒設。遇熏自異，非由性殊。

輔行云：「以内具故，他竟能熏。故觀所熏，唯見理具。若觀理具，則識真如常熏内具。諸論教道不見此實，雖内外熏以立種子，不了新熏本有之意，是故種子但同冥初。」問：輔行之意，將非指斥起信之説乎？答：是何言毁？豈不聞攝大乘云「法性不爲惑所染，不爲真所淨，故法性非依持，言依持者阿梨耶是也，無没無明盛持一切種子」。又唯識宗説真如無知無覺凝然不變，但説八識種子生滅。又小乘經部亦有假立種子之義。記主所斥，蓋是此耳。起信談依如來藏故有生滅心，豈與攝論等同耶？兩誤哉。然復須知諸論所説，或云真如生法，或云梨耶生法，皆是隨順悉檀赴物之意。儻專四性，安論二空？故止觀云：「天親、龍樹，内鑒冷然，外適時宜，各權所據。」今有傳山門教者，確執具義，彈射華嚴、起信宗師，謂「無圓滿之解」者，一何傷乎？況彼宗法性，圓融具德，真如隨緣，即義潺然。但未如天台委示理具善惡之性，抑同別教，殊昧通方。如止觀明地論師以法性持真妄、真妄依法性，即心具一切法也。賢首、清涼等所説不亦如是耶？荆谿云：「弘法利他之功，不補非法毁人之失。」後昆慎之。

性雖無殊，必藉幻發。

大論云：「幻化象馬，及種種物，雖知無實，然色可見。」下文四幻，所喻咸同。

幻機幻感，幻應幻赴。

可發爲機，通聖曰感。現身名應，説法云赴。

能應所化，並非權實。

夫能應説權實之法，所化得權實之益，並依染淨二緣之所建立。染淨如幻，權實亦然。故玄義云：「若取悟理，理則非權非實，不見一法。」

然由性具，非權非實，成權實機。佛亦果具，非權非實，爲權實應。

珠非水火，水火從緣。理非權實，權實隨物。

物機應契，

物既内熏而機發，應即外熏而契之。此如自他門云「欣赴不差」也。有本作「契應」者，誤。

身土無偏，同常寂光，無非法界。

十界之身無非法界，三土之體咸同寂光，機應皆然，故曰「無偏」也。

故知三千同在心地，與佛心地三千不殊。

請以上文非權非實之理解此心地三千，則依俙識具矣。觀心論疏云：「若定謂一念之心具含萬法是如來藏者，即同迦毗羅外道因中先有果計。若定謂心無萬法修之方有者，即同漚樓僧迦外道因中無果之計。」乃至云：「聞心具萬法是如來藏即謂如囊沙，聞心無萬法即謂如兔角，斯並永執邪見之人，何可論道？」

四微體同，權實益等。

夫一地四微，生諸卉木。卉木雖異，四微元同。喻一理三千起諸權實，權實雖別，三千不殊，既以受潤爲名，故兹取譬。問：玄義以四微喻四德，今何故喻三千耶？答：此則前文「三德、三諦、三千」，其理是一也。

此以權實不二門成。

以説法故乃受潤也。

是故十門，門門通入色心，乃至受潤咸然。

十門樞要，咸備觀心，觀爲能通，心即所通，方是記主立門之意。豈上高談不二，虚論三千，而令色心等自然流入耶？前叙云「一一門下，以六即撿之」，當知通入，非專上位。

故使十妙，始終理一。

玄義所談，妙則妙矣，然復未以一念三千而爲指南，故今約彼止觀不思議境三千三諦之文，述此十門。今十門所通，無非一理。門既攝妙，故使始終一以貫之。

如境本來具三，依理生解，故名爲智。智解導行，行解契理。

境既具三，生解導行，必須具六，六發境三，故云「行解契理」。

三法相符，不異而異。而假立淺深，設位簡濫。

境、智、行妙，雖始終相符，而智、行有淺深，故位妙有高下，約事暫異，據理常同，故云「假立」。玄義曰：「平等法界，尚不論悟與不悟，孰辨淺深？既得論悟與不悟，何妨論於淺深？」

三法祇是證彼理三。

三法妙顯，祇是境妙三軌開發，正屬究竟，傍通分真。

下之五章，三法起用。

感應等五妙，前三正是起用，後二乃是用之所被。又，三法之中，法身、般若，用之體也，解脱，體之用也。又般若有權實二智，實智真理爲體，權智鑒物爲用。

三法既是一念三千，即空假中，成故有用。

牒前十妙始終，三法悉是，因觀心性，成故有用。成謂從因至果，因以自化他。

若了一念，十方三世諸佛之法，本迹非遥。故重述十門，令觀行可識。

觀行者，即十境十乘也。十境雖異，皆以一念爲所觀。十乘雖殊，皆以三法爲所顯。

應知非玄義無以成智妙，非止觀無以成行妙，兼而示之者，在兹十門也。又未撿玄義，則不知十門所攝，未尋止觀，亦不了十門之所通，今之重述，爲令彼此撿尋者，闕數紙之文，覩二部之奥也。梁肅云：「求珠問影之類，稍見罔象功。」信不謹矣。

首題既爾，攬別爲總，符文可知。

首題是總，經文爲別。既而攬彼別文，談斯總義，故可將此總義符其別文，以至文句但粗分章段者，蓋有玄義總冠於别也。故文句記云：「所以釋題不可繁爾，題下别釋，理非容易。」前叙以迹例本，又以名例四義，已備矣，是故結云「首題既爾」。

自天聖六年冬十月，寓錢唐石室蘭若，隨講私解。至皇祐四年秋八月，於吴興西溪草堂，因門人請勤版次，方再治定。見此注者，可别新故。

法華玄記十不二門顯妙①并序

永嘉沙門釋處謙述

聖人之教，或廣或略，存諸衆典，原其化意，盡歸於法華者，大藏群經根此也。然聖人出世，本以己證導諸群緣，蓋物機情別未可一之，於道由是權之，於前本之，於後使循其迹而歸之源，至於斯經也畢矣。文云：「雖設②種種道，其實爲佛乘。」特令揆昔，昭然可見也。吾祖親承斯旨，九旬敷唱，允叶聖心。洎荆溪記之，尚患十妙文繁，觀道難通，於是撮乎妙旨，十門點示，意深言遠。文而雖迂，舊解不詳，各固所是，繁於異論，雜乎粹旨。余不揆疏昧，深所惜哉。故特遵先範，去諸異同，專取文旨，再爲注解，目爲顯妙，且符記主

① 法華玄記十不二門顯妙，一卷，釋處謙述，前有序。見卍續藏經第一〇〇册。今加句讀並略校，十不二門文加黑。

② 設：妙法蓮華經作示。

之意也。文云：「此下但直申一理，使一部經旨皎在目前。」根於此者，不其然歟？若夫分文對相，辨正舛訛，存此舊解，此不復云。

時皇宋熙寧四年冬十一月既望日，於錢塘淨住方丈東軒序。

法華玄記十不二門顯妙解

然此迹門，談其因果及以自他，

因等法相，玄義備矣。

使一代教門融通入妙。

直申一理，經旨在兹。原夫聖人爲一施三，群情麤別，至此而復，情袪理妙，一代融通，百界成佛，出世大意，妙盡於此。故凡諸義釋，皆約四教及以五味。

待對教味，一代相形，權巧調引，俾機識妙，苟能了妙，即了是開，豈容別求？意在開教，悉入醍醐。

了妙開麤，待對教味，一切成絶，絶尚無狀，豈復滯麤？判而即開，絶無過此。四十餘年，未暢厥旨。今經一啓，聖意獨彰，妙教醍醐，心、佛、衆生一而矣。

觀心乃是教行樞機，仍且略點，寄在諸説。

上開妙解，已一代融通。今示用解觀心，全心即名妙觀。非此觀心，教將何設？行依何行？故曰「觀心乃教行樞機」也。教既純圓純妙，行必諸妄惑除，依教立行，此之謂也。故記主云：「陰等十境，唯在三教。」舊云：對偏則無，圓常教有。且夫相對妙教，麤頂在昔。豈絶待圓融，反却在妄心也？正名，此名不正，行將安寄？

或存或没，非部正意。

行門雖要，部非正談，故存没互出。止觀專論，則行相方備。

故縱有施設，託事、附法，或辨十觀，列名而已。

觀即是心，能所無二。理絶觀圓，義復何陰？今約觀大義，唯斯三種。或用託事，依觀見理。從行、附法二種亦然。義雖開三，種觀唯一。本文觀心，雖則非正，三相備有，故此列示。矧以五祖親承有在，了一代之教意，宗法華爲根本。述本之要，唯教與觀。記主得意，深叶祖承。教觀之設，唯斯數句，斷盡化源，根乎本要。釋或失措，教觀從①設。

① 從：疑當作「徒」。

所明理境、智、行、位、法，能化、所化，意在能詮。詮中咸妙，爲辨詮内始末自化①。

上已總叙，此下别陳，總别相顯，聖旨彌彰。然本文廣談境、智，及以自化爲解，首顯能詮教也。能詮之妙，權别爲總，一部咸然。何法是妙？乃以境、智，始末自他，示其妙相。

故具演十妙，搜括一化。出世大意，罄無不盡。

出世大意，爲妙而興。今既談妙，罄乎佛旨。佛旨者何？衆生性是。依性談教，豈復别途？教觀一致，諸法實相，遮那體遍。經文如是，因果俱妙，始絶絶麤。一化功畢，意盡於此。

故不可不了十妙大綱。

十妙大綱，唯佛究了。初心若達，與佛何殊？衆生開佛知見在兹，稟斯教者，必也如然。雖有肉眼，名爲佛眼，此其證也。

故撮十妙爲觀法大體。

若了十妙，即此了心是觀大體。用此造境，無不真實，世間相常，觀與經合，文義相符。

---

① 化：疑當作「他」。

若解迹妙，本妙非遥。應知但是離合異耳。因果義一，自他何殊？故下文云「本迹雖殊，不思議一」。

既達迹妙，豈與本殊？離合雖異，妙理元同。引證分明，宜加識信。

況體、宗、用，祇是自他因果法故。況復教相，祇是分別前之四章，使前四章，與諸文永異。

上了釋名，本迹咸等。了四章與名無別，總三爲名，體等何異？舉一例諸，不俟終目。

若曉斯旨，則教有歸。

經言：「雖設種種道，其實爲佛乘。」佛乘者何？妙而已矣。

一期縱横，

期猶代也。一代即縱横也。時縱，教横。約顯談，法華之前，縱横白固未知所歸；來至今經，顯談歸本，群情驚駭，妙教一興，大事發明，次文見矣。

不出一念三千世間即空假中。

直申妙旨，顯示佛乘，一念三千即空假中，在此而已。夫一念心起，必對一境。心不並慮，逐境而生。生滅交遷，未曾蹔捨。權乘衆教，雖復斷之，不能除根。情境猶存，與教共住。縱横既存，妙性莫彰。今點一念與三千同。其同如何？一念是理，三千世間即空假中。妙符念性，念根即除。真尚永絶，豈復存妄？真妄俱宿不二，門開諸法實相，入佛境界，三無差別，一性咸同。含生本具，非造所成。妙法堂奥，上根直入。即登初住，縱横之相，一切歸源。一門歸然，諸門皆爾。此唯得意，功忌存情。或封執語言，而謂了達。其猶緣木求魚，應無得理。

理境乃至利益咸爾。

境理既然，下九由此，十法皆妙，皆成佛乘。今經題目，立此妙名。

則止觀十乘成今自行因果，起教一章成今化他能所。

則者，連上辭也。則知止觀十乘，行此自行因果；起教一章，用此化他能所。方見兩部文名，義成一致。

則彼此昭著，法華行成。使功不唐捐，所詮可識。

照明著顯，以行成教，以教輔行。功不唐捐者，教行斯在。如此所詮，故云「可識」。

故更以十門，收攝十妙。

欲教成行，非門不入。教既妙矣，舉教而行，豈復異途？故下文云「重述十門，令觀行可識」。

何者？爲實施權，則不二而二。開權顯實，則二而不二。

就今經談設化之意。施則全實成權，開則權全是實。權實不二，妙在化源。以此爲門，入乎佛乘，如指諸掌。

法既教部，咸開成妙。故此十門，不二爲目。

宮墻不得其門，不見宗廟之美。至道不得其門，不覩妙法堂奧。不二爲門，豈容情見？門立不見，誰之過與？

一一門下，以六即撿之。

門既成妙，入者作佛。故一一門，撿以六即，顯佛高下，不生功濫，門之功也。

本文已廣引誠證，此下但直申一理，使一部經旨皎在目前。

一理直了，不難異途。經旨在目，豈虚言哉？

一者色心不二門，二者内外不二門，三者修性不二門，四者因果不二門，五者染淨不二門，六者依正不二門，七者自他不二門，八者三業不二門，九者權實不二門，十者受潤不二門。

是中第一從境妙立名，第二、第三從智、行立名，第四從位、法立名，第五、第六、第七從感應、神通立名，第八、第九從説法立名，第十從眷屬、利益立名。

十妙對門，多少不同，皆從義便。雖則各從於義，不忘本數，咸立十也。

一，色心不二門者。且十如境，乃至無諦，一一皆有總別二意。總在一念，別分色心。

色心一門，從境妙立。境有七科，法相甚廣，今以色心攝之。攝之之相，下文可見。「分色心」者，不二成二，妄之境也。其體一者，二即不二，妙之門也。故以總別，斷盡十門二不二相。使麤妙昭著，門旨不壅。是知境妙，不二之門，在乎一念，色心體一，得此之門，寶乘即乘，道場而至。此一既爾，下之九門，觸類而達，達不俟再思。

何者？初十如中，相唯在色；性唯在心；體、力、作、緣，義兼色心；因、果唯心；報唯約色。

此十如境分色心也。下之六境，分對色心，各從於義，在文其詳。

十二因緣，苦、業兩兼；惑唯在心。四諦則三兼色心，滅唯在心。二諦、三諦，皆俗具色心，真中唯心。一實及無諦，准此可見。

如此分對七科法，相既成二，皆情境也。真如隨緣，成於九界。佛性斯隱，不二門閉。今示此境，俾曉情相，爲下不二入門之本。然真中一實，皆理境也，何情之有？法雖屬理，分對在情。但破其情，一時歸性。次文可見矣。

既知別已，攝別入總。

既知別已，結上也。攝別入總，起後也。

一切諸法無非心性，一性無性，三千宛然。

此釋總相也。上既已示别相，了别爲總，乃直示云「一切諸法無非心性」等。此即攝别入總，了總即性，故使七科咸成不二，即此是門，達乎佛乘。佛必三身點示，三相彰一妙體。心性，中也；無性，空也；三千，假也。故云：「夫三諦者，天然性德。」今用此爲門，上根一觀，直入初住，或内外凡。三諦妙理，始終如此。一部經旨，初後咸然。此門若了，至下不難也。

當知心之色心，即心名變，變名爲造，造謂體用。

此博釋上，爲二異名。上分色心，即是心性之一，變爲色心之二。妄無别妄，全真成妄，亦名事造，亦名迷用，全水爲波。其例恒然，故此示之。

是則非色非心，而色而心，唯色唯心，良由於此。

此重釋上，了妄成真也。上既全真作妄，全即了妄全真，三障即三德，波是水種，一切皆成。故「非色非心」而下，封①三諦顯矣。宛轉相成，良由於此。

故知但識一念，遍見己他生佛。他生他佛，尚與心同。況己心生佛，寧乖一念？

若如此識一念之心，全三德性，自他生佛，即此念是。學者若然，佛從誰有耶？

① 封：疑當作「對」。

故彼彼境法，差而不差。

未到今經，三法成差。差即不差，妙名益顯也。

二，内外不二門者。凡所觀境，不出内外。

内外分境，唯約所觀。妄境成二，非謂不二。却分内外，文云：「迷謂内外，悟唯一心。」然内外之相，此三法分，咸諸文隨諸法相立内外者，來至今經，咸成不二，皆可入理，名理爲門。

外謂託彼依正色心，即空假中妙，故色心體絶，唯一實性，無空假中。

託彼依正立外色心。今達此境，空假中妙。此境即絶，唯是一性。空假中相，亦須無狀。卓然妙性，與誰對待，立外依正耶？

色心宛然，豁同真淨。無復衆生七方便異，不見國土淨穢差品。

色心宛然，同真清淨，順妙空蘊。無復衆生，淨穢國土，依正俱泯，色心外相，一切空淨。

而帝網依正，終自炳然。

蘊而即立，妙假斯成。説雖前後，圓融一時。直申一理，門門如此。

所言内者，先了外色心，一念無念，唯内體三千，即空假中。

一念若存，内外成隔。刹那無，亡色心相。一體圓性，全乎三千空假中是。是則外法全爲心性，心性無外，攝無不周。十方諸佛，法界有情，性體無殊，一切咸遍。

妄念既除，外即同内。諸佛與性，一尚不立，曷分二焉？一切咸遍，豈作意乎？誰云内外、色心、己他？此則用向色心不二門成。

妙旨一貫，以彼成此，復何爽哉？

三，修性不二門者。性德祇是界如一念，此内界如，三法具足。

圓融三諦之謂性，一一常樂之謂德。性德至理即界如，念念方絶跡。以此爲門，修性不二，始終若此。性雖本爾，藉智起修。

上已明性，此論與修。無①别修，解性之心，即名爲修。下觀行去，盡立修名。名同義别，順善明達，不可雷同。

① 無：疑前脱「修」字。

由修照性，由性發修。

同體照發，更互相成。不害修性，天然妙理。

在性則全修成性，起修則全性成修。性無所移，修常宛然。

全性成修，則性無所移。全修成性，則修常宛爾。修性名分，體常不二。

修有二種，順修、逆修。

修有二種，須揀順逆，方免混濫。

順謂了性爲行，逆謂背性成迷。

以了爲行，豈行異性？以爲修與性天隔。

迷了二心，心雖不二。逆順二性，性事恒殊。

迷了性同，逆順事别。

可由事不移心，則令迷修成了。

豈可迷了二修使同，謂迷心是了，斯爲大錯，故特示之。

故須一期迷了，照性成修。

須分照性之心，示爲明了。

見性修心，二修但泯。

見性無性，豈復立修？若不了性，修何由泯？

又曉順修對性，有離有合。

置逆論順，理必妙融，離合之相，順理而成。

離謂脩性各三，合謂修二性一。

修性體圓各具三者，離之狀也。修性分對共爲三者，合之相也。離合同時，未嘗少間。性脩體一，不曾暫別。妙性之文，不思議旨，自然而然。安以情見而分別之？故終曰離合一相，頗得波水之況，下文備矣。

修二各三，共發性三。是則修雖具九，九祇是三。

能發所發，雖各論三，而有九數。九祇是三，離即是合，不二之狀顯矣。

爲對性明修，故合修爲二。

離合雖一，分對從義。義雖分對，不違妙理。性雖緣了，對修無功，合而説一。修雖有性，欲顯其能，故唯論二。雖此分對，體常自一。

二與一性，如水爲波。二亦無二，亦如波水。

波水之喻，親而可鑒。性與一乘，既如波水。二修之事，理亦如然。以喻得解，請詳斯旨。

應知性指三障，是故具三，修從性成，成三法爾。

修若無性，如木無根。佛若無本，從何而成？生本是妙，病不能求，求而即得，速豈過此？

達無修性，唯一妙乘，無所分別，法界洞朗。

達無修性至洞朗者，文雖在此，意實通前。上論修性，豈是未達而分別耶？是知正談性修，實無取捨。分別咸亡，法界常朗。妙不二相，始終一實。言雖前後，不可情迷。若此明了，方可論道。

此由內外不二門成。

四，因果不二門者。衆生心因，既具三軌。此因成果，名三涅槃。

因果不二，亦祇全指一念，具足三軌妙理。是知不指三軌，念無由破。念既不破，因果永殊。了念即理，因果俱均。若達此者，十門咸成。故色心門云「總在一念，別分色心」，亦可例云「總在一念，別分因果」，因果諸門兼同，不可情滯。

因果無殊，始終理一。若爾，因德已具，何不住因？

此由理一，乃至斯疑。因若已具，住因即足，何故立果？改因受果，因德何在？

但由迷因，各自謂實。若了迷性，實唯住因。

迷執謂實，因果乃殊。了性住因，與果何爽？

故久研此因，因顯名果。

既若住因，圓人何故復立果稱？故此解云：但久研此因，因顯名果，無別果也。

祇緣因果理一，用此一理爲因。理顯無復果名，豈可仍存因號？

辨之則毫髮不差，亡之則始終而一。本末如此，方得六處皆名即佛。

因果既泯，理性自亡。祇由亡智親疏，致使迷成厚薄。

即惑成智，智力淺深，由迷厚薄，薄厚約迷，智常圓足。

迷厚薄故，强分三惑。義開六即，名智淺深。

惑豈非一，厚薄分三，理同事異，豈非厚薄淺深之義歟？

故如夢勤加，空名惑絶。

行雖如夢，不可暫亡。惑雖空名，非行不絶。勤加深薄，相脩而成。蓋由契理，皆如幻也。

幻因既滿，鏡像果圓。空像雖即義同，而空虛像實。

空名之惑，鏡像之果，義雖是同，迷悟虛實，情性相隔。

像實故稱理本有，空虛故迷轉成性。

像現稱理，全性具以無窮。空虛本無，隨智光而輪轉。是則不二而二，立因果殊；二而不二，始終體一。若謂因異果，因亦非因。曉果從因，因方克果。

非實相之因，無以成圓極之果。形端影直，心也始然。所以三千在理，同名無明；三千果成，咸稱常樂。

刹那心起，百界同作無明。一念附根，三千咸稱常樂。經云：「凡夫賢聖人，平等無高下，但在心垢淨，取證如反掌。」心念若存，如掌不反。

三千無改，無明即明。三千並常，俱體俱用。

金碑①云：「而此三千，性是中道，不當有無，有無自爾。」苟能見全上作無明之念，俱爲至明之體用不二，理亦由斯。上四節文，皆云三千方見，一而無二。此以修性不二門成。

此上四門，攝自行因果，同一念心，圓觀可了。向下六門，攝化他相，準意可知。

① 碑：疑當作「錍」。

五，染淨不二門者。

染淨之相，法豈然乎？ 但由物機迷悟之耳。 故下文云「三千未顯，驗體仍迷」，此之謂歟？ 迷情若除，淨相自彰。

若識無始即法性爲無明，故可了今即無明爲法性。

若知無始無明全法性是，了今無明豈不然乎？ 今無明在法性何？ 夫病在不知，無明得便。 或能了達，全法界迷，爲我智體。 故染淨對機，不羞①毫末，自爾而成。

法性之與無明，遍造諸法，名之爲染。 無明之與法性，遍應衆緣，號之爲淨。

染淨同體，感應任緣。 故群生感心中諸佛，諸佛應心内群生。 機應相對，方得如聲答響者也。

濁水清水，波濕無殊。 清濁雖即由緣，

以喻化之，若了濕性，清淨何殊？ 濁即同清，感焉異應。 道交之義，識可見矣。

而濁成本有。

物機無始，未曾離合。

---

① 羞：疑當作「差」。

濁雖本有，而全體是清。以二波理通，舉體是用。

波理既通，體用咸一，安得不然？

故三千因果俱名緣起，迷悟緣起不離刹那。

此舉法體，合上二水，顯性無殊，刹那見性，緣起咸同。

刹那性常，緣起理一。

見性體一，猶波理通合初後，中可例知。

一理之内，而分淨穢。

刹那即性，分乎淨穢，方見百界含心，三千自己。

别則六穢四淨，通則十通淨穢。

六穢四淨，直約十界分。十通淨穢，互就百界弁。雖此通别，與刹那性，平等無殊。

指歸妙境，出自法華，言顯於斯。

故知刹那，染體悉淨。三千未顯，驗①仍迷。故相似位成，六根遍照。照分十界，各具灼然。

① 驗：疑後脱「體」字。

以悟顯迷，迷若未了，由刹那在。刹那見性，染體方淨。性淨若何？淨三千性。若了斯旨，方合本經「知法常無性」也。

豈六根淨人，謂十定十？分真迹垂，十界亦然。乃至果成，等彼百界。

成何所成？成性百界。應何所應？應機彼群。百界是己，感他豈緣？其心淨，則佛土淨。

故須初心，而遮而照。照故三千恒具，遮故法爾空中。

初心理觀，遮照同時。空中三千，刹那具足。

終日雙亡，終日雙照。

皆云「終日」，是顯同時。

不動此念，遍應無方。隨感而施，淨穢斯泯。

念全三千，何動之有？普應群機，無心即遍。應隨感施，淨穢何局？

亡淨穢故，以空以中。仍由空中，轉染爲淨，

亡轉雖曰空中，妙假纖塵不易。

空中自亡。

染淨即觀，得名爲了。病者①去藥亡，一切俱蕩。妙性之體，法爾如然。

此以因果不二門成。

非上因果，莫成此用。承躡相由，未嘗少間。

六，依正不二門者。已證遮那一體不二，良由無始一念三千。

遮那非遍，遍生之局。群生非局，局彼之遍。局遍局殊，體自純一。果證無證，證彼局性。以果驗因，顯因本有。遍非因有，證復何從？

以三千中，生、陰二千爲正，國土一千屬依。依正既居一心，一心豈分能所？雖無能所，依正宛然。

遮那極證，依正妙融。妙融之相，全由性具之遍，不出三千。三千依正，全三諦理。理實何在？在迷刹那，刹那性顯，依正宛然，能所俱絶。

是則理性、名字、觀行，已有不二依正之相，故使自他因果相攝。但衆生在理，果雖未辨，一切莫非遮那妙境。

---

① 者：疑衍。

三即俱有，意亦不同。理即全迷，名字、觀行，解行論有。有雖不同，俱皆未顯。但遮那妙體，依妙常融。雖復俱融，不可混同，順此區別。然應復了，諸佛法體，非遍而遍，衆生理性，非局而局。始終不改，大小無妨。因果理同，依正何別？（已見上注。）

故淨穢之土，勝劣之身。塵身與法身量同，塵國與寂光無異。是則一一塵刹一切刹，一一塵身一切身。廣狹勝劣難思議，淨穢方所無窮盡。

三諦妙境，空假中觀，契性應變，安局方所？塵身至細，非法體而何興？塵刹雖微，非理土而何有？應本如此，修成乃彰。所以一多相入，身刹重重，符空假中之妙觀，合無差別之果理。法華大教不二之門，成則稱性妙矣。

若非三千空假中，安能成兹自在用？如是方知生佛等，彼此事理互相收。

若非三千，攝境不遍。不空假中，境不是性。故須三千咸空假中，方見諸法實相。因佛體性，生心均一。絶待妙融，俱成佛道。乃得一攝一切，一切攝一。是以法華大事，純顯斯旨。振古少如，獨今家解由妙旨，並以三千而爲指南。可謂盡開權顯實之旨，極三無差別之理。經題「妙法」叙之，「妙」名不可思議，「法」則略舉界如，具攝三千。妙歎於法，法祇是妙。故記釋妙境，云「三千即空性了因」等，其文分明。上文又云「不出一念三千世間即空假中」，及斯點示，節節如此。學者不見，覽執三千，有無相攻。違祖背宗，及成法怨，爲之柰何？

此以染淨不二門成。

衆聖淨用，既曰由生具，故得初心觀已，一念隨位彰顯，方乃染淨、依正，融攝相成。

七，自他不二門者。隨機利他，事乃憑本。本謂一性，具足自他。方至果位，自即益他。

一性自他，本自常存。本既我心，自他豈別？纔有感即應，未始毫差。非修成而方爾，實一本之天然。

如理性三德、三諦、三千。

理性三德，示其性體。三諦、三千，顯其圓具。一一圓具三千性體，方得果證稱性施爲。以自益他，豈有二别？

自行唯在空中，利他三千趣物。

三諦既其一心，自他豈應有異？莫以情見，逐語分張，違不二旨。

物機無量，不出三千。能應雖多，不出十界。轉現不出一念，土土互生，不出寂光。

三千而攝物機，十界而統應化。語辭之異，感應咸均。轉現不離一念，土互不出寂光。豈非全性？全同理性，以此鑑照，自他之相豈存而①乎？門門合於題旨。衆生由理具三千故能感，諸佛由三千理滿故能應。應遍機遍，欣赴不差。不然，豈能如鏡現像？鏡有現像之理，形有生像之性。

生理同佛而感，佛證齊生而應。纔欣即赴，如影隨形。或謂不然。鏡像之喻，經論所陳，爲何法設耶？鏡有現像之理，猶佛三千理滿。形有生像之性，喻生三千理感。感應道交，欣赴不差。法喻相符，如函合蓋，焉不信哉？

若一形對不能現像，則鏡理有窮，形事未通。若與鏡隔，則容有是理。無有形對而不像者。若一機興感，應而不赴，則應體有窮，形事不通。若與鏡隔，容有是理，既其形對，無不像者，反此乃知應無不遍，法無不通。然今家所明，感應不差，由生理與應體一，不同諸論黎耶熏變。彼權此實，輔行弁之矣。

若鏡未現像，由塵所遮。去塵由人磨，現像非關磨者。

鏡未現像，由塵所遮。理未趣應，爲惑所覆。磨塵雖假於功，現像全由於內。名字、觀行，雖常感應，見思當存，顯應未彰。須藉功成，應方内啓。然今家所談，感交互成三十

① 而：疑衍。

六句，有何一法而非應耶？但顯應妙，能在功成耳。

以喻觀法，

觀字，平聲。

大旨可知。應知理雖自他具足，必藉緣了爲利他功。

緣了無功，性何由發？性德緣了，發性利他，功莫大矣。

復由緣了，與性一合，方能稱性，施設萬端。則不起自性，應無方所。

性雖備足，未契同凡。順性緣了而合性者，方能普應，施設萬端。分證之位，雅斯符旨。

此由依正不二門成。

八，三業不二門者。於化他門，事分三密。隨順物理，得名不同。

三密一際，豈可分張？對機事別，故此異陳。了應同法，一體無殊。不二之門，允斯而成。

心輪鑒機，二輪設化。現身説法，未曾毫差。在身分於真應，在法分於權實。

身分真應，法開權實。在昔施權，身法未合，故此離合明。來至今經，即三而一，身法俱融，次文明矣。

二身若異，何故乃云即是法身？二説若乖，何故乃云皆成佛道？若唯法身，應無垂世。若唯佛道，誰施三乘？

垂世施權，雖屬爲機，而於理性，妙體常融。今經談性，權實正軌，一體平等。三業身法，豈違不二？

身尚無身，説必非説。身口平等，等彼意輪。色心一如，不謀而化。常冥至極，稱物施爲。

冥極施爲，不動此念，遍應無方。無記化他，出生何盡？

豈非百界一心，界界無非三業。界尚一念，三業豈殊？

百界三業，既居一念，妙豈過此？非開顯至教，曷此宜揚？

果用無虧，因必稱果。若信因果，方知三密有本。百界三業俱空假中，故使稱宜遍赴爲果。

不談百界俱空假中，未見成佛稱性之相。

一一應色，一一言音，無不百界三業具足。化復作化，斯之謂歟？

應色、言音，咸皆百界，同生念性，至果顯發。以斯應用，豈有窮乎？

故一念凡心，已有理性三密相海；一塵報色，同在本理毗盧遮那。方乃名爲三無差別。

三密相海，妙性遮那，並指下凡心色本具，乃合經文「三無差別」。是知無差妙旨，須符念性，色心不二，妙境可觀。故本文云：「一切諸法中，悉有安樂性。」記至云：「結束開意，以諸法中有妙理故，方可論開」，「點示衆生，本有覺藏，心佛衆生無差別」。既云諸法，豈非九界色心耶？有安樂性，豈非遮那妙境耶？今依妙解，直示斯旨。令成初心圓觀體相，用此觀察，見遮那性與果無別。故輔行云：「心造一切，三無差別。」文理分明，此旨焉可別生穿鑿耶？

此以自他不二門成。

九，權實不二門者。平等大慧，常鑒法界。亦由理性，九權一實。實復九界，權亦復然。實不可二，故唯一也。權不可一，故言九也。此直示其相，若圓互具，百界常然。名雖百界，一性無差。群情隔礙，權實乃乖。若依今經，顯斯至理，同一佛乘，空假中妙。所以調達悟此而受記，龍女了此而作佛。並由大慧，契合法界權實正軌。

權實相冥，百界一念，不可分別，任運常然。

分別若生，此旨全失。任運之然，唯在絕念。

至果乃由契本一理，非權非實，而權而實。此即如前心輪自在，致令身口赴權實機。三業一念，無乖權實。不動而施，豈應隔異？

雙非之理，不異權實。權實之應，全雙非是。對説即以權實立稱，在身即以真應爲名。三業理同，權實冥合。此以三業不二門成。

十，受潤不二門者。物理本來，性具權實。

性具權實，與性無殊。故其熏發，全性而興。無始熏習，或實或權。權實由熏，理常平等。

性雖本具，不熏無發。熏何所熏？還熏一性。合性熏發，在昔猶昧，於今猶明。群生佛種，從因緣起。師教爲緣，全表理性，立修發名。不禀妙教，發性無從。縱有發生，乃成權隔。六道三乘，沈迷可復。

遇時成習，行願所資。若無本因，熏亦徒設。遇熏自異，非由性殊。

成習若異，三草二木，能爲事殊。能潤教兩，權乘亦別。至今經開成一地，而受潤俱同，理歸一致。故依今經，無一善根不性佛道。低頭舉手，童子戲沙，並在斯典，照然可鑒。

性雖無殊，必藉幻發。幻機幻感，幻應幻赴。能應所化，並非權實。

機感應赴，皆如幻者，修全在性，理必如幻。雖即如幻，感應益彰。故使物機應契，僉同寂光，無非法顯。

然由生具，非權非實，成權實機。佛亦果具，非權非實，爲權實應。物機應契，身土無偏，同常寂光，無非法界。

文理分明，解不合旨，徒目云云，無由顯發。如水至冷，飲者方知。此須明解，執言奚爲？

故知三千同在心地，與佛心地三千不殊。四微體同，權實益等。

受益之權，了斯經旨，達己心地三千妙性，與佛果證妙性豈殊？方合四微同體，皆一地之所生，三草二木，感一雨之所潤。實纖塵而無爽，何一法而非真？普使一切感成佛道，豈虚也哉？故復經云：「無有一人獨得滅度，皆以如來滅度而滅度之。」大哉至教，潤物成功也如此。

此以權實不二門成。

是故十門，門門通入，色心乃至受潤咸然。故使十妙，始終理一。

本文爲解妙字，不設十相，妙無始終，不語三千，性體不圓。既圓且妙，方乃因果自他，咸同一本。十門交通，一一相入。豈是作意，理自當然。

如境本來具三。依理生解，故名爲智。智解導行，行解契理。三法相符，不異而異。假立淺深，設位簡濫，三法秖是證彼三理。

自行因果，五章已立，一妙無殊。化他全此，始末分明。鏡、智、行、位，一而無爽。不二之門，昭然在目。下之五章，三法起用。三法既是一念三千，既空假中，成故有用。若了一念，十方三世諸佛之法，本迹非遥。故重述十門，令觀行可識。

大式妙解，開佛知見。苟不如此，出世妙旨，其何以宣？然雖至歎，不離一念。若依今經而了念者，則一部妙旨皎然自心，十方佛體全我本性，誠堪信矣。摩訶止觀一念三千而爲妙境，直指介爾，全三千性而立佛乘，明不思議，文理顯然也。噫！世之輪扁，賤藝妙尚，子不能傳。況出世至道，豈易了之？然上所言，蓋筌罤也。苟不體道，如闕魚兔，焉妄執滯耶？故大意云：「若欲修習，並須口決。」今此亦爾，若欲解乎妙旨，非口决而難通。苟無妙解，其何以行？「重述十門，令觀行可識」，言在此，焉不信哉？

首題既爾，攬別爲總，符文可知。

釋題是總，釋文是別。總别相貫，妙旨一如也。

十不二門樞要①

十不二門樞要叙

十不二門，解釋而衆者，安不由文？以意爲主，悟意不侔，文隨意變，故諸先達不克自默，今亦然也。十門之作，正爲于觀，故曰「觀心乃是教行樞機」，輒以樞要名云。

紹興戊午八月丙辰墨禪齋叙。

十不二門樞要卷上

東掖虎溪沙門了然述

十不二門

或曰：既是後人録出，詎可私安此題？

① 十不二門樞要，二卷，釋了然述。前有叙，後有跋。見卍續藏經第一〇〇册。今加句讀並校釋，十不二門文加黑。

釋曰：天台目録有六即義一卷、十如是義一卷，今入太①部，由從大部流出别行，故有此稱。今可例之，秖以「十不二門」四字别題無爽。況云「故此十門，不二爲目」，實雖名其所作，恐亦意乎别行。然此文興致，正爲於觀。教觀傍正，須知二意：一，約三部所自之文；二，約一家傳通之旨。三部所自，則傍正互有。如義例云：「凡欲釋義，先思部類，如法華玄，雖諸義之下皆立觀心，然文本意明五重玄義出諸教上，則教正觀傍，託事興觀，義立觀心」，「若今止觀縱用諸教，意在十法以成妙觀，則觀正教傍」。一家傳通則惟觀爲正，是故三部皆以觀心而爲正要。蓋天台申經，非數他寶，故遵佛囑，須立觀心，若不立觀，季世根機，無由入道。如佛囑云：「若人信汝所説，則爲見我，亦見於汝，及比丘僧。」是以天台立觀，專據此囑，文文之下，皆可修觀求其旨者。以佛世滅後，信、法二行，分其根性。從多爲論，若非法行，無由趣入。況法行思惟，其義尚通，當了諸法悉惟是心，應以觀心爲其正要。以從文故，玄既觀傍，故於十妙觀有存没。今從旨故，玄亦觀正，故撮十妙爲此十門。門門既乃即心，妙妙無非是觀。若談觀文言，望於止觀，此中極略。若談宗旨，望於止觀，今文頗周。以止觀宗旨無出三千即在一念。今以三千不二點示一心，心全是妙，

① 太：疑當作「大」。

妙不出十。若曉十妙，則止觀可知。故云：「一期縱横，不出一念三千世間即空假中，理境乃至利益咸爾，則止觀十乘成今自行因果，起教一章成今化他能所。」若不先了不二法體，欲申十門，恐其未可。一者三諦爲不二體，如云「若非三千空假中」。二者空中爲不二體，如云「亡淨穢故，以空以中」。三者中道爲不二體，如云「非權非實」。四者一性爲不二體，如云「本謂一性」。

或曰：不二之體，妙絶言思，如何進退有四不同？

答：妙絶言思，即一體也。但以三諦即一，空中即一，中道即一，即不二故。此四焉，即是一法爲不二體。若謂爲一，亦非不一。淨名真入，其在斯歟？然不二之名本出淨名，今特取之以爲目者，蓋玄迹門十妙之後，乃約悟理方名開顯，故云：「若取悟理者，理即非權非實，不見一法，空拳誑小兒。説權説實，是則爲麤。理則非權非實。」是故爲妙籤云：「一切諸法，亡泯不二，更約悟理，開前十妙權實，同成一理心性。」所謂悟理者，開權顯實，若悟實理，理非權實，則權實不二。故疏云：「今還悟入三一不二，即知佛説三一無分別也。」記云：「次文約理，故有權有實爲權，權實不二爲實。此第二釋，秖是顯前實教之理，理是權實不二。」苟不如此，豈得文云「開權顯實，二而不二」耶？

其稱門者，不二即門。該理教行，即不二理爲言詮，即不二理爲觀行，皆可稱門。止觀云：「止觀是行，無生門是教，依教修行，通至無生法忍，因位具足，淨名三十二菩薩，各說入不二門。」此以不二門爲教也。玄文云：「約行者，泥洹真法寶，衆生從種種門入，三十二菩薩各入不二法門。」此以不二門爲行也。妙句云：「實相亦二義：一，當體虚通，故名之爲門，如淨名入不二門；二，能通方便作門。」記云：「只一實理，從二得名，由虚通故，令他所歸。」此以不二門爲理也。今從別論，以不二觀入不二理，惟觀稱門，故曰「重述十門，令觀行可識」。如淨名廣記解疏用於十種四句釋不二門云：「第十四句者，純約觀門，雖徒多門，意在於觀，故使觀門最在後說。」然門是能通，乃有二義：一者就妙自論能通，以不二觀通不二理。二者對麤以論能通，以不二觀而通於二，使二而入不二之門。即於諸法見不二理，須了觀之與理，不離一心，以心入心，心無二相，當處絶待，實無能入及於所入，無所拘滯，通而不壅，亦無所住，方可名門。

或曰：以十門爲能通，十妙爲所通，可乎？

答：若約能申所申，其亦可云今立十門申通十妙，故撮十妙成此十門。但不可認門之一字，云從圓通十妙而立。

△釋文爲三。初，總序；二。初，叙玄文；二。初，叙教；二。初，叙。

然此迹門，談其因果及以自他，使一代教門，融通入妙。

玄云：「上來四妙名爲圓因，三法祕藏名爲圓果。」籤云：「上四妙爲因者，位妙若立，實通因果，爲對三法，且從因説。」又曰：「若從別説，當位高深，自是一意。」是則五妙有横有豎。横則當位高深，俱通因果。豎則迷悟對論，局分因果。豎中前三一向因，後一一向果，位妙一往通因果，二往局在因。局在因者，又有通局。通則該乎觀行、相似。籤云：「行之所階，則有諸位。」若即行所階爲位，不獨位通觀行，亦乃行通相似。若從行所階爲位，行局觀行，位局相似，由行所階，方有諸位，位居行後，故局十信。舊釋自他二説不同，正義①以前五妙爲自，後五妙爲他。指要、文心、圓通②，同以後之五妙能化爲自，所化爲他。今曰：正義得其法體，失文所從。其指要等，得文所從，失其法體。何者？若約法體，自即空中，同前自行。如籤八云：「如釋十妙，自有從因至果，自行化他。」故知今云「談其因果及以自他」者，自之一字即自行也。若文所從，今在後五，論其感應，能化、所化即體（自也）利他（他也），是故乃云「及以自他」。至自他門當見。今説一代教門者，五時四教

① 正義：即十不二門正義，釋智圓撰，今佚。

② 圓通：又名圓通記、十不二門圓通記，三卷，釋從義撰，今佚。

也，其迹門所談因果自他者，使知四時三教之麤，融入法華圓教之妙。

△二，證。

故凡諸義釋，皆約四教及以五味，意在開教悉入醍醐。

玄文凡於因果自他諸義解釋「皆約四教及以五味」者，意在開四味三教之麤入醍醐圓教之妙，是以向云「使一代教門融通入妙」，言不虚矣。

二，叙觀，二。初，叙一家以觀爲正。

觀心乃是教行樞機。

玄文因果自他等曰：「入道須約觀心，若非觀心，入道無門。」豈非觀心爲教行要？故知今文以觀爲正。指要云「一切教行皆以觀心爲要，皆自觀心而發，觀心空故一切皆空」等四意，以入道具德爲要。文心云：「教之所歸，行之所自，要在觀心。」下文云：「若了一念，十方三世諸佛之法，本迹非遥，教之要也；又衆生心因既具三軌，此因成果名三涅槃，行之要也。」斯是文心承用指要。正義云：「教無觀心乃成徒施，行無觀心從何發起？於教於行，若户之有樞，弩之有機。」言其要也。圓通云：「問：聖人被下名之爲教，如何以觀心爲樞機？答：聖人設教要令觀心，若不觀心，名數他寶。又問：行即觀心，如何觀心爲行樞機？答：妙行必以觀心爲要，若不觀心非行機本，故止觀去丈就尺、去尺就寸，置色等四，但觀識陰。識陰者，即是觀心。如灸病得穴，伐樹得根。」豈非觀心方是妙行之樞要乎？斯是圓通承用正義。諸師之説，皆不以一家傳通之旨，今日入道，觀爲正要。且圓通雖云「聖人説教，要令觀心」，及下却云「灸病得穴」，豈非觀心方是行要？然圓通之失有二。一者不知三部皆觀爲正。二者既然不許十不二門教傍觀正，如何却云「教若無觀，名數他寶」？今只問云：還可得云妙教乃是觀心之樞機不？若不可者，豈非教傍觀正者耶？

△二，示部類，以觀爲傍，二。初，示觀傍，二。初，通示，二。初，對他部名廣略。

仍且略點，寄在諸説。

對止觀之廣，則玄文爲略，以此略點，寄在玄文諸妙後説。籤云：「若觀心十，並皆附在諸文之末。」又玄文觀心且略點者，由觀心義寄在止觀并四念處及小止觀諸説故也。

△二，就今部辯存没。

或存或没，非部正意。

以由玄文以觀是傍，其觀心文故或存没。籤云：「本迹各十，具列在文，若觀心十，或存或没，不別開章。」

△二，別示。

故縱有施設，託事、附法，或辯十觀，列名而已。

前通示存没，今别示所存。縱或存者，其所施設，不出託事、附法，或辯從行，而此三種，既然非正，故但列名。又列名者，别語從行。

問：十觀者，十乘也。若託事、附法，亦修十觀，今何别指爲從行耶？

答：十乘者，三種觀法之通體也。託事、附法、從行者，三種觀法之别相也。以依表託之事修十乘者曰託事觀，以依法門之相修十乘者曰附法觀，除前二外以依萬境修十乘者曰從行觀。荆溪之文，乃攬十乘通體而爲從行别名，故從行觀云十乘，如别章。

△三，明教正，三。初，辯妙字。

所明理境、智、行、位、法，能化、所化，意在能詮，詮中咸妙。

「能詮」即今經「妙法」之名，「詮中」即始七科諦境，終十番利益，各該時教，以開顯故，咸受妙名。

△二，辯十字。

爲辯詮内始末自他，故具演十妙。

玄云：「法雖無量，十義意圓，圓即周具。」正義云：「自行以境妙爲始，三法爲末，化他以感應爲始，利益爲末。」今爲證之。玄云：「前五約自行因果具足，後五約化他能所具足，自他始末，皆悉究竟。」籤云：「結成自行化他各有始終。」既云各有，故可爲證。又始則自行因果，故有其五，末則化他能所，故亦有五。以由今文，先舉始末，與玄文殊。

△三，結法華。

搜括一化，出世大意，罄無不盡。

既演十妙，則一化之事周窮。一化既窮，則出世之意罄盡。若非法華妙詮，化意何由可盡？

△二，叙今作，四。初，攬教成觀。

故不可不了十妙大綱，故撮十妙爲觀法大體。

正明教，則十妙可盡。欲入道，則須了大綱。十妙之教如網目，觀心之要如大綱。前文以觀心爲樞機，今文以觀法爲綱體，豈非觀心爲入道之本？大綱者，即是十妙。有此大綱，色心不二是境妙大綱，乃至受潤不二是眷屬、利益二妙大綱，以十門不二之觀法爲十妙教綱之大綱，可以此綱統攝十妙，故云「更以十門，收攝十妙」，即是撮十妙之大綱，爲觀法之大體。

△二，會通諸法，二。初，約迹會本。

若解迹妙，本妙非遥。應知但是離合異爾。因果義一，自他何殊？故下文云「本迹雖殊，

不思議一」。

以迹會本，細釋如他。

△二，約名會四。

況體、宗、用，秖是自他因果法故。況復教相，秖是分別前之四章，使前四章與諸文永異。

△三，結成觀要二。初，以三千結要，二。初，結一代。

曉斯旨則教有歸。一期縱橫，不出一念三千間世①即空假中。

四章即釋名。本妙即迹妙，迹妙即括一化，一化即該十方，而十方必包三世。若了斯旨，則一代時教乃有所歸，不出歸乎一念三千。故曰：「一期縱橫，不出一念三千世間。」一期者，即五時也。今據籤文釋玄「一斯②化道，事理俱圓」云：「始自寂場，終乎鶴樹，故曰一期；誘物入實，故曰化導」，「一代教法，咸歸本實」。亦同涅槃疏，荊溪私謂云：「細將六門以括一部，願以一部統收一期。」縱橫者，即教法也。教有顯密，密橫顯縱。顯中又二，一類豎稟之教屬縱，所被增減之教屬橫。又不別分對，但言一期，所有教法，被物不

① 間世：疑當作「世間」。
② 斯：疑當作「期」。

同，故曰縱横。意在見其被物之教無方自在，云縱横爾。

問：或以時縱教横，何如？

答：一者文繁，一期即時。二者義局，時亦有横，如通五時。

問：圓通一期者，一往也，一往言之，五章十妙，一一相生，名縱；各各相望，名横。五章十妙，實非縱横，但一往耳。又引例云如玄義云：「復次百界千如，縱横甚多，以經論偈結之，令其易解。」記云：「實非縱横，義言縱横。」又指理境，利益咸爾，爲歷妙結境，乃云既歷十妙，結成三千，何但約於四教五味以釋縱横？故知消文，須觀前後收束結撮，承躡有由。

今曰：不然。一者不可以一期爲一往。今文一期須同玄文「一期化導」，并輔行云「一期佛教」，故知一期是時也，佛教即教法也。二者不合以玄爲例，彼談百界千如，故曰實非縱横。三者正違歷結之文，何得却以爲證？何者？若縱横已是十妙，指爲三千既畢，何以復云「利益咸爾」？若云歷妙結者，「咸爾」之言深爲未便。如云一期理境、利益不出一念三千，又更結云「理境利益咸爾」可乎？

△二，例十妙。

理境乃至利益咸爾。

前文通結一化不出一念三千，今文例點十妙，亦何出此一念三千。

△二，以止觀會同。

則止觀十乘成今自行因果，起教一章成今化他能所。則彼此昭著，法華行成，使功不唐捐，所詮可識。

立行修觀，無出止觀。既點玄文十妙即止觀十章，則顯彼此皆法華行，使十妙功不唐捐。十妙本釋能詮之名，名既即觀，名下所詮無非觀道，故云「可識」。

問：起教一章，廣文雖闕，裂網一略，義即足焉，還於初心可修習乎？

答：諸師異論，備在他文。今曰：從文生起，自行、化他兩種，裂網皆在果上。自行亦果者，行始爲因，行終爲果，果即自行之證。故輔行云：「如此自他，皆由妙觀契於妙境，是故能有如此妙用。」良由自行於真證位契乎妙境，自行裂網也，故方有於妙用之能他裂網也。若入心成觀，則自行化他二種裂網皆在初心，即可修習。一者三觀對論，修於空、中自行裂網，修於假觀化他裂網。二者三觀通論，修三觀者，入以照理自行裂網，出以照物化他裂網。若得此旨用格諸師，自見臧否，不暇廣陳。

問：入心成觀，唯修十乘，復修起教，若只修十乘，其起教一章，不用修耶？

答：起教一章，文雖在後，入心成觀，法理在初。由修十乘，既有假觀，豈非即是起教一章初心修耶？

問：若約法理，只修十乘，已攝起教，何故復云「起教一章，成今化他能所」？

答：今從別攝，文相以説。

△四，正示今作，四。初，示十門。

由今作者於十妙中撮其大綱成此十門。若爾，故可以十門觀法之大綱而收攝十妙教法之綱目。

故更以十門，收攝十妙。

△二，示立名。

何者？爲實施權，則不二而二。開權顯實，則二而不二。法既教部，咸開成妙。故此十門，不二爲目。

二而不二者，開權見實，實亦不立，方名不二。

問：爲實施權，不二而二，爲同體耶？爲異體耶？若異，何云不二而二？若同，何云而二屬麤？

答：雖然不二而二，其奈二即是麤。

問：二雖是麤，其奈不二爲二？

答：約佛意説，故云不二而二。當施權時，衆生但見於二，豈知不二爲二？故釋籤云：「衆生得即理之事，聖人得即事之理，聖人知即衆生不知。」

△三，示通入。

一一門下，以六即撿之。

十門皆觀，且置境等生起之説，是故當門各有淺深。特名門者，由通入故，乃自理入，至究竟入。

△四，示所申。

本文已廣引誠證，此下但直申一理，使一部經旨，皎在目前。

今所申者，爲成觀故，即不二理成不二觀，以不二觀申不二理，理既不二，故云一理即是經旨。開權顯實，諸法實相，三諦四句皆即一故。而此一理即我當念。以念如境，境全是心。以境照心，心全是境。故此一理皎在目前。

△二，正説，二。初，列十門對妙，二。初，列門。

一者色心不二門（至）十者受潤不二門。

△二，對妙。

是中第一從境妙立名（至）第十從眷屬、利益立名。

△二，正說，十。初，色心不二，二。初，標。

一，色心不二門者。

此門一性爲不二體，故曰「一切諸法無非心性」。以無覺知之色對有想念之心，當體一如，是名不二。

△二，釋，二。初，通約自己示色心不二，三。初，開總出別，二。初，約七境通示總別。

且十如境，乃至無諦，一一皆有總別二意，總至一念，別分色心。

十如是境以十界因果爲別。十二因緣境以三道爲別。四諦境以世出世間二種因果爲別。二、三、一、無諦境，通而言之，以三諦爲別。

問：一實及無如何是別？

答：一實及無乃屬於心，此心對色爲二成別。

問：總在一念，念即是心，何不名别？

答：總在一念之心，乃是色心不二之心，蓋非對色辯心之心，豈可得名爲别？

問：如上之别，事耶，理耶？

答：通而說之，十如是境既是十界因果之法，據輔行云「不談十界，收事不遍」，屬事別也。又鏡明性十，理具三千，即理別也；像生修十，變造三千，即事別也。十二因緣既是三道，即事別也。又性具三道，即理別也；修造三道，即事別也。四諦境中，苦集二諦即事別也，道滅二諦即理別也。又苦集道三即事別也，滅唯理別。又四既名諦，諦即是理，皆理別也。又理具四諦即理別也，修中四諦即事別也。二、三、一、無，皆理別也。又俗諦，事別也；真諦，理別也。又俗諦，事別也；真、中，理別也。又真、俗，事別也；中道，理別也。又真、俗、中三，皆事別也；一實及無，準真中説。

問：真、俗、中者，三諦之理，何名事別？

答：以對亡三不二爲理，故使照三而二爲事。如輔行云：「三諦無形，俱不可見，然即假法，可寄事辨。」乃至假立中名，假立空稱，假立假號，指三爲假，假即事也。而又明云「可寄事辨」，豈非照三爲事者耶？

問：夫三諦者，天然性德，事義何在？

答：三諦事理，義不一途。若約過德，則三諦爲理，三惑爲事，是故得云天然性德。若約亡照，則一性爲理，三名爲事，是故得云「然即假法，可寄事辨」，可執過德而難亡照。苟謂不然，大師或以中道爲理，真、俗爲事，或真、中是理，俗諦爲事，荆溪何云「三皆性德」？

問：照三爲事，事即情矣。空、假、中三，應屬情耶？

答：三惑、三道，體乃是情，如璞，如垢。空、假、中三，如砧，如鎚。因治三惑，於一性上，立三假名。名由情得，故空、假、中，爲情所累，遂得事名。然空、假、中自非情也。上約能具一性而立三名以説。若約所具，空、假二邊，體是無明，亦屬情攝。又，性本亡名，但以爲緣，附世假立。如大師云：「佛本無身無壽，亦無於量，隨順世間而論三身、三壽、三量。」既順世間，立三名字，世非事耶？今亦例然。又荆溪云：「如來名號，十萬不同，般若一法，説種種名，解脱亦爾，多諸名字，是名隨情。」今亦例爾。

問：可以照三爲真理否？可以德三爲由情否？

答：大辯學佛，須善法體。法體不明，則隨文生解。隨文生解，則心理錯亂。當知真、俗、中三，只一法體，隨義分判，故有過德、亡照等殊。若從此三即性是三，故三爲理。若從此三附事立三，故三爲事。且如照三，豈可不是即性是三？且如德三，豈可不是附事立三？但爲區別，義各有從，故於亡照取附事邊立三屬名，故於過德取即性邊立三屬體。若於亡照取以即性爲三體邊，是故照三亦名真理。若於過德取以附事爲三名邊，是故德三亦名情事。

問：三名可云由事而立，名下之體本所有者，云何由事？又三能詮名可云是事，三所詮理如何是事？

答：究竟剋實有三體否？有三理否？若云有者，祖師何云「雖有三名，而無三體；雖是一體，而立三名」？既許三名是事，故知三即事也。既云名下之體，及名所詮理，號之爲理。且夫體理既然非三，信知一性乃是理也。請明心者細爲思之。若不許者，今復可問：夫三諦者，天然性德。既是天然，即本有也。未審本有有三名耶？有三體耶？若云本有有三名者，輔行何云「理本無名，强爲立號」？若云本有有三體者，止觀何云「雖有三名，而無三體」？請爲答之。

問：三諦之體，若是一者，輔行何云「諦體恒三」？

答：此約隨名辨體以説。若其剋實以論於體，故曰「雖有三名，而無三體」。

問：附事之三，爲圓融耶？爲隔歷耶？

答：以三即體故，三屬圓融。以三附事故，三屬差別。然此差別，乃平等之差別，圓融之隔歷。何者？由是一體立三名故。

　問：圓頓教中，何有隔歷？

答：妙玄明「圓教法門眷屬」云「隨情一諦三諦爲權」，又云「化他一諦三諦爲權」。妙句釋「圓教方便」云「權有差別」，又釋「圓教權用」云「立一切法差降不同」。既以圓教三諦爲權，既云圓權而是差別，是亦可云圓教三諦爲差別矣。況章安於涅槃疏明以「一諦即三諦，是無差别差别」。是故今曰平等之差别。況差别者，即隔歷也。豈不名爲圓融之隔歷？故輔行中料揀「圓教三諦、四諦」，而文乃云：「問：前三四容可横豎，圓融三四，如何横豎？答：實如所問，今言横豎者，如三諦中，且據開一以爲二三，即名二三以爲方便，方便望實亦得名豎。開權顯實，無復二三，何所論豎？既於一實不分而分分爲三諦，何妨此三非横非豎而名爲豎？四諦亦然。約方便教可説爲横。無作四諦，本來相即，與誰論横？亦是不分而分，分爲四諦。何妨非横非豎，而名爲横？如六即位非横非豎，而名爲豎。諸波羅蜜非横非豎，而名爲横。故知横豎、高廣不二。」

問：前所論别，何云通説？

答：剋從法體，唯事爲别。别即差别，非不二矣，豈非事耶？

問：理性十界，既亦爲别，豈是事耶？

答：剋從法體，理豈有十？緣以此理是圓具之理，能具十界，所具十界，體即是事。由理具故，故名理十。十法剋體，還是事别。良由就理辨具此十故，此之十名理具爾。剋從法體，具無别具，乃具變造，隨義詮辨，在理曰具，在事曰造。

問：總義何如？

答：從文通説，總在一念。念即妄心，故事爲總。攝别入總，一切諸法無非心性。性即理性，故理爲總。若剋從法體，唯理爲總。總即無差，乃是不二，豈非理耶？

問：復何事總？

答：剋從法體，妄之爲念，即取著心是，斯迷妄生滅之心豈總諸法？常住不二，由就妄念了念即性，性既不二，故此妄念能總諸法。就法論總，即是事總，功歸論總，即是理總。然就法論總，何獨妄心？妄色亦總。今從觀心，故指妄念。然此總别，若通途泛示，凡有其六義：一者事總事理别，如云「總在一念」，即事總也，「别分色心」既該理性色心、事造色心，故事理别也；二者理總事理别，如云「一切諸法無非心性」，心性即理總也，一切諸法即指向文「别分色心」，既向色心有理有事，故事理别也；三者理總理别，如云「心之色心」，上之心字即理總也，下色心字即理别也；四事總事别，如云「即心名變」，心即事總，變即事别；五事總理别，亦可「心之色心」，上之心字推功雖理，就法即是凡夫一念，亦事總也，下色心字即理别也；六理總事别，亦可「即心名變」，心之一字就近而指雖是妄心，推功而論由心是性，即性名變，全體爲用，故即心字乃是理總，變即事别。通途泛示，雖有此六，若剋法體，以理爲總，以事爲别。

問：若克體理總事别，與昔何殊？

答：意不同也。正義事別，但爲所破。今謂彼説，其妨有二。一者妨圓佛用，由彼不知即衆生事是佛大用，如何一向爲所破耶？淨名疏以衆生實疾亦乃不除，蓋是果後大用者也。二妨圓即義，即事是理，何破之有？圓通乃以事別屬於不可思議三千妙假，但爲所顯，其妨亦二。一者妨於現文，因緣是三道爲別，四諦有苦集之別，何以一向爲所顯耶？二者妨於事屬差別，既是不二而二，正同理即事故，一一境相差別不同，豈非思議？此亦可問學指要者：指要先示四時三教色心爲二，法華圓教乃名不二，及總別二種三千，皆是於妙，且三千之別爲色心二耶，爲不二耶？若云不二，與總何殊？若云是二，三千豈妙？

問：今論總別，爲妙，爲麤？

答：義不一向，須善法理。若取即總而別，即別而總，既皆相即，故總別事理悉得爲妙。若置相即，但取總別，故總妙別麤。乃至不二而二，二而不二，皆例此説。

問：以總妙別麤者，且三千之別出自止觀不思議境，豈可屬陰境耶？

答：取總別相即，故出妙境。若取三千，所攝之法既然，攝於別分色心，亦該陰境。又正義專以十界爲事別，三諦爲理總，妨於現文「三諦是別」。文心、圓通專以俗諦爲事別，妨於現文「以二、三、一、無諦等爲別」。

△二，約七境則示色心。

何者？初十如中，相唯在色，性唯在心，體、力、作、緣，義兼色心，因、果唯心，報唯約色。十二因緣，苦業兩兼，惑唯在心。四諦則三兼色心，滅唯在心。二諦、三諦，皆俗具色心，真中唯心。一實及無，准此可見。

細釋如他。

△二，攝別入總，二。初，示攝別入總。

既知別已，攝別入總，一切諸法無非心性，一性無性，三千宛然。

真心理性，即平等性，心性之言，是其總也。此平等性，亦名一性，同自他門「本謂一性」也。若今文中，一性，中也；無性，空也；三千，假也，此三名別。斯約尅體以分總別。若從文意，應知今文意在論總，一切諸法既即心性，故此心性即空假中。而此之三皆是心性，心性是總，故三即總，圓妙難思，豈同差別？是以上文「總在一念，別分色心」者，雖然談總，意在論別，乃同爲實施權，不二而二，又同隔歷三諦麤法也。今文「既知別已，攝別入總」等，雖然談別，意在論總，乃同開權顯實，二而不二，又同圓融三諦妙法也。是以前三爲別，今三爲總。前三爲別者，即一而三名也。今三爲總者，即三而一體也。

△二，示事理二義，二。初，理。

當知心之色心，

既一切法無非心性，此之心性即具色心。若本不具，何由變造？欲論變造之源，是故先示理具。

△二，事。

即心名變，變名爲造，造謂體用。

理本不遷，變名何得？性本無作，造義亦非。故知變造之稱，乃是偏情事體。但以圓理頓具，變造不遺。若知即理而事皆是圓，故使偏情而𪊨無不妙。是以今文即具爲變，變已知源。且夫變名爲造，造謂作爲。若直從名，還未解旨。全體爲用，造始識真。荆溪行文，可謂高密。

問：圓通云「然輔行中明二種造，謂理及事」，造既有二，變亦應然，今何定體以變爲事？

答：圓通乃迷輔行「造」字。何者？由止觀中引華嚴經，但説心造，造乃屬事，以事顯理，是故引之。輔行意謂造本是事，故在事曰造；具本是理，故在理曰具。既引造文，而證於理，故其造字即是具也，於是乃云「造即是具」。本意談理曰具，不可名造，故云「造即是具」，如何却云理亦名造？

問：理具而不具造耶？

答：語能具爾，此深有意，且略示之。理性爲能具，事造爲所具。所具之事不出三世變造之十界也，能具之理不出平等祕藏之一性也。此一性者，亦名三諦，亦名空、中，亦名中道，以此一性即是十界。是故十界，界界互融，乃成三千。纔語三千，必該一性與十界也。今於三千中，舉能融之一性而爲能具，舉所成之三千而爲所具，故此一性能具三千。足見一性乃是圓具三千之一性，蓋非别教但理淳一之一性也。是故一性不在前，三千不在後，如物之八相，離計之縱横。今止觀中，直從近要，即指妄念全是此性，故曰「介爾有心，三千具足」，是以一念能具三千。今修觀者，但觀能具一念，三千任運攝其所具變造，故權造、實造，無不顯現。復次，應知既識一念能具三千，念與三千不前不後，其用觀時，心無並慮，但觀一念，此之一念便是三千，以輔行破立法界悉皆云俱。余患言不盡意，覽斯説者，宜自補解。

△三，通結總别。

是則非色非心，

結總在一念。

而色而心，

結別分色心。

唯色唯心，

結一切諸法無非心性，以由全性爲此色心故，一切法趣而無外。

良由於此。

良由一性之體，不礙色心之别。事理既色心無外，然色心總别，即三千法門。諸師異論，紛然不同。今略辨之，先示三千，次約三千以示總别。

示三千者，或云理有事無，謂三千者即是三諦非相之理，是故此理而有三千，若其十界，乃是緣生情貌之事，則非三千。或文於事説三千者，此乃寄事顯理，以生顯具爾。或云事有理無，謂俗諦建立，可具十界，空、中之體，既絶數貌，豈有三千？或云：若事若理，各有三千，謂理有三千，即鏡明性十；事有三千，即像生修十。今曰：此之異論，並恐未達三千正體。當知單理獨事，豈是三千？必須事理融攝，方曰三千。此乃根以明文，原以開顯。只舉三千，則事理、因果、迷悟、權實一切諸法藴乎其中。出三千外，若更有法，豈是法華之極談？豈曰吾祖之己道？何得事是而理非，何得理是而事非，又何得事理而各有？荆溪豈不云「於一念心，不約十界收事不遍，不約三諦攝理不周，不語十如因果不備，無三世間依正不盡」。故嘗輒以四義而談三千，一融攝無不遍，二歸趣無不極，三能詮無不圓，四所成無不俗，具如別章。

若以三千論總別者，攝無不遍，側①三千中蘊總蘊別。故荆溪云：「三千總別，咸空假中。」趣無不極，則三千趣一性故總，總外無法；三千趣諸法故別，別外無法。斯亦可云：三千俱總，三千俱別。詮無不圓，則三千總別唯圓詮，非前三教之所詮。述圓詮別者，猶云法華是詮迷教。故荆溪云：「若非圓心，不攝三千。」成無不俗，則三千皆別。故荆溪云：「今文未論諸土體者，爲成世間差別義故。」得今諸義，似合祖文所談三千，而圓旨恐顯。

△二，別約生佛示色心不二，三。初，通示己他。

故知但識一念，遍見己他生佛。

或謂：前文但明一念攝色攝心，未明一念該生該佛，今文方是攝生攝佛。今曰：不然。本明色心一體，却成三法無殊，不惟濫同内外一門，其抑分開色心二節。何者？此門始終，莫不爲明色心不二。前文但示一念所具自己生佛色心，未示具於他之生佛色心，今兼示之。若自己生佛色心，若他之生佛色心，悉在一念，皆不二也。而今文中不云色心

① 側：疑當作「則」。

者，此門本辨色心不二，以前冠之可曉故。若知後人不善一門始終皆是色心不二，想荊溪當時必下色心云。

或曰：圓通云：「前文心之色心，當知即是己心生佛，故今乃明他生他佛，同歸刹那，以彰三法無差妙旨。」此說可乎？今曰：不可。一者不可認於色心而爲三法，三法無差屬下内外，非今文意。二者不可認其所具而爲能具，當知今文乃蘊二重能所之義。一者己他爲能具，己他各有生佛色心爲所具。二者上來能所皆爲所具，俱在一念，念爲能具。圓通乃失初重能所，不合直認他之一字爲所具耳。今元文意，但識一念，既見自己所具自己生佛色心，於此一念，亦見他生所具生佛色心，并見他佛所具生佛色心。故今須約心佛衆生各有生佛色心，同在自己一念，而不二矣。此義幽遠，覽者宜詳。若了今說，方善消於輔行文，云「彼彼三千」者，生佛各有生佛也，「互遍亦爾」者，生佛之生佛在自己之一念也。輔行中說於三法三千，今文乃說三法色心。雖然色心亦是三千，隨意辨義，各有所從。

問：圓通云：「若得自己心法總别不二之旨，則能通達他生他佛所以，謂之故知但識一念，遍見己他生佛。」圓通既以己心總别通達生佛，況總别者即是色心，豈非會於三法色心不二者耶？

答：圓通之見，但以色心三千總别會於三法，以成無差。不曉文意會三法中色心不二。何者？由他意謂色心三千，既是十界，必該生佛也。色心三千既在一念，是故生佛不離刹那。故圓通云生佛之義，有己有他，己他生佛不出十界色心三千。前文既明刹那總别一念三千，心之色心當知即是己心生佛。自心生佛既居一念，他生他佛豈異我心？故今乃明他生他佛同歸刹那，以彰三法無差妙旨。豈非乃以色心總别而收生佛皆在一念，但成三法無差者耶？而乃不知辨三法中色心不二，可謂毫釐意差，天地懸隔。

△二，以他況己。

他生他佛，尚與心同。況己心生佛，寧乖一念？

且佛之生色心，與衆生之生色心，并佛之佛色心，與衆生之佛色心，此等生佛色心，尚與自己心同，皆是不二。況自己之生色心，與自己之佛色心，安不同在當念而不二耶？

△三，别約於他。

故彼彼境法，差而不差。

彼彼者，生佛也。境法者，即生佛亦有七科諦境色心之法也。差而不差者，生佛色心雖二，當處即是一念之總成不二也。不於生佛，以明色心，境法之言，如何消耶？信知前文辨自己所具生佛七科諦境之色心，今文辨生佛所具生佛七科諦境之色心，故三法各有生佛色心，悉在一念，皆不二矣。

△初，標。

二，内外不二門者。

此門乃以三諦一實爲不二體，故内外二境皆云即空假中。復云惟一實性，此中内外，據下所釋，不出三法色心者也。

問：前色心門亦談三法色心，何以爲異？

答：色心是三法之通體，三法是色心之别相。上約三法辨色心，故云色心不二。今約色心辨三法，故云内外不二。不見此意，徒或云云。

△二，釋，又三。初，總標。

凡所觀境，不出内外。

圓通云：「能觀之觀雖然無别，所觀之境須分内外。乃同輔行理即事故，故有陰等十境之别。不可以事即理故，而一一境皆不思議而爲難也。」乃至云：「苟順凡情，而分别爾。」今曰：内外之二，既是思議，順情分别，何故色心之二是不思議，而却順於三千法門？若指分别色心，既是圓妙三千，何故别分内外，却是思議妄境？若云今順所觀之境者，且夫色心不是所觀之境者耶？若云上明色心乃是妙境者，既是妙境，合當不二，何色心二是妙境耶？若云纔云妙境色心不二者，何故却以别分色心爲三千妙境耶？言内外者，乃該三法及以色心。何者？既以生佛爲外，故自己爲内。（此通三法。）既以自己之心爲内，故以自己之色爲外。（此通色心。）若從文的辨，則以自己心法爲内，生佛依正色心爲外。亦非三法，亦非色心。良由今文乃於自己依正之色置而不説。若約義通收，故使自己依正之色可該内外，以三法論則屬内也，以色心論則屬外也。若以文比顯，是則今文乃當三法以分内外。何者？據下文云「誰云内外、色心、己他」，且内色心爲己，外色心爲他，豈非三法而分内外？若其上文所以不語己色法者，以從近要觀己心耳。故但於己示念無念惟内三千，其實己色望於生佛，亦是内也。故云内外、色心、己他。其觀音玄與今文同，彼云：「境復爲二，所謂自他。他者謂衆生佛，自者即心而具。」而於自己亦不言色。又同念處：「若外觀十法界，即見内心。」十界生佛故云外，見自己心故云内。其於自己亦不言色。又同輔行「縱知内心具三千法，不知我心遍彼三千」，乃至結云「心佛衆生」。豈非己心爲内，生佛爲外？而於自己亦不言色。

△二，正釋，又二。初，釋外，又二。初，示境觀。

外謂訖①彼依正色心，即空假中。

他生他佛，各具依正色心，屬外。然此之境，未達屬妄，達之即真。何以故？即三諦故。

△二，示亡照，二。初，示，二。初，示亡。

即空假中妙故，色心體絶，唯一實性，無空假中。

己心之體，有隨名辯體，有克實論體。若隨名辨體，即是生佛依正色心名下所詮差別之體。其差別者，有生有佛，有依有正，有色有心，各各有體。若克實論體，則衆生與佛依正色心同一真性而爲其體，實無差別。今云：色心體絶者，乃是隨名辨體，此體可絶。若其克實論體，體何可絶？祖師云：「非謂空無心體。」然生佛依正差別體絶者，功用三觀，妙故方絶。何者？以了生佛依正色心即空假中，圓融妙一，故能絶於差別妄體。妄體既絶，實性斯彰。故曰「惟一實性，無空假中」。言無空假中者，一者三觀本爲照於妄境，令境即真，今境既真，觀亦何用？二者以觀觀境，境有真妄，今於所觀真境而論，若以真境爲三諦，能觀之觀即空假中，若以真境爲一實，能觀之觀非空假中，是故能觀惟一實觀。

① 訖：疑當作「託」。

斯由真境有亡有照，亡則非真俗中惟是一性，照則有真俗中而云三諦。今於真境，既然亡三，惟一實性，故能觀亦乃亡三，無空假中。

△二，示照。

色心宛然，豁同真淨。

上示亡故，色心體絶，惟一實性。今示照故，色心宛然，豁同真淨。既色心宛然，故三觀俱照：以空觀照生佛色心，色心豁同空真而淨；以假觀照生佛色心，色心豁同俗真而淨；以中觀照生佛色心，色心豁同中真而淨。良以三觀俱照色心宛然之處，能使色心豁同三諦真理而淨。又豁同真淨一句，屬下釋。又此文意色心體絶惟一實性者，約對治説，破昔計故，今於色心純見一性，色心宛然，豁同真淨者。若見一性，則見一性純是色心。

△二，釋，二。初，釋亡。

無復衆生七方便異，不見國土淨穢差品。

故此釋出亡依正相。云衆生者，言正報也。通亡十界，故云「無復衆生」。大論云：「衆生無上者，佛是。」故知衆生乃該十界。別舉三乘，故云七方便異。云國土者，言依報也。通亡四土，故云不見國土。別語淨穢，故云「淨穢差品」。

△二，釋照。

而帝綱依正，終自炳然。

以諭顯照。

△二，釋内，又二。初，了外歸内。

所言内者，先了外色心，一念無念。

從迷定境，有内外異。約悟爲觀，内外一如。故知色心全是一念，當處平等。内念亦亡，故云「無念」。

△二，就内釋相。

唯内體三千，即空假中。

内體即己心妄境，三千乃所顯三諦。故云「即空假中」。又内體三千是因緣生法，點玆緣生即三諦理，故云「即空假中」。

問：諸文或云「三千即空假中」，或但云「即空即中」，或但是「假」者何？

答：先須了知三千法體，方識諸文指用進否。以由三千單理不成，單事不具，必以空中之理，而融十界之事，然後界如互具，方曰三千。是故三千體通三諦，其三千内有空假中，通舉其體，乃曰三千，點體具德，名空假中。故有文中舉三千已，復云即空假中。

問：未審三千之内，何法是空中？何法是俗假？

答：於三千內，趣舉一法即乃具該空假中矣。且如舉相者，假也，此相即空、中爲相，故相乃融，是故此相即具空中。已上乃約三千法體，攝無不遍，具空假中。若取空中之理，融十界之事，乃成三千，故能成是空中，所成是俗事。置於能成，但取所成，故三千惟俗。由是諸文，或以三千一向名假，此約所成無不俗也。於此之俗，復通二向。一者乃取此俗即性爲俗，是故號爲不思議俗。若爾，纔舉三千，已是妙假，是故但云「即空即中」。若更即假，則成重繁。如義例云：「觀此一運，即具十界，百界千如，即空即中。」二者乃取此俗雖然即性，且置性邊，但取其俗，俗即緣生。然此緣生，又通二義。一者克從法體，故緣生之俗，與三諦中不思議俗，法體是同，既然法體是同，故舉緣生已是俗諦，是亦只云「即空即中」。二者隨義詮辨，則緣生之俗與妙假殊，復有二義。俗若不即性，故號緣生，非三千也；俗若即性，乃是三千，而非緣生，屬妙假也。如義例云：「觀此一運，此乃緣生也，即具十界，百界千如，此乃妙假也。」又云：「雖觀十界四運，此乃緣生也，亡界亡運，唯觀三千，此乃妙假也。」二者雖是三千，亦名緣生，故舉三千緣生俗已，然後點此三千緣生即是三諦，是故復云「即空假中」。故觀音玄云「十界相互，則有千法，如是等法，皆是因緣生法」，乃至「我說即是空，亦名爲假名，亦名中道義」。

問：以三千結爲緣生，爲是思議，爲不思議？

答：法體只一名通二向：但取緣生，故是思議；若取緣生，既然互具，故不思議。如止觀云「若觀法性因緣生，故一種一切種」等，記中指爲不思議也。雖不思議，由取緣生，故止觀中復點三諦。

問：何以得知於緣生俗通此二義？

答：據止觀云：「因緣生法，即空即中。」記中釋云：「但云空中者，且以法性空中對幻假說，其實須云幻假，即是不思議假。（此約義異，乃有二段①。）何者？今但以此假即是空中，此假任運成不思議，故不別說。」此約體同，只是一假，但即不即異，故分二别。今取體同，是故别無不思議假，只指緣生即是空中，故此緣生成妙假也。然此文意，幽隱難曉，當求文中兩云此假，自見義異體同之説。

問：學者多云偏假、妙假，二體殊分，偏圓自别，故破偏假顯妙假也。但以圓中約即論破，故諸文中即偏緣生爲圓妙假，其輔行文乃是此意。若謂二假體一，何故文云「其實」者耶？

答：二假之體云有殊者，自昔乃有二見不同：一云緣生是事有相，妙假是性非相；一

① 段：卍續藏經出校記謂「段疑假」。

云緣生乃是情相，妙假乃是具相。今謂：初説但得能具之性爲妙假耳，可云非相。其次説者，失於所具法體只一。何者？且如須彌入芥，必當以人天報得。須彌即諸佛妙用，須彌而有二種須彌體也，以此而求，只一須彌。由此須彌未即空中，故非妙假；纔即空中，則名妙假，豈有二體？文云「其實」者，自約義異云其實爾。意謂二假之義既異，其實須云因緣生法即空即假。然若約體同，而亦得云其實幻假即是妙假。如輔行：「問：此不思議，還只次第以釋十界，與思議何别？答：其實無别，思議乃作從心生説，不思議作一心具説。以生顯具，何須更問？」心生豈非同幻假，心具豈非同妙俗？（云云。）

△三，結不二，二。初，别結，二。初，結以内攝外。

是則外法全爲心性，心性無外，攝無不周。

△二，結以外攝内。

以自己心性能攝生佛依正色心。

十方諸佛法界有情，性體無殊，一切咸通。

生佛性體既與自己性體無殊，自己性體既攝生佛，故生佛性體亦攝自己依正色心，故云「一切咸遍」。

△二，通結。

誰云内外色心己他？

既以自己心性攝生佛之外，則無外矣。復以生佛心性攝自己之内，則無内矣。内外既亡，己他何有？

△三，結。

此即用向色心不二門成。

色心依境妙而立，外内依智行而談。由境發智，故云「用向色心」者也。又，上門約三法而論色心，今論約色心而辨三法，故云「成」也。

△初，標。

三，修性不二門者。

此門乃以平等一性爲不二體，境性觀修，境觀即一，以論不二。故下文云「達無修性，唯一妙乘」，由平等性爲乘體故。又其境觀各有修性，性具三千爲性境，修用三千爲修境；性德三觀爲性觀，修德三觀爲修觀。

問：上内外中已有境觀，與此何揀？

答：内外雖該境觀，且在解知境邊，既未行修，自與今異。

△二，釋，二。初，示，二。初，修性相狀，二。初，通示，二。初，示修性。

性德秖是界如一念。此内界如，三法具足。性雖本爾，藉智起修。

且四德之性，只是界如。而此界如，即在一念。此念中界如，三德、三軌無不圓足。故云「此内界如，三法具足」。内猶中也，指法之詞，不同前文内境之内。性雖本來有三，必須藉智方起於修。性是境三，即法身中三，故云「本爾」。依境發智，即智三也，乃般若中三，故云藉智。由智導行，即行三也，乃解脱中三，故曰「起修」。起修者，即兹性三，由智照故，而起進趣，乃成修三。如下當辨。

△二，轉釋。

由修照性，

轉釋藉智起修何爲？良由此修能照性故。

由性發修。

轉釋性雖本爾。性若不具，修何以發？

在性則全修成性，

轉釋由性發修。何者？且性何能發，良由在性之時，全修成性，是故此性而發修。

起修則全性成修。

轉釋由修照性。修何能照？良由起修之時，乃全性爲修，是故此修而能照性。性無所移，

轉釋起修則全性成修。既成修已，應無性耶？當知雖然成修，性何改易？修常宛爾。

轉釋在性則全修成性。既成性已，應無修耶？當知雖然成性，修自宛然。

△二，別示，二。初，示逆順，二。初，示。

修又二種，順修逆修。

△二，釋，五。初，逆順二義。

順謂了性爲行，逆謂背性成迷。

一者約於善惡法體以分逆順。從究極，謂九界是逆修，佛界爲順修。天然體性本具善惡。具善則佛界之順，稱之爲悟。具惡乃九界之逆，號之爲迷。二者約知不知，以分逆順。善惡十界，既性本具，發而爲修。能了善惡之修全性本具者，名爲順悟。不知善惡之修全性而起者，名爲逆迷。

問：了善可爾，了惡如何亦名順耶？

答：只恐不了，其若了者，惡全是性，即見性體，本非善惡，所以名順。傳四明者，皆

謂修惡只是性惡，便以此惡而爲觀體。斯殊不知，當於修惡之暗，達見修善之明。良由惑智皆即是性，是故非但惑性無殊，只如惑智亦乃一體。是故得云：能觀觀智，即無明是。如此了已，若相體俱即，故方可云惡是觀體。其荆溪云「忽都未聞性惡之名，安能信有性德之行」者，非謂以惡爲性德行。況性德行者，三因善行也。由無作故，名爲性德。良由此行，非但自體修即性故，名爲無作，其所斷惡，惡即是性，無所斷故，故能斷行，得名無作。乃以所治，顯其能治。所治之惡既然即性，故可信其能治之行亦即是性。所謂性惡者，即指前文三道流轉，所謂性行者，即指前文修德三因。由開權故，於權見實，故三道、三因皆名性矣。故乃得云「性德緣了」。

△二，迷了性同，逆順事異。

迷了二心，心雖不二，逆順二性，性事恒殊。

迷了二心，即妄心也。以無明之心爲能迷，能了之二心耳。「心雖不二」者，點其妄心即是真理，故云不二。逆順二性，即真性也，以真如之性爲所逆所順之二性耳。「性事恒殊」者，即其真性爲逆順事，故云恒殊。又上心是妄，下心是真，點妄心成真心，故云不二。上性是真，下性是妄，變真性爲妄性，故曰恒殊。

△三，不改迷逆，無由成了。

可由事不移心，則令迷修成了。

欲令迷修成了，必須革逆歸順。豈可逆事不移，便令迷心成了？

△四，改逆成順。

故須一期迷了，照性成修。

期，約也。始名字，終究竟，此一期中，皆須轉迷成了，以了了迷，使迷即性，照性成修。

問：修性一門，只可通該智、行二妙。於迷了達，即智妙也。照性成修，即行妙也。尚非位妙，何以釋於迷了成修，通究竟耶？

答：從文生起，故在名觀。當門高深，須該六即。理即是所了，名等是能了。名字約解，轉迷成了。五品約行，轉迷成了。乃至果佛究竟，照性成修，其修究成矣。通論雖然，若別論者，智了行修，修屬妙行，正是令①文辨修性也。或謂「一其」，或訓「一往」，皆非文意。

△五，逆順俱亡。

① 令：疑當作「今」。

見性修心，二心俱泯。

逆順二心，若能見性，性本亡泯，復何迷了？

△二，示離合，二。初，總標。

又曉順修對性，有離有合。

或謂：離是各義，如云「離爲修性各三」，合是對義，如云「爲對性明修，故合修爲二」。今謂：對、各皆通離、合。對通離、合者，既云「順修對性，有離有合」，離豈非對耶？各有離、合者，離如他引各通，合者如妙記云：「故束性三，俱爲正因，緣了各合，俱名爲一。」

△二，別釋，二。初，法，二。初，三六論離合。

離謂修性各三，合謂修二性一。

然此修性，人見文云「第二第三依智、行立」，故辨修性，皆約境智行三，而爲離合，謂得所自。其或全引玄籤境三、智三、行三之文，消今離合。今恐未然。應知内外、修性二門，通而言之，各具智、行。内外門云「凡所觀境，不出内外」，觀非行耶？又云「先了外色心，一念無念」，了非智耶？修性門云「順謂了性爲行」，了即智也，行即行也。若從别説，内外一門，別在智妙，以辨内外；修性一門，別在行妙，以辨修性。何者？蓋由文云「性雖本爾，藉智起修」，意謂藉於智妙而起行妙，故指行妙而爲修耳，以行妙之修對界如之故，理立修性不二門也。以此驗知，雖該智妙，若辨修性，當在行妙。故一門始終，除逆修修字之外，凡有修字，皆行妙矣。

問：智非修耶？

答：智是名字，望於理即，亦屬於修，但以解知爲修，非觀行修也。今辨修性者，乃觀行之修，故當别指行妙爲修。若謂不然，奈文但云「藉智起修」，而不以智爲修，明矣。無謂從强。

問：若以行爲修，乃同正義所難者耶？

答：正義不合改「智」爲「知」，意以今文該智爲修。若識今文以行爲修，不改乃當。

問：文心通於正義，難云：智起即修，誰此分隔？豈非智亦修耶？

答：今謂文心徒文其言，意還墮難。何者？所云智起即修者，此一修字爲智，爲行？若云是智，則違見文修字是行，故云藉智而起於修。若云是行，是則還成行妙名修，故知此文正是約位竪論，不可執横爲難（云云）。圓通云：「荆溪語巧，須善會通。欲以修性二名，收於境智行三，是故謂之性雖本爾，籍智起修也。所以不言籍智起行者，其意在兹故也。」今謂不然。若如他説，是則返成荆溪語拙。何者？既欲以修收於智行，但可語云「藉智起行」，對上「性雖本爾」之言，是故智行可俱爲修，如何别語所起之行而爲起修，豈是語巧？

問：智非離合耶？

答：智妙亦乃辯於離合。如釋籤云：「境即理三，智即名字三，行即觀行、相似三，當知九秖是三，三秖是一。」但今文中，正就行三，而對境三，以辨離合。

問：行無智耶？

答：約位豎論，智屬名字，行妙乃屬觀行、相似，是故行妙而乃非智。約法横辨，其行妙中而有般若，豈非智耶？但此之智，皆在行收，是故得云：約於行妙，名之爲修，而辨離合。知此義已，然後消釋修性離合，義皆宛順。修性各三者，性亦有三，修亦有三，故云「各三」。乃以行妙修三照界如性三性、三修，三六法相也。修二性一者，以行妙之三，從强受稱，但以解脱、般若爲修，合行法身同名修二；以境妙之三，從强受稱，但以法身而爲於性，故合境中般若、解脱，同名性一。人以境三、智三、行三，釋今離謂修性各三者，有二不可。二①者且今文云「修性各三」，修之一字，豈非上文「藉智起修」之修字耶？如何却以智三釋修？二者若使今文已是修六性三，又與下文「修二各三，共發性三」，其文何

① 二：疑當作「一」。

別？無謂重釋。

修二各三，共發性三。是則修雖具九，九祇是三。爲對性明修，故合修爲二。

△二，三九論離合。

人謂「修二各三，共發性三」釋上離義。今謂不然。上離是修性各三，今離是修中具九。以由錯認以六爲九，故釋下文，義成乖苭。何者？其實上文行三是修，境三是性，斯乃離則修性各三，合則修但有二，性但爲一。文意乃是修性通論，三六離合。今文於修但有二中，復各具三，故爲修六，以此修六照發性三，故性亦屬修，故云「修雖具九」。離雖具九，合但爲三，故云「九只是三」。斯乃修九以論離合，故與上文二義不同。一者上文修性通論，今文單約修論，文雖該性，攝屬在修，由於修二離出六法，發性三故。二者上文三六法相，今文乃是三九法相，然離合之義，從名則離合異途，從旨則總別一貫。又通論具德故離，專隨功用故合。具如別章。

△二，喻。

二與一性，如水爲波。二亦無二，亦如波水。

一性喻水，二修諭波，全一性爲二修，修外無性，如全水爲波，波外無水。了二修即一性，性外無修，如了波爲水，水外無波。故云「二亦無二，亦如波水」。以修比性，故於法喻各云「亦」也。又上云「二與一性」者，二之一字，是二修之二。下云「二亦無二」者，二之一字，是修性之二。上文論修性相即，如水即波，如波即水。下文論修性體亡，如波爲水故無波，水爲波故無水，故云「二亦無二，亦如波水」。

△二，修性所從。

應知性指三障，是故具三，修從性成，成三法爾。

此文當指性三修三，終不可云此修三者。二修各三，然從三障而有性三，乃從性三而起修三。若以修還性，以性還迷，豁悟真源，廓然無寄，豈不以一性之體本非三一，由對生迷而談性體所具之源，乃云三爾。光明句云「有事必有理，既有事理，必有非事非理，如此三法，皆由無明故有」，及金錍云「汝無始來，唯有煩惱業苦而已，即此全是理性三因」。其文泯同指要云：「問：性三本具，那言對障名三？答：本具妙理，若定是三，不能作一及無量故，故知立則一多宛然，亡則修性寂矣。今就亡説，豈得將立以難之？」今究其意，何不答云「爲從近要，示立觀慧，故指三障，性方具三」，而云「就亡」者，不有旨耶？必以妙理，性本寂絶，一法不立，方能即一即三即無量矣。故使纔云性三，從立説也。復次，若直云三，但得性用，失於性體。

△二，結不二。

達無修性，唯一妙乘，無所分別，法界洞朗。

亡修亡性，咸歸平等。若有分別，法界成迷。

△三，結。

此由内外不二門成。

從文生起，通途而明，内外修性，並由智、行，故從内外立修性門。若的别而説，内外是智，修性是行，由智立行，故能成此。若從意辨，内外一門，雖有境觀，對於修性，但是所知三法之境，以辨不二，屬今性字。今欲融於境觀不二，故次而立。

問：必應境智未不二耶？

答：觀從智起，觀既與境而乃不二，智豈尚殊？

△初，標。

四，因果不二門者。

此門乃以三軌即一三千趣常爲不二體，因果如上。今復辯之。一者此門既從位、法二立，故位因法果。又位、法之二，各通因果。文云：「義開六即，乃位通因果。」又云：「衆生心因，既具三軌，此因成果，名三涅槃。」乃法通因果，因果之義，括歸三向。一者通論十界，各有因果。如地獄界，十惡爲因，苦報爲果。乃至佛界，自有因果。今圓詮之，皆是妙性，是故各名因果不二。二者别論别在圓教佛界因果。三者對論九界爲因，佛界爲果。今於别論，復有三向。一者五即爲因，妙覺爲果，指要用此。二者四即爲因，初住爲果，正義用此。以今觀之，此之二説，互有傍正。游於四方，直至道場，妙覺爲正。若開聲聞初住作佛分果爲正。故妙玄云：「性德三軌冥伏不縱不横，修德三軌彰顯不縱不横。」籤云：「彰顯即是究竟。」今不云究竟者，義通初住，豈非由果通於分極？故但云彰顯，意有含畜耶？三者理即爲因，妙覺爲果，且置中間，是今正用。由當文云「衆生心因，既具三軌」，心因之言，即指博地凡夫者也。又下文云「若了迷性，實惟住因」，乃名字位，了於理即因迷之性。又玄文中明始終者：「不取五品教乘爲始，乃取凡地一念之心，具十法界、十種性相，爲三法始。」籤云：「不動凡夫三法，而成聖人究竟三法。」此文正同文句約位釋十如中，「理性三德，乃理即也」。故妙記云：「初三爲理，位定在凡。」據此諸文，並指始因局乎博地，對究竟果。

問：第三對論九界爲因，佛界爲果，與圓佛界自論因果，爲同，爲異？

答：法理是同，得名處别。因之爲言，通過通德。若指九界所迷爲因，即是實相，實相即佛，是故得云佛界之因。若取能迷而爲因者，迷即無明，無明即九，是故得云九界爲因，佛界爲果。

△二，釋，二。初，示因果不二。

衆生心因，既具三軌。

圓通以三軌爲果，文心以三軌爲因。一往似爾，覈之皆非。應知三法，若約實體，一切三法只一妙性，非因非果。若從立名，三因、三識在因，涅槃三德在果。其三軌者，非因非果，而通因果。以通果故，由是玄文以三法妙而在於果。以通因故，玄文或云「從性德三法，起名字三法，因名字之三法，修觀行之三法」。所以十種三法之内，無三軌者，由十種別對迷悟，三軌通在十中。篤論其體，乃非因果。今明不二，正約三軌非因非果，以辨不二。或唯在因，或唯在果，則因果異矣。故今文意，三軌在因名爲三因，三軌在果名三涅槃。不顯云者，既云心因，即是三因，故不別提三之一字，以軌顯之。又，且從無明心因以説，故無明心因能具三軌。

此因成果，名三涅槃。

文心以三軌爲因者，既云此因乃是指前三軌之因，似合此文，細究文意，是大不然。「此因」二字，乃指心因。何故心因能成於果？由此心因既具三軌，軌通果故，故成果時名三涅槃。圓通不了三軌通果，却定在果。

因果無殊，始終理一。

因之與果，皆是三軌，故云「無殊」。籤云：「前文明位之始終，則約凡位一始終，（五品始，相似終。）聖位一始終。（初住始，妙覺終。）今明三法始終，故須始凡夫一念，終在顯彰聖位。」故今別以理即爲因，其在斯矣。今文乃以三軌即一爲不二爾。

△二，立疑解釋，二。初，立疑。

若爾因德已具，何不住因？

果所證者，證於三德，因已具軌，軌即三德，何不住因？然對果有因，既在事異，豈可永住？必當求果也。因所具德，乃是理同，縱至於果，亦不離於因所具德。故下文云「實惟住因」也。

△二，解釋，二。初，釋，二。初，略釋二不二，二。初，別釋，二。初，釋，二。

但由迷因，各自謂實。

迷之爲言，通該能所。三道爲能，三軌爲所。一者，由迷心因之三軌，遂於能迷之三道各計爲實。二者，所迷三軌，本如來藏，一心三法。六道菩薩迷心因之三軌，各於資成少分計實。聲聞、緣覺迷心因之三軌，各於觀照少分計實。

△二，釋不二。

若了迷性，實惟住因。

孤山乃以了屬名字，故正義云：「若了迷心，即三諦性，實惟住佛界名字之因。」今曰：了之一字，克從法體，即是究竟果佛之智，而爲能了。從位通辨，可通名字已上五即，而爲能了。從別而論，以研爲修，以了爲解，雖了屬名字，亦不可以住因因字爲名字位。名字能了理即之因，故曰「住因」。其迷性者，即是理即所迷之性。雖然，名字亦通爲迷，迷之法體，還是九界，屬理即爾。

△二，總釋。

故久研此因，因顯名果。

故久研此理即之因，由此心因具三軌故，是故可研。此因若顯，名之爲果。既云「因顯名果」，必對未顯名因，成因果二。又，既是因顯名果，斯則果全是因，故因果不二。故此一節，乃當總釋二與不二。

△二，廣釋二不二，二。初，釋不二。

祇緣因果理一，用此一理爲因。

一理之體，非因非果，因之與果，皆不出此，故云「理一」。因既全是此體，故云「用此一理爲因」。果亦全是此體，故亦應云「用此一性爲果」，其不云者，下云「理顯」，顯乃是果，義同用此一理爲果。

理顯無復果名，豈可仍存因號？

一理非果，無復果名，亦是非因，復何因號？

因果既泯，理性自亡。

因果即理故泯，理亦無名故亡。

△二，釋，二。初，法。

秪由亡智親疏，致使迷成厚薄。

圓通云：「亡智者，亡理之智。」此偏失也。指要云：「即上事理頓亡之智。」此其得也。今曰：亡於因果之事，并亡理性之理，指此事理能亡之智，故曰「亡智」。圓通云：「理何自亡，須由智泯。」今曰：理若本不是亡，此智何由可泯？由稱理爲智，故智可亡理。文心云：「上言泯亡，且寄理顯，須知亡智通乎始終。」今曰：稱理之智，亦無始終。言親疏者，正義約利鈍二人，合爲諸師不取。言厚薄者，有對，有各。對則三惑全在爲厚，除去一二爲薄。各則三惑各歷斷位，厚薄可知。圓通云：「親疏淺深，可通六即，迷有厚薄，唯在五即，由妙覺無惑。」今曰：約位論斷，亦通妙覺，有最後品名之爲薄。文心云：「由疏親故，所以分五。」今曰：應該六即，以下文云「義開六即，名智淺深」，則全淺全疏屬理即也。指要云：「以智分惑。」今曰：從文雖然，約意不爾，智是順理之智，即以頓亡爲體，豈可分惑爲厚薄耶？ 約情説智，故有親疏。 由智親疏，分惑厚薄，親疏之言，就法在智，功歸有情。

迷厚薄故，强分三惑，義開六即，名智淺深。

迷有厚薄，故三惑斯分。 智有淺深，故六即而揀。 惑本一體，故曰「强分」。 理本無位，故曰「義開」。

△二，喻，二。 初，通喻四法。

故如夢勤加功，空名惑絶，幻因既滿，鏡像果圓。

夢喻智也，空喻惑也，幻喻因也，像喻果也。 夢體雖虚，夢事宛爾。 實相之智，智體雖亡，而智用不失。 以用即性，性即無作。 故同夢中所爲，其實不曾作作。 以空喻惑，空但有名，而無真實。

問：空名者，能喻也。 惑絶者，所喻也。 爲將空名直喻於惑，爲喻惑絶？

答：且置於名，今乃以空直喻於惑。 惑絶之處，如無於空。 以空體本無，無無所無，惑體本絶，絶無所絶。 不同圓通「惑但有名，名即叵得，泯絶不生」。 若依彼意，以名喻惑，幻像喻因果者，喻前文「義開六即，因滿果圓」者，圓通云「别在妙覺，方名果圓」。 今曰：此門因果，有通有別。 若一向別，如前所示，理即爲因，妙覺爲果。 若通論者，因通真似，果通分極。今文因果，乃約通論。若以似因爲滿，故初住果亦得名圓。文心云：「前三喻體不可得，後一喻任運所見。」今曰：像雖任見，而今文意喻叵執取。指要云：「勤修慧行，如夢作爲，都無所辨。惑但有名，如空無實，知無即絶。」「因無能感，故如幻。果非所克，故如像。解脱①稱實，四皆無作。因果既爾，何有二耶？」今曰：義理雖爾，文意不然。今文意者，雖如夢幻空像，不妨法法宛然。是以用智斷惑，因滿果圓。故下别釋空像中云：「像實故，稱理本有；空虚故，迷轉成性。」豈非文意在不二而二耶？

△二，别辨空像，二。初，通明同異。

空像雖即義同，而空虚像實。

云「義同」者，皆叵執取。虚空與像，如何執捉？喻惑與果，不可取著。「而空虚像實」者，言其異也。空則無相故虚，像則有相故實。以相貌之有無，喻二種之法體。剋實論體，惑乃無體，如空無相，理乃有體，如像有相。上云「果圓」者，即以所證之理爲果圓也。正義云「性虚故同」，文心云「體虚雖同」，指要云「空惑像果，不實之義雖同」，圓通云「空但有名，而無實法，像不可得，亦但有名，是則空像，其義不殊」。以今説比之，皆恐不

① 脱：指要鈔作「既」。

合。以果理之體爲虚同於惑體爲虚耳。豈知像體有相，以喻果理之實哉？

△二，別釋其異。

非謂空無心體，證此心體即名爲果，故果本有。

像實故稱理本有。

惑體既無，故轉成性，則無惑也。

空虚故迷轉成性。

問：像喻果者，果有三身，此喻何身？

答：因以三智圓修，果必三身圓顯。故知像喻，通喻所證三身之理。

問：今文鏡像，與妙記中鏡明性十、像生修十，云何異同？

答：有同有異。同則二處佛界，皆是自行所感之果。異則彼通十界，今但在佛。

問：又與下文「如鏡現像」，爲同？爲異？

答：下是化他所起之應用，今是自行所感之實果。若爾，前云通喻三身，法報可云自行，應身化他，安得不同？然三身自他，不可一概。若以三身對分自他，可如所疑。今以三身通分自他，證此三身，一向屬自，特以化物，一向屬他。今取三身皆屬自行。

問：「像實故稱理本有」，「本有」之言，爲鏡明性，爲像生修？若云像生，何言本有？

若云鏡明，不應喻像？

答：妙記以鏡明喻性，像生喻修。今文雖置鏡明之言，但取像生以喻果德。然此果德，約能證是修，所證是性。故以像實通喻此果，即性成修，猶即明爲像，故云「本有」。

問：於四喻中，何以只揀空像，不釋夢幻？

答：圓通云：「以果例因，以因例智。由夢有夢中之事，幻有幻作之物，惟有惑絕，不可更生。猶如空名，永無其實。」今曰：惑絕不可更生，即反顯因滿可更生因耶？然只可云今取唯過唯德，相對以辨。由是四喻，只語空像。若其智因者，智有淺深，因涉凡下，是故此二置而不辨。

△二，結，二。初，通結二不二，二。初，結二。

是則不二而二，立因果殊；

此結「義開六即」。

△二，結不二。

二而不二，始終體一。

此結「因果既泯」。

若謂因異果，因亦非因。

因若異果，非但果不從因，而得抑亦因非克果之因。曉果從因，因方尅果。

若了果必自因方見，因能尅果。

△二，示二與不二所以，二。初，示二之所以。

所以三千在理，同名無明；三千果成，咸稱常樂。

咸語三千者，三千正體，攝無不周。於此體中，迷悟因果，并事理等，不在體外。但舉一法，三千咸趣。若於三千體中，舉衆生之迷妄，是故三千未顯，在理即中，咸趣無明。若於三千體中，舉諸佛之悟證，是故三千已顯，在果德中，咸趣常樂。迷是無明，悟是常樂，是以因果殊也。其所以殊者，良以三千趣因果之事異，故成不二而二也。

△二，示不二所以。

三千無改，無明即明。

上於三千中舉迷悟之事，是故三千乃趣此事，所以乃成三千事異。今於三千中舉平等之理，其理既常，是故三千咸趣此常，號爲無改。況因迷三千與果悟三千，既是無改，豈可遷因爲果？是故無明即明。

三千並常，俱體俱用①。

「三千並常」者，常即無改，乃變文耳。言體用者，用屬九界，故指因迷而爲用也；體屬佛界，故指果悟而爲體也。上乃指因即果，今乃指果即因，是以因果不二者也。其所以不二者，良由三千咸趣理故。故此二句，乃以三千趣因果之理同，故成二而不二也。

問：今云「因果理同」，與「理同故即」何殊？

答：理義雖等，即義有殊。彼約六即，横論即佛。今約豎論，九界即佛，佛即九界。

問：何以指用爲九，指體爲佛？

答：於十界中論體用者，義不一途。若以十界皆假，是故佛界亦在於用。如下染淨，悉皆是用。若以九界爲假，是故佛界乃屬於體。如淨名疏「非道是用，佛道是體」。今此亦爾。但今之文，與淨名文，法體雖同，辨或有異。一者彼文約於所成無不俗義，故三千屬用，名爲非道，其佛道之體不曰三千。今文約於歸趣無不極義，故三千趣體，是故其體亦曰三千。二者彼文點用即體，今文點體即用。然俱體俱用，多説不同。正義云：「迷悟各有體用，迷中以無明爲體，造九界爲用；悟中以法性爲體，造佛界爲用。」文心云：「三千

---

① 俱體俱用：疑後脱「此以修性不二門成」一句。

全是法身之體，二德之用。」圓通云：「因果三千，並皆常住，既稱爲體，又得爲用。」指要云：「理具三千俱名爲體，變造三千俱名爲用。」「因果三千之體，俱能起用，則因中三千起於染用，果上三千起於淨用。」今曰：諸師皆於因果事異之上各論體用，但見體用不二，未見因果不二。縱云因果既然各有體用，故因體用與果體用相即不二。例金錍云「迷悟雖殊，事理體一」者。以今論之，約意雖通，就文不順。上句既點因即果，故無明之因即覺明果，下句何以因果各論？必須點果即因，方順文體。恐皆由昧果上之用。剋體言之，用屬九界，法體是因也。然釋今文，應以俱體是果，俱用是因，點果即因，故云「俱體俱用」。若就諸師評其得失，正義意以三千唯體，今言用者，良以點用即法性體，全體三千而爲用也，是故事用乃非三千，失今俱用，則指要得之。文心、圓通但以三千爲用，失今俱體。所謂俱者，即三千也。若點三千空中無相，如何言俱？亦指要得之。

問：指要云「以除無明有差別故」，以說體中三千宛然。又云「空中名遮，一相不立，假觀名照，三千宛然」。一手制述，何爾相違？

有人答云：相有情法，以除無明有差別故，乃於體中而有法相，一相不立，乃亡情相。今可問之，「假觀名照，三千宛然」，還亡情否？若云不亡，三千何顯？若云亦亡，應亦假觀一相不存耶？應知四明所云體中有差别者，乃約即義。良由指要正對他宗不識即義，故有其説。

問：體中差別，爲是性惡？爲是修惡？

答：今所云義，通修通性。從惡當體即是修惡，從惡即性即是性惡。故知云具性惡者，由即修是性，故具性惡。所以別教無性具者，由不談即，故性不具。圓既談即，是故性具，此乃約惡説性。是故可云「若不談即，具義不成」。若約性説惡，別教但中，不能具惡。既但中之性，非具惡之性，是故修惡不能即性。圓教返是，由圓中之性，是具惡之性，是故修惡而能即性。斯亦可云「若不談具，即義不成」。二義雖異，其旨無殊。又復當了一家教門於九界權法有情、相、體三。情即九界各各而有妄執之情。相即九界差別之相。體乃有二，一者隨相辨體，乃有九界差別之體。二者剋實論體，故九界差別但有其相，實無自體，同以一性爲九界體，此體常即。

十不二門樞要卷下

虎溪沙門了然述

五，染淨不二門者。

△初，標。

此門空中爲不二體。先知染淨有體有用。一者染淨爲用，體非染淨。二者淨體染用，佛界爲體，九界爲用。三者染淨俱體俱用，性具染淨爲體，變造染淨爲用。今文自行惟在空中，是則染淨但在於用。前之四門，雖有體用，别在於體，由是自行因果故也。今之一門，雖通有體，别在於用，由從化他立此門故。既談果上淨用，則對衆生染用，故今染淨皆在用也。言染淨者，不出十界。若克論法體，有迭有對。迭則地獄爲染，佛界爲淨，八通染淨。對則或三途爲穢，餘七爲淨；或六道爲穢，四聖爲淨；或九界爲穢，佛界爲淨。此尅從法體，約所具説。若隨具詮辯，約能具説。故前來染淨，在能具之穢，則俱屬穢；在能具之淨，則俱屬淨。此能具淨穢，亦通迭論，及以對論。但今文中尅從法體，是四六對，故曰「六穢四淨」。隨具詮辯，是九一對，故曰「十通淨穢」。染淨之二既通此二，不二亦然。亡淨穢故，以空以中，此就尅從法體，以點不二。仍由空中，轉染爲淨，此就隨具詮辯，以點不二。故今文意，乃以空中爲不二體。故佛淨用，衆生染用，染淨雖殊，空中無别。衆生心體全是空中，逐日所爲，不離此性，故佛淨用，全同生染，是以乃可了染即淨。復由染心空中，本具淨用。一者互具，十方諸佛所起淨用，即在今日染心中具，故染淨不二，即見逐日所爲，無非他佛之用。二者各具，自心中佛當起淨用，即在今日染心中具，故染淨不二，即見逐日所爲，無非自佛起化他用。

△二，釋，二。初，通約刹那釋，三。初，法，二。初，染淨二本。

若識無始即法性爲無明，故可了今無明爲法性。

識之與了，皆提刹那，以達無明法性故也。由今十門皆是示觀，或隨義便，即於初文直點刹那，以成觀道。今文雖隱，故下文云「不離刹那」。

△二，染淨立法。

法性之與無明，遍造諸法，名之爲染。

且置與字，更加即字，即法性之無明，文義乃顯。如輔行云：「故知世人非但不識即無明之法性，亦乃不識即法性之無明。」應用此意，以消與字。「遍造諸法」者，如事權中衆生心意識起淨不淨業，故知尅從法體，所造之法應通染淨。若隨具詮辯，則俱名爲染，以從無明心所造故。如妙記云：「前事理中，即以染緣爲一切法。」

無明之與法性，遍應衆緣，號之爲淨。

所應之緣必應十界，克從法體，亦該淨穢。故下文云「隨感而施，淨穢斯泯」。施處必淨，穢差殊泯，故方空中一體。且夫施時既亦有穢，今云淨者，隨具詮辯，從法性心所應淨穢，咸名爲淨。如妙記云：「此中即是淨緣諸法。」今文立法該記三句。遍造諸法，即三道、三因。遍應衆緣，即果中勝用。問：何該三因？答：造通淨業。

△二，喻，三。初，立喻。

濁水清水，波濕無殊。

水喻染淨二本，波喻染淨立法，濕喻二本并立法中平等性體。故約法、約喻，義皆有三。法三者，一平等性，二無明法性，三立染淨二法。若就法論本，則迷中無明，悟中法性，二各爲本。若功歸論本，則是平等一性爲本，由無明法性皆即此性，此性者，體非染淨，而能具染淨，故有而染之無明而悟之法性。喻中三者，一濕喻平等性，二水喻無明法性二本，三波喻染淨立法。

問：法三，文中有二水之法無明法性，二波之法遍造遍應，未審何文是濕性之法？

答：文云即法性爲無明，即之一字，平等體也。若非此體，無明法性二何相即？又無始者，有事有理。若約事消，以無始時對於今日。若約理釋，言無始者，乃平等性。約二法相對，則無明法性互論始終。約平等一性，則二法一體，故無始也。

△二，釋喻。

清濁雖即由緣，而濁成本有。

向所立喻，一者但云波水清濁，未見波水何故清濁，故今釋云「清濁由緣」。二者但云清濁波水同濕無殊，未見清濁是濕本具，故今釋云「濁成本有」。言「由緣」者，二水二波皆有其緣。二水乃以珠、象爲緣，由珠入則清，象入則濁，珠、象即喻迷、悟二心。水之濕性，本非清濁，平等一性，非染非淨，由迷、解二緣，則有無明之染水、法性之淨水。二波以風爲緣，風動清水則波清，動濁水則波濁。風通喻二：一者起濁波之風，喻於他境，如輔行云「又自行染有内有外，内謂無明，外謂他境，以内具故，他境能熏」，以他境之緣風動無明之水本，立濁波之染法。二者起清波之風喻於機感，以機感之緣風動法性之水本，立清波之淨法。然此清濁，若從文意，正是二波。由今正談果上起用從感應立，以此淨用對生染用，是就波中辯清濁耳。以波之清濁必該於水，故辯緣者須曉二别。「濁成本有」者，釋上波水皆即濕性，性非清濁而具清濁，莫見由緣清濁而亡，一濕本具。然此一濕通具清濁，何故只云「濁成本有」？良由他宗亦知心性本具於淨，其但不知性本具染。今但指染，其清可知。又下文「既云全體是清，清亦本有」，綺文互現也。又衆生既在迷染，故且從染示染，意在了染即淨，所以先於濁談本有。

濁雖本有，而全體是清。

濁既濕性本有，濕性奚嘗無清？清濁之濕體既同，故濁體全是清體。二體既同，以體即相，二相亦即，是故濁波即是清波，染淨不二。

△三，結。

以二波理通，舉體是用。

二波，結上清濁之波。而不言水者，一者順今起用，二者波必該水，爲成文體，故但言波。例如上文但云「清水濁水，波濕無殊」，而於其波不云清濁者，爲成文體，自可以水而顯於波。諸師不了，即便釋云「波亦無殊」。此乃不了爲成文體。若其義理，合云「濁水清水，濁波清波，其濕無殊」。言理通者，結上濕無殊也。二波道理同是一濕，故云「理通」。通猶同也，同即無殊。舉體是用者，水濕乃爲二波之體，此濕體中本具清濁二波之用，故云「舉體是用」。向若不釋云「濁成本有」，并「全體是清」，則立中但云「清水濁水，波濕無殊」者，未見舉體是用之妙旨也。由向釋故，故今結之於理方顯。然此一節文，自古云云，今作此釋，恐得祖意。

△二，合，四。初，合清濁水波。

故三千因果，俱名緣起。

由此十門點示觀道，故以三千而爲指南。染緣起者，即九界也。若但九界，豈是圓乘？三千趣九，同爲染緣，即見法界之全體也。淨緣起者，即佛界也。若但佛界，亦非圓乘，三千趣佛，同爲淨緣，即見法界之全體也。既皆法界全體，則染淨不二，昭然可知。今此三千趣於染淨，染淨屬事，即此三千同名爲事。故妙記云：「界界三千，事緣起也。」然此三千，豈定事耶？何獨非事，亦乃非理，亦非非事理，不容擬議。若曰念盡情亡，還是不會此道，念盡情亡猶不許，念情全在安可論？云「因果」者，一者三千即因果法，故云「三千因果」。二者三千是能趣因，果是所趣。所趣因果，有對有各。各論迷之九界有因有果，悟之佛界有因有果。對論九界皆因，佛界是果。「俱名」者，俱之一字，從文似指因果爲俱，從意乃指三千爲俱。如上文云「俱體俱用」，俱即三千。言「緣起」者，一者平等濕性爲能起，染淨水波爲所起。二者二水之本爲能起，二波立法爲所起。如上兩重能起所起皆所起也，迷解之緣并於他境機感之緣爲能起也。若以三千會於能所，理具三千爲能起，變造三千爲所起。濕性唯喻理具三千，二波唯喻變造三千，二水通喻兩種三千。水對二波，則屬能起理具三千，水對濕性，則屬所起事造三千。

問：法性爲本，斯則可爾，無明云何亦得爲本？

答：功歸論本，唯在一性。就法論本，通指無明。

問：無明之水可對濕性而爲變造，法性之水云何亦得屬變造耶？

答：談法性，説無明，皆由緣起。平等理體，名字不存。今對緣立名，名從事得，所以屬事。

問：此之法性，又與一性如何辯別？

答：體同名異。良由法性名從對得，以對無明名法性故。體自性彰，而此法性即是平等一性之體。但今文中正談於用，且以水濕俱爲能起，波爲所起，即界界三千事緣起也。

△二，合濕性無殊，二。初，直合。

迷悟緣起，

水波也。

不離刹那。

水濕也。刹那即心，心乃惟一。是故迷悟，當處無殊。如清濁波，濕性不異。

△二，轉釋。

刹那性常，緣起理一。

上句點刹那之妄即是真常，下句釋迷悟緣起不離刹那。刹那既乃性常，迷悟所以理一。

△三，合濁成有本。

一理之内，而分淨穢。

上云「清濁雖即由緣，而濁成本有」，點其緣生即是本具，故今合云「一理之内」。理即能具，合上「本有」之能有，而分淨穢；合上「清濁由緣」并「濁成本有」，即此淨穢之清濁，爲本理之所有，所以故在「一理之内」。

別則六穢四淨，通則十通淨穢。

六穢四淨約克從法體，十通淨穢約隨具詮辯。淨穢之義不出此二。故今文中約四六以論別，約九一以論通。言九一論通者，以四六之淨穢，在九界無明迷染心中，故十皆穢，在佛界法性悟淨心中，故十皆淨，故云「十通淨穢」。

△四，合濁體是清。

故知剎那，染體悉淨。

染合濁也，淨合清也，體合前文「全體是清」也。前喻指濕爲體，今合指理爲體。剎那即本有也。上云本有，即濕性之能有也。今從法説，此之能有，即剎那之理體也。染淨既同一理，故染體即淨體，意顯染相即淨相也。

問：今云染淨約何分耶？

答：通於二義，今別九一，以染淨門正指佛界所起淨用，以對生染論不二也。又克從法體，既是一理之内而分，故此法體可以隨具詮辯，乃見十界在迷在悟，一心中具。今於剎那心體，人界染用所具十界，即與佛界淨用所具十界而無差別，是故得云「染體悉淨」。

問：今文三千，理耶，事耶？若事造者，何云「一理之内而分淨穢」？若理具者，何云「三千因果俱名緣起」？

答：今所立義，只一三千中，有具有造。理性爲能具，事造爲所具。舉能具之理，三千趣理，故曰理具三千。舉所具之造，三千趣事，故曰事造三千。今文舉所具之造，而云「三千因果俱名緣起」，舉能具之理，故曰「一理之内而分淨穢」。雖通二種，只一三千。

問：十通淨穢，舊釋何如？

答：他釋十通淨穢，還是六穢四淨。何者？且地獄具十，如何地獄通淨通穢，必須指云具六爲穢，具四爲淨。若爾，還是六穢四淨。況今文意，在十界皆淨，十界皆穢。恐作今釋，方順文旨。

問：指要以清濁二水，喻迷中染心、果後淨心，以波喻三千俱用，濕喻三千俱體，全體爲用，乃全濕爲波。其義何如？

今曰：以法對喻，義有未善。於法必以無明爲本起於染用，法性爲本起於淨用。應以二水乃爲無明法性二本，是三千俱體，二波乃爲染淨立法，是三千俱用。乃見波從水起，全體爲用。如何直指濕性爲體？若爾，但見波從濕起，離於水耶？若云濕必該水，應通以水濕喻三千俱體，如何但指濕爲俱體？然此對當義未善者，蓋由不合立二染淨，一者法門，二者情理。若法門淨穢，則無增減，故説爲三千。若情理染淨，則情染須破，以縛著故，非是三千。由此既失染淨法體，故諸義未善，源從此出。後來學者又復隨文而生於解，皆謂縛著情染之用不是三千。而據文云：「若非三千空假中，安能成兹自在用？」今曰法門三千既通名穢，何故法門三千不通名縛？若云縛是縛著，非是三千。今曰穢是穢污，豈是三千？若云此穢乃非情穢，故穢即淨。今曰此縛乃非情縛，故縛即脱。若云縛既即脱，則不名縛。今曰穢既即淨，則不名穢。何故法門而存穢號？信知乃是隨文生解而不深思法體者也。

問：今立染淨法體，在生在佛法體無别者，且佛用是淨，何以云染？

答：隨具詮辯，故佛用名淨。若克法體，故佛用有染，亦名染用。故南嶽云：「以佛望於衆生故，此德爲淨。若佛德中論染淨者，此德實是亦違染用。」即今文中「六穢四淨」，皆是果用，穢非染耶？

問：若佛染用體同生者，必佛染用亦名縛耶？

答：法體實然，但隨具詮辯，以佛之用名爲自在，生名縛著。若克從法體，佛有染用，亦名縛著。故輔行辯「普門示現」云：「若現六界爲縛，現二乘爲脱，佛菩薩界爲雙照縛脱。自非證得法華三昧不思議身自在之業，安能現此三十三身，非縛非脱而現縛脱？」故知隨具詮辯，是以名曰不思議身自在之業。若從法體，現六道用，亦名縛矣。

問：指要云「波之與水，濕皆無殊」，又云「以清濁二波，只一動性，故云理通」，其説如何？

答：不合於波自説無殊，乃云「二波只一動性」，又云「以水清後，還是濁時動用」。若爾，斯亦可云「以清濁二水，只一静性」，以水清後，還是濁時静體，是故二水亦無殊耶？若云於二水取同一濕故無殊，何以不於二波取同一濕爲無殊耶？

問：指要委釋妙記「相位」之文，用誠以濕無殊，其釋如何？

答：今亦委釋，用誠以波唯動無殊，先説二義，然後釋文。一者尅從法體，波有清濁故而殊，濕性是一故無殊。二者隨具詮辯，波濕相從，以波中有濕，濕中有波，若以波從濕，故清波即濁波，濁波即清波，波亦無殊。就法而論，是波無殊。功歸而論，由濕無殊。若以濕從波，故清濕非濁濕，濁濕非清濕，濕亦有别。就法而論，是濕有别。功歸而論，由波有别。故妙記云：「位據理性決不可改，相約隨緣，緣有染淨。」克從法體，如波異濕同也。又云：「緣雖染淨，同名緣起。」如以波從濕，波亦無殊也。若從所起，染淨乃殊，如波清濁，所起異也。若從能起，染淨乃一，如清濁波皆是濕性爲能起也。云「同名緣起」者，由取能起同一理性，起此所起，乃以所起從於能起，是故得云「同名緣起」。即便喻云：「如清濁波，濕性不異。」指要等師，莫不皆云「二波當體只一動性」者，由迷此文「同名緣起」同字而得。又云「如清濁波，濕性不異」，「同以濕性爲波，故皆以如爲相」。此喻「緣雖染淨，同名緣起」。相從性起，以相從性，相亦一如。如清濁波，波從濕起，以波從濕，故波無殊。又云「同以波爲濕性，故皆以如爲位」。此喻了相即性，還從於性以說一如。不例上文，波濕相從。由上文中，以波從濕，故波無殊。今若例者，應云同以波爲濕性，故皆以相爲如，以濕從波，濕亦有別。今文不作此例者，且取世相與位皆不出如，猶於波濕悉皆同濕。且相是隨緣，緣即差別，差即無常，乃喻波也。位是理性，性則一如，如故是常，乃喻濕也。波既喻相，故波無常。今點波即濕，濕既喻位。是故乃云「以如爲位」。即便結云「所以相與常住，其名雖同」，本當位濕是常。今點相波即是位濕，故相亦常，由是相之與位，皆常住也。如波與濕，皆不殊耳。是故經曰「世間相常住」。相既是常，故相與常住其名即同。不云即同者，以生下文分別之義，故云「雖同」。又云「染淨既分，如位須辯」，此乃方是以濕從波，濕亦有別，有濁之濕，有清之濕。故可喻於迷中真如悟中真如也。指要等釋波無殊者，功不于濕，但由清濁只是一動，故曰無殊。且妙記中釋相等者，由如理之濕。故知不可以波之動自說無殊。須當約濕爲波，波乃同耳。

問：昔人亦以波中之濕爲常，與今何異？

答：意不同也。由昔以世間相常，相自不常，以理爲常，是故波乃殊濕爲不異。今乃相既即理，故相是常，波既即濕，故波不異。故知昔人但得離義，而失即義。由失即義，無今就法（云云）。

問：若不許指要濕喻三千俱體，波喻三千俱用，而置於水者，何故妙記云「如清濁波，濕性不異」，不言水耶？

答：妙記不言水者，彼以理性爲本，但説一法，是故唯辯真如理濕。今文既有無明法性二法爲本，故説二水。其妙記中水通二向，水相在波收，水性在濕收。故金錍中以水同濕，如云「無有無波之水，未有不濕之波」。上句言水，下句言濕，以濕替水，以水即濕。及下一向以水爲喻而不言濕，良以水性是濕，言水則濕在其中，故不復云也。又以波必有水，是故妙記之文不分波水之别。乃將水即是波，但取真如之理如濕性，染淨緣起如水波。彼文只約功歸論本是平等理。今文乃約就法論本，是故乃有無明法性，開出水喻。

△二，别明淨用，約位次釋前，但水波清濁通名緣起，今云未顯，意在果用，又二。初，歷位示相，四。初，三即。

三千未顯，

果中淨用之三千未顯者。

驗體仍迷。

以驗理具三千，空中之體仍由在迷。下文云「是則理性、名字、觀行，已有不二依正之相」，偏舉此三者，以尚迷故，雖迷而具，故云「已有」，以顯今文迷該三即。

△二，相似。

故相似位成，

淨用三千似顯。

六根遍照。

如法師功德品「肉眼具五眼」乃至「意根互用遍照」。

照分十界，各具灼然。

六根即人界根根①，十界即人界中具十界也。人界既爾，例九咸然，故云「各具」。

豈六根淨人，謂十定十？

結釋具意，十若定十，云何各具？

△三，分證。

分真垂迹，十界亦然。

如前各具。

① 根：疑衍。

△四，究竟。

乃至果成，等彼百界。

究竟之果，等於分真，故稱爲彼。由百界淨用三千是同，但迷似分極，約位有異。今約同邊，故云「等彼」。已上之文雖該理體，意正在用。「等彼」之言雖指分證，究尋文意，即指前文未顯三千。以前未顯故迷，由今已顯故成。

△二，攬入初心，二。初，達果上亡照，三。初，示遮照。

故須初心，而遮而照。

由前在果，今示初心。圓通見今文中既有「初心」之言，至此方爲示觀。今曰不然。一者前文既云「故知剎那，染體悉淨」，豈非觀耶？若云無初心之言故非觀者，色心門中亦何嘗有初心之語？只云「但識一念，遍見己他生佛」，與今「若識法性即無明」等又何別耶？二者縱以前文是示染淨二法，今攬前染淨二法爲觀者，亦開科未善。且今立觀，良由文云「六根遍照」，照必有遮，此皆是果，是故攬入初心爲觀，豈于前來通示染淨？

△二，出法體。

照故三千恒具，遮故①爾空中。

向云遮照，未審何法，故釋出之。以三千淨用之事爲照法體，以三千空中之性爲遮法體。

△三，明同時，二。初，示。

終日雙亡，終日雙照。

「終日」之言，意顯同時，照處即亡，亡處即照。

△二，釋，二。初，即亡而照。

不動此念，

即亡也。以不動故，是空中體。

遍應無方。

即照也。不動而應，亡處而照。

△二，即照而亡。

隨感而施，

---

① 故：疑後脱「法」字。

即照也。

淨穢斯泯。

即亡也。隨感而泯，照處即亡，以顯前云「終日雙亡」，亡淨穢也；「終日雙照」，照淨穢也。淨穢是二，是故云雙。諸師多云亡前遮照，照前遮照。今曰則妨「淨穢斯泯」之言，豈非雙亡？

△二，示因心轉迷，三。初，牒前。

亡淨穢故，以空以中。

若隨文而説，別揲向文「淨穢斯泯」。若約意而論，通揲「遮故法爾空中」。

△次，正示。

仍由空中，轉染爲淨。

非獨果上以空以中而亡淨穢，因中轉染亦由空中，故揲上文爲成今義。須知今文指於果上以空中亡淨穢者，從所攬法説。若從能攬，即此果法，亦在今日因心之中。觀上一念即具，果上乃以空中亡淨穢法，復由空中轉於因染而爲果淨。前淨穢約所具尅從法體義，後染淨約能具隨具詮辯義。若得今意，欲作指要情理法門説何不可。前文乃約所具法門以論淨穢，今文乃約能具因緣以論染淨。因中以能具之情爲染，果上以能具之理爲淨，則因果各具淨穢法門。今轉因中情染之淨穢爲果上理淨之淨穢，故云「轉染爲淨」，于何不可？但不合認法門淨穢穢之法體，而與情染染之法體爲不同耳。故可問之：法門之淨，與情理之淨，同耶，異耶？若異，應有兩佛界耶？不可以性德修德而云兩也。若云同者，淨既是同，穢何獨異？故知雖然立於二義以分染淨，但可分染，淨何可分？

問：今之所説果上起用淨穢之穢，與因轉染爲淨之染，此二染穢，異耶，同耶？

答：法體是同，隨具有異。法體同者，起用之穢，與因中染，或皆四趣，或皆九界，今起用從文且別四趣，因中從文且別九界。雖四九取舍，分對不同，若其染穢，法體無異。隨具異者，一者前穢是所具，今染是能具。二者以果上悟性即性爲用，故穢爲法門，此乃從穢所依體説，故名爲理。由悟所依是實，乃知起用是權，故或名權造。以因中迷性不了即性爲染，於是但從染之當體，故名爲情。既昧實理，不識是權，故或名實造。是以果穢、因染，隨迷悟二心具辯有異也。

問：果上起用之穢與因中所轉之染，爲可斷耶，不可斷耶？

答：尅從法體，斷則俱斷，存則俱存，由穢染體而不別故。若隨具詮辯，果上之穢既乃即性，故屬法門，則不斷也；因中之染既不即性，當體屬情，故須斷耳。若因中知染即是於性，故染亦不斷。如云「闡提若能達修惡，則與如來無差別」。若果上從穢當體而説，是亦須斷，故云「亡淨穢故，以空以中」。亡非斷耶？良由圓中説不斷斷，斷處即不斷，不斷處即斷，從因至果，無不然也。而圓通中未曉斯旨，乃云：亡淨穢者，是則亡於妙假，自約秘藏，任運如是，轉染爲淨；自約治惑，翻迷向悟。故知空中亡於淨穢，與夫空中轉染爲淨，過德有異，不可參濫。今問：豈圓因中亡惑行人，不依秘藏任運而然耶？不知又將何法而斷惑耶？應有兩種空中者耶？應知神智説二種亡。一者三惑説亡，乃亡過患之情，不亡三諦之法，是故三千俗諦不亡。故圓通曰良由不知所破所轉只是無明迷情之病耳，三千之法何所破哉？二者三千説亡，乃約祕藏任運泯亡，故三千之法亦可亡也。故圓通云若謂輔行亡泯三千，只是亡情而不泯法者，此則彰灼，對面違文。法若不泯，情何能亡？法尚應捨，何況非法？今謂其説似是而非，以三惑爲定斷，以三千爲虚論。今只問：於祕藏説亡，亡三千法，且三千俗諦，性德常住耶？事相無常耶？若謂無常，豈得名爲三千妙假？若謂常住，如何可亡？今復問之：法師凡於字義最欲分明，何得於今亡之一字而不通曉？亡者，無也。且立則而有，亡則而無，既可有可無，豈是真常天然性德？又輔行云「俱破俱立，俱是法界」。破之一字，亦如上難。破者，壞也。且請分别破三惑之破，與破三千之破，二破如何不同？莫不破三惑之破是破壞也，破三千之破非破壞耶？若非破壞，何以云破？恐他或曰：祕藏説破者，由空中之體，體非三千妙用之相，故云亡云破。其實三千妙用之相，相自不亡，亦乃不破。今亦難之：且夫三千妙用，亦非立中之體，是則妙假亦云亡云破者耶？由昔不知説三千者常同常異，法界全體在一念故，故攝無不遍，有事有理，有破有顯，有麤有妙，皆即一念，方見事理俱理而非事理，破顯俱顯而非破顯，麤妙俱妙而非麤妙。何者？且舉一隅，如三千中攝無不遍，豈不攝於所破者耶？此之所破既三千法趣，此所破是則意破則非破。若以三千俗事一向不爲所破者，斯則不了三千攝法而乃有破。若謂三千俗事一向爲所破者，斯則不了三千宗旨是則非破。若識此意，方可解會。以三千爲非道，則是經中不斷癡愛起於明脱也。故淨名玄云：「三種非道，不礙三種解脱之佛道。三種解脱之佛道，不破十二因緣三種之非道。如須彌入芥，無相礙也。」豈非三千非道乃不斷耶？如觀心疏云：「圓觀之道，體生死之三道，即是三德涅槃」，「是即三道即法界，法界何所破壞？」

問：且佛在因，由斷染竟然後成果。今於果用有染法門，若又云亡，是則如來兩番亡染？

答：此問還迷法體者也。今更説之。染法因果通於九界，今且約於地獄以説。圓人在因，了知地獄惑業與果皆即是性，無一毫髮是可斷者。但由與性而未相應，惟見惡因。若不斷因，後報何免？若斷此因，其果亦泯。而此之斷，非滅此惡名之爲斷，但了之即性，性既泯亡，惡不可得，名之爲斷。是故於惡不可實造，所謂相離，其性常即。以性即故，性能具相，故相亦存。空中是體，此相是用。自行入道，了用即體，乃以空中而亡於染，是故號爲斷惑成佛。及成佛已，爲生起用，即乃復立地獄之染，其了用即體，還以空中而亡此染。若隨具詮辯，故前一番是自行入道，從因至果，以空中亡染；其次一番是化他起用，以空中亡染。故前亡實染，後亡權染，二番不同。若克從法體，皆是以空以中而亡於染。能亡空中，法體不別。所亡之染，法體亦同。何以可疑兩番亡染？

問：空中法體是同不疑，且染法體權實乃別，如何是同？若是同者，必須以因中實染乃爲果上權用耶？

答：正是實染爲果權用，若以實造與權造殊者，但得隨具辯異之義，失於法體是同之旨。今引一文，證其實染爲果權用。如淨名疏釋經「設身有疾，而不永滅」：疾有二種，一者實疾，二者權疾，皆不永滅。故疏明云：「而不永滅者，亦有實權。實者，雖有此疾，體疾無疾，不斷不破，以己之疾愍於彼疾，若觀此疾入實相者，得無緣大悲，還用利生，故不永滅。權者，若一段衆生疾滅，於餘衆生猶須爲現，故不永滅。」既將實疾至於果上還用利生，豈非實疾爲果權用？伏請後賢細究疏文，則於十界法體、一家教門可以同入。

問：但云空中，何不言假？

答：此門之旨，只於染淨以見不二。染淨，假也。不二，空、中也。何於不二欲說假耶？故約果橫論，果上淨穢不二，由以空以中。若因果豎論，轉於因染而爲果淨，以辯不二，仍由空中故。因中淨穢俱染之用，與果淨穢俱淨之用，約此二用之假以見空中，故不二也。

所謂「空中轉染爲淨」者，問：前文空中亡淨與穢，今文何但轉染爲淨？

答：前約體用對論，故十界皆用，以體亡用，故亦亡於佛界之淨。今於用中，約迷悟對論，故轉九界之迷染以爲佛界之悟淨。雙亡淨穢亦由空中，轉九爲佛亦由空中。是故二文進否不等。

問：空中亡泯，何不泯淨？

答：空中既妙，能亡能立。前則淨穢俱亡，次乃亡染立淨，皆空中德。且如中道雙遮爲體，雙照爲用。今亦然也。以空中遮故，乃轉於染。以空中照故，何妨爲淨？既約即亡轉，故染淨不二。而圓通中亦所未曉，妄有破斥。何者？由指要云「染中淨穢更顯明者，復是空中之力，故轉染爲淨」，圓通破云「此乃淨穢俱立爾，何名亡淨穢耶」，又云「當知染體無明該於通別二惑，淨體法性攝於空中二理」。今謂圓通之意，又以淨是空中，乃轉於染也。雖皆未見文意，而圓通之釋不及指要遠矣。一者今染淨不二，應指空中爲淨、二惑爲染耶？若爾，即是體淨用染，如何可説果上淨用？二者今染淨不二又必從自行因染果體而立耶？非但未達空中之染，亦乃不識今文之淨。況今文之淨，亦是佛界應用之淨。

△三，結成不二。

由了染淨，空中自亡。

但云「空中自亡」，不云淨亡者，且取轉染爲淨由空中力。空中若亡，淨用既即空中，淨用豈得不亡？亡染淨則以空中，泯空中則由一性。染淨亡者，亡俗也。空中亡者，亡空中也。故云三諦無形，俱不可見。以空中體全是一性，雖乍分二名，實一體無别，所以自亡。

△三，結。

此以因果不二門成。

由因尅果，果中勝用對於生迷，以論染淨不二者也。

△初，標。

六，依正不二門者。

此門乃以三諦一實爲不二體。四土之依，三身之正，斯皆爲物之用，二也。三諦一實之體，不二也。即體以論用，了用而爲體，故依正之二而不二矣。

問：寂光、法身，本屬體一，何言用二？

答：淨名疏云：「真如佛性，非身非土，（只一妙體，故屬不二。）而說身土。（附世假立説身説土，由爲物故，即屬用二。）離身無土，離土無身。名身土者，一法二義。（一法，不二也。二義，而二也。二即一法，故依正不二。故荆溪云：寂光、法身，異而常一。）」寂光身土，既然三土既即寂光，應身既即法身，所以三土之依應身之正方稱不二。若知此意，方見依正不二之根源出自寂光法身者也。又若以寂光、法身爲體不二，則以三土應身爲用是二，三土即寂光，應用即法體，故依正不二。

△二，釋，三。初，示。

已證遮那一體不二，

已證，即果也。但舉法身必攝寂土，點此身土之二共一體性，故云「不二」。皆謂今文但明不二，殊不知在身土之二。

問：常寂法身，既然無相，如何可説不①正之二？

答：附世假立二種名字，亦得爲二。

① 不：疑當作「依」。

問：若爾，寂光實無相耶？

答：寂光妙土，何曾是相及與無相？如章安辯法身云：「不可説色及以非色，不可説空及與不空。爲兩緣故，言色、非色，非色亦色、色亦非色，色非色不可思議。」以文照之，是故寂光不可以相及與無相而思議矣。若也爲緣假説，亦可云相及與非相。尅從法體，寂光無相。然此寂理即一切法，而下三土皆即寂光，故寂光有相。即義復二，一者穢離淨即，故寂光有金寶淨相。二者淨穢俱即，故寂光有地獄、蓮池乃至三土淨穢之相。相即無相，無相即相，是故相相皆常寂光土。且附於依報論即，其實正報亦乃即是寂光之相。

問：寂光尅體云無相者，解脱一德體是有相，如何寂光一向無相？

答：解脱尅體云有相者，屬三土用，非寂光體。

問：然則寂光但空中耶？

答：今須分别。一者寂光非三，乃唯一性，云三德者，乃爲三土立三德名，如同飦色。二者寂光是空中，三土屬解脱，故荆溪云「解脱乃從所離得名」。三者寂光是中道，三土屬空假。四者寂光是三德，三土屬三道。於第四義，解脱一德復有二向。一者所具解脱有相，屬下三土，今取能具解脱之性爲寂光爾。二者即就一性自有三名，以一性雙非故名法身，以一性能空故名般若，以一性自在故名解脱，非三土俗事之解脱也。例如中道，亦名爲空，亦名爲有。故妙玄云「又此實相，諸佛得法，故稱妙有。實相非二邊有，故名畢竟空」。神智法師不曉此意，乃云寂光不一向無相，由有所具解脱者也。若爾，還成寂光有三土相，豈自有相？

問：尅從法體，寂光無相，與淨覺意何殊耶？

今克法體云無相者，乃是無相即相之無相也。故與彼殊。

問：即一切法皆是寂光，故寂光有相者，與四明意何異耶？

答：今以克體，寂光無相。下之三土凡有相者，皆是染礙。只如安養金寶淨相，且就同居，對穢名淨，乃至實報對於方便，名爲無礙。若望寂光，故三土相皆爲染礙。今即三土，若淨若穢，染礙之相是。常寂光乃是相即，無相之有相也。其意稍殊。

良由無始一念三千。

無始即因也。一念即因心，爲不二之體也。三千即依正之二也。由三千依正既即一念，故不二也。良由因有依正之不二故，使果證身土以無殊。

問：指要云：「示現三國土名爲依報，示現前三教主及九界身名正報。以寂光圓佛本無二故，即是能開之妙法，此淨穢土及勝劣身同在初心刹那，有何二耶？」圓通云：「爲實施權則不二而二，開權顯實則二而不二，豈可以前三教之麤釋圓依正之妙耶？須知圓教即體之用，故有三千妙假依正，妙假相即，良由圓中三諦一體，故名不二。」二家之説，若爲可否？

答：若以今義收攝二家，指要得尅從法體，故依正之二在偏，不二在圓。圓通得隨具詮辯，而二不二皆圓，良由圓教亦詮偏故，如指法華爲詮迷教。若以意比，是不無優降。故圓通之失，失在尅體，由失尅體，二義俱非。何者？且如依正之二，雖在圓詮，克體言之，二須屬麤，如何以二亦名爲妙，而不許四明以前三教依正爲二耶？并不許淨覺以下三土相爲所破。意謂三土是三千妙假，而諸文云方便、實報患累及所破者，但破無明之因、生死之果，妙假何所破哉？今問：變易生死果累盡時，人居何土？既居寂光，豈非實報依正之相，乃是無明之所感耶？但淨覺不合一向爲破。今曰自行證體故破，化他起用故顯。又當體須破，即性故顯。是以破即非破，顯即非顯。故圓詮三土，使非破非顯之道昭矣。況復神智不曉今文三諦即一爲不二體，文云「無始一念三千」，三千即舉所成無不俗也，故有依有正；一念即舉能成三諦之妙理也，爲不二體故。義例云「爲示三千在一念故」，故知一念爲不二體。

問：何知今文乃以三諦爲不二體？

答：文云「若非三千空假中，安能成兹自在用」。

問：復何一念爲不二耶？

答：文云「依正既居一心，一心豈分能所」。良由就法指一念功歸是三諦故，或言三諦，或語一念。

△二，釋，爲三。初，單就因釋，二。初，約法釋。

以三千中，生、陰二千屬正，國土一千屬依。

問：依報亦有假名，云何一向在正？

答：並由人能詮屬依報，何嘗自名？

依正既居一心，一心豈分能所？雖無能所，依正宛然。

三諦妙性能融能亡，亡則依正不存，融則依正宛爾。今從融故，所以依即正，正即依，依正宛然，互融互入，方可得云「依正不二」。況在果中化用，不可一向泯亡，但依正相即之處而見依正雙亡。然茲依正互入，所見不同。神悟①謂其依正之相悉屬情境。諸佛不斷性惡，故有普現色身。在佛則唯有性善性惡，而衆生自於性善惡中生於形相，其實性之善惡所有境界，更互相收，復何形貌？神智云：「依正互收，乃是三千妙假，皆佛所證不

① 悟：疑當作「智」。

思議事。」今曰：二説皆偏。當知事中相狀，即性故融。性之互融，在相而顯。相性一體，無復異途，悉是如來妙證境界。詎可見理而非相，認事而失性耶？

△二，約位釋。

是則理性、名字、觀行，已有依正不二之相。

雖然未能似顯其證，而因心中依正已融。

問：相似亦果耶？

答：今取似證，證非果乎。如法師功德品身現山海等，是相似位正中現依也。不二之相者，然此依正必該十如，今但云相，正從依正相貌以説。文心云：「即佛界如是相也。」今謂：於十如中指相頗善，而惟佛界則失法體。佛既能起十界應用，故身土相須通十界，或別九界，以用法體屬九界故。若該佛界，須約二義。一者權應分證，亦名佛界。二者則指假名寂光法身爲佛界也。圓通亦云：「區別身土，依正能所，故名相狀，三身四土，依正可知。」今問：圓通前云「即體之用，故有三千妙假」，依正是果後垂應，即用之體是已證遮那，依正不二莫不指此爲區別耶？良由不曉復有附世假立之義，是故唯只以寂土法身爲體不二。

△二，因果對釋，爲四。初，總明因果對攝。

故使自他因果相攝。

自即己心，他即生佛，因果通二。豎論自己，與生爲因，佛則爲果。横論三法，各有因果。因中依正不二，攝果依正不二，果中亦然，故云「相攝」。

△二，别明因生攝果。

但衆生在理，果雖未辨，一切莫非遮那妙境。

前總三法，今别在生，以生該自。又前總該横豎因果，今或别豎，以衆生因理雖然，未若他佛已辨果法，而動止覩對，莫非在於他佛遮那依正之中。又或别在横，雖然未辨，自己佛果依正不二，而日用之中莫不已在自己果佛依正妙境。

△三，出因局果遍。

然應復了諸佛法體非遍而遍，衆生理性非局而局。

法體、理性，同出異名，然其性體非遍非局。例四土體非垢非淨，佛悟故遍，生迷故局。例寂光爲淨，諸土爲垢。當知名從對得，曰遍曰局，體自性彰，非遍非局。

問：正義云：「非遍即局也，於生局處佛能遍融，非局即遍也，於佛遍處生自局限。」指要釋同。文心云：「法體非遍，約證故遍。理性非局，隨情曰局。」問局義可爾，法何不遍？

答：理絶百非，何遍之有？圓通釋同。今曰：正義不合非局爲遍、非遍爲局。文心、圓通，二皆不了本不名遍，由對生局，所以名遍。故圓通以由智通故，悟體而遍，不云此悟體非遍局。文心以理絶百非，意謂法體其實是遍，云非遍者，由遣執也，不云本不名遍，非由遣執。

問：若云本不名遍，何金錍云「心體本遍」？

答：由對今日情局，故云本遍。性乃無名，豈云本遍？

問：對局名遍，但得相待。若絶待遍，豈對局得？

答：絶亦無寄，絶遍何在。

△四，結因果齊致。

始終不改，大小無妨。因果理同，依正何別？

由前理體非遍非局，性恒常住，故云「始終不改」。言始終者，衆生迷真起妄，則真終妄始；佛返妄歸真，則妄終真始。如淨名記云：「若從事説，若見法性始，則見無明終；從①見法性終，名見無明始。」雖經如此始終，若其理體，非遍非局，如如何易？故曰「始終

① 從：維摩經略疏垂裕記作「佛」。

不改」。理既非遍，若云遍大，其亦無妨理之非遍。理既非局，若云局小，其亦無妨理之非局。意言大小遍局，皆無妨此非遍非局之理體也。又局小之理與遍大之理既是一體，非遍非局，遂使大遍不妨局小，局小不妨遍大，故云「大小無妨」。已上出於能融不二之理體也。而此理體在生在佛不曾暫別，故曰「因果理同」。以此能融之理融於依正，則不問因果。何者？生因亦此理，果佛亦此理，因果之理既同，則因中依正由此理故，故依即正，正即依，而依正無別；其果上依正由此理故，亦依正無別。此約生佛各論依正何別。又果由此理依正不二，因既同有果上之理，則因中依正與果依正，故乃無別。此乃以果顯因。若以因顯果，因中之理本具依正不二，其果上之理既同因理，則果上依正與因本具，依正何別？此約生佛對論依正何別。

△三，單就果釋，三。初，示所現依正。

故淨穢之土，勝劣之身。

別約果後所現依正。然其淨穢、勝劣，豎則三土迭論，橫則三土各有。

△二，同法身寂光。

塵身與法身量同，塵國與寂光無異。

下三身土皆云塵者，言其多也。妙記云：「諸身既與法身量同，諸國亦與寂光無異。」

諸即多也。寂光依正之二既一法體，三土既即寂光，應身既即法身，是則三土諸身，亦依正不二。

△三，顯互融不二。

是則一一塵刹一切刹，一一塵身一切身。

一塵之刹即一切刹，而云「一一」者，非獨此一塵刹即一切刹，亦乃彼一塵刹即一切刹，故云「一一」。由上但示依正相即，而未明依報即依、正報即正，今示依正各自互融。文心至此引妙記「塵刹重重相入」，「爲未了者，以事顯理」之文，意謂理即無相，但以無明未盡，故有重重相入之相，乃以此事而顯於理互融無相。今曰：以事顯理，須通二義。一者以果上依正互融之事，而顯衆生因迷之理具此依正互融之事，故云「以事顯理」，莫聞理言，便謂無相。二者以所融依正之事，而顯能融之理。理何以融？必融於事。故寄所融之事，即顯能融之理，非謂顯於理絶依正。人不見此，遂成異説。

廣狹勝劣難思議，

釋上一一塵身皆難思議。廣狹約所被之境。籤云：「被多世界爲廣，被少世界爲狹。」勝劣約能被之身。雖攝廣狹，意在能被。

淨穢方所無窮盡。

釋上一一塵刹，悉無窮盡。

△三，結。

若非三千

結上因中依正之二。

空假中，

結上因中一念不二。

安能成茲自在用？

結上果中之用。

如是方知生佛等，

因果皆有依正不二。

彼此事理互相收。

理因果事，各有依正，不二是同，故云相收。又依正是事，三諦是理。以理收事，即二而不二。以事收理，不二而二。此因彼果，皆有事理。

△三，結。

此以染淨不二門成。

不別而別，染淨是感應，依正是神通，從感應成神通，故依正由染淨。

△初，標。

七，自他不二門者。

此門一性爲不二體。言自他者，一，約過德，迷爲性過，故有自他。如輔行云：「故推此具，爲心爲緣。」心自緣他，德悟三諦，故歸不二。如輔行云：「不得而得，三諦宛然。」由離性執，而悟三諦。二，約體用，俗有事理，故分自他。如輔行云：「俗諦①理者，緣於俗諦恒河三昧。言俗事者，緣衆生病及神通等利生之事。」以利生爲他，故三昧爲自。了此自他，即空中一體，故爲不二。三，約中邊，以真爲自，以俗爲他。如輔行云：「自謂内照，他謂隨緣，此亦真俗異名而已。」了此自他即是中道，乃爲不二。四，約亡照，以照三故，乃有自他。空中爲自，俗諦爲他。了此自他即是一性，爲不二也。第四一義，正是今文分自他矣。空中爲自，所化爲他。故能化應用，通自通他，從所依之體是自，從所被之機是他。以

① 諦：止觀輔行傳弘決無。

喻顯之，鏡明是自，物形是他，中間之像乃通自他。全鏡明以爲像，故像爲自；由形貌而爲像，故像爲他。像即能化應身者也，應身相貌同機爲他，應身之體空中爲自，故此能應通自通他。其下文云「能應雖多，不出十界」。若取能應之體，體是空中，故乃爲自；能應之像，從物而有，還屬於他。是故機應皆在利他三千所攝。曉此法理，不妨以應爲自，以感爲他。

問：若約法理，則成體用不二者耶？前文已云「俱體俱用」，今何復説？

答：法理雖同，用與不等。前辯因果不二，故俱體爲果，俱用爲因。今於化他中，辯自他不二，故能應之體爲自，所應之用爲他。若謂不然，只如以應爲自，以感爲他。上染在機，淨用在應，亦可難云「何故再辯」。

問：可以像相爲應自否？

答：亦有此義。約像與形義異而辯，但非今文自他之意。今文不取應用用邊名之爲自，乃取應用體邊爲自。

△二，釋，三。初，示本具自即益他，二。初，單約應釋，二。初，示自他本末，二。

初，標。

隨機利他，事乃憑本。

能隨之自，所化之他，標末也。今日果用，即自益他事，皆性具，標本也。

△二，釋，二。初，釋本。

本謂一性，具足自他。

雖語自他，文意在本一性平等，爲能具也。空中之自，俗諦之他，皆所具也。又就三諦中自論能所，空中之自是能具也，俗諦之他爲所具也。所以空中通能所者，名從對得，則爲所具，體自性彰，則爲能具。若曉此意，下文或以空中喻鏡，無所妨也。圓通云：「一性即空中也，自他即妙假感應也。」今謂：此說對面違文。既云自行唯在空中，豈非今文自字者耶？然今亦可云一性即空中，故一性是自也。以一性空中之自能具俗諦之他，故云一性具足自他。

△二，釋末。

方至果位，自即益他。

至果以空中而益物也。須了本謂一性具足自他者，斯舉天然性體，在迷在悟，不曾增減，無見方至之言，以性在迷而解。

△三，示，自他法理雖云一性本具自他，未知自他是何法理，故今示之，又二。初，通舉。

如理性

同前一性。

三德、三諦、三千。

同前自他。舉三德者，他宗以謂惟果顯證，故今特語果德本有。舉三諦者，理本天然。舉三千者，乃是今文指南之道。若以下文顯之，則今三千但在俗諦。若以當文類之，而此三千即是三諦，以對一性是亡，皆在而照中辯，是則三諦而自而他。圓通以理同前一性，其説甚善，而三諦等不同自他，此爲失旨。

△二，别判。

自行唯在空中，化他三千赴物。

三德、三諦通該自他，於三千中别指於俗。又三德俱中，三諦俱空，三千俱俗。然約三諦、三觀以辯自他者，一者尅體，空中屬自，由見思無明牽生迷理障自己故；假即屬他，塵沙不能牽自己報障化他故。二者隨具，在乎己者皆自也，成佛豈無慈悲果證？須了萬法出乎物者，皆他也。爲他必説空中益物，乃令斷惑，是以三俱自行，三俱化他。識向二義，方可解會隨智、隨情、隨情智耳。

△二，機應共釋，二。初，明機應不出三千。

物機無量，不出三千；能應雖多，不出十界。

感應三千必該自土，須知二意。一者自行因果之俗該攝三身及以四土，皆名爲俗，乃以平等一性爲真。如輔行引十義辯土，前九三千成差别義，後一乃是諸土之體平等理也。二者化他能所之俗，機在三土，應用隨機亦在三土，此尅體也。若隨具詮辯，法身寂光爲生立名，亦在用收，則該四土。又實報中有分證，寂光亦可通四，但尅體收，皆三土耳。土既如此，身亦例然。又從教旨，以圓教機皆名寂光，此則約於所爲以説。故妙玄云：「圓佛一時照於十界寂光土機。」良由化機，爲令契於寂光故也。

△二，明身土不出寂光。

界界轉現，不出一念；土土互生，不出寂光。

此就物機三千、能應十界點示一性爲不二體。一身轉現諸界身者，並由一性本具於他。他即三千，轉現無窮，不出一性，現土亦然。而云「一念」者，就法言之也。下云「寂光」者，功歸言之也。即是平等非垢非淨之寂光矣。

問：今文身土互現互生，機耶，應耶？

答：通機通應。通機者，如於同居得四教益，即是同居，見于方便及以實報，見身亦然。若作應願，通生三種眷屬，則於實報方便，見同居也，見身亦然。若以今文會前一性本具自他者，乃通二義。一者前文通語具自具他，今文别舉一性具他，故一念寂光即是平等一性者也。二者於前兩重能具之中，乃約空中而爲能具，即是今文一念寂光。界土化用既是所具，不離空中，故云不出其體，用既同故，自他不二，即以平等一性體是空中乃會亡照，成體用義。約此體之自對化用之他，爲自他門，下去鏡明，皆同此意。

△二，示由具三千機應道合，二。初，法，二。初，示機應元由。

衆生由理具三千故能感，諸佛由三千理滿故能應。

理即前文一念寂光，或指空中，或指平等，在果故滿，在迷故具。具之與滿，同一三千。由佛有生乃可應，由生有佛乃可感。今辯自他不二，非以只一三千而論不二，但取三千他用即自行空中，故不二也。若直以三千作感應不二，則未見於自他不二。由衆生雖具，理既未顯，則無自行所證之德。佛既理滿，自行已證，故即自行而益於他，是全理滿爲能應也。是故文中，於機以三千在理具之下，於應以理滿在三千之下，深有意哉。故於佛邊雖語三千，乃取三千空中理滿爲能應也，其於生邊雖語理具，乃取理具三千善惡爲能感也。能應三千空中是自，能感三千是他，乃是今文不二之旨。若不如此，何以貫通上下之文？且上文云「自即益他」，而下文云「不起自性，應無方所」。

△二，示感應道合。

應遍、機遍，欣赴不差。

應遍於機，機遍於應，欣故即赴，感應無差。

問：機應無差皆由三千，如何以應爲空中耶？

答：今文無差須該二義。一者單就他字而論，應亦三千，感亦三千，斯亦可云感應無差。但於應中乃取應同衆生之用爲無差爾，故曰「化他三千赴物」，能赴能化是應，所赴所化是機。故此能所無差，皆在他字收也。二者自他共論，自之一字亦是能應，於能應邊取能應之體空中爲自，對於化他，是故乃曰自他不二，良由三千空中之理已顯滿故，故應爲自，赴而不差。

△二，喻，三。初，立。

不然，豈能如鏡現像？

若不許於由理具滿三千故機應不差者，豈得如鏡現像者耶？今不言形語像，必有下不言鏡但云形，對理必是鏡。然鏡喻對法，若不分明，則法理有礙。今略辯之。涅槃疏云：「照中故是鏡，照真故是淨，照俗故是明，明故則像亮假顯，淨故瑕盡真顯，鏡故體圓中顯。」章安取明能現像邊，故以明爲假。若止觀中明喻即空，像喻即假，鏡喻即中。若妙記中鏡明性十，像生修十，亦以明喻空，以像喻假，團圓喻中。或可以明而喻空中，像喻於假，鏡圓以喻平等一性。其性十界者，十界二字，是所具，故同像；性之一字，是能具，故同明。今文亦通此之二義。一者鏡喻平等，即本謂一性，明喻空中之自，像喻赴物之他，鏡必有明，下云「由塵所遮」，義含明也。二者以鏡同明，皆喻空中，像即喻假。知此意已，可以語法。

△二，釋，三。初，順釋。

鏡有現像之理，形有生像之性。

理即道理，性即性分。

問：理之與性，何所喻耶？

答：先明感應法理，然後方可説喻。一者通論，二者别論。於此各有二義。通二義者，一者通明機應，二者機應通有空中之理及三千事。文云：「理（機，空中也。）具三千故能感，三千理（應，空中也。）滿故能應。」若别論者，一者别在能應，如前文云「隨機利他」，後云「方能稱性，施設萬端」及「應無方所」等。二者應别空中，機别三千，且此應用，如何得起，豈不由佛自行已證空中者耶？於機雖有空中之理與三千之事，而不取空中爲能感，但取三千之事者，以空中理體一切咸有，何故復有不感佛者？由未有於能感之事，由衆生在事發善惡穢故，於能感别在修事。

問：由理具三千故能感，且理具三千豈修事耶？

答：空中之理是能具，三千俗事是所具。然此所具，若即具而造，造即是事。故論感佛之機，造善造惡，乃是修事。以此修事全是三千，與佛果用其實無別，但爲空中之體性迷未顯故，三千妙用亦乃未彰，於是指之爲理具爾。能應非無修事，別取空中者，一切衆生何不能應？由未顯此空中之體。若體未顯，無由應物。如云「三千未顯，驗體仍迷」。由體顯故，三千用顯。今文自他，正取能應之自能感之他，咸是天然本性所具，如來證此，自即益他。自他不二從此而立。若從喻說，亦別在應。其鏡喻者，欲喻此應如何得起，故以鏡喻空中之體，形喻能感之機。雖然以像而喻應用，但欲顯於因鏡能像，推功在鏡，故以鏡有現像之理喻於能應空中之體。若但有鏡體而無形事，像何所起？能起之形雖然以空而爲其體，空喻理具，形喻三千，感像在形，而不在空，是故形有生像之性。下云形事即性分是事，不見此意，徒或云事及云理耳。

問：何云形以空爲體耶？

答：今從事說，像依鏡明而現，故攬鏡明而爲像體；形從虛空而立，故攬虛空而爲形體。故楞嚴云：「迷妄有虛空，依空立世界。」通立依正，皆名世界。

△二，返釋。

若一形對，不能現像，

以不能現，反顯能現。

則鏡理有窮，

鏡若不能現像，則爲鏡之理而有盡爾。以喻空中之體，若不能起應，則空中體而有窮盡。意謂若空中但能對此機而起應，不能對彼機而起應者，則空中之體有窮盡爾。能喻亦然。故云「一形」。

形事不通。

形之與事，對鏡必像。若形對鏡，不能有於現像事者，無此道理。通猶道也。喻機必須能感於應，若機不感應，則機關事壅。前以鏡之道理喻空中之理體，今以形之世事喻關感之事。

△三，返順共釋，二。初，形，二。初，返釋。

若形與鏡隔，容有是理。

喻機與應隔，容有是理。以此文顯今説爲正。形不現像，喻機應相隔。其能應者，像耶，鏡耶？若云是鏡，鏡喻空中，以顯今義符此文旨。若云是像，今文應云形與像隔，而但云鏡，豈非意在别取空中爲能應耳？

△二，順釋。

無有形對而不像者。

略去鏡字以上文顯之。

△二，鏡，二。初，返。

若鏡未現像，由塵所遮。

體未起應，由惑所覆。此語應元在凡，莫云機塵覆應。

問：既以體未起應，釋鏡未現像，豈非應屬於像，向何以鏡而爲應耶？

答：欲了此義，今約二重能所以説。一者鏡是能起，像是所起。二者鏡之與像，若望於機，乃是能應，機是所應。於能應中，空中是能應之體，俗事是能應之用。若辯自他，當取能應之體爲自，是故不取能應之用而爲自也。上文「形與鏡隔」者，正取能應之體，故以鏡爲應。今文「鏡未現像」者，乃取能應之用，故以像爲應。信知法理若正，於諸説中略無疑礙。

△二，順。

去塵由人磨，現像非關磨者。

塵喻於惑，人喻因地修觀之人，磨喻行人修觀破惑。顯發空中，何所不應？然此空中能起應用，全是本有，非由修得。

△三，合。

以喻觀（平聲）法大旨，可知。

△三，明本具由修顯發，二。初，牒前。

應知理雖自他具足，

雖然一性具足自他。

△二，示修，二。初，由因剋果，二。初，修發化他。

必籍緣了，

由因也。

爲利他功。

剋果也。理具自他，即三諦也。今對緣了二修，性三合爲中道，乃以緣了爲利他功。又理具自他，先明修發理中之他。云「緣了」者，智行正助二種緣了，此即俗諦，亦論正智之了，緣助之行，斷塵沙惑，顯俗諦理。

△二，修發自行。

復由緣了，

由因也。

與性一合。

剋果也。此以中道正智之了斷無明惑，福德之緣助顯中道，真空例説。言「一合」者，緣了之修，與真中性，泯而一合。此約住前，并等覺因，對分極果，論利他功，并性一合。

△二，示果證相，二。初，示。

方能稱性，施設萬端。

以稱空中之體而起三千化用。

△二，釋。

則不起自性，應無方所。

稱性而動故不起，施設普遍故無方。始示本具自他，并自即益他。今乃發現同上至果「自即益他」，豈非自他不二，是自行空中與化他耶？圓通謂：「前文本具自他，并自即益他，皆在用中。」至釋今文，却云：「不起自行，空中之性本具三千不思議假，乃能遍應，不定方所。」今曰此説迷文。今云「不起自性，應無方所」，與前「自即益他」有何異耶？又若以自他一門，正從化他能所而立，不望空中名爲他者，未審何處見其自行化他之不二耶？當知於後五妙凡立六門，其染淨、依正、三業、權實，皆從應立，受潤屬機，而皆未明自行化他對辯不二，故以自他一門居六門之中，貫上貫下，則見自他一體不二。若無此門，但見十門自行化他，各辯不二。

△三，結。

此以依正不二門成。

果上所現依正乃是全體而爲。前但於依正之用以辯無差，未曾對能應之體以論不二，故約依正成自他門。

△初，標。

八，三業不二門者。

此門不二之體，或以空中，或指一性。文心云：「身輪本屬前門，此門正在口密。文舉三者，相帶而明。」圓通取用文心之意，而云：「説雖屬口，豈無身意？身輪雖屬前神通妙，相成何妨兼而明之。」今曰不然。若别口密，如何口密獨不二？所云此門「從説法立」者，其染淨門，淨用雖通三業，别在於心，良由法性爲淨用故；其依正門，正報雖通三業，别在於身，是故文曰「勝劣之身」；今三業門，實通三業，以對前别，是故一往别在於口，所以但云「從説法立」。若辨不二，合明三業，非謂相帶相成而來。何者？由前依正、染淨二門，但以依對正、以染對淨而辯不二，未曾辯於正報之中及淨用中三業不二，是故今文當三明耳。故不二體乃該二向，一者空中，由即空中爲應，三業是故不二。二者一性，良以真身亦辯三業，真身説、實説即是口，必有意輪，故是一性，融於真應，兩種三業皆不二也。

問：真身無相，云何三業？

答：克從法體則無三業，今隨應用辨此真身，亦云三業。又雖無別體，附世有名，是故却以平等一性無名之體，融此真身三業不二。

問：其不二者必對於二，三業爲二，其義若何？

答：一者凡諸差別皆名爲二，三業差別亦屬二也。如下受聞十番利益，以差別故，亦名爲二，未必指二方爲二者也。二者牒前諸異皆成二法，故但以二而爲差別。受聞雖十，但成權實二種之益。今之三業即色心二，故下文云「色心一如」。

△二，釋，二。初，示果佛三密。二，明心佛無差。然十門皆爲觀設，是以攬其自行因果、化他能所而爲於觀，故須各就本法而名，無妨談他佛之果證是我凡心之法門。今文所説「心佛無差」，文雖現後，旨實在初。又自他門中，雖説由修顯發，乃是談於果人，故曰「方能」并「不起」等。若依文而辯，却似一門，首尾未見。今曰觀心，當知文意既爲觀心，是則自他豈離當念？不須辯別，其旨已明。初復爲二。初，直明果用。二，初示三密，二。初，通明三密，二。初，示三密名體所從，二。初，體。

於化他門，事分三密。

三密當體，從應身得，望於理體，所以名事。如妙記云：「凡云三密，必約應化，自受用報、平等法身，何所論密？」

△二，名。

隨順物理，得名不同。

一者法身非三，應隨物機三名不同。二者如來所證，三業互融，分身口意名不同者，乃爲順物。三者只身口意，或名三業、三密、三輪、三不護、三無失等者，皆順物耳。四悉赴機，名隨物理。或順物機道理，可以名與凡夫異者，乃曰密、曰輪、曰不護、曰無失。或順物機道理，可以名同者，故身口意亦名爲業。予嘗以佛起應同衆生所作事業。他有難云：佛曰三密，豈得名業？蓋他失記，今不二門號爲三業，得名業者，所以作事號之爲業。且今文中，佛所作者，身以現通，口以説法，意以鑒機，爲事業也。若以遍應六道起同事攝，亦同衆生所作事業。然在佛妙證，應全是體，既無所作，何業之有？但順物機，權名業耳。又三業之名一往通因果，二往局在因。故妙句中釋「安樂行」，三業在因，若三密、三輪，一向在果。言三密者，淨名記云「一一界中各具十，故不可以一界測，不可以多界測，故名爲密」，大論云「佛有三密，一切人天不解不知」。

問：所言密者，真耶，隱耶？

答：從意則真，應用即體，界界具十，全體爲用，故用莫測。從事該隱，是故玄文秘密教中，特云「三密四門」，以不思議力令他不知，即隱密也。
問：若通真密，即屬法身，奈妙記云「平等法身，何所論密」？
答：帶三説密，故在應身。良由法身不論三故，今以真密在應用中，故云三密。
△二，示三輪對機不忒。
心輪鑒機，二輪設化。現身説法，未曾毫差。
佛身口意，一體無殊，且從事分。由心鑒機，故使二輪設化無忒。二能碾衆生惡塵，故名爲輪。
問：佛心必是中道法性，復何以云法身非密？
答：若全體爲用，心即中道。但在體性，則不名心，對用身口以立心目。若直就用説，佛諸心盡，唯慈悲存，此心全以生心爲心。
問：心輪鑒機，爲作意耶，不作意耶？
答：從用當體故屬作意。良由如來權現心法，是故三七思惟是事，若不作意，何曰思惟？亦如普門品中云「應以」也。從用所依即平等性，何思何作？如鑑現像，鑑豈有心？故輔行中謂佛作意者斥同外道也。現通有二，一者如來示身之處即是神通。二者有現常身，有現通身。法華放光是現通身，未放此光是現常身。只説法者，或默得度，默亦説收。

△二，别明身口，二。初，立。

在身分於真應，在法分權實。

約身分真應，約口分權實，偏圓對論，故分此二。由圓教中了應即法，故號真身。名雖曰真，身即是應。例如觀經真法身觀，即是應身名真法耳。總攬諸文法身之名，法字有二。一者理法、智法、用法，是故三身皆名法身。如淨名玄云「毗盧遮那佛，真淨法身」，「盧舍那佛，淨滿法身」，「釋迦牟尼佛，應化法身」。二者法即理法，隨處受名，不出三種。一者理法身。二者用中法身，如大論中法性身佛。三者得法之身。其四教主未得道時名爲生身，已得道故名爲法身。昔人有云用中法身不同理體。神智復云得法之身亦不同體。今曰尅從法體，法字一同。隨具詮辯，故乃有異法性身。佛得中法性，故立此名。得法之身，亦由證得法性故也。不可隨名而失一體。以隨在用曰用中法身，隨在證得曰得法之身。法之一字，皆理體也。

問：真與法性既皆在用，二身同耶？

答：大論法性通於實報、方便二土，并以偏教。

△二，釋，二。初，二身二説不可異。

二身若異，何故乃云即是法身？二説若乖，何故乃云皆成佛道？

指應即法，順土而指，即三藏佛爲圓真身；順教而指，即圓勝應而是真身。或指三教應身即真，皆成佛道，指權即實，以所説法顯能説口，説權之口即是實口。

△二，二身二説不可一。

若唯法身，應無垂世。

若唯圓教之法身，應無三教應身之垂世。

若唯佛道，誰施三乘？

云三乘佛道，亦以所顯能。若但有説，佛道之口，誰當爲施權法之談？前不可異，約開權也。今不可一，約施權也。但欲辯佛身口一異，不可難云前開後施，亦可開後，逗機復施。

△二，明不二，三。初，點三業以成不二。

身尚無身，説亦非説。身口平等，等彼意輪。

文心云：「上云應即是法身，已融矣，權皆成實，但是所説已融，未顯能説無異。」今曰不然。當知上文應即是法，由存法身，權即是實，由存實説，未見身口泯亡，還成三業之二。今通指真應身即無身，通指二説，説即無説，身口既泯，即等意輪，是故三業方成不二。無見前文指應即法，便謂已該三業不二。説之一字，皆是以所顯能，非謂前説爲所，今説爲能。

問：開權顯實，二而不二，既指應即法，豈非不二耶？

答：雖是不二，乃非今文三業不二。但就身口各説不二，指應即法，身不二也；指權即實，口不二也。豈是身即是口、口即是身，身口即心之不二耶？

△二，約不二以成化用，二。初，示。

色心一如，

不二也。

不謀而化。

即亡而照，爲化用也。乃即三業不二之理，爲身口意各二之化。

△二，釋。

常冥至極，稱物施爲。

化何謂不謀？由常冥至極。

△三，以三千總結不二。初，結百界同一心而不二。二，以界例業，皆一念以何殊？

豈非百界一心，界界無非三業？

不二之旨，旨在三千即一念。故百界居一心而不二，三業亦互即而無殊。何以故？以界界中是三業故，故復以界例釋業云。

界尚一念，三業豈殊？

業不出界，界尚即心，業豈殊性？

△二，示果由因，二。初，總明因果。

果用無虧，

一者百界界皆有三業故無虧，二者百界界界三業應機故無虧。

因必稱果。

果所證者，因必稱果，良由因心本具百界三業妙用。

若信方知三密有本，

若信因具，方知果用三密有本。文心云：「若信下，或無因果二字，義雖無損，語似不全。」今曰四字爲句，語何不全？

△二，别明果德，二。初，示果德法理。

百界三業，俱空假中。

空假中者，果德之法理也。

△二，示果德化用。

故使稱宜遍赴爲果。一一應色，一一言音，無不百界三業具足。化復作化，斯之謂歟？

三德既顯，化用難思。稱宜即意輪，遍赴即身口。一一應色別示遍赴之身，一一言音別示遍赴之口。

問：何知遍赴乃是身口而非意輪？

答：下文有云「如前心輪自在，致令身口赴權實機」，以一界身爲能具，百界身爲所具，口、意例爾。又一界身爲能具，百界身口意爲所具，口、意例爾。又一界身中，一色爲能具，百界三業爲所具；一界口中，一音爲能具，百界三業爲所具，心亦例耳。一界身上現一色相，此是化也。於此色上又現百界，化復作化也。口、意亦然。化復作化，語出地持，故曰「謂歟」。

△二，明心佛無差，二。初，正明，二。初，生具佛。

故一念凡心，已有理性，

就法是凡心，功歸是理性，此能具也。

三密相海。

此所具也。乃明生具佛之三密。

△二，佛具生。

一塵報色，

即凡夫自己身口之色，乃所具也。

同在本理毗盧遮那。

毗盧遮那即是諸佛所契之本，故名本理，乃能具也。此理具已，故云「同在」。當知上文自己爲能具，但舉於心。次文自己爲所具，但舉身口。能所相顯，則自己三業俱爲能具，俱爲所具。諸佛爲能具，但舉理體。諸佛爲所具，但舉三密。能所相顯，故理體三密，俱爲能具，俱爲所具。

問：理體何得爲所具耶？

答：體爲相隱，存有曰具。

問：文心云「三密是遮那之用」，若爾，前文但有所具，今何不同？

答：蓋由不知理性二字，即是於體乃屬能具，而認理性同三密用皆爲所具。

問：何云同在？

答：言一塵者，舉其極微與一切法同在如來毗盧體中。意云此體於諸法中，亦不漏落一塵之法，故云同在。又不獨凡心在此體中，只此一塵同在其内。又不獨如來三密之用在此體内，只如凡塵同在其中。

問：何云相海？

答：海之一字，功歸在理，就法在事，故相相無邊。

問：凡心具此相耶？

答：宗淨覺者，以俗用之性爲所具，空中爲能具，故云具性。今曰却見空中，不是俗性。宗四明者，所具三密有性有相，故通具性相。今問：三密是性，爲是俗耶，爲空中耶？若云俗者，亦見空中，不是俗性。若云空中，即非三密。故今正説性之一字，體是空中，屬能具耳。乃是能具三密之性，方見空中即俗明矣。若有問云：爲具性耶，爲具相耶？應答云：從能具説，即曰具性；從所具説，即曰具相。委如宗圓。

問：三密相海，意何稱相？

答：别在身口，通三皆相。由此意密，可以身口比並分别。

△二，結示。

方乃名爲三無差别。

心生佛三，雖迷悟高下，三業不二，則一體無殊。不惟佛妙心生，亦乃心生妙佛。

△三，結。

此以自他不二門成。

自即益他，故現三業。

△初，標。

九，權實不二門者。

此門即以一性中道爲不二體。言權實者，妙記云：「當知四教，或八十，或百二十，或百六十，攬茲共成一不思議權實，謂體内權以對於實，若不爾者，非法華也。」然此權實，生不知即，乃成體外；佛能知即，乃爲體内。若其法體，不出偏圓九一者也。故今權實，説圓實法，備佛界機；説偏權法，備九界機。如下文云「九權一實」。今文正就所説法立，非約所被。其所被機，即當眷屬、利益二妙，在受潤門。

然權實之道，名義法體，亦難區別，今略示之。且約十界、十如明權實者。若以如是空中爲實，十界相報因果即俗，皆名爲權。（體用義。）若以如是爲中爲實，十界相報空假皆權。（中邊義。）若以如是惟屬平等一性之實，十界相報空假中三，皆名爲權。（亡照義。）若以如是爲三諦實，十界相報皆是因緣所生之法，三道所收，悉名爲權。（過德義。）以如是屬三諦者，據妙記云：「四聖是事，從因至果。六道亦事，亦應例然。因果既同，十義寧缺？」文以因果之十爲事，故十界中各有因果。故輔行云「不語十界，攝事不遍」者，正指十界相性報等因果爲事，既指相性報等爲事，其云「不語三諦，攝理不周」者，合以如是爲三諦也。然佛界得爲緣生三道者，例如事權，雖起淨業，亦在染收。教行爲緣，雖起佛界，奈何此淨返妄爲真，從妄而辯，皆三道攝。若其三諦，天然性德，不論反妄緣起之事，是故三諦屬理實也。

已上諸義，唯約權實二名相對。若立非權非實對而權而實爲名者，則前體中亡德四義之權是以皆號非權非實，十界十如之權皆名而權而實。當以佛界十如爲實，九界十如爲權。其過德之緣生與體用之俗事，既然皆有十界，故該而權而實。若中邊之二邊，約界如而辯者，則六道是假，二乘與佛是空，菩薩通空假。又以佛爲空，九界爲假，故空實而假權。若亡照之俱照，約界如而辯者，或以佛菩薩通三諦，餘八在空假，或別以佛是中爲實，九界空假爲權。若今文正在雙亦兩非之句乃通二義，一者中邊，二者亡照。非權非實，爲亡爲中，而權而實，爲邊爲照。故玄收五差爲權實，云：「前四是權法，後一是實法。」細論各具權實。且依兩義。然此權實不可思議，乃是三世諸佛二智之境。」且佛二智以俗爲權，以中爲實。故文句云：「一切種智名實，道種智名權。」不言空者，或合歸中，或合歸俗。既此權實所照已該三諦之境，故非權非實，即是一性。若藥草中句，以十界論差無差，記云：「即空故，差即無差；即假故，無差即差；即中故，非差非無差。」既以佛界爲無差之實屬空，九界爲而差之權屬假，故知中道爲雙非也。所以今文須通中邊、亡照二義。

問：諸師皆於俗諦之上，乃以九一而分權實，今何不用？

答：於俗諦中以佛爲實者，乃通二義。一者例如俗諦，若望空中號之爲事，若俗自論亦通事理。故輔行以恒沙三昧爲理，神通化物爲事。今之十界，望空中之理是實，故十界是事爲權。若就事權自論，故九界爲權，佛界爲實。二者於十界中取佛緣生能顯中道，故名爲實。到底實字還歸中理，或歸空中，或歸三諦。其如單俗，但可說十差別之權耳。今只問云：俗諦之事，爲差、無差？若云無差，妙記乃以即假是差。若云差別，差即是權，實方無差。故妙句云：「以智方便，權有差別，悉到智地，則無差別。」是故此門不二之體，或是一性，或是中道。

△二，釋，二。初，明權實，二。初，全體照用。

平等大慧，常鑒法界。

全平等體，照法界用。平等大三①，應通二釋。一者平等即中道理大，召空假權實之用。故句釋經寶中云：「平等大慧者，即是諸佛智慧，如前行步平正義也。平等有二，一

① 三：疑當作「慧」。

法等，即中道理；二衆生等，一切衆生同得佛慧。大者，如前高廣義也。約觀心者，空觀竪等，假觀横等，中觀横竪平等。平等雙照，即是平等大慧也。」文記云：「平等有二者，法等者，大慧所觀理也。同得者，皆用因理以至果也。若所觀理與衆生異，不名大慧。」句云「法等，即中道理」，故知平等即中道也。既云「大者，如前高廣」，當知高廣須通二義。一者只以中道有高廣德，此高廣德，體是於中。二者以空爲高，以假爲廣。今取次義，故屬空假。又云「平等雙照，即是平等大慧」者，此全中體起雙照用，是故乃云平等大慧，自行照體，化他照機。又云常鑒取照機義即體爲用，乃以空假照十法界權實之機。二者平等當通三諦，如句觀心，以此三諦乃爲所照平等之理，慧爲能照，故慧稱大。大復該三，乃以三慧照於自行三諦之體。全體爲用，照於十界空假中三權實之機。若依此義，體中之三，當處即一。爲非權實，照於十界。爲而權實，佛界中實，九界俗權。空通二向，成亡照也。又觀心之文，亦中邊也。空但竪等，假但横等，是故二邊不名平等。

問：正義云「出纓絡經」，今何取以妙句而釋？

答：觀荆溪意，取用妙句，記釋句云「大慧所觀理也」，又云「皆用因理以至果等」，與今文云「亦由理性九權一實」，「至果乃由契本一理」文義相類，可用釋此言。常鑒者，體不離用，故云「常鑒法界」。乃通三諦法界，空、假法界。

問：常鑒法界，何唯在於而權而實？

答：今取照於權實之機，故下只云「九權一實」，而此權實，體常平等，即非權實，故下有言「相冥一念，不可分別」。

△二，理具果契，爲二。初，理具。

亦由理性，

能具也，或指中道，或指一性。

九權一實。

所具十界，而權而實。

實復九界，

圓通云：「復由，歸也，返也，還也。」今謂不然。復由，重也。良以佛界重有九界，如云重重互現。

權亦復然。

此一復字，應通二釋。一者同上訓重，九界之權亦重有佛。二者以九例佛，故云「亦復」。意謂九權重有佛界，亦復如佛重有九界。

權實相冥，百界一念。

相冥一念即是非權非實之性。權實既一性相冥，百界故泯歸一念。

不可分別，任運常然。

若以初句連上讀之，良由百界在一念，故不可分別。次句單讀，通結上意，百界權實，雙亦雙非，咸在理性，任運常然。亦可如於諸師之釋。

問：理百界爲相、無相？

答：不許定作相、無相，會常相、常無相，如此了者，依稀識具。

△二，果契。

至果乃由契本一理，非權非實，而權而實。

理性之體，非因非果，而因而果，今證而果，故云「至果」，即知前理在而因也。一理者，即平等一性也。如此一性，乃非佛界中道之實，亦非九界空假之權，故此一性曰非權實，而復能照佛界中道之實、九界空假之權，故此一性而能權實。約亡照義，作如此釋。又一理者，即中道也。如此中道，乃非佛界真空之實，亦非九界俗假之權，而復能照佛界真空之實、九界俗假之權，故此中道而能權實。約中邊義，作如此釋。然中邊亦可得名亡照，良以中道能亡能照，今爲立名詮揀法相，且以三一對論爲亡照，二一對論爲中邊。應知今文通此二義。

問：今云「契本一理」與前「本謂一性」何殊？

答：若約亡照，其義一同。若約中邊，二處有異。前以空中爲一性，今以中道爲一性。前文若以空中爲一性，則不可云非自非他。法門義理各有所從，其意幽微，不可率爾。

△二，會三業，二。初，示三業皆通權實。然今文中會三業者，一由所説權實之法，既屬口輪，口必附身，現此身口，必先心鑒，故乃會之。二由權實通於三業，前明權實，别在口輪，故須會釋。又二。初，示。

此即如前心輪自在，致令身口赴權實機。

若非心輪鑒權實之機，何能身口起權實之赴？應身赴權機，真身赴實機，口赴亦爾。故知三業皆通權實。

△二，結，二。初，結三業皆通權實。

三業一念，無乖權實。

三業既然體同一念，故其權實通於三業，通具無乖。

△二，約三業，結顯權實不二而二。

不動而施，豈應隔異？

一句對上三業，一句對上權實，乃以三業結顯權實。初句則不動一性而施三業，即理爲事也。意例結顯，當知權實即非權實，爲此權實。故此權實豈應隔異不隔異者，良由事理不相隔異，是故乃可即理爲事。若隔異者，不可即於非權實爲而權實。故此文意，且明不二而二，未點二而不二。大率云三業既然即性而施，權實豈應異性而有？又不動三業而施權實，以此對機，豈應隔異？此由上又赴權實機而來也，非謂不動前門三業而施此門權實爲無隔異。

△二，示權實別在口輪，爲二。初，示別相。

對説即以權實立稱，在身即以真應爲名。

若謂三業各通權實，何故前文別以權實而爲口輪？故今示云。

△二，結不二。

三業理同，權實冥合。

此舉通顯別，亦舉能顯所。以能爲之，三業既同一性而不二，故所説之權實亦冥合以無差。若得今釋，文不繁重，以由前文尚是不二而二，今文方點二而不二。

△三，結。

此以三業不二門成。

三業是能，以能成所，故有此門。

△初，標。

十，受潤不二門者。

此門乃以一性中道爲不二體。云受潤者，以四眷屬得十利益，故名受潤。依文句科，差別有六，第五受潤以立今目。當知受潤有通有別，別論唯在三草二木聞而增長，通論其地亦可受潤。今從法華一雨潤於三草二木之權及以一地之實，故名受潤。若論受一雨之聞，則受潤二字，已是不二。今取所潤草木與地權實不同，故乃屬二，同是一雨，方名不二。此則能潤不二，所潤是二。又以所顯能，故雨亦二。如妙記云：「今從所雨，得差別名。若爾，與草木何别？答：草木唯從草木立名，雲雨乃從所顯爲能，是故不同。」若約所聞之地以辯不二，三草二木皆一地生，地是無差之實，草木而差之權，以權異實，故爲二，以實會權，故不二。此不二體或空或中，今不約此以辯不二。文中自約地與草木皆同四微，故爲不二。是故四微通喻一性及以中道，乃同向門非權非實爲不二體。故釋權實與受聞者，須知此意。正取玄文悟理論開，結諸權實，即一權實亦不可得，爲不二矣。復知圓教就位論開，以位格量，亦有三草二木之益，究其所歸，圓只一地。若以今門對前而揀，前自他門雖亦該機，乃以機應對辯不二，未曾就機自論不二，權實、三業並就能應而辯不二。

△二，釋，二。初，受聞法理，二。初，示。

物理本來，性具權實。

物機之物，道理之理，從本以來，有雙非之性爲能具，而權而實爲所具。

無始熏習，或實或權。

然熏習之義，起信廣明，輔行亦説。今約二處文意而試辯之。夫熏習者，有能有所。性具善惡，爲所熏也。其能熏内外，有事有理。一者事理對論，以平等一性爲能熏，即内熏也，修中善惡爲能熏，即外熏也。二者就事自論内外。若約善法論内外者，凡有其四：一，約智行，以智爲内，以行爲外；二，約正助，正之智行爲内，助之智行爲外；二①，約依正，正報六根而起修善爲内熏，歷外六塵而起修善爲外熏；四，約己他，自己能於依正修善爲内熏，假佛菩薩力修善爲外熏。以善例惡，亦通此四。凡作惡者，乃非無情，必有識知。但此之知是無明心爲能熏者，乃名爲内。（例同善中之智。）因無明心起而爲行，行行其惡，

① 二：疑當作「三」。

惡爲能熏，乃名爲外。（例同善中之行。）餘之三種，皆可例説内外者也。當知起善起惡，必由此四而爲能熏。若事理相對，事中四義皆爲外熏，乃以真如能具之理而爲内熏。良由體性常熏所具故，在性時已有熏義，外熏遇時即得生修中之性。不見此意，徒釋今文。然須復了前念爲所熏，後念爲能熏，若内若外，即一實性，以實性心熏實性境而顯實性。斯亦可云實心熏實境，實熏次第生，實實迭相熏，自然入實理。今文所云「無始熏習」者，正約事中内外二熏而爲能熏，性具權實而爲所熏。由彼熏故，全性成修，乃得權實二益不同。

權實由熏，理恒平等。

二益殊者，由修熏發其能具性，權實本一，故云「平等」。又所具權實，人人有之，由熏自異，或一人成權，或一人成實，其實人人皆具權實，故云「平等」。

△二，釋。

遇時成習，行願所資。

釋於前文「無始熏習」，無始而來若遇機應相感之時則乃成習。成習者，内熏也。行願者，外熏也。此通智行内外，并正助内外，亦傍通依正内外。由歷外塵發行願故，乃知普賢觀對皆起行願。

若無本因，熏亦徒設。

釋前「本來性具權實」，亦可得云「若無熏習，具亦徒設」。

遇熏自異，非由性殊。

釋上「權實由熏，理恒平等」。科此一段而爲釋者，釋上示也。得兹科意，義已顯然。豈同諸師，恐成煩沓。文心已上所示之文但爲内熏，遇時習行但爲外熏。今謂未然。上文只云「無始熏習」，焉知但是内熏者耶？圓通以無始對下，遇時乃爲。今曰其亦未然。只云「遇時」何定。今曰正義以無始熏習爲遇權實教也，以遇時成習等爲遇教即有解行也。成習是解，行願是行，此皆外熏，以性具權實，號爲内熏。今問：指性具者，爲能熏耶，爲所熏耶？若據正義云，故知不明性善性惡，則内熏尚昧，故輔行云「以内具故，他境能熏」。此則孤山乃以性具爲所熏也。若爾，但有外熏熏於内具，則内具自無能熏者耶？若謂性具善惡爲能熏者，未審指何爲所熏耶？故知未善「真如常熏内具」之文，返成内具常熏。故今不取。

△二，明受閏感應，有二。初，示感應，二。初，總立。

性雖無殊，

牒上生下。

必籍幻發。

能發屬應，所發屬機。玄云：「弩有可發之機，故射者發之。」籤云：「衆生如弩，宿因如機，佛如射之①，應如發之，益如箭中。」文雖舉應，必有所發。

△二，釋相，二。 初，釋幻發。

幻機幻感，幻應幻赴。

以性奪修，故皆如幻。意在即幻，而爲感應。指理即事，故機感應赴，無不宛然。

△二，釋無殊。

能應所化，並非權實。

機應如幻，並非權實，點事即理，故性無殊。

△二，明性具，三。 初，示。

然由生具，非權非實，成權實機；佛亦果具，非權非實，成權實應。

生之與佛同一妙性，故皆具權實，以成機應。

△二，釋，二。 初，釋權實。

物機應契，

① 之：法華玄義作「者」。

物以權實爲機，應以權實而契。

身土無偏。

生之與佛各具權實，各有身土。今文通二。一者尅體，在下三土，由應機故。二者隨具，亦乃該攝寂光、法身，此有三義：一者以實報中有分證故；二者極品寂光以被機故，機雖在下，法乃究竟；三者由機通得妙覺益故，例如約觀約仛①論斷，約位而論，在妙覺位得妙覺益，機成益相，能成在機在因，所成在佛在果。以生與佛權實一同故云「無偏」，非謂權實自相即故云「無偏」也。

△二，釋雙非。

同常寂光，無非法界。

皆歸一性，故云「同」也。土同寂光，身同法身，無非即同義，法界即法身。

△三，結，二。初，結感應。

故知三千同在心地，與佛心地三千不殊。

兩處「心地」，結上生佛具非權實。兩處「三千」，結上成於權實機應。

① 仛：疑當作「位」。

△二，結機感受聞不二。

四微體同，權實益等。

實之一地，權之草木，皆具四微。其四微者，正喻不二之理性也。以中道一性而有四德，故喻四微權實。益等者，合法也。得權益者，亦一性四德。得實益者，亦一性四德。是故受聞則不二矣。若以今文約於三千喻四微者，幾許悞哉。

△三，結。

此以權實不二門成。

由說權實之法，故有受聞之機。

△三，結，二。初，結能申。

是故十門，門門通入，色心乃至受潤咸然。

十門爲能申，十妙并經乃是所申。故能申之門，門門通入，以不二觀，照不二心，入不二理，三千一念咸空假中，即三是一，以爲不二。故此不二，即爲能觀，即爲所觀。能所一如，全體是入，非謂入他。

△二，結所申，又二。初，所申十妙，從文分說，玄文十妙，爲能申經之妙，名爲所申。

今牒此能所皆爲所申，即以十門爲能申也。從意而説，玄文十妙即經妙名。今總言之，皆所申名，故次科中，方是所申經之别文。初又二。初，所申十妙理一，又二。初，標。

故使十妙，始終理一。

由能申不二故，所申理一。如色心申境，乃至受閏申眷屬、利益。色心中云「一切諸法無非心性」，内外中云「唯一實性，無空假中」，修性中云「達無修性，唯一妙乘」，因果中云「因果無殊，始終理一」，染淨中云「由了染淨，空中自亡」，依正中云「依正既居一心」，自他中云「本謂一性」，三業中云「界尚一念，三業豈殊」，權實中云「權實相冥，百界一念」，受閏中云「權實由熏，理恒平等」，以能顯所，十妙咸一。

△二，釋。

如境本來具三，

境妙。

依理生解，故名爲智。

智妙。

智解導行，

行妙。

行解契理。三法相符，不異而異。假立淺深，設位簡濫。

位妙。境、智、行等所論三者，由今釋法，故名三軌。然此三軌，即一實性，是故三軌通於始終，不須於此以辯離合。法體既圓，離合之旨蘊乎其中。當順文意且辯「始終理一」者也。而云「行解契理」者，行三、解三，各皆契理，由契理故，理同故即，不可分別位之高下。不異而異，辯位高下，故云「假立」。

三法祇是證彼理三，

三法妙也，證無別法，即是證於境妙理三。此約三爲自行因果。

下之五章，三法起用。

感應等五，起三法用。三法在己，爲自行因果。三法爲物，爲化他能所。

△二，攬妙成觀，又二。初，示三法不出一念。

三法既是一念三千即空假中，成故有用。

成即自行五妙。故玄文云：「前五自行成也，用即化他五妙，故自之與他，皆即一念。」

△二，示一念即攝本迹。

若了一念，十方諸佛之法，本迹非遥。

能了一念，即開顯之道備矣。十方諸佛，本迹三千，不離當念，故曰「非遥」。

△三，示十門所申歸趣。

故重述十門，令觀行可識。

玄文已釋十妙，今復述此十門，故云「重述」。又籤文依玄釋十妙竟，今復十門以述妙旨，故云「重述」。所述一念三千，意在觀行明了。

△二，結所申經文。

首題既爾，攬別爲總，符文可知。

十妙妙字，即首題之名。以總類別，別文符合，旨在觀行，故云「可知」。

跋

本講智涌和尚，嘗爲門學敷演此文，窮深極微，符軌合轍。覈諸章藻，雖則建大義，立宗旨，各據其所得，至於決擇考較，不能無同異短長之論。諸生請爲註解，遂成一家之書。示寂日，付之小子。嗚呼！古人所謂「百年影殂，千載心在」，故不可不傳於將來，謹命工鏤板，庶與諸家鈔、記爭輝並耀。君子不黨，四方明達之士，必將有鑒於斯。

紹興壬戌七月晦日，門生與咸謹記。

知禮生平資料

四明法智尊者實録

開元三學院門人則全編

大師諱知禮，字約言，俗金氏，前漢金日磾之裔也，後子孫代爲明人。父經，母李氏。七歲喪所怙，爲報鞠育，急於出家，即從故里太平興國寺僧洪選手下爲弟子。十五祝髮，受具。二十從寶雲通法師學天台教觀。始及二載，厥父偶夢師跪於通之前，通持瓶水注其口。自後圓頓之旨一受即了，因即代講。僅乎數載，殆通之滅，禮復自夢貫師之首擐于左臂而行。即自解曰，將非初表受習流通，次表操持種智之首化行於世也？至淳化辛卯歲，受請于乾符寺，（乾符中間改曰承天，今爲能仁。）綿歷四祀，諸子悦隨，堂舍側陋，遂遷于保恩院。（今延慶也。）

師自咸平二年已後，專務講懺，常坐不卧，足無外涉，修謁盡遣。前後講法華玄義七遍，法華文句八遍，摩訶止觀八遍，大般涅槃經疏一遍，淨名經疏二遍，金光明經玄疏十遍，觀音別行玄疏七遍，觀無量壽佛經疏七遍，金剛錍、止觀義例、止觀大意、十不二門、始終心要等，講說不計其數。著述光明玄續遺記三卷，金光明文句記六卷，觀經妙宗鈔三卷，觀音玄疏記共四卷，十不二門指要鈔二卷，觀經融心解一卷，輔行傳弘決題下注文一卷，義例境觀互照一卷，天台教與起信論融會章一卷，別理隨緣二十問一卷，釋請觀音疏消伏三用一卷，對闡義鈔辨三用一十九問一卷，光明玄當體章問答偈一卷，釋難扶宗記二卷，觀心二百問一卷，十義書三卷，解謗書三卷，答日本國源信禪師二十七問一卷，答楊文公三問并書一卷，絳幃三十問答一卷，開幃試問四十二章，金光明三昧儀一卷，千手眼大悲心呪行法一卷，授菩薩戒儀一卷，放生文一卷，爲俞殿頭作修懺要旨一卷，爲司法祝坦作發願文一卷。修法華懺法三十晝夜五遍，金光明懺法一十晝夜二十遍，彌陀懺法一七晝夜五十遍，請觀音懺法四十九晝夜八遍，大悲懺法三七晝夜一十遍。年至五十七，位同志一十人，誓願要期修法華懺，三年期滿日，共焚身供養妙經，求生淨土。行法將圓，無何名達朝彦翰林學士楊公億連書請住世，又郡守直史館李夷庚同倅衆官僚曲加敦請，咸乞住世說法利生，以是志願不得而施。復偕十僧修大悲佛事三年，以堅志行。

師自三十二出世住持，一心講懺，共三十八年，嘗然三指以供佛。起造院宇一所，大小三百間。造彌陀、觀音、勢至聖像總一十二軀，普賢菩薩一軀，大悲菩薩一軀，天台祖師六軀。即寫天台教乘僅一萬卷。天禧元年，翰林楊億申奏，詔賜紫衣。天禧四年，駙馬李遵勗委曲奏請師號，真宗特賜法智大師。

至天聖五年冬卧疾，雖粗用醫治，而不替説法。於六年正月五日戌時，跏趺而坐，召大衆説法，最後言曰：「吾竭力盡心建此道場，誓願流通天台教觀，汝等善自荷擔，莫作最後斷佛種人。吾祖至訓，汝其思之。夫生必有死，猶旦暮然。汝等當勤精進，修道無間，則世世生生，相逢有在矣。」語畢，驟稱阿彌陀尊號，奄然而逝。露龕示身，經二七日，爪髮俱長，顔貌如在。復過七日，遷于南門郊外，將致闍維，先聞異香馥郁，火滅烟消，得舌根不壞，舍利五色不可勝數，而多爲宫裳士庶得之。越五載，至明道二年癸酉歲七月二十九日，門弟子奉靈骨瘞于崇法院之左，立塔以識之。春秋六十九，僧臘五十四。稟法領徒者三十餘人，所謂則全、覺琮、本如、崇矩、尚賢、梵臻、仁岳、慧才等也。登門入室者納計四百七十八人，餘之務學方來不可勝紀。手度弟子立誠、又玄等七十人。每歲仲春，建菩薩戒會，其被化者常滿五千大衆。其餘密行潛德，殆難概見。

上之所録，悉衆所知聞，庶幾後賢咸仰上德云爾。

時明道季秋十八日，門人則全謹録。

（見釋宗曉編四明尊者教行録卷七）

宋故明州延慶寺法智大師行業碑

推誠保德功臣資政殿大學士守太子少保致仕上柱國南陽郡開國公食邑二千五百户食實封六百户賜紫金魚袋趙抃撰

法智大師，名知禮，字約言，金姓，世爲明人。梵相奇偉，性恬而器閎。初其父母禱佛求息，夜夢神僧攜一童遺之，曰「此佛子羅睺羅也」，既生，以名焉。毁齒出家，十五落髮受具戒，二十從本郡寶雲義通法師傳天台教觀。始三日，首座僧謂曰：「法界自有次第，若當奉持。」師曰：「何謂法界？」僧曰：「大總法相圓融無礙者是也。」師曰：「既圓融無礙矣，何得有次第耶？」是僧無語。幾一月，自講心經，人皆屬聽，而驚傳之，謂教法有賴矣。居三年，常代通師講，入文銷義，益闡其所學。後住承天，遂徙延慶。德望寖隆，道法大熾，所至爲學徒淵藪。日本國師嘗遣徒持二十問詢求法要，師答之，咸臻其妙。天台之教莫盛此時。真宗皇帝知名，遣中貴人至其居，命修懺法，厚有賜予。偶歲大旱，師與遵式、異聞二法師同修金光明懺，用以禱雨。三日，雨未降，於是徹席伏地，自誓於天，曰：「兹會佛事，儻未降雨，當各然一手以供佛。」佛事未竟，雨已大浹。嘗與錢唐奉先清源、梵天慶昭、孤山智圓數人，爲書設問，往復辨析，雖數而不屈。又遣門人神照大師本如與之講論其説，卒能取勝。嘗製指要、妙宗二鈔，大悲懺儀、別行疏記暨光明二記之類，後悉流傳。嘗偕十僧修妙懺三年，且約以懺罷共焚其軀，庶以激怠惰而起精進。翰林學士楊公億、駙馬都尉李遵勗嘗薦師服號者，其心尤所愛重，知有自焚意，致書勸止，弗從。又致書天竺慈雲式師，俾自杭至明，面沮其義，亦不聽。群守直史館李公夷庚密戒隣社常察之，毋容遁以焚。師願既莫遂，復集十僧修大悲懺三年。又以光明懺中七日爲順寂期，方五日，結跏趺坐而逝，實天聖六年正月五也。享年六十有九，爲僧五十有四期。其亡經月，發龕以視，顔膚如生，爪髮俱長。既就荼毘，舌根不壞，舍利至不可勝數。凡三主法會，唯事講懺。四十餘年，脇未始至席。當時之人從而化者以千計，授其教而唱道於時者三十餘席，如則全、覺琮、本如、崇矩、尚賢、仁岳、慧才、梵臻之徒，皆爲時之聞人。今江浙之間講席盛者，靡不傳師之教。其於開人之功亦已博矣。

元豐三年冬十月，余謝事經歲，自衢抵溫。有法明院忠講師，其行解俱高者，頓嘗游衢，乃余未第時與之接者也。一日斂袵而前曰：「繼忠於法智師徒爲法孫，惜其示寂六十有三年，其所造峻特，而所學爲來者師，固釋門之木鐸哉。自昔達官文士，其言可信於後世者乃無述焉，其徒竊羞之。」既而狀其行，請余作碑，以爲無窮之傳。余乃歎曰：人生之初，虛一而静，本無凡聖之别，逮交戰於事物之境而莫之能返，此諸佛不得已而來震旦，煩其名相以化之，豈苟而已哉？設之以法而可行，示之以戒而不可犯。如目之有花，他人莫得見。

如耳之有磬，他人莫得聞。欲其自降迺心而求復初地，其後導師繼繼而興，騁智慧辯才，談真實妙義，使人不離當念超圓頓一乘，不離文字示解脱諸相。要其究竟，則無一法之可説，無一字以與人。法智師既達乎此，則何假於言而後傳哉？雖然，重違勤懇，姑閲其所紀，皆衆所共聞者，因爲摭梗概而實録之，仍讚之以文，曰：

大雄覺世垂微言　磅礴日月周乾坤　智者才辯窮化元　時爲演説開迷昏
八萬總結河沙塵　俱入天台止觀門　法智遠出揚清芬　游戲三昧真軼群
志堅氣直貌且温　少而敏悟老益勤　遺旨從衡深討論　消文釋義雖繽紛
辭淳理妙簡不煩　或懺或講忘晡昕　邇遐學徒日駿奔　成等正覺消波旬
俾諸佛祖道彌尊　如流已清濬其源　如葉已茂培其根　行高名重上國聞
天子遣使來中闔　賢豪動戚固所忻　命服錫號迴天恩　知身變滅如浮雲
誓勇棄舍甘趨焚　素願莫適仍修熏　衆生嗜好隨貪瞋　三塗轉徙如膏輪
有能頓悟報施因　罪福苦樂岐以分　説本無説誰其人　師心了了所夙敦
言能破妄寧非真　身雖云亡今常存　江浙蕃蕃其子孫　詔億萬世觀斯文

（見四明尊者教行録卷七）

明州延慶寺傳天台教觀故法智大師塔銘并序

温州軍事判官將仕郎試祕書省校書郎前監昌國東監胡昉撰

天欲久其道，世必生其人。若帝德去，微姬公、孔子，則無以垂百世常行之典。佛道衰，非思師、智者，則無以洞五時所説之文。孔子後，爲儒席宗匠者，曷嘗無人？智者没，作法門師表者，故必生德。

大師諱知禮，字約言，俗姓金氏，代四明人也。初其父以枝嗣未生，誠志頗切。母李氏，乃相與祈佛，因而有妊。及師之生也，乃以佛子羅睺羅而名之，而神情湛寂，骨狀英粹。及在童齔，絶非衆倫。七歲屬母喪，謂劬勞匪易報，且號泣而不絶。由兹厭俗，急於出家。其父撫而異之，遂不奪其志。始事太平興國寺洪選爲師。十五受具戒，而專探律部。二十學天台教法于寶雲義通法師之席，而護珠之心堅如鍛金，瀉瓶之解了若觀晝。由是勤大精進，具大智慧，安然露地，焕若彌天。接一徒人，必謂之登龍；析一義衆，必謂之伏鹿。故道不求揚而四方盡聞，衆不待召而千里自至。至道丙申秋七月，由承天道場歸延慶法席，而一心講懺幾四十餘載。故未嘗有時離香火之供，亦未嘗居一夕知茵蓐之温。其勤也百川競注而不息，其利也大日居中而遍照。上則真宗皇帝遣使就加禮異，遠則日本國師命徒來詢法要，則其餘嚮慕故可知矣。

天禧紀元之初，年及耳順，謂其徒曰：「半偈亡軀，一句投火。聖人之心，爲法如是。矧其去佛滋久，慢道者衆。吾不能損捨壽命以警發懈怠，則勇猛精進胡足言矣？」於是結十僧而入懺，期三載以共焚。是時翰林學士楊公億、駙馬都尉李公遵勗，皆絶世文雄，當朝勳盛，每嚮師通悟，必望風推挹，其年詔賜紫袈裟，尋敕賜法智號，皆二公論薦之所授也。及聞師誓真法之供，懷安養之國，而楊公專勤置郵，確請住世。復以忻厭之意而興疑難之辭，故師答曰：「終日破相而諸法皆成，終日立法而纖塵必盡。」楊公知不可以義屈，亦不可以言留，乃專委州將洎諸曹吏，俾其遍家安護，長慕保存。于時太守主客員外郎史館李公夷庚，與郡邑僚屬，皆信重彌篤，懇請共勤。又錢唐有遵式法師者，名重當世，道絶衆流，素與師交游，最以法相契。楊公亦寓書於式，俾共請於師。（書見蓬山集。）式乃親涉大江，躬趨丈室。由是大師之行願，始不得已而止焉。及大師之殁，式嘗作詩以悼之，其句曰「天上無雙月，人間秖一僧」。議者不以式之言過，而謂師之道然矣。則大師之道德，大師之誠信，其爲時賢同道愛慕推重也如此。

天聖五年冬，忽示身有疾，而行道愈勤。門人請少息，而師體輒復康。六年正月五日，跏趺之次，泰定而絶。涉日既久，而開龕若生。報年六十九，經夏五十四。其月二十有四日，闍維于本郡南門之外。對栴檀之積，將致於焚然，而瞻蔔之香先聞其馥郁，得舍利五色者故不知其數，而緇俗求取者又不知其幾千。明道二年七月二十有九日，奉靈骨葬于崇法院之左，本教法也。

大師天稟圓照，神賦精力，故其遍發大經，增進三昧。古師所未諭，今學所未詳者，師必炳然而記釋之。往哲所難履，來裔所難繼者，師必確然而進趣之。猶萬仞獨起，人可仰其峻而不可躋其高也；百谷皆下，衆可目其廣而不可量其深也。故傳大師之筆者，凡四十餘軸，升大師之堂者，踰一千餘人，其間覩奥特深領徒繼盛者，若當州開元寺則全、越州圓智寺覺琮、台州東掖山本如、衢州浮石院崇矩、見嗣住大師之院尚賢等。又二十二人，皆卓爾具體，超然悟心，堅摧衆峰，利及群彙，所謂上中下性普潤由乎一雲，數百千輝散照元於一矩。則大師之道盛乎世，利于衆，昭昭然不可窮而絶也，又可得而知焉。事備全師所著實録，此得而略。

賢公教主將以大師之道勒銘于塔，而損書索言見紀。嗚呼，大師之出世也，豈無謂乎？得不以祇園之法，屬于澆季，而師扶樹之乎？台山之教，當于流布，而師光大之乎？門外有車，諸子不復乘，而師使乘之乎？衣中有珠，醉人不復悟，而師使悟之乎？化化城於險道乎？浮浮囊於大海乎？報諸佛之恩乎？爲如來之使乎？不然，何精心向道、亡身爲衆也若是之甚哉！昔梁補闕謂天台等覺歟？妙覺歟？不可得而知。裴相國謂圭峰其四依之人乎？其十地之人乎？則今之談大師者，又焉得不以梁、裴之言而作於稱歎乎？昉故不敏，敢拒來誨？焚香稽首，謹作銘曰：

道行于世　久之其天　教敷于聖　翊知其賢
皇矣真覺　始垂化緣　開顯一性　周流大千
異人間出　宗風迭宣　洪惟智者　妙達金僊
真乘顯暢　法炬光筵　鄞江嗣矣　四海昭然
紫宸加異　外域申虔　三觀獨照　萬行彌堅
玉性本潔　珠形自圓　安步覺地　亡軀講筵
法不我悟　善期衆遷　汝曹尚怠　吾軀可捐
冀人警悟　奉誨周旋　朝賢眷眷　道友拳拳
咸懷戀慕　不許焚然　其利日廣　其心益專
化無不至　教無不詮　報靈藉世　慧日沈淵
師之道機　靡得而言　師之化迹　可得而鐫
銘之于塔　芳香永傳

（見四明尊者教行録卷七）

十七祖四明法智尊者大法師

宋景定四明東湖沙門志磐撰

十七祖法智尊者知禮，字約言，四明金氏。（世傳所居在郡城白塔巷。）父經，以枝嗣未生，與妻李氏禱於佛。夢神僧攜童子遺之，曰「此佛子羅睺羅也」，因而有娠，暨生，遂以爲名。（太祖受周禪，建隆元年庚申也。）神宇清粹，不與衆倫。七歲喪母，號哭不絶，白父求出家，遂往依太平興國寺洪選師。十五具戒，專探律部。太平興國四年，（太宗。）從寶雲學教觀。（時年二十。）始三日，首座謂之曰：「法界次第，汝當奉持。」師曰：「何謂法界？」座曰：「大總相法門圓融無礙者是也。」師曰：「既圓融無礙，何有次第？」座無對。居一月，自講心經，聽者服其速悟。五年，其父夢師跪於寶雲之前，雲以瓶水注於口，自是圓頓之旨一受即了。六年，常代寶雲講。雍熙元年，慈雲來自天台，始學於寶雲之門。師待以益友，義同手足。端拱元年，寶雲歸寂，師復夢貫寶雲之首，擐於左臂而行，（擐，音患，亦貫也。）即自解曰：「將非初表受習流通，次表操持種智之首化行於世也？」（慈雲撰指要鈔序，采用法智自解之説也。）

淳化二年，始受請主乾符，綿歷四載，諸子説隨。至道元年，以所居西偏小院，學徒戾止，盈十莫容，遂徙居城東南隅保恩院。二年，院主顯通舍爲長講天台教法十方住持之地。三年，以院宇頹弊，與同學異聞始謀經理，既而丹丘覺圓來任役事。咸平三年，（真宗。）郡大旱，與慈雲同修光明懺祈雨，約三日無應，當然一手供佛，懺未竟，雨已大浹。（慈雲行業記云：「約三日不雨自焚，如期果大雨。太守蘇爲刻石爲記其事。」）六年，日本國遣寂照持源信法師問目二十七條，請答釋。

景德元年，撰十不二門指要鈔，成立別理真如有隨緣義。永嘉繼齊立指濫以難之，（梵天昭師門人。）謂不變隨緣是今家圓教之理，別理豈有隨緣？師乃垂二十問以祛其蔽。天台元穎復立徵決以代齊師之答，而嘉禾子玄亦立隨緣撲以助齊、穎。時仁岳居座下，述法智義，立十門折難總破三師。人謂淨覺禦務之功居多。（禦音語，務侮同。易①：「外禦其務。」）四年，遣門人本如、會稽什師持十義書、觀心二百問詣錢唐昭師室。

初是光明玄有廣略二本，並行於世。景德前，錢唐恩師製發揮記，專解略本，謂十種三法純談法性，不須更立觀心，廣本有之者，後人擅加耳。慈光門人奉先清、靈光敏，共造難辭二十條，輔成其義。時寶山善信致書法智，請評之。（慈雲有寄石壁善信上人詩，有「曾同結社」之句，據此則知俱師寶雲。）師亟辭之曰：「夫評是議非，近於諍競。矧二公，吾宗先達，其可率爾？」信

---

① 易：疑當作「詩」。

復請曰：「法鼓競鳴，何先何後？」師於是始作扶宗記，大明廣本附法觀心之義，謂恩師之廢觀心，是爲有教而無觀。有梵天昭、孤山圓，皆奉先門學，述辨訛以助略本，謂觀有事理，今十法始終，皆以一法性而貫之，豈非純明理觀？師作問疑徵之云：若謂十法是理觀者，應此玄文是上三三昧，略本既無揀境，且非約行理觀，則知昭師反成有觀而無教。昭師復述答疑書，從容改轉，以爲玄文直顯心性，義同理觀。師復作詰難責之云：心性之名，釋籤定判在因，上人既以十法是果人所證，則全非直顯心性。又十法既不聞揀陰，將何義同理觀？昭師又述五義云：止觀約行觀心，乃立陰等爲境。附法、託事，皆不立陰。意謂令所立理觀是事、法之例，不須立陰。又被詰之後，知心性在因，却潛改云直顯法性。（昭師所立，謂之約行，則無揀境；謂之事、法，則有執爲理。進退兩失，無所憑據。是爲無觀復無教。）師復作問疑責之曰：詰難本徵直顯心性純明理觀，何得將事、法之觀答之，豈非義窮計盡耶？此書既往，逾年不答。師復作覆問以促之。昭師徐爲釋問，以十乘妙理爲所觀境。師復責之云：本立三障四魔爲境界，今若以十乘妙理爲所觀境，即以三障四魔爲能觀智耶？自發揮至今釋問，四番轉計，五回墮負，往復各五，綿歷七載，乃總結前後，爲書二卷斥昭師，一不解能觀法，二不識所觀境，三不分内外二境，四不辨事理二造，凡十章，目爲十義書，又設爲二百問以質之。時孤山居昭師座端，觀如什論，辯不可當，遽白郡守，以來無公據發遣令還，不復致答。

大中祥符二年，重建保恩院成。自興役至今凡十載，通守石待問爲之記。三年，乞郡奏於朝，十月，賜額延慶。五年，與異聞作戒誓辭以授徒弟立誠，其略有曰：「吾始以十方之心受茲住處，逮乎改創，安施棟宇，元爲聚學，何敢自私？但吾宗有五德者，無擇遐邇，吾將授以居之，後後之謀莫不咸然。五德者，一曰舊學天台，勿事兼講；二曰研精覃思，遠於浮僞；三曰戒德有聞，正己待物；四曰克遠榮譽，不屈吾道；五曰辭辯兼美，敏於將導。何哉？兼講則畔吾所囑，浮僞則誤於有傳，戒德則光乎化道，遠譽則固其至業。然後辯以暢義，導以得人。五者寧使有加，設若不及，去辯矣。」六年二月十五日，始建念佛施戒會，親爲疏文，以寓勸意。自此歲以爲常。七年，撰融心解，明一心三觀，顯四淨土之旨。

天禧元年，謂其徒曰：「半偈亡軀，一句投火，聖人之心爲法如是，吾將捐身以警懈怠。」乃與異聞結十同志，修法華懺，三載期滿，將焚身以供妙經。（遺身苦行，人之所難。十僧之名，惜乎失録。）祕書監楊億（字大年，官至翰林，謚文公。）遐仰道風，白丞相寇準奏賜紫服，復奉書爲賀。及聞結懺遺身，乃致書勸請住世，謂：「方當台教復興之時，正賴傳持，爲世良導。」往復數四，尚執前言。楊公乃貽書郡守李夷庚及天竺慈雲，俾同勸止。太守親率僚屬，勸請住世説法利生，且密戒隣社常保護之。會慈雲東下，力爲勸諫，而駙馬李遵勗亦亟書交勸。（尚太宗女魏國公主，謚文和公。）師以公私意勤，竟沮前志。乃復結十僧修大悲懺法三載，以酬素願。是年述消伏三用章，對孤山闡義鈔不知性惡是理毒義。有咸潤者，述籤疑，以三種消伏俱約圓論。淨覺引疏義，歷四教十法界以除三障，述止疑以扶師義。四年，駙馬李遵勗奏師高行遺身，上嘉歎不已，特賜法智大師之號，宣旨住世演教。（郡守錢希白題塔院云：內翰楊億爲樞使馬知節撰其父神道碑，不受潤筆，求奏薦四明師號，知節因奏之。上召問，億因言遺身事。上曰：「但傳朕言，請師住世傳教。」於是賜號法智。據行業碑、塔銘、實録及法智往復書，皆言李遵勗論薦賜號。今詳希白之題，必當時問諸寺僧，繆言之，復致繆題耳。）是年，京師譯經院證義簡長、行肇二十三人，各寄聲詩，贊美道德。（待制晁説之作序，刻於石。）五年，上聞師爲道勤至，遣內侍俞源清至寺，命修法華懺三日，爲國祈福。源清欲知懺法旨趣，爲述修懺要旨。是歲，撰觀音別行玄記、觀經疏、妙宗鈔，皆成。時梵天門人咸潤述指瑕以非妙宗，且固執獨頭之色不具三千等義，蓋昭、圓之餘波也。淨覺爲述抉膜，以示色心不二之旨，且評他師昧於究竟蝮蠆六即之義。

一日，淨覺與廣智辨觀心、觀佛，求決於師。師示以約心觀佛之談，謂據乎心性觀彼依正。淨覺不説而去，既而盡背所宗，述三身壽量解，并別立難辭，請潛修前鈔，不使外聞。師慮其爲後世異説之患，乃加料簡十三科以斥之。淨覺時在天竺，上十諫書，謂父有諍子，則身不陷於不義。師復作解謗，謂十諫乃成增減二謗。淨覺復述雪謗，謂錯用權實以判勝劣。師時在疾，令門人讀之，爲之太息。既逼歸寂，遂不復辨。後有希最，即廣慈之子、法智之孫，述評謗以辨之。淨覺時尚無恙，見之曰：「四明之説其遂行乎？」（自師「時在疾」以下一節，並預叙後事。）

天聖元年，（仁宗初元。）撰光明玄續遺記成。試開幃四十二章，答泰禪師十問。時天童凝禪師貽書，論指要鈔揀示達磨門下三人得道淺深，往復不已。太守林①請師融會其説，師不得已略易數語。（往復書備在教行録，忠法師爲後序，略述其事。）三年，先是天禧初詔天下立放生池，師欲廣揚聖化，每於佛生日集衆作法，縱魚鳥爲放生之業，是年郡以事聞，敕樞密劉筠撰文以示後人，太守曾會立碑於寺。（見教行録。）嘗一夕夢伽藍神曰：「翌日相公至。」已而曾公領其子公亮入寺，師以夢告母，夫人謝曰：「後貴無敢相忘。」（下二句預叙後事。今教行録有曾府捨莊田帖。）及公亮入相，乃買田闢屋，歲度其徒。（曾魯公初生，夢老僧披幃入。慶曆八年，以知制誥銜恤而歸里。僧元達附舟至錢唐，聞天竺之勝，特往瞻禮。始至，見素衣女自寺門出，謂達曰：「曾舍人五十七入中書，上座是年亦受師號。」已而不見。至是年，果拜相，歷事三朝，贈太師中書令，謚宣靖，陪享英廟。蔡襄守錢唐，以大士靈異，上於朝，因賜號靈感云。）五年，製光明文

---

① 林：疑後脱「公」字。

句記，以迫歸寂，不及終帙。其後，門人廣智續讚佛一品以成之。六年正月元日，建光明懺七日爲順寂之期。至五日，結跏趺坐，召大衆説法畢，驟稱阿彌陀佛數百聲，奄然而逝，壽六十九，夏五十四。露龕二七日，顔貌如生，爪髮俱長。舌根不壞，若蓮華然。明道二年七月，奉靈骨起塔於南城崇法院之左。稟法領徒者三十人，尚賢、本如、梵臻、則全、慧才、崇矩、覺琮等。入室四百八十人，升堂千人，手度立誠等七十人。

師自咸平二年後，專務講懺，常坐不卧，足無外涉，修謁盡遣。講法華玄義七遍，文句八遍，止觀八遍，涅槃疏一遍，淨名疏二遍，光明玄義十遍，別行玄七遍，觀經疏七遍，金剛錍、止觀義例、大意、十不二門、始終心要等，不復計數。修法華懺三七期五遍，光明懺七日期二十遍，彌陀懺七日期五十遍，請觀音懺七七期八遍，大悲懺三七期十遍。結十僧修法華懺長期三年，十僧修大悲懺三年，然三指供佛。造彌陀、觀音、勢至、普賢、大悲、天台祖師像二十軀。印寫教乘滿一萬卷。所著續遺記三卷，光明文句記六卷，妙宗鈔三卷，別行玄記四卷，指要鈔二卷，扶宗記二卷，十義書三卷，觀心二百問一卷，解謗書三卷，金光明三昧儀、大悲懺儀、修懺要旨各一卷，自餘如融心解、義例境觀、起信融會章、別理隨緣二十問、消伏三用章、光明玄當體章問答、釋日本源信問、釋楊文公三問、絳幃問答。（並載教行録中。）師於起信論大有悟入，故平時著述多所援據。後人扁其堂曰「起信」，示不忘也。初受命服，神照以書賀。師答之曰：「三術寡修，致名達朝彦，（止觀安忍中云：名譽、利養、眷屬，莫受莫著。推若不去，當縮德露玼。若遁迹不脱，當一舉萬里。若名利、眷屬從外來破，憶此三術，齧齒忍耐，確乎難拔。若煩惱業定見慢等從内來破者，亦憶三術，即空即假即中，設使屠析肌肉，心不動散。爲辨大事，彌須安忍。輔行云：外障是軟賊，謂名譽等。内障是强賊，謂煩惱等。内外用術不同。）尋蒙帝澤，令被紫服。有耻無榮，何勞致賀。」指要初成，雪竇顯禪師出山來訪，觀其書，大加欽讃，即爲設齋致慶，親揭茶榜，具美其事云。

贊曰：唐之末造，天下喪亂，台宗典籍，流散海東。當是時，爲其學者，至有兼講華嚴以資説飾。暨我宋龍興，此道尚晦。螺溪、寶雲之際，遺文復還。雖講演稍聞，而曲見之士氣習未移。故恩、清兼業於前，昭、圓異議於後。齊、潤以他黨而外務，（侮同。）淨覺以吾子而内畔，（叛同。）皆足以溷亂法門，壅塞祖道。（溷，胡困反，濁也。）四明法智以上聖之才，當中興之運，（中，竹仲反，當也。）東征西伐，再清教海，功業之盛，可得而思。是以立陰觀妄、别理隨緣、究竟蛣蜣、理毒性惡、唯色唯心之旨，觀心、觀佛之談，三雙之論佛身，即具之論經體，十不二門之指要，十種三法之觀心，判實判權，説修説性，凡章安、荆溪未暇結顯諸深法門，悉表而出之，以爲駕御群雄之策，付託諸子之計。自荆溪而來，九世二百年矣，弘法傳道，何世無之？備衆體而集大成，闢異端而隆正統者，唯法智一師耳。是宜陪位列祖，稱爲中興，用見後學歸宗之意。今淛河東西，（淛，浙江也，又音制，見莊子。）號爲教黌者，（音横，學舍。）莫不一遵四明之道。回視山外諸師，固已無噍類矣。（噍，才笑反，齧也。漢書：項羽攻城，所過無噍類。謂屠殺皆盡，無噍食之遺種也。）然則法運無窮之繫，其有在於是乎？

（見佛祖統紀卷第八）

尊者年譜

四明石芝沙門宗曉編

大宋太祖皇帝初登寶位，改周顯德七年爲建隆元年庚申，此年正月，太祖受周恭帝禪。謹按胡昉撰塔銘并門人則全實録，師壽六十九，示滅天聖六年戊辰歲。若準趙清獻公所作行業記，則云天聖五年①歸寂，誤矣。今逆推甲子，師乃當庚申年降誕，豈非真人應運而賢哲間生乎？師諱知禮，字約言，真宗特賜法智大師之號，時稱四明尊者。俗姓金，前漢金日磾之遠裔，（西漢書曰：金日磾，匈奴休屠王之子，夷狄亡國，羈虜漢武，而篤敬忠孝，七世内侍。本以休屠作金人爲祭天主故，因賜姓金氏。）後代爲鄞人也。父諱經，母李氏。初以嗣息未生，誠志祈佛，偶夜夢梵僧遺一子，云是羅睺羅。洎生，因以爲名。

① 天聖五年：現見行業碑亦作天聖六年。

二年辛酉

三年壬戌

乾德元年癸亥

二年甲子

三年乙丑

四年丙寅　時年七歲。塔銘曰：「師年七歲，屬母喪，謂劬勞匪易報，且號泣而不絶，由兹厭俗，急於出家。其父異之，遂不奪其志。始投太平興國寺僧洪選爲弟子。」天竺作師指要鈔序云：「師在童子受經便能思義，天機特發，不曰生知之上性者乎？」

五年丁卯

六年戊辰　是年改開寶元年。

二年己巳

三年庚午

四年辛未

五年壬申

六年癸酉

七年甲戌　時年十五。塔銘曰：「師年十五受具戒，而專探律部。」

八年乙亥

九年丙子　是年太宗皇帝即位，改太平興國元年。

二年丁丑

三年戊寅

四年己卯　時年二十歲。行業記曰：「二十從本郡寶雲通法師傳天台業觀。始三日，首座謂之曰：『法界次第，汝當奉持。』師曰：『何謂法界？』座曰：『大總法相圓融無礙者是也。』師曰：『既圓融無礙，何有次第？』座無對。居一月，自講心經，人皆駭聽，而驚傳之。」

五年庚辰　實録曰：「師在寶雲及二載，厥父偶夢其跪於通之前，通執瓶水注於口。自爾圓頓之旨一受即了。」

六年辛巳　時年二十二。行業記云：「師居寶雲方三年，常代通師講，入文消義，益闡所學。」

七年壬午

八年癸未

雍熙元年甲申

二年乙酉

三年丙戌

四年丁亥

端拱元年戊子　師聽讀寶雲十載，即值本講歸寂。石塔記云：「通公壽六十二，端拱元年傾逝。知禮、遵式，子衿之高者。」

二年己丑

三年庚寅　是年改淳化元年。

二年丁卯　師年三十二，即中選住持。實録云：「淳化辛卯，受請于乾符寺，綿歷四祀。」于保恩院戒誓辭云：「予居寶雲，既值鶴林，始遷乾符寺西偏小院，（乾符寺中改承天寺，今爲能仁寺，西偏小院即今法華也。）有寢無廟，學徒爰止，盈十莫容。又觀其密邇闤闠，誠非久宜，遂徙此城東南隅。」指要序曰：「師主乾符講席，諸子悦隨，若衆流會海。」

三年壬辰

四年癸巳

五年甲午

至道元年乙未

二年丙申　使帖云：「至道二年七月，内院主僧居朗、顯通捨保恩院與知禮，永作十方住持，傳演天台智者教法。」戒誓辭云：「院丙申秋承舊，越十年陳修，己酉告成，石公勒石紀之，逮壬子凡十七年，咸安來學。」

三年丁酉　保恩院記云：「先是此院締造年深，頽毁日甚，以至道三年，乃與餘杭釋異聞戮力經營，適值丹丘僧覺圓發心陳力，三載訖役，觀其土木瓌麗，金碧交輝。先佛殿而後僧堂，昭其序也。右藏教而左方丈，便於事焉。」

真宗皇帝即位，改咸平。元年戊戌

二年己亥　時年四十歲。實録云：「師自咸平二年已後，專務講懺，當坐不卧，足無外涉，修謁都遺。」

三年庚子　是歲大旱，師與天竺懺主祈雨有感。行業記云：「歲大旱，師與遵式同修光明懺祈雨，約三日不降當然一手以供佛，佛事未竟，雨已大浹。」慈雲行業記云：「咸平三年，四明大旱，師入懺摩祈雨，約三日不雨當自焚，如期果應，太守蘇爲異之，題石紀其事。」

四年辛丑

五年壬寅

六年癸卯　是歲日本國師遣僧問難。本序曰：「咸平六年癸卯歲，日本國僧寂照等，齎本國天台山源信禪師於天台教門致相違問目二十七條，四明知禮憑教略答，隨問書之。」

景德元年甲辰　時年四十五，撰十不二門指要鈔，序紀歲月云：「景德元年甲辰正月九日叙。」

二年乙巳

三年丙午　是歲師上錢唐昭公十義書，序曰：「景德三年臈月，四明知禮謹用爲法之心，問義于浙陽昭上人。」

四年丁未　是歲上昭公觀心二百問書，序曰：「景德四年，四明比丘知禮謹用爲法之心，問義于浙陽昭講主。」

大中祥符元年戊申

二年己酉　時年五十歲，建保恩院落成，戒誓辭云：「院己酉告成，石公紀之。」記末曰：「待問通守竹符，函親松柄，會兹院告厥成功，遂抽毫而爲識。時大中祥符二年己酉四月六日立。」

三年庚戌　是年恭奉聖旨，改保恩額爲延慶院。據四明圖經曰：「保恩院，周廣順二年建，皇朝大中祥符三年改爲延慶院，紹興十四年改院爲寺。」使帖曰：「大中祥符三年七月，内僧知禮經使府陳狀乞申奏天聽，永作十方住持，長講天台教法。當年十月，内準中書劄子，奉聖旨依。」

四年辛亥　是年，師再狀經州乞給使帖備録上項，聖旨上石，永爲照據。使帖曰：「知禮續於大中祥符四年三月，内經州著狀，乞備寫聖旨并前後使帖，鐫上石刻，永作十方傳教住持。」是年七月十七，給帖立石。

五年壬子　是年師與異聞師撰十方傳教住持戒誓辭，立石永誡非理妄占。斯文真是寺萬代十方住持之本也。

六年癸丑　是年二月十五日，創建念佛施戒會。師於祥符五年十月親製疏文，至今誘化。此會抵今凡一百九十載不廢，往古來今其被化者，不知幾何人哉。

七年甲寅　時製觀經融心解，序末題云：「大中祥符七年甲寅重陽日叙。」是年師又有教門雜問七章，門人自仁答。

八年乙卯

九年丙辰　時年五十七。實録云：「師年五十七，誓願修法華懺，三年懺滿，焚身供養妙經，誓生淨土。」

天禧元年丁巳　塔銘曰：「天禧改元之初，師年及耳順，乃謂其徒曰：半偈亡軀，一句投火，聖人之心，爲法如是，吾不能捐捨身命以警發懈怠，胡足言哉？於是結十僧修法華懺，三年懺滿共焚。是時翰林學士楊億、駙馬都尉李遵勗，皆當朝文雄勳盛，每嚮師通悟，必望風推挹，其年詔賜紫袈裟，皆二公論薦之所授也。又聞遺身，而楊公致書，確請住世，往復數番，至於專委州將保護，由是願行不得而施矣。」又著消伏三用章，出絳幃三十問，門人仁岳答，皆紀於此年也。

二年戊午

三年己未

四年庚申　實録云：「天禧四年，駙馬李遵勗録行實奏上，特賜法智大師號。」是年京師僧職高流二十三人，各賦一詩紀贈於師，待制晁説之作序刊石。後擇隣詩，題曰庚申季秋望日書。

五年辛酉　時年六十二。是年朝廷宣賜，命修懺法。行業記曰：「真宗知師名，遣中貴至所居，命修法華懺法，厚有賜予。」中貴，俞源清也。師因俞子欲知懺法旨趣，爲述修懺要旨，人到于今受其賜。又撰别行玄疏記，序題曰「天禧五年八月旦」。又撰觀經妙宗抄，序題曰「天禧五年重陽下筆序」。

乾興元年壬戌

二年癸亥　是年仁宗皇帝即位，改天聖元年。是年製光明拾遺記，紀云：「天聖元年四月望日序。」師又爲潘屯田作夢魚跋，又出開幃試問四十二章考試學子，又答禪宗泰師佛法十問。

二年甲子

三年乙丑　真宗天禧初，有詔天下立放生池。師欲廣聖化，每遇佛生朝，募衆行放生業，於是立放生碑，樞密劉筠撰文，太守殿撰曾會立石，天聖三年七月十五日霅溪僧仁岳書。師是年一夜忽夢相公入院，翌日即曾太守之子到。後果符此夢，迺魯國宣靖公也。由此楚國黃夫人置恒産供衆。又上書曾太守乞申奏後園地永在伽藍，亦此年也。

四年丙寅　是年，師有授辭授門弟子文璨，石刻見存。

五年丁卯　師製光明文句記六卷於是歲，題曰「天聖五年臘月三日記」。然此記師迫歸寂，不及終帙，而後門人廣智尚賢法師續記讚佛一品，方爲足本。

六年戊辰　是年師年六十九，示滅。準實録等，天聖六年正月五日戌時，師端身跏坐，召大衆説法畢，驟稱彌陀佛號數百聲，奄然而逝。露龕示身，經二七日，爪髮俱長，顔貌如生。復過七日，遷于南門之外，將闍維次，先聞異香馥郁，火滅，得舌根不壞，舍利五色不知其數。（舍利猶藏以瑠璃瓶，奉安大悲閣上。）越五年，至明道二年七月二十九日，奉靈骨，起塔于崇法院之左。

宗曉伏讀三朝僧傳，十科選佛，西聖之法取材盡矣。而吾祖法智以道供職，眇觀著述洪演，興起大教，義解爲首，造寺、造像、營福次之。生於舌根舍利，滅後儼然，神異有餘。遺身之際，雖爲楊文公勸請而止，豈以一時固阻外其道耶？矧復嘗然三指以供佛，斯亦捨身之支派也。大哉！往古高僧十法，師其一而四焉，豈與夫事佛徒勞於百載者同日而語乎？

（見四明尊者教行録卷一）

十不二門指要鈔思想述論

聶士全

十不二門指要鈔，二卷，北宋釋知禮撰，鈔釋荆溪湛然撰法華玄義釋籤十不二門。其核心思想，如自叙中云：「蓋指介爾之心爲事理、解行之要也。」端在不允山外師指一念爲真性的解釋觀點，而謂一念屬迷屬事，及論性具、性惡、唯心，立當體即是，别理隨緣，理事兩重三千，觀心兩重能所，皆激於此而説。

觀四明立義，其直接原因在於天台後學多將大乘起信論及法藏釋論思想、禪宗直顯心性法門接受爲圓解圓行，並用以敷講天台教典，因此山家山外之争的背後實則是天台與華嚴、禪宗的宗義之辯。由於同屬如來藏系佛學，又各持自宗爲圓説，故討論需要揭明如來藏理的兩種解釋方式之間的差異。四明是基於天台别圓二教的界説來完成這個任務的。依真心立一切法説於理解而言，無疑更爲明確，加之直顯心性法門的影響力，要完成這個任務，應非容易。

佛教的解行實踐，無非是要藉由分别而達於無分别的離言法性，因而論證分别與無分别的内在同一性，於菩提道而言最爲緊要。由哲學基於對世界的思想把握看，最好能揭明哪種解釋方式更符合這一思維原則與行動原則。而自佛教思想史理路看，天台與華嚴、禪宗之間，應存在前後相因的邏輯關係。既題爲「述論」，本文還只能滿足於提出這兩個問題，作爲陳述與評論指要鈔解義思想的運思工具，尚不能做專門論證。

一、作者生平與著述

知禮，字約言，天禧四年（一〇二〇）朝廷賜號法智，佛祖統紀追奉爲天台宗第十七代祖師，呼爲四明尊者。生於宋太祖建隆元年（九六〇），俗姓金，父名經，母李氏，明州鄞縣（今浙江省寧波市）人，宋仁宗天聖六年（一〇二八）正月五日去世，世壽六十九，僧臘五十四。七歲喪母，投太平興國寺僧洪選爲弟子。十五歲祝髮，受具戒，依常例，專研律藏數載。二十歲，師從寶雲義通。雍熙元年（九八四），慈雲遵式亦來寶雲就學。義通創立了天台宗在四明的基礎，雖無多少著述傳世，但對天台教觀思想應有系統把握，從遵式自天台來學一事亦可推知。

四明未繼主寶雲，而於義通去世後的淳化二年（九九一）遷住承天院。院爲乾符寺西偏小院（後更名承天寺、能仁寺），有寢無廟，鄰近闤闠，缺少發展空間。遂於至道二年（九九六）遷住保恩院。保恩院由原院主居朗、顯通捨於四明及其同學異聞作傳持天台教法處。寺宇毀壞嚴重，二人與數位同道一起，開始爲期十餘年的重修工程，大中祥符二年（一〇〇九）告竣，擴建爲擁有佛殿、僧堂、藏經樓等係帳屋宇一百二十餘間的功能齊全的道場。翌年，朝廷賜額「延慶」。經過多年努力，延慶寺漸成弘揚天台教觀的核心陣地，講論、修懺等活動有序開展，一時俊少輻湊，門庭繁榮。作爲中興祖師的四明，事實上也被時人尊爲解釋宗義的權威。如遵式在與知禮書中云：「於今山家一教，旋觀海内，唯兄一人而已。」

天聖三年（一〇二五）八月十五日，四明時年六十六歲，在上曾太守乞申奏後園地書中，陳情云：「夙緣熏習，性好天台智者所説法門，故討尋其意，講説其文，如解而行，不問寒暑，忍苦忘勞，於今四十餘載。蓋知此教解圓行頓，理觀事儀合一，而進趣於解脱之門，可保任矣。」内中「解圓行頓，理觀事儀合一」之論，正是指要鈔竭力揭明的宗旨，對此四明擁有堅定無疑的信念。

四明一生比較單純，唯務弘揚與實踐智者所説法門，講論宗義與觀修實踐不輟，在此基礎上整理出一部部疏記行世。天台三大部，荆溪已有詳細疏記，不必另外撰文，因而四明所釋，成書者多爲小部。另有一些單篇，或單論一個主題，或以天台思想融會流行經論。主要著述，大致依成書時間順序，略陳如左。

（一）十不二門指要鈔，二卷，景德元年（一〇〇四）撰。

（二）别理隨緣二十問，一卷。撰述時間不詳。因由指要鈔立義而撰，暫列其下。文章應本宗學者咨問别教真如有隨緣義，設二十問，以反詰法證成所立宗。

（三）天台教與起信論融會章，一卷。撰述時間不詳，意在回應法藏撰大乘起信論義記的釋論思想，暫列於此。

（四）四明十義書，二卷，景德三年（一〇〇六）撰。金光明經玄義有廣略二本行世，慈光晤恩製金光明經玄義發揮記，專解略本，以廣本觀心釋名文爲後人擅加。晤恩二弟子奉先源清與靈光洪敏，又舉二十條論據證觀心文爲僞，四明爲此撰釋難扶宗記逐條駁斥。源清二弟子梵天慶昭與孤山智圓撰辨訛以救師義，四明以問疑書回應。如此書信往復，前後五番，綿歷七年，四明於景德三年總結討論過程及焦點問題，提出十義，駁斥梵天與孤山，題爲十義書，寄予慶昭。

（五）觀心二百問，一卷，景德四年（一〇〇七）撰。是與山外師論戰的後續之作，寄達慶昭，請求回應。

（六）觀經融心解，一卷，大中祥符七年（一〇一四）撰。

（七）對闡義鈔辨三用一十九問，一卷，天禧元年（一〇一七）十月一日撰。先是智圓述請觀音經疏闡義鈔解智顗説請觀音經疏，疏中析陀羅尼咒消伏毒害之用有三，謂「一事，二行，三理。事者，虎狼刀劍等也。行者，五住煩惱也。理者，法界無閡，無染而染，即理性之毒也」。智圓解云，若逢虎狼等時，稱名誦咒，而得解脱，爲約事消毒；修一心三觀破五住地惑，即約行消毒。解理消伏云，「三諦一心名爲法界，生佛互融，一一咸遍，故云無礙」，又舉維摩經略疏「中道自性清淨心，不爲煩惱所染，本非縛脱，不染而染，難可了知，即是衆生迷真性解脱，起六十二見」語以消此文，謂「應云法性之與無明，徧造諸法，即無染而染，全理性成毒名理性毒，由理毒故即有行毒、事毒也」，又謂「今觀諸法唯心，染體悉淨，即神咒治理性之毒」。行消約智斷，智是能斷，斷是所斷，五住斷處即消行毒。理消則「專約諦理。理非能所，但由具惑，即是無染而染，名爲毒害。惑即法性，即是染而無染，名爲消伏。是則惑性相待，非關智斷」。又舉「性惡是理毒」説，給予反駁，認爲此説「毒義雖成，消義全缺」，既無消義，亦不能稱用。四明不許，故設十九問質難，認爲智圓的理解落入别理隨緣義，反令圓理全成無用。

（八）釋請觀音疏中消伏三用，一卷，天禧元年（一〇一七）十月十五日撰。出正解，認爲「中道總持，被十種行者①，修之不同，乃成三種消伏之用」。事毒在欲界，約果報而受事名，果報行人爲免現在虎狼等毒害而多用散心持名誦咒，爲事消伏。行毒「從色界盡，别教教道，以不即理故，别受行名」，修三觀消伏，三觀攝兩教二乘及前三教菩薩。「理毒唯圓，以談即故也」，「蓋煩惱中分即不即異故，名行名理不同」，就入别教三十心及圓教初住位者而論消伏。文中特别强調「並由理具方有事用」義，認爲性惡即是理毒，若不解性具，縱論隨緣，仍落入别義。

（九）觀無量壽佛經疏妙宗鈔，六卷，天禧五年（一〇二一）述，鈔解智者述佛説觀無量壽佛經疏以順妙宗，故題妙宗鈔。以圓家一心三觀詳解十六觀，於佛身、佛土、生身與尊特等主題有詳細討論。

（十）觀音玄義記，四卷，天禧五年（一〇二一）述，解智者説觀音玄義，特别提出是否認同性具善惡、唯色二説堪爲衡量圓宗哲學的指標。

---

① 據請觀音經疏，十種行人，在分段生死而未斷惑者有八，謂受苦報人、修世間善法、修聲聞、修緣覺、修六度、修通教、修别教、修圓教，變易土有二，謂出分段而入别位三十心者與入圓位初住者。

（十一）觀音義疏記，四卷，解智者説觀音義疏。

（十二）修懺要旨，一卷，天禧五年（一〇二一）述。

（十三）金光明經玄義拾遺記，六卷，天聖元年（一〇二三）述，解智者述金光明經玄義廣本，如序中説「拾先師遺餘之義，拾後人遺棄之文」，有拾遺補缺之意，故題拾遺記。寶雲義通曾述金光明經玄義贊釋，學徒筆録，然義有缺如，未及補訂而去世，故「拾先師遺餘之義」以彌補此憾。慈光晤恩述金光明經玄義發揮記，專解略本，謂廣本中「觀心釋名」文爲後人擅加，故謂「拾後人遺棄之文」。智圓述金光明經玄義表微記，舉詞鄙、義疏、理乖、事誤四意進一步佐證廣本觀心文非智者原著，四明亦於本書逐條駁難。

（十四）金光明經文句記，六卷，天聖五年（一〇二七）述，疏解智者述金光明經文句。如序中説，一方面稟承先師寶雲講解此部之大義，另一方面也採擇孤山述金光明經文句索隱記中俗書故實。始講於天聖五年臘月，翌年四明去世，最後一品未竟，由弟子補齊。

由此著述簡表，可知疏記的整理成書，多在延慶寺修造完工之後。此前完成的指要鈔與十義書，是在與山外師的宗義討論過程中撰成，儘管討論嗣後仍在繼續，但可表明四明思想此時已臻成熟，起碼可説他對自己的宗義理解已經十分自信與堅定。四明追隨義通近十年，三十二歲出住承天院，三十七歲開始經營保恩院，至寺院修造完成，期間雖也親製疏文，但第一部著述當推入住保恩院後所撰釋難扶宗記（據推約於咸平二年〈九九九〉撰成），標誌着他爲恢張宗義進行正本清源工作的開始。

二、法華經連珠釋

天台宗法華，至法華玄義、法華文句與摩訶止觀三大部問世，標誌着法華學系統性構造工程告峻。荊溪法華玄義釋籤疏解玄義，四明十不二門指要鈔疏解釋籤中最爲核心一段，在訓釋前賢著述文義基礎上，各自回應了時代提出的理論問題。我們把這個基於法華經的文本次第疏解過程稱爲「連珠」釋。安樂行品云，法華乃「諸佛如來秘密之藏」，今日始宣，喻如轉輪聖王「髻中明珠」，不輕賜人。髻珠喻諸法實相，即法華經旨，乃一代時教之歸趣。諸部注疏，或解或行，無非依止此珠，指向此珠。智者立實相即空假中，詮佛秘藏，指示珠體，依境立觀，唱一心三觀，教示後學。荊溪與四明繼護明珠，爲阻止天台境觀思想的偏離與斷裂付出卓有成效的辛勞。

宋代天台學者一般由荊溪著述切入智者創發的教觀體系。荊溪已將華嚴與禪宗宗義納入圓頓止觀的觀察之維，加之真如隨緣、唯心及直顯心性等釋義簡明而確定，晤恩等山外師予以采信並用於詮表智者教法，方激發四明嚴明三宗界限的思想訴求。

佛教初傳中國，往往基於單部經論的譯解，形成諸家師説，彼此相隔而形成聚訟。至道安、僧叡，意欲通過綜合考察達到對佛教的真理性認識。如僧叡喻疑云：「教以正失爲體。若能體其隨宜之旨，則言無不深。若守其一照，則惑無不至」，「大聖隨宜而進，進之不以一途，三乘離化由之而起。三藏祛其染滯，般若除其虚妄，法華開一究竟，泥洹闡其實化。此三津開照，照無遺矣」。（釋僧祐出三藏記集卷五）

然而真正的整體性認識却由智者完成。智者思想以綜合與融通爲性質，由合而離，後來解釋者唯有通過分析性論證纔能達到對整體性認識的再認識。由初期傳播的各種思想島嶼，到綜合爲一個有機整體，再由整體析出一個個主題予以分辨從而獲得明確表述，正是思維本身的邏輯進程，反映了天台思想乃至中國佛教思想的演進史。對體系佛學的分析性論證，與初期的各守一隅不同，而以確定理解爲訴求，荆溪、四明及山外諸師概莫能外。

（一）實相即空假中

法華玄義取佛之知見爲諸法實相，即今經所揭無上道，有法性、真如、佛性、如來藏、第一義空、妙有、中道第一義諦等種種異名。如禮爲世間法作體，實相則爲出世間法作體。作爲絶對無條件者，現在還只能理解爲絶待的離言法性，尚須經由對一代時教所立權實諸法的解行而予以通達。

法華會三歸一教旨，智者説爲開權顯實，或開粗顯妙。與此相應，其義解努力亦在「融通入妙」。融通相對於權實諸法的差別對立或隔異而言①。約五時論，「初教建立融、不融，小根並不聞」，謂華嚴時兼别教明圓，大隔於小；「次教建立不融，大根都不用」，鹿苑時但化二乘，小隔於大；方等時「俱建立，以融斥不融，令小根耻不融慕於融」，謂對小明大；般若時「俱建立，令小根寄融向不融」，帶通、别明圓，

① 法華玄義卷一云：「開權顯實者，一切諸法莫不皆妙，一色一香無非中道，衆生情隔於妙耳。大悲順物，不與世諍，是故明諸權實不同。」諸佛示人無諍法，然衆生「情隔於妙」，故應機設教，説權實法，詮理相異，情解生諍。

但化菩薩。前四時教隨他意或自他意説，屬有條件的施設安立，非佛本懷。法華「正直捨不融，但説於融，令一座席同一道味，乃暢如來出世本懷，故建立此經名之爲妙」，「無復兼但對帶，專是正直無上之道，故稱爲妙法也」。（法華玄義卷一）法華所揭如來出世本懷，是不可思議不可言説的超一切條件之絶對，唯依於此，方能破一切執見，開顯一切法之真實義，因而奉作「能開之絶妙」。

「法妙難解，寄三以顯一耳。」（摩訶止觀卷五）三，約觀即三觀。初從假入空觀，此「假」即無量差別，一般執取爲實有，依空性觀之則成「幻有」或「假有」，通過對凡夫有執的否定，入於平等一性。入空有兩種方式，析空與體空，一拙一巧。析空即「色滅空」，析滅色後方達於空，初念是有，次念是空，色與空隔異。體空謂「即色空」，色之當體即空，空有一體，不待二念。次從空入假觀，此「假」爲觀空之時所照無量相，故與前「假」不同，屬法性色、建立假。二乘取證空性，菩薩修空觀爲度衆生，故進修假觀，入空出假。三教菩薩入空出假不同，如摩訶止觀卷六云：「通人出入，不能即中；别人次第出入，不能一心。圓人一心出入，亦能别出入。」通教菩薩入空出假但不即中，别教菩薩即中却待後心方達於中，圓教菩薩一心不存二念。三者中道第一義諦觀，藉空假二觀而立，具有破立之用，雙遮二邊，雙照二諦，如云：「前觀假空是空生死，後觀空空是空涅槃，雙遮二邊，是名二空觀爲方便道得會中道，故言心心寂滅，流入薩婆若海」，「初觀用空，後觀用假，是爲雙存方便，入中道時能雙照二諦」。（摩訶止觀卷三）三觀漸次昇進，謂之次第三觀，攝盡出世間三乘一切觀法。然二乘證空，通教根機退大取小，止於初觀，與後二觀相隔。别教菩薩初心不即中，後心方見如來藏具無量相，屬於歷時性的次第入中①。圓教菩薩三觀一心，初心便即空假中，不假次第，不隔故圓，不歷故頓，謂之圓頓止觀。依三觀立四教，初觀立三藏教、通教，次第三觀立别教，一心三觀立圓教。

約理即三諦。三觀差異由於解理不同，解理不同，則觀境有異。理由教詮，故觀還由教成立。三藏教詮「析空」，始於生滅事相。通教詮「體空」，直指無生之理。别教詮「但中」，次第詮理，明恒沙佛法以破恒沙煩惱，專於不思議事。圓教詮「不但中」，一色一香無非中道，一法具足一切法，直指不思議理。菩薩入空出假，即空假而入中，故攬假成三，揆三爲一，寄三以詮實相②，謂實相即空假中。空假中在前三教成縱横隔異之勢，屬有條件的因緣權説，至圓教則融通三諦而爲一諦，非縱非横，非一非異，諸三之異入於絶待，圓融無礙。一切法不出法性，故皆即空假中。如智者解性有三義，不改，即不動；性分，即種類；實性，即理性或佛性，「不動性扶空，種性扶假，實性扶中」（摩訶止觀卷五）。約心論，三心即

① 智者云：「次第三觀，二乘與通教菩薩有初觀分，此屬定多慧少，不見佛性。别教菩薩有第二觀分，此屬慧多定少，亦不見佛性。二觀爲方便，得入第三觀，則見佛性」，但「見不了了」。（摩訶止觀卷三）

② 攝嶺三論學立「言教二諦」説，由二諦悟入離言的中道第一義諦。與此不同，智者將中道第一義諦納入言説層面給予理解説明，即立三諦以詮實相。三諦依二諦立。於二諦，一般解空性爲真，言説差别爲俗。智者將空性視爲出世間法區别於世間法的根本標幟，但將二乘所見空界定爲偏真，佛眼所見方爲真空或第一義空。菩薩本諸内在的慈悲博愛精神，爲度衆生而修空觀，觀空不證，既而從空入假，以空假爲方便而入中道，見佛性。此乃立三諦之理據。如智圓述維摩經略疏垂裕記卷二云：「六界爲俗，二乘爲真，菩薩雙照，佛界即中。又六界通爲四聖之境，即因緣所生法也。二乘即空，菩薩即假，佛界即中，此三諦也。」

是一心，一心即是三心，非一非三而亦一亦三，不可思，不可説，論斷則不斷而斷，論證則無證而證，作而無作，無作而作，如此作意方爲妙解，方稱妙行。

法華玄義卷八云：「二乘但空，空無智慧。菩薩得不但空，即中道慧，此慧寂而常照。二乘但得其寂，不得寂照，故非實相。菩薩得寂，又得寂照，即是實相。見不空者復有多種。一見不空次第斷結，從淺至深，此乃相似之實，非正實也。二見不空具一切法，初阿字門則解一切義即中即假即空，不一不異，無三無一。二乘但一即，別教但二即，圓具三即，三即真實相也。釋論云，何等是實相？謂菩薩入於一相，知無量相，知無量相，又入一相。二乘但入一相，不能知無量相。別教雖入一相，又入無量相，不能更入一相。利根菩薩即空故入一相，即假故知無量相，即中故更入一相。如此菩薩深求智度大海，一心即三，是真實相體也。」此段引文立「具即」解「實相體」最爲詳明，將法性圓解説爲「不空具一切法」，或「具三即」。即義，智者、荆溪一般説爲「合」，四明所釋最詳，明確圓教即義爲「當體即是」，這裏由現代哲學語言不妨理解爲絶對同一，實踐上解爲「體證」、「體達」。二乘但具一即，謂即空。別教具二即，謂即空即假，而不即中。唯圓教具三即，謂即空即假即中。別圓二教菩薩同見不空，區別在於圓教菩薩「見不空具一切法」，三心即是一心，初後不二。據此比知別教菩薩「見不空」則不具一切法，初不具後，止於知無量相（亦一亦無量），不能更入一相。

實相即空假中，方法論上含遍破遍立二義，破則離四絶百，超言絶相，入於不思議境。雖不可説，由四悉檀因緣，四句不僅皆可成立，更是入實所必經之門。依不思議境立思議境，藉思議境顯不思議境。故云：「若弘餘經，不明教相，於義無傷。若弘法華，不明教者，文義有闕。」（法華玄義卷一〇）所謂「明教相」，即藉由五時八教相而顯示法華意旨。一代時教歸趣法華、涅槃，諸經皆佛心等流，是佛意的表達，而唯有依止遍照一切的佛智，諸經所詮的實義纔能顯露無遺，此即法華所蘊開權顯實之旨①。由弘法華須「明教相」之論，不難發現智者關於實相的圓談，無疑立足於對一代時教所詮義理的整體把握②。

（二）立門通妙

釋籤疏解玄義迹門十妙文畢，更立十不二門（釋籤第十四卷後半）總結會通十妙，進一步申論圓家妙義，前有序言，後有結語，可單獨成篇。

十不二門的主題，如序中說：「但直申一理，使一部經旨皎在目前」。「一理」即實相，諸佛親證，法

---

① 如釋籤卷一九解云：「若弘法華，須辨一期五時教相。説佛本意，意在何之？諸經有體，體趣何等？明宗明用，爲何所依？是故前釋宗用中云，用是宗用，宗是體宗，名總標三，教相判四。是故法華不明教相，使前四義冥無所顯，四義不顯，妙法難明。故不明教相，於理實闕。」

② 釋籤卷七舉「偏讚」、「偏申」例闡釋天台弘揚法華的原則：「今家章疏，附理憑教，凡所立義，不同他人隨其所弘偏讚己典。若弘法華，偏讚尚失，況復餘耶？何者？既言開權顯實，豈可一向毀權？施本爲開，開無異趣。世人解經，或添以莊儒，或雜以綺飾，亦不同諸論偏申一門，或復通論直申大小。今採以佛經申法華意，遍破遍立，明教指歸，餘意可知。」

華所揭，智者詮以空假中三諦圓融之絶妙，荆溪於此解以不二。文云：「爲實施權，則不二而二；開權顯實，則二而不二。」此由佛陀設教説，佛親證實相，方便顯實，對機説三乘法，至今經則會三歸一，導入唯一佛乘。自衆生禀教學佛論，抉擇法義，觀修自行，然由自身局限性而是己非他，形成聚訟，若尊依佛之知見，終歸圓通無諍。衆生之所以能體達佛境，在於理上與佛絶對同一，屬理之當然，心則爲衆生與佛之間的現實紐帶。因此心佛衆生三無差别教義作爲解行實踐的根本原則，必須給予詳細闡明。從法華玄義至十不二門再到指要鈔，無不以回答三法何以無差别爲懷。

以不二指實相，是由色心等二法説。如何將色心之二導入不二，一是仍就三諦三觀説，如類似色心不二門「非色非心，而色而心，唯色唯心」之表達方式，四明即約空假中解，當然亦可理解爲「不二而二，二而不二」；一是攝歸一念，如色心門「總在一念，别分色心」，内外門「外法全爲心性」，染淨門「迷悟縁起不離刹那」，依正門「依正既居一心，一心豈分能所」，權實門「權實相冥，百界一念」，受潤門「三千同在心地，與佛心地三千不殊」，皆由一念而詮不二。

一代時教旨歸法華，不出「一念三千世間即空假中」。摩訶止觀立一念三千爲不思議境。三千由十法界、三種世間與十如是構造而來，攝盡一切，當體即是法性，圓解亦可説爲即空假中。一念與三千，所指不出一多關係。從一出多，指前後相生關係爲縱，攝多歸一，指包含關係爲横。别則爲異，同則爲一。非縱非横，非一非異，超出所有知解分别，謂之不思議境。自三觀説，智者據中論析以總别二重。别謂空觀則無量相入於一相，假觀則從一相出無量相，中觀則非一非無量。總空觀則「一空一切空，無假中而不空」，總假觀、總中觀例此可知。總三觀因爲攝三千入於一念，三千當體即是一念，一即是三，無前無後，謂之「不可思議一心三觀」。（摩訶止觀卷五）因此，荆溪攝色心等差别法入於一念，由一心三諦三觀而闡釋諸二何以不二，實承智者而説。可注意者，當屬荆溪據「具三千」而明圓旨。如解三法何以不二無差别，端在各具三千，只是「佛果已滿，從事而説，已具十界；初地初住分具十界，乃至凡夫但是理具」，「並由理具方有事用，今欲修觀，但觀理具」。（止觀輔行傳弘決卷五）與此相應，解體爲全三千之體，如全性全修、全理全事等語，均指全體而言，指要鈔徑説爲「三千之體」。知見上爲防將一理解爲三千中的特殊一物，或獨立於三千之外的一，智者通常采用四句破方法表述爲「非一非三」，荆溪與四明則多采用全體或三千之體的表述。

佛教本來是實踐的。智者爲文字人廣釋法相，爲坐禪人明觀心之法，然關於法性的詮釋，若解若行，均不出佛化生命的實踐目的。荆溪「直申一理」，以此一理爲「十妙大綱」與「觀法大體」，四明解其述作之意在成妙解與成妙行，爲修觀故而攝三千入一念，令觀體得成。指要鈔「成觀體」之説，無非指妙解妙行之體而言，因爲解行於止觀實踐缺一不可。

十妙攝盡一切法，不出自行因果與化他能所。其中自行因果即一般所謂境行果，境行果當然爲佛陀悟後施設，然智者更立後五妙詮果後化他之相。荆溪立十門詮釋十妙，前四門依前五妙立，後六門依後五妙立。一般認爲果後方能化他，即後五妙後六門所詮。四明不允此解，認爲十門皆約初心修觀而説，理由是十門之設爲成觀體，「前四門爲十乘觀體，後六門爲起教觀體」，初心不修起教觀，果後無由化他。此則據因果一體原則，約止觀五章說，初心即能裂他網，自行與化他絕對同一。仁岳文心解序云：「歷觀荆溪著撰，尤得意於十門。辭實體要，覽之使人見佛慧之淵乎。」此言不虛。色心、内外、修性、因果、染淨等，亦爲智者所常談，荆溪拈出立爲十門，涉及觀境、修道、因果、染淨、佛身、佛土、說法等佛學主題，皆以天台實相說爲統領爲鵠的。十不二門這一短章，堪謂荆溪得意之作，由其常舉十門注解天台三大部可知，亦常用作詮釋天台實相、緣起、觀修、因果等思想，此或爲天台後學奉作津梁的緣由。

色心等十對相待之二，在知性分別上表現爲差别對立，然由皆具三千即空假中之圓理觀察，彼此貫通，互具互攝，不二義成。以現代學術思量，佛學思辨亦據因緣嚴明界限以區別認知諸法。色心之判，無異於心與物或人與自然的二元假設。但佛教義解並不取其中任何一元爲根本前提，而出於對佛境的信念，抉擇佛親證的法性理體爲究竟依止。偏此或偏彼，顯非真知。因此，立一體不二或即空假中的觀察之維，思量色心關係，應更接近實際。

(三)指要鈔及十不二門諸家疏

十不二門，首先由湛然門人録出別行，宋代天台學者奉爲經典，多有研習與疏釋。注疏可知者凡有十部，現存六部，略述如下：

(一)法華十妙不二門示珠指，二卷，源清述。據文末跋語，應撰於雍熙三年(九八六)，所依爲別行本或「檇李敏師舊本」。「檇李敏」即靈光洪敏，爲源清同學。「珠」字取法華髻珠喻。序云：「法王髻珠，靈山解賜。智者得已，轉示餘人。人有不見者，荆溪師指之令見。猶有不能隨指而觀者，故余今復指其指焉。」分釋題、釋文兩段。釋題中立「不二唯心實相」、「迷悟法界緣起」詮釋珠義，認爲此即法王所賜，智者所示，荆溪所指者。

（二）註法華本迹十不二門，一卷，宗翌（昱）述。據序，撰於咸平元年（九九八）。逐文注，尤專於名相解釋。宗昱爲第十五祖義寂門人，故文中亦舉師義。其釋「心之色心」句前心字爲「實相真心」，爲四明所駁難。由示珠指針對註的批評内容，註應在示珠指之前就已流通。

（三）十不二門指要鈔，二卷，知禮述，撰於景德元年（一〇〇四），内中議論主要針對上述二部而發。

（四）法華玄記十不二門正義，智圓述，大中祥符四年（一〇一一）撰，已佚，閑居編卷十收録序文。序謂：「蓋荆溪大師攬玄文教義入止觀行心，俾夫名字行人識法相之有歸，達造修之無滯也。」此即立十門總結十妙的用意。

（五）十不二門文心解，一卷，仁岳述。天聖六年（一〇二八）成稿，皇祐四年（一〇五二）定稿。仁岳卒於治平元年（一〇六四），早年師從知禮，後來發現所學皆非，撰文質難知禮立義，引起後山家山外之争。佛祖統紀將之歸入學不醇正的「雜傳」。就内容看，主要針對指要鈔立義而予以辯正。引灌頂「玄意述於文心，文心莫過迹本」語，謂十不二門聯結迹妙文與本妙文，故題爲文心。

（六）法華玄記十不二門顯妙，一卷，處謙述，撰於熙寧四年（一〇七一）。序中稱，舊解各持己見，莫衷一是，因而「專取文旨，再爲注解，目爲顯妙」。處謙，四明法孫，神照本如弟子，卒於熙寧八年（一〇七五）。

（七）十不二門圓通記，三卷，從義述，已佚。從義（一〇四二—一〇九一），廣智尚賢法孫，扶宗繼忠弟子，對四明「觀具」思想多有批評，佛祖統紀列入「雜傳」。

（八）十不二門樞要，二卷，了然述，撰於紹興八年（一一三八）。認爲「十門之作，正爲於觀」，故取「觀心乃是教行樞機」之旨，題爲樞要。了然，號智涌，知禮第四代法孫，屬神照本如系，卒於紹興十一年（一一四一）。

餘如慈梵述讀十不二門新注一卷，梵臻述十不二門總別指歸一卷，均不存。

結合宋代天台思想史，從立義上看，大致可分以上八部爲三系。源清、宗昱、智圓爲一系。指要鈔立義主要針對源清、宗昱，爲一系。餘四部作者在師承上均屬四明一脈，仁岳、從義對師祖之學多有疑難，獨立爲一系，至於處謙、了然，紹述祖説，可歸屬四明系。

從題中指要、示珠、正義、文心、顯妙、圓通、樞要等語看，諸師皆意圖正解，却未達成一致，致使這場追求客觀性的解釋活動延宕百餘年。三系解義，分歧嚴重。挑出問題給予質難，爲各部所常見，涉及題名、版本、文字訓詁、原理解析等。由於語境相同，又基於同一文本，增加了今人對分歧點及其根源的辨識難度。至於分歧原因，四明認爲源清等「不深本教，濫用他宗」。他宗指華嚴與禪宗，尤其是法藏述起信論義記所立真如不變隨緣義。可度謂：「始因慈光恩師兼講華嚴，以華嚴心造爲真心。自此奉先清師、梵天昭師、孤山圓師，謬有承襲，皆謂觀真。」（指要鈔詳解卷一）此爲觀心之爭的起因。因此需要結合整個中國佛學演進史，考量這場宗義之爭，纔會有盡可能如實的解讀與評議。

平心而論，山外師並非不熟悉自宗教典，釋文亦常以顯示圓融三諦、一心三觀爲懷。然而四明認爲他們偏離宗旨，從真性講起，把真如隨緣講成一理隨緣，把本來融爲一體的真妄對立起來，與此相應，勢必主張觀真心。山外師解義是否偏離智者意趣？若有所偏，偏到何種程度？這是我們爲解讀指要鈔及諸家疏提出的問題。如果在不偏離宗旨的前提下，藉用更爲明確的流行術語與原理詮釋智者教法，那麼山外師解義是否可以評價爲對天台思想的發展？當然，四明必不認同這一點。我們只想由此提示中國佛教解義思想的一個脉絡，即以離妄的真心爲樞紐，講實相、緣起、觀修等，自地論師，至華嚴、禪宗，漸成主流，最終爲後世學者廣泛接受爲不言自明的定論。以此爲參照，一方面，山外師的解釋努力，仁岳與從義的叛逆，變得容易理解，另一方面，反顯四明竭誠維護的智者教觀體系的真實意趣。基於自性清淨心而論實相，並選擇「知之一字，衆妙之門」爲頓悟入理之門，講求「靈知不昧」之自在無礙的觀境，至少在宗密以後逐漸固定爲佛教實踐的主流模式。這個簡化模式本身是自洽的，並且是以天台教觀體系爲發展環節的當然結果，只是後人安享成果時，會逐漸淡忘它所經歷的環節。猶如後人安享清涼時，往往忽略前人栽樹成蔭的過程。山外師的工作要把智者教法導向這個模式，如將一念解爲真心或靈知之體，如四明批判的棄假觀而取空中之遮。四明認爲，觀修實踐上，真性是觀成所顯，是果證，乃聖者緣境，非初心所能緣，勢必導致名字位人喪失入理門徑，且在義解上落入將理獨立於事的別教教道，因而主張回歸智者意義上的妙解與妙行。四明對智者教法純粹性的捍衛，勾勒出一幅驚心動魄的思想畫面，不僅針對山外師，也是對中國佛學路向的一次省思與批判。

遵式評價云，除疏釋原文外，建立別理隨緣，明示觀道所托，是指要鈔的兩大理論貢獻。依理起觀，以觀證理，理觀相資，因而這兩個問題其實爲一，圓理本義得以發明，觀修自然與之相應。別理隨緣與觀道所托，是時代逼出的兩個思想。針對山外師立義，將一念解爲妄心，揭明觀道所托爲刹那一念。傳講天台教法的複雜背景與現狀，首先是本宗講師的解釋，「事理未明，解行無托」，致使「荆溪妙解，翻隱於時；天台圓宗，罔益於物」，促成四明的危機意識。宗旨晦暗不明，勢必失去現實性，造成斷裂。爲維護宗旨的延續性，而批駁山外師之解義及華嚴與禪宗所代表的路向。

指要鈔在金光明經玄義觀心文存廢之争期間成書。景德之前，金光明經玄義有廣略二本行世，現存廣本下卷除辨體、明宗、明用、判教相四章一小部分内容外，幾乎全爲觀心釋名文。晤恩述金光明經玄義發揮記，專解略本，認爲觀心文爲後人擅添。弟子源清與洪敏又舉二十條理由證僞觀心文，題爲難詞二十條。胥山善信將之寄達四明，敦請評議。由此引發「往復各五，綿歷七年」的争論。最後四明總結往復書信，概括爲十條，題爲十義書，凡二卷。十義謂不解能觀之法、不識所觀之心、不分内外二境、不辨事理二造、不曉觀法之功、不體心法之難、不知觀心之位、不會觀心之意、不善銷文與不閑究理。指要鈔在十義書前二年撰成，内中於能觀之法、所觀之心、内外二境、事理二造等均作辨析，無疑爲十義書的總結明確了思想基礎。換句話説，四明從對十不二門的研思中，獲得了評判山外師解義的理論資源。指要鈔可以標誌四明思想的成熟與定型。

指要鈔的注釋書有無極可度撰十不二門指要鈔詳解，四卷。可度，四明第七代法孫，屬南屏梵臻系。詳解查證引文出處，集諸家異解，保存不少相關人物、地名與文獻等背景資料，如已經散佚的智圓述正義的觀點，及後來天台學者繼續這場討論的文獻，是研究指要鈔及宋代天台宗史不可多得的一部文獻。

討論主題除上述一念真妄、别理隨緣外，還有性具與性起、總别兩重三千及標題、版本等。這裏先將十不二門標題與版本問題附述於下。

如詳解云：「十門本出釋籤，初無題目。後人録出，各隨己見，以立首題」。若源清題爲法華十妙不二門，宗昱題法華本迹十不二門。知禮命爲十不二門，仁岳、了然承襲此名。智圓認爲行滿是湛然門人，所以違衆從古，依行滿涅槃疏私記題爲法華玄記十不二門，處謙襲之。源清示珠指謂：「有本題妙法蓮華經本迹十妙不二門，或法華本迹不二門，或本迹十妙不二門，或但稱本迹者，並後人增損，今所不用。」所立諸題，均取「十不二門」四字，至於「法華十妙」、「法華本迹」、「法華玄記」等爲十不二門所釋文，故以爲十不二門的限定詞。如四明謂：「此或以所通之義、所釋之文而冠於首，蓋不忘其本也。而盡是别録者私安，取捨由情，無勞苦諍。」所通義即妙，所釋文爲法華玄義迹中十妙文，旁及本妙及一部大旨。湛然疏法華玄義迹中十妙文竟，又以「十門收攝十妙」，更謂此十門以「不二爲目」。四明認爲，「十不二門」四字既爲作者自立，不妨依此立題。

題中「門」字以通爲義。四明認爲，湛然立十不二門，意在疏通境等十妙，所以區分能所，指十不二爲能通，十妙爲所通。有疑，不二與妙俱詮實相，皆爲能詮之名，又皆爲所詮之體，豈可指不二爲能、指妙爲所？四明答稱，這裏不就粗妙①、名體區分能所，但以廣略、難易分，概因十妙文廣、難入，湛然始立十門撮略其要，故就「以略顯廣、以易通難」而分能所，即以十不二門文爲能通，十妙文爲所通。仁岳認爲「當以觀行爲能，心性爲所」，舉法華玄義迹妙文後「凡有所説皆名爲粗，唯取悟理方名爲妙」語②，證門爲能通、理爲所通。另外，湛然立十門爲明「觀法大體」，若不修三觀，十門仍塞，所以判觀行爲能、心性爲所。文心解批評知禮之判「尚失於能，況得其所」，如此苛責，不免吹毛求疵。能所原爲一對思維範疇，所指豈能有定？四明已經明言不就粗妙、名體論，但就十不二門疏釋十妙文這一述作事實而論能所，有何不可？仁岳釋雖强調了觀行義，却反顯其偏指心性爲不思議境爲妙的主張。另外舉「凡有所説皆名爲粗」也不能證觀行爲能，畢竟入理之門除行門外還有教門。可度解門有「當體、能通二義」（詳解），門之當體即不二，詳析則以門爲能通、不二爲所通，究竟而言，能所一體。至於爲何但立十門，四明解稱，門從妙立，妙十，門亦十，「立門對妙」、「不虧本數」而已，原無深旨。

① 法華玄義明四教各有四門入實，謂「門名能通，理是所通」，據四教判，「自有能通粗、所通亦粗，能通妙、所通粗，能通粗、所通妙，能通妙、所通亦妙」。此中所謂門指教、行，各有四門，謂有門、無門、亦有亦無門、非有非無門，俱通於實相，故謂實相門。

② 法華玄義迹妙文凡分五章，謂標章、引證、生起、廣解、結權實。結權實文末云：「若取悟理者，理即非權非實，不見一法，空拳誑小兒。説權説實，是則爲粗。理則非權非實，是故爲妙也。」仁岳所引是此文。

關於十不二門版本，當時疏家有別行本、古本之説。源清釋文之先「平書本文」，夾注云：「此文已求多古本釋籤抹勘開即，仍與諸傳教碩德評定訖。今世有別行之本，其間二十餘字不同，蓋三寫成就耳。覽者未審，請徵古本釋籤對之，無致多惑。」（示珠指）跋語中又云：「二三道侣賫不二門別行本至，皆云此文訛謬多矣，幸爲辨惑焉。余因校據本宗，聊以消諸。學生聞已，恐有失墜，請編録之。余索（素）非筆削之流，尤慙環碩之學，但以宿發聞之於師，遂允所求，書之於紙。其科分節逗，即用檇李敏師舊本，不復別出。」可知當世已有兩種別行本。「今世有別行之本」，應指宗昱註所依本，爲當時流通本。如示珠指卷下：「別行本作空冥者，後人謬改耳，意謂冥契真空之理，故云惑絶。」註本即將「空名」作「空冥」。源清所依別行本，即「二三道侣」賫來本，與另一別行本有二十餘字不同。源清搜求多部古本釋籤予以校勘，寫定爲正本，「科分節逗」則采用「檇李敏師舊本」。指要鈔引山外師云「日本傳來別行十門，題云國清止觀和尚録出」，今本示珠指中十不二門原文亦與日本別行之十不二門義文字相近，推知源清所依或即此本。四明推測日本傳來本可能就是隨附示珠指傳到日本的源清定本，此説難以成立。最澄與圓珍入唐時均抄録十不二門別行本，如傳教大師將來台州録與智證大師請來目録，皆載十不二門義（一卷），後者綴署「妙樂」。圓珍入唐求法目録則題十不二門論（一卷），天台宗章疏載十不二門義（一卷），署「止觀和尚述」。凡此可證，十不二門在最澄入唐時已經別行，並題十不二門義。卍續藏經收録十不二門義，目録中署「唐道邃録出」，附有整理跋語，指出四明臆測之非。

日本所傳十不二門，以道邃爲録出者。佛祖統紀追奉道邃爲天台第十祖，却不詳其生平，僅記其二事，一是於大曆（七六六—七七九）中來佛隴依荆溪，二是貞元廿一年（八〇五），最澄來華，從道邃學，回國後創天台宗，尊邃爲初祖。最澄弟子圓仁來華時，與天台山禪林寺僧敬文晤談，敬文提到幼時隨師行滿見過最澄，却未提及道邃①。

總之，十不二門版本當時大概有三系：宗昱註所依本，爲别行本，録出者不詳；源清示珠指所依本，疑即流傳於日本的道邃録出本；指要鈔所依本，應自當時流通本釋籤中重新録出。此説尚屬推測，寫出以求正於方家。

三、性具與唯心

天台性具與唯心唯色之論，是四明解義與辯難的根本立場，這裏作爲解讀指要鈔的兩個學理問題給予討論。

（一）性具

性具觀念，常被視爲天台實相説的根本意趣，不少研究作品或直接題爲性具實相，或以之指謂天台實相觀。仁岳、從義嘗從觀心角度批評四明專約性具講一家境觀不出「有相」行，也有學者順着這一

① 圓仁：入唐求法巡禮行記，桂林：廣西師範大學出版社，二〇〇七，第二八—二九頁。

説法認爲由「具」講理乃自荆溪、四明始①。無論如何，指要鈔中頻繁出現的性具、理具、體具等語詞，表明四明確認性具爲智者教法的心髓，因而基於此而論性惡，判分圓理隨緣與别理隨緣，並以之爲甄别山外師解義的理據。因此，於性具思想，盡管現代學術已有詳細梳理，這裏仍加略述。

具謂具足，亦可解爲有，如「妙諦本有」（法華玄義卷一），亦可説爲妙諦本具，本具即性具。具是約性約理言，衆生未證理前，於事差别觸處成障，若解若行尚難具足一切。約理言，亦可説爲即理，一一法皆即空假中，與一心具三千意同。具、即之所論，無非指一與多的絶對一體性。四明約具論即，提出具與即之間的邏輯關係，認爲唯以一具一切爲前提，才能「當體即是」。

智者以「融通入妙」爲職志，既將隔異之一切有機地融通爲一，豈不論具？如云：「此三千在一念

① 如安藤俊雄著天台性具思想論（演培譯，臺北：天華出版公司，一九八九）、尤惠貞著天台宗性具圓教之研究（臺北：文津出版社，一九九三）、吕澂著中國佛學源流略講（濟南：齊魯書社，一九九一）、潘桂明著智顗評傳（南京大學出版社，一九九六）、王雷泉釋譯摩訶止觀（高雄：佛光出版社，一九九七），均以性具爲天台實相説的特質。陳英善認爲天台實相論是基於緣起、中道的建構，所以把對智顗思想的研究著作題爲天台緣起中道實相論（臺北：法鼓文化公司，二〇〇八），而把唐宋天台宗的研究論文輯爲天台性具思想（臺北：東大圖書公司，一九九七），導論中云：「天台智者的思想，是透過空、假、中之辯證張力來掌握理、事、性、心等，由理事的互動來顯示理、顯示事，但唐宋天台學幾乎不具備此即空即假即中之辯證張力，縱使論及『即空即假即中』，也只是在『具』的模式下來談，而成爲空、假、中爲理所具，或言理具空假中，而非由空假中之辯證張力以顯理。」並認爲由具顯理標誌着智者思想在唐宋時期的新轉向。

心。若無心而已，介爾有心，即具三千。」一心具三千，由「一心具十法界」爲起點演繹成立。（摩訶止觀卷五）前引「圓具三即」文，則由三諦説。一念三千與圓融三諦同屬不思議境。一念與三千，即一與一切，三諦無非即此關係而論，所以荆溪予以綜合表述，謂「一念三千世間即空假中」。因爲圓教講一心三諦，所以一念三千關係非縱非横，非前非後，非一非異，不可思議。具三千本身即不思議。如止觀卷五設問：「念性離，緣性亦離，若無緣無念亦無數量，云何具十法界耶？」答云：「不可思議無相而相，觀智宛然。他解須彌容芥，芥容須彌，火出蓮華，人能渡海，就希有事解不思議。今解無心、無念、無能行、無能到，不思議理，理則勝事。」將「具十法界」解爲「無相而相，觀智宛然」，確不可思議。三觀觀心，則一念具三千。如云「如實觀者，信心具一切相」，並舉面相爲喻，謂「人面色具諸休否，覽外相即知其内」，内即性，但闇者不識，占相者則知人面外具一切相。可知具就是法性。又云依不思議境「發誓乃至無法愛，何誓不具，何行不滿足耶？説時如上次第，行時一心中具一切心」。觀心是不思議境，即觀「一心中具一切心」。荆溪與四明「觀具」之説應本此而論。

學者謂智者由空假中「辯證張力」解實相，唐宋天台學者則由性具，這意味着天台思想的新轉型。此説尚可推敲。不僅因爲「辯證張力」一語費解，而且關於别教隔歷三諦的解釋已經涵蘊現代所謂辯證思維的三環節。智者綜合佛説而爲三諦，徵諸教典原無可疑，荆溪、四明豈能不知。然而别教亦詮三諦，區别但在於是否具三。境理若不具三，解行之三何以堪立？也談不上「辯證張力」。具三即或具三千之説，實爲智者所常談，荆溪約即不即、四明約具不具而分教殊，恰爲得意之論。

約理融通諸法爲一的極致表述莫過性惡説，可謂融盡一切差別對立於如來藏理。此説爲荊溪所發揮，視爲法性圓談的標誌，也是圓教無作修的理據，唯其性具善惡，方能不斷而斷，不證而證。如法華文句記卷七云「忽都未聞性惡之名，安能信有性德之行」，輔行卷五云「性德但是善惡法門，故不可斷，一切世間無能毀者」。另外，十不二門約理事、體用明十對之二的絶對同一，均基於「具三千」原理，理具三千故能顯現爲事造三千，體具三千故起事用三千，因此理事相即，體用不二。此等立義均爲指要鈔所深論。針對一理爲總事用爲別的解義，四明據「並由理具方有事用」（輔行卷五）説，立理事兩重三千各有總別義。智者解法華「一相一味」謂「一相即無住本立一切法」（法華文句卷七），荊溪注云「理則性德緣了，事則修得三因，迷則三道流轉，悟則果中勝用，如是四重並由迷中實相而立」（文句記卷七），後世稱爲「四句立法」。四明解云：初句正因爲本，緣、了爲一切法；後三句俱以性德三因爲無住本，分別以修德三因、三道流轉、果中勝用爲一切法。仁岳認爲此解混淆性修，致令「本末相紛」，而解初句以正因爲本，本具緣、了，謂性德三因；次句以緣了二修共發一性，謂修德三因；第三句以無明爲本，三道流轉；第四句以法性爲本，則果中勝用，如此則修性不相濫。關於「四句立法」，宋代天台學者給予相當關注。四明與仁岳之解代表了理解如來藏的兩個路向，也是四明立別理隨緣的思想背景。

如前引智者語，別人與圓人同見不空，圓理不空具一切法，別理則不具。具或不具，也就是四明所謂「全理」與「一理」。全理是具三千、具善惡之理，有總有別。一理則專指清淨之理，論總而不論別。如大乘起信論謂如來藏有不空與空二義，不空指具足無漏性功德而言，空指離妄念而説。仁岳之解顯然將一性爲總，事用爲別，並强調一性與事用的嚴格界限。四明着力駁難的正是這一立義，認爲此義及起信論所詮落入天台所界定的別理。約緣起説，四明認爲二理皆有隨緣義，然而一爲全理隨緣，一爲一理隨緣，前者約性具説，後者約性起説。

一般哲學觀點主張惡没有必然性，講性惡是否認同惡的必然性呢？天台通過修惡與性惡給予回答。四明述觀無量壽佛經疏妙宗鈔卷二解無明覆理起一切法，區分別圓兩種情形，謂別教所覆爲「但中佛性之理」，舉喻云：「如淳善人，一切惡事非本所能，爲惡人逼令作衆惡，故説善人爲惡所覆應須還用隨染覺性」，「圓人不爾，以知本覺具染惡，性體染惡，修即二佛性，故通別惑事業識等一切迷法，當處即是緣了佛性，豈有佛性更覆佛性」。如單純環境成長的孩子，不知有惡故常爲惡欺，若知有惡則不爲所覆。性惡指此説，修惡則不具必然性。當然四明所論還在顯示具即之絶對融通思想。

（二）唯心

智者云：「若圓説者，亦得唯色、唯聲、唯香、唯味、唯觸、唯識。」（四念處卷四）此在融通、圓頓義上説「唯」，與「一色一香無非中道」及「一心一切心」、「一陰一切陰」、「一入一切入」、「一界一切界」等所詮義同，意謂一具一切，舉任一法，都非與他隔異，而是遍攝遍入一切，一切法皆入一法中。指要鈔引此語駁難源清的唯心實相論，認爲（甲）境理上不僅唯心，而且唯色，實踐上方纔攝一切入心，即心作觀；（乙）即便唯心，亦非唯真心，而指事中一念或迷中一念，乃即理之事，唯其即理（即空假中），方可論「唯」；（丙）真心或靈知寂體，乃觀成所顯境，若唯真心，初心未顯，必不能以爲觀境，則法性圓談全成無用，故云「若也偏指清淨真如，偏唯真心則杜初心入路，但滋名相之境」。

相對後期華嚴、禪宗的唯心觀念，天台只在修觀時論唯心，實相論上並無此鮮明主張。於此，現代學者少有疑議。如來藏、自性清淨心，亦智者所常論。如果説天台唯心唯色説與華嚴、禪宗以真心爲起點成立一切的唯心思想存在邏輯關係，思想史維度的考察應能成立，那麽山外諸師從天台教典讀出唯心内涵就是發展而非誤判，四明的批判便有保守傾向。如果將二者區分爲如來藏的兩個解釋方向，且其中一個方向如四明所言將理孤懸事外，那麽山家山外之争的意義便非無關緊要。明末智旭致力於以天台教救宗門末流之弊，無非因爲宗徒執理廢事，初心不得其門而入。其實類似偏鋒在四明時代已初顯端倪。就後者觀察，可見四明維護圓旨努力對於佛教實踐的意義。

上田義文本諸概念思維的主客體維度評議大乘佛教思想，認爲天台宗視心是與色相對的一法，即將色心作爲平行的對象給予處理，選擇虚妄一念也不過是爲觀修方便，並不探討色與心的本質差異①。安藤俊雄認爲智者心具説但爲觀心方便，與唯心、唯識論者以真心、阿賴耶識爲本源生起一切現象（宇宙生成論或本體論）截然不同，荆溪的心具思想則有雙重性格，既堅持性具，又具有唯心論内涵，對山外師的唯心思想頗有影響②。

① 上田義文著、陳一標譯：大乘佛教思想，臺北：東大圖書公司，二〇〇二，第一六三頁。
② 安藤俊雄著、蘇榮焜譯：天台學：根本思想及其開展，臺北：慧炬出版社，一九九八，第三六八——三七三頁。

上田氏的主體思想出於西哲意義上的存在論、本質論、知識論立場，哲學上立主體（心）爲成立色法的邏輯前提，謂色即是心或唯心無色，由此達到對對象的本質性認知，而佛教本質就在於即此主體而達於無我的絶對覺悟。對這一詮釋方案，不宜斷然否定，應承認其現代意義，當然首先要判斷是否對天台思想有客觀把握。予以細究，智者並非没有涉及這樣的論題，但只是在思議境或因緣立法的論域中說。如對四悉檀因緣，心生、緣生、共生、離生一切法均能成立，四教各有四句，即任一句皆能入於離言法性，也就是即思議境入於不思議境，關鍵在於明確因緣。上田氏唯心無境、即心覺悟之論顯然可攝於其中。於中需要區分的是，西哲所論作爲構造一切法之思維前提的實體，黑格爾將之詮爲能思者，即主體，並由思辨理性給予規定與通達，在佛教則歸屬於因緣立法，但作爲因緣的法是非實體化存在；西哲以因緣立法，即對存在作純粹思維規定，論證人作爲主體的自由本質，在佛教則追求超因緣的絶對悟境；至於黑格爾憑藉辯證邏輯由有限規定而達於無限規定，智者講即分别達於無分别，則屬於人文價值層面的差異，前者是絶對理念、是神，後者屬佛之知見。因此，上田氏的現代詮釋是有意義的嘗試，在明確界限基礎上可以幫助打通佛學與西哲的知解壁壘。

但是智者爲什麼不從無境唯心角度而明體呢？上引「唯色唯聲」文爲明圓教四念處而說，内中由念處名義論及境智或色心關係，意在揭明依圓理修四念處之法。首先，四念處不出色心，據圓解，數成不思議數，一即無量，無量即一，一念具一切念及一切法，一微塵亦具一切法塵及一切法。如此融通一切而爲一，以此解導行，方與佛果之正遍知保持一致。其二，念名觀慧，處謂境，約實相或一實諦，融境智爲一體。智境在知解分别層面一能一所，克實而論，境即是智，智即是境，境寂照亦寂，智照境亦照，論寂則「一相無相」，論照則「無相一相」，境智不二，寂照一如，不可分别。其三，觀慧爲能，色心爲所，依圓解，「念只是處，處只是念，色心不二，不二爲二，爲化衆生，假名説二耳」，色心之二約立法説，爲著外色多者説唯心，爲著内識多者説唯色，欲界衆生多著外色，故説唯識，令其破外向内，「只觀一念無明心」。無論觀心還是觀色，皆須先開妙解，知「此心即是法性」，色亦即是法性，皆即空假中。其四，引天親區别分别識（識）與無分别識（瓶衣車乘等似塵識）、龍樹區别分别色（如説光明即是智慧）與無分别色（四大所造），明離色無心、離心無色義，謂若不作分别色與無分别色，亦不得作分别識與無分别識。於此四義，（甲）均由「實相即空假中」義貫通，一念無明心即是法性，無非指即空假中，如此觀心，方屬圓觀。（乙）妄法無體，以真心爲體，或唯能無所、唯識無境之説，知解上有歷别之嫌。智者對此應有警覺，如無論何處提及地論師「法性依持」説，總會提醒人們避免「執同性實」從而落入外道「冥初生覺」的錯解，事實上這種情況也確實存在①。如智者常藉别而説圓，講三諦圓融，打開妙解，思想發展進程中

① 如法華玄義卷九明别教四門入實義云：「别教四門，所據決定妙有善色，不關於空；據畢竟空，不關於有，乃至非空非有門亦如是」，「不得意者，作定相取，似同性實，殆濫冥初生覺云云」，「前三藏有門已破外道邪計先盡，次空等三門破邪則少；又通巧四門破三藏之拙，又别教之門破通門之近，已不與二乘共，何況外道冥覺而濫妙有？妙有依如來藏分判四門，何得同彼尼犍性實？如周璞、鄭璞名同質異，貴賤天懸。今時學地論人反道還俗，竊以此義偷安莊老，金石相糅，遂令邪正混淆」。

應以「法性依持」爲最近於圓談的一個梯級。法性依持說，從析法爲假實入手，即妄法無體，以真心爲體，智者不由此路，而明一空一切空，一假一切假，一中一切中，所言唯心唯色，實據此圓解而作修觀方便說。（丙）色不離心，心不離色，是描述，而非規定。描述屬理之實然，規定則立心爲邏輯前提，在天台謂因緣立法，爲理之展開，展開爲三千世間，通於上田氏所謂概念思維。華嚴、禪宗的唯心說亦約理之實際，然所持唯真無妄義，與上田氏所論近似。（丁）約攝法說，法華玄義卷二立一心攝一切法，十不二門「心之色心」與之同，四念處亦云「今雖說色心兩名，其實只一念，無明法性十法界即是不可思議一心」。色心無非一心，心是衆生與佛之間的關樞，「夫有心者，皆當作佛」（四念處卷四），立心爲本固無可疑。觀音玄義亦確「指心爲體」，如云：「體者，以心爲體。心覺苦樂，故以當體。譬如釵鐺環釧之殊，終以銀爲體質。六道之色乃異，只是約心，故心爲體也。」然諸文一般「雙取色心」爲體，如法華玄義卷二釋人天界十法，謂：「體是安樂色心。」又如摩訶止觀卷五謂：「如是體者，主質故名體，此十法界陰俱用色心爲體質也。」由心體說，可知山外諸師承華嚴宗講唯心並非無據，義解上顯然更爲確定簡明。由色心體質說，可見天台全一切法而爲一體的融通思想。

其實，於實相，智者少論「唯」，而詮以「即空假中」。即空故無量相入一相，即假故從一相出無量相，即中故非一非無量，一諦具三諦，三諦圓融，不可思議。論「唯」則意存相待、隔異、歷别，故唯心唯色，也只是爲觀修實踐計，無非將一具一切落實在一心具一切法或一色具一切法上，從而令解行有抓撓處。因此唯據妙諦圓理，方可把握天台「唯」之實義。安藤氏所謂荆溪唯心說的宇宙論意涵，本來亦蘊在智者因緣立法義中，四明解爲全理隨緣。至於十不二門門門攝歸一念而明不二，四明認爲是爲成觀體而説唯心。總之，天台據三諦圓融、一具一切而説唯心唯色，是約被機而論「唯」，具有針對性，尚非「隨自意」。據此可知四明之解爲正。

四、别理隨緣與觀道所托

别教理有隨緣義，觀道托於迷中一念，於指要鈔中初立並給予論證，屬於四明思想的兩個核心内容。二説雖直接由與山外師的宗義辯難提出，意在維護關於天台教觀思想的正解，但間接關聯到中國佛教觀修實踐的一個歧路。觀行托於迷中一念爲開端，四教並無不同，異在解理各别，因而立别理隨緣，不僅指斥山外師講真如隨緣落入别義，更指向佛法實踐的虚飄傾向。如自叙中稱，天台教學但以一念爲事理、解行之要，故先從一念説起。

（一）一念真妄之辯

天台一念爲真爲妄，智者已有明論，原無可疑。四念處卷四引大智度論解一法而有三名，謂「初緣心名念，次習行爲想，後成辦名智」，下文云「此之觀慧，只觀衆生一念無明心，此心即是法性，爲因緣所生，即空即假即中」。三名分别指謂觀慧的三個環節，顯然就事而論，由「只觀一念無明心」可確知所觀一念屬迷。對觀修活動做描述而説，因而能所均指一心，只是在對觀修活動做事後省思言説時，才分别能所，其實能即是所，所即是能，不可分别。簡言之，修觀無非是「智解導行」，以智解之心去觀察一切法，智解即關於境理的聞思，落實在觀心上，即觀「此心即是法性」，法性不出「即空假中」。智解之心亦在因位，屬迷屬事，但爲即理之事，是當體即理的圓解。一念具三千，諸佛已證，故屬事，衆生未顯，故在理。真心在果，即是佛心，於衆生心而言，還只是理，約理而説一念妄心「具三千」。唯（真）心之「唯」有遮無外境義，因此四明認爲一有偏指清淨真如之嫌，二有離事談理之偏，方才着力揭明天台一念是就因而論。

争論主要圍繞十不二門序中「一念三千世間即空假中」，及色心不二門中「既知別已，攝別入總，一切諸法無非心性。一性無性，三千宛然」與「心之色心，即心名變」等的注釋展開。其實在山外師的著述中，要辨識出一念爲真性之解，並不容易，因爲講「一念當體即是真性」本來無錯。源清解「一念三千世間即空假中」云「我之一念具三千法，彼彼一念悉具三千。地獄衆生無量一一三千，乃至諸佛無量一一三千，雖復彼彼無量，全我一念，非前後相，雖無前後，彼彼宛然，名不思議」，顯然於宗義無違，「一念具三千」亦確然就理而論。下文云「能如是觀一切諸法唯心無性名真性空，真空色名妙有假，唯一念心名不二中，是名一心三觀，故云即空假中」，內中「唯一念心名不二中」，不説「即」而説「名」，確有指一念爲性體之嫌，接近諸法以心爲體的唯心説。至於解「總在一念，別分色心」，則明言一念即一性：「總者，一念也，一性即一念也，一念靈知性體常寂。」解修性不二門之性謂「性即一念，德即法身」，可證四明説他解一念爲真性並非欲加之辭。而由「不二唯心實相」之説，及關於無住本、「心之色心」、三法因果的疏解①，基本可以判斷源清解一念爲真性並非没有自覺。此解並非個例，如宗昱註解「心之色心」之初「心」字爲「實相真心」，「色心」爲「諸法色心」，便藴有將真心區别於事相之意。於四明駁難源清、宗昱之後，仁岳文心解仍堅持「一念」及初「心」字「皆指心念之性」，處謙顯妙謂「心性之一變爲色心之二」，均指一念爲真性，以心性爲總。儘管指要鈔用很大篇幅予以辯正，顯然亦未能阻擋天台後學堅持這一解釋路向，足見唯真心論的影響之巨。

山外師的理解於文本亦非無據，如荆溪確實攝色心諸二入於一念心而論不二，且有「真、中唯心」之明文，於此作「不二唯心實相」解未必不可。然而説「此心即是法性」或「心即理」，及説「唯心」，均約理而説，指心（事）不隔理，或理不隔心，理是即事而論，更非指一法是理。若謂理實指一物，即「執同性實」，同於外道見，與别教理義絶然相異。如淨影慧遠起信論義疏云：「若通言之，諸法各有總别之義。然心一總者，心爲能知，法爲所知，故名爲總。」四明謂解一念爲真性落入别義，非指將理執爲實物，所以還是通過天台關於别圓二理的界説而判，别解在於空假中隔異，圓解在三諦圓融，差別在於是一理

① 示珠指卷上云：「當知諸法不二唯心，唯心無相，具一切相。」又云：「無住本者，即一念常虚寂體」，「是無住本具一切法，故稱法性，由性本具緣能生之，染緣能生染法，淨緣能生淨法」。解法華玄義三法因果之判云：「夫佛名真觀，生名不覺，心即生佛之心，非離生佛外别有心，但心爲生佛之本」，「心定因者，心非因果，約能造諸法判爲因也」。卷下解「心之色心」云：「心即真如，性不變也，之色心即隨緣也」，解「即心名變，變名爲造，造謂體同」云：「全真如變，色心不異本性，故云體同。」

（空、中），還是全理（空假中），此如下説。

與唯心實相説相應，源清傾向判（甲）心法非因非果，（乙）一念爲總，色心爲別①，認同（丙）真心隨緣變造一切法，（丁）觀行上以真性爲緣境，講求常遮常照、惺惺寂寂、靈知不昧的空靈體驗。這些都是世所熟知的教義，與天台宗義的差别常在魚魯之間，加之源清往往由性具講隨緣變造，若非四明予以提出與辯駁，天台宗義從此匯入唯心之流，亦未可知。

四明謂：「此師秖因將此一念約理釋之，致與一家文義相違。」違文，指要鈔舉證四例，涉及兩個主題。一是心造。法華玄義以三法攝一切法，並據因果分判，謂佛法據果，衆生法一往通因果，心法則據

---

① 地論師及華嚴宗人，多據大乘起信論指心真如爲大乘法體，明真如隨緣生起一切法，並以性理爲總，一切法爲別。起信論謂心真如「即是一法界大總相法門體」，一切法「唯依妄念而有差别」，並謂一切法從本以來離言説、名字、心緣等一切相，唯是一心。淨影慧遠起信論義疏云：「大總相者，心是能總恒沙佛法，攬衆諸法，以成總心，豈得不大？故言大總相。」又云：「依此心生種種法，故言法門體。」法藏大乘起信論義記解「一法界」云：「即無二真心爲一法界，此非算數之一，謂如理虚融平等不二，故稱爲一。」依止真心同樣可以構造出自洽的義解體系，且相對知性分别而言較性具義更爲簡明。此路佛學，智者判屬别教，並提醒學者存在執性爲實可能，荆溪所謂「偏指清淨真如」亦指此説。源清等解一念，論能所、總别，有意無意間受此路佛學觀念影響，將三法互具簡化爲單提心性，這正是知禮責其偏指偏觀的根由。

因①。源清既指心爲非因非果，則指心爲理，便約能造義消釋此文，謂心是能造，故説爲因，研修覺了名佛，故佛法定在果。四明責云，「果若從覺，因須指迷」，如此則因果或迷悟相對，方名分判。源清釋當然亦有相對，但取能所相對，即心爲能造，衆生與佛爲所造，内含「理能造事」義。華嚴「三無差別」偈，以心例佛，以佛例衆生，三法各有造義。四明認爲，如此解讀，三法無差別義才能成立。若唯指心爲能造，則於經義有缺，不能達成無差別義。關鍵在於理非能所，既指心爲理，又以心爲能，有自語相違之失。輔行解造義，云：「心造者，不出二意。一者約理，造即是具。二者約事，不出三世。」從事用明心造，又有三義：從心起三世一切法，依過去業起現在業，過去、現在造未來業，均不出十界；「現造於現」，將此心逐境起一切法；「聖人變化所造，亦令衆生變心所見」，此指感應道交。又謂：「並由理具，方有事用。」理非能所，造唯指事。因此，析造爲理具與事造二種，意謂事用上之所以呈現三世一切法生滅相以及「聖人變化所造」，從理上看在於此心本具三千。理上本具三千，略爲「理具」。理非實指，不是有一對象謂理，具足一切，約心之理或性説，正因爲理具三千，事上方能從心開顯出三千。心造唯指事造，事造之所以可能是因爲理具。如心造一切，佛、衆生亦造一切，以具三千爲媒介，三法才有同

① 釋籤注云，衆生法一往通因果，二往則局，不通於佛，但唯在因。佛法、心法不説一往，因爲佛法定在果，心法定在因。故此三法得名各別。又進一步約三法互具明確界限：「衆生身中佛法、心法猶通因果，況衆生名通，通凡通聖？若佛身中衆生、心法亦定在果，心法之中佛法、衆生法此二在因。」約事差別三法各別，約理則無差別，所謂「理體無差，差約事用」。

一性，三無差别才能獲得理解。指要鈔據輔行約理事釋造義，常説爲理具事造或性具修造，應有規避以理爲能造之難。源清指理爲能具、能造，衆生與佛屬事，但爲所具、所造，不僅心造、無差之文無從理解，而且從現代學術看，「理能造事」的表述方式，不免有將理做對象化理解的嫌疑。

二是理事相即。荆溪引入真如不變隨緣義，用以建構自宗的緣起説，既是山外師真心説宗義解釋傾向的媒介，也是四明區分兩種隨緣義的理論動力。止觀大意明上根觀不思議境，云「觀是能觀」，所觀是陰界入，不出色心，因爲「色從心造，全體是心」，由心造達三無差别，「如是觀時名觀心性，隨緣不變故爲性，不變隨緣故爲心」。金剛錍論無情有性，亦引此義，謂「隨緣不變之説出自大教」，「萬法是真如，由不變故；真如是萬法，由隨緣故」。四明舉二文，證心指即理之事，性指即事之理，認爲講即理，則一切法皆即理，或一切法皆如，不獨指心；講即事，則一切法俱爲隨緣之事，心亦包括其中。據此責源清「直指心法名理，非指事即理，生、佛二事會歸心故，方云即理，亦非當處即具三千」。源清思想，可歸入現代學術所謂心性佛學。一切法緣起生滅，性空無體，以心爲體，心體即真如、佛性。「唯心」之説指此，「唯」遣一切外境。由此確立「直顯心性」的觀修法門。四明説源清通過攝法歸心環節方成即理，應非謬指。同時也不是「當處即三千」，故不合「當體即是」義。不能「當處即三千」，則緣起論上得講依真如起一切法，落入「性起」觀，非如「性具」，講一切法當體即真如，真如當體即一切法。也就是説，依性起講，真如與一切法尚有隔，依性具講，則二者絶對同一。有隔，觀修實踐須或斷、或翻，世間法不得安立。絶對同一，則無此虞。

違義就觀行説。文爲能詮，義爲所詮，十不二門雖攝歸一心，意在成觀體（觀以不二或實相爲體），若解爲真心，初心則不得其門而入。因此，四明提出「若復指真如，初心如何造趣、依何起觀」的質問。並引法華文句記卷一「本雖久遠，圓頓雖實，第一義雖理，望觀屬事，故咸成境」語，證心屬事，故立「根塵一剎那心本具三千即空假中，稱此觀之，即能成就十種妙法」，解爲真性，則違作者立意，成有教無觀之失。

至於可否據永嘉集「一念者靈知之自性也」釋一念爲真性，四明通過疏釋文義，明斷玄覺所謂靈知一念指與妙境相應的一念，觀道所托仍爲剎那一念，因此認爲引此文亦不能證成天台一念爲真性。永嘉集所謂「即心爲道」，意指「尋流而得源」，流謂剎那一念，源謂心之本原、本性。四明據「剎那是三諦理」以釋，解脱論上則「不須專亡根境顯其靈知」，即爲圓斷圓證；「亦不須深推緣生求其空寂」，識陰「當體即是」三諦理，唯其如此，方爲圓頓止觀。永嘉集簡括止觀實踐原理，可證四明所解觀體。

總之，四明判天台一念即「根塵一剎那心」，約理當體即是空假中，約觀則爲觀道所托，據此，「總在一念」便是以事中一念爲總，「心之色心」則是「即事明理具」，謂剎那一念具足三千。

（二）別理隨緣

四明於指要鈔立別理有隨緣義，據別理隨緣二十問，起因在於安國師（生平不詳）之問：「別教真如不隨緣，起信真如能隨緣，未審起信爲別爲圓？若別，文且相違。若圓，乖彼藏疏。」在四明看來，此問因「泛學之者不知真如隨緣通於兩教」而發，涉及依化法四教如何判釋起信論問題。四明據文義判起信論通於衍門三教，認爲法藏起信論義記因爲不約性善性惡而釋所以落入天台別教義。然而學者據天台關於別教但中之理與一切法隔的界定，一般認爲別理不具隨緣義，因此，四明立別理隨緣，頗令學者「惑耳驚心」。

觀心之外，別理隨緣是山家山外之爭的又一主題。討論過程中，四明（甲）重申天台關於別圓二教的界限，即全理隨緣與一理隨緣的區別，（乙）區別如來藏理的兩種詮釋方式，即天台的性具説與華嚴的性起説，（丙）依天台判教理論判攝起信論，認爲華嚴所立始、終二教當於天台別教，（丁）指明山外師解義受華嚴宗影響，落入一理隨緣。

陳論四明關於別理隨緣義的證成之前，先略述智者與荆溪關於緣起的立説。

於立法或緣起，智者首先着重於方法論的闡明。實相即空假中，涵攝二乘所證空理、菩薩所入假諦及佛果中道，諸佛親證此理，故能赴緣被機開顯三乘、五乘乃至無量法門，衆生尚只能在知解上給予把握，而唯有達到三諦圓融之妙解，才能在觀行上與佛果保持一致，理解上依此理建立一切法。實相論也即方法論，破立周遍：以後破前屬漸破，「具三即」則爲頓破，破盡無餘；對四悉檀因緣，四句立法皆能成立，出世間三乘、世間善法乃至一切世間資生産業皆是佛法。也就是説，天台實相論，集破立、空有、遮照等於一體，融即無隔。若得此意，「俱不可説，俱可説」，然自立法言，智者云：「隨便宜者，應言無明法法性生一切法，如眠法法心則有一切夢事，心與緣合則三種世間三千相性皆從心起。」（摩訶止觀卷五）這一詮表在檢思「法性依持」與「黎耶依持」説基礎上提出，不允二説之「獨言」法性或黎耶爲依持，故言「法」或「合」。又因「獨言」，而將二説判屬別教義。荆溪約「因緣和合」解，謂「無明是暗法，來法於法性」，「是則無明爲緣，法性爲因，明暗和合能生諸法」（輔行卷五）。內中「法」可解爲順或取法。無論「法」還是「合」，知解上都須區別無明與法性爲二，另外，指法性爲因，也與法性作爲超因緣法的界定相違。於此須堅持「無明即法性」或無明與法性一體不二這一維度給予理解。然而大乘佛法以自利利他爲核心，處處講世間即出世間，所以還要做進一步辨析方可揭明「即」義。智者所揭「一念無明法性心」概念，本來蘊有無明法性一體之義，或者原本就是指「具三即」之全理而言。叙述上全理是通過界説別理揭示出來的，因此荆溪由「即不即」、四明由「具不具」而判教殊，闡釋別圓二教在實相論、緣起論上的差異，其實並未超出智者立義。至於以法性爲因，也可就「一體説」獲得解釋。講「一體」，則不將真如析出無明之外，而是「動静一如」，如智者「唯信此心但是法性，起是法性起，滅是法性滅，體其實不起滅，妄謂起滅，秖指妄想悉是法性」（摩訶止觀卷五）之論，謂起滅本身即是法性，至於竹中火性、地具桃李之喻，謂性是成物之性，非謂「性實」，以爲竹中有一實火在。如此解性，當爲天台、華嚴、禪宗等漢語系佛學所共許，所以四明認爲依「性起」講「即」，即義不成，連及門弟子仁岳都不能認同。

荆溪講立法，除依例疏釋「從無住本立一切法」、「如來藏爲善不善因」之外，創發處在於約四教解華嚴心造義，尤其是將大乘起信論的熏習説，及法藏述起信論義記中所立真如不變、隨緣二義，納入天台教説，然均依例結合別圓二教的區分給予解説。

真如是無爲法，無疑有不變或不改、不動義，至於隨緣義，則屬如來藏系佛學區別於般若系、唯識系的一個核心思想。緣有染淨，真如原無生滅，由染淨緣而現起染淨諸法，意謂三千之起皆由性成，有其内在根據，探討的是由不變至變或由静至動的轉化原理，仍然不出真妄之辨。十不二門約修性、理事、體用之辨給予説明。如染淨不二門立染淨緣起，真如依染緣起染用，依淨緣起淨用，謂之「舉體成用」。但純屬描述性説明，指果後化他之用而言，佛親證實相，赴緣度衆，以衆生根機差別爲緣而立十法界法，衆生亦依内在的理體感得種種法。在此意義上講真如有隨緣義並不難理解，問題在於知解分別層面的規定性説明，難免將真如假設爲邏輯起點來成立善惡諸法，從而導致種種理解困難，如既界定真如爲無爲法，若説爲「性因」則成有爲法，自語相違。因爲隨緣義既爲如來藏系佛學所共許，所以毋須討論，討論的是關於隨緣的兩個理解。

四明立別理隨緣，文證主要取自荆溪著述，理證則據別圓二教俱詮佛性説比知。

首先，明確別教的同一性。智者界説別理，常舉地論師的法性依持與攝論師的黎耶依持二義。前者講隨緣，没有疑問。法藏説唯識真如「凝然不變」，無隨緣義，起信主「理徹於事」，故有隨緣義。有些天台後學不免混淆，認爲隨緣是圓義，別教但中與事隔，不具隨緣義，由此亦將地論、華嚴一系佛學擬配天台圓解。因而四明在天台語境中證成別理隨緣，確有理論必要性，但隨緣不僅指起信真如，亦含唯識真如，如云：「若不談體具者，隨緣與不隨緣皆屬別教。何者？如云梨邪生一切法，或云法性生一切法，豈非別教有二義邪？」（指要鈔卷下）論佛性而不談性具，俱屬別教，而不約是否隨緣判分別圓。由此句文義看，四明認爲天台別教含二義，似乎主張起信真如隨緣，唯識真如不隨緣，然別理隨緣二十問力證唯識真如有隨緣義,這是四明著文的矛盾處。唯識學據「性相永別」立説,顯然法藏之解爲是。四明證唯識真如隨緣,少引唯識教典,多據理推,與唯識學立義不符,或因强調別理之隔與不談體具的共性,傾向二説在隨緣義上的一致性,然不免混淆起信與唯識之嫌。

其次,依「具」成立「即」義。指要鈔提出即義三解,謂「二物相合」、「背面相翻」、「當體即是」,堪稱經典。第一解即爲合,無明與法性爲二物,建立的是外在關係。第二解即爲一體二面,無明與法性依然成隔。修道論上須斷無明或翻無明方證法性。「當體即是」意謂無明與法性純全一體,於無明不斷而斷,修成無作。此義依「性具三千」成立。也就是説,染淨一切法皆内在於性,由性本具,如此則無明絶非外在於法性,在此意義上方可説「當體即是」。反之,前二解不基於性具,雖説即,但即義不成,不能稱爲圓解,仍屬別教。荆溪「全性」、「舉體」之語,四明「三千之性」、「三千之體」之説,均是對性具的詮表。

其三,釋因果不二門文中,四明界説別理隨緣義云:「他宗明一理隨緣作差別法。差別是無明之相,淳一是真如之相。隨緣時則有差別,不隨緣時則無差別。故知一性與無明合方有差別,正是合義,非體不二,以除無明無差別故。」與此相對,「今家明三千之體隨緣起三千之用,不隨緣時三千宛爾,故差別法與體不二,以除無明有差別故」(指要鈔卷下)。於此可知四明立理事各有總別之意,源清、仁岳等理總事別之説恰當於別教一理。指要鈔引兩段荆溪疏文,一約別教無生智,一約別教發心境,證別理有隨緣義,均緊扣具不具、即不即、斷不斷而説。

智者明別教無生觀云，先於十法界因果「分別無謬」，自正或正他，皆令「九因果不生，一因果生」，再修三觀斷三惑，「依於法界行菩提行，次第用析體觀智，斷四住生令不生；次用恒沙佛法斷客塵煩惱，令無知不生；後用實相智慧斷無明，令根本不生」（法華文句卷一）。這是關於別人次第三觀的常見表述。首先，上界與下界隔別，故自行與化他，皆令下界不生上界生。其次，以法性爲主無明爲客，故次第斷結，至修假觀，始見如來藏具恒沙佛法。荆溪約十界相隔解別教觀境，謂「通以迷悟、事理、始末、自他同依一法界也，真如在迷，能生九界」，又「指果佛爲佛法界」，加上佛法界，總説爲十法界。就一理而分迷悟，迷爲九界，悟則成佛，九界與佛界不即。即「別人覆理無明爲九界因」，因而自行化他的修行實踐「皆須斷九」。「真如在迷，能生九界」，或別理爲無明覆而生九界，正是別理隨緣義。又云：「以別教中無性德九，故自他斷，別修緣了而嚴本有常住法身」，「依境起行，亦指但理爲九界覆而爲所依，法界秖是法性，復是迷悟所依」。「無性德九」相對圓理而説，圓理具緣了性，別則不具，須藉緣了二修而顯一性，即須斷九界達佛果。據此揭明別圓二教境觀之別：「於中亦應云從無住本立一切法，無明覆理，能覆所覆俱名無住，但即不即異而分教殊。今背迷成悟，專緣理性而破九界。」（法華文句記卷一）別圓二教俱以十法界爲觀境，俱講「無住本」，但別教將無明與法性分隔而説，二者不即，觀修上亦「專緣理性」以破九界，破盡方圓滿佛果。另外，真如是迷悟依，結合如來藏論，即爲如來藏依持。智者明別教有門觀境，云：「如來藏者，乃名爲妙有，有真實法。如此妙有，爲一切法而作依持，從是妙有出生諸法，是爲所觀之境也。」（法華玄義卷八）以妙有爲境，即荆溪所謂「專緣理性」，因爲理隔於事，次第破生死色、法性色，方始通中①。觀境性質導源於發心境。

內中「從無住本立一切法」（出維摩詰經觀衆生品），爲解經家所喜談。於「無住本」，凡有空、阿賴耶識、真心、無性之理等不同解釋，最能反映諸系佛學的各别意趣。實相爲諸經之體，故天台解爲實相，或名性、理、體。順經意，一切煩惱既以無明住地爲本，遂指無始無明爲無住本，唯佛能斷。無明以何爲本？「無明依法性。」然法性非離無明而有，故「法性即無明，無二無别」。若法性與無明不即，各各自住，非相即相依，則有二本之嫌。所以智者斷云：「説自住即别教意，依他住即圓教意。」（維摩經略疏卷八）准荆溪解，「自住」指法性與無明體别，或無明爲自，法性爲他，「離煩惱外别有法性」，或法性爲自，無明爲他，「離法性外别有煩惱」，此「二自他，並非圓義。以其惑性定爲能障，破障方乃定能顯理」。「依他」指法性煩惱「更互相依，更互相即，以體同故，依而復即」。雖「俱云自他」，但「由體同異，而判二教」。（維摩經疏記卷三）此段判分二教最爲明顯。儘管别教亦有「依他」（隨緣）義，但法性在煩惱外，煩惱無體，以法性爲體，雖明依法性起一切法，却屬四明所謂一理隨緣。

智者論别教發心境云：「秖觀根塵一念心起，心起即假，假名之心爲迷解本，謂四諦有無量相」，「心

① 據法華玄義卷九，「别門體滅生死色，次第滅法性色通中，不得意多諍；圓門即生死色是法性色，即法性色而通中，示人無諍法」，雖俱通中，别因不即故須次第滅，若不得意，易「作定相取，似同性實，殆濫冥初生覺」。圓理的融即性質可對治這一偏鋒。

構六道，分別校記無量種別」。（摩訶止觀卷一）荆溪引楞伽（宋譯本）「如來之藏是善不善因，能遍興造一切趣生」語解云：「即理性如來爲善惡本，應以十界互爲善惡」，又引大智度論池水喻，謂：「如大池水，象入則濁，珠入則清。當知池水爲清濁本，珠象以爲清濁之緣。」（輔行卷一）如來藏爲無明所熏而有阿賴耶識，漸被後世接受爲究竟極説，在天台則屬別教。

上述兩段荆溪疏文，正是指要鈔引爲別理有隨緣義的證據。智者判分無量與無作四諦，謂由於迷中重，無量四諦從事得名，「苦有無量相，十法界果不同故；集有無量相，五住煩惱不同故；道有無量相，恒沙佛法不同故；滅有無量相，諸波羅蜜不同故」，迷中輕，無作四諦從理得名，「以迷理故，菩提是煩惱名集諦，涅槃是生死名苦諦；以能解故，煩惱即菩提名道諦，生死即涅槃名滅諦」。（法華玄義卷二）據此可知，別教所詮在於事相分別，在從假入空觀基礎上，由如來藏具無量功德教義，進修恒沙佛法以破塵沙煩惱，最終通達中道。圓教則詮色香中道，一一法無非法性，當體即理。荆溪約「即不即」而判分二教，顯然與智者意趣深相符契。「覆理無明爲九界因」與「緣理斷九」，皆約無明與法性「不即」而立，亦深得如來藏依持及次第斷惑之本意。這裏均未提到隨緣，但不離如來藏緣起義。

荆溪約即不即、體同異判分二教，不違智者，更是四明區別二種隨緣的依據。與荆溪不同，由於他宗一理隨緣的義解系統亦甚談無明即法性，所以四明進而約「具不具」判分兩種隨緣義，認爲不明性具，即義亦不能真正成立。

其四，別理隨緣二十問，回答華嚴大乘終教是否同於天台圓教的疑問，同時論證唯識真如有隨緣義。四明認爲，終教依清淨真如説隨緣，正當於天台別教，由於賢首持唯識真如不隨緣，其論隨緣只是「別教一途」之説，尚非就「通方別教」論。因此四明實是在「通方別教」前提下證成唯識真如有隨緣義。據荊溪「自山家教門所明中道唯有二義，一離斷常屬前二教，二者佛性屬後二教，於佛性中教分權實故有即離」（輔行卷一）之判，謂別教中道既名佛性，則有覺知，有覺知則必隨緣；若「中理頑騃」而無覺知，加之性以不改爲義，因位無覺知，至果方有，則有改轉，便不宜名爲佛性。真如爲佛性異名，故有覺知，乃諸家所共許，加之若依真如不離識、清淨種子本有等唯識義理，此證亦可成立。餘則俱依通方別教説，如賢首以唯識宗「齊於業相」，「未明業相與真如同以一心爲源」，凝然不變，然若依荊溪「理性如來爲善惡本」之別教界説，理當「同以一心爲源」，則亦有隨緣義。

四明謂起信通申大乘三教，賢首釋「雖用圓名而成別義」，因爲彼云「真如隨緣作一切法，而真如體性常不變」，却又説「無情唯有法性而無佛性」，仍存無情有情隔別之義。（天台教與起信論融會章）不僅如此，華嚴圓教由於不論「理具諸法」，亦不同於天台圓教。（別理隨緣二十問）真如隨緣，在華嚴亦可説爲性起，即依體起用①。體指起信論所詮大乘體，即爲真如，「凡聖、染淨皆以爲依」。一心爲宗本，大乘三大義

---

① 如法藏修華嚴奥旨妄盡還源觀卷一解「性起繁興法爾止」云：「謂依體起用，名爲性起。起應萬差，故曰繁興。古今常然，名爲法爾。謂真如之法，法爾隨緣，萬法俱興，法爾歸性，故曰性起繁興法爾止。」華嚴經義海百門卷一云：「通性起者，謂塵體空無所有，相無不盡，唯一真性，以空不守自性，即全體而成諸法也。是故而有萬像繁興，萬像繁興而恒不失真體一味，起恒不起，不起恒起。」

即此心而顯。「心通染淨，大乘唯淨」，心體唯淨義，是賢首釋論思想的中心。相大、用大對染而成，然依體所起相、用亦必爲「無量性功德」及純善大用，如此方能體相不異，體用一致。（起信論義記卷上）因此，真如門「不簡染淨及其相用，唯是其善，不通不善」。若真如外別有無明爲不善體，必有二過，一「同於外道執冥性常」，即以無明爲自有，「不從因生」；二「衆生畢竟無有得解脱義」，即執無明自體，常則不可斷。另外，不善法亦不能作爲真如相用，否則必致因果錯亂，善因應得苦果，或聖人證真如還起不善業。儘管如此，不善仍用真如作體，由於違真與真不相應所以名爲不善，「又由違真故不離真，違真故不是用也」。（起信論義記別記）違、不相應、不離之詮，蘊有真妄相待義，因爲相待，方論和合。染淨法同以真如爲體。真如與淨法作體，易於陳述和理解。與染法作體，頗不易説，一般表述爲「不染而染，染而不染」。因爲立一「自性清淨心」前提，染用與淨體相待而成。據此考量，正好落入上界與下界成隔或「體異」的別教義，四明斷爲「一性與無明合」，「非體不二」。自因果、修性關係看，「以彼佛果唯一真如，須破九界差別，歸佛界一性故」，故他宗雖明即但「即義不成」。（指要鈔卷下）

智者、荆溪雖亦説「無明法法性」、「無明與法性合」，然依「具三即」之實相論，惡亦内在於性。此説蘊有二義。一者性惡約不動、未發而説，所以佛界具下九界，非指佛界之惡還能發動。二者性惡發動，外化於事，即爲修惡，但於佛爲淨用，於衆生是染用。三千事相之法皆内在於本具三千之理性，唯其理具，方有事用，如此理事才能真正相即。四明依理具事造講全理隨緣，並立理事兩重總别，其意在此。依「一性」或「一理」立一切法，指性爲純善，但在隨緣時存在種種可能，既有佛界之純淨，亦起下九界之染淨對立。四明依别圓二教之界説，揭示兩種隨緣義，理論意義明顯。然而雖强調賢首立説，亦是「各逗機宜」，但難免爲維護天台解義而辯之嫌。起信論立義，已被接受爲定論，天台後學亦不例外，奉爲圓解，如此始有山外師以理爲清淨及理總事别之論。仁岳雖不捨理具義，但亦取此説而指師説爲非，遂從容改轉，並認爲四明之辯存有意氣，如云：「今有傳山門教者，確執具義，彈射華嚴、起信宗師，謂無圓滿之解者，一何傷乎！況彼宗法性，圓融具德，真如隨緣，即義漭然」，不過亦認爲「未如天台委示理具善惡之性，抑同别教，殊昧通方」，更引荆溪「弘法利他之功不補非法毁人之失」語指責乃師。（十不二門文心解）

别理隨緣義出，慶昭門人永嘉繼齊撰指濫，嘉禾子玄應智圓之請撰隨緣撲，天台元穎撰隨緣徵决，紛紛彈駁，四明立别理隨緣二十問予以回應，仁岳則撰别理隨緣十門析難書代師總破。凡此説明，這一争論已成當時一大思想事件。如智圓在與嘉禾玄法師書中云：「有四明知禮法師者，先達之高者也，嘗爲天台别理立隨緣之名，而鯨吞起信之義焉。有永嘉繼齊上人者，後進尤者也，謂禮爲濫説耳。繇是並形章藻，二説偕行，如矢石焉。杭諸宗匠，莫有評者，翾爾學徒，甚以爲惑。矧兹争論是佛境界，惟法師業天台之道，窮理盡性，傳起信之義，微顯闡幽，庶幾乎用爲法之心詳其得失，揮彌天之筆定彼是非，俾無窮之機識正真之路，是所願焉。」（閑居編卷二二）凡所議論，不出上説，兹姑不贅。

（三）觀道所托與止觀實踐原理

止觀實踐，涉及超驗心理及特殊調心技術，這裏難以説明與評論。觀心議題，四明於指要鈔成書後二年撰寫的十義書中作專門解析，並説明一般原理及方法。此下但據指要鈔綜述天台學者對止觀實踐原理的解釋，包括觀道所托、即事顯理、能觀所觀、三種止觀相、理事二觀等。

所謂觀心，即佛教不止於理論探討，如説食不飽，還須以所領解的佛理觀察現前一念，發掘身心潛質，生起洞明心性的智慧，從而伏斷煩惱，實現覺悟解脱。這是一個自我拯救的靈性活動過程。智解導行，行以證解，天台以是唱解行相資、教觀並重的實踐原則。解而無行，替他數寶，於智慧生命無補。廢解偏行，則盲禪暗證，不免怪力亂神。觀修以悟入佛之知見爲究極，於此非大開圓解不能成辦。圓解則會三歸一，實相即空假中，不落對待之二念、次第之三念，一心三諦三智三觀，如云：「於一心宛有三用，所謂空者一切皆空，即三觀悉彰破相之用也；假者一切皆假，即三觀悉明立法之功也；中者一切皆中，即三觀悉是絶待之體也。是則終日破相而諸法皆成，終日立法而纖塵必盡，終日絶待而二諦熾然。」（法智復楊文公書，見教行録卷五）如此方稱圓頓止觀。若非深研經教，義解純熟，圓解難開。多聞熏習，解理至極，則疏滯通塞，一切融即，觀心之時毋須以此一疑彼一、由此念入彼念，因爲一切念即一念，一念即一切念，非一念非一切念，不落階級，號之爲頓。

觀道托於現前一念方寸之心，具如（一）述。因爲佛法太高，衆生法太廣，但觀己心則爲易。所以四明解十不二門爲成觀體，故攝色心等二入於一念而成不二，三法各具三千，但取心法三千而爲觀體。「能觀心性名爲上定」，觀心非自足於當下一念，而是繫念法性，觀心是不思議境，依於此理，令心安住於妙諦。荆溪謂「但觀理具」，無非指觀一念三千即空假中之理。四明謂因位之心在事屬迷，觀此心無非是要即事顯理。若以真心爲所觀，則「初心無分」，但杜初心入理之門，且未免高推聖境之病。若以圓談法性爲觀心，則成有教無觀，「但滋名相之境」，將法性圓談流於口説。

然而觀境之説，不正是以不思議境爲所觀嗎？爲此，四明引摩訶止觀用兵喻，又説打鐵喻，立兩重能所。第一重，不思議境爲所，觀智爲能。第二重，境與觀爲能，識陰爲所。玄義卷三智妙文云：「至理玄微，非智莫顯。智能知所，非境不融。境既融妙，智亦稱之，其猶影響矣。」境智相對，智爲能知，境爲所知，如身與影、聲與響。約觀論，即三諦爲所，三觀爲能。止觀示十境十乘，十境爲所觀，十乘爲能觀觀法。第一觀陰入界境中，揀取識陰爲觀境，輔行備釋，撥棄心所，取心王爲所觀。觀心十法第一謂「觀心是不可思議境」。輔行謂觀法雖十，「但是一不思議觀觀不思議境」。四明辨析兩重能所，重心在第二重，指示刹那一念爲觀道所托。意識活動乃一時間性過程，前念滅，後念生，念念相續，約事並不能指出哪一念爲所哪一念爲能。爲辨明此事的性質，須進入反省階段，遂在言説分別層面區分能所。指識陰爲所觀，而所觀之識，無非就是關於某物的心識，因爲根塵相對方能起識。能觀亦是識，但用識的智解、觀照力爲能觀。也就是説，能觀之心已是圓解三諦之心，此妙解心能以三觀觀照一切法。一心三諦是境，一心三觀是觀，境觀不分而分，謂之境所觀能。境觀一體，堅持用不思議境觀熏修妄心或觀照此心，則轉妄成真，明見心性。圓教的三諦三觀，已非知性分別所能理解，所以名之爲絶妙。但是一般觀行原理，乃經論所常示，亦不難領解。圓頓止觀不違一般原理，但後學在解釋過程中，難免將不思議境對象化的傾向，既作爲知解亦作爲觀的對象，如此則將真理獨立於事，成爲所解所觀。有鑒於此，四明竭力將天台教典的事理互融互收之義重新詮出，融理於事，指刹那一念爲觀道所托，以發掘並維護教觀並舉的實踐意趣。如果山外師將妙解之心説爲能觀，此時能觀即爲真心，亦無妄心可立，那麽四明的批判是否繼續有效？據知禮解義，初心行人雖發妙解，真性未顯，妙解之心仍在因位，約理本具三千，約事不離於妄。因此，即便如此改轉，亦難避批判矛頭。

解一念爲真性，又以「靈知不昧」之禪修經驗，及「直顯心性」之方法，注釋天台觀心，正是四明對山外師的不滿處。爲證成此説，山外師嘗引三種觀相①文。如於金光明經玄義觀心文存廢之爭中，慶昭謂十種三法圓談法性，毋須附法觀心，四明斥爲有教無觀；改轉云純談法性即是理觀，四明斥爲有觀無教；又轉云直顯心性，義同理觀，四明責云，荆溪判心法定在因，而慶昭既持十種三法是果佛所證，應非直顯心性。慶昭又謂約行須立陰入界境，揀識心爲所觀，附法、托事則毋須立陰入爲境，四明則認爲附法、托事二觀同樣須依陰入境。（四明十義書卷上）

針對山外師理觀之説證成觀真心，四明則解析二觀之義予以辯破。荆溪於輔行、止觀義例中引

---

① 荆溪於止觀義例區别三種觀相，謂約行，即十乘觀法，摩訶止觀詳示，於萬境而觀一心，附法、托事則攝法相、事相入心作觀，指法華玄義及文句解法相、事義後所立觀心釋。十乘專行，須揀境觀心，玄疏不詳，但列其名，觀心釋則屬附法、托事觀，講求「即聞即修」，秉持教觀一體原則，防止將義解獨立於觀行的説食不飽傾向。三種觀相用以總結三大部所明觀心法，將摩訶止觀約行示十乘觀法與玄疏中所明觀心法予以區分。

占察善惡業報經實相觀、唯識觀①教義明事理二觀，如義例卷上云：「十問：諸文皆云色心不二，若欲觀察，如何立觀？答：心色一體，無前無後，皆是法界。修觀次第，必先内心。内心若淨，以此淨心歷一切法，任運溜合。又亦先了萬法唯心，方可觀心。能了諸法，則見諸法唯心、唯色。當知一切由心分别諸法，何曾自謂同異？故占察經云：觀有二種，一者唯識，二者實相。實相觀理，唯識歷事。事理不二，觀道稍開。能了此者，可與論道。」與山外師辯觀心，四明常引此文明天台觀道所以，十義書中還對之做詳細夾注。理事二觀常用以區分四種三昧，前三種觀理，隨自意歷事。唯識觀「專照起心」，「起心」即事差别，通於附法、托事二種觀相。無論理觀事觀，俱依實相爲正體。觀照諦理，三諦圓融，理具三千，不可思議，是謂理觀。於事造三千，隨起隨觀，無論善、惡與無記，四運推檢，三觀觀之，謂之事觀。雖分事理，實則不二。如荆溪云：「四種三昧皆依實相，實相是安樂之法，四緣是安樂之行。」（止觀義例卷上）占察經所説與起信論無異。觀察一切法，「知唯是心」，即唯心識觀。真如實觀則思惟心性，離一切妄念。據此，似可解理觀爲觀真心。但四明認爲，理觀之理乃即事之理，不宜偏指。如荆溪云：「事理不二，觀道稍開，能了此者，可與論道。」（止觀義例卷上）

① 占察善惡業報經（菩提燈譯）：「若欲依一實境界修信解者，應當學習二種觀道。何等爲二？一者唯心識觀，二者真如實觀」，「學唯心識觀者，所謂於一切時一切處，隨身口意所有作業，悉當觀察，知唯是心」，「若學習真如實觀者，思惟心性無生無滅，不住見聞覺知，永離一切分别之想」。

總之，四明認爲，（甲）初心修觀的立足點在於當下剎那一念。若將一念解爲真性，則觀心即成觀真心，即以真性爲所緣境。於初心而言，真性未顯，斷不能爲所緣。同時必招圓頓止觀法門被機不周的質疑。若以真理爲所緣，則落入荆溪所謂「偏觀清淨真如」或「緣理斷九」的别教義。然而自博地凡夫至别教教道，在圓教參照系中，皆屬「背性」。（乙）圓頓法門亦以繫緣法界或一念法界爲基石，但非清淨之理，而是即事之理。若解若行，俱約即事之理而論，觀成理顯，方始轉染成淨。因此，「一念性體靈知」説，在四明看來，屬觀成之相，非初心所能。（丙）觀心之先，須了諸法唯心，堅信一切法由一心攝盡，觀現前一念約理本具三千，觀成則親證諸佛三千。觀心是不思議境，不思議境即妙境異名，此心之所以絶妙，端在諸法彼此互具，約理本具三千，約事則變造三千。荆溪論聖陰與凡陰不同，謂「佛果已滿，從事而説，已具十界。初地、初住分具十界，乃至凡夫，但是理具」，又謂「並由理具方有事用，今欲修觀，但觀理具」。（輔行卷五）

五、餘論

四明解天台一念指現前剎那妄心，屬即理之事，在迷而論，若解爲理，則與事成隔；約理一念具三千，故托於此心修觀，可即事顯理、即妄顯真，若解爲真心，將天台觀心擬於直顯心性、靈知不昧，則塞初心入理之門，但流於口談而無從實行。因此，指要鈔以源清與宗昱等解義「事理未明，解行無託」，而「指介爾之心爲事理解行之要」。此義由揭明性具、性惡、唯心、具即等宗義並析分兩種隨緣、理事兩重三千予以述明。

四明注定是一位引發争議的佛教學者，儘管志磐將之列入祖統奉爲大宗，但是在其身後仍然不乏批評者。紹述四明之學者，如善月撰山家餘緒集，可觀撰山家義苑、竹菴草録，法登撰議中興教觀，可度撰指要鈔詳解，大多針對批評而拈出四明思想主旨予以辯解説明。批評觀點雖多，不出將空、中之理與俗假之事對論，源清解義已有此傾向，後學則有明論。仁岳謂四明「一生所悟法門不出三千世間」，撰三千書，予以駁斥：「三千是心性所具俗諦之法」，講三千意在於權，非是實説；「三千是所立之法」，若以所立之法爲無住本，則如璿法師所破，「除無明有差别，但有具義而無即義，以不説差别法即一真故」；荆溪所謂「鏡明性十界，像生修十界」，有兩重無住本立法之義，一約性自辨，鏡喻實相即無住本，一則修性對辨，鏡與明全爲無住本，像生十界爲所立之法，故十界之法在修在性皆是末事，指要鈔却謂「三千皆實，相相宛然，修性本末，二俱有相」，「自行唯在空中，化他三千赴物」，更引智者謂「第一義中一法不可得，況三千法，世諦中一心尚具無量法，況三千耶」，及荆溪「三千世間皆名共道，不離空中方名佛道」語證四明之非。（轉引自山家義苑卷上）大意是三千不過空中之理所具俗諦之法，共於世間法，講空、中方是佛道，顯然以四明理有總别之論爲「有相」。辯破如可觀撰辨岳師三千書。神智從義雖出於四明法系，但破四明立義最爲有力系統，謂四明執性具，「但知性具之惡，普現色身，相相宛然，不曉具惡之性、普現之本、空中理體，亡泯寂滅，致使所談一念三千即空假中、三身四土、理事體用皆是有相」，遂判性惡不過是善權方便，正解在於「實相空中無差之理，其實本具諸法妙假三千世間差别之事。

但別教中既無性德本具九界，自他皆斷，故今乃明圓頓之理性具九界，不斷性惡有性德行，自行不斷乃是理具，化他不斷乃是普現，并名亦權顯於亦實」。（摩訶止觀義例纂要卷三）「有相」之責，理體無差別之論，與仁岳同。這正是四明駁難的理事相隔、差別與無差別不即之義。若將空中與假對論，不免退回二諦之嫌。

須知四明指理爲即事之理，事爲即理之事。理是「具三即」之全理，空假中融即爲一，空是真空，假是妙假，中是實性。依此圓理或全理，方可講「理具三千」。觀心上「但觀理具」，非是只取假觀之照，不取空中之遮，其實不出三觀一心。一念三千約一多關係論，非單就觀三千說。然而也得承認，四明傾向於「建立」，於智者破立無礙的方法論殊少提及。但講即一念而顯三千，實以遍照十法界的正遍知爲仰止，況且一念妄心處處隔滯，若非即空假中，怎能令差別法融即？若非理具三千，事修上何以顯現三千？在此意義上說，四明所揭觀境，實爲融攝一切指向十法界且初心可以入手的無限之維。